2020年增訂第8版

政治學
Politics

陳義彥、游清鑫　主編

吳重禮、冷則剛、高永光、耿　曙、陳義彥
陳陸輝、盛杏湲、郭承天、游清鑫、葉　浩　合著
楊日青、隋杜卿、蔡中民、劉嘉薇、關弘昌

五南圖書出版公司 印行

八版序

本版除了基本的文字檢誤與編輯工作外，主要有下列七項新增、補充與修正：

一、葉浩老師的「政治意識形態」（第四章）在結語部分增修臺灣的政黨競爭與其意識形態的作用，期許臺灣可以建立具有清楚政黨意識形態為基礎的政策辯論與責任政治。

二、陳陸輝老師的「政治文化與政治社會化」（第十四章）增補政治文化的討論與提供最新比較研究資料，並引入最新臺灣政治文化的研究發現；在「民意與政治傳播」（第十五章）中，陳老師也加入社群媒體主題在政治傳播中的簡要論述。

三、高永光老師的「地方政府與制度」（第十三章）與「國家論」（第二十一章），增修部分內容與參考文獻。

四、游清鑫老師在「選舉、選舉制度與投票行為」（第十六章）更新、修正部分內容的論述方式，並將最近2020年立委選舉結果納入，分析最新選舉政治的面貌；在「政黨與政黨制度」（第十八章）中，游老師更新既有政黨陣營的互動發展，也扼要評述最近興起的臺灣民眾黨。

五、蔡中民老師的「政治發展」（第二十章）為本版新增，討論政治發展研究的定義、研究演進、核心要素，以及臺灣的發展現況等，論述風格簡潔、內容扎實，可以提綱挈領帶領讀者重新認識政治發展的新課題。

六、關弘昌老師的「國際政治與兩岸關係」（第二十二章）增修部分內容與參考文獻。

七、冷則剛老師的「全球化與政治」（第二十三章）新增一節，討論加入反全球化浪潮
　　與最新中、美大國相互競爭的新發展。

　　以上是本版變動的部分，敬請各界讀者、先進不吝教正。

陳義彥　游清鑫

2020年8月20日

目錄
CONTENTS

第一篇　導　論

第一章 政治與政治學

陳義彥

壹、何謂政治？

每天當我們打開電視時，幾乎發現時時刻刻都在討論政治。二十四小時的整點新聞報導，此起彼落的全民開講之類的節目，不管是批評總統、行政院長、部長、立法委員，或是抱怨政策的不當，討論的問題都與政治有關。在選舉期間，對於候選人的好壞，政見的得失，政黨的優劣，更是市井小民談論的焦點。政治與我們日常生活息息相關，一項政策的決定與實施，如全民健保，對我們的醫療負擔有重大的影響；教育改革政策，影響自己及子女的教育型態；一項戰爭的決定，更是攸關自己生命與國家社會的安危。有人說：政治是骯髒、污濁的，但是一個人生活在現代的社會中，絕不能脫離政治，因此必須正視政治的問題。

我們很顯然生活在愈來愈「政治化」的時代。事實上，我們居住的地方就是一個政治網；我們的飲用水、食物的衛生、空氣的品質、垃圾的處理、能源的使用、交通的順暢、居家的安全、子女的教育、年長者的健康、窮人的尊嚴、弱勢團體的照顧……，這些有關人民食衣住行育樂，乃至與國外經貿往來的所有問題，都與各級政府及議會的政治決定有密切的關聯。

然則何謂政治？學者的說法相當多，歸納起來可以分成下列四類（Amstutz, 1982: 22-28）：

一、政治為規範性目的的實現

這一類的意涵，主要是根據道德的規範來立論，假定一個政治社群（political community）的基本目標就是要實現某些特定的目的，這些目的是根據某些道德的標準（如正義、公道）或共同的規範（如公共利益或共同的善（the common good））而界定的。歷史上，大多數的政治思想家均從這種規

範性的角度討論政治。例如柏拉圖（Plato, 427-327BC）認為政治的基本任務
就是要建立正義。他的學生亞里斯多德（Aristotle, 384-322BC）界定國家就是
一個社群，目標在實現最高的善（the highest good），或實現其所謂的美好生
活。美國政治學者暨政治家傑佛遜（Thomas Jefferson, 1743-1826）在1776年7
月4日的《獨立宣言》中指出：政府的目的即在保障人類不可剝奪的「生命、
自由與追求幸福」的權利。

　　肯定這一類政治意涵的學者，認為它可以鼓舞一個政治社群追求這些道德
標準的實踐，而且這些標準有助於賦予政治社群施政的方向，激起政治社群從
關心私利問題轉移到公益問題。但批評者認為這一類意涵很難讓人確信：由
政治思想家或政治領導人所信奉的規範是普遍的道德原則。從歷史上看，各
時代的道德標準各有不同，且從實際政治現象觀之，執政者常披著偉大的、
抽象的道德目標（如為人民／社會的福利、國家的利益、國際正義、世界和
平）之外衣，遂行其私人利益（如獲取當選連任、提高個人的國際聲望）之實
（Amstutz, 1982: 22-24）。

二、政治為權力現象

　　這類定義最主要是強調權力（power）為政治研究的核心。H. Lasswell
與A. Kaplan指出：權力的概念可能是整個政治學最基本的概念：政治過程
即是權力的形成、分配與運用（Lasswell and Kaplan, 1950: XIV）。Lasswell
另在其名著《政治：誰得到什麼、何時得到、如何得到》（*Politics: Who Gets
What, When, How*）書名已明白點出政治的要義，他又說：「政治的研究就是
勢力（influence）與擁有勢力者（the influential）的研究。」（Lawsswell, 1963:
13）。其中擁有勢力者就是指在各種價值（收入、安全、受人尊崇……）獲
取最多者，意即菁英（elite），其餘就是群眾（mass）。有名的國際政治學者
Hans Morgenthau更界定，政治為權力的鬥爭（a struggle of power），而權力的
意思就是一個人支配他人的心志與行動（Morgenthau, 1978: 30）。因此政治關
心的是人與人之間、團體與團體之間，國與國之間的衝突問題，以及爭奪權位
的問題。雖然每個人用經濟的、社會的、宗教的名詞界定其目標，但歸根究柢
就是追求可以影響他人的權位，以便獲取他所希望的資源。因之，個人、團
體、國家長遠的直接目標都是一樣，那就是權力。

　　有人批評這類定義存在於國家結構之內，但也存在於國家結構之外的一般
人際、團體之間，範圍太寬廣，宜縮小在與政治體系有關的範圍內。再者，就

一個政治人物而言，追求權力也許是他的目的；但就整個社會而言，政治應另有其目的，這些目的就是國家安全、社會秩序與公道、人民的自由與福利等。政治不應只關心權力爭鬥問題。因之，權力只是手段，不是目的，政治學者不應本末倒置。儘管如此，權力問題是政治現象非常重要的特徵之一，這點是不可否認的。

三、政治為衝突的管理

　　這類說法視政治為人類社群管理衝突的過程。社會上潛藏著無數的衝突，但最後僅有少數突顯出來，政治就是要處理與解決這些衝突，以使人民過和平與和諧的生活。所以Carl Friedrich認為政治的根本功能就是解決紛爭（Friedrich, 1963: 423）。

　　就衝突的主體而言，Maurice Duverger認為政治社群須處理兩種類型的衝突：一種是橫的衝突，即人與人、團體與團體、階級與階級、國家與國家的衝突。這種衝突包括政黨內部勢力的競爭等等。第二種是垂直的衝突，為統治者與被統治者間、領導者與民眾間的衝突，是擁有領導權位者與不具權位者之間的衝突（Duverger, 1966: 3）。

　　就衝突的事物而言，Amstutz認為亦有二類：一類是稀有資源或職位的分配，如競選總統、內閣總理的任命、公共財源的分配……等等；第二類是有關解決與管理衝突的法律規章之發展，包括憲法的修訂，或政府運作的基本程序規則之建立，所以這類衝突更為重要（Amstutz, 1982: 27）。因此政治關心的焦點是建立衝突管理的規則及這些規則在社會內的運用。

四、政治為政府制訂政策的過程

　　當代一些政治學者重視政府的權威性，例如David Easton, A. Ranney界定政治是政府為整個社會制訂權威性政策的過程（Easton, 1953: 129; Ranney, 2001: 2）；Alfred de Grazia認為：凡是圍繞在政府決策中心所發生的事件，就是政治現象，亦即政治研究的範圍（de Grazia, 1952: 13）。政府制訂的政策現代都稱為公共政策，意思是政府為解決所遭遇的困難問題（包括過去、現在、未來）所擬訂的行動方針，也可以簡單地說，就是政府的作為或不作為。政府的政策之所以具有權威性，主要是它具有三項顯著的特徵：

　　1. **合法性**：它是根據憲法或法律規定，經由法定程序通過，故具有法律的效力。

2. **普遍性**：它可以要求社會全體成員遵守，不像政黨或社團，只能要求黨員或團體成員遵守。

3. **強制性**：對於不遵守或違反法律或政策者，可以動用強制性力量，如軍警，予以逮捕拘禁，甚至經由法院予以判刑。政府擁有的這種強制性力量是獨占性的。其他的團體如政黨，對違背其黨綱、政策或黨紀者最嚴厲的處分就是開除黨籍，即使是執政黨，其本身亦無逮捕拘禁其黨員之力量。

這類定義有人批評會把政治學的研究侷限在政策制訂過程的探索，範圍似乎太窄；但是這類定義也得到相當多學者的肯定，認為這個定義有其優點：它可以涵蓋上述三類定義，例如在這類定義下，政治學研究焦點主要包括：決策者、政策的目標、政策制訂的過程及其影響因素（包括政府內部及非政府因素，如政黨、利益團體、輿論，乃至國際因素），政策的評價……等等。政策的目標牽涉到規範性政治目的與價值論題的探討；對決策者的研究涉及到個人的心理基礎，包括其政治人格特徵、價值觀念；而政策制訂過程及其影響因素，則涉及政府內外各種利益衝突與權力鬥爭的過程，至於政策的形成，其實就是各種衝突的解決。又在國際政治上，亦就是兩個國家以上政策間的衝突、合作與轉變之關係。因之這個定義頗富伸縮性亦具明確性，就是一個人或團體的活動與政府政策的制訂與執行有直接或間接關係，那就是政治，亦即政治學者研究的對象。所以當你投在報紙一則小小的讀者投書，或在輿論廣場發表意見，引起政府注意而修正其政策或行動時，那就是一種政治的行為。

事實上，政治牽涉的問題與現象相當龐雜，要以幾十個字為「政治」及「政治學」下一簡明而又具周延性的定義，殊為困難，上述各家學者所下的定義，也難周延，故要獲得所有政治學者一致同意，是不可能的。但各類的定義也代表各家學者覺得政治最顯著的特徵，提示對政治有興趣的人，可以從該項角度切入觀察與探索政治現象，也許會有所得。

貳、政治學的範圍

政治學是什麼？有人認為：「政治學就是有系統地研究政治的與政府的制度與過程」（Ranney, 2001: 1），有人認為：「政治學就是了解社會如何作抉擇及檢視這些抉擇的影響。」（Godwin & Wahlke, 1997: 4）。亦有人認為：「政治學是一套技術、概念與研究途徑，其目標乃在使我們更清晰與明確地了解政

治世界。」（Danziger, 2001: 6）林林總總的扼要定義實在很難涵蓋政治學者研究的所有範圍，事實上，政治學涵蓋的範圍相當寬廣，包括思想、制度、行為，以及國與國的關係。一般說來，政治學有下列九項主要的次級領域（參閱 Jacobsohn, 1998: 6-8）。

一、政治理論

政治理論（political theory）通常分成二大類：

（一）規範性理論

規範性理論（normative theory）常被視為「政治哲學」，包含「政治意識形態」（political ideology），討論倫理、道德或應然性（ought）的問題，這類理論的建構常從一個難以根據事實驗證的概念（如正義、公道）或爭議性很大的假定（如人性善惡），透過演繹推理出一套政治理論，例如霍布斯（Thomas Hobbes, 1588-1677）的社會契約說（the social contract）；它也常是一位政治思想家對美好政治社會生活的主觀憧憬與描述，如柏拉圖主張理想的國度應由哲君（philosopher king）來治理。

（二）經驗性理論

經驗性理論（empirical theory）常被視為「政治科學」，強調理論的建構須有經驗事實的根據，運用科學的方法，客觀地、重複地驗證，以求得精確的理論基礎，如理性抉擇理論（rational choice theory）。

對同一政治問題，政治學者有從規範性的角度建構其理論，亦有從經驗性角度建構其理論，例如民主政治問題，有規範性民主理論，亦有經驗性民主理論。其他如菁英問題，甚至兩性平等問題或性別政治問題，兩類理論都有學者建構；兩類的政治理論都值得了解與研究，兩類政治理論應是相輔相成，而不應相互排斥。

二、公　法

公法（public law）這一次級領域的最主要部分是憲法的研究，包括憲法的內涵、演進變遷、解釋，及其對政治體系的影響。

三、中央與地方政府

　　中央與地方政府（state and local government）這一領域最主要就是政治制度的研究，其探討的焦點有二：

1. 中央決策體制的類型，包括內閣制、總統制、半總統制、各重要機關的組織、職權及彼此間的互動關係。
2. 地方政府的組織及其與中央政府的互動關係和權限劃分問題。

四、公共行政

　　公共行政（public administration）這個領域探討有關公共管理、人事行政、預算與財務、領導行為、行政效率與效能、官僚的決策行為、行政法，以及行政倫理……等等問題。

五、公共政策

　　公共政策（public policy）領域討論政府如何制訂政策？其過程為何？制訂者是誰？誰是政策的得利者？不利者？政策的評估？政策如何改變？簡言之，本領域的焦點是：1. 政策的規劃；2. 政策的制訂；3. 政策的執行；4. 政策的評估。

六、政治行為與民意

　　政治行為（political behavior）與民意（public opinion）這個領域探討影響政府行動決策的個人與團體的行為與意見，如個人、壓力團體、政黨、社會運動的活動，以及對個人或團體政治價值、態度、意見的形成有關的制度與文化層面之問題，像選舉制度、政治文化、政治社會化也都是本領域的研究重點。

七、比較政府與政治

　　當一位政治學者就不同的社會、區域、國家加以比較其政府體制與政治現象的異同時，即是在作比較政府與政治（comparative government and politics）的探討，隨著全球化及資訊便捷的影響，本領域的研究已成政治學的主流趨勢之一。

八、國際關係

　　國際關係（international relations）領域主要在分析國際社會的互動關係，

同時也包括國際法、國際組織、區域聯盟、戰爭、國際衝突的解決、外交政策的制訂與執行等等問題。

九、政治發展與變遷

政治發展與變遷（political development and change）領域主要探討政治的現代化、制度化、民主化、全球化，以及政治發展與變遷的動態過程等等問題。

上述九大次領域也有相當程度的重疊，例如外交政策的制訂與執行也可從公共政策、政治行為、比較政府與政治及國際關係等等不同角度來探討。就臺灣各大學政治學界的發展來看，有些大學（如臺灣大學、東吳大學）的政治學系就分成政治理論組、公共行政組、國際關係組；有的次領域（尤其是公共行政、公共政策、國際關係）已分出獨立發展成單獨的學系，像政大另有公共行政學系、外交學系，2001年時，外交學系與東亞研究所、俄羅斯研究所合組，另成立國際事務學院。

基本上，上述九大次領域是政治學研究的範圍，應是受肯定的。只是若公共行政／公共政策，國際關係等次領域另立為一學系，則原政治學系在公共行政與國際關係方面的研究份量會少一些，而其他次級領域的份量就偏重些。

政治系在大學部階段，這九大次領域都會安排課程讓學生修習，以奠定政治學的基礎學識；到研究所的階段，學生可依個人的興趣與志向，選擇一、二項次領域作專精深入的研究。

參、政治學的發展

一、西方政治學的發展

美國政治學者David Easton將二十世紀以來西方（尤其是美國）政治學的發展分成四個階段（Easton, 1991: 275-287），現分述於下：

（一）正式的（法制的）階段──十九世紀末葉至1920年代

正式的（法制的）階段（the formal [legal] stage）包括十九世紀末葉政治學成為一門獨立的學科（1880年）至1920年代，當時政治學者探討的面向主要有二個：

1. 政府正式的組織結構，故稱之為正式的（formal）；
2. 公法的研究，故稱之為法制的（legal）。

　　但是當研究公法如憲法，涉及到政府正式的組織結構時，這兩個面向就結合在一起了。因為憲法內容最大的部分即在規定政府的組織、職權、行使方式及各重要機關間的相互關係，所以有學者將憲法界定為：「基本政治制度的系統」（Finner, 1932: 181）當時的政治學者相信：一旦把憲法對政治系統權力分配之規定描述清楚了，就能對政治制度的運作獲得實際的了解。

（二）傳統的階段──1920-1940年代

緣起

　　在十九世紀末期，英、美有些政治學者發現，圍繞在政府正式的組織結構存在著各種非正式的組織與行為，對政府的決策有很大的影響，這些組織最顯著的就是政黨與利益團體或壓力團體。

　　由於政治學者的這項發現，導致政治學發展至另一新的階段，就是政治學者探究政治現象從正式的政府組織結構轉移到圍繞其間的非正式組織與其影響力。這種變遷始自十九世紀末，至1920年代才完全轉向。從1920-1940年代，Easton稱之為「傳統的政治學階段」（the traditional stage）。

研究主題

　　這一階段的政治學，研究的焦點在政黨的運作與對國會的影響，也注意到壓力團體及其他類型團體的成長與影響。

　　這一階段重視政治過程，尤其決策過程資料的蒐集與描述，他們視政治過程為決策的巨大機器，決策是「平行四邊形」力量（parallelogram of forces）的產物，政府（含行政機關與立法機關）政策的決定，是來自社會各種團體壓力競爭的結果，這些團體可能來自行政官僚體系的其他部門，及來自政黨、利益團體、輿論等等。這些壓力彼此之間相互對抗，透過討價還價、協商、調整、妥協、採納等等過程，才達到某種平衡點，而後形成一項特殊的政策。

研究方法

　　這一階段的政治學者，在研究方法方面，並無正式的或特殊的方法以驗證其蒐集到的資料之可靠性及基於這些資料所得到的發現與解釋之信度。此階段事實（facts）與價值（values）問題常糾結在一起，亦即實然面（What is）與應然面（What should be）的陳述常混在一起解不開。我們很難分清學者的研究結果是在表明他自己的主觀價值偏好，或在敘述制度實際上如何運作？以及

人民在政治生活中如何行為？

理論問題

在這一階段，政治學者欠缺理論的連貫性，學生顯然也學了不少學科，但零零碎碎，令人昏頭轉向，無法讓人覺得政治學已形成一套連貫性的知識。政治學欠缺一個理論架構可以涵蓋所有的學科，或據以查證各學科的連貫性。

（三）行為階段——第二次世界大戰後至1960年代

緣起

行為階段（the behavioral stage）是二十世紀西方政治學最主要的轉變，它在二次世界大戰時即開始萌芽，政治學的行為研究，亦稱行為主義（behavioralism），這一運動形成的原因有下列幾項：

1. 政治學科自然的演進，由於傳統政治學過度仰賴歷史的敘述與主觀規範性的分析，本身已顯現出缺陷。
2. 傳統的研究方法所提出的解釋缺乏可信度，難以應付大量工業化所產生的社會問題，也無法解決、了解政治制度與政治過程所產生的許多困難問題。
3. 自然科學與其他社會科學如心理學與經濟學採用嚴謹的方法來蒐集資料與分析資料，導致知識論上的成就，對政治學產生深遠的影響，於是有學者主張：政治分析必須離開「普通」常識，而轉到「科學」的知識；透過「理論」而不是「一般的社會標準」來確立研究題目，採用「專門技術」取代「單純描述」與「普通常識」的方法。

特徵

Easton認為行為主義有下列幾項特徵：

1. 主張人類行為的一致性是可發現的，並且可透過經驗的驗證予以肯定。
2. 主張採用嚴謹的方法蒐集與分析資料，尤其是量化的方法，於是導致1950-1960年代，政治學大量採取精巧的經驗研究技術，包括問卷、訪問、抽樣、統計學分析法，如因素分析、迴歸分析及理性模型等。
3. 客觀經驗理論的建立。在前二個階段，理論一直是哲學特性的，亦即偏向政治思想家，對美好生活狀態主觀的思考與推理，欠缺客觀的事實根據。而行為的理論是經驗取向的，基於對事實作客觀的觀察，採科學的研究方法，以尋求對問題與現象獲得有系統的了解，期望能幫助我們了解、解釋，甚至預測人們的政治行為與政治制度的運作方式。

研究主題

　　本階段政治學者感興趣的研究主題主要有：投票、司法、立法、行政等行為、政治文化、政治社會化，暨利益團體、政黨、政治發展與變遷等問題。

（四）後行為階段（the post-behavioralism stage）──1970年代以後至今

緣起

　　Easton於1969年提出「後行為運動」，代表對行為主義的不滿，但是並沒有放棄採用科學方法研究政治學。此一運動隨美國的反文化革命而興起，這個反文化革命於1960年代及1970年代初興起於西方，也影響到東方，代表一個時期的世界性社會變遷。在美國，這個反文化革命源於民權運動，尤其1954-1955年間，最高法院判決反對黑人種族的教育隔離政策。接著民眾要求改善黑人及其他少數族群的境況；在詹森政府與尼克森政府期間，到處瀰漫著反越戰的風潮。對於服飾的形式、性行為、婦女與少數族群的社會地位、貧窮、自然環境（如空氣污染、核能的危險性）及社會的不公平等問題，民眾有了新的態度。就最廣的意義而言，這個革命代表人類對於當代世界急速而無節制的工業化、種族隔離、性別歧視、遍及全世界的貧窮及核子戰爭等等問題所帶來之危險性的覺醒與關懷。

　　對上述問題，社會科學家是視而不見？或是不能預知？還是提不出對策？總之，社會科學家似乎只是躲進象牙塔裡。就政治學而言，這些問題導致對政治學性質究竟為何？它應是如何？產生了大規模的辯論。於是在行為階段服膺於「科學」的信念，受到嚴重的挑戰，主要有二大重點：

1. 人類的行為是由太多、太複雜的變數所組成，因此我們不可能發現任何類似定理的規則。人類是不能被測定的，人類有自由的意志，所以從來不可能被預測。縱然自然科學的方法可獲致重大的科學知識，但只能針對無生命的問題，例如原子在性質上它沒有意向或感覺，但是人類有思想、情感，要從事觀察或預測是很困難的。

2. 行為主義者主張「價值中立」（value-free）是不太可能的，人類受文化、教育、現狀、現存社會權力結構等等因素的影響，對事物是有其思想與評斷的，所以在研究中要完全摒除不摻雜研究者的價值觀念或判斷是很困難的。

新的研究主題

　　由於各種挑戰的結果，政治學發展到後行為階段，在方法上是多元了，可

是大家心裡要有所認知：科學的研究仍然代表政治學的研究主流，只是大家對「科學」本身的性質有新的與更寬鬆的了解，沒有那麼拘泥於自然科學的嚴謹定義。此時在行為階段所感興趣的研究主題仍然繼續受到關注。然而在後行為階段，新增不少研究主題，包括環境政策、種族、族群、社會公平、兩性平等、核子戰爭……等等問題。歸納起來有三大類：

1. 政策分析

此一階段相當強調知識的應用，所謂的政策分析運動在這一階段迅速普遍地成長。不僅探討政策的形成、執行，也提出不同的政策方案，以協助解決當前社會所面臨的急迫問題。

2. 政治經濟學

另一項主要的研究興趣的轉變是政治經濟領域的重生，這也是新政策取向的主要部分。在十九世紀末，當現代政治學開始演進時，政治與經濟關係非常密切，已反映在小彌勒（John Stuart Mill, 1806-1873）及馬克思（Karl Marx, 1818-1883）的著作中，當時小彌勒已明白稱之為政治經濟學。今日政治學與經濟學的連結當然也部分歸因於馬克思主義者思想的復活。政治與經濟不論在理論上或實際上，二者是連結在一起的，政治體系與經濟體系二者糾結難解，因為政治體系的許多決策常顯著地影響到經濟，而經濟體系的活動也對國家社會產生重大的影響。關於這一部分，請詳閱第三章〈政治經濟學〉。

3. 理性抉擇理論

理性抉擇理論在這個階段相當盛行，也受經濟學概念與理論的影響而發展，包含賽局理論（game theory）、形式理論（formal theory）、公共選擇理論（public choice theory），這類理論認為人類的行為有強烈的理性成分。它假定政治行動者（包括選民、立法委員、政黨……）的行為都是有目的的，此理論雖然沒有假定所有的政治行動者在所有時間的政治行為都具有完全的理性，但它確實假定：他們的行為是目標取向的，而且是有算計的。政治行動者對各種行為結果的偏好與對成本、效益及不同階段達到這些行為結果可能性的計算，可以製成量化的指標或形成符號的系統。這類理論運用在制度（如選舉制度）、決策行為、投票行為、政黨聯盟、談判等等方面的分析，甚具深度。

二、我國政治學的發展

我國政治學的發展，筆者從研究途徑與方法的角度將之分成三個階段，但首先必須說明的是，後一階段興起發展後，並不意謂前一階段即告結束，有的

階段只是研究者數量較少些，有的仍是主流，只是興起另一股新的研究取向或風潮而已。

（一）傳統階段——二十世紀初至1970年代

1928年中央政治學校設法政學系，1946年中央政治學校改名為國立政治大學，法政學系改名為政治系，臺灣大學於1947年成立政治系，1954年政大在臺復校，先成立政治研究所，1955年政治系恢復開課。東吳大學與東海大學分別在1954年與1955年成立政治系；文化大學亦在1964年成立政治系。

又1932年中國政治學會於南京成立，王世杰擔任會長，宗旨在推動政治學教學並促進我國民主憲政發展；國民政府遷臺後至二十一世紀最初的十五年，歷任會長為王世杰、杭立武、連戰、朱建民、雷飛龍、魏鏞、包宗和、黃德福、袁頌西、何思因、明居正、朱雲漢、王業立、周育仁、趙永茂、傅恆德、高永光。此一學會努力推動政治學學術活動，如舉辦研討會、出版《政治學報》，並積極參與國際學術活動，爭取我國成為國際政治學會會員，貢獻甚大。

在這一階段，學者主要以規範性政治理論、政治制度（含歷代與當代）、公法、公共行政、國際關係等次級領域為研究主題，採取哲學、歷史、法制的途徑來研究政治問題。教學著重在歐美政治制度、歷代政治制度與中西思想史的介紹，研究特色偏向文獻的靜態分析。有些研究會用當代的政治學概念（如權力）分析與解釋歷代的政治現象。由於國民政府遷臺後，國家目標是反共抗俄，採威權統治，甚至有白色恐怖的陰影，學者對於當時實際政治的問題與現象，研究上較為敏感與忌諱，所以實際政治層面的動態研究相當有限。

（二）行為研究階段——1980年代至今

我國政治學的發展最值得敘述的就是政治行為研究的發展，當然這是受美國政治學行為主義發展的影響，企圖採用科學方法從事政治行為的調查研究，以建立或驗證經驗性的政治理論。

就這一階段的發展，筆者分成四期加以敘述：

萌芽時期（1964-1975）

這個時期主要有鄒文海（政大）於1964年做了一次臺灣地方選舉的研究，為我國政治行為調查研究之開端；其後，1969年蔡啟清（東海大學）做了一個「臺北市選民投票行為的研究」；袁頌西（臺大）於1970年做有關小學生與國

中生政治社會化之研究；江炳倫、魏鏞（政大），分別於1972年做有關政治文化之研究，華力進（政大）亦在同年做「臺灣地區公民政治參與之調查研究」；胡佛（臺大）於1975年做「我國大學生對民主與法治的態度」研究，陳義彥亦於1975年做「我國大學生政治社會化之研究」。這一時期有二位美國學者到我國做政治社會化的經驗性研究，一位是Richard W. Wilson於1969年做我國小學生的政治社會化研究，後來寫成一本書*Learning To Be Chinese: The Political Socialization in Taiwan*，丁庭宇、朱雲漢譯成中文：《中國兒童眼中的政治》（桂冠出版）。另一位是G. A. McBeath於1975年做我國中學生的政治社會化全國性調查研究。另在這一時期，易君博（政大）於1963年在國內首度開設「政治學方法論」課程，又出版《政治理論與研究方法》一書；1970年代呂亞力（臺大）亦著書《政治學方法論》，鼓吹科學的政治研究，貢獻不可沒。上述幾位學者都是我國政治行為經驗性調查研究的先驅。

　　由於行為研究在我國政治學界剛剛萌芽，所以這一時期的調查研究方法，如抽樣方法採非隨機（non-random）抽樣方式，統計分析方法也只採次數分配、卡方（Chi-square）檢定，都僅是粗淺的分析，且也不盡正確，所以嚴格說起來，談不上是高度科學化的研究。但總算為我國政治行為的經驗性研究跨出第一步。

關鍵時期（1976-1988）

　　這一時期國民黨政府處在國內外社會衝擊最大的時期，有中壢事件（1977年）、中美斷交（1978年），美麗島事件（1979年）、民進黨成立（1986年）、開放大陸探親、解除戒嚴（1987年）、開放報禁（1988年）、蔣經國過世（1988年）。國民黨政府先是受到黨外組織的挑戰，接著要接受民進黨強有力的競爭。臺灣的政治發展由國民黨一黨獨大的局面，逐漸走向競爭性的政黨政治。由於這一時期臺灣政治社會有相當程度的變動，國民黨政府的威權統治也逐漸鬆動，因此政治學者對本土的實際政治問題與現象，逐漸強化關注力。

　　這一時期政治學的發展也處在一轉型的關鍵時刻，這一時期政治行為的研究，主要有下列三類主題：

1. 政治態度及政治參與的研究：
   （1）胡佛、朱志宏、陳德禹於1978年執行的「政治參與的研究——內湖地區的個案分析」。
   （2）林嘉誠的「臺北地區大學生的政治態度與政治參與」研究（1980年）。

(3) 袁頌西、李錫錕、郭秋永的「臺灣地區政治參與之研究」（1983
年）。

(4) 中央研究院民族所楊國樞、文崇一於1983年總策劃的「臺灣社會變遷
基本調查」，其中政治學門由袁頌西主持，參與者有胡佛、曹俊漢、
陳德禹、陳義彥共五人，主要探討臺灣民眾的政治價值、態度及參
與。

2. 政治社會化研究：陳文俊於1982年執行的「臺灣地區中學生的政治態度及
其形成因素──青少年的政治社會化」。

3. 選民投票行為之研究：在1983年左右，胡佛在臺大政治系設立「政治體系
與變遷研究室」，雷飛龍在政大創辦選舉研究中心，開始結合各校同好從
事臺灣地區投票行為之科學性研究，而行政院國科會自1985年後開始長期
性經費補助政治行為研究工作。由於學者獲有國科會的經費支持，再加上
研究經驗的累積，使得國內學者對政治科學的研究工作奠定更大信心。

　　這一時期新投入政治行為研究的學者有：雷飛龍、曹俊漢、陳德禹、彭懷
恩、林嘉誠、陳文俊、彭堅汶、張茂桂、王甫昌、洪永泰、謝復生、徐火炎、
朱雲漢、黃秀端、黃德福、劉義周、何思因、吳釗燮、游盈隆、陳明通、廖達
琪等教授。

　　這一時期調查研究方法比前一期有很大的進步，如抽樣都能採隨機抽
樣法（random sampling），統計分析方法也採較高深的因素分析（factor
analysis）、迴歸分析（regression analysis）。

發展時期（1989-2000）

　　這一時期臺灣的政治環境有相當大的改變，最主要是兩蔣（蔣中正、蔣經
國）時代結束，李登輝主政，戒嚴已解除，國民大會、立法院這些老代表和老
委員都退了，威權時代也慢慢轉到民主的時代，民主化有相當程度的進展；臺
獨議題於1989年的選舉中成為公開討論的政見，之後統獨問題成為中央層次選
舉的主要論題；有線電視紛紛設立，言論有高度自由，社會運動如火如荼展
開，社會呈現多元化；政治上呈現多黨競爭及消長的局面，尤其國民黨的勢力
逐漸削弱，終在二十世紀末結束在臺灣五十三年的統治，而形成我國史上中央
政權首度的政黨輪替。影響所及，政治學者對於政治民主化、政體轉型、政黨
政治（包括政黨解組、重組）、兩岸關係等問題，投予高度的關注。

　　這一時期政治學的研究主題，投票行為研究更是蓬勃發展，主要因素有
二：

1. 1990年代除了1999年沒有選舉外，其餘每一年都有選舉。從基層的鄉鎮民代表選到總統。

2. 史上首度舉行的省長選舉（1994年）及總統人民直接選舉（1996年），加上選舉期間，中共的恫嚇，引起國際的矚目。

這一時期在投票行為研究主題中，有一項「選舉預測」，更具科學的挑戰性。選舉預測的問題，到現在國內學者大概發展出七、八種模式。其實政治學要顯示它真正能成為「科學」，選舉預測的研究最足以顯現它的科學性，因為預測結果準不準？投票當天晚上就馬上可以印證出來。若選舉預測經常準確，則政治科學化研究就更具信心。所以選舉預測是個最值得探討的問題，以後只要有選舉，它都會是一個熱門的主題。

投入政治行為研究的學者為數眾多，這一時期的新學者有黃紀、王業立、吳乃德、梁世武、陳俊明、盛杏湲、游清鑫、林聰吉、郭正亮、何金銘、傅恆德、林繼文、黃偉峰、盛治仁、林佳龍、黃東益、鄭夙芬、許禎元等等教授，成果豐碩。

除此之外，這一時期下列三項研究，成果頗為可觀：

1. 政治民主化與政治文化的研究（1990-1995）

（1）1991年國科會主動推動臺灣民主化的五年期研究案，這個大型的研究案由朱堅章（政大）總主持，黃德福負責聯絡協調，分從三個層面來探討臺灣的政治民主化：

A.制度面——由曹俊漢負責規劃與推動，下有十個子計畫；

B.行為面——由陳義彥規劃，下有十三個子計畫；

C.跨國比較面——由林碧炤規劃，下有十四個子計畫。

這三個層面共有子計畫主持人三十七人，每一個子計畫平均至少有三名老師參與，整個計畫案共約有百名教授參與。網羅中央研究院、臺大、政大、師大、中山、文大、淡大、東吳、東海等九個大學或研究機構的政治學、社會學、法律學、新聞學、廣告學、國際關係、統計學等學科的學者作科際的研究（陳義彥，1992）。這也奠定了我們1990年代政治行為研究更穩固的一個很重要的整合型研究計畫案。

（2）同一時間，胡佛、朱雲漢、徐火炎、陳明通，及一些國外學者組成跨國研究團隊，共同主持「中國文化地區的政治文化與政治參與：中國大陸、臺灣、香港三地比較」跨地區研究，規模亦相當龐大。

2. 立法行為的研究

　　就我國政治學而言，這是一個新的研究主題，主要研究學者有黃秀端、廖達琪、盛杏湲、楊婉瑩。值得注意的是，這幾位教授正帶領著一些研究生向這一新領域拓展，像蔡韻竹、陳進郁都是這個研究領域的新秀。

3. 派系政治的研究

　　主要研究地方派系、政黨內部派系的活動，也探討派系與派系之間，派系與國家機關間的互動，以及派系的興衰及其與政治變遷的關係。重要的研究學者有趙永茂、陳明通、高永光、黃德福、蔡明惠（國立澎湖科技大學）。

　　在這一時期另有一件大事值得一提，那就是臺灣政治學會於1993年成立，至二十一世紀最初的十五年，歷任會長為吳乃德、游盈隆、黃默、陳明通、黃秀端、劉義周、黃紀、廖達琪、徐火炎、余致力、郭承天、王業立、吳重禮，幾乎都是國內研究政治行為的健將，對政治行為的研究更有推波助瀾之效。此一學會除定期舉辦學術研討會及出版《臺灣政治學刊》外，更設立「碩士論文獎」、「年會最佳論文獎」、「研究方法最佳論文獎」、「政治哲學最佳論文獎」與「選舉行為最佳論文獎」，積極鼓勵年輕優秀學術人才。

　　這一時期的研究方法及統計分析法又比上二期更深入與多元化。在資料蒐集方法上，除面訪外，電話訪問方式被普遍使用，尤其是選舉預測、政黨的提名決定及選舉策略的擬訂等問題的研究，電話訪問更是不可缺少的工具。其次，本時期量化與質化二類方法兼採並用，投票行為與政治文化以採量化調查方法為主，但立法行為與派系研究則以採質化的深度訪談為主。有些研究案則同時採用。本時期大規模調查研究的抽樣設計幾乎都出自洪永泰的構思，高度講究科學性。

國際接軌期

　　到了二十一世紀，我國政治學行為研究進入了國際接軌期，也就是說與國際學術機構合作，使用共同的核心問題，進行跨國的比較調查研究。在二十一世紀初期，主要有二個大規模研究：

　　一個是由黃紀主持的「臺灣選舉與民主化調查研究」（Taiwan Election and Democratization Survey, TEDS），這個研究案由國科會贊助，並由國科會設在中央研究院的社會科學研究中心推動，政大選舉研究中心、中正大學民意調查研究中心、中山大學民意調查中心，及臺大「政治體系與變遷研究室」負責執行。負責規劃此研究案的學者有：黃紀（計畫總主持人）、胡佛、朱雲漢、劉義周、徐火炎、陳文俊、黃秀端、吳玉山、林澤民（美國德州大學）及陳義彥

共十人，並由游清鑫、吳重禮、張佑宗、劉從葦、陳仁海、盛治仁負責調查執行工作。此研究案與國際上由四十五個國家所組成的「選舉體系比較研究」（Comparative Study of Electoral System, CSES）有合作關係。我國TEDS的問卷題目，絕大部分與CSES是完全一樣的，所以TEDS的研究題目，國內學界可用來做跨國的比較研究分析，且這項研究資料是公開的。

　　另一個是由胡佛、朱雲漢主持的「東亞民主化與價值變遷：比較調查研究」。這是由教育部與國科會資助的大學學術追求卓越發展的計畫，其他主要的參與者有陳德禹、徐火炎、洪永泰、林繼文、張佑宗、胡克威、徐斯儉。這個研究涵蓋日本、臺灣、南韓、菲律賓、泰國、蒙古、印尼、香港及中國大陸等九個政治體系，並加入由五十五個國家所組成的「全球民主化動態調查」（簡稱Global Barometer）的策略聯盟。

　　到2015年，這一時期新加入研究行列的學者有：徐永明、陳陸輝、王鼎銘、劉從葦、陳仁海、鈕則勳、蔡佳泓、王中天、黃旻華、吳親恩、莊文忠、劉正山、包正豪、林瓊珠、廖益興、黃信達、劉念夏、陳光輝、許勝懋、李鳳玉、邱訪義、劉嘉薇、黃信豪、蕭怡靖、俞振華、張傳賢、蒙志成、周應龍、林長志、林姵婷、蔡宗漢、鄭宏文等幾位教授，他們將是以後政治行為研究的主力學者。這一時期的研究主題因為跟國際接軌的關係，所以增加了一些人權的問題、政治貪污的問題、政黨政績的比較，甚至配票的問題，還有對整個政治社會的影響等。這一時期的統計分析方法比前期又更深入，目前主要採取multinomial logit與ordered logit等方法。

（三）後行為研究階段

　　如果依照Easton對美國政治學發展的階段劃分方式，到後行為主義階段主要研究的主題是公共政策、政治經濟學、理性抉擇理論，則我國後行為研究在1990年代亦有長足的發展，與行為研究並進發展，形成兩股研究主流，而且相輔相成，並非相互排斥或結束行為研究的發展。我國政治學深受美國政治學的影響，已如前述。這一階段的三項研究主題在我國的發展狀況說明如下：

公共政策研究

　　我國政治學界在1970年代後半期開始注意公共政策次領域，當時曹俊漢、魏鏞、湯絢章、姜占魁、朱志宏、林水波、張世賢、吳定、鄭興弟、段重祺、柯三吉等學者展開推動此領域的探索，也撰寫了幾本教科書，但實際的政策研究仍然相當有限。

　　1982年原成立於1977年的中興大學公共行政暨政策研究所改名為公共政策研究所，為當時國內培育公共政策規劃人才之高等學術機構（1999年該所又與公共行政學系合併，改稱公共行政暨政策學系，2000年改屬臺北大學）。在該所及其他大學公共政策學者的努力下成立中華民國公共政策學會，1980年代公共政策的實質研究，逐步推展開來。到1996年國立暨南國際大學成立公共行政與政策研究所，1999年南華大學成立公共政策研究所，2000年義守大學成立公共政策與管理學系，及其他大學的公共行政系或行政管理系（如世新大學）的學者，強力拓展此領域的研究，使得公共政策的研究在1990年代蓬勃發展，研究的問題相當寬廣、差異性很大，有核能政策、大陸政策、老人年金、安樂死、水資源、環保、科技、醫療等政策。研究的焦點集中在政策的規劃、形成、分析、制訂過程和評價。但對於公共政策的目標與倫理價值的問題，則鮮少受到注意，因此曹俊漢、陳朝政呼籲公共政策「應用倫理」（applied ethics）如公娼、同性戀者權益、代理孕母等人工生殖技術等議題的研究須加強，以探索社會環境的變遷與個人價值衝突的關係，及對公共政策目標制訂的影響（曹俊漢、陳朝政，2000）。

政治經濟學

　　自1980年代中期左右，有一批年輕的留美學者如蕭全政、何思因、黃德福、楊泰順、朱雲漢、鄧中堅、徐振國、高安邦（經濟學者）等等陸續返國，並積極推動政治與經濟整合的研究工作。到1990年代成功大學成立政治經濟研究所（1993年）及政治系（2000年），所系裡不乏研究政治經濟學的學者，如宋鎮照、丁仁方……，其他大學也有一批研究政治經濟學的學者加入，如鄭又平、周育仁（臺北大學）、黃紀（中正）、郭承天、吳玲君、冷則剛、蔡增家（政大）、黃長玲、陶儀芬（臺大）……。1996年政大政治系亦成立「政治經濟研究室」，從事此一領域的研究工作。前述研究政治社會化的美國學者G. A. McBeath到1990年代也轉到政治經濟學的研究領域，並寫了一本書叫*Wealth and Freedom: Taiwan's New Political Economy*（McBeath, 1998）。中山大學亦於2001年成立政治經濟學系。

　　這些政治經濟學者，他們研究的主題也相當廣泛，包括國際、大陸、國內政治與經濟因素的結構關係、互動模式與相互影響，經濟活動（包括政策、決策過程）的政治特性與分析，國家、資本家與勞工之間的憲政權利問題與均衡關係等。這一領域的研究正方興未艾，有愈來愈多的研究生撰寫這方面的學位論文，逐漸成為國內政治學研究的一支主流。

理性抉擇理論

1980年代謝復生、何思因、包宗和等人，學成返國後即努力推展理性抉擇理論的教學與研究，主要運用在政府聯合、選舉競爭、國際衝突等方面的研究；到1990年代，王業立、吳秀光、林繼文、羅致政、陳敦源等等學者相繼歸國，成為國內這一領域的主要學者。此領域的研究主題也是多面向的：國內運用在選民的投票抉擇上，到1990年代有蓬勃的發展，尤其在1994年臺北市長選舉，發生所謂「棄黃保陳」的選舉策略後，每次的行政首長（包括總統、縣市長）選舉，各陣營都會喊出「棄保」的口號，例如2000年的總統選舉，各主要陣營喊出「棄連保陳」、「棄連保宋」、「棄宋保連」。棄保效應用理性抉擇理論來分析與解釋，頗具效果；因此1990年代以後的投票行為研究必然會用到理性抉擇的分析。理性抉擇理論用在制度（憲政制度、選舉制度）的選擇與政治後果的分析上，甚受重視（如林繼文，2000：135-175）；此理論也可運用在國際關係與政府的談判方面（如包宗和，1990；吳秀光，2001）。對理性抉擇理論的了解與用來探討實際問題，吸引不少後輩學子的興趣，也形成一股新的研究潮流。

綜觀上述我國政治學的發展趨勢，我國的政治學研究已逐漸趕上國際政治學的研究主流，有些領域，如政治行為研究、理性抉擇研究，不僅與國際接軌，能夠從事跨國研究，引進國外的研究資源，而且可能有機會在國際政治學界扮演重要的角色。

肆、政治學是否為「科學」？

政治學行為學派的最主要主張就是想要運用科學的方法來獲取政治知識。但是政治現象或問題是否真能運用科學方法來探討？向來頗受質疑，亦即政治學能否成為「科學」？常受到挑戰。反行為論者，大體說來有下列四項批評（Danziger, 2001: 17-18）：

一、政治學不是一種「真正」的科學

這是與「真正」的自然科學（如物理學、化學）和應用科學（如工程學）相對照比較的看法。一般言之，一種完全發展的科學有二個最關鍵的要素：

1. 概念要非常明確

概念與現象要能名實相符，明白精確，如閃電；不能模糊不定，或涵義不清，甚至多種定義，如威權、民主。

2. 理論要具有非常強的解釋力與預測力

理論是一（或幾）套在系統上相關聯的通則，可以對概念間的關係作解釋與預測。

在自然科學界與應用科學界裡，這二項關鍵性要素被發展得很好，且有廣泛的共識。但就政治科學家及其他社會科學家而言，很難找到大家都同意的一套連貫性的概念、理論和解釋規則。政治科學的一些概念常常有多種定義，甚至一些主要的概念，如權力和民主政治，都很難予以運作化，而得到清晰的認知。研究方法五花八門，哪些理論或通則已獲得驗證，也難獲得共識。

二、政治科學的研究主題很難獲得通則

政治世界實在太複雜了，太難預測了，因此要得到有系統的通則（gereralization）實在太困難。政治是基於個人、團體，甚至國家的行動與互動而形成的，政治也發生在許多變動中的情境，這些情境的改變也影響上述行為，所以像科學的陳述：「假如A發生，B就會發生。」在政治科學界這種陳述顯然是不太可能的事。因之，政治學者常常不能精確地解釋戰爭的起因，或者為什麼女性的投票行為不同於男性。

三、政治科學家不可能是「客觀」的

運用科學方法分析政治現象不可能是客觀的（objective）。政治科學家在選定研究題目，界定、測量與分析變數（variable）的方式時，在在受到研究者的社會實體（即文化、觀念、生活經驗……等等）的影響。就此點觀之，一位研究者分析政治現象時是不可能完全客觀且免於偏見的。

四、科學方法本身無助於解答重大的規範性政治問題

自亞里斯多德以降的古典政治理論家，他們堅持：政治分析的最終目的就是要發現「最高的善」（the highest good）。根據這一觀點，政治分析的重大貢獻就是要協助決定政府和個人應該（should）做什麼？俾能達成有價值的目標（如民主政治、良好的生活、正義的社會等）；可是這些運用科學方法研究政治的學者並不認為他們可以完成這些目標。

對政治科學而言，上述四點批判是重要的。確實，政治科學要達到自然科

學那樣高度科學化是非常不容易的，主要的原因之一是：自然科學家研究的對象是沒有思想、意志、感情的生物或物質，研究時較容易控制及實驗；而社會科學（含政治學）家研究的對象是人，人的行為常受其內在的思想、意志、感情甚至情緒之影響，亦常受外在的文化、習俗、政治社會情境之影響，變動性較大，較難作控制與實驗，所以得出來的研究結果之精確性與因果關係之準確性，遠不如自然科學。但是我們也要有認識：任何自然科學在現階段建構的理論，就科學長遠的發展來看，也都只是假設而已，它何時會被推翻、否定、修正都很難說。政治科學所建構的理論之普遍性與周延性因不及自然科學，被否定、修正的機率比自然科學更容易。

　　將政治學視為一門「科學」，乃是主張「科學」是一種基於客觀事實而獲取的有系統、有組織的知識。其主要的意義應是在於研究時本著科學精神與態度，運用「科學方法」，期望能更深入了解政治世界。

　　一般說來，科學方法有四項基本特徵（Danziger, 2001: 13）：

1. 科學是經驗的（empirical）

　　它關注可以觀察或至少可以測量的現象。

2. 科學的方法是可驗證的（testable）

　　通常科學家研究時須提出假設，根據某種（些）方法與程序蒐集資料，有系統地分析資料，有時須提出推論的模型以支持其獲致的科學知識。但是其他科學家可以就其研究結果與過程的每一方面予以評價，並重複分析，以保證每一個人都得到相同的結論。

3. 科學探詢現象間關係的規律（regularities）

　　建立通則、定律、理論。

4. 科學是累積的（cumulative）

　　現階段對某主題所建立的知識都是暫時性的，都是未來求得更深一層知識的基礎。任何人都可挑戰現有的知識，但不必每次都須重新建立知識的基礎，他可根據先前的知識基礎繼續往前推進。這點不像政治哲學，其累積性較欠缺，甚至同一概念與理論，政治哲學家指謂的涵義與發展出來的理論、論點，各異其趣，例如同是自然狀態與社會契約說，霍布斯與洛克（John Locke, 1632-1704）的說法迥然不同。

　　政治科學家的研究基本上遵循上述科學方法的四項重點，以發現政治事實、建構通則與理論。縱然所提出的概念和所建構的理論不像自然科學那樣精確，但是經由不斷地努力，也可以發展出更佳的概念，改進研究方法，建構更

完善的理論，使得政治的研究具有挑戰現有知識、激發新智慧之機會。

　　至於有關政治價值和政治的善等規範性、應然層面的問題，科學的研究可能使不上力，難以提供答案。但有些問題，如民意的動向與變遷，民眾對施政的滿意度，民眾對政策的認知與評價、政治制度的經驗分析……等等問題，科學方法是很有用的，也唯有透過科學的分析，才能提供決策者在事實層面與後果層面上，做正確的判斷。目前的發展是政治科學家和政治哲學家合作，前者就後者提出的概念，取其可透過經驗驗證的部分，作科學性的研究，使之更具事實的依據，增強理論基礎，以免流於空中樓閣的理想。

參考書目

一、中　文

包宗和，1990，〈二方遊戲理論與臺灣兩岸互動：1950-1988〉，《政治科學論叢》，第 1 期，頁 241-266。

吳秀光，2001，《政府談判之博奕理論分析》，臺北：時英。

林繼文，2000，〈半總統制下的三角政治均衡〉，見林繼文主編，《政治制度》，臺北：中央研究院中山人文社會科學研究所。

曹俊漢、陳朝政，2000，〈我國公共政策發展：學術面、實務面與社會面的評估〉，載於何思因、吳玉山主編，《邁入二十一世紀的政治學》，臺北：中國政治學會，頁 451-470。

陳義彥，1977，《臺灣地區大學生政治社會化之研究》，臺北：嘉新。

陳義彥，1992，〈臺灣地區政治民主化大型研究計畫簡介〉，《科學發展月刊》，第 20 卷，第 12 期。

二、英　文

Amstutz, Mark R., 1982, *An Introduction to Political Science: The Management of Conflict.* Glenview, Ill.: Scoot, Foresman and Company.

Danziger, James N., 2001, *Understanding the Political World: A Comparative Introduction to Political Science.* 5th ed. NY: Addison Wesley Longman, Inc.

De Grazia, Alfred, 1952, *The Elements of Political Science.* NY: Alfred A. Knopf Inc.

Duverger, Maurice, 1966, *The Idea of Politics: The Uses of Power in Society, trams.* Robert North and Ruth Murphy. Chicago: Henry Regenery C.

Easton, David, 1953, *The Political System: An Inquire to the State of Political Science.* NY: Alfred A. Knopf, Inc.,1991, "Political Science in the United States:Past and Present," in David Easton, et al, (eds.)., *The Development of Political Science: A Comparative Survey.* London: Routledge.

Finer, H., 1932, *The Theory and Practice of Mordern Government.* London: Methuen.

Friedrich, Carl J., 1963, *Man and His Government.* NY: McGraw-Hill.

Godwin, R. K. & John C. Wahlke, 1997, *Introduction to Political Science: Reason, Reflection, and Analysis*. Orlando, FL: Harcourt Brace College Publishers.

Jacobsohn, John A., 1998, *An Introduction to Political Science*, Belmont, CA: Wadsworth Publishing Company.

Lasswell, Harold D., 1936, *Politics: Who Gets What, When, How*. NY: The World Publishing Co.

Lasswell, H. and Abraham Kaplan, 1950, *Power and Society: A Framework for political Inequity*. New Haven : Yale U. press.

McBeath, G. A., 1998, *Wealth and Freedom: Taiwan's New Political Economy*. Brookfield, VM: Ashgate Publishing Comp.

Morgenthau, Hans J., 1978, *Politics Among Nations: The Struggle for Power and Peace*, 5th ed. rev., NY: Random House.

Ranney, Austin, 2001, *Governing: An Introduction to Political Science*, 8th ed. Upper Saddle River, NJ: Prentice Hall, Inc.

進階閱讀書目

一、關於西方政治學發展方面

Almond, G. A., 2002, "The History of Political Science: An Essay," in G. A. Almond, *Ventures in Political Science Narratives and Reflections*. Lendon: Lynne Rienner Publishers, pp. 23-62.

二、關於我國政治學發展方面

包宗和，1994，《政治學門人力資源現況調查分析研究》，國科會研究計畫。

朱雲漢，2002，〈政治學本土化研究的必要性〉，見朱雲漢、王紹光、趙全勝編，《華人社會政治學本土化研究的理論與實踐》，臺北：桂冠。

吳玉山，2000，〈政治與知識的互動：臺灣的政治學在九〇年代的發展〉，見何思因、吳玉山主編，《邁入二十一世紀的政治學》，臺北，中國政治學會。

易君博，1993，〈「二次大戰以後政治學發展的趨向」討論會〉，見易君博，《政治理論與研究方法》，臺北：三民。

馬起華，1975，〈中國政治學史檢論〉，《政治學報》，第 4 期，頁 79-107。

高永光、郭中玲，2000，〈跨世紀政治學發展趨勢之探討〉，《政治科學論叢》，第 20 期，頁 59-100。

陳德禹，1985，〈臺灣地區政治學術的研究發展〉，《中國論壇》，第 21 卷第 1 期，頁 152-165。

魏鏞，1992，〈中國政治學會之成立及其初期學術活動——紀念中國政治學會成立六十週年〉，《政治學報》，第 20 期，頁 1-28。

三、關於研究取向的發展方面

袁頌西，2003，〈從行為論到後行為論：當代政治學在方法上的論爭〉，見袁頌西，《當代政治研究：方法與理論的探微》，臺北：時英。

高永光，1995，《論政治學中國家研究之新趨勢》，臺北：永然。

第二章　公共政策與政治

吳重禮

壹、前言

　　無論是在極權、威權，或者民主國家中，政府有效的「政治治理」（political governance）為維繫政治體制不可或缺的功能。在政府治理的過程之中，「公共政策」（public policy）扮演著舉足輕重的角色，因為公共政策為政府所擬定的行動綱領。就其目的而言，政策的制訂、執行與評估，和社會大眾的生活息息相關，其可能為了解決某項特定社會問題，也可能為了促進社會成員的福祉。無疑地，政治領導者對於政策制訂影響甚鉅，除了規劃政策的制訂之外，必須監督文官體系執行政策，並且評估政策成效。

　　在民主國家，執政者係經歷選舉的洗禮而產生。在競選過程中，候選人將其政見主張呈現於選民之前，透過公平、公開的競爭，爭取人民的支持，當選者即表示獲得選民青睞，授權實行其政策承諾。理論上，執政者及其任用之政務人員係仰賴多數人民的支持，一旦政策無法施行，就表示政策規劃不當或者執行能力不足，而必須承擔「政治責任」（accountability）與「行政責任」（responsibility）。基本上，這就是民主體制賴以生存維繫的機制。不僅在民主國家如此，在任何政治體制之中，公共政策的重要性都是無庸置疑的。即使在極權或者威權國家，任何統治者絕不可能僅依憑個人權威或者意識形態而治國，其必須透過有效治理以維持社會秩序與政治運作。其中，政治治理具體呈現的結果即是公共政策。

　　由於政治學界體認公共行政與政策的重要性，在過去數十年間，該領域呈現蓬勃發展的趨勢，相關議題亦累積豐富的研究文獻。本章擬對於公共政策的若干面向進行陳述，了解公共政策的本質與特徵。首先，本章將探討公共政策的意涵及其類別；其次，分析政策制訂的若干模型，這些模型主要可歸納為「理性決策學派」（rational theories of decision making）與「非理性決策學派」

（non-rational theories of decision making）。再者，將討論焦點著重在政策的執行，說明影響政策執行的若干因素。另外，本章亦將探討政策評估，並且嘗試針對不同政策評估的方式進行分析。在結論中，筆者則摘述本章的討論重點，以利讀者迅速了解分析要點。

貳、公共政策的意涵及其種類

在政治科學領域中，公共政策的定義為何，向來眾說紛紜，並無定見。舉例而言，戴伊（Thomas R. Dye）將公共政策定義為「政府做些什麼，為何要做，以及有何不同」；拉斯威爾（Harold Lasswell）將其界定為「方案的目標、價值，以及實行的方案」；伊斯頓（David Easton）將其視為「政府活動的影響」；蘭尼（Austin Ranney）認為公共政策是「活動的選擇或者是目的之宣示」；安得森（James Anderson）則將其定義為「處理問題或是相關事務之有目的的活動」；勒斯特與史都華（James P. Lester and Joseph Stewart, Jr.）認為公共政策的特徵是「它是由政治系統的權威者所規劃、執行、評估」（引自Lester and Stewart, 2001: 5-6）；彼得斯（B. Guy Peters）所提出的定義為「公共政策為政府的整體作為，由相關部門直接或間接行使，而影響到一般人民的生活」（1993：4）。另外，國內學者張潤書（1991：8）則將公共政策的概念界定為「包含所有的政府活動，無論是積極地要推行某些政策，或是消極地不去作某些事」；曹俊漢（1990：14）認為公共政策包括三項要素「一個政治單位的目標、目的與承諾，實現或達成這些目標所選擇的方法，及方法適用後所產生的效果。」儘管學者所提出的定義容有差別，基本上，吾人可以歸納各家學說，所謂公共政策，意指政府部門為了解決某些公共問題所擬訂的決策與採取的作為。

從前項定義可知，公共政策專指政府部門的決策而言。相對於「公共部門」（public sector），「私人部門」（private sector）亦會擬訂決策與採取若干作為，以處理組織事務或者滿足企業的需求。公共部門與私人部門的政策制訂有其相通之處，但亦有其差異。無論如何，政府部門透過公共政策影響社會福利與國家發展，其影響範圍與程度，往往超過私人部門所採取的決策。尤其，在福利國家的興起與全球化趨勢之下，民眾要求政府部門應積極扮演資源分配角色，增進人民的福祉，使得政府所履行的功能益形擴大，決策領域更為廣泛。

效率與節約的雙重目標。

三、經費補助

　　政府部門提供個人、社會組織,或者其他各級政府相關經費,也是達成政策目標的方式之一。針對社會普遍存在的問題,政府機構提供特定服務得以適度滿足民眾需求。至於某些特定個人、私人企業或者地區的需要,由政府部門直接給予經費補助,則有助於解決實際問題。對於個人而言,政府可能發放社會福利津貼、房屋修繕補助、失業救助等。對於某些社會團體,政府得撥款補助舉行特定活動,或者藉由政府貸款防止企業破產,避免造成大規模失業人潮。另外,中央政府撥發地方政府相關補助經費,亦為政府施政的作為。中央政府的經費撥發可能有其特定項目,要求達到預設政策目標,其經費補助也可能並沒有特定標的,而委由地方政府自行運用。除了直接提供金錢之外,公債利息也是政府提供經費的一種方式。值得說明的是,僅給予經費補助,並不必然能夠有效達成政策目標。畢竟,教導他人如何釣魚,比直接給魚吃,更能有效地長期解決問題。舉例來說,提供公共住宅、職業訓練、提升教育素質、醫療服務等,雖然並非直接提供民眾金錢,但可能更能達到特定政策目標。

四、課徵賦稅

　　政府提供補助經費,同時亦必須課徵稅收。權利與義務相伴相生,人民有享受福利的權益,當然也有承擔納稅的義務。為了達成某些政策目標,政府也會以減稅、退稅作為誘因,要求民眾和企業消極不採取某些作為,或者積極採取某些特定作為。其基本邏輯認為,私人利益的追求可以用來達到公共目的。假如政府提供充足的誘因,可以引導社會大眾遵循某些作為,使得政府政策得以發揮預期效應,而且可以節省財政支出的方式達成政策目標(Schultze, 1977)。一般說來,這些政策目標可能僅限於若干「管制政策」(regulatory policy),其主要在於管制民眾從事某些特定行為。政府以賦稅為手段,達成政策目標的例證甚多,例如,課徵環境保護稅、汽機車空氣污染稅、菸酒稅等。基本上,這些賦稅目的旨在透過「使用者付費」的原則,調節供給需求。當然,政府訴諸市場機制往往引發若干批評,部分人士以為,政府部門應該禁絕或者採取更嚴苛的管制標準。

五、訴諸其他經濟手段

　　除了課徵賦稅外，政府還得運用其他經濟手段，達成預定的政策目標。舉例來說，政府部門對中小企業進行信用借貸，對農民提供農作產品最低收購價格，對於某些出口貨品進行補貼增加國際競爭力，調整中央或聯邦銀行利率，以及匯率調節等，藉以影響國家總體經濟表現。

　　綜言之，前述五種政策類型為政府部門普遍採取的作為。此外，若干學者依據不同的標準提出政策分類方式（Lester and Stewart, 2001: 10-12）。例如，洛威（Theodore Lowi）根據「政策效應」（「加諸義務」或者「賦予權利」）與「實施方式」（透過「個人行為」或者「行為環境」）兩個面向，將公共政策區分為「分配政策」（distributive policy）、「管制政策」（regulatory policy）、「建制政策」（constituent policy），以及「重分配政策」（redistributive policy）等四種類型（1972, 1985）。

　　依其定義，分配政策係經由政府補助，以促進私人活動，而有助於社會目標的達成。這種型態的政策並無喪失利益者，每個人皆公平受益，如教育政策。管制政策旨在加強義務於個人行為，故政策要求被管制者必須認同與順從政策目標，一旦被管制者做出有違管制政策目標的行為時，就必須接受懲罰或制裁，如環境污染管制。建制政策則是透過制度賦予權力，主要是關於政府組織內部權力分配的政策，如政府組織法規。重分配政策則試圖透過「總體財政」的手段，重新配置社會財貨。本質上，這些政策將某一個團體的利益重新分配給另一個團體，社會福利政策即為明顯例證。

　　此外，依據意識形態的區別，可將公共政策區分為「自由取向政策」（liberal-oriented policy）與「保守取向政策」（conservative-oriented policy）。基本上，自由取向政策主張擴大政府角色，善用政府管制與分配機制，藉由課徵稅收，擴大政府支出，增加社會福利範疇，用以促進社會公平、正義。反觀，保守取向政策則強調「有限政府」（limited government）觀點，政府功能主要僅在於維持社會秩序，反對政府積極介入市場機制，強調減少稅捐稽徵與政府公共支出。在決策模型方面，自由取向政策偏好中央政府集權型態，而保守取向政策較支持地方分權的政治體制。

　　依據政策本質區分，可以歸納為「實質政策」（substantive policy）與「程序政策」（procedural policy）兩類。實質政策意指政府處理實際問題的行動，例如交通建設、環境保護，以及社會福利政策等。程序政策則是規範行政作為的程序，確保行政責任的歸屬。再者，依據分配利益，得將公共政策劃分為「物

質政策」（material policy）與「象徵政策」（symbolic policy）。物質政策旨在分配具體社會資源或實質權力，諸如社會福利政策、房屋津貼、課徵賦稅等。至於象徵政策規範的內容屬於抽象價值，例如制訂國慶假日與特殊紀念日、國旗國歌的規定等。另外，依據規範的標的，可區分為「公共財」（collective goods）與「私有財」（private goods）兩種政策。公共財政策所規範的對象，係指不可將利益分給任何人，例如國防、外交與公共安全等。反觀，私有財政策的特徵則是，可將財貨分別區隔成為不同單位，民眾只要付費即可享有，如房屋、股票、汽機車等，這些財貨的分配與管制由私有財政策所規範。

參、公共政策的制訂及其理論模型

在現代社會中，公共政策的制訂過程往往甚為複雜，從問題的界定、資料的蒐集與研析、各種可行方案的分析與評估、目標的確立，以至於選擇政策方案等階段。在決策程序中，首要步驟為「議題設定」（agenda setting）。無疑地，這個階段甚為重要，因為在眾多社會問題中，必須先成為議題，始可能轉化成為政策。為何有些問題能夠成為政策議題，而有些問題不易成為政策議題，之所以如此，係因為問題的特性使然，包括影響性、重要性、顯著性、迫切性等。當社會大眾、輿論、利益團體感受某項議題亟待解決，而且認為政府部門必須負責處理，就可能形成政策議題。當然，有時是由政府部門（行政機關、立法部門，或者司法體系）主動提出，爭取社會輿論的關注，之後成為政策議題。

就其定義而言，科布（Roger W. Cobb）與艾爾德（Charles D. Elder）將議題設定視為「被政治系統視為合法且值得關心的一組政治爭議問題；被決策系統極為關注並且計畫採取行動的一組事件」（摘自Lester and Stewart, 2001: 70；亦參見Peters, 1993: 43-44）。本質上，議程設定為決策者認知到問題的重要性，並將其納入法案程序。根據其分類，議程可區分為「系統議題」（systemic agenda）與「制度議程」（institutional agenda）兩種類型。系統議題包含所有的議題，例如政府可能採取的作為或者已經訴諸行動的議題。系統議題包括「假性議題」（pseudoissue），其作用只是為了安撫社會某些民眾，認為政府關切攸關他們權益的議題，但是實際上僅為討論，並不會達成任何政策決議。當然，在眾多系統議題之中，政府必然考量其中若干事務，而採取具體作為。

反之，制度議程則是明確行動議題的集合，且由決策者慎重考量制訂成為政策。

　　關於政策制訂的研究，諸多學者提出不同決策模式，均頗具學術參考價值。基本上，可將各種決策模型區分成為「理性決策學派」與「非理性決策學派」等兩大支派，在此之下，亦可再細分為不同學說（Palumbo and Maynard-Moody, 1991: 141-149）。在理性決策學派之下，主要有三種決策模型，包括「嚴格理性模型」（strict rationality model）、「有限理性模型」（bounded rationality model），以及「警覺資訊過程模型」（vigilant information processing model）。非理性決策學派主要包括「官僚議價模型」（bureaucratic bargaining model）、「垃圾桶模型」（garbage can model），以及「行政常規模型」（administrative routine model）等三種理論。總體而言，理性決策學派和非理性決策學派的論辯，並不在於「政策目標」（policy objective）的優劣，而主要著重在「決策過程」（decision making）的差異。

一、理性決策學派

　　就理性決策學派而言，儘管嚴格理性模型、有限理性模型，以及警覺資訊過程模型有其不同，但具有共通之處。基本上，這些決策模型假設政策制訂是基於決策者清楚的目標偏好，政策選擇預期獲致特定結果。值得說明的是：理性決策學派的研究者認為，理性決策過程仍然可能產生相當程度的風險，因此未必獲致最佳的結果。簡言之，理性決策理論主要在於尋求最佳的政策選擇，達成預期結果。

嚴格理性模型

　　如前曾述，決策過程可以區分為議題設定、資訊蒐集、設定政策選項，以及選擇政策方案等數個階段。依據嚴格理性模型的觀點，這些決策過程得以清楚且客觀地界定。對於決策者而言，具備充裕的時間，足以獲悉各種政策方案的所有資訊，並且清楚認知其利弊得失。基於選擇方案的充分資訊，且具有明確的政策偏好，決策者從各種選項中作出最佳選擇，產生「極大化效益」（optimizing utility，所謂效益意指獲利減去成本的純利）的政策輸出。而且，在制訂決策之後，政策結果能夠客觀地評估。綜言之，嚴格理性模型具有四項特色，包括充分的選項資訊，完全了解選項的結果，清晰的偏好排序，以及相同的決策程序，藉以達成最佳的政策結果。

　　多數決策研究者認為，在現實情況中，嚴格理性模型甚少發生。因此，嚴格理性模型僅是一種「規範性」（normative），而非「描述性」（descriptive）的決策程序。換言之，這種決策模型說明決策者應該如何制訂政策，而不是決策如何制訂。基本上，嚴格理性模型面臨幾項批判。首先，是「手段」（means）與「目標」（end）的不確定性。簡言之，無論決策者如何戮力蒐集決策資訊，仍然無法確知每個選項的風險及其實際效應。在許多情況之下，不確定性程度甚難確知，而且風險預估往往甚難精確分析，這些不確定性因素使得決策錯誤的機率增加。

　　其二，決策者偏好往往難以清楚排序，無法按理性原則釐定目標。當面臨實際抉擇時，決策者對於偏好選擇往往甚為模糊，甚至可能相互衝突。更有甚者，決策者的政策偏好可能隨著時間而改變。換言之，面對不同問題與情境時，決策者的目標可能產生轉換。在個人決策過程中，不確定性與偏好的改變影響決策過程。進而推之，在團體決策過程中，不確定性與偏好的改變可能更為明顯。即使個人的政策目標是固定不變的，但是當不同的個人各持己見，將徒增團體決策的模糊性與衝突性。其三，當面臨政策抉擇時，決策者可能缺乏充裕的時間、資源、能力，檢視所有可能的選項。畢竟，公共政策牽涉面向甚多，完整的資訊蒐集與討論，甚難達成。

有限理性模型

　　嚴格理性模型與有限理性模型的差別在於程度的不同，而非基本概念的差異。有限理性模型強調的是小規模、短期的理性行為。有限理性模型並不認為決策者具有清楚的價值目標，且擁有完整的資訊搜尋，而在於強調政策制訂過程呈現的理性成分有其限度。在多數決策過程中，決策者無法獲致最佳的解決方案，一般說來，他們會對於第一個可接受的方案表示滿意。因為任何決策者在有限的時間內，能夠獲得的資訊並不完整，因此充分的理性在決策過程中甚難存在。在有限理性決策過程中，政策目標為差強人意的結果，亦即大致上可以滿意的效益（Simon, 1976）。

　　如果嚴格理性模型強調決策者尋求最佳的解決方案，那麼有限理性模型在於說明決策者尋求短期合理的決策，並且隨時修正先前所作出的決策。如此的決策程序是一種「循序漸進模型」（incrementalism model），而非一旦達成決議便固定不變。一項研究指出，在政策制訂的過程中，決策者大多受以往的政策與決策環境所侷限，因此多數決策往往依循以往的政策內容，對應變遷的環

境，僅作小幅度的修正。事實上，大幅度的政策變革甚少發生，而且不易產生預期的效果（Lindblom, 1979）。換句話說，以循序漸進和小規模修改的方式取代大規模的改革和激進的政策，是較為適切可行的決策模式。

基本上，有限理性模型仍然強調目標價值，但是相對於嚴格理性模型，這種目標價值是屬於短期的。一項研究將有限理性模型以兩個照相機作為比喻，稱之為「綜合掃描模型」（mixed-scanning model），亦即一個廣角鏡頭相機含括所有景致，但是無法清楚攝取細部畫面，之後再運用第二個短距照相機捕捉廣角相機遺漏的細節部分（Etzioni, 1967）。平心而論，相對於嚴格理性模型，有限理性模型確實足以解釋多數政府的決策過程。儘管如此，有些學者批評有限理性模型缺乏政策遠見，政府官員根本不在乎政策的優先順序，他們只要求微幅修正以往的決策就感到心滿意足（Adams, 1979: 547）。

然而，支持有限理性模型的學者嘗試提出不同觀點，其認為有限理性模型提供了較佳的決策分析過程，同時考量若干不確定因素。因此，就相當程度而言，有限理性決策不僅是一套規範性的理念，而且是一種描述性決策模型（Lindblom, 1979）。之所以具備規範性和描述性的雙重特性，係因為有限理性模型具有幾項要素。其一，決策過程應該衡量決策者的能力範圍與限制，因為個人的理性是有限的，無法在短時間內吸收龐大的資訊，並分析所有訊息將其歸納為簡單的決策。從實際情形看來，決策者瞭解問題、提出解決問題的能力是相當薄弱的，尤其面臨眾多的問題需要解決、太多的施政方案有待評估時，個人能力無法達到這樣程度（Simon, 1976: 198）。

其二，依照嚴格理性模型，即使決策者能夠徹底了解問題，並且提出最佳的解決方案，但是這樣的決策行為可能並不值得。決策過程可以區分為議題設定、資訊搜尋、設定政策選項，以及評估政策方案等數個階段，這些行為在在需要時間和資源，亦可稱之為「決策成本」（decision costs）。嚴格理性決策行為的可能結果是，獲利減去成本的純利為負數。換言之，決策者耗費冗長時間和龐大資源達成決策，但是這些決策成本遠超過實質的獲益。

其三，依照嚴格理性模型，當資訊蒐集尚且不足時，最好的處置方式是延後決策時間。相對而言，有限理性模型的建議較為具體可行。其認為，在不確定的環境中，應先採取某項決策，然後依照實際執行情形逐步修改，有必要時甚至重新考量決策方向（Lindblom, 1979: 517）。基本上，有限理性模型並不主張創新的政策規劃，也不制訂大幅度變革的政策轉變，至於在政策執行方面，採取迥異於以往的做法經常遭遇挫折。

警覺資訊過程模型

　　一項研究指出，在發展決策模型時，避免使用「理性」該詞彙，而是採取較為中性的「警覺資訊過程模型」。儘管如此，警覺資訊過程模型仍然歸屬於理性決策模型，其試圖結合嚴格理性模型的核心概念，以及有限理性模型的決策過程（Janis and Mann, 1977）。一方面，猶如嚴格理性模型，警覺資訊過程模型是基於決策者清楚的政策需求；另一方面，宛如有限理性模型，警覺資訊過程模型考量個人能力限制與時間資訊的侷限性。在時間、資訊與能力的侷限之下，決策者的政策制訂必須遵循七項標準程序，審慎考量最佳方案，藉以達成特定目標：

1. 羅列並檢視所有的政策選項。
2. 評估所有的政策目標和價值。
3. 衡量所有選項的成本、效益與風險。
4. 搜尋更多嶄新資訊，有利於決策評估。
5. 虛心接納政策資訊與建議，儘管這些建議可能與原先預期的政策目標相互衝突。
6. 在做出決定之前，重新檢視所有政策的利弊得失，包括先前可能忽略的資訊。
7. 規劃如何執行政策，以及預期可能產生的問題。

　　基本上，警覺資訊過程模型能否順利運作，繫於三個條件：了解可能產生的風險、所有可能選項的搜尋，以及是否具有充裕時間。假若欠缺任何一項條件，將影響警覺資訊過程模型的七項原則，徒增錯誤決策的機會。必須說明的是，警覺資訊過程模型並不能夠確保每項決策都是完全正確的，只不過就長期而言，這些決策較能達成預定目標。事實上，這也是理性決策模式學者共同認知的想法。

　　儘管前述三種理性決策模型仍存有差異，但是其具有相同的命題：決策過程所牽涉的選項判斷，係基於清楚的目標偏好和預期的政策結果。反觀，部分學者認為，政府的決策過程往往是不理性的，亦即實際的決策過程甚少有清楚的偏好和預期的結果。

二、非理性決策學派

　　非理性決策學派嘗試解釋混雜的決策過程，其基本觀點與理性決策學派相距甚遠。依據非理性決策學派的觀點，決策過程主要涉及兩種結構。首先是

「決策結構」（decision structure），亦即議題討論規則，以及如何化解分歧意見的解決方式。決策結構可能訴諸多數決、共識決，或者是由領導者獨斷裁決，均可能產生不同的政策結果。其次是「機會結構」（access structure），亦即決定哪些人士或者團體有權參與決策過程。基本上，公共政策的產出是基於前述兩種結構互動的結果，而非預期政策目標的計算考量（Palumbo and Maynard-Moody, 1991: 145-146）。當然，「決策結構」的變動和「機會結構」的不同，均足以影響政策成果。

官僚議價模型

官僚議價模型為非理性決策學派的重要代表。一項研究針對甘迺迪（John F. Kennedy）政府處理古巴飛彈危機的決策過程，其指出，在複雜互動的行政體系中，政策制訂過程並不契合理性原則。儘管此案例屬於緊急突發事件，但是該研究認為，其整個決策過程的本質和其他政府決策，殊無二致。基本上，公共政策制訂的參與者甚多，這些參與者代表不同政府單位，其主要考量不僅在於政策本身，更重要的是個人和所屬單位的立場與利益。因此，當每位參與者嘗試維護自身利益時，政策產出即成為不同單位爭執、妥協、折衝、討價還價的結果（Allison, 1971）。換言之，實際決策過程和理性決策的研究者所提出的觀點大相逕庭，所謂清楚的問題設定、明確的政策價值排序、完整的資訊搜尋、審慎的方案選擇與評估，在政策制訂過程中並不存在。

垃圾桶模型

垃圾桶模型主要強調政策議題的變化性、不可預測性，以及決策程序的短暫性。其認為，政府組織是政策議題、決策程序、決策者，以及各種解決方案的綜合體。若干實例顯示，組織經常是有了具體決策方案之後，才開始尋求問題，並且過度誇大問題的嚴重性和解決方案的重要性。隨著不同的情勢與決策參與者，決策過程各項階段，包括設定議題、資訊搜尋、解決方案與決策過程等，亦隨之改變。一般說來，當決策情勢益形開放、政策議題愈是多樣化，決策結果愈難加以預知（Cohen, March, and Olsen, 1972）。

如是以觀，嘗試描述決策過程是極為困難的。依據垃圾桶決策模型，議題設定和解決方案，隨著參與者、議題和時間的變動而有所不同。這樣的觀點，對於吾人了解政府決策具有若干啟示：

其一，誰參與決策過程，以及誰有權作最終決定，是決策過程中的關鍵核

心。舉例來說，關於經濟發展與環境保護的取捨何者為重的問題，隨著時間、情境及決策者偏好的不同，可能會產生截然不同的結果。

其二，議題設定與解決方案可能是相互獨立的，未必具有因果關係。有時候，決策者針對問題提出政策方案；然而，也可能是具體的解決方案引導政府部門去發掘更多的既存問題。舉例來說，大學聯考制度受人訾議之處甚多，且由來已久，然而直到新式入學方案被提出之後，政府單位才開始強調這些大學聯考制度的缺失，並表示亟待改革的迫切性。

其三，垃圾桶模型強調決策如何受人引導與操作。議題設定、資訊搜尋、解決方案的評估，以及參與者的決策過程，隨著不同的議題而改變，缺乏一套確切的決策模型可供遵循。

行政常規模型

若干學者嘗試修正垃圾桶模型，納入官僚體系的階層化結構及其有限參與特徵，發展出行政常規模型（Masuch and LaPotin, 1989; Levitt and Nass, 1989）。垃圾桶模型闡述的是政府決策過程的變動性，而行政常規模型則是強調政策制訂的僵化和停滯。垃圾桶模型或許較可適用於立法部門的決策行為，但是在官僚體系中可能呈現截然不同的形貌。基本上，針對例行性公事，文官體系的決策過程大多依循固定模式，因此得以預期政策結果為何。

無疑地，了解文官體系的決策過程，對於吾人了解公共政策的制訂助益甚大。舉例來說，社會福利政策由立法部門決定之後，交由文官體系詮釋政策，制訂計畫及督責所屬執行計畫，文官體系執行社會福利計畫的內容維持固定模式，據以解決特定社會問題。基本上，這種模式可稱之為「制度化」（institutionalization）。當決策過程愈趨近制度化，愈可預期政策結果（Zucker, 1977: 726）。一旦決策過程形成固定模式，政策決定不再是理性分析，也不易更迭變動。一項研究將政府機構、行為規則、角色規範、結構安排，以及資料公文的綜合體，稱之為「政治結構」（political structure）；其認為，由於固定的政治結構，以及明顯的政策優先排序與行政人員的期待，使得決策過程墨守成規（March and Olsen, 1984）。再者，制度化的政治結構排除諸多問題進入制度議程，使得某些團體無法在決策過程中發揮影響力。簡言之，依據非理性決策學派，政策結果往往是不易預知的。然而，行政常規模型強調決策行為的制度化，因此增加了政策結果的預期性。

肆、政策執行

任何政策是否能夠達成預定目標,其決策內容的制訂甚為關鍵,然而執行層面的良窳亦甚為重要;儘管政策內容規範周詳,但可能因為執行不當,使其成效大受影響,甚至徒勞無功(呂亞力,1995:332-333)。在政策執行過程中,每一階段必須事先審慎規劃,而且步驟與步驟之間的序列必須考慮周詳。大體說來,政策執行的成敗,主要取決於兩項條件:一是行政部門及其文官人員素質訓練的優劣,另一則是執行程序的允當與否。前者較受人重視,而後者則往往受到忽略。之所以要求執行程序符合確切合宜的原則,主要目的有二:

1. 執行程序得以確保政策的合法性。僅考量政策目標的達成與否,而罔顧執行程序的合法性,並不符合民主政治所強調的「程序正義」原則。
2. 執行程序有助於政策目標的達成。

公共政策係針對社會需求履行興利或防弊的功能,適切的執行程序得以確保政策目標的維持,減少人力、時間與資源的耗費,藉以達到預期的「效益」(effectiveness)或「效率」(efficiency)。

在多元程度益趨提高之際,政府部門必須面臨瞬息萬變的挑戰,而且政務處理往往需要專門的知識與技術。基本上,行政首長或者立法部門所制訂的政策,大多為原則性、指導性事務。這些事務必須經過文官體系的詮釋,並轉化成為具體的執行計畫。在階層化的文官體系中,高級事務官員的主要任務在於提供專業意見,協助行政首長與政務官員制訂政策;再者,在政策制訂之後,詮釋施政內容,擬定執行計畫,選擇實現政策目標的技術,決定人員與資源的調配,並且監督所屬貫徹執行。中級事務官員承接高級事務官員的指揮,規劃實際執行步驟,交付基層事務官員實施,協調執行單位的活動,監督計畫的執行,並且反應基層人員的執行意見。為了確保政策目標的達成,並避免資源與人力之浪費,文官體系的協調甚為重要。中級事務官員的主要任務即為協調,包括上下層級與平行單位間的協調。基層事務官員實際執行計畫,從事若干例行性活動,遇有任何疑義則向中級事務官員反映,再呈報上級機關,作為未來政策修正的依據。

理論上,政策執行著重分層負責、層級節制,然而在實際執行過程中,牽涉因素甚多,攸關政策成敗。針對政策執行的可能問題,一項研究檢視實際案例之後,提出七項具體建議,頗有參考價值(曹俊漢,1990:239-241):

1. 政策制訂與政策執行無法完全分離。假若政策設計並未考量政策執行的問

題，則往往難逃挫敗的命運。值得強調的是，政策制訂與政策執行是互動
關係，彼此相互依賴，不宜截然劃分何者為前，何者為後。政策制訂階段
固然決定政策執行的方向，但在執行政策過程中，亦可能影響未來政策走
向。

2. 政策執行的「決策點」（decision point）與「過濾點」（clearance point）不
宜過多，否則容易增加不確定性，使得單位之間的協調備增困難，致使執
行過程窒礙難行，無法達成預期目標。

3. 政策制訂不能僅以經濟理論為基礎，必須考慮社會需求的面向，較能符合
人民需要。如果只從經濟觀點解釋政策執行，可能因為考量的層面有所缺
漏，導致政策執行遭遇困境。

4. 政策執行必須仰仗具有「危機意識」（sense of urgency）的單位或個人，
才能使得政策執行具有彈性調整能力。假若政策執行者缺乏危機意識，便
容易延宕執行計畫，耗費既有的資源與人力，致使政策推行面臨阻礙。

5. 在政策施行過程中，政策執行計畫的制訂者與執行者應該盡量維持一致，
這不但可以維繫政策的一貫性，更得以保持政策執行的熱誠。

6. 必須注意的是，猶如「官僚議價模型」所描述的一般，參與政策執行過
程的相關單位與人士，存有既定立場、觀點與利益，協調各方執行步
伐並不容易，致使問題更趨複雜。換言之，行政機關之間「本位主義」
（parochialism）的藩籬仍然存在，嚴重阻礙政策執行的效果。

7. 政策執行的步驟應該盡量簡化，避免繁雜。原則上，執行步驟愈簡約，發
生問題的機率愈低。假若政策執行愈集中在確切目標，所需決定愈少，排
除其他干擾因素，規劃執行就可能更為順暢。

伍、政策評估

政策制訂與執行之後，評估其成效，顯然有其必要。政策評估主要包含兩
個面向。首先，是根據政策的影響程度來評價政策結果。其次，則是根據原本
設定的目標來判斷政策的成敗。儘管若干研究者嘗試提出不同指標藉以進行政
策評估，然而迄今仍未發展出最佳的評估模型，足以為多數學者所接受。基本
上，較為人熟悉者有四種政策評估類型，其分別為「評估分析」（evaluability
assessment）、「影響分析」（impact analysis）、「過程評估」（process

evaluation），以及「成本效益評估」（cost-benefit analysis）（Palumbo and Maynard-Moody, 1991: 284-293; Lester and Stewart, 2001: 130-134）。茲分述如下：

一、評估分析

　　進行政策評估的首要步驟是進行評估分析。所謂評估分析，意指決定政策的何項部分可以進行實際評估（Wholey, 1979）。其基本假設認為，由於政策目標並不必然清晰，或者政策並未被充分執行，因此並非政策的所有項目均可受評估。必須說明的是，評估分析並不容易達成，因為進行評估分析的首要步驟是界定政策的實際目標，以及政策目標如何測量。這個過程必須蒐集所有政策執行的資訊，嘗試將政策輸入與政策產出清楚釐定。除此之外，評估分析的重點在於了解政策評估的目的為何，包括何者需要了解政策評估，以及他們想要知道什麼？究竟是決策者企圖知悉實際政策效果為何，還是社會大眾對於該政策施行的意見？

　　再者，評估分析者必須事先決定政策評估的方式。根據「效益評估」（utilization-focused evaluation）的觀點，政策評估必須組成評估小組，其組成人員包括所有相關執行部門的代表與政策對象。評估小組擁有職權決定評估項目、設計評估內容，以及解讀評估結果（Patton, 1986）。進行評估分析時，也必須了解政策評估的政治環境因素。就相當程度而言，所有的政策評估都具有政治意涵，政策產出是為了解決特定社會問題，而政治環境也會影響政策執行的成效。因此，評估者必須了解環繞著施行政策的政治現實因素，否則政策評估可能毫無價值，或者僅淪為政治人物用以批評政府決策的藉口罷了。

二、影響分析

　　影響分析主要在評估政策結果為何，且是否符合政策目標（Mohr, 1988）。進行影響分析時，評估者旨在了解，當政策執行後，與政策有關的民眾其影響為何。值得說明的是，影響分析可能存在若干問題，因為吾人無法確知該效果是政策施行的因素，或是其他未能掌控的因素所致。畢竟，在政策施行過程中，甚難控制所有可能的影響因素。再者，由於每項政策施行的獨特性，因此某項政策的影響分析並不宜推論到其他政策的效應上。因此，部分政策研究者認為，影響分析不宜作為政策評估的主要方式。況且，政策面向牽涉甚廣，除了政策結果之外，如何評估執行過程以作為改進政策的依據，對於未

來政策執行更具意義。

三、過程評估

　　過程評估偏重於政策執行的各個面向與政策的產出，包括政策管理和組織結構層面、執行計畫的評量、行政管理溝通協調的評價，以及民眾對於施政的滿意程度等，藉此了解政策的得失成敗。如果過程評估顯示某項政策遭致失敗，這可能是因為政策制訂的不當，或者政策執行不力。值得強調的是，政策評估本身的測量指標過於狹隘，也可能誤導評估結果。換言之，由於評估指標設計的錯誤，可能使得政策效果未能被充分評估。

　　過程評估的目的在於了解計畫執行過程，檢視政策輸入項與輸出項的互動關係。政策輸入項包括人力、時間、金錢和物質，輸出項包括利用這些資源所獲致的結果，及其中資源如何整合達到政策輸出。基本上，過程評估主要含括六項議題：

　　1. 誰是政策的服務對象？
　　2. 這些服務對象是否包含在政策執行範圍之內？
　　3. 有多少比例的服務對象包括在政策執行之中？
　　4. 行政官員和這些服務對象是否參與決策過程？
　　5. 政府組織的各個部門對於該項政策目標的意見是否一致？
　　6. 該項政策是否具有彈性，得以適用在不同地區環境？

四、成本效益評估

　　成本效益評估是政策評量的一種方式，其亦可稱為「政策分析」（policy analysis）。成本效益評估主要在於衡量某項政策的經費支出是否達到特定效益。然而，成本效益評估存在諸多問題。首先，成本效益評估的前提是政策內容清晰完整、政策目標清楚界定，以及執行方式確切可知。基本上，甚少政策具有如此特徵。其次，成本效益評估不宜運用在社會福利政策上，例如勞工安全保障、殘障醫療照顧，因為甚難將這類政策目標轉換為量化數字。再者，當不同的評估者執行成本效益評估時，其結果可能大相逕庭，這是因為評估觀點的差異。

　　成本效益評估源自於經濟學者所發展的概念，其基本假設是理性的個人會追求利益的極大化，相同的邏輯可以運用在政府部門的決策。基本上，成本效益評估有三項命題：

1. 決策者得知所有的政策選項。

2. 對於所有政策的偏好，決策者可以自由選擇，不必受任何條件的拘束。

3. 得將所有選項的成本和效益，藉由量化數據呈現，尤其是以經費代表之。

成本效益評估的首要步驟是確定政策目標。舉例來說，政策制訂原意在於提升汽車的安全性、降低駕駛者與乘客傷亡的比率。實際政策執行計畫甚多，包括強制性規定前座者繫上安全帶、配備安全氣囊、改善汽車安全係數、增加道路設計的安全性，或者是強化駕駛者的交通安全教育。每項政策選項必須以量化數據呈現。

成本效益評估的第二個階段，是計算所有政策選項的成本，包括操作成本、社會成本，以及顧客成本。操作成本意指行政部門執行政策的所有支出，如人事、時間、設備、器材、物質等，這些成本往往被人忽略。社會成本意指「機會成本」（opportunity cost），亦即如果該資源沒有投注在某項計畫，而是投注在另一項政策上時，其實質成效為何。同樣地，機會成本不易以具體客觀的標準衡量。所謂顧客成本意指政策實施之後，政策對象必須支付的成本為何；舉例來說，為了提高汽車的安全性，駕駛者必須支付多少費用購買安全氣囊。

計算政策成本之後，便可進行評估效益。舉例來說，決策者面臨兩個政策方案：第一個提案是政府花費一億元改善交通設備，預期足以減少一百人的傷亡；第二個選擇是政府花費三千萬元，預估得以減少五十人的傷亡。從成本效益評估的角度來看，第二個選項似乎是較佳的選擇，但是從人民權益的觀點而言，政府挹注更多經費減少民眾傷亡，是極為合理的作為。因此，若干研究者極力抨擊成本效益的評估方式，其認為並非所有政策皆可以金錢數字來衡量，事實上，其蘊含著濃厚的政治意涵。

陸、結論

在政府治理的過程之中，公共政策的制訂、執行與評估，攸關社會大眾的福祉與權益。公共政策意指政府部門為了解決某些公共問題所擬訂的決策與採取的作為。儘管政府部門與私人部門的政策制訂有其相同之處，但基本上，政府部門透過公共政策影響社會福利與國家發展的影響範圍與程度，往往凌駕私人部門的決策。事實上，在社會福利國家的興起與全球化趨勢之下，政府所履

行的功能益形擴大，決策領域更為廣泛。為達成預定施政目標，政府部門得以運用的政策方式甚多，包含制訂法律、社會服務、經費補助、課徵賦稅，以及訴諸其他經濟手段等。

在現代社會中，公共政策的制訂過程往往甚為複雜，從議題的界定、資料的蒐集與研析、各種可行方案的分析與評估、目標的確立，以至於選擇政策方案等階段。關於政策制訂的研究，諸多學者提出不同決策模式，約可將之劃分為「理性決策學派」與「非理性決策學派」等兩大支派。在理性決策學派之下，主要有三種決策模型，包括「嚴格理性模型」、「有限理性模型」，以及「警覺資訊過程模型」。非理性決策學派主要包括「官僚議價模型」、「垃圾桶模型」，以及「行政常規模型」等三種理論。

總體而言，理性決策學派假設，政策制訂是基於決策者清楚的目標偏好，政策選擇預期獲致特定結果。反觀，非理性決策學派嘗試解釋混雜的決策過程，其認為決策過程主要涉及「決策結構」與「機會結構」，公共政策的產出是基於前述兩種結構互動的結果，而非預期政策目標的審慎考量。

政策是否能夠達成預定目標，執行層面的條件甚為重要。在政策執行過程中，每一階段必須事先審慎規劃，而且步驟與步驟之間的序列必須考慮周詳。政策執行的成敗，主要取決於文官體系與執行程序的良窳。在現代社會中，政府部門面臨瞬息萬變的挑戰，而且政務處理需要專門的知識與技術。基本上，行政首長與立法部門所制訂的政策，大多為原則性事務。這些政策必須經過文官體系的詮釋，並轉化成為具體的執行計畫。

至於在政策評估方面，儘管若干研究者嘗試提出不同模式，然而仍未發展出最佳的評估模型，足以為多數學者認同。其中，「評估分析」、「影響分析」、「過程評估」，以及「成本效益評估」是較為人熟悉的四種政策評估類型。基本上，政策評估主要包含兩個面向。首先，是根據政策的影響程度來評價政策結果。其次，則是根據原本設定的目標來判斷政策的成敗。

總體而言，若干政策評估戮力尋求「因果模型」（causal model），旨在回答一個問題：某項因素是否導致特定結果？其基本邏輯以為，如果吾人可以釐清形成原因，那麼得將政策適用在不同環境之中。然而，這種推論恐過於樂觀，畢竟影響政策成敗的變數甚多。換言之，某項政策施行成效良好，並不必然表示相同的政策在不同時空施行，亦能獲致相同的結果。在社會科學的領域當中，因果模型的建立不易，我們必須從以往的經驗中學習教訓，並將此經驗實際運用在未來的政策規劃上。

參考書目

一、中　文

吳重禮、嚴淑芬，2000，〈公營事業對於臺灣地區經濟發展之影響評估〉，《公營事業評論》，
　　第 2 卷第 2 期，頁 51-78。

呂亞力，2009，《政治學》，六版，臺北：三民。

張潤書，2009，《行政學》，四版，臺北：三民。

曹俊漢，2001，《公共政策》，臺北：三民。

二、英　文

Adams, Bruce, 1979, "The Limitation of Muddling Through: Does Anyone in Washington Really
　　Think Anymore?" *Public Administration Review* 39(6): 545-552.

Allison, Graham T., 1971, *Essence of Decision: Explaining the Cuban Missile Crisis*. Boston: Little,
　　Brown.

Cohen, Michael D., James G. March, and Johan P. Olsen, 1972, "A Garbage Can Model of
　　Organization Choice."*Administration Science Quarterly* 17(1): 1-25.

Etzioni, Amitai, 1967, "Mixed Scanning: A 'Third' Approach to Decision Making."*Public
　　Administration Review* 27(5): 385-392.

Janis, Irving L., and Leon Mann, 1977, *Decision Making: A Psychological Analysis of Conflict,
　　Choice, and Commitment*. New York: Free Press.

Lester, James P., and Joseph Stewart, Jr., 2001, *Public Policy: An Evolutionary Approach*（中文版，
　　陳恆鈞譯，《公共政策：演進研究途徑》，臺北：富學文化）。

Levitt, Barbara, and Clifford Nass, 1989, "The Lid on the Garbage Can: Institutional Constraints on
　　Decision Marking in the Technical Core of Clooege-Text Publishers."*Administration Science
　　Quarterly* 34(2): 190-207.

Lindblom, Charles E., 1979, "Still Muddling. Not Yet Through."*Public Administration Review* 39(6):
　　517-526.

Lowi, Theodore, 1972, "Four Systems of Policy, Politics and Choice."*Public Administration Review*
　　32(4): 298-310.

Lowi, Theodore, 1985, "The State in Politics: The Relation between Policy and Administration." In
　　Regulatory Policy and the Social Science, ed. Roger Noll. Berkeley. CA: California University
　　Press.

March, James G.., and Johan Olsen, 1984, "The New Institutionalism: Organzational Factors in
　　Political Life." *American Political Science Review* 78(3): 724-749.

Masuch, Michael, and Perry LaPotin, 1989, "Beyond Garbage Cans: An AI Model of Organizational
　　Choice." *Administration Science Quarterly* 34(1): 38-67.

Mohr, Lawrence B., 1988, *Impact Analysis for Program Evaluation*. Chicago: Dorsey Press.

Palumbo, Dennis J., and Steven W. Maynard-Moody, 1991, *Contemporary Public Administration*.
　　New York: Longman.

Patton, Michael Q., 1986, *Utilization-Focused Evaluation*. 2nd ed. Beverly Hills, CA: Sage
　　Publications.

Peters, B. Guy, 1993, *American Public Policy: Promise and Performance*. 3rd ed. Chatham, NJ: Chatham House.

Savas, Emanuel S., 1982, *Privatizing the Public Sector: How to Shrink Government*. Chatham, NJ: Chatham House.

Schultze, Charles L., 1977, *The Public Use of Private Interests*. Washington, DC: Brookings Institution.

Simon, Herbert A., 1976, *Administrative Behavior: A Study of Decision-Making Processes in Administrative Organization*. 3rd ed. New York: Free Press.

Wholey, Joseph S., 1979, *Evaluation: Promise and Performance*. Washington, DC: Urban Institute.

Zucker, Lynne G.., 1977, "The Role of Institutionalization in Cultural Persistence."*American Sociological Review* 42(5): 726-743.

進階閱讀書目

吳定，1991，《公共行政論叢》，四版，臺北：天一圖書。

Edwards, George C., III, Steven A. Shull, and Norman C. Thomas, eds., 1985, *The Presidency and Public Policy Making*. Pittsburgh: University of Pittsburgh Press.

Fry, Brian R., 1989, *Mastering Public Administration: From Max Weber to Dwight Waldo*. Chatham, NJ: Chatham House.

Garvey, Gerald, 1997, *Public Administration: The Profession and the Practice*. New York: St. Martin's.

Goodsell, Charles, 1994, *The Case for Bureaucracy: A Public Administration Polemic*. 3rd ed. Chatham, NJ: Chatham House.

Lynn, Laurence E., Jr., 1996, *Public Management as Art, Science, and Profession*. Chatham, NJ: Chatham House.

Hayes, Michael T., 1992, *Incrementalism and Public Policy*. New York: Longman.

Ripley, Randall B., and Grace A. Franklin, 1991, *Congress, the Bureaucracy, and Public Policy*. 5th ed. Pacific Grove, CA: Brooks/Cole.

Rourke, Francis E., 1986, *Bureaucratic Power in National Policy Making*. 4th ed. Boston: Little, Brown.

Rushefsky, Mark E., and Kant Patel, 1998, *Politics, Power, and Policy Making: The Case of Health Care Reform in the 1990s*. Armonk, NY: M.E. Sharpe.

第三章　政治經濟學

郭承天

　　政治經濟學在研究政治因素與經濟因素的互動關係。本文的導論介紹政治經濟學的五種定義和目前研究的兩個重點：市場失靈和創造市場。本章第貳部分簡介五個主要的政治經濟學理論，並且評論他們的優缺點。由於全球化的趨勢，國內的政治經濟發展與國際的政治經濟發展，已是密不可分，因此第參部分說明國際政治經濟學的主要議題，如國際貿易政治、國際金融政治、國際人權政治，以及經濟外交。第肆部分討論政治經濟學的方法。最後，第伍部分檢討政治經濟學與民主價值的關係，並以此評論「第三條路線」的內涵。

壹、導論

一、政治經濟學的定義

　　社會科學家使用「政治經濟學」一詞的時候，至少有五種意涵：

1. 經濟影響政治

　　經濟的因素會影響政府政策的制訂和執行，例如，資本家會遊說立法機關，通過法律限制勞工的罷工權利。不肖的土地開發公司會賄賂政府官員，讓他們違法開發山坡地。共產主義的創始者Karl Marx認為經濟的下層結構（例如農奴經濟）會決定政治的上層結構（例如專制政治）。政治經濟學家Mancur Olson認為美國的政治主要受到利益團體的影響，而資本家公會的政治影響力，就會比勞工和社會福利團體的影響力來得大（Olson, 1965）。

2. 政治影響經濟

　　政治的因素會影響經濟的表現，例如，政客為了爭取連任，讓政府亂花錢在不必要的社會福利和公共建設上，使得金融秩序大亂，影響正常的經濟活動。兩個國家因為政治敵對，切斷彼此的經貿關係，傷害到人民的經濟利益。

Frederich List的國家論，主張一國的經貿政策應該以增強自己的國力，同時削減敵國的實力為目標（List, 1974）。「發展型國家論」（developmental state theory）則主張利用威權國家的力量來促進國家的經濟發展。

3. 政治與經濟因素相互影響

這是前兩種意涵的結合，也是大部分政治經濟學所研究的課題。例如，共產黨以政治的力量，消滅了資本家階級，資本家階級就無法再影響政策的決定，勞工階級的相對影響力就增加了。一個強有力的國家主導經濟發展，從農業社會轉變成工業社會，新興的工業資本家反過來會影響政府的發展策略，進一步導致農業的衰退和工業的發展。

4. 政治與經濟無關

自由主義學派的經濟學家主張讓市場的機制決定經濟活動，反對政府不當的干預；讓經濟的歸經濟，政治的歸政治。例如，自由貿易可以增進兩國人民的經濟福祉，兩國的政府就不應該限制自由貿易。沒有效率的產業也不應該申請政府保護或資助，傷害到消費者和納稅人的利益。

5. 用經濟學的方法來研究政治現象

由於經濟學的方法具有比較嚴密的邏輯推理能力，並且結合了計量統計技術，因此用來分析政治現象，可以使得政治理論更為精密，或具有實證的價值。經濟學的方法有賽局理論（game theory）、集合理論（set theory）、公共抉擇理論（public choice theory）、經濟計量模型（econometric models）等，或統稱理性抉擇理論（rational choice theory）（Shubik, 1984）。

二、當前研究的兩個重心：市場失靈和創造市場

每個國家都希望有持續的經濟發展，使得國強民富。但是為什麼世界上大部分的國家，經濟表現都很不好？即使是經濟先進的歐美國家，國內也有不少低效率的產業存在？

圖3-1使用一個簡單的經濟學模型，來簡介政治與經濟互動的關係，以及各種政治經濟學理論的主要論點。假設某一個國家只生產兩種產品：衣服和電腦。如果這個國家的所有資金和勞工都投入生產衣服，他們可以生產T數量的衣服。如果這個國家的所有資金和勞工都投入生產電腦，他們可以生產P數量的電腦。把T點和P點連起來，就是這個國家的「生產可能線」，也就是說，這個國家的所有資金和勞工，可以做不同的分配組合，生產不同組合的衣服和電腦。

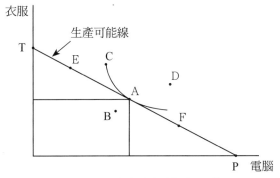

圖 3-1　政治與經濟的互動

　　E、A、F點都在生產可能線上，所以都是可能的生產組合。那麼，這個國家要選擇哪一個生產組合呢？這要看大部分的老百姓喜歡哪一種組合。P點和F點對於老百姓而言，可能生產太多的電腦、太少的衣服。而T點和E點對於老百姓而言，又可能生產太多的衣服、太少的電腦。A點是適中的生產組合，也就是經濟學術語「無差異曲線」（或稱「無異曲線」，indifference curve）與生產可能線相切的地方。

　　「無差異曲線」表示人民對於各種生產組合滿意相同點所連成的曲線。曲線的位置愈向東北方移動，表示人民愈滿意。E點和F點都有「無差異曲線」通過，但是位置比較偏西南方向，所以人民比較不滿意這兩種生產組合。C點與A點同處一條「無差異曲線」上，表示人民對這兩種生產組合都一樣滿意。但是C點落在生產可能線之外，這個國家的資金和勞力無法達到這個水準。D點代表的生產組合比A點更令人民滿意，但是D點也落在生產可能線之外，這個國家的資金和勞力無法達到這個水準。最後，B點落在生產可能線之內，表示這個國家有些資金或勞工被閒置或者浪費掉了，沒有充分發揮產能的結果。而且B點所在的「無差異曲線」又比A點的「無差異曲線」低，表示人民也不滿意B點的生產組合。

　　從經濟學的眼光來看，A點是理想和正常的狀態。B、E、F點都代表「市場失靈」（market failure），需要增進生產效率或者調整生產組合。D點則是「創造市場」的結果，雖然是比較好的結果，但是經濟學家不太願意去談，因為這涉及技術創新的不確定因素，或是政治干預的危險性。然而一個國家為什麼會有市場失靈，如何解決市場失靈，甚至更進一步創造市場呢？這裡面有很多政治因素在干擾經濟法則的正常運作。

　　從B點移到A點所產生的政治問題本來應該是最小的，只要改善生產效率就可皆大歡喜了。但是生產衣服的資本家和勞工可能不這麼想。為了自私的緣故，他們希望政府選擇E點的發展策略，獎勵生產衣服的效率，使得資本家的利潤增加，衣服工廠工人的薪水也提高了。相同地，生產電腦的資本家和勞工為了自私的緣故，希望政府選擇F點的發展策略，獎勵生產電腦的效率，使得電腦廠商資本家的利潤增加，電腦工程師的薪水也提高。於是，生產衣服和電腦的雙方人馬，就會動員各自的政商關係和選票，試圖影響政府採取對己方有利的發展策略。

　　從E點移到A點，表示生產衣服的資金和勞工，要移到電腦製造業去。實際來說，就是有些製衣工廠要關閉，工人要失業。同樣地，從F點移到A點，即使對於全國人民是有利的，電腦產業的資本家和勞工，也因為怕利潤減少和失業，會想辦法阻止政府採取增進衣服生產的發展策略。

　　最後，從A點移到D點所面臨的政治問題，就如同從B點移到A點一樣。本來是皆大歡喜的事情，但是生產者為了一己之私，會試圖影響政府決策，把工業發展策略導引到有利自己的一方，因而造成全國資源的浪費以及人民福祉的降低。

　　現有主要的政治經濟學理論，也可以用圖3-1來簡介，第貳部分再詳細介紹各理論。自由經濟學派認為只要國家不去干預市場，大部分開發中國家所在的B點自然就可以提升到A點。現代化理論認為開發中國家如果採取西方的教育、經濟、文化，和政治制度，就可以從B點提升到A點。

　　馬克思理論認為開發中國家因為國內和國際的政治因素，永遠無法從B點提升到A點。即使生產效率得到改進，也會從B點移到生產科技水準較低的E點，而無法與先進國家並駕齊驅。發展國家論主張建立一個政治自主、大有為的政府，帶領國家的發展，不但從B點提升到A點，還進一步向D點邁進。而統合主義（corporatism）也抱持著類似的觀點，只是所用的方法是依靠層峰公會（peak associations）與政府的合作，而不是單靠政府的力量。下個部分將簡介這些主要的政治經濟學理論。

貳、主要的政治經濟學理論

一、自由經濟學派

現代的自由經濟學派綜合了經濟學發展史上幾個不同的學派而成。由於每一位學者所重視的學派不同，因此對於經濟發展的策略也有不同的看法。最早的古典學派（classical economics, 1776-1890）以Adam Smith為代表。他認為人都是利己的動物，會使用理性的方法，為自己賺取最大的利潤。一個自由的市場，可以幫助人們進行正確的交易行為，使得人盡其才、物盡其用，全民財富增加。民富之後，國家自然強盛。他反對當時盛行的重商主義，試圖以政府干預市場來達到富國強兵的目的；這反而是殺雞取卵，終致民窮國弱。

政府所扮演的經濟角色，應該是「放任式的政府」（Laissez faire government）（Smith, 1937）。Smith之後的Ricardo支持Smith的論點，只是在分析方法上帶入了「比較利益」的（comparative advantage）概念，並且處理階級之間資源分配的問題（Ricardo, 1951）。「比較利益」簡單地說，是指一個國家應該提倡本國比較專長的產業，而不是什麼產業都想做。這個主張到了二次大戰以後，更成為世界銀行和國際貨幣基金提供開發中國家貸款時的主要判斷依據。

新古典學派（neoclassical economics, 1890-1936）以Alfred Marshall為代表（Marshall, 1930）。他們的自由市場主張延續了Smith的論點。他們與Smith不同的地方，主要是研究方法的改進，使用更精密數學量化的方法，如邊際成本和邊際效益的計算，探討市場均衡的穩定性。他們不處理政治的因素，認為政府唯一需要扮演經濟角色的時候，是市場失靈的時候。

新古典學派比較適用於健全市場的分析，但是當市場失靈的時候，則顯得束手無策。這就是1930年代世界經濟大恐慌之後，凱恩斯學派（Keynesian school, 1936-1960）盛行的原因，而且至今仍是深受政府領導人歡迎的學說。凱恩斯學派認為政府應該扮演積極的經濟角色，尤其是在市場失靈、經濟不景氣的時候。他們主張政府這個時候可以降低利率以鼓勵資本家借錢投資，同時擴大政府的公共支出（如公共工程建設）以鼓勵消費。為了保護本國產業的復甦，對於進口的商品可以採取適度的抵制，或者協助出口商搶奪外國的市場。有投資、有消費，市場的機能就恢復了，這時候政府就可以減少干預（Keynes, 1936）。凱恩斯學派對於刺激景氣有短暫的效果，但是長期而言，反而造成國家財政赤字、通貨膨脹和貿易戰爭等弊病，最後還是導致經濟不景

氣。因此，貨幣學派（Monetary school）從1960年代起取代了凱恩斯學派，成為現代經濟學的主流。

貨幣學派以Milton Friedman為代表，他以新古典學派的理論為基礎，認為政府對於市場的干預愈少愈好（Friedman, 1982）。政府的責任是要維持交易秩序和總體經濟的均衡。他認為大部分的經濟不景氣，是因為政府浪費錢在不必要的公共支出上，造成通貨膨脹，與民爭利，扭曲了市場價格。因此，要恢復市場的機能，政府需要設法使得財政平衡，撙節花費。

貨幣學派是當今經濟學的主流，可是許多國家的政治領袖還是喜歡使用凱恩斯學派的政策，為什麼？這是因為凱恩斯學派的政策在短期很受到資本家的歡迎（貸款利息低、包政府的工程），也受到勞工的擁戴（就業機會增加、工資上漲）。政客們為了短期連任的利益，把長期的經濟惡果留到未來再解決。貨幣學派在長期雖然可以使得市場恢復正常運作，然而短期內由於要求政府減少開支、提高利率，使得資本家和勞工都因而雪上加霜。因此政治領袖除非有很大的毅力和勇氣，很難堅持貨幣學派的改革政策。

為了減少自由派經濟政策的政治和社會成本，近年來自由派經濟學者主張以貨幣學派為基礎，適當地加入一些凱恩斯學派的政策。例如採取反壟斷的法案、累進稅率、基本工資、在職訓練、轉業協助，以及提供失業工人基本的生活需要，讓勞工能夠盡快回到就業市場。本章最後一節會對於這種「新自由主義」和「第三條路線」的異同，做進一步的討論。

自由派經濟學的主要缺點有三：

首先，他們不太能夠解釋為什麼第三世界國家經濟長期衰退？第三世界國家的比較利益如果是在農業和輕工業，他們何時才能成為工業先進國家？

其次，如何讓第三世界國家的政治領袖採取自由派經濟政策？這些政治領袖不能與不願採取這類政策的因素為何？

最後，自由派經濟學重視競爭和財富的累積，常常忽略了公平、正義、慈善、環保等其他的社會價值。

二、現代化理論

現代化理論雖然會贊成自由派經濟學一部分的發展策略，但是他們認為經濟發展不是單純的經濟因素可以決定的，而是要顧及政治、經濟、教育、文化和社會的整體發展，才能夠有穩定和永續的經濟發展。現代化理論是二次大戰之後興起的社會科學理論，他們以歐洲國家戰後的復興為例，尤其是德國、義

大利和東方的日本。當這些國家積極地在政治上採取民主政治，在經濟上引進高科技產業，並且吸引外資，在教育上強調科技知識和企業精神，在文化上鼓吹資本主義價值和國際觀，在社會上則走向開放、分工和成立專業團體，這些國家的經濟就可以快速且持久地發展。因此，第三世界國家只要學習歐美先進國家的全面現代化發展策略，就可以很快地加入先進國家之列（Huntington, 1968）。

現代化理論的缺點主要有三：

首先，它是一種直線式，以西方國家發展經驗為標準的發展策略，忽略了不同文化之間的差異和民族自尊，使得第三世界國家，尤其是曾經被西方帝國主義殖民過的國家，對於現代化理論產生民族主義式的反彈。2001年美國911恐怖份子攻擊事件，說明了不少開發中國家對於西方國家的怨恨至今不減。更何況西方國家的發展經驗是不是沒有重大瑕疵，也是值得爭議的。

其次，現代化理論忽略了國家在現代化中所能夠扮演的角色，也低估了反對現代化的本土政治勢力。

第三，西方的政治、經濟、社會制度如何本土化？銜接的問題如何解決？

對於這些缺點，現代化理論並沒有太多的著墨，使得實行起來困難重重。

三、馬克思理論

馬克思理論是一種階級結構分析法。在任何一個資本主義社會中，可以簡單地分為資本家階級和勞工階級。資本家階級和勞工階級，又可因為所從事的行業不同，再予以細分，例如工業資本家、金融資本家、小資本家、白領階級、藍領階級等。這些「階級」與「團體」有何不同？很多西方社會科學家都把這兩個概念混淆了。馬克思理論的資本家和勞工階級是在資本主義社會結構中的行為者。他們因為生活在特定的結構中，就一定有特定的階級利益，並且會從事特定的階級行為，以保障或擴展他們的階級利益。

例如，資本家為了擴展他們的利益，就一定會設法降低勞工的工資和福利。他們賺到錢以後，一定會繼續尋找投資的管道。勞工為了階級利益，就一定會試圖要求加薪和減少工時。由於資本家的人數遠遠少於勞工的人數，為了維持生產秩序和避免勞工群起接管工廠，資本家需要依靠國家的力量來管制勞工。國家為什麼一定要幫助資本家呢？因為資本主義的持續運作（再生），需要靠這些資本家來共同努力。而且政府稅收的主要來源，也是要依靠資本家所繳納的各種稅賦。如果政府不站在資本家的一方，資本家就關廠或者搬到別的

國家去投資，留下來的是經濟蕭條和政府稅收不足。因此，在資本主義時代，國家的本質是資本主義國家（capitalist state），是為資產階級服務的統治工具。勞工階級要獲得政治和經濟上的平等地位，不能依靠國家主持公義，而必須發動無產階級革命，消滅國家，消滅資本家，由勞工自己來管理生產和分配（Elster, 1985）。

　　列寧及其他馬克思主義支持者，更進一步把階級分析從上述的國內領域，應用到國際關係上。他們認為國際資本主義社會是由兩個階級構成的：先進工業國家和開發中國家。前者剝削後者，就如同資本家剝削勞工階級一樣。二次大戰之前，先進工業國家的資本家藉著帝國主義國家的武力，到歐、亞、非洲占領殖民地，以擴展外銷產品的市場，並且取得廉價的農礦原料。二次大戰以後，舊殖民帝國瓦解，不能再使用武力控制獨立後的殖民地。可是先進工業國家藉著國際貿易、貸款、文化優勢等手段，更有效且全面地控制第三世界國家的經濟發展。在這個過程中，由先進工業國家所控制的國際經濟組織，如世界銀行，國際貨幣基金會，成為資本家統治第三世界國家的工具。

　　在世界資本主義體系下，第三世界國家永遠沒有經濟發展的可能，因為工業國家想要繼續剝削落後國家的廉價勞力和豐富的天然資源，也不希望培養競爭的對手。解決之道，是脫離世界資本主義體系，如北韓、古巴、緬甸。或者是第三世界國家加強合作與彼此貿易，進一步控制世界經濟組織的決策，共同抵制工業國家的剝削。

　　到了1980年代，由於亞洲四小龍（韓、台、港、新）經濟的快速發展，推翻了上述傳統馬克思主義的說法。因此，新馬克思主義（neo-Marxism）興起，結合了傳統馬克思主義的論點，以及自由派經濟學和現代化理論。他們認為藉著第三世界的國家、本土資本家、國際資本家所形成的三角聯盟（triple alliance），開發中國家可以有快速的經濟發展。在這個過程中，第三世界的國家在本土資本家和國際資本家之間要發揮「相對的自主性」（relative autonomy），有時討好國際資本家，有時保護本土資本家，最終的目的，是要帶領本國經濟適應國際資本主義體系的運作法則而快速成長。這種發展策略提供了開發中國家一個成長的出路，稱為「依賴性的發展」（dependent development）；雖然有發展，但是在技術和市場上，仍然依靠工業國家，無法與先進工業國家平起平坐（Evans, 1979）。

　　馬克思主義的優點在於強調經濟平等和維持人們基本需要的重要性。它的缺點有四：

第一，國際資本主義體系的存在，在可見的將來是一個不可改變的事實。一個國家如果不能適應國際資本主義體系的運作法則，就會被淘汰掉，落入貧窮的泥沼。

第二，馬克思主義低估了資本主義繼續成長的可能。Immanuel Wallerstein認為世界資本體系在2020年會因為沒有新的市場出現而全面崩潰，就如同歐美資本主義體系在1930年代曾經崩潰過一樣。但是資本主義的成長不一定需要地緣的擴展。經濟發展本身就可以創造新的消費能力和習慣，而提供資本累積和再投資的管道，資本主義因而可以不斷再生。

第三，馬克思主義支持者把開發中國家的經濟衰退，一味地歸罪在工業國家之上，而不檢討開發中國家本身的問題。

最後，馬克思主義支持者目前無法提出和平、有效的經濟發展方案。

大部分共產主義國家在1990年代都放棄了共產主義。在1970年代，開發中國家曾經仿照「石油輸出國組織」（OPEC）的模式，組織咖啡、糖、橡膠、銅等生產國聯盟，企圖爭取更多的貿易所得，並且影響國際經濟組織的決策。結果工業國家發展出節省能源和原料的新科技，並且集體威脅將停止提供貸款，甚至退出國際經濟組織。開發中國家因為彼此利益之爭，後來也不了了之，重新回歸到國際資本主義的運作法則中。

四、發展國家論

在1980年代，社會科學家針對日本和亞洲四小龍的經濟發展奇蹟，提出了「發展國家論」（Johnson, 1982）。主要的學者有Charlmer Johnson、Thomas Gold、Alice Amsden及Robert Wade。發展國家論認為促成這些亞洲國家經濟奇蹟的原因，主要是因為他們都具有一個「政治自主」（political autonomy）和「國家能力」（state capacity）的發展國家。

「政治自主」是指行政機關在推行國家經濟發展策略的時候，不受到立法機關和社會利益團體的控制。「國家能力」是指行政機關的政治領袖重視經濟發展，行政官僚具有專業能力，政府經濟部門組織健全，經濟規劃單位位高權重，經濟決策集權於中央，以及對於社會團體（尤其勞工）有強力的控制。有了政治自主性和國家能力，這些亞洲國家就能夠大力、有效地推行經濟發展策略。

發展國家論對於經濟發展策略的看法，大致與自由派經濟學類似，但也有少數不同之處。發展國家論認同自由派經濟學所主張的發展比較有利益的產

業、鼓勵外銷、維持總體經濟平衡等政策。但是不同於自由派經濟學所主張的放任式政府，發展國家論認為為了提升本國產業的競爭能力，政府有時可以短暫地違反市場定律，以低利率貸款、建設工業區、壓低工資、政商合作技術研發，和各種政府政策來干預市場。這些都有助於創造市場，不斷提升本國工業水準。

發展國家論也擷取現代化理論和馬克思理論的一部分論點。因此，政府機關、教育及文化的現代化，都是發展國家積極推行的政策。另一方面，為了防止勞工運動推動工資上漲而傷害到外銷競爭力，發展國家必須站在資本家這一方，強力打壓勞工運動。

發展國家論的學說出現之後，立即受到社會科學家從學理、實證、倫理的角度，嚴詞批判。經濟官僚的決策資訊從何而來？國家控制經濟發展的能力，真的這麼強？把國家發展寄望在一位英明政治領袖的出現，豈不是太危險了？一個強有力的國家，會不會像共產國家一樣更容易貪污腐化？最後，為了經濟發展，必須犧牲人權、經濟平等和民主權利嗎？

五、統合主義

統合主義大致也接受自由派經濟學的主要政策建議。但是對於制訂和推行這些政策的行為者，與發展國家論有不同的看法。發展國家論強調政治領袖和經濟官僚的重要性。統合主義並不否認他們的重要性，但是也不高估他們的重要性。真正重要的行為者，是具有單一性（singular）、階層性（hierarchical）、功能分化（functionally differentiated）和國家認可（state-sponsored）的統合式公會。

統合式公會包括資本家公會和勞工工會。每一位資本家都因為所經營的產業，加入地方性的產業公會（功能分化），每一地區都只能有一家產業公會（單一性）。地區的產業公會必須加入高一層級地區的產業公會，例如鄉鎮產業公會要成為縣市產業公會的成員，如此類推，全國工業總會成為全國最高且唯一的工業總會（階層性）。而且這些產業公會是國家正式或非正式認可，唯一能夠代表此一產業的公會（國家認可）。勞工所加入的工會，也依照這些原則構成（Berger, 1981）。

統合主義論並不認為政府官員對於市場的變化，能夠比資本家和勞工更清楚。因此，政府經濟政策的制訂，必須要有資本家和勞工提供政策建議。可是資本家和勞工團體那麼多，應該聽誰的呢？是聽上游產業，還是下游產業的？

即使同一產業，要聽大廠的還是小廠的？在統合主義的體制下，當資本家要向政府提供政策建言時，他們必須先在自己的產業公會中，協調彼此的意見，討論出對於整體產業有利的方案。然後藉由下級與上級公會的協商，以及不同產業公會之間的協商，最後歸納出對於所有相關產業都有利的折衷方案。然後才將此一方案提交政府，與政府官員協商最後細節。勞工方面亦同。

有很多勞資的爭議，可以藉著資方的公會以及勞方的工會，進行直接的協商，甚至不必請政府官員擔任仲裁。資方和勞方可以比較理性的，根據客觀經濟數據，調整薪資、福利、股利、再投資的比例，使得勞資雙方的利潤和就業安全，得到長期合理的保障。政府也因為統合制度所提供的政策有穩定性和成員的支持，推行這些政策時更能保持一致性和有效性。這是使政府、勞方、資方三贏的制度。

學者的實證研究也發現，採取統合主義制度的國家，在許多經濟發展和社會福利指標上，都優於沒有採取統合主義制度的國家。這些指標包括：低度的通貨膨脹、低度的失業率、較少的勞資衝突、較高的社會福利，以及較好的財富平均分配（Freeman, 1989）。因此，統合制度避免了馬克思主義所強調的勞資衝突，也不像發展國家論因為強調經濟發展而犧牲民主人權。

統合制度也可能有一些缺點。如果資本家公會或者勞工工會結構，過於僵化，不能夠反映成員的利益時，他們將失去聯繫協調的功能。另外，1990年代以來，國際資本快速移動，許多大資本家認為他們不必再與勞工協商，直接要求政府對資本家做更大的讓步。這時，統合制度的存續就會受到威脅。另外，要建立起統合制度，需要有一定的歷史、文化、經濟和政治因素的配合（Cox and O'Sullivan, eds., 1988）。許多開發中國家就是缺少這些因素，使得違反市場規律的政商關係氾濫，而勞工則採取激烈、爭取短期利益的抗爭策略，造成政府、資方和勞方三輸的局面。

最後，統合主義的提出，是社會科學界近二十年來「新制度論」（New Institutionalism）的眾多產物之一。新制度論在經濟學、社會學和政治學各有不同的定義，但是三者的出發點都認為制度會影響行為。這裡所謂的制度，不只是指正式的國際條約、憲法、法律、行政命令等成文規定，也包括不成文的規範、習慣和傳統。在經濟學領域，學者研究何種制度（產權、資訊、管理）能夠減少不必要的交易成本（transaction cost），增進組織和經濟體的生產效益。社會學者研究組織、家庭、社會團體如何傳遞社會規範，並且影響個人的行為。政治學者探討憲政體制、政府組織、政黨制度等，如何影響政局的穩定

和選民投票行為。

　　不論是哪一個學科，學者因為使用的研究方法不同，又可以大分為歷史制度學派、理性制度學派，以及組織制度學派。歷史制度學派研究制度的起源、發展和延續性，比較重視歷史發展的史料。理性制度學派結合了理性抉擇理論，探討在特定的制度下，行為者會有哪些策略選擇，以及行為者策略互動的結果為何。組織制度學派則是以組織理論為出發點，推論出由不同組織所構成的制度，會有哪些特性，以及制度如何反過來影響組織的行為。對於一位實證研究者而言，通常都會結合以上三種研究法，可能只是所使用的比例不同而已（North, 1990）。

　　應用在政治經濟學上，新制度論就是在探討政治經濟制度對於經濟發展的影響。自由經濟學派、現代化理論、馬克思理論、發展國家論和統合主義，根據不同的意識形態和理論假設，規劃出不同的政治經濟制度解決方案，試圖提升經濟發展。自由主義經濟學派強調市場制度；現代化理論認為文化交流制度是主要的方法；馬克思主義主張用革命或者開發中國家結盟的方式；發展國家論認為要增強國家的能力和政治自主權；而統合主義則建議強化層峰組織與國家的合作關係。這些政治經濟制度對於國家、資本家、勞工之間和之內行為者的角色，產生了不同的正式和非正式行為規範建議，因而影響到這些行為者的行為，最後導致經濟發展的成敗和社會價值的重新分配。

參、國際政治經濟學

一、國際政治經濟學的發展

　　傳統的國際關係理論大多是處理軍事、外交、戰爭、聯盟等「高政治」（high politics）議題。即使偶爾論及國際經濟貿易關係，也認為這是屬於「低政治」（low politics）的議題，最終還是受到「高政治」議題所決定。在1960年代以前，國際關係的確是以政治議題為主，尤其受到冷戰的主導，經貿關係往往受到政治因素的控制。

　　然而從1960年代開始，資本主義國家與共產主義國家的政治軍事對抗，從冷戰進入了冷和的階段。而資本主義國家彼此之間貿易衝突與合作，所發生的次數遠高過戰爭與軍事聯盟所發生的次數。國際經貿關係對於貿易國人民的影響，比起戰爭似乎更切身而且更全面性。另外，由於後工業化時代的來臨，人

權、女權、環保、金融等新國際議題興起。對於這些新興的議題，傳統的國際關係理論無法提供有效的分析。因此，國際政治經濟學成為現代國際關係學門的顯學。

戰後國際政治經濟學的發展，可以用幾個主要的理論作為代表。首先是以Ernst Hass為首的功能主義（functionalism）。功能主義試圖說明1950和1960年代歐洲經濟快速整合的過程。從簡單的跨國煤鐵產銷合作，藉著「溢出效果」（spillover effects），促成交通、運輸、重工業等產業的跨國經濟合作，以及歐洲共同市場的出現。功能主義以此類推，用馬克思的話來說，經濟的「下層建築」決定了政治的「上層建築」，終將導致「歐洲共和國」的出現。1970年代由於世界經濟不景氣，歐洲經濟整合的速度緩慢下來，學者們相繼放棄了功能主義。但是到了1980年代，歐洲經濟整合的步伐又加快了，學者們修正了功能主義，而稱之為「新功能主義」（neo-functionalism）。他們認為經濟的整合有助於歐洲政治聯盟的出現，但是同時也要考慮到政治的自主性。如果沒有政治領袖共同努力推動的話，經濟的整合不一定會導致政治的整合。

功能主義的發展和研究，帶動了「互賴理論」（interdependence theory）的興起。互賴理論強調國際經貿合作的益處，認為大國之間以及大國與小國之間，可以藉著建立一些國際合作機制，讓所有的國家都獲得經貿合作的利益，並且減少國家與國家之間的貿易衝突。這些國際合作機制叫做「國際建制」（international regimes）。國際建制是由一組原則（principles）、規範（norms）、法條（rules）和決策程序（decisionmaking procedures）所構成的國際合作機制。國際建制通常會有一個核心的國際組織，根據原則和規範去制訂法條和決策程序，來促進和約束成員國的行為。例如，現在國際貿易建制的核心組織是世界貿易組織（World Trade Organization, WTO），國際貸款建制的核心組織是國際貨幣基金會（International Monetary Fund, IMF）。

國際建制的核心組織不一定是官方組織，也可以是非官方組織（Non-Governmental Organizations, NGOs）。事實上，非官方組織在現代國際關係中，扮演愈來愈重要的角色。他們不但負責推動各國政府去完成國際合作協議，甚至也負擔起監督政府和協助執行國際協議的功能。在國際人權、女權、兒童權利、環保等議題上，非官方組織更扮演主導的角色，各國政府反而是擔任被動和輔導的角色。

與非官方組織相近的是認知社群（epistemic community）。它是由一群專家、學者和官員所構成的一個固定討論團體。它不像非官方組織這麼團結有

力，但是也沒有非官方組織的反政府立場。可是由於認知社群的成員，對於某一個國際合作議題有很大的熱忱，反而可以藉著他們身為非官方組織和官方組織之間的橋樑地位，促使各國政府達成國際合作。

二、理論與主要議題

國際政治經濟學在1960年代興起之後，所研究的議題受到當時的時空背景影響，比較注重貿易貸款、關稅和非關稅障礙、匯率、跨國公司、國際經濟組織，以及區域經濟整合等議題。社會科學界所發展的政治經濟學理論，也被用來分析這些議題（見表3-1）。

自由派經濟學、現代化理論和互賴理論都認定國際經濟的本質是互利的。為了實現這個互利的目的，國際貿易和國際貸款應該予以自由化，減少政府的干預。由於進口貨物所抽取的高額關稅，會阻礙國際貿易，所以應該持續減少到零關稅。

有些政府使用本國特殊的衛生標準、製造規格和複雜的行政程序等「非關稅障礙」（non-tariff barriers）來阻擋外國產品的進入。這些非關稅障礙也應該減少。政府不應該干涉匯率的浮動，應該讓市場來決定本國貨幣在世界市場的價值。由於跨國公司可以帶來先進的技術、大量的資金和現代的管理知識，各國政府應該鼓勵跨國公司來本國營業，並且給予如本國國民一般的權利。國際經濟組織，如世界銀行、國際貨幣基金會、世界貿易組織等，有促進國際貿易和協助國家發展的功能，因此各國政府應該大力支持。對於區域經濟整合，自由派經濟學者最初持著反對的態度，因為怕引起1930年代的關稅壁壘。但是二

表3-1　國際政治經濟學理論與議題

	自由經濟學派 現代化理論 互賴理論	馬克思理論	統合主義 發展國家論	重商主義
國際經濟本質	互利	剝削	促進本國發展	競爭
貿易貸款	自由化	拒絕	有控制的自由化	政治目的
關稅＋非關稅障礙	減低	增加	視情況增減	增加
匯率	自由化	升值	傾向貶值	貶值
跨國公司	自由化	拒絕	引導	控制
國際經濟組織	協助發展、促進互動	剝削工具或減弱	配合	控制
區域經濟整合	傾向贊成	第三世界合作	配合	控制

次大戰後的歐洲聯盟和北美自由貿易區這些新成立的區域經濟整合，都遵守自由貿易的規範，甚至比全球性的貿易組織更進一步推動自由貿易。自由派經濟學者大多支持這一類型的區域經濟整合。

馬克思主義認為國際資本主義體系的本質是工業強國剝削開發中國家。為了要減少這種不公平的剝削，開發中國家應該拒絕與工業國家貿易，或者接受工業國家的貸款。為了減少貿易，開發中國家可以增加關稅和非關稅的障礙。為了以較少的錢買到工業國家的技術和先進機器，開發中國家應該使自己的貨幣升值。由於跨國公司剝削本國廉價勞工，又不把利潤回饋當地社會，因此應該嚴加管制。國際經濟組織是國際資本家統治開發中國家的工具，所以開發中國家應該設法掌控這些組織，或者削弱他們的職權。最後，開發中國家應該彼此合作，成立自己的區域經濟合作組織，以對抗工業國家。

統合主義與發展國家論，以本國經濟發展為主要考量，但是順應世界資本主義的特性，而決定其經貿政策。對於貿易和國際貸款，他們會主張有規劃的自由化，並不是任由市場來決定。同樣地，對於關稅和非關稅障礙採取有計畫的控制，由於貶值可以促進出口，他們比較傾向使得本國貨幣價值低估。跨國公司由於對本國產業的衝擊不同，因此需要仔細評估，引導有利本國經濟發展的跨國公司來投資。由於國際經濟組織和區域經濟整合，對於本國產業發展利大於弊，所以傾向支持。

重商主義（Mercantilism）是十六世紀民族國家出現以來，各國為了保護本國產業，打擊其他國家的產業所發展出的貿易策略。各國政府一方面全力扶植本國產業，並且藉著貶值協助他們搶占他國的市場。另一方面設立高關稅和非關稅障礙，阻擋他國的產品進口，如有貸款，也要有爭取聯盟、打擊對手的政治目的。對於跨國公司、國際經濟組織和區域經濟整合，抱持著高度的政治警覺，盡量予以控制。如此下來，本國的產業日益興盛，國力日增；他國產業則日漸衰微，國力消減。可是，如果各國都是如此打算，國際貿易就會快速減少，使得各國閉關自守，無法藉著貿易改善本國人民的生活福祉。

三、經濟外交

國際政治經濟學在探討國際政治與經濟因素的互動關係。可是學者對於經濟外交（economic statecraft，或譯為「經濟策略術」）的研究發現，卻有自相矛盾之處。一方面，從古到今的各國政府都喜歡使用經濟外交手段，來達到政治外交的目的。可是學者們也發現，近代國際關係史上的經濟外交，幾乎很少

成功過。為什麼有這個矛盾呢？這要從影響經濟外交成敗的因素來研究。

影響經濟外交成敗的因素，大致可以分成四類：執行國、目標國、第三者、結果。執行國內部的因素，又可分為經濟實力、政治目標的設定、執行的工具，以及執行的能力。經濟實力是指執行國經濟體的大小、脆弱性和敏感性。政治目標的設定是指執行國希望目標國改變什麼樣的政治行為，國內政治團體的政治目標為何，以及這些政治目標是否符合國際價值觀。執行的工具是指經濟外交的深度、廣度和持續度如何，是否有其他軍事、政治手段配合，以及使用經濟外交的成本和由誰來負擔此一成本。執行的能力是指在進行經濟外交時，如何確保執行過程如計畫所行，如何監督執行過程，如何處罰違規者，以及目標國是否清楚執行國所要表達的用意。

在目標國而言，影響經濟外交成敗的因素，可以分為經濟實力、政治目標的設定、成本及反應。經濟實力和政治目標設定的變數，相同於執行國國內變數所述。目標國對於受到的經濟外交所造成的經濟和政治損失，實際的大小如何。很多時候，執行國會高估經濟外交對於目標國的傷害。最後，目標國對於經濟外交的反應如何？是決定屈服、是激烈抗爭、還是選擇談判？這都會影響經濟外交的成敗。

第三者可以指第三國或國際組織。這些第三國或國際組織的經濟實力、政治目標的設定、執行的工具，以及執行的能力，是否有利於執行國，還是有利於目標國，就會決定經濟外交的成敗。

最後，經濟外交的結果，要使用什麼標準來訂其成敗？用質或量？是否要考慮到其他的交換條件？

由於有以上這麼多的因素，會影響經濟外交的成敗，因此近代國際關係史上，經濟外交很少成功過。這不是說經濟外交從來沒有成功過。但是在所謂的成功例子中，要嘛執行國所設定的政治目標不重要（例如僑民糾紛、武器擴散、經濟資助敵軍），要嘛就是經濟外交需要伴隨著強大的軍事動員，迫使目標國就範。在後者，我們很難說這是經濟外交成功的例子。要藉著經濟外交讓目標國的領導者下臺、改變政體、停止軍事行動等重大政治目標，近代國際關係歷史上，還沒有成功過的例子。

那麼為什麼各國的政治領袖還是繼續使用經濟外交？學者們的解釋是，這是演戲給國內觀眾看的。目標國做了一些不友善的外交行動，執行國必須要做某種的外交報復，否則會被國內政治團體批評為無能。但是執行國可能又不願意馬上發動戰爭。因此，就以經濟外交為折衷手段，表達對於目標國不當行為

的抗議。執行國宣示之後，怎麼制訂經濟外交的目的、採用什麼手段、如何執行、預期效果如何，可能就不是太重要的政治問題。

肆、以經濟學方法研究政治議題

政治經濟學在政治學領域裡面，比較傾向討論政治與經濟因素的互動關係。政治經濟學在經濟學領域裡面，幾乎都是在討論如何使用經濟學的模型，來研究政治現象。至於政治現象是否受到經濟因素的影響，則不一定是研究的主題。所以，經濟學領域中的政治經濟學比較強調研究法的創新和應用。當然，政治學中的政治經濟學也愈來愈多使用經濟學模型，來探討政治與經濟的互動關係。這是學科整合的必然趨勢。

使用經濟學來研究政治現象的方法有很多種，包括計量模型、經濟學模型和賽局理論等。計量模型如選民投票行為的研究。研究者根據政治學理論，設計出一個計量程式：$Y= a+b1X1+b2X2+b3X3……$，其中，Y代表某一位選民是否投票給某一候選人。X1、X2、X3是影響選民投票的因素，可能是選民的性別、省籍、政黨屬性和社會經濟地位等。研究者藉著問卷調查，將資料輸入電腦中，即可找出影響某一地區選民投票行為的主要因素為何。

經濟學模型是使用座標圖和相關曲線，來描述政治現象。本文一開始使用一個簡單的生產與無差異曲線圖形，來說明國內產業政治的邏輯。有的經濟學者藉著圖形，說明為什麼官僚常常會浮列一些預算，但又不會做得太過分。有的學者使用直線、面、三度空間的圖形，來研究政黨的政策常常向中間選民靠攏。但是在某些條件之下，某些政黨採取極端的政策，反而能夠得到一些固定的選票，發揮持續的政治影響力。這些座標圖和相關曲線，也常以數學公式代表之。

另外，公共財（public goods）一直是經濟學者所感興趣的研究主題之一。公共財是指沒有排他性（non-exclusive）也沒有分割性（non-divisible）的貨品。私人貨品，例如麵包和轎車，具有消費的排他性，因為我吃了一口麵包，別人就少吃一口；我開著轎車，別人就沒辦法開我的轎車。私人貨品有分割性，因為麵包可以分割成好幾份；轎車雖然分割以後不能開動，但是偷車賊可以分割以後賣零件。公共財，例如清潔的空氣和良好的校譽，是很難分割的，因為我們很難把空氣切成一塊一塊地讓大家享用，也不能分割校譽。公共

財沒有排他性，因為我吸了一口新鮮空氣，並不會讓別人少呼吸一口新鮮空氣。同樣地，一旦國防武力建立以後，全國人民所享受的安全，基本上是一樣的。另外，像是公共工程設施和全民健保等，也都具有很高的公共財性質。

　　公共財所引起的政治問題是，誰來負擔製造公共財的成本？既然公共財沒有排他性和分割性，我可以搭別人的便車（free ride），只享受別人出錢所生產的公共財，而我不負擔這成本。但是，如果每一個人都這麼想的話，就沒有人出錢，也就沒有公共財了。如果大家合作都出錢，大家都可以享受到這個公共財。但是大家也都很理性，想要不勞而獲，反而落得什麼公共財也沒有。所以，這時候需要有一個仲裁者或監督者，對於搭便車的人加以處罰，強迫他們與大家共同負擔成本。就國家而言，這就是財稅機關和警政司法單位的功能，監督人民繳稅的行為，把上繳的稅用來製造國防安全和公共工程。

　　最後，賽局理論也被大量應用到政治分析中。圖3-2中，囚犯困境（Prisoner's Dilemma）、膽小鬼（Chicken Game）、男女戰爭（Battle of Sexes），以及獵鹿（Stag Hunt），是比較常見的賽局模型。這些名稱是學者為了好記，各給予一個簡短故事的名稱。每一個賽局模型假設有兩位行為者A和B。兩人各自可以選擇兩種策略，與對方合作（C）或者不合作（D）。雙方選擇好策略以後，有四種結局，每一種結局對於每一位行動者的好壞，依照

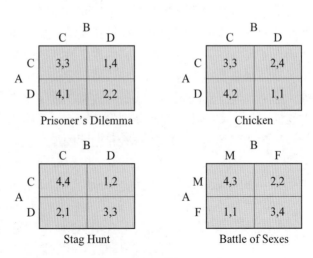

代號說明：C：合作　D：不合作　M：男　F：女

　　　　　4, 3, 2, 1代表結局從最好到最壞

圖 3-2　賽局理論

4，3，2，1的順序排列。「，」號左邊的數字代表A得到的報酬或懲罰，右邊的數字為B的報酬或懲罰。

　　囚犯困境的原始故事大致如下：有兩位合夥偷竊的小偷被帶到法官面前，準備聆聽判刑。法官掌握到小偷們的一些犯罪證據，可是有一項關鍵性的證據，需要小偷主動提供。法官就把兩位小偷分別審訊，告訴他們，如果第一位招供（策略D），另一位不招供的話（策略C），第一位小偷可以得到釋放（最好的報償4），第二位小偷則要判刑五年（最壞的懲罰1）。如果兩位都招供，各判刑三年（次壞的懲罰2）。如果兩位都不招供，因為罪證不完全，各只能判刑一年（次好的報償3）。兩位小偷各自考慮以後，不論另一位小偷招供與否，自己最好招供。由於兩人想法一致，就都招供了，各判坐牢三年。可是，如果兩人合作都不招供，不出賣對方的話，兩人只會各判坐牢一年。個人的理性導致了集體的不理性。解決的方法之一，就是找一位仲裁者，例如一位黑道大哥，事先威脅招供者出獄後將受到黑道弟兄的集體報復，兩人就會合作不招供了。

　　囚犯困境在政治經濟學的應用，包括軍備競賽和貿易大戰。競爭的兩國都知道軍備競賽和貿易大戰，會導致兩敗俱傷。但是兩國為了自己的利益，不論對方是否擴大軍備或者提高關稅，自己擴大軍備或提高關稅，都是比較安全的做法。由於雙方的邏輯思考一致，軍備競賽和貿易大戰就一發不可收拾。解決的方法之一，就是設立一個國際軍事安全組織或者國際貿易組織，來監督敵對國的軍備建設和關稅水準，並且提供有效的集體制裁。

　　膽小鬼的賽局是描述1960年代美國青年逞勇鬥勝的情境。在眾人慫恿之下，兩位自認膽大不怕死的青年，各自駕著汽車高速對衝。如果雙方都不閃躲而導致車毀人亡，這是最糟的結局。次糟的結局是，一方直衝，另一方心生膽怯而臨時閃躲，閃躲的雖然被眾人恥笑為膽小鬼，但是至少保住了小命；而直衝的被同儕擁為英雄，對他來說，是最好的結局。對於兩人而言，次佳的結局是兩人都在對衝的最後一刻閃躲，雖然當不了英雄，兩個膽小鬼互相安慰也不錯。要解決膽小鬼賽局的困境，除了需要一位強有力的第三者（例如警察）以外，比較難找到解決的方法。尤其是雙方私下的溝通不但無效，反而會有反效果，因為任何想要妥協的企圖，都會被對方誤認為膽小，雙方都會在最後關頭違背私下的協議，試圖當起英雄。

　　膽小鬼賽局的應用很廣，大部分「誰怕誰」的情境都屬於此類賽局。最著名的例子是1962年的古巴危機，美國總統甘迺迪為了蘇聯在古巴設立的核子飛

彈基地，宣布對古巴海域實施安全檢查，由美國軍艦巡航，並且啟動所有核子武器，準備發射。蘇聯領導人赫魯雪夫以為年輕的甘迺迪色厲內荏，執意派遣載運武器的商船闖入古巴海域，以潛艇護送拒絕檢查，並且也動員所有核子武器，準備發射。但是在最後一刻，蘇聯的商船轉回，結果是甘迺迪成為美國人的英雄，赫魯雪夫則被國內政敵指為膽小鬼，過了沒多久就引咎下臺。

獵鹿賽局的原始故事是在一個原始部落裡，村民要圍捕大麋鹿。如果大家團結一心，就可以抓到麋鹿，可是有些人偷懶，想要去抓小兔子。雖不能大快朵頤，至少可以塞個牙縫。可是如果有人去抓小兔子，去抓麋鹿的人可能因為人手不足，空手而返。要解決這個賽局的問題，需要一些溝通，也需要一些懲罰機制。

在政治領域的應用，獵鹿賽局可以說明各種社會團體對於會員的行為都有一些要求，以求得團體的最大利益。會員的合作度會比較高，因為欺騙行為並不會導致最大的利益。前述的統合主義制度，就包含了這種邏輯。軍事聯盟組成的邏輯也可用獵鹿賽局說明。

男女大戰的原始故事，是一對情侶說好了下班後一起去看電影。但是下班後，兩人都忘記了之前協議好要去看哪一部電影。男生喜歡看打鬥片，女生喜歡看愛情片。兩人都沒有帶手機，無法聯絡到對方。他們最希望兩人一起看電影，其次是各看各的，最糟的是各去看自己不太喜歡的那一部電影。這個賽局的解決方法，不需要第三者介入，只需要找到溝通的方法，或者事先協調好，這次看男生喜歡的電影，下次就輪到女生喜歡的電影。

在國際經貿關係中，關於貨品規格、計算單位的統一、國際通訊頻道的分類、飛機航線的高度和方向等，都是屬於這一類的問題。只要經過協商就可以解決，而且一般來說不會引起太大的爭議。就解決合作困局的困難度而言，在其他條件相同下，膽小鬼賽局最難解決，囚犯困境次之，獵鹿再次之，而男女戰爭最容易。

伍、政治經濟學與民主價值

如上述介紹的，政治經濟學作為一種社會科學的分析理論，已經有相當成熟和完整的發展。然而對於政策決定者和一般群眾而言，學術的價值可能不比其應用的價值高。雖然許多政治經濟學者高唱社會科學理論的價值中立，但是

依據不同的政治經濟學理論所制訂的政治經濟政策，對於人民的政治經濟福祉必有重大的影響。政治經濟學這時需要與民主政治理論對話，才能有助於政治經濟學本身進一步的學術發展，同時更能成為民主國家發展政策的依歸。

例如，前述的馬克思理論固然對於現代資本主義社會的弊病，有相當正確的分析。但是馬克思主義論者至今仍無法對這些弊病提出具體可行，而且不違反民主價值的改革方案。自由派經濟學者強調經濟效率，以解決開發中國家貧窮的問題，然而他們卻忽視環保、女權、人權、貧富差距等社會價值。1980年代盛行的發展國家論，至今仍然是許多開發中國家的獨裁者用來壓制國內民主運動的藉口。相對之下，統合理論似乎比較能夠提升人民的經濟、社會和政治權利。

政治經濟學需要與民主政治理論對話的重要性，可以反映在三個民主價值層次上。首先，就憲政體制的層次而言，國家、資本家與勞工之間的憲政權利關係為何，需要同時考慮到資本主義的特性，以及三者的民主權利（力）均衡關係。過於傾向於任何一個團體，都會造成經濟或政治權利上的重大傷害。但是反過來說，三者之間的關係也可以因為短期政治經濟時空環境的不同，做一定程度的調整，以免原來的憲政體系過於僵化而崩潰。如何保持三者間的彈性均衡關係，則是政治經濟學者在理論上和實務上，需要持續關注的議題。

其次，就政策制訂層面而言，政治經濟學者面臨更大的挑戰。大多數政治經濟學理論的分析單位，都是以國家或是國際社會為單位。如何處理政策決定者每日所需要處理的決策呢？前述新制度論的發展，提供了政策決定者進行政治經濟改革的依據。一個完善的新制度論研究，可以找出現有制度中所發生的政治經濟弊病，然後根據不同改革方案的政治困難度，逐步推動政治經濟改革。

最後，就公民的層次而言，政治經濟學者所應負擔的責任，則是將學術化的分析，轉換成簡單易懂的詞彙，幫助一般民眾了解複雜的政治經濟決策對他們的政治經濟權利，所產生正面或負面的影響。使得一般的公民懂得如何保護自身的權利，而不被政治、經濟，甚至學術的菁英矇騙。

當代英國社會科學巨擘Anthony Giddens所倡導的「第三條路線」（The Third Way），就是結合政治經濟學與民主價值的代表性佳作（Giddens, 1998）。第三條路線試圖在傳統的社會民主主義（social democracy）與新自由主義（neoliberalism）之間取得平衡。傳統的社會民主主義主張國家要積極涉入人民的社會與經濟生活，國家要掌控社會，經濟活動集體化，市場機制要受到大量的限制，社會福利政策要推廣到從出生到死亡，以期達到資源平等分配

和充分就業的目標。新自由主義以美國總統Reagan和英國首相Thatcher執政時期為代表，主張經濟生活個人化，國家對於市場的干預愈少愈好，市民社會獨立於國家之外而運作，市場機制充分發揮，資源分配不平等是有益的，以及社會福利政策只能作為安全保護網之用。

　　第三條路線同意新自由主義的「小政府」主張，市場機制要充分發揮，資源分配不平等是正常的現象，以及社會福利政策應該受到某種程度的限制。許多左派的批評者因此認為第三條路線，只是披著左派羊皮的新自由主義之狼。而右派的批評者則懷疑第三條路線，不夠忠於新自由主義的精神與政策，將兩面不討好。但是這些左派和右派的批評，都忽略了第三條路線不是單純地把社會民主主義和新自由主義的政策混和使用，而是從民主價值，甚至是現代人類基本價值為出發點，建立起一套更民主的決策制度，使得經濟效率與民主所倡導的自由、平等價值同時提升。

　　具體來說，第三條路線的核心主張是，政府應該與市民團體共同制訂和執行國家的政策。「小政府」是可欲的，因為社會民主主義的「大政府」沒有市民團體的參與，變成大而無當，充滿了浪費與無效率。政府在精簡之後，也不是如新自由主義主張的要盡量退出市場和社會活動，而是要與市民團體充分合作，從最基礎的個人價值重建，一直到國家總體經濟社會政策的規劃，一起積極涉入市場和社會活動，例如社區重建、職業訓練、民主家庭、混和經濟體制、終身學習、慈善救濟，甚至國際合作等。在第三條路線的決策機制之下，社會民主主義政策和新自由主義政策經過融合與創新之後交互使用，使得經濟效率與民主價值彼此相輔相成，而不致落入社會民主主義或新自由主義的極端與弊端。

參考書目

一、中　文

宋鎮照，1995，《發展政治經濟學：理論與實踐》，臺北：五南。

洪鎌德，1999，《當代政治經濟學》，臺北：揚智。

高安邦，1997，《政治經濟學》，臺北：五南。

郭承天，1996，《國際組織與國際建制》，臺北：時英。

二、英　文

Amsden, Alice H., 1989, *Asia's Next Giant: South Korea and Late Industrialization*. New York: Oxford University Press.

Apter, David E., 1965, *The Politics of Modernization*. Chicago, Ill.: University of Chicago Press.

Berger, Suzanne, ed., 1980, *Organizing Interests in Western Europe: Pluralism, Corporatism, and the Transformation of Politics*. Cambridge: Cambridge University Press.

Caporaso, James A. and David P. Levine., 1992, *Theories of Political Economy*. NewYork: Cambridge University Press.

Cardoso, Fernando Henrique and Enzo Faletto., 1979, *Dependency and Development in Latin America*. Trans. Marjory Mattingly Urquidi, Berkeley, CA: University of California Press.

Chilcote, Ronald H., 2000, *Theories of Comparative Political Economy*. Boulder, CO: Westview Press.

Cox, Andrew and Noel O'Sullivan, eds., 1988, *The Corporate State: Corporatism and the State Tradition in Western Europe*. Cambridge: Edward Elgar.

Dos Santos, Theotonio., 1970, *The Structure of Dependence. American Economic Review,* 60 (2): 231-36.

Duvall, Raymond D., 1978, "Dependence and Dependencia Theory." *International Organization*, 32: 51-78.

Elster, Jon., 1985, *Making Sense of Marx*. Cambridge: Cambridge University Press.

Evans, Peter., 1979, *Dependent Development: The Alliance of Multinational, State, and Local Capital in Brazil*. Princeton, NJ: Princeton University Press.

Frank, Andre Gunder., 1979, *Dependent Accumulation and Underdevelopment*, New York: Monthly Review Press. "Dependency, and Democracy: The Cross-National Evidence."*American Sociological Review,* 48: 468-479.

Freeman, John R., 1989, *Democracy and Markets: The Politics of Mixed Economies*. Ithaca, NY: Cornell University Press.

Friedman, Milton., 1982, *Capitalism and Freedom*, Chicago, IL: University of Chicago Press.

Giddens, Anthony, 1996, *The Third Way: The Renewal of Social Democracy*, Malden, MA: Blackwell Publishers., 1998, *The Third Way: The Renewal of Social Democracy,* Malden, MA: Blackwell Publishers., 2000, *The Third Way and Its Critics*, Cambridge, UK: Polity Press.

Gilpin, Robert, 2000, *Global Political Economy: Understanding the International Economic Order*. Princeton, NJ: Princeton University Press.

Gold, Thomas B., 1986, *State and Society in the Taiwan Miracle*. New York, ME: Sharpe.

Huntington, Samuel P., 1968, *Political Order in Changing Societies*. New Haven, CT: Yale University Press.

Johnson, Chalmers., 1982, *MITI and the Japanese Miracle: The Growth of Industrial Policy, 1925-1975*. Stanford, CA: Stanford University Press.

Kato, Junko., 1996, "Institutions and Rationality in Politics: Three Varieties of Neo-Institutionalist."*British Journal of Political Science*, 26: 553-82.

Keynes, J. M., 1936, *General Theory of Employment, Interest and Money*. New York: Harcourt, Brace and World.

List, Friedrich., 1974, *National System of Political Economy*, New York: Garland Publisher.

Mahler, Vincent A., 1981, *Dependency Approaches to International Political Economy: A Cross-National Study*, New York: Columbia University Press.

Malloy, James M., ed., 1977, *Authoritarianism and Corporatism in Latin America*, Pittsburgh, PA: University of Pittsburgh Press.

Marshall, Alfred., 1930, *Principles of Economics*, 8th ed, London: Macmillan.

Milne, Stephen., 1983, "Corporatism in the ASEAN Countries."*Contemporary Southeast Asia*, 5: 172-84.

Moe, Terry M., 1984, "The New Economics of Organization."*American Journal of Political Science*, 28: 739-77.

Nelson, Richard R. and Sidney G. Winter., 1982, *An Evolutionary Theory of Economic Change*, Cambridge, MA: Harvard University Press.

North, Douglass C., 1990, *Institutions, Institutional Change and Economic Performance*, Cambridge: Cambridge University Press.

Olson, Mancur, 1965, *The Logic of Collective Action: Public Goods and the Theory of Groups*, Cambridge, MA: Harvard University Press.

Philippe C. Schmitter and Gerhard Lehmbruch, eds., 1979, *Trends Toward Corporatist Intermediation*, Beverly Hills, CA: Sage.

Powell, Walter W. and Paul J. DiMaggio, eds., 1991, *The New Institutionalism in Organizational Analysis*, Chicago: University of Chicago Press.

Przeworski, Adam and Fernando Limongi., 1977, "Modernization: Theories and Facts."*World Political*, 49(2 January): 155-83.

Ricardo, David., 1951, *The Principles of Political Economy and Taxation.* In Works and Correspondence of David Ricardo, Vol. I, ed. P. Sraffa. Cambridge: Cambridge University Press.

Schmitter, Philippe C., 1971, *Interest Conflict and Political Change in Brazil*, Stanford: Stanford University Press.

Scott, Richard W., 2001, *Institutions and Organizations*, 2nd edition, Thousand Oak: Sage Publications.

Shubik, Martin, 1984, *A Game-Theoretic Approach to Political Economy*, Cambridge, MA: The MIT Press.

Smith, Adam., 1937, *The Wealth of Nations*, New York: Modern Library.

Wade, Robert., 1990, *Governing the Market: Economic Theory and the Role of Government in East Asian Industrialization.* Princeton, NJ: Princeton University Press.

Wallerstein, Immanuel., 1978, *The Capitalist World-economy.* Cambridge: Cambridge University Press.

Williamson, Oliver E., 1975, *Markets and Hierarchies: Analysis and Antitrust Implications.* New York: The Free Press.

Zeigler, Harmon., 1988, *Pluralism, Corporatism, and Confucianism: Political Association and Conflict Regulation in the United States, Europe, and Taiwan.* Philadelphia: Temple University Press.

第四章　政治意識形態

葉浩

PART 1

哲學家只會用不同的方式來詮釋世界—重點是改變世界。

——馬克思，《費爾巴哈提綱》

教授書房內悄悄培育出來的哲學概念，可以摧毀一個文明。

——柏林，《自由四論》

壹、柏拉圖的洞穴寓言

意識形態概念的本源，可追溯回西方政治哲學的起點，亦即柏拉圖（Plato）最重要的對話錄《理想國》（*The Republic*）。該書第七卷裡所提及的洞穴寓言（514-517），雖然文本的討論重點在於不同的知覺感官、認知對象以及知識種類的可信度之間的關係，但卻幾乎預告了「意識形態」這名詞在十八世紀問世之後，意涵上的所有主要演變以及相關爭論。

洞穴寓言的開場白如下：想像有一個很深的地洞，洞口直接朝向外面的陽光，通道寬敞如洞穴本身，裡面住著一群人，自幼便被肩並肩綁在同個地方，手腳不得動彈，只能面對前方，也不能回頭，視覺上仰賴後上方遠處的火光，而所見之物僅有來自於後方一道矮牆上的各種玩偶之影子，映在洞穴的牆壁上，猶如一面銀幕，然而卻見不到矮牆後方被人操縱的木偶，更別說是操縱木偶的人，不過偶爾卻能聽見他們彼此之間的交談。

這是蘇格拉底（Socrates）要求柏拉圖的兄長格勞孔（Glaucon）所想像的場景。場景設定好後，對話先圍繞在這些囚奴何以長時間不動、能否互相交談等枝節問題，然後再進入正題，並且達成底下的共識：（一）這些囚奴只能仰賴洞穴牆壁上所能見的一切，甚至開始為影子的形狀命名，並藉由偶爾所聽到

的後方交談來界定這些影子的屬性，逐漸建構起對世界的認知；（二）倘若當中有人被鬆綁，且受迫走出洞穴，起先必定無法直視光源，也無法認出之前所見影子的真正主體，甚至想避開刺痛眼睛的太陽；（三）等習慣之後，這人開始重新認識世界，也能夠分辨日、月、星辰之間的差異，終於了解到日光乃視覺所真正能仰賴的，相信此刻所認識的世界才是真的；（四）爾後他要是憶起受囚的歲月，必然會寧可在洞穴外接受任何苦難，也不願意再回到洞穴內與過去的夥伴同住；（五）倘若真的回到洞穴，此時他已不再有能力與之前的夥伴競賽，藉影子辨別事物，因為過去的眼力已經不再；（六）見識到這位回到洞穴的夥伴所失去的之後，若有人想替任何一個囚奴鬆綁，肯定不會得到感謝，反而將遭致殺害。

洞穴寓言表層的意義，指涉一個長期受禁臠的人脫離枷鎖後，重新認識世界或說「啟蒙」的過程，也就是蘇格拉底認為的教育本質。更深一層，這是西方思想史的知識論（epistemology）起點，也是西方思想史上首次以宏觀的角度來解釋人類的集體意識與觀念思想如何形成的嘗試。透過生動的畫面，柏拉圖說明了未經過「反思」的認知，正如受捆無法回頭，只能藉由影子辨認事務的結果，純然誤解，近乎無知。離開洞穴後的認知，才是真正知識世界的開始，起初有痛苦，但了解後卻認定這一切是值得的，甚至不願回到過去。這也猶如為蘇格拉底的名言「未經反思檢視的人生，不值得活」作了反向的註腳。倘若回到洞穴，原先的同伴既無法理解對外界一切的描述，甚至會將鬆綁後的獲得視為一種損失。這兩種截然不同的價值判斷，原因在於洞穴內外的認知與價值體系有差異——或說是兩個不同的世界觀之衝突。

再者，洞穴寓言也有形上學（metaphysics）的意涵：「真實」（reality）是有程度差異的，而且視覺所及的事物反倒沒有視覺不能及之事物來得真實——換句話說，視覺並不如理性思考可靠，真正存在的事物只有理性思考才能接觸得到。柏拉圖於是將事物區分為上下兩個領域：視覺可及的在下方，唯有理性可及的在上方；關於下方的認知，只是算是「意見」（doxa），關於上方的才是「真知」（epistemé）。柏拉圖稱上方的事物為「理型」（form），也就是一切能見事物的原形或構成法則，若沒有後者就沒有前者，正如若沒有椅子的概念，就不會有椅子這種東西。洞穴寓言最終意涵是，真實有等級之分，思想或理念比起經驗世界的事物更加真實。基於如此的世界觀，柏拉圖的便能進一步論證：唯有經由理性認識真理的人，才能治理國家，於是唯有哲學家才能擔任一國之君——這正是《理想國》一書的終極政治意涵，而且此一政治意涵與形

而上學和知識論密不可分。

　　「意識形態」這詞彙在概念上的演變，猶如抽絲剝繭的方式窮盡洞穴寓言的每一個層面之內涵。

貳、「意識形態」概念的多重變奏

一、作為「理念科學」的意識形態

　　意識形態這一個語詞，最先由法國哲學家狄崔西（Antonie Destutt de Tracy）於1796年所創，法文為「idéologie」，原意為「理念的科學」，亦即一門是關乎「idée」的學問「ologie」，旨在探索人類思想觀念的性質與來源、之間的關係以及如何連結成系統，以及與實踐上的關係。這個研究方法之所以必要，是因為當時的西方已經出現了有別於基督教神學傳統的思考框架，也就是社會學家韋伯（Max Weber）所謂的「解魅」（disenchanted）後的現代理性之思維框架。然而，更重要的是，此一理性卻在實踐過程之中帶領法國大革命走向暴民專政，引發一連串的白色恐怖。這演變也讓狄崔西想進一步以客觀的科學方法，來理解該革命所標榜的理性、進步、自由、平等、博愛等啟蒙運動的政治理念，究竟所指為何，企圖藉由還原這些理念的真正意涵，以便作出適當的評價。

　　嚴格來說，意識形態此刻指的是一種本著科學精神、研究特定時代政治思想的方法論。不過，這種實證精神與傳統的神學思考之間存在著緊張關係，因為它間接承認了神學思想框架之外存在別的思想體系之可能，甚至有研究的價值。當一度身為大革命家的拿破崙為了取得守舊勢力（特別是天主教教會）支持他恢復帝制時，這緊張關係便正式浮上檯面。作為理念科學研究的意識形態於是被登基後的拿破崙皇帝貶為晦澀不明的玄學，猶如空中閣樓。「意識形態」這個原本不帶價值判斷的中性的術語，於是染上了負面的意思，甚至狄崔西本人也被冠上了另一個新詞「ideologue」，意指只會空談，毫無實踐能力的「意識形態家」。

　　拿破崙的批評，似乎是站在講求實用與眼見為憑實證主義（positivism）立場所作出的，革命實踐家或政治運動者幾乎都有如此對於理論的本能排斥。不過，狄崔西以「意識形態」為名的現代首次理念科學嘗試，畢竟在方法論上不同於上述柏拉圖的寓言，也不涉及形上學的建構，前者旨在客觀地研究思想

的形成與意義轉變，並非宣稱「思想概念比肉眼所見之物更加真實」這種柏拉圖式世界觀。倘若法國大革命真的是以理論為最高指導原則所進行，該思想之內容當然可供客觀理解與描述，而研究的結果乃是政治思想史，而非空中閣樓，實事求是的科學精神本質上並不與狄崔西的方法論相斥，關鍵在於作為研究對象的政治運動究竟是否受思想所引導。

二、作為「階級意識」的意識形態

無論如何，倘若思想的研究只是哲學家毫無實踐影響力的空談，拿破崙皇帝其實無需擔心才是。至於理論與政治實踐是否有關，馬克思（Karl Marx）的一生似乎已證明了一切。

馬克思對於政治實踐的介入，正是從意識形態的研究開始的；至今為止他與恩格斯（Friedrich Engles）對這概念的界定，無疑是這領域最重要的貢獻。馬克思早期使用「意識形態」這術語指涉對真實世界的扭曲與錯誤想像（*falsche Vorstellung*），基本上是個貶義詞，指涉社會上的統治階級的思維模式。作為社會的集體意識，其功用在於正當化與維護統治階級的利益，並且掩蓋世界的真實矛盾，讓原先不合理的事物都看起來理所當然。對馬克思而言，最鮮明的例子是基督宗教。據他的理解，「神」只是個人為建構出來的概念，根本就不存在，然而卻被視為實體，甚至是個比活生生的人還要真實的實體，甚至於可以和人的生活互動且產生因果關係。生長於基督教環境又缺乏反思的人，認識與評斷真實世界的方法都受制於這個意識形態，以致於任何與宗教教導相斥的經驗或現實，皆被貶抑為虛假或錯誤，甚至不存在──就像洞穴寓言裡受囚的人，雖然只能從影子來認識世界，倒也可以自圓其說。

馬克思與恩格斯合作之後，進一步將意識形態界定為「錯誤意識」（*falsches Bewusstsein*），專指資產階級的集體意識。意識形態不再只是認知錯誤或引起心理作用的想像，而是資產階級維護自身利益的工具，亦即統治無產階級的思想工具。意識形態此刻顯然增添了道德與政治意涵。根據馬克思與恩格斯的共同定義，一個社會只有一個意識形態，其功用乃單純為統治階級的利益服務，方法是掩蓋資本主義社會的內部矛盾與不公不義之處，讓無產階級或勞動階級對於階級之間的不平等、資方的剝削性質等現象習以為常，甚至將資產階級的價值觀與品味內化，作為勞動的目的，人生的奮鬥方向，甚至會為其辯護。換句話說，戴上資本主義意識形態的眼鏡之後，原本毫無必要的奢侈品，則以生活必需品的姿態出現，消費行為甚至與人生意義畫上等號。法律宣

稱人人平等，並且以自由的名義保障私有財產，然而私有財產卻帶來了嚴重的貧富差距，階級的不平等；勞工的薪資遠低於其勞力為資本家所帶來的市場經濟利益；舉凡這些資本主義社會的矛盾，在滴水不漏的意識形態灌輸之下，皆被視為理所當然。

簡而言之，意識形態的本質似乎就是「操弄」，而操弄的唯一目的是鞏固統治階級的利益。這解釋了意識形態這個政治術語，為何帶有欺騙的意味，甚至讓人聯想到「洗腦」。資產階級正如柏拉圖洞穴寓言裡操縱木偶的人，而無產階級則是那些不得轉身的奴隸，其所見所聞全都在資產階級的掌控之中。

不過，必須注意的是：洞穴寓言裡的操弄者是接觸真理的人，但馬克思與恩格斯的意識形態論卻剛好相反，因為在他們的理論裡操弄者本身就是看到假象的人。然而有趣的是，雖然這裡的操弄者也如同手腳被綁的人一樣，對世界的認知皆有誤，所以與洞穴寓言不能完全類比，但倘若我們把馬克思與恩格斯也置入寓言的場景，我們就能發現：原來他們將自己視為寓言裡曾經走出洞穴的角色，而且決心要回來為所有人鬆綁，或用他們最響亮的革命語言——「解放」！

更精確地說，馬克思與恩格斯的終極理想是「人類的解放」：讓人類整體脫離資本主義意識形態的思想枷鎖，並且了解真理——亦即馬克思主義。馬克思宣稱自己的思想是「科學的社會主義」，其核心則是「唯物史觀」（*Materialistische Geschichtsauffassung*）：人類的經濟條件決定了精神生活的模式，也就是下層建築決定了上層建築，而下層建築的改變是人類歷史進步的驅動力。這個史觀加上前述的意識形態理論：資本主義雖然讓許多人脫離了封建主義的奴役，得到了自由，但是資產階級意識形態今日卻是人類繼續進步的阻礙，因為私有財產制度加上保障其運作的自由主義政治體制，令無產階級生活在經濟的枷鎖之中，既沒有真正的自由，也沒有真正的平等；唯有推翻資本主義，資產階級才能從錯誤的集體意識走出，無產階級才能獲得自由，社會整體才能邁入沒有意識形態的階段，也就是科學的社會主義時代。

柏拉圖的洞穴寓言，留給後人一個宏觀的視角來反思社會既定的主流意見，並且創造了一個藉由真理獲得自由的理想，馬克思與恩格斯的意識形態理論也提供了一個批判社會既有價值體系的視角，拆穿資本主義制度既有的矇蔽性質，讓人重獲自由。不過，柏拉圖沒有告訴人如何從當前社會走向理想的共和國。《理想國》只證明了權力與統治正當性不同：哲學家是因為手上握有真理——不是權力——才讓他有當一國之君的正當性。當然，令人懷疑的是，只

懂理論的哲學家如何能統治社會？那些強而有力的人如何不反抗？柏拉圖的策略則是：藉由關於金銀銅鐵的「高貴假話」讓人民各安其職。這裡所謂的「假話」與「謊言」有別，後者是用來誤導他人相信錯誤的事，走錯的路，前者的目的在於使用聽者能懂的語言來引導他們矯正錯誤觀念，走向正途。柏拉圖的策略性假話如下：每個人出生時身上便安有一塊金屬，金質的人當國君，銀質的人當護國士，平時幫忙治理國家，戰時保家衛國，其餘銅質、鐵質的人則專司生產工作。根據柏拉圖的定義，金銀銅鐵說法，並不涉及誤導，只是按照正確的認知來引導尚未理解真理的人去做對的事情——當然，無法接受假話與謊言之區分的人，肯定會批評柏拉圖的理想國為反民主的極權統治。

　　無論如何，柏拉圖的假話說法也只有政權建立之後才能進行，但是馬克思與恩格斯則提出具體的做法——階級革命。如同走出洞穴、見識過太陽底下的世界，卻又回到囚友面前的那個人，馬克思嘗試說服無知的無產階級認清事實必然困難重重，更何況他所設想的思想解放在規模上遠比柏拉圖的想像更加龐大，也因此唯有顛覆性的革命才能達成。

　　馬克思主義的革命理想，與其意識形態理論無法切割。然而，日後馬克思主義者深陷革命運動的列寧（Vladimir Ilyich Lenin）為了讓階級革命進行順利，企圖強化工人階級意識與集體認同感的思想，開始發展所謂的「社會主義意識形態」，並且使用「無產階級意識形態」等語言。如上述所指出，馬克思認定一個社會只能有一個意識形態，而且根據他對於科學與意識形態的嚴格區分，合乎真理的科學知識與資產階級的扭曲或錯誤之集體意識在本質上截然不同。馬克思主義者逐漸寬鬆的使用「意識形態」的術語，逐漸模糊了原先的嚴格的定義。意識形態於是不再是資產階級特有的錯誤意識，反而也可指稱建立在真理之上的階級意識。

三、作為「世界觀」的意識形態

　　繼馬克思之後，曼海姆（Karl Mannheim）對於意識形態的研究是最有影響力的論述。基本上，曼海姆延續馬克思將意識形態理解為集體意識的看法，但否認這種集體意識必然屬於階級所特有。於是，他的《意識形態與烏托邦》（*Ideology and Utopia*）一書區別兩種意識形態：特殊的意識形態與整體的意識形態——前者指涉經由人為所操控的特定思維模式，其性質不外是謊言；後者則指整體社會的「世界觀」（*Weltanschauung*），通常反映主流族群價值觀，或是主流族群的集體意識之表達。一個社會的世界觀，與歷史情境有關。不過，

曼海姆並非指每個社會都有自己的看法，所以不會有真理，也沒有人能超越自身社會的意識形態——這種是「相對主義」（relativism），但曼海姆主張的是「關聯主義」（relationalism），亦即人的思想與情境有關聯，但不一定完全受制於情境，正如知識份子相對較有能力跳開所處情境來反思與批判社會。不過，倘若知識份子的批評完全脫離社會情境，甚至以顛覆現有世界觀為目的，那就成了「烏托邦」思想，不切實際且危險。

曼海姆不僅讓人對意識形態的理解跳脫馬克思主義框架，也讓相關研究將焦點轉移到意識形態的正面社會功用。後續學者的研究，逐漸指出意識形態具有雙重功用：（一）將分散的個人連結成為一個社群；（二）讓個人得以培養屬於自己的人格。甚至，意識形態能提供一個社會對於權力正當性的理解，讓統治建立在權威之上。另一方面，就方法論而言，曼海姆實踐了狄崔西的理念科學理想。作為世界觀的意識形態概念，也促成了政治學進一步採取科學的方法，以客觀的方式來研究個別社會的集體思想或政治文化。

然而，曼海姆對於意識形態不帶價值判斷的中性界定，也等同於讓這個概念去政治化。這並非是革命家或政論家所普遍接受的。至少，冷戰的兩個陣營皆矢口否認他們的思想可歸類為意識形態，甚至雙方皆嚴正指控對方的思想才是。

參、冷戰時期的「意識形態」熱戰

一、作為「馬克思主義」的意識形態

二次世界大戰之後，歐洲分裂成民主西歐與共產東歐，思想上也呈現自由主義與馬克思主義分庭抗禮的局面，長期被指控為意識形態操弄者的自由主義者，此刻開始作出反擊，藉由對「意識形態」概念的重新詮釋，一方面反控馬克思主義才是真正的意識形態，一方面批判馬克思主義的理論核心，藉以突顯其與自由主義的差異性。

哲學家波普爾（Karl Popper）在1945年於倫敦出版的《開放社會及其敵人》（*The Open Society and Its Enemies*）是自由主義反控的代表作。該書主張自由社會的敵人是「封閉」體系的思想，而這思想的主要來源則是柏拉圖、黑格爾（Georg Wilhelm Friedrich Hegel）與馬克思。波普爾是當代「科學哲學」領域的奠基者，也是讓柏拉圖普遍被解讀為集權主義源頭的主要推手。《理想

國》提及的哲學家皇帝、金銀銅鐵假話、確保護國士孕育優良後代（所以不能跟生產階層通婚）的優生學、取消護國士階層私有財產制度等等，皆被波普爾認定為反民主的思想根源，只會讓社會走向封閉、拒絕未來可能性的獨裁政治。針對黑格爾的思想，波普爾批評其宣稱人類歷史有必然走向的「歷史主義」（historicism），也是開放社會的敵人。至於自稱為「科學社會主義」馬克思主義，波普爾則認為那不過是「偽科學」（pseudo-science），因為唯有可能被「否證」（falsified）為誤的命題才是科學，但馬克思的黑格爾式唯物史觀──資本主義將因自身矛盾而瓦解，人類必然邁向共產主義的階段──預設了人類不可能有的全知（包括過去與未來）視角，也不具有以實驗否證的可能性，充其量只是政治預言。當然，波普爾不懷疑馬克思主義自圓其說的能力，但宗教也同樣可以。所謂的科學社會主義，其實並不比被馬克思貶為「知識份子鴉片」的基督教神學更加科學。

　　在波普爾的眼裡，馬克思主義才是個封閉的思想體系，典型的意識形態。至於捍衛個人自主選擇權的自由主義，具有真正的科學精神，秉持隨時準備修正自己想法的開放態度，是一套沒有意識形態的政治思想。兩相對照，開放的自由主義社會的強調人類思想的犯錯可能（fallibility），所以容許各種聲音與看法，馬克思主義則壟斷歷史與真理的解釋權，所以要求絕對的順服與遵從，並且箝制個人言論自由。後者正是奉行馬克思主義進行無產階級革命而建國的共產主義政權之寫照。無產階級意識形態的成功，最終也讓馬克思主義成為意識形態的代名詞──至少在自由主義陣營如此使用這概念。

　　當然，這只是故事的一半，因為共產主義國家也未曾停止認為自由主義才是意識形態。正如柏拉圖的洞穴寓言所意味的，洞裡洞外的人有各自不同的認知系統與價值體系，戰後初期關於意識形態本質的爭辯，其實涉及了價值判斷，已經是兩個概念系統之間的爭辯，並不能以科學的方式解決──這正是以撒・柏林（Isaiah Berlin）的觀點。

　　柏林對於冷戰時期的政治思想研究，對日後意識形態的理解提供了另一個層面，而且也將馬克思主義的源頭追溯至柏拉圖。他對於意識形態的關切，始於早年對馬克思哲學的研究。根據他的觀察，西方政治思想自柏拉圖以降，主要都是「一元論」（monism）的思維模式。這種模式假定：（一）所有的問題都只有一個正確答案，與其不同者皆是錯誤；（二）原則上正確的答案可以找到，就算現在沒有方法；（三）真理之間既不會有衝突，也不會互不相容，反而彼此可以串聯成一個和諧連貫的體系。一元論思維讓政治思想家預設，所有

政治的基本概念——例如「平等」、「自由」、「正義」等等——都只有一個正確或最好的理解方式，並且彼此之間肯定存在一種邏輯關係，可形成一個巨大的思想體系，也就是完美的政治藍圖。柏林認為馬克思主義正是個典型的一元論。

　　1958年，柏林在他題為「兩個自由的概念」的牛津大學講座教授就職演說之中，進一步解釋一元論與冷戰中意識形態之間的關係。基本上，他將冷戰理解為兩個觀念體系之間的衝突，而且直指衝突的核心為最抽象的層次：自由的觀念。柏林藉由區分底下兩種自由概念來進一步解釋：行動與思想不受干涉的「消極自由」，以及自己作主、實踐自我理想的「積極自由」。根據柏林的歷史觀察，雖然積極自由也是個正當且值得追求的自由，但比較危險，因為這種自由概念如果結合一種奠基在某種形上學層次上的「自我」概念（例如，個人是「國魂」的一部分），以及對「理性」的特別看法，遂形成一個實際上迫害個人自由的制度。共產主義正是如此，因為它所奉行的馬克思主義主張的解放理想，是自主型的自由概念，配合唯物史觀所預設的歷史定律（資本主義必然走向自我瓦解，人類將進入共產階段），將可證成：凡理性的人都不該反對，反對的人肯定是受制於錯誤的思想概念，也就是處於不自由的狀態，國家此刻應當助其恢復真正的自由，因此思想改造工作於是有了必要。相較之下，採取消極自由概念的政治體制，只要保障人民有不受干涉的空間，讓人有自己選擇想要的生活方式，發表言論的自由，避免讓公權力介入私領域就行，也就是自由主義的制度。

　　柏林強調，積極自由之所以較危險，是因為容易與其他概念結合，形成迫害個人自由的理論，但本身與消極自由一樣，都是人類所追求的政治價值。倘若我們放棄一元論的思維，不再認定自由只有一種理解方式，並且接受人類終極價值本身有不同的實踐方法，甚至彼此之間會有所衝突，那麼，不但共產主義政權可以避免，自由主義也可避免於淪為壟斷「自由」解釋權的教條主義。

　　雖然柏林所謂的「一元論」與波普爾的「封閉思想」講法有相通之處，但波普爾把焦點放在制度設計之上，以體制的包容性來斷定自由主義具有開放的特性，但柏林卻著眼在理念與實踐的關係之上，同時注意：（一）特定政治理想的本身是否具強烈排他性，否認個別政治概念有多於一種的正當解讀；（二）概念的本身是否容易與其他具強烈排他性的概念結合，進而形成封閉且排他的體系；（三）理想的支持者，也就是人，本身是否具有開放的心胸。因此，一元論的思維模式並非只有柏拉圖或馬克思才有，而是自由主義者本身都

可能有，關鍵在於自由主義者面對自己的政治理想時是否有開放的態度，是否能避免無限上綱其特定的政治價值，以及是否願意承認不同世界觀的人也與自己一樣的理性，並且相信理性並不指向單一的理想。缺乏這些條件，自由主義也可能淪為逼迫別人的一元論，企圖宰制他人的政治體制，並且將「背叛自由」。

　　總而言之，如果我們將意識形態理解成波普爾所謂的封閉的思維模式，那麼一元論政治理論就是意識形態。

二、從「信仰系統」到「政治論述」的意識形態

　　「名字算什麼？我們叫作玫瑰的東西，換個名字也一樣會香。」茱麗葉企圖用來說服羅密歐名字不重要的話，若在故事的結局聽來會格外諷刺，畢竟這對戀人的死，正是因為他們姓氏所背負的家族世仇。冷戰時期自由主義者與共產主義者的互相指控，也是因為「意識形態」這詞背負著相當的理論意涵——或用學術的語言，預設特定理論立場（theory laden）——的政治術語，而且充滿負面意涵。

　　然而，正當歐洲的自由主義者與馬克思主義者為了「意識形態」而對峙時，大西洋彼岸的美國政治學界對這個術語的使用卻趨向共識——根據1962年連恩（R. E. Lane）所寫的教科書，意識形態是「一套為人所堅信的政治思想體系，論述清楚且有組織，包含信念、態度與看法在內」。如此的界定，一方面是策略性避開介入本質與定義之爭的考量，一方面則是因為主張以觀察與測量研究人類社會的行為主義（behaviourism）已經在美國的社會科學界取得主導權。

　　行為學派基本上是實證經驗主義（positivist empiricism）。實證經驗主義的世界觀，認定存在的事物必然是看得見、摸得到，也就是人類五官可經驗得到的事物。應用在人類的行為研究上，這意味著值得研究的事物是人類的行為，而且是可供統計學來檢驗命題的人類行為。信奉行為主義的政治學者自詡為政治科學家，並且相信意識形態研究可以是客觀且價值中立，而上述對於意識形態的界定，正是他們認定最為客觀的描述，只從功用性角度來判斷某一社會現象是否為意識形態，不作道德或價值判斷。

　　現今所熟悉的政治光譜之出現，正是政治行為科學家介入的成果。關於意識形態的教科書此刻雨後春筍般出現，所有的意識形態都被歸類為左派或右派，各自占據光譜左右兩端之間的一點。教科書的典型分類如下：最右端的是

集權主義，再來依序為威權主義、法西斯主義、民族主義、保守主義，自由主義經常置於中間，從社會民主開始算是左派，再來依序往左的是社會主義、共產主義，極左為無政府主義。值得注意的是，這些「主義」嚴格說並不是學者的政治理論，而是指已經具有或至少是企圖取得政治影響力的思維模式。的確，雖然某個哲學家的政治理論也可涵蓋一套系統完整的清楚論述，涉及對政治核心概念的詮釋、社會現狀的理解以及改變的具體做法，但只有能介入實際政治能力的才會被視為意識形態——換句話說，也就是一套擁有信徒的「信仰系統」（belief-system），正如沒有人信的神學不算宗教。

　　然而，這樣的意識形態概念，也並非完全如政治科學家所標榜的客觀中立。作為實際信念系統的意識形態，少了操弄與為階級服務等負面色彩，但如此的界定有讓意識形態淪為教條信仰的疑慮，強化人們對於「主義」的狂熱、盲從與封閉的印象，同時也反映了實證主義的方法論基本立場：哲學家精緻複雜的論證，純屬虛構，遠不及政客煽動修辭的力量。政治科學家的貢獻，表面上承認了政治理念的力量，但實際上卻貶抑哲學層次的政治論證——政治哲學在他們的眼中依舊只是不切實際的想像，若非無法實踐，就是如法國大革命般以悲劇收場。

　　另外，這種界定，也有過度簡化的缺點，讓不同意識形態給人同質化的印象。姑且不論是否仍有自由主義者或馬克思主義者否認其信仰為意識形態，左右兩極的劃分似乎也過於籠統，畢竟，所有的意識形態都能在光譜上對號入座，意味著之間的差異是程度上的而非性質上的，也因此有強迫某些主義（例如生態主義）入座，生搬硬套的嫌疑。

　　無論如何，政治科學家介入意識形態定義爭辯之後，西方的政治學界在語用上漸趨一致：意識形態是一套邏輯連貫的系統性「概念體系」，擁有支持者，對實際政治有一定影響。如此的定義，可以用來稱呼共產主義，也可以稱呼自由主義，是個中性的定義。後冷戰的西方，主流的自由主義者也開始接受如此用法，意識形態指的是系統性的政治論述。這也是本章接下來的用法。

三、意識形態的終結？

　　美國的幽默文學泰斗馬克‧吐溫（Mark Twain）曾經自己兩次聽到有關自己的死訊。第一次，他投書回應：「有關我死亡的報導，言過其實。」第二次，他乾脆讓報紙刊載他死後當天的旅遊經歷。意識形態也兩度在美國過早被宣告終結，並且事後都證實為過度誇大。第一次是社會學家貝爾（Daniel

Bell）宣布意識形態對峙的時期已經結束，第二次是政治經濟學家福山（Francis Fukuyama）宣稱人類歷史已經走到終點，因為自由主義已經獲得意識形態最後勝利。意識形態以「古巴危機」事件作出第一次回應。第二次的回應則是讓各種主義百花齊放，最後以「911」事件收場。

貝爾於1960年出版的《意識形態的終結》（*The End of Ideology*）解釋了他的理由：西方的知識份子終於達到初步的共識，不再企圖以翻天覆地的「社會工程」建立烏托邦，不再堅持政府不能抽手經濟活動，不再認為社會福利制度是走向「奴役之路」──這是意識形態時代的終結。

進一步解釋，前文提及的波普爾曾經以「烏托邦社會工程」（utopian social engineering）稱呼馬克思社會主義的理想，自己則主張「局部社會工程」（piecemeal social engineering），認為後者才合乎真正的科學理性。同樣任教於倫敦政經學院（LSE）的海耶克（Hayek），曾以古典自由主義經濟學立場於1944年出版《到奴役之路》（*The Road to Serfdom*），挑戰當時劍橋學者凱恩斯（John Maynard Keynes）的社會福利經濟學，同時批判馬克思主義經濟學，認為後兩種經濟學都涉及政府以人為手段干預市場，都屬於計畫經濟，不但妨礙市場的「自然秩序」（spontaneous order），也就是亞當・史密斯（Adam Smith）所謂的「看不見的手」（invisible hand）之運作，還會讓人逐漸成為中央集權下的奴隸。

然而，戰後的重建工作使得凱恩斯成為西方的主流經濟學派，與之相對的各種立場都在50年代式微，知識份子的意見逐漸趨同於社會福利制度，源自於十九世紀與二十世紀初的大規模意識形態對人們的生活影響已微乎其微，唯有經濟發展才是社會的主要關懷，因此未來的政治將只是針對現有體制做技術性的微調工作，所以意識形態的時代已經結束。

出乎貝爾意料之外的是，該書出版不到兩年就爆發「古巴危機」，冷戰才剛進入高峰，60年代是個意識形態百花齊放的年代，新左派、女性主義、環境主義、解構主義、後現代主義紛紛崛起，引發一連串社會運動與學潮，70年代海耶克的自由主義經濟理論戰勝了凱恩斯，最終竟然成了柴契爾政府與雷根政府的共識──換句話說，不是共識得勝，而是古典自由主義大獲全勝。

看準如此的發展，福山在柏林圍牆倒塌那年（1989）發表了一篇題為〈歷史之終結〉（The End of History）的文章發表於美國的《國家利益》（*The National Interest*）季刊，一時間洛陽紙貴。該文以黑格爾式的語言宣告人類的歷史已告終了，因為冷戰已經結束。兩年後蘇聯解體，福山繼而將該文擴充成

為專書《歷史的終結與最後一人》（*The End of History and the Last Man*），宣稱結合資本主義的「自由主義式民主」（liberal democracy）已告別了最後的敵人，成為先進工業國家唯一的治理模式。所謂的自由主義式民主，成形於十九世紀初，是結合市場經濟、憲政體制、代議民主與法治的政治體制。一直以來，諸如民族社會主義、威權主義、法西斯主義等等主義皆試圖與之對抗，不過只有馬克思主義足以構成全面性威脅。然而，共產主義的垮台與蘇聯的解體，意味著此一威脅不再，自由主義式民主終於獲得最後勝利。更精確地說，福山認為，人類的歷史基本上是一連串追求與實踐自由的歷程，作為唯一敵人的馬克思主義高舉人類解放的理想，但是世人終究選擇了自由主義式民主所提供的消費選擇與政治自由（用柏林的術語，世人捨棄馬克思主義的積極自由，選擇了自由主義的消極自由）──如此的選擇，加上目前沒有且以後也不會有可以與自由主義式民主全面性對抗的制度，人類的歷史可以說已經結束。

福山並非預言日後不會有新的事件發生或零星的意識形態對抗；他說的是：未來所發生的衝突，絕對不是大規模的意識形態問題，因為資本主義已經征服全球。反諷的是，正如意識形態並未終結在貝爾的五十年代共識，歷史也藉由「911」事件狠狠地反咬福山一口。

歷史沒有結束，文明衝突已經取代冷戰時期的主義之爭，成為新的意識形態衝突來源，至於促進文明衝突升高的理由，除了伊斯蘭基本教義派的復興，也就是美國的「新保守主義」（Neoconservatism）──而福山的歷史終結論，事後證明只是新保守主義爭取意識形態霸權的一次戰役。

無論是福山所謂的自由主義式民主，或作為他意識形態歸宿的新保守主義，都以海耶克為思想大宗，也就是源自於古典自由主義，至於凱恩斯的社會福利經濟學，則是自由主義左派的一支。雖然自由主義並非歷史終點，但它肯定有特別之處，因為其他的意識形態似乎都是從它衍生或為了反它而來。本章下節將進一步勾勒自由主義這棵大樹的枝幹，藉以解釋其他幾個意識形態的興起。

肆、作為意識形態的自由主義

一、古典自由主義的思想背景

自由主義作為上述政治科學所定義的意識形態，始於十九世紀初。不過，

作為政治思想傳統，自由主義基本上是相信「理性」、「進步」的十八世紀啟蒙運動之政治側面，而且其諸多核心元素，其實源自於十六世紀歐洲的宗教改革。

　　「宗教改革」（Protestant Reformation）由馬丁・路德（Martin Luther）於1517年所發動，旨在反對當時教宗以修繕聖彼得大教堂為理由，出售「贖罪券」，聲稱購買的人死後靈魂將可上天堂。原先這只是一場關於基督教義的爭論，路德呼籲以《聖經》為依歸，主張「因信稱義」，也就是人只要誠心相信上帝，便能得到赦免，從此成為新造的人，靈魂也因而得到救贖，用不著神職人員的儀式，此後也不需要藉由別人來認識上帝與真理。路德的論點，得到當時反對羅馬教廷濫權與腐敗的德意志北部各邦諸侯與民眾支持，並且在其庇護之下，將原先教會所使用的拉丁文《聖經》翻譯成德文，供一般民眾閱讀，不再藉由神職人員來認識上帝。原先一場關於教義的爭辯，進而擴展成抗議羅馬教廷壟斷解經權的宗教改革，導致基督教分裂為天主教與「新教」（其英文為「Protestantism」，原意是「抗議者」，在中文語境通常稱「基督教」）兩派，最後引發了為時一個半世紀的一連串宗教戰爭。

　　宗教改革在三方面對於自由主義有決定性的發展：（一）個人主義的鞏固；（二）宗教寬容政策；（三）主權國家體系的建立。首先，宗教改革之前，中世紀歐洲的個人幾乎沒有個人空間可言，因為除非被教會驅逐出去，人的生活與地方教會分不開，必然過著集體的社群生活，而地方教會又聽命於羅馬天主教廷，所以每個人都是基督王國的一個成員。舊教與新教之最大差別在於，前者依據教廷權威主張唯有懂拉丁文的神職人員可以與神交通，代為禱告，但後者援引《聖經》經文，主張所有的人都用自己的母語可以向神禱告，也有自主解經的權利與責任。由於基督教認定，上帝賜給每個人獨特天分與職責，宗教改革的政治影響是：人藉由禱告，建立自己與上帝的關係，也將因此得知上帝賦與他在世上活著的特殊目的。換句話說，沒有人比自己更清楚活著的意義與目標──個人於是有了些許不容別人干涉的空間。

　　歐洲宗教戰爭的最後階段，原先的神聖羅馬帝國內戰，已經演變成歐洲多國同時介入的「三十年戰爭」（Thirty Years War, 1618-1648），戰況慘烈，最終以「誰的領地，信誰的教」（*cuius region, eius religio*）原則結束，於1648年簽訂「西代利亞條約」（Treaty of Westphalia），確立了新教與舊教的平等地位，同時建立了現代的主權國家體系。同樣的原則其實在1555年也使用過，結束了宗教戰爭之初的一場神聖羅馬帝國內戰。基本上，這是一個為了雙方能繼續存

活下去所採取的暫定協議，國君可以決定自己領土上的宗教，同時也允許人民遷徙的自由，選擇合乎自己信仰的地區居住。此一原則後來演變成自由主義的核心概念之一，也就是「寬容」原則。至於主權國家體系，導致西方政治思想幾乎以此體系為思想的基本預設，也因此讓英國的「社會契約論」（Social Contract）成為自由主義的基本架構。

二、古典自由主義的思想演進

英國是第一個脫離羅馬天主教管轄的國家。時至十七世紀，新教式個人主義鞏固，資產階級隨之興起，也在英國引發內戰。史家視為西方現代開端的「英國內戰」（English Civil War, 1642-1651），始於議會派與保皇派的衝突，前者代表崛起的資產階級與以清除英國天主教殘餘勢力為志業的「清教徒」（Puritan），企圖限制國王的權限，爭取發展工商業的自由，以改信新教的清教徒軍事家克倫威爾（Oliver Cromwell）為領袖，後者代表保守勢力。戰爭最後由克倫威爾取得勝利，史家又稱「清教徒革命」，馬克思主義者則習慣稱之為「英國資產階級革命」。

此刻的時代問題關乎政府統治的正當性（legitimacy）：為何自由獨立的個人要接受國家的統治？霍布士（Thomas Hobbes）的《利維坦》（*Leviathan*）回答奠定了西方社會契約論（Social Contract）的基礎。霍布士試圖以國家的起源來解釋既有權威的正當性。他假定：國家形成之前的人類處境，是一個人與人互相殘殺、搶奪資源、恐懼之中度日的「自然狀態」（state of nature）。脫離如此「孤獨、可憐、卑鄙、殘暴且短命的」情境只有一個方法：所有的人互相之間簽訂一個契約，放下所有的武器，交給其中一人，讓他成為一個主權者，保護所有其他人的生命安全與自由。當然，霍布士知道如此的契約在歷史上並不存在，但作為思想試驗，這解釋了政治權威的來源，同時也告訴我們尊重政府與遵守法律的理由，亦即出自於人民自己的「同意」（consent）；換句話說，政府也就是經由人民「授權」成立的代理人，其存在目的為保護人民生命安全與自由。倘若不守法，也代表自己違背契約，破壞簽訂時的平等精神，最後會讓現在的社會崩解離析，回到自然狀態。

霍布士確立了自由主義對於政治權威的基本態度。不過，英國啟蒙運動思想家洛克（John Locke）不認為人類的自然狀態有如此悲慘。相反，他認為此時的人理性、自由而且從事生產，也懂得與人爭辯「自然法」（natural law）——也就是人類應該共同遵守的行為準則的內容為何，擁有懲罰壞人的自然權

利；不過，正是因為後者，也就是人們對於自然法內容、懲罰比例與原則理解有所不同，爭論不休，有其不便之處，所以需要一個政府擔任最後仲裁者的角色。這當然意味著人民應該信任政府。不過，洛克倒是認為有一件事不該完全交由政府仲裁——宗教信仰。理由是：（一）信仰乃關乎內在良心之事，政府強迫不來，也沒有能力干涉；（二）信仰關乎靈魂拯救，如此重要的事，交由政府來做並不明智。洛克的想法是對於上述的終結三十年戰爭的「宗教寬容」政策之進一步闡釋。所謂的寬容，並非只對待異己的態度，而是政府面對不同基督教派之間的衝突所應採取的中立政策，不可干涉。洛克並非主張完全的宗教自由，畢竟他反對寬容政策廣及非基督教信仰，重點在於政府與教會各司其職，是個分工的概念。基於分工概念，洛克也認為政府的權力應該在司法、行政與外交事務上有所分工，並且一切以法治（the rule of law）為依歸。

至此，西方的「憲政主義」（constitutionalism）雛形已經形成。待法國的孟德斯鳩（Montesquieu）將洛克的權力分工想法，發展成行政、立法、司法的三權分立體制，互相制衡，加上北美移民將政教分工的概念解讀為「政教分離」，付諸白紙黑字，儼然是美國憲法的基礎了。

另一方面，英國啟蒙運動的另外兩位大將大衛‧休姆（David Hume）與亞當‧史密斯（Adam Smith）也分別作出貢獻。經驗主義者（empiricist）休姆反對社會契約論的概念，不認為假想的契約簽訂對於政府的統治正當性理解有所幫助，主張歷史上政府的形成不外乎是從小規模社群慢慢演化成大規模社會，前者的居民相處之間依賴承諾、互信以及同情心，後者則逐漸產生對於私有財產的法律保護之需求以及落實正義的強制方式，政府便是因應此一需求而形成。休姆此刻已經相當關注私有財產的保護與相關正義問題，主張以國際貿易促進國家經濟發展，並且認為這是種國際間的互惠行為。不過，這方面的完整論述，是由現代經濟學之父——史密斯所創立。史密斯的《道德情操論》（*The Theory of Moral Sentiments*）呼應好友休姆的同情心概念，主張道德的基礎在於人可以從無私的角度來看待自己與他人之間的關係，作出合乎情理的判斷，不會以自利為原則。如此的人，在自由市場上追求利益的結果是，所有的人共同獲利，猶如有隻「看不見的手」居中協調。史密斯進一步將這想法發展成「放任式資本主義」（laissez-faire capitalism）理論，寫成《富國論》（*The Wealth of Nations*），反對任何形式的集中經濟，認為市場不但是人民實踐自由、運用理性發揮天賦的地方，由個人追求自身利益的競爭市場，對社會整體利益最為有利，也就上述看不見的手之正面社會功用——自由主義至此便資本

主義形影不離，有人稱這套理論為「經濟自由主義」（economic liberalism）或「放任式自由主義」（libertarian liberalism）。

　　自由主義的下個發展階段，是與邊沁（Jeremy Bentham）共同提出的「效益主義」（Utilitarianism）理論結合。效益主義的思想萌芽於延續上述休姆對於政府形成與目的的看法，邊沁將它發展成一套系統性理論，其核心為「效益原則」（the principle of utility）：行動之對錯的唯一道德判準是後果，造成最大多數人的最大快樂，或降低最多數人的最大痛苦，就是對的，反之則錯。這種想法，賦予自由主義激烈的平等主義色彩，因為所有的人——不論身分或出身貴賤——在道德考量的天秤上沒有分別。政治上，這意味著政府的政策制定不能只為少數人的利益服務。經濟上，邊沁則主張放任經濟，反對政府以任何形式干預市場運作。法律上，邊沁也全面批評英國慣例法（custom law）傳統，認為當時的法律條文與判例，若非早已不合時宜，就是反映特定階級或信仰的價值觀。邊沁終生推動社會改革不遺餘力，並且創辦了倫敦大學，也就是今日的「倫敦大學院」（UCL），開放任何宗教背景的學子就讀，以最直接的方法促進社會進步。另一方面，他也呼籲人道方式對待動物，反對虐待。

　　自由主義在此時期形成一股推動社會改革的激進力量，邊沁與好友詹姆士・彌爾（James Mill）在當時被稱為「哲學激進份子」（Philosophical Radicals）——後者也因提倡議會改革著稱，主張擴大人民選舉權，建立「代議政府」（representative government）。

　　然而，詹姆士・彌爾對自由主義還有另一個特殊貢獻：養育了約翰・彌爾（John Stuart Mill）。約翰・彌爾是古典自由主義的集其大成者，其思想精緻化了亞當・史密斯的古典經濟學以及大衛・休姆的經驗主義，並試圖建立一套社會科學知識體系。對於自由主義的貢獻，約翰・彌爾首要在於撰寫《論自由》（On Liberty）一書捍衛個人自由與言論自由。基本上，這兩方面主張都與其經驗主義立場有關。約翰・彌爾捍衛個人自由的原因如下：（一）人之所以為「人」，是因為具有創造性，自由讓人自然表達人性；（二）人需要自由才能獨立自主進行「生活試驗」，確立自己所要的生活方式，建立真正屬於自己的個性——後者顯然是出自於「效益主義」的考量，因為自由被視為個人進步的必要條件，也是讓民主社會整體進步的方法。這裡所指的自由是個人不受干涉的自由，也就是「消極自由」，這種自由概念承認一種限制：「傷及他人」。根據約翰・彌爾的定義，構成限制個人自由的條件，唯有當自由造成他人的肢體傷害之時，但言語上的不算。的確，即令深感當時英格蘭的社會缺乏

容忍異己的心態（尤其是對他愛上有夫之婦這件事），約翰‧彌爾仍然捍衛言論自由，其理由如下：（一）歷史證明，凡思想皆可能有誤（fallibility），例如依法服毒的蘇格拉底與被釘十字架的耶穌，現在眾人信以為真的事物，日後可能被全盤推翻；（二）禁止言論自由，於是等同於剝奪人類接受到真理的機會；（三）信仰需要反方意見才會成為活的真理，否則只是死的教條。如此一來，只要不涉及肢體傷害，人應該享有絕對的自由，並且容忍異己的行為與言論——原先洛克思想裡作為政策中立的「寬容」概念，在約翰‧彌爾的自由主義裡轉化為對於言論自由的支持。

　　除此之外，約翰‧彌爾也發展了一套自由主義的國際政治理論。他區分了所謂的「文明」與「野蠻」國家，前者指擁有代議民主的自由國家，人民可以批判政府，對於異己的意見可以容忍，後者指尚未建立國家認同感的地區，其居民不但沒有為社會共同利益努力的公民精神，不守法，也缺乏對於政府的忠誠度。約翰‧彌爾認為，文明國家之間必須本著西伐利亞體系所建立起來的「互不干涉內政原則」（principle of non-intervention），維護國家主權，但對於野蠻社會，文明國家道德上允許進行干預，一來是因為自身安全上的考量，二來是出自於一種助人向善的道德情操。基於這理由，約翰‧彌爾支持當時大英帝國的殖民政策，但強調不該以服務帝國本身利益為目的，因為那將違背效益主義原則，不是以最大多數人的最大利益考量的作為。於是，約翰‧彌爾主張為帝國需了解殖民地本身的歷史文化才能有效管理，同時應該要有足夠的意志力，來貫徹幫助殖民地人民向上提升的政策。自由主義發展至此，已經不再是關乎國內事務的意識形態了。

三、自由主義的當代變奏及其反對陣營

　　自由主義是個源遠流長的政治傳統，不同的時代有不同的反對者，反對的理由也不一樣。自由主義當然也有回應，而且在回應的過程之中修整與轉變，甚至也會發生內部分歧，進而分裂成不同的派別，下文只舉當代較重要的意識形態來說明。

　　自由主義在歷史上的第一個反對陣營，是保守主義（conservatism）。「保守主義」顧名思義是個強調傳統、重既有社會秩序、反對巨大變動的政治立場——不過，正因為如此，作為意識形態的保守主義，在歷史上所主張的理念也歷經了不少改變。宗教改革時期，保守勢力指的是羅馬天主教教會。法國大革命前後，保守勢力指的是反對改革的貴族，以及渴望回到舊體制（ancien régime）的守舊或懷舊人士。反對法國大革命的英國思想家柏克（Edmund Burke, 1729-1797），是第一個賦予這種立場理論深度的保守主義者。他強調行事的審慎（prudence），主張社會是個有機體，無法以機械式的方法重新打造，必須以穩健的方法緩慢進行改革；況且，社群遠比個人有智慧，不可按照個人未經證實的理念進行改造。柏克的想法，基本上與休姆反對社會契約論的想法吻合，近來也有許多學者認定休姆的經驗主義才是保守主義的源頭。上述波普爾反對天翻地覆的社會工程，也是出自於這種理由。歐克秀（Michael Oakeshott），也曾重申此一概念，用以反對意識形態，認為實際政治不可能依照藍圖進行，延續了這一條思想路線，成為二十世紀最重要的保守主義政治哲學家。只不過，基於上述想法，身為倫敦政經學院政治系講座教授的歐克秀避談現實政治議題，也因此缺乏社會影響力，反倒是哲學系的波普爾與經濟系的海耶克在意識形態的前線作戰。

自由主義於十九世紀鞏固，並且成為政治意識形態，此時的社會主流勢力所想要保守的已經是自由市場所累積的成果，保守主義的政治立場明顯右傾，並且紛紛以擁護資產階級政黨的姿態出現，逐漸形成社會的反動力量。冷戰時期，復興古典自由主義經濟學的海耶克，已經成為當時的保守主義代表。不過，值得注意的是，此刻的保守主義者早已揚棄保守主義原先所強調的社會有機論，反而強調個人主義，認為社會不過就是個人的聚集，沒有特別的意義。70年代出現於英美的「新右派」（New Right）正是這股思潮的延續，成為新的意識形態，1979年柴契爾夫人（Margaret Thatcher）領導「保守黨」（Conservative Party）在英國贏得政權，奉行古典自由主義的經濟立場，推動國營企業私有化，是保守主義意識形態大放異彩的年代──後人稱之為「柴契爾主義」（Thatcherism）。

大西洋對岸的美國在雷根執政時代基本上也採取同樣立場，福山的歷史終結論就此意義來說也是這股潮流的高峰。不過，福山的宣稱還有另一個意義，那就是美國的「新保守主義」（Neoconservatism）之興起。新保守主義者主張，美國必須藉其經濟與軍事力量，捍衛人權，並且擴展自由主義的憲政體制到國外，幫助其他國家建立自由民主的社會。此刻的新保守主義，區分世界為「民主」與「非民主」國家，小布希（George W. Bush）則主張世界上只有與美國站在一起的良善國家與反對美國的「邪惡」國家。無論稱呼為何，新保守主義的思維，與約翰·彌爾區分「文明」與「野蠻」國家的作法如出一轍，而且企圖藉由武力在許多地區打造民主國家，也就是他們所謂的「國家建造」

（nation-building）工程。至此，柏克所主張的有機緩慢改造、約翰‧彌爾對帝國主義者的提醒，亦即對於受干預國的歷史文化之理解與強烈的幫助意願，新保守主義並無在意，取而代之的是如下的信念：包含人權、憲政主義、多黨政治的「自由主義式民主」（liberal democracy）乃普世的政治理想，凡理性者都不會拒絕的統治正當性標準。新保守主義主張藉由武力手段達成如此信念，至於「新自由主義」（Neoliberalism）則認為自由貿易才是方法，主張美國強力深化與鞏固國際自由經濟體系，相信緊密的經濟連結能為世界帶來和平，同時也能讓不民主國家的人民藉由經濟自由而尋求政治自由。

　　不過，傳統的保守主義思想也沒有在美國消失殆盡。「新基督教右派」（New Christian Right）正是這股守舊勢力的代表。新基督教右派興起於60年代，最高法院判決祈禱儀式不得在校園進行，女權主義、同性戀團體、黑人民權運動等各種激進社運正如火如荼展開。剛開始，新基督教右派只是強調傳統家庭價值，尋求祈禱儀式重回校園，70年代開始壯大，80年代起成為反墮胎的激進勢力，與美國「共和黨」（Republican Party）淵源已久，1992年曾推出羅勃森（Pat Robertson）與老布希競逐共和黨總統候選人。八年後，身為美國六千萬「重生」基督徒的一員的小布希取得黨提名，打著「家庭價值」旗幟為共和黨贏得總統大選，隨後又因為反恐政策，企圖推翻伊斯蘭教政權，更加深新基督教右派的支持，甚至可能是取得連任的關鍵。

　　基本上，美國的新基督教右派是個「宗教基本教義」（religious fundamentalism）意識形態，是針對日益世俗化社會的反動力量，而自由主義正是世俗化的推手，日益強調政教分離，以「政治中立」為由，企圖降低宗教在公領域的影響力，同時也以尊重個人選擇為由，讓原先屬於公領域的道德議題，逐漸成為私領域的選項，例如墮胎與性別傾向。然而，作為一個意識形態，新基督教右派，視自己的教條為天啟真理，異教為「錯誤」乃至於「邪惡」信仰。美國出兵伊拉克事件，在中東地區普遍被視為帝國主義，甚至是基督教右派的侵略，助長伊斯蘭基本教義派的勢力增長，讓「文明衝突」以後冷戰後新意識形態衝突模式的姿態出現。由於衝突的雙方是兩個宗教的世界觀，相斥性染上道德色彩，可妖魔化對方。正如冷戰時期共產主義與自由主義互相指控對方為意識形態，曾於1995年策劃恐怖活動，炸毀美國奧克拉荷馬市聯邦大廈的新基督教右派，此刻也與伊斯蘭基本教義派互相指控對方才是非理性的基本教義份子──「基本教義」這詞，正在取代原先的「意識形態」，成為指責他人盲從與非理性的貶義詞。

　　基督教右派所反對的女性主義（Feminism），與自由主義的關係也是從早期短暫的合流之後便分道揚鑣。第一個完整的女性主義政治論述，《婦女權利辯證》（*A Vindication of Rights of Women*）於1792年出現在英國，作者沃斯坦克拉夫特（Mary Wollstonecraft）是著名的無政府主義（anarchism）政論家高德溫（William Godwin）之妻，女兒是撰寫小說《科學怪人》（*Frankenstein*）的瑪麗・雪萊（Mary Shelly）。該論述深受洛克影響，強調女性的平等權利，倡議女性接受教育。約翰・彌爾將父親所倡議的擴大選舉權理想，延伸至女性，認為賦予女性參政與選舉權，有益整體社會進步，並於1867年將該議題正式納入國會議程，兩年之後更撰寫了《女性的屈從》（*The Subjection of Women*）一書，為「第一波女性主義」貢獻己力。一次世界大戰之後，密爾的理想在西方國家陸續實現。二次大戰之後的女性主義開始左傾，啟動了所謂社會主義式「第二波女性主義」：溫和者試圖重新檢討兩性關係與家庭結構；激進者呼籲「性革命」，視「男性」為敵人，並且主張重新分配兩性權力來解放女性；新馬克思主義者著眼於資本主義生產方式與女性屈從之間的關係；後現代主義者則企圖解構「理性」、「公私」、「普世性」與「價值中立」等概念，瓦解自由主義的意識形態。

　　事實上，自由主義也並非缺乏內部的批判，而且不乏左傾的派別。十九世紀末的自由主義者，已經有人憂心自由市場所帶給社會的負面效應，開始反思這套意識形態的基本預設。首先發難的是英國哲學家格林（T. H. Green），其思想開創了左派的「社會主義式自由主義」（social liberalism），也稱作「新自由主義」（New Liberalism）。為了避免中文上的混淆，上述的美國右派「新自由主義」（Neoliberalism）可譯為「新經濟自由主義」，這左派立場則譯為「新政治自由主義」。無論如何，格林開創的理路反對古典自由主義將人理解為理性、自利（egoistic）的動物，強調人的利他（altruistic）傾向，認為人本質上是互相同情與關心的社會動物。此外，社會主義式自由主義者對於自由的理解，著重在自由的實踐條件，正視處於經濟弱勢的社會階層根本無法享受自由與平等的事實，主張消弭貧富差距，提供人民足夠的經濟條件與社會資源來落實自由——所謂的「積極自由」概念之一種。相較於激進的社會主義，左派的自由主義提供了具有改革理想、但不躁進的「社會福利」（social welfare）思想，為英國設下一道防火牆，不致走向社會主義革命。

　　然而，直到凱因斯（John Maynard Keynes）經濟學的出現，社會福利思想才真正成為國家意識形態。凱因斯挑戰古典自由主義經濟學，否定市場自律的

樂觀想法，重新賦予國家在資本主義中的角色，讓政府可按照經濟情勢來進行宏觀調控，進行對市場的干預，例如透過政府擴大內需創造就業機會，減稅來刺激投資或消費。美國羅斯福總統率先於30年代落實凱因斯的總體經濟學，推行所謂的「新政」（New Deal），讓美國走出1929年華爾街股市崩盤所引起的經濟危機。二戰之後，凱因斯主義（Keynesianism）如日中天，讓西方維持了二十年的經濟繁榮，直到70年代經濟蕭條之後，學者開始批判計畫經濟的效率問題，海耶克的放任自由主義路線再度崛起。

　　正當新古典自由主義再度成為西方主流意識形態之時，哈佛政治哲學家羅爾斯（John Rawls）正在開始思考「社會正義」（social justice）議題，企圖為自由主義左派賦予一個穩固的政治哲學基礎。他的1970年鉅著《正義論》（*A Theory of Justice*），重新以社會契約假想方式來論證，認為人若如此簽約機會必然會得出底下兩條原則：（一）所有的人都同樣的自由與平等；（二）社會上若有資源分配不平等現象，應該以照顧弱勢為前提。羅爾斯是西方學界公認繼約翰·彌爾之後最偉大的政治哲學家，然而缺乏實際的政治影響力，反倒是他同事諾齊克（Robert Nozick）的放任自由主義得到學術外的回響。深受洛克影響的諾齊克，是當代捍衛私有財產最重要的政治哲學家，其核心主張為：財富重新分配猶如打劫，既損及個人自由，也不正義，且誤把慈善當作正義。新保守主義當道的時代，諾齊克將古典自由主義經濟理論提升到哲學層次，讓許多哲學家得以支持新保守主義。

　　財富重新分配議題，在80年代後期開始重新受到社會重視。曾受柴契爾夫人重視，而且被海耶克欽點為思想繼承人的牛津學者約翰·葛雷（John Gray），開始思考新右派之外的可能。剛當上英國工黨主席的布萊爾（Tony Blair）此刻也正在尋求改造工黨的政治論述，企圖淡化過去濃厚的左派色彩，提升執政機會。劍橋的社會學家紀登斯（Anthony Giddens）最後提出了「第三條路」（The Third Way）社會政策理論，成就了新的中間路線的政治論述。基本上這是「中間偏左」的路線，接受資本主義，但反對放任經濟，支持社會福利想法，但有條件發放失業救濟金，主張政府引入民間資金來投資重大公共建設。1997年布萊爾的「新工黨」（New Labour）取得政權，紀登斯轉任倫敦政經學院院長，並且延攬葛雷到校任教。隔年，美國總統柯林頓與布萊爾共同發表聲明，奉行第三條路。1999年，德國總理施洛德也加入陣營，開啟新中間路線時代，直到現在西方許多國家都還是堅持這路線。

　　然而，正當第三條路成為主流意識形態之時，葛雷卻逐漸與之遠離，並且

開始全面性批判全球資本主義，特別是美國的新保守主義外交政策。此刻，他主張自由主義不過是眾多正當政治體制的一種，資本主義也只是眾多可行的經濟體制之一種既非「普適」，也不「普世」。隨後，他揉合了柏林的「價值多元論」（value pluralism）與宗教改革時期的寬容策略，主張自由主義者必須揚棄啟蒙時代的一元論思維，嘗試與其他主義和平相處，並且與其他文明尋求一個「暫定協議」（modus vivendi）——其拉丁原文意味著「活路」或者「存活之道」。同理，多元文化社會也須採取暫定協議策略，不再找尋所謂理性的人都會接受的單一生活方式，因為那本身不存在，若存在的話也只是某一族群宰制其他族群。葛雷稱自己的理論為「暫定協議式自由主義」，但學者多認為這是「後現代自由主義」。這個反對各種意識形態獨霸的政治論述，是否能成為另一個作為系統性政治論述的意識形態，還有待觀察。不過，它一方面證明了自由主義是個不斷反思與改造的政治理論——或意識形態，另一方面則讓自由主義轉向對於妥協政治的看重，而非倡議一套放諸四海皆準的政治經濟制度設計。

伍、結論

　　意識形態概念，過去曾經由殷海光翻譯成「意底牢結」進入中文語境。深受波普爾與海耶克影響的殷海光，是台灣科學哲學領域的奠定者，也是威權時期最重要的自由主義者之一，對台灣的民主化有重大貢獻。當然，他的翻譯反映了自己的政治立場，也可說是冷戰時代的產物。「意識形態」才是現在的慣用語翻譯，而且是個經常出現在國內公共輿論的語彙，而且民眾也早已習慣用「藍／綠」或「統／獨」，來區別國民黨與民進黨的意識形態。

　　不過，「意識形態」這個詞的使用總伴隨著負面意思。大眾媒體過去常用「意識形態治國」來批評國民黨以及民進黨的政治立場，似乎認定有一種沒有意識形態的治國理念。然而，本章已經說明，意識形態是個複雜的概念，正如「自由」、「平等」政治術語，每一個用法都預設了特定理論立場，知道使用者的立場才清楚其意涵。

　　倘若媒體所謂的「意識形態執政」指的是按照政黨的公開政治論述執政，這不見得是壞事，因為民主國家的選舉猶如社會契約的簽訂，政黨執政靠的是人民對政黨政見的支持，有義務告知選民未來執政理念，供選民作為選項。倘

若媒體用的是殷海光的「意底牢結」定義，指涉執政者立場僵固，一意孤行，不懂妥協，而支持者也盲目跟從，那政治學者更應該要正視意識形態，因為破解這種牢結的方法就是正視它，揭露它。怕的是媒體在使用時，並不清楚自己所指為何，而民眾也在不明究裡的狀況下，拿「意識形態」這個本身預設特定立場的多義詞當作解釋。

事實上，過去在臺灣中學教育必修的「三民主義」課程，本身就是一種作為政治論述的意識形態典型，且形塑了兩代以上臺灣人的世界觀，雖然解嚴之後逐漸讓新自由主義取而代之，但至今仍左右許多人的政治信仰。三民主義嚴格說是一種中央偏左的意識形態，某程度上支持社會福利，也支撐了極具國家資本主義色彩的發展主義，加工出口區以及包括國營企業在內的「十大建設」計畫是其實踐，全民健保也可說是此一邏輯的延伸。1990年代開啟的國營企業民營化則見證了新自由主義正式成為臺灣的新主流意識形態。隨後的兩岸開放，關於經貿緊密合作即可帶來兩岸和平，甚至相信貿易能促成中國的民主化等國民黨主要論述，基本上不脫意識形態的立場。政治從此就是拚經濟，而一度甚囂塵上的「商人無祖國」論，或許是此一立場的極端展現。

陳水扁政府曾經由幕僚引介「第三條路」思想，曾經提出「新中間路線」想法，企圖超越統獨對峙，紀登斯訪台時，甚至還一度被尊稱為「國師」。然而，超越統獨的「新中間路線」，畢竟與超越左右的「第三條路」不同，民進黨雖然推動藉由民間投資興建公共建設，但並未進一步發展出完整的「中間偏左」社會福利論述路線。另一方面，馬英九競選黨主席時，曾在倫敦政經學院宣布其「兩岸暫行架構」理念，其「暫行架構」概念也就是葛雷所謂的「暫定協議」；執政之後，「暫行架構」一詞換成了「活路外交」，雖然更接近「modus vivendi」的原意，但同樣也未進一步發展成一套有別於新自由主義立場的政治論述。

高度推崇柴契爾夫人的蔡英文執政之後，大抵延續了新自由主義立場。然而在此一堪稱「藍綠共識」的意識形態當中，「轉型正義」（transitional justice）議題旋即成了國內的意識形態戰場。雖然表面上爭議焦點在於二二八及其後國民黨政府遂行的白色恐怖時代該如何咎責，但略為深究則可發現其核心乃關於「民主」理念的高度歧見。支持轉型正義者多數同意此乃「民主化的未竟之業」，但主張臺灣已完成民主轉型（且國民黨正是民主化的推手）者則無法同意。姑且不論細節，相信民主化是落實中華民國憲法、保障人民基本權利並採取普選制度者，會反對未竟之說，認定民主首要在於「人民當家做

主」，因此必須藉由制定新憲來展現真正人民意志者，則有理由相信臺灣的民主尚有最後一哩路未完成。這當然也是柏林所謂的「消極」與「積極」兩種自由的差異之延伸，前者通向洛克以「法治」（the rule of law）為核心的憲政民主，後者則是盧梭（Jean-Jacque Rousseau）版本的「人民主權」（popular sovereignty）民主。

正如盧梭本人曾說：「英國人自以為是自由，實在大錯特錯。他們只是在國會議員選舉當天才是自由的。一旦議員選出，他們即淪為奴隸，不算什麼。」換言之，即使英國實施了普選加上以憲法來限制政府權限的「法治」，也稱不上真正的民主。高舉這種積極自由的人，可認為中華民國憲法的落實本身僅保障了消極自由，但稱不上完全的民主，甚至會因此視過去的國民黨統治為外來的殖民政權。在此兩種民主觀念的脈絡底下，究竟該如何理解過去、如何選擇未來，都是嚴肅的意識形態問題，而鑲嵌於此的轉型正義也就更加地困難了。而出路，或許在於我們必須更加地認識何謂意識形態，以及哪些意識形態存在臺灣的政治當中，甚至進一步去思索如何建構一個多數人可接受的系統性政治論述，形成一套能指引政治的新共識，方能讓競選成為一個政策辯論的過程，讓政黨政治成為一種責任政治而非所謂的「藍綠鬥爭」。

歷史告訴我們，作為系統性政治論述的意識形態，無論是自由主義或社會主義，都可能締造偉大的國家，也可能摧毀人類文明。重點在於時代是否有能力自省與反思，否則真理可能淪為迫害自由的教條，也可成為帝國主義的藉口。的確，意識形態意味著思想的力量。而思想的力量，最弔詭的地方在於：思想越是被忽略的時候，也就是正在發揮其可怕力量的時候——這正是自由主義與馬克思主義對於意識形態的共識之一，也是柏拉圖洞穴預言的啟示。

延伸閱讀建議

關於「意識形態」概念本身以及各種當代重要的政治意識形態，請參閱海伍德著（Andrew Heywood），陳思賢譯，2009，《政治的意識形態》，臺北：五南。柏拉圖的洞穴寓言原文，請見柏拉圖（Plato）著，徐學庸譯註，2009，《理想國篇》，臺北：臺灣商務印書館。

關於該部分的討論，則請參閱尼可拉斯・帕帕斯（Nicholas Pappas），2009，《柏拉圖與理想國》，臺北：五南。

馬克思對於意識形態的理解與相關討論，請參閱孫善豪著，2009，《批判與辯證》，臺北：唐山。

關於馬克思以及馬克思主義的歷史背景介紹，請見大衛・麥克里蘭（David McLellan）著，王珍譯，2013，《馬克思》，臺北：五南。

自由主義者對於馬克思主義看法的基本立場，則可見於以撒‧柏林（Isaiah Berlin）著，彭淮棟譯，1990，《馬克思傳》，臺北：時報。

二戰之後首次宣告意識形態終結的論述，請見丹尼爾‧貝爾著（Daniel Bell）著，張國清譯，2001，《意識形態的終結》，南京：江蘇人民出版社。

否認意識形態可以終結，並且從「自由」的抽象概念來分析冷戰兩大陣營的意識形態，則可見於以撒‧柏林（Isaiah Berlin）著，陳曉林譯，1986，《自由四論》，臺北：聯經。

關於柏林如何從自由概念來掌握整個冷戰期間的意識形態之爭，參見葉浩著，1998，《以撒‧柏林》，臺北：聯經。

冷戰之後，再次宣告政治意識形態之爭告終，自由市場與民主憲政已經贏得最後勝利的論述，請參閱法蘭西斯‧福山（Francis Fukuyama）著，李永熾譯，1993，《歷史終結與最後一人》，臺北：時報。

關於新自由主義如何主導台灣的外交政策，以及影響兩岸政治發展，請參閱葉浩著，〈國際關係主流理論夾縫中的兩岸「和平」思考〉，曾國祥、徐斯儉主編，2012，《文明的呼喚》，新北市：左岸。

認為新自由主義的全面勝利不過是假像的批評，請見約翰‧葛雷著（John Gray），陳碧芬譯，1999，《虛幻曙光—資本市場全球化的危機》，臺北：時報。

關於羅爾斯的正義論，理論闡釋請參閱湯馬士‧柏格（Thomas Pogge）著，顧肅、劉雪梅譯，2010，《羅爾斯與正義論》，臺北：五南。

相關辯論的歷史脈絡與思想史意涵，以及歐克秀的保守主義思想，則請參閱曾國祥著，2018，《麥可‧歐克秀》，臺北：聯經。

關於羅爾斯理論所掀起的自由主義內部反思與路線之爭，則請參閱約翰‧葛雷著（John Gray），蔡英文譯，2002，《自由主義的兩種面貌》，臺北：巨流。

至於崛起於九十年代末，如今儼然與自由主義分庭抗禮的共和主義思潮及其根源，可見於蕭高彥著，2013，《西方共和主義思想史論》，臺北：聯經。

關於自由主義的發展史，目前最詳盡的中文書是福塞特（Edmund Fawcett）著，2016，《自由主義：從理念到實踐》，臺北：麥田出版社。

關於轉型正義議題在臺灣所引起的爭議背後的各種意識形態，參閱葉浩著，2017，〈從過去的執拗低音到今日的主旋律——關於台灣轉型正義的論述側寫〉，《二十一世紀》雙月刊，159 期，香港：香港中文大學。

臺灣民主化過程所涉及的意識形態之爭分析，請參閱葉浩著，2020，〈理想與實現之間的民主政治——台灣黨國體制及其遺緒的反思〉，《二十一世紀》雙月刊，178 期，香港：香港中文大學；以及蔡英文著，2009，《當代政治思潮》，臺北：三民。

關於更早的台灣政治意識形態之發展與思想根源，請見吳叡人著，2007，〈自由的兩個概念：戰前台灣民族運動與戰後「自由中國」集團政治論述中關於「自由」之概念的初步比較〉，顧忠華主編，《自由主義與新世紀台灣》，臺北：允晨文化。

第五章 政治學研究途徑與方法

劉嘉薇

何謂研究途徑（approach）？Everson 與Paine（1973）認為，研究途徑是尚未發展成熟的理論，它以特殊的取向觀察政治現象，運用一套特殊的概念，提出一套特殊的問題與假設，表明某些因素較具意義，最後期望對政治現象提供解釋與預測的基礎。Van Dyke（1960: 34）認為，研究途徑是選擇問題與相關資料的標準。呂亞力則認為，所謂（研究）途徑是指研究的核心概念，作為學科組織的中心，並提供研究的主要方向（呂亞力，2008）。在政治學的研究上，隨著時間推移，研究途徑聚焦的重點從「制度」演變到「行為」，再演變到「後行為」和「新制度」。從字面上的意義而言，「後行為」的角度是奠基於「行為」的角度再作修正，而「新制度」的角度則是奠基於「制度」的角度再作修正。

何謂研究方法（method）？研究方法是一項有系統與有組織地探討解決問題的過程。它是一套經過設計並予以遵循的步驟，目的在對我們所關心的問題尋找答案。所以研究的第一步，是知道問題所在，確認、釐清問題；接下去的步驟即為搜尋資訊、分析資料，並解釋與問題相關的因素。經採取這些必要的步驟後，就有可能解決所要探討的問題（Sekaran, 1992）。

以下我們將陸續介紹研究途徑的發展脈絡與研究方法的分野，透過研究途徑發展脈絡的介紹，我們將了解政治學的研究途徑為何如此發展以及面對當前政治學應然與實然的問題，我們該如何選擇研究途徑與方法。行文至此，讀者可能好奇，在我們談論研究途徑與研究方法時，更應該思考到何謂「研究」。簡言之，研究可說是以系統性的方式觀看世界，而研究途徑與方法便是幫助我們進行研究的指引。以下首先介紹政治學研究途徑，再介紹政治學常用的研究方法，值得注意的是，政治學研究途徑發展時也深受其他學科（如歷史學、法學、社會學、心理學、經濟學和傳播學等）的影響，跨學科所形成的研究途徑歷歷可見。

　　以下我們首先綜覽學者（Van Dyke, 1960、Howard, 1985、Goodin和
Klingemann, 1996）提出的政治學研究途徑，不同的研究途徑代表學者對於研
究途徑類別的看法，也代表不同的思考角度。在五花八門的研究途徑中，本章
亦將在表5-1介紹這些途徑後，逐步釐清這些分類的脈絡，進而歸納之。

　　以上學者介紹研究途徑時，或以理論、主義代稱，其所指內涵與研究途徑

表 5-1　學者提出的政治學研究途徑

Van Dyke（1960）	歷史學研究途徑（historical approach）
	經濟學研究途徑（economic approach）
	社會學研究途徑（sociological approach）
	心理學研究途徑（psychological approach）
	地理學研究途徑（geographic approach）
	哲學研究途徑（philosophical approach）
	制度研究途徑（institutional approach）
	法制研究途徑（legal approach）
	權力研究途徑（the power approach）
	利益或利益團體研究途徑（interest or interest-group approach）
	決策研究途徑（decision making approach）
	賽局理論（game theory）
	手段目的分析（ends means analysis）
	行為研究途徑（behavioral approach）
	意識形態研究途徑（approach emphasizing ideologies）
Howard（1985）	理性研究途徑（rational approach）
	經驗研究途徑（empirical approach）
	科學的途徑（scientific approach）
Goodin 和 Klinge-mann（1996）	後科學、後行為主義（post-science, post-behavioralism）
	理性抉擇研究途徑（rational choice approach）
	新制度研究途徑（new institutional approach）
	規範制度主義（normative institutionalism）
	歷史制度主義（historical institutionalism）
	社會制度主義（social institutionalism）
	結構制度主義（structural institutionalism）

資料來源：作者自行整理。

說明：三位學者順序依時序排列。

可相類比。綜上，本章依提出時序將其歸納為傳統研究途徑（traditional approach）、制度研究途徑（institutional approach）、行為研究途徑（behavioral approach）、理性抉擇研究途徑（rational choice approach）、後行為研究途徑（post-behavioral approach）和新制度研究途徑（new institutional approach），以下將分別介紹這些研究途徑。

壹、政治學研究途徑

在傳統研究途徑、制度研究途徑、行為研究途徑、理性抉擇研究途徑、後行為研究途徑和新制度研究途徑的發展中，體現的是一種從規範（normative）研究途徑發展至經驗（empirical）研究途徑的脈絡。規範研究途徑體現了政治「應該如何」的道德、倫理或價值判斷，亦即政治的「應然」面；經驗研究途徑處理了政治「實際為何」的層面，亦即政治的「實然」面，了解兩種研究途徑的區別及其優缺點將有助於較為全面性理解政治學研究途徑的全貌，並對這些研究途徑具備評價的能力。以下從各途徑的（一）發展背景；（二）涵義；（三）核心特徵及（四）研究主題等項目說明之。

一、傳統研究途徑

（一）發展背景

為什麼政治學研究途徑的發展一開始要建構理想，因為人類建構國家的過程總是先討論何謂理想的國家、何謂理想的制度，有了這些對國家和制度「理想」本質的追求，才可能繼續討論在此一理想被建構之後，「實際」上達到這些理想的狀況。古希臘政治哲學被視為傳統研究途徑的先驅，討論政治上應然、規範、價值的問題，柏拉圖是此派學者的重要代表。

（二）涵義

傳統研究途徑最主要是指規範（哲學）研究途徑，這是最古老的政治研究形式，一般學者都追溯至柏拉圖，此一研究途徑基本上提出一些規範性的問題。既然是「規範」，因此討論政治上的「理想」為何，是傳統研究途徑最熱衷的活動。

（三）核心特徵

　　傳統研究途徑關切政治理想上應該如何，對於實際上如何，並不是傳統研究途徑所關切的，傳統研究途徑以大量時間關注國家和制度「應該如何」建制，對於國家和制度「建制得如何」暫無暇關心。因此，此一階段的政治學研究途徑與哲學走得很近，因為哲學的目的在於討論應然的問題。

（四）研究主題

　　傳統研究途徑主要為規範面的研究主題，例如：國家的目的何在？什麼是美好的政治生活？什麼是好的政府？什麼是正義？什麼是平等？什麼是自由？如何達成正義？如何建立平等、自由的社會？Isaak（1985）指出有許多政治哲學家花了許多時間討論「最好」的國家或「最好」的政治系統應該如何，此外，政治學者經常提出最適當的或正確的政治目標，供政治運作參考，甚至對政治上的價值（例如何謂正義、民主或人權）提出詮釋並鼓吹。

　　此外，政治學亦與歷史和法律結合，與歷史研究結合的原因在於歷史研究經常是政治思想史的研究，而與法律研究結合的原因在於法律總是訂定價值的最後底線，且將政治學視為是憲法和法規的研究，亦即政治學規範價值的研究。

二、制度研究途徑

（一）發展背景

　　傳統研究途徑的興起使政治學界開始反思，政治學研究途徑僅有哲學的面向嗎？若要將政治的理想落實，便需要進入政治「制度」的設計，制度是遊戲的規則，也是落實政治理想的方法（Goodin and Klingemann, 1996）。在一般的說法中，從1880年之後興起了制度研究途徑，制度研究途徑開啟一連串制度安排的研究，並且探討不同制度所帶來的不同政治效果。

（二）涵義

　　相對於傳統研究途徑，制度研究途徑開始談論實際面的政治制度設計，是一種集中於政府正式組織、結構、機關、職權、規則、程序、慣例及憲法的研究途徑。如對總統的研究，限於根據憲法的規定，就其職位、職責、特權及歷史上的發展變化，對總統權力的實際行使面則不予關注，因此，屬於靜態的、

形式的文件分析。

（三）核心特徵

　　制度研究途徑學者強調政治制度的歷史與結構，制度的運作過程是由憲法與法律所規定的。有關政府的正式組織、結構、機關、職權、規則、程序、慣例、憲法、法律、司法判例都是此研究途徑的重要研究面向。

（四）研究主題

　　提到制度研究途徑的興起，不得不談政治學者對於國家的研究，對國家的研究也包括了對國家制度的研究，使制度研究途徑的發展有了機會。國家研究對政治學發展具有重要影響，它連接公法分析與政治權力，是政治學獨立於法學的起點。此外，行政、立法和司法制度的設計也是制度研究途徑的關注焦點。

三、行為研究途徑

（一）發展背景

　　由於過去政治學者常描述政治制度的結構與正式過程，而甚少注意制度內行為者的角色，因此受到批評。行為研究途徑起源於二次大戰前，至二次大戰後才發展成政治學界的主流（華力進，1980）。二十世紀初期對於規範理論的批判主要來自名為「邏輯實證論」的哲學運動。它是一組特定的知識論假設，優先考慮了科學的研究方法，透過對現象的量化數據測量，探討知識的本質（Marsh and Stoker, 2010）。

（二）涵義

　　行為研究途徑的研究重點不放在「國家」、「憲法」或「制度」，反而著重政治行為者（執政者、民意代表和人民等）的心理與行為。行為研究途徑用嚴謹的研究方法來蒐集資料，並以統計學的技術分析資料，認為政治現象具有長期性的規律，使得我們可以用歸納的方式進行研究，找到通則，並認為這些歸納的資料可以用客觀中立的立場進行分析，不允許以道德的方式進行資料的解釋，然其缺點為過於注重那些能夠被數量化的概念（Hay, 2002）。

（三）核心特徵

　　有關行為研究途徑的特徵，融合各家學者說法，包括1.以自然科學的方法來研究政治（其中包括經驗研究與價值中立原則）；2. 特別注重政治行為者的「行為」，以政治行為為主要分析資料，也是對制度研究途徑的反駁；3.批評過去的傳統政治學研究是「描述的、法條的」，於是著手進行「經驗的、實證的」行為研究，並採取了大量量化的研究技術。之所以採取量化技術，原因在於採取量化技術始能精確觀察到所謂的「行為」等經驗證據（Easton, 1962、Isaak, 1985、華力進，1980）。

（四）研究主題

　　行為研究途徑是二次大戰後反對傳統研究途徑和制度研究途徑的政治學者所倡議的。多數行為研究途徑者採取個人行為的意義，研究政治上個人的人格、認知、態度和行為（如投票行為、立法行為、領導行為、決策行為）。[1]

四、理性抉擇研究途徑

（一）發展背景

　　理性抉擇研究途徑起源於亞當斯密的古典經濟學，從1950年代以後，理性抉擇相關研究在社會科學界如雨後春筍般出現，也與一些心理學的研究結合，使得從心理學觀點出發的理性抉擇研究途徑大受歡迎。理性抉擇研究途徑幫助學者針對信念、偏好與價值這類的抽象概念提供研究的方式，大到文化的範圍，小到個人的個性都成為理性抉擇研究的範圍（Almond, 1990）。

（二）涵義

　　行為者的偏好（preference）是理性抉擇途徑的研究焦點所在，制度和規則雖有其重要性，但行為者偏好才是關注焦點（Riker, 1980）。究其最根本的形式，乃是指涉個別行為者（個人或政治實體）的行為，而行為的目的在於促進行為者依資訊與機會成本，感知到自我利益（Monroe, 2001）。人有偏好，會依據偏好來作選擇。對那些具有相同目標的人而言，當他們處於相同的境況時，我們可以預期他們會作出相同的行動（謝復生，2000）。理性抉擇研究途

徑的基本假定是，個體是理性、有效率以及效用極大化者，在任何既定的脈絡下，他們只會有一種最佳的行動方式。由於被自利傾向所影響，個人利益的加總不見得是集體的利益，而此論被質疑之處在於無法解釋偏好是如何形成以及難以解釋為何會出現利他行為（Hay, 2002）。在此特別說明的是，理性被當成公理（axiom），公理是不證自明、不必驗證的。

（三）核心特徵

理性抉擇研究途徑有一個基本假定，即個人理性（individual rationality）。從這個假定出發，理性抉擇研究途徑推演出人在特定情境下的行為模式。理性抉擇研究途徑的這個假定與古典經濟學對經濟人所做的假定一致。對理性抉擇研究途徑而言，理性指的是目標導向的行為，至於該行為─甚至目標本身─是否合乎道德，則不在考慮之列（謝復生，2000）。理性抉擇研究途徑是一種演繹的策略，從人類動機與行為，進行邏輯推演以作出選擇。

在研究人的偏好時，理性抉擇研究途徑有兩個主要的假設：聯結性（connectivity）和遞移性（transitivity）。聯結性意指，對某人而言，有兩個可以比較的東西（姑且稱之為a與b）置於其面前時，他或者喜歡a的程度多於b，或者喜歡b多於a，或覺得兩者無甚差別；除此之外，沒有其他可能情況會發生（例如不能存在喜歡a多於b，又同時喜歡b多於a）。這三擇一的條件，我們稱之為聯結性。遞移性意指當有a、b、c三個東西出現時，假若我們知道某人喜歡a多於或至少一樣喜歡b，而喜歡b又多於或至少一樣喜歡c，那麼我們曉得他必然喜歡a多於或至少一樣喜歡c，這就是遞移性（謝復生，2013）。

（四）研究主題

採用理性抉擇研究途徑的政治學者將經濟學的原理運用到政治學研究，引用經濟學認為人皆為理性自利的假設，以此解釋政治現象，例如投票行為中的棄保投票、前瞻性投票或回溯性投票等。Riker（1962）以理性抉擇研究途徑應用於政黨結盟的研究，以政黨間意識形態的距離、政黨大小原則（國會席次）、最小勝選的規模，分析政黨結盟的動機與作為。[2]

---

2 國內研究包括陳敦源與吳秀光（2005）、謝復生、牛銘實與林慧萍（1995）皆以理性抉擇研究途徑進行研究。

五、後行為研究途徑

(一)發展背景

　　行為研究途徑重視行為的新意並沒有被政治學者完全接受，1960年代後期，「後行為革命」（The Post-behavioral Revolution）由Easton（1969）主導興起。後行為研究途徑發展主要原因在，1960年中期美國國內社會所產生的許多迫切問題促使許多政治學者反省他們所作的研究工作，與當時嚴重的政治與社會問題究竟有多少關聯（袁頌西，2003）。1969年美國著名政治學者Easton發表「政治學的新革命」（The New Revolution in Political Science），並提出後行為主義。當行為主義盛行時，後行為主義者提出了反思，即政治研究是否應限於技術，而政治學者是否應價值中立？

(二)涵義

　　後行為主義接受行為研究途徑者追求科學的精確性與嚴謹性的態度，但認為行為研究途徑在力求科學化的同時，已與社會實際需要脫節。行為研究途徑過於強調量化，使得研究成果太過瑣碎，反而忽略政治現象的原因和影響，僅注重政治的表象，而忽略對實務政策走向提出建言。因此，後行為研究途徑者拒絕接受事實和價值的區分，認為規範的價值在行為研究途徑當道時應該被重新看待，不應規避社會改革的問題。整體而言，後行為主義者最重要的涵義和主張乃是對政治進行科學的研究，但拒絕區分事實和價值，更重視政策取向和建議。

(三)核心特徵

　　後行為主義主張研究實質（substance）的內涵比研究技術重要，認為科學實際上不可能達到價值中立，學者應對實際政治有更多的關懷和行動，知識份子對於公共議題不能置身事外。這與行為主義主張的價值中立和強調研究技術並不相同，且修正了行為主義的論點（Easton, 1969）。

(四)研究主題

　　此派學者主張改變政治研究的方向，認為知識要為國內外的貧窮、落後與被壓迫的民眾服務，而且要改造美國政治學會，特別針對冷漠和保守（袁頌西，2003）。因此本派將研究主題鎖定在當時社會的重大議題，如弱勢族群的

權利。

六、新制度研究途徑

（一）發展背景

　　行為主義到了1960年代末期，受到馬克思學派的挑戰，認為個人的行為主要是在反應當時優勢意識形態（dominant ideology），意即行為主義過於重視個體主義。到了1970年代末期，馬克思學派過分重視方法論上的集體主義（methodological collectivism）本身也受到挑戰，這個爭議也促成了「中間路線」的產生，也就是新制度研究途徑（郭承天，2000）。

　　「制度」的規範、規則、程序等是否也會影響政治行為者的行為呢？這不免讓學界重新評估，是不是要把「制度」當作是「政治行為」的影響變數（March與Olsen, 1984）。加上行為研究途徑強調科學和價值中立，但卻無助於人們理解社會和政治的全貌，因此1980年代興起一波將制度與國家帶回政治學研究的風潮，而新制度研究途徑便由此產生，主要重視「制度脈絡」（institutional contexts）所扮演的角色。新制度研究途徑除重視個體在制度當中發揮的影響，同時亦強調制度與個體之間的互動（傅恆德與林文謙，2009）。

（二）涵義

　　新制度研究途徑的重點在於強調制度如何影響人的行為（Carey, 2000），不同於舊制度研究途徑僅研究制度本身。不論是制度研究途徑或新制度研究途徑，都把制度看作政治生活的核心組成部分，只是制度研究途徑著重制度本身的研究，新制度研究途徑更重視制度的影響。整體而言，新制度研究途徑主張人類的政治、經濟或社會行為受到所處制度環境的影響（郭承天，2000）。

（三）核心特徵

　　新制度研究途徑興起後，愈來愈多人加入此學派的行列，於是研究領域和分析途徑不斷拓展，雖擴大了新制度研究途徑的視野，然亦導致理論、方法和觀點的分歧，除了都強調制度在政治生活中的重要作用外，其他方面歧異頗大，甚至質疑：「新制度研究途徑到底新在何處？」Hall與Taylor（1996）兩人對新制度研究途徑的三分法為公認的劃分法，各派的核心特徵如下：

1. 理性抉擇制度主義（Rational Choice Institutionalism）

人們為實現自身的價值與利益，理性地創造出制度。制度一旦產生之後，就為相關行為者提供了約束和激勵的機制。制度本身能否存續，則取決於它能否為相關行為者帶來最大的好處。在理性抉擇制度主義的觀點中，人都有各種不同且複雜的偏好，且會用高度策略性的態度及計算極大化其利益，個人具有效用極大化（utility-maximization）的意圖，因此，制度安排是個人表達偏好和理性計算後的結果。

理性抉擇制度主義傾向將政治過程看成一系列從個體理性到集體非理性的集體行動困境。在沒有制度約束的情況下，個體理性會導致集體行動的困境。個人的行為是由策略性的計算所導引，這些計算深受行為者預期他人會如何行動所影響。制度規範了這些互動，一方面限制了選擇場域的範圍和結果，另方面則藉由提供資訊和獎懲的機制，以減少行為者間互動過程的不確定性，以期能引導行為者的計算而邁向較佳的結果。由此觀之，此派採「計算途徑」來解釋制度如何影響個體行為。

2. 社會學制度主義（Sociological Institutionalism）

社會學制度主義受組織理論的影響，組織理論認為在現代化過程中必出現組織，因其可得到效率，易於管理，已成普遍化的理性特質。然而，此派學者認為組織的產生和持續不僅要合乎理性與效率，尚須考慮文化脈絡的因素。因此，它從最廣泛的意義來界定制度，認為制度不僅包含正式的規章、法令和規範，亦包含為人類行動提供「意義框架」的符號系統、認知圖像及道德模版，亦即約定成俗的一些想法和習慣。

社會學制度主義認為個人的行為並非完全可由個人的策略選擇來決定（亦即理性抉擇制度主義所言），行為會受到每個人特有的世界觀所限制。制度以提供人們認知圖像和行為規範的方式，讓人們可依此詮釋周遭的情境，並影響個人的行為。因此，不同於理性抉擇學派，社會學制度主義認為，制度不只是影響個人的策略計算，也影響了個人的偏好及其自我認知的方式。

申言之，制度之所以能夠得到擴展，現存世界的制度之所以會出現大量的同質性現象，並不是來自於理性人類的計算和合作意圖，而是來自於制度能夠適應特定的文化背景，能夠在某種文化背景和組織場域中體現出合法性。因此，制度需與其文化脈絡契合，才得以繼續存在。

3. 歷史制度主義（Historical Institutionalism）

由於歷史制度主義強調「歷史」，在分析制度的建立和發展過程時，強調

制度的「路徑依循」（path dependent）特徵和政治生活中的意外效果。即整個制度建構的過程被視為一次路徑的選擇過程，政治行為者在一個時間點所做的路徑選擇不會因既有制度和環境條件的制約，而限制下一個時間點的路徑選擇，所以，現在的制度就是每一個時間點中的決策者所作路徑選擇的綜合結果，此一看法結合了理性抉擇的「計算」與過去「歷史」影響的觀點。

　　要言之，歷史制度主義強調多因素的整合分析。本派不認為制度是影響政治結果的唯一因素，而認為只是關鍵因素，因此，本派同樣關注能夠產生政治後果的其他因素，如意識形態、文化、社會背景等等重要因素。因此，個體的觀念、理性與制度之間的複雜互動過程，乃本派在分析政治事件時的基本變數。

　　Hall與Taylar（1996）比較了上述三種不同的新制度研究途徑，其差異包括以下三點：

　　理性抉擇制度主義受到理性抉擇研究途徑的影響，在微觀層面解釋制度如何影響個人行為具有很精準的分析，並進一步強調政治行動中不確定的管理，強調資訊的流向對權力的關係和政治後果，但又過分簡化人類行為的動機。理性抉擇制度主義對制度維繫上有強大的解釋力，但在解釋制度的形成則顯得不足。

　　社會學制度主義主張制度能塑造環境，會影響行為者所認知到的理性抉擇。社會學制度主義認為當新制度形成時，世界已經充滿了許多制度，他們集中在新制度的發展，忽略了在新制度的發展過程中，各行為者彼此權力之間的衝突。

　　歷史制度主義採取宏觀的視野，同時採用了文化和計算途徑，但在解釋制度如何影響個人行為上仍較薄弱。歷史制度主義認為制度的形成來自歷史的發展。整體而言，Hay（2002）認為，歷史制度主義強調歷史是重要的，過去的歷史或制度解釋了現今政治行為者的行為，因而產生了「路徑依循」的現象，即過去的政治路徑影響未來的政治發展。由於新制度研究途徑強調路徑依循以及歷史所遺留下來的傳統，因而它比較長於解釋穩定，而不長於解釋變遷。

（四）研究主題

　　新制度理論從1980年代開始對於政治學研究發生重大影響，March與Olsen於1984年首度提出新制度研究途徑，在研究主題方面，重新思考「制度」會直接影響政治行為與政治活動，在當時可說是一種相當創新的觀點，正式開啟了

表 5-2　政治學主要研究途徑對制度與行為的看法

	對制度的看法	對行為的看法
傳統研究途徑	討論何謂理想的制度	幾乎未論及行為
制度研究途徑	分析憲法、法規的制度內涵	幾乎未論及行為
行為研究途徑	未論及制度對政治現象的影響	以量化的經驗研究觸及政治行為
理性抉擇研究途徑	制度和規則雖有其重要性，但行為者偏好才是關注焦點	行為者皆有理性和偏好
後行為研究途徑	認為制度和規範價值應該被重新看待，不應規避社會改革的問題	拒絕接受行為的事實和價值的區分
新制度研究途徑	制度會影響個體的行為	分析個體行為時，應納入制度因素

資料來源：作者自行整理。

新制度的研究途徑，為政治學研究中一個重要的里程碑。

　　新制度研究途徑的研究主題和最重要的貢獻是在1980年代再度將「國家」放在政治學的中心，討論國家此一制度因素在政治運作中的重要性，亦即所謂的「將國家帶回來」（Bringing the State Back in）（Evans, Rueschemeyer, and Skocpol, 1985）。[3]

　　整體而言，制度研究途徑的目的主要關注制度本身的議題，且研究焦點著重正式的制度，將其思考局限於規範層次，且以公法或哲學進行思維。新制度研究途徑則擴展到制度與其他領域的關係，其關注的制度範圍除了正式制度，還包括非正式制度，並注重實證資料的研究。綜上所述，本章簡要整理以上研究途徑對政治制度和行為的看法如表5-2，期待有助於讀者的理解。

貳、研究方法

　　我們在研究途徑的介紹中提到研究方法的發展與行為主義的發展較為同

3　新制度研究途徑相關代表著作包括：March and Olsen（1989）.國內研究包括郭承天（2000）、陳敦源（2002）、李英明（2005）皆以新制度研究途徑進行研究。近來學者從新制度研究途徑的觀點將組織視為大環境下的次級系統，認為組織若能符合外在文化等制度環境的要求，並且獲得成員的認可與支持，便具有合法正當的存在基礎（Abrutyn and Turner, 2011）。

步，這些研究方法多數用於實證研究中，包括行為主義、後行為主義和新制度主義。以下介紹的研究方法，除了行為主義重視的量化研究方法（Quantitative Research），也包括質性研究方法（Qualitative Research）。行為主義強調科際整合，主張採用其他學科的概念、理論與方法來了解政治現象，因此，在方法上，社會科學採用的研究方法也就大量被政治學者廣泛採用。本章所敘述的研究方法為政治學行為主義興起後，政治學者主要用來探究政治現象的方法，與社會科學研究方法是相通的。

　　不論量化研究方法或質性研究方法，皆是以經驗（empirical）的方式觀察政治現象，試圖找出政治的「實然」現象，而非「應然」的規範價值。規範研究重視規範價值為何，舉例來說，其探討的問題是「什麼是理想的民主？」，得出在理想的民主中，民眾「應該」具備自由、平等、多元、制衡、容忍等價值，在得出這些價值為理想的民主的過程中，無需使用行為主義以降所發展的量化或質性研究方法，而著重於政治理想的建構。但若是行為主義以降的研究途徑，便相當重視經驗證據的取得，在民主的問題上，行為主義關切的可能會是「民眾是否具有自由觀、平等觀、多元觀、制衡觀和容忍觀等？」，其關懷的問題相對於規範研究則為「實然」面，為了得到「實然」結果，需要輔以科學的研究方法取得「實然」資料，由於「實然」資料意謂著可觀察到及重複驗證的資料，因此需要運用科學的研究方法予以取得，研究方法的技術便大量發展。

　　再者，若是後行為主義的研究，同樣也關注行為主義所關注的實然面問題，但當後行為主義者得到「民眾是否具有自由觀、平等觀、多元觀、制衡觀和容忍觀等？」的結果後，它將進一步討論這些結果對國家、社會或政策的意義是什麼，試圖為此實證結果賦予規範性意義，而不僅只於討論行為主義注重的經驗現象。然若為新制度主義論者看待民主問題的研究，會更注重經驗證據背後的制度因素，亦即「民眾是否具有自由觀、平等觀、多元觀、制衡觀和容忍觀等？」受到什麼制度安排的影響，若要提高民眾的民主觀念，如何從「制度」著手。因此我們可以發現，後行為主義和新制度主義都具有結合規範性研究和經驗性研究的特徵，只是相對來說，後行為主義更注重經驗研究，新制度主義更注重制度設計的規範面。

　　基於以上研究途徑的脈絡，本章以下接續介紹科學的研究方法。若從資料蒐集的方法來區分研究方法，使用科學研究方法的目的在取得經驗證據，一般可以分為量化研究和質性研究。量化研究是有關社會現象的經驗研究，強調科

學態度，依循標準化程序來蒐集資料，並用統計學與數學的方法分析資料。質性研究則強調在自然情況下對社會現象進行探究，透過與研究對象的互動，對其行為和「意義建構」獲得理解，並使用歸納法分析資料和形成理論。

　　量化研究方法通常以取得大樣本的方式，將所有觀察的現象「數量化」，利用統計方法分析結果，若抽樣過程嚴謹，其強項在於研究結果具有代表性。質性研究方法在於以取得小樣本的方式，將觀察的現象「文字化」，利用詮釋方法分析結果，其強項在於挖掘真相與釐清意義。當然，亦有結合量化研究方法和質性研究方法進行研究的情況，兼具質性與量化研究方法的優點。

　　至於行為主義以降所使用的研究方法大多採用何種研究方法？行為主義相當重視量化研究，以量化研究進行政治行為者的認知、態度、行為之資料蒐集，主要採用調查研究法（survey method）進行量化研究。後行為主義則注重研究成果的政策意涵，研究成果不僅只是量化數據的呈現，更進一步對政策提出建議，當研究者對政策提出建議時，意謂著延伸或詮釋量化研究成果，同時帶有質性詮釋的意涵。

　　再者，新制度主義著重在政治現象的制度因素，因此制度因素為「因」，政治現象為「果」，同樣以量化研究方法分析政治現象，以質性研究方法釐清政治制度因素與政治現象之間的關係。然而，不論量化研究方法或質性研究方法，其重點都在於根據政治學研究途徑（理論）建立研究設計，再運用研究方法蒐集資料，進行資料分析和研究假設的驗證。至於研究假設、資料分析等更深入的討論，由於非本書、本章重點，請讀者參考研究方法專書，本章不予敘述。以下分別介紹量化研究方法與質性研究方法兩大類研究方法。

一、量化研究方法

　　如果研究設計是為了產生出通則化的因果關係理論，從母體中抽取具有代表性的樣本則可建立研究成果的通則性，通常量化研究方法比較可能達到此目的。[4] 經常運用於政治學的量化研究方法主要包括：調查研究法和內容分析法（content analysis method），以下依序介紹。

4　晚近更有強調結合數學的形式理論和統計學經驗歸納的「理論模型的經驗意涵」（Empirical Implications of Theoretical Models, EITM），將政治學的量化推上高峰（吳玉山、林繼文與冷則剛，2013）。

（一）調查研究法

1.主要內涵

調查研究法是蒐集人類資訊的一種研究方法，這種方法透過系統性工具，如問卷和訪問程序，直接蒐集分析單位（個人、組織、社區……等等）的資料。

2.適用情況

調查研究適用於取得行為者的認知、態度、價值、信念和行為的數據資料。

3.研究程序

調查研究是以抽樣的方式進行大樣本研究，通常分為電話訪問調查、面對面訪問調查、郵寄問卷調查以及網路調查。調查研究法需要設計問卷蒐集資料，將概念設計為問卷的過程通常稱為操作化（operationalization）或測量（measurement）。問卷經過設計後，通常會經過前測（pretest）修改問卷，再進行正式訪問，接著對訪員進行標準化訪問的訓練，再進行正式訪問，直到問卷回收後再進行資料的統計分析與報告撰寫的工作。若是面對面訪問或郵寄問卷，還需經過編碼和資料輸入的過程，始能進入資料分析。

4.舉例說明

若我們要研究民眾的「政治信任感」，便需將「政治信任感」此一概念操作化，便可以將問卷題目設計成例如：「政府所做的事大多數是正確的」、「政府官員時常浪費老百姓所繳納的稅金」、「政府決定重大政策時，會不會把民眾的福利放在第一優先的地位？」、「您相不相信政府首長在電視或報紙上所說的話？」等等。在設計問卷的同時，也要設計問卷的選項，例如這些題目適用的選項可以是「1.非常不同意」、「2.不太同意」、「3.有點同意」、「4.非常同意」，這也是將答案數量化的過程。[5]

5.優點

調查研究法有下列幾項優點：

（1）研究者經常面對人數眾多的母體，調查研究法已發展出針對人數眾多的母體，抽取代表性樣本的技術，對於從樣本推論母體有所幫助。

---

5 對調查研究法運用有興趣的讀者可參閱「臺灣選舉與民主化調查」，http://www.tedsnet.org/cubekm1/front/bin/home.phtml。

(2) 自始至終根據同一份問卷進行訪問，亦即給予每一位受訪者同樣的刺激，可建立訪問的標準化作業流程。

(3) 政府使用調查方法蒐集民意或菁英的意見，有助於政策規劃、決策與政策評估。

6.缺點

調查研究法有下列幾項缺點：

(1) 由於社會現象的介入因素相當多元而複雜，推論「因」與「果」間關係的標準很不容易建立。

(2) 高度標準化使它較實驗法或其他方法欠缺適應性，一旦開始執行調查研究後，研究過程就很難改變。

(3) 設計問卷時為了在最低程度適用於所有受訪者，必須捨棄部分僅適用於某些受訪者的問題，以及某些難度較高的問題可能無法透過問卷來測量。

(4) 幾乎完全依賴受訪者對其行為的報告（report of behavior），而不是研究者對受訪者行為的觀察（observations of behavior），其結果就可能由於不誠實的回答、誤解題意，無法精確回憶過去的事情及受訪者的意見與態度不穩定等等因素，導致測量上的誤差。

（二）內容分析法

1.主要內涵

內容分析法是關於各種人類傳播記錄的研究，研究形式包括書本、雜誌、網頁、報紙、日記、影片、選舉文宣、歌曲、信件、法律制度及政策。

2.適用情況

通常用於回答「誰說了什麼？」、「對誰說？」、「為什麼說？」、「如何說？」、「產生什麼效果？」的問題。

3.研究程序

研究者針對要研究的概念建立類目，再進行概念分布狀況和概念間關聯的分析。由於內容分析法將文本形式的資料轉為數據，經過此一編碼的過程，文本成為可進行統計分析的數據，因此亦屬於量化研究方法。需要注意的是，編碼者需要有三人以上，並確保編碼者之間編碼的一致性。

4.舉例說明

例如若欲了解政黨輪替前後報紙社論在統獨立場上有無變遷，可能要建立

的類目包括：報紙別、報導時間、報導版次、統獨立場（例如分為統一、獨立或中立）、統獨立場強度（例如分為5分，最低分1分為非常偏向獨立，最高分5分為非常偏向統一）等等，類目的建立可依研究者所運用的理論建立，再進一步分析比較政黨輪替前後報紙社論統獨立場及其強度的變化。[6]

5.優點

內容分析法有下列幾項優點：

（1）具有時間和金錢上的經濟效益，研究時只需花費編碼的時間，費用也不如調查研究花費龐大。

（2）由於內容分析的內容已經取得，較易重新操作研究中的某一部分，且非介入性（不需直接訪談受訪者，僅需接觸文本）研究，極少花費時間在受試者身上。

6.缺點

內容分析法有下列幾項缺點：

（1）本研究方法被侷限在檢視已經紀錄好的訊息內容上，內容可能是口頭、書寫、圖像的，而它們必須以某種方式紀錄以便於分析。

（2）建構的概念幾乎只能作描述，在推論和解釋概念與概念間關係的能力較弱。例如：我們可以分析出各報紙社論的統獨立場狀況，但我們卻很難推論統獨立場狀況的差異是因為「報別」的差異，還是可能有其他原因。

二、質性研究方法

質性與量化研究經常相互輝映，往往互相截長補短。國內政治學界最常運用的質性研究方法主要有：焦點團體研究法（focus group method）、深度訪談法（in-depth interview method）和個案研究法（case study method），以下依序介紹。

（一）焦點團體研究法

1.主要內涵

研究者透過團體訪談的方式，經過主持人的引導和中介，催化參與者的討論，從團體互動的過程中，達到蒐集相關資料的目的。

6　對內容分析法運用有興趣的讀者可參閱陳義彥與陳世敏（1992）。

2.適用情況

Kitzinger 與Barbour（1999）認為，焦點團體研究法適合用於探索人們的經驗、意見與想法，尤其有利於讓參與者自發性塑造自己的問題、構想及概念，並以自己的言語來說明自己的重點。適用於同質性高的團體訪問，透過互動過程以刺激思考與想法，使成員能在激盪下，多層面表達各種相關經驗、情感與看法。

3.研究程序

選取某些符合特定條件的成員（如主張廢除鄉鎮市長選舉的人）所組成的團體進行訪談，較常見的是由6到10人組成的團體，一般的原則是團體內的同質性高，團體間的異質性高，團體間的異質性以研究者感興趣的因素進行分類。進行研究時，研究者事先將問題設計好，問題的形式非調查研究的量化形式，而是開放性質的質性問題形式。在研究進行時，主持人的角色在於激勵團體成員互動對談、維持對談範圍不超出研究議題，並且避免形成主持人與成員的對話互動（周雅容，1997；鄭夙芬，2005，2006）。

4.舉例說明

研究者若對一則政治廣告的效果感興趣，便可邀請受訪者進行焦點團體座談，若研究者感興趣的是政黨偏好泛藍、泛綠和中立的民眾對此一廣告的看法，便可招募泛藍、泛綠和中立三組受訪者，三組受訪者各舉行一場焦點團體研究，由於組內同質性高，因此可以暢所欲言，研究者便可「分別」得到泛藍、泛綠和中立民眾對同一則廣告的看法。反之，若是分組時分成組內異質性高，受訪者則無法暢所欲言，甚至爭吵，研究者的研究目的也就大打折扣了。[7]

5.優點

焦點團體研究法有下列幾項優點：

（1）讓受訪者暢所欲言，得到比量化研究更深入的資訊。因調查研究法的問卷題目常點到為止，受訪者深層的想法無法深入追問下去。本法又由於參與人數較少，互動性較高，亦可達到集思廣益的效果（Byers and Wilcox, 1991; Edmunds, 1999; Morgan, 1996）。

（2）受訪者可以盡情發言，主持人也可以就這些發言進一步釐清、組織受訪者的想法，甚至將受訪者離題的發言引導回正軌。

7　對焦點團體研究法運用有興趣的讀者可參閱鄭夙芬（2005:211-239）。

（3）由於受訪者不止一人，可以同時蒐集多人的意見。

（4）由於焦點團體研究法的問題非制式問卷，主持人可從研究目的，針對受訪者的回答繼續追問，若受訪者回答了問題之外的不同面向，引起研究者的興趣，研究者亦可請受訪者強化這一塊的論述（Byers and Wilcox, 1991；Edmunds, 1999；Morgan, 1996）。

6.缺點

焦點團體研究法有下列幾項缺點：

（1）因為焦點團體的受訪者不多，其意見的代表性也可能不足。

（2）由於每一位主持人在進行焦點團體研究時，主持的方式或引導發言的方式都不同，主持人在研究過程中的引導亦有可能產生誘導或形成控制，將可能對受訪者造成不同的回答效應。

（3）每一場的受訪者組成不同，彼此間發言互相影響的效應也不同。受訪者可能因為自己的想法與其他大多數受訪者不同而附和其他人的意見，或是選擇不表態（Byers and Wilcox, 1991; Morgan, 1996）。

（4）有些敏感主題的討論不適合在團體中自我揭露，也形成焦點團體研究法的限制。例如有關廉政、賄賂問題的研究，若採焦點團體法，可能非常不適合，此時採用深度訪談法會是較佳的選擇。

（二）深度訪談法

1.主要內涵

深度訪談法意指透過研究者與受訪者作較長時間面對面的談話，蒐集有關的資料，以便對研究現象或行為獲得更深入及全面性的了解。潘淑滿（2003）認為，訪談就是在創造一種情境，讓研究者可以透過口語雙向溝通過程，輔以聆聽與觀察，進而透過詮釋過程，將研究的對象與行動還原再現。

2.適用情況

舉凡政治學上重要的研究議題，必須了解特定人物的行為及思考模式，把受訪者視為相關研究問題的專家，以找出問題的答案，這時便可使用深度訪談法，所以此法的適用範圍很廣。

3.研究程序

當研究者接觸訪問對象時，應該簡潔且誠實地述說研究的相關目標、內容，以及為何要進行訪談。研究者必須列出一些主題或題目，供受訪者回答，且設定主題的優先順序，勿將太過死板的架構加入訪談（何景榮譯，2008）。

潘淑滿（2003）也具體指出，深度訪談的事前準備工作包括：確定研究者的角色與立場、決定訪談的類型與對象和發展訪談題綱。

訪談過後，研究者可盡快地讀一遍筆記的內容，或是聽完整卷錄音帶，挑出要持續追蹤的要點，[8]且建立自我評估的程序，思考過程中那些地方出錯，而在引述受訪者的觀點上，必須考量到互相衝突的解釋與彼此矛盾的觀點（何景榮譯，2008）。

4. 舉例說明

若我們要了解學生參與學運的原因，深度訪談法是適合的方式，深度訪談法可在較長時間的對話後，挖掘「深度的原因」，這也是量化研究所不及的。我們便可以設計一份結構式問題進行訪問，需要依照事先設計的問題進行訪談，或者設計一份半結構式問題，研究者可以根據訪談情況對訪談程序和內容進行調整、追問，或引申出相關的問題。[9]

5. 優點

深度訪談法有下列幾項優點：

(1) 針對一位在某一領域專精者進行深入地訪談，在一到二小時內深入挖掘研究問題的答案，且因為訪談者通常只有一位，其意見不會受到其他受訪者的干擾或影響，研究者可以了解受訪者的思緒和邏輯，對於受訪者談到概念間的因果關係也可以有較佳的掌握。

(2) 強調自然情境，不加任何人為的控制與操弄，研究者盡量不干擾現場的互動與溝通，蒐集現場自然發生的事件資料，對研究結果不預設立場與限制。

(3) 研究者可以視訪談當時情況彈性調整訪談題綱，具有機動性。

6. 缺點

深度訪談法有下列幾項缺點：

(1) 由於單一受訪者的意見未能代表廣大母體的意見，容易因為極端意見而影響整體結果，所以資料的代表性容易受到質疑，研究結果也難以推論（林淑馨，2010）。

(2) 研究者應該訪談那些受訪者作為研究對象和資訊來源，往往流於主觀，訪談不同的受訪者，其結果可能就不盡相同。

8　若能徵求受訪者的許可，盡可能以錄音或錄影方式紀錄大量的訪談資料，倘若受訪者不允許使用此方式，研究者則需使用筆記方式詳盡地予以記錄（林淑馨，2010）。

9　對深度訪談法運用有興趣的讀者可參閱林岱緯（2012）。

（3）訪談者和受訪者若對社會現象看法不同，或對訪談中的用詞解讀不同，都可能因為不同的價值觀影響訪談結果（林淑馨，2010）。研究者透過自己的親身體驗，對被研究者的生活故事和意義建構作出解釋，可能落入主觀判斷。

（三）個案研究法

1.主要內涵

個案研究法是針對一個個體進行研究的方法，個體所指涉的範圍不拘，例如人、組織、事件、媒體或國家皆可。針對個案進行全面性觀察的方式謂之個案研究法。湯京平（2012）將個案研究視為一種研究設計，而非具體的方法，上承知識論與方法論關於認識社會現象的主張，下接蒐集與分析證據所依賴的方法或工具，形成一套邏輯、一貫的研究設計。

2.適用情況

個案研究適合探索性、描述性或解釋性之研究，適合的研究問題為提出「如何」和「為何」的問題，此類問題是比較解釋性的（相對於描述性），使得個案研究法成為讓人偏好的研究方法之一。因為這些研究問題需要追溯一段時期，而不能僅僅靠發生的頻率和範圍來處理。此外，當研究者對於事件只有少數掌控權，或者研究重點是當時真實社會背景中發生的現象時，都適合採用個案研究法。

3.研究程序

個案研究法的研究程序包括：形成研究問題、界定分析單位、研究假設及研擬個案研究計畫、選擇合適研究對象，最後再進行資料分析（林淑馨，2010）。研究者在資料蒐集的過程中，需問好問題、傾聽、研究過程要有適應力和彈性、時時掌握議題以及降低偏見（潘淑滿，2003）。

4.舉例說明

例如北韓是個共黨國家，若要研究其政治經濟「如何」發展和「為何」如此發展，因為這些問題需要長期追溯，研究者則可以採個案研究法。個案研究可以包括單一和多重個案研究，後者便是以「比較個案研究法」（comparative case method）這個名詞作為多重個案研究的特殊形式。[10]

---

10 對個案研究法運用有興趣的讀者可參閱游清鑫（1992:137-177）。

5.優點

個案研究法有下列幾項優點：

（1）將現場（實地）所有的人事物看成一個整體，關切情境的脈絡（context），認為任何社會行動都須放在其生活情境脈絡中來考察，才能了解其真正的社會意義。

（2）使得一個研究工作可以保留實際生活事件的整體性和有意義的特徵。一個完整的個案研究可以釐清個案發展的脈絡，對於政治學研究中難以釐清的「如何」和「為何」的問題相當有幫助。

（3）個案研究的觀察單位少，能進行詳盡了解，圍繞與主題有關的各方面情況，徹底分析相關人物、情境之間的關聯，從而對個案有全面性了解（林淑馨，2010）。

6.缺點

個案研究法有下列幾項缺點：

（1）個案畢竟只是個案，對於全盤的現象難以掌握，即使釐清了個案中「如何」和「為何」的問題，也不見得適用於其他個案，若以單一個案所得結果推論至其他個案，亦有「張冠李戴」之嫌。例如研究候選人張三的選戰策略能否推論到李四的選戰策略，這就很值得商榷。

（2）個案研究往往花費漫長的時間，得到的卻是大量無法清晰閱讀和理解的資料。儘管分析周密，內容豐富，卻不能有效提出具體解決方案（林淑馨，2010）。

再者，本章要提出一個方法，它不能說是量化研究法，也不能說是質性研究法，它是比較研究法，不論是規範性的理論或經驗性的理論，不論是量化資料或質性資料，都可以進行比較研究，意指針對兩個以上的群體（例如國家、族群、時間等）進行比較。比較研究法可以跳脫單一個案（或母體）的束縛，進行跨個案（或母體）的比較，政治學中的比較政治研究就經常進行跨國的比較，而調查研究法也可以進行跨母體或跨年度的比較。比較研究法提供了一個跨個案（或母體）的分析方法，也增進了研究者的視野。[11]具體而言，比較研究法分為「最相似比較法」（most-similar-system design）和最相異比較法（most-different-system design），第一種方法為選擇一群相似群體來比較。由

---

11 對比較研究法運用有興趣的讀者可參閱蕭高彥（2002:1-28）、吳重禮與崔曉倩（2010:137-182）、蔣家安（2012）。

於這些群體的各種特徵很相似，所以一旦發現不一樣的特性時，就必須另找原因來解釋。第二種方法為選擇一群完全不同的群體來比較分析。若發現這些國家的相似點，其原因必定不是各國之間相異的特性，而是另有原因（冷則剛與任文姍譯，2011）。

此外，學界也針對研究方法提出了反思，推廣融合的研究方法，不特別重視量化或質性研究方法，甚至認為政治概念之間的關係都無法透過因果關係和觀察事實的方式呈現，而只能依賴記敘或論述架構來解釋（Laclau and Mouffe, 1985、Howarth, 1995）。

最後，採用「大數據」（big data）或稱「巨量資料」進行研究的方法也逐漸運用在政治學。大數據意指大量的數據，資料量超越過往所能儲存的數據量。相對於前述量化或質性的研究方法，採用大數據進行研究的方法不需要進行量化或質性研究方法所需的抽樣，而是針對既有資料全數進行分析。舉凡網路資料（例如：臉書、PTT）或是政府長期累積的資料（例如：租稅、健保、選舉等等），都屬於大數據。採用大數據進行研究的好處在於資料較為全面，但因為以大數據進行分析時多半是進行「海撈」資料，因此其長處在於敘述現象，而非解釋現象。民意調查研究方法與大數據研究方法經常被相提並論，最常爭論的焦點在於大數據能否取代民意調查資料，由於兩者有以下（如表5-3）差異，各有所長，因此並未能互相取代，以下依照表中的順序逐點說明。

表 5-3　民意調查與大數據的差異

	民意調查	大數據
資料科學	民意調查技術	資訊科學
資料結構	結構性	結構性或非結構性（文字、圖片、影音）
研究目的	試圖建構關聯性／因果關係（why）	較重視分布和趨勢（what）
研究範圍	研究樣本	研究「可得的」母體
是否抽樣	需要抽樣	不需要抽樣
代表性	利用訪問等技巧提高成功率	限於可觸及的大數據
理論關懷	需要理論	不需理論
研究設計	有研究假設	無研究假設

資料來源：作者自行整理。

對於政治學來說，以上兩種方法都試圖回答學門內部的問題，而且兩者都屬於資料科學（data science），只是前者強調民意調查技術，其資料是結構性的；後者強調資訊科學（computer science）於分析中的運用，其資料可以是結構性的，例如政府釋出的資料，每一筆數據排列得整整齊齊；但大數據也可能是非結構性的，非結構性的資料包括文字、圖片、影音。

在研究目的上，民意調查試圖建構關聯性或因果關係，亦即試圖回答「為什麼」（why）的問題；大數據則較重視分布和趨勢的問題，也就是回答「什麼」（what）的問題。在研究範圍、是否抽樣和研究代表性方面，民意調查多數以抽樣理論研究「樣本」，大數據則是直接研究「母體」，然此母體為「可得的」母體，「可得的」意謂者某些數據雖然存在，但若無法取得，仍然無法進行大數據分析，例如政府未釋出的資料。若欲提高代表性，在民意調查方法中，可以利用訪問技巧提高成功率、減少拒訪；在大數據方法中，其代表性限於可觸及的大數據，若欲提高代表性，需擴大可觸及的母體。

在理論關懷和研究設計方面，民意調查中的問卷設計需要理論基礎；而大數據分析可以不需要理論，而是帶著「發現新大陸」的方式「挖掘」資料有何特質；相對地，民意調查在問卷設計後便進入執行訪問，即便有新的想法，也無法再納入問卷。既然民意調查有清楚的理論支持，便需要有研究假設，大數據研究方法因為不需要有理論支持，便可以不需要研究假設。

參、結論：政治學研究途徑與方法的未來

本章介紹了政治學研究途徑為何如此發展以及面對當前應然與實然的政治學問題，我們該如何選擇觀察的角度與方法。Marsh和Stoker（2010）認為，要在學術立場上展現自己的寬容，應該是「願意到對方的領域中去拜訪」，而不是要求對方遵守你自己的觀點。一個全方位的政治學者，應該懂得欣賞對於同一主題的各種研究途徑。

再者，本章介紹了五種政治學常用的研究方法，兩種為量化研究方法，三種為質性研究方法。而量化研究方法與質性研究方法可以同時使用，使研究成果是一種「質量兼具」的呈現方式，研究者甚至可以同時使用兩種量化研究方法，例如在研究者關注的議題上，以內容分析法蒐集媒體意見，以調查研究法蒐集民眾意見，並比較兩者意見之異同。或研究者可同時使用兩種質性研究方

法，例如在焦點團體研究法後，再針對感興趣的受訪者使用深度訪談法。這些表面上截然不同的研究途徑和研究方法從不同角度出發，卻討論許多共同的問題。

　　面臨全球公共議題的各種問題，各個研究途徑能否解決這些問題？「在跨世紀的時代，在國際上政治的歷史研究及比較研究時潮正方興未艾之際，臺灣政治學界的回應及注意，似乎是相當零星的、散亂的，看不出來有意識地、整體的、結構性地去反省這些問題，以及企圖建立臺灣跨世紀的政治學研究趨勢」（高永光與郭中玲，2000）。

　　未來我國的政治學該如何發展？2013年8月8日中央研究院政治學研究所邀集了各大政治學會負責人談論此一議題。余致力（2013）提到「過去30年來，愈來愈多的學者開始注意並批評主流（實證）政策科學的『政治盲』，亦即這個號稱要改善政治治理的學科，卻極端痛惡『政治』的干預，將政治視為『客觀、理性、專業的政策分析』的絆腳石，並且假定所有公共事務都能夠透過『理性分析』找到最好的方案。這樣的政治盲使得政策科學與公共議題實務愈來愈不相關，所做的決策分析也往往派不上用場。」傅恆德（2013）也指出，政治學界對新世紀政治科學的發展，有兩個可能的方向：一、延續後行為科學的傳統，依循常態科學的邏輯思維，政治學研究的範疇向廣深度拓展，方法則是質量並重，而目標則延續後行為主義的價值。二、依孔恩（Thomas Kuhn）科學革命的思維，目前的異例（anomaly）已經導致百家爭鳴，政治科學的研究已到了典範轉移的階段。以新制度主義為例，除了延續後行為的傳統外，合理地加入價值，並把制度帶回到研究領域。

　　本章也許無法對政治學研究途徑和研究方法未來的發展妄下定論，但也指出了以上政治學面臨的挑戰或可能的轉型方向，吳玉山、林繼文與冷則剛（2013）指出，臺灣政治學的發展在方法論的要求下，政治學研究與解決實際政治問題之間似有漸行漸遠的趨勢。如何在理論與實際間兩全，的確是一個值得重視的問題。本章也認為，需要更多國內外學術社群的討論與投入，以創新的研究途徑和方法面對新的挑戰。

參考書目

一、中　文

Peter Burnham, Karin Gilland, Wyn Grant, and Zid Layton-Henry 原著，何景榮譯，2008，《政治學研究方法》，臺北：韋伯文化。

余致力，2013，〈臺灣政治學的發展　議題、方法，與評鑑〉，中央研究院政治學研究所所慶座談會，8 月 8 日，臺北：中央研究院。

Jarol B. Manheim, Richard C. Rich, Lars Willnat, and Craig L. Brians 著，冷則剛與任文姍譯，2011，《經驗性政治分析：量化與質化研究方法》，臺北：五南。

吳玉山、林繼文與冷則剛，2013，〈臺灣政治學的發展：議題、方法與評鑑〉，載於《政治學的回顧與前瞻》，吳玉山、林繼文與冷則剛主編，臺北：五南，頁 493-500。

吳重禮與崔曉倩，2010，〈族群、賦權與選舉評價：2004 年與 2008 年總統選舉省籍差異的實證分析〉，《臺灣民主季刊》，第 7 卷第 4 期，頁 137-182。

呂亞力，2008，《政治學：從權力角度之政治剖析》，臺北：臺灣東華。

李英明，2005，《新制度主義與社會資本》，臺北：揚智。

周雅容，1997，〈焦點團體法在調查研究上的應用〉，《調查研究》，第 3 期，頁 51-73。

林岱緯，2012，《1997 年修憲後我國黨政關係之研究》，國立政治大學政治學系博士論文。

林淑馨，2010，《質性研究：理論與實務》，高雄：巨流。

袁頌西，2003，《當代政治研究：方法與理論探微》，臺北：時英。

高永光與郭中玲，2000，〈跨世紀政治學發展趨勢之探討〉，《政治科學論叢》，第 12 期，頁 59-100。

郭承天，2000，〈新制度論與政治經濟學〉，載於《邁入二十一世紀的政治學》，何思因、吳玉山主編，臺北：中國政治學會，頁 171-201。

陳敦源，2002，《民主與官僚：新制度論的觀點》，臺北：韋伯文化。

陳敦源與吳秀光，2005，〈理性抉擇、民主制度與「操控遊說」：William H. Riker 新政治經濟學的回顧與評述〉，《政治科學論叢》，第 26 期，頁 175-220。

陳義彥與陳世敏，1992，《七十八年選舉的報紙新聞與廣告內容分析》，臺北：業強。

傅恆德，2013，〈政治科學研究之發展：研究議題與研究方法〉，中央研究院政治學究所所慶座談會，8 月 8 日，臺北：中央研究院。

傅恆德與林文謙，2009，〈二十一世紀政治科學研究途徑之展望〉，2009 年臺灣政治學會年會暨「動盪年代中的政治學：理論與實踐」學術研討會，11 月 21-22 日，新竹：玄奘大學。

游清鑫，1992，〈選舉制度、選舉競爭與選舉策略：八十四年北市南區立委選舉策略之個案研究〉，《選舉研究》，第 3 卷第 1 期，頁 137-177。

湯京平，2012，〈個案研究〉，載於《社會及行為科學研究法：質性研究法》，瞿海源、畢恆達、劉長萱、楊國樞主編，臺北：東華，頁 241-270。

華力進，1980，《行為主義評介》，臺北：經世書局。

潘淑滿，2003，《質性研究：理論與應用》，臺北：心理。

蔣家安，2012，《中國大陸與印度金融政治之比較：以銀行部門的自由化為例（1990-2008）》，國立政治大學政治學系博士論文。

鄭凤芬，2005，〈焦點團體研究法的理論與應用〉，《選舉研究》，第 12 卷第 1 期，頁 211-

239。

鄭夙芬，2006，〈焦點團體在改善調查品質上的應用：以 TEDS 為例〉，《政治學報》，第 41 期，頁 1-33。

蕭高彥，2002，〈西塞羅與馬基維利論政治道德〉，《政治科學論叢》，第 16 期，頁 1-28。

謝復生，2000，〈理性抉擇理論的回顧與前瞻〉，載於《邁入廿一世紀的政治學》，何思因、吳玉山主編，臺北：中國政治學會。

謝復生，2013，《實證政治理論》，臺北：五南。

謝復生、牛銘實與林慧萍，1995，〈民國八十三年省市長選舉中之議題投票：理性抉擇理論之分析〉，《選舉研究》，第 2 卷第 1 期，頁 77-92。

二、英　文

Abrutyn, Seth, and Jonathan H. Turner. 2011. "The Old Institutionalism Meets the New Institutionalism." *Sociological Perspectives* 54(3): 283-306.

Almond, Gabriel Abraham. 1990. *A Discipline Divided: Schools and Sects in Political Science*. Newbury Park, Calif.: Sage.

Byers, Peggy Yuhas, and James R. Wilcox. 1991. " Focus Group: A Qualitative Opportunity for Researchers." *The Journal of Business Communication* 28(1): 63-78.

Carey, John M. 2000. "Parchment, Equilibria, and Institutions." *Comparative Political Studies* 33: 735-761.

Dahl, Robert A. 1961. *Who Governs? Democracy and Power in An American City*. New Haven, Conn: Yale University Press.

Downs, Anthony. 1957. *An Economic Theory of Democracy*. London: Harper Collins.

Easton, David. 1962. "The Current Meaning of Behavioralism in Political Science." in *The Limits of Behavioralismin in Political Science*, eds. James Charlesworth. Philadelphia: American Academy of Political and Social Science.

Easton, David. 1969. "The New Revolution in Political Science." *The American Political Science Review* 63(4): 1051-1061.

Edmunds, Holly. 1999. *The Focus Group Research Handbook. Lincolnwood*, Illinois: NTC Business Books.

Evans, Peter B., Dietrich Rueschemeyer, and Theda Skocpol. eds. 1985. *Bringing the State Back In*. Cambridge: Cambridge University Press.

Everson, David H. , and Joann Poparad Paine. 1973. *An Introduction to Systematic Political Science*. Illinois The Dorsey Press.

Goodin, Robert E., and Hans-Dieter Klingemann. 1996. *A New Handbook of Political Science*. New York: Oxford University Press.

Hall, Peter A., and Rosemary C. R. Taylor. 1996. "Political Science and the Three New Institutionalisms." *Political Study* 44(5): 936-957.

Hay, Colin. 2002. *Politics Analysis: A Critical Introduction*. UK: Palgrave Macmillan.

Howard, George S. 1985. *Basic Research Methods in the Social Sciences*. Glenview, Illinois: Scott, Foresman and Company.

Howarth, David.1995. "Discourse Theory." in *Theory and Method in Political Science*, eds. David

Marsh and Gerry Stoker. Basingstoke: Macmillan.

Isaak, Alan C. 1985. *Scope and Methods of Political Science: An Introduction to the Methodology of Political Inquiry.* (fourth edition) Homewood, Illinois: The Dorsey Press.

King, Gary, Robert O. Keohane, and Sidney Verba. 1994. *Designing Social Inquiry: Scientific Inference in Qualitative Research.* Princeton, NJ: Princeton University Press.

Kitzinger, Jenny, and Rosaline S. Barbour. 1999. "Introduction: The Challenge and Promise of Focus Group." In *Developing Focus Group Research*, eds. Rosaline Barbour, and Jenny Kitzinger. London ; Thousand Oaks, Calif.: Sage Publications.

Laclau, Ernesto, and Mouffe, Chantal. 1985. *Hegemony and Socialist Strategy.* London: Verso.

March, James G., and Johan P. Olsen. 1984. "The New Institutionalism: Organizational Factors in Political Life."*American Political Science Review* 78(3): 734-749.

March, James G., and Johan P. Olsen. 1989. *Rediscovering Institutions: The Organization Basis of Politics.* New York: Free Press.

Marsh, David, and Gerry Stoker. eds. 2010. *Theory and Methods in Political Science.* 3rd ed. Basingstoke, New York: Palgrave Macmillan.

Monroe, Kristen Renwick. 2001. "Paradigm Shift: From Rational Choice to Perspective." *International Political Science Review* 22: 151-172.

Morgan, David L. 1996. "Focus Group." *Annual Review of Sociology* 22: 129-152.

Olson, Mancur. 1978. *The Logic of Collective Action: Public Goods and the Theory of Groups.* Cambridge, MA: Harvard University Press.

Riker, William H. 1962. *The Theory of Political Coalitions.* New Haven: Yale University Press.

Riker, William H. 1980. "Implications from the Disequilibrium of Majority Rule for the Study of Institutions." *American Political Science Review* 74(2): 432-446

Sekaran, Uma. 1992. *Research Method for Business: A Skill Building Approach.* NY: John Wiley & Sons Inc.

Skocpol, Theda. 1979. *State and Social Revolutions.* Cambridge: Cambridge University Press.

Van Dyke, Vernon. 1960. *Political Science*: *A Philosophical Analysis.* Stanford: Stanford University Press.

第二篇　政治制度

第六章　民主政治

盛杏湲

PART 2

　　民主政治（democracy）是今日人們常常掛在口中的一個名詞，民主政治這個字眼似乎充滿著特別的魔力與振奮人心的效果，今日世界上許多國家都稱自己是民主國家，而且民主化是相當多國家一致的努力方向。儘管如此，不同的人在使用民主政治這個名詞時，卻不一定指涉相同的意義，有時甚至南轅北轍。就民主政治的字源來分析，民主政治源自於兩個希臘字——demo以及kratica，demo意味平民，kratica意味統治，這兩個字合起來的意思就是平民統治的政府，或者說是政治權力掌握在一般人民手中的政府。

　　在古希臘時代，講到民主政治，指涉的是「多數人的統治」，且所謂的多數人，是指出身背景平平，且財產相對有限的一般「貧民」，因此所謂民主政體是相對於由一人統治的君主或暴君政體，或由少數人統治的貴族或寡頭政體。今天，民主政治成為普世的價值，且民主化成為多數國家努力的方向，但是在歷史上，除了在西元前五、六世紀雅典城邦時代，西元前二世紀的羅馬共和時代，以及文藝復興時代義大利北部的自治城邦施行過一段短期的民主政治，十七、十八世紀自由主義思想家鼓吹民主政治之外，在歷史上，施行民主政治的時間相當有限，且多數政治思想家由於對一般大眾介入政治的能力感到懷疑，也並不看好民主政治。

　　今天一般人會將美國、英國、法國等國歸類為民主國家，將中華人民共和國、古巴、沙烏地阿拉伯歸類為獨裁或威權國家。然而，中華人民共和國、古巴、沙烏地阿拉伯固然很難歸類為民主國家，即使如英國、美國、法國一般被歸類為民主國家的，仍然可以看到政治權力並不見得掌握在一般人民手中，甚至很多時候，一般人民對政府的決策根本沒有置喙的餘地，更不用說不同的個人所擁有的政治權力是差異極大的。

　　顯然，民主政治所標榜的「主權在民」與「政治平等」在實際政治世界中，很難具體實踐，那麼，究竟什麼是民主政治？它作為一個政治體制，與其

他政治體制的區別在哪裡？究竟它具有哪些原則與制度要件？有哪些有別於其他政治體制的價值？而當代民主政治的實踐是否已達到民主政治的理想？同時，民主政治是否帶來負面的影響？這是本章想要探討的主題。

壹、直接民主與間接民主

　　今天我們所說的民主政治，與古希臘時代所說的民主政治有相當大的不同，古希臘時代的民主是直接民主，指一般公民自己參與政治來遂行統治，國家的重要決策都由全體公民組成的公民大會決定，每一個公民都是平等的，他們面對面集會，自由地參與討論、辯論，不止自己統治，同時也被統治，政府官員與一般人民沒有兩樣，並不因為擔任政府官員而有特權。主要政治職位是由直接選舉、抽籤或輪流等方式來決定，任期都很短，且原則上不得重複擔任同樣的職位。如此，每一個公民都能夠參與政治、發揮潛能，不會因為先天或後天的特質差異而使某些人在政治上較具影響力，或者較不具影響力。直接民主出現在古希臘城邦時代，因為那時城邦的公民人數有限，總數不過數千到數萬，且施行奴隸經濟，因此公民可以有充分的時間涉入政治。

　　直接民主制度的理想，是全體公民都能以最大程度影響其生活的公私決策，確認個人和自我發展乃是民主政治的道德目標，而公民直接參與被認為是實現這個目標的首要方法。顯然要達到直接民主的理想，公民的品質扮演重要的角色，公民必須滿足「全能民主公民」的條件，亦即對政治有興趣且積極參與，對政治事務有充分的資訊來源，且依理性與公義的原則來作政治決定。

　　然而，顯然直接民主制度只適用於小國寡民，且施行奴役制度的國家，現代國家的人口數動輒千萬，甚至上億，且不施行奴役經濟，大多數人必須為其生活所需而奔忙，每一個人直接涉入每一件公共事務勢不可能。同時每一個人的秉賦不同，對政治的興趣也有異，通常僅有少數人對政治關心，比較願意介入政治事務，結果自然也比其他人對政治更具有影響力，因此，直接民主幾乎不可能達到，所以今天大多數人所談的民主政治，都是間接民主，或說代議民主。

　　代議民主並不主張每一個人對政治介入的程度相等，因為這在事實上並不可能，而是強調一般民眾選出代表（這些代表包括政府官員、國會議員，以及各級議會的代表），並且對這些代表加以適當控制，而民眾之所以能夠控制這

些代表，是因為這些代表是否能掌有政治職位，決定權掌握在民眾的手裡。

　　Joseph Schumpeter在其名著《資本主義、社會主義與民主》（*Capitalism, Socialism and Democracy*, 1942）一書中就將選舉與菁英之間的競爭與民主政治的關係加以突顯，他主張：「民主的方法是一種達成政治決策的制度安排，其方式是透過相互競爭人民選票的支持，以取得擔任公職的機會」（1942: 269）。

　　根據此一說法，民主政治並沒有甚麼崇高的目標，而只是一種程序，與兩個要素有關：選舉與菁英之間的競爭。至於一般大眾，Schumpeter認為他們對政治既缺乏興趣，所知也有限，所以並不強調一般民眾的積極參與政治。

　　然而，此一說法被許多強調民主的參與價值的理論家所質疑，他們認為參與本身就具有教育的意義，一般民眾可以透過參與的過程體會到自己是國家的一份子，對公共事務有一份責任，同時透過參與的過程增進政治知識與技巧，學習到與人溝通、協調、講理、容忍等公民德行，同時激發自己與他人合作，貢獻自己給社會國家的意願，促成個人的自我發展與自我實現，同時可以促成一個積極有活力的民主社會。

　　1950年代，美國政治學者Berelson、Lazarsfeld及Mcphee等人對美國選民實際的投票行為作了一個調查研究，研究發現顯示：有相當高比例的民眾對政治默不關心、對選舉沒有興趣、選舉的資訊來源非常有限，同時一般民眾最常做的政治參與活動是投票，而且即使投票是一般民眾最常從事的政治參與活動，仍有許多人不去投票，甚且，即使去投票，也不見得經過審慎思考，而是依習慣或未經仔細考慮就投下一票。顯然，一般民眾參與政治的實際狀況與理想上的「全能民主公民」相去甚遠。

　　這一經驗研究發現，並不只是發生在1950、1960年代的美國，事實上，在後續對美國以及許多不同國家的一般民眾的調查研究中也一再重複證實，這對於民主政治以及大眾參與抱持憧憬的人們而言，無疑是一個震撼，對於這樣的研究發現，我們也許要問：如果民主政治的實踐並非繫於全能民主公民的參與政治，那麼，民主政治究竟何所指？且民主的實踐，究竟繫於哪些條件的達成？以下將說明民主政治的原則與民主政治的制度要件。

貳、民主政治的原則

　　究竟民主政治應該包含哪些原則？雖然不同的人有不同的觀點，但是起碼

包括下列四個主要原則。根據這四個原則，當代美國政治學者Austin Ranney就將民主政治定義為：「一個依據主權在民、政治平等、人民諮商與多數決等原則而組成的政府形式。」（2001: 95）

一、主權在民

主權在民（popular sovereignty）是民主政治的最基本原則，民主政治的其他原則都是根據此一原則衍生而來。所謂主權是指一個國家最後、最高的決策權，它對於在國家領土管轄之下的人民，擁有完全且獨占的合法權力來制訂並執行法律，這個主權，在民主國家裡，是掌握在全體民眾手中，而非掌握在一個人或少數人手中。然而這並不意味著公民必須直接介入每天的公共事務，因為如前所言，這在廣土眾民，且公共事務日趨複雜專門的今天，根本不可能。所以我們今日所謂的主權在民，是建立在幾個基礎上：

（一）對人民負責的政府

一般民眾雖然擁有主權，但是他們並不直接進行統治，而是由他們選出代表（或說代議士、決策者、統治者），由代表幫他們的利益說話，並由這些代表來負責決策，也就是說，這些代表統治的合法性是來自於大多數民眾的支持，如果這些代表得不到大多數民眾的支持，則要去職。同時，沒有人能永久掌握統治權力，必須要在執政一段時間之後，再次經由選舉來檢驗是否得以連任。甚至於許多國家在設計政治制度時考慮到政治職位長久把持在同一個人（或同一群人）手裡，可能會使他們權力過大，以致於人民不易控制，不利於民主的實踐，因此通常最高政治領導者都有連任的限制，譬如美國總統、中華民國總統有連選連任一次的限制，南韓總統有不能連任的限制。

（二）有意義的選舉

一般民眾透過選舉選出代表，然而只有選舉還不夠，還必須是有競爭性的選舉，如果選舉不具競爭性，候選人或政黨無論如何都當選，則候選人或政黨就不需要兢兢業業地提出競選承諾，也不需要為競選諾言負責，如此選舉的意義盡失，因此有競爭是有意義選舉的第一個要件。其次，有意義的選舉還必須滿足第二個要件——有權力更替的可能性。如果某一個個人或政黨，在尚未投票之前，就已經確定會當選，儘管有不同的候選人或政黨出現在選票上，但是因為實力過於懸殊，因此這個個人或政黨每次都當選，則政治權力沒有更替的

可能性,仍然不是有意義的選舉,這在許多一黨優勢的政治體系裡司空見慣,當選者總是某個政黨推出的候選人。因此,選舉的不確定性(uncertainty)也是民主政治的重要原則之一,也就是說,在投票結果未揭曉之前,每個政黨或候選人都有當選或落選的可能性,如此才能使政治人物與政黨在當選之後認真負責,以確實落實主權在民的真諦。

(三)持異議與不服從的權利

許多自由主義的思想家認為國家是不得已的惡,因此國家的權力應該愈小愈好,政府管轄的範圍應該愈小愈好。我們今天面對複雜多變的世界,也許並不見得同意國家的權力愈小愈好,政府管的事愈少愈好,反而多數人會認為民主政治中,政府存在的目的是為了替人民服務,如果政府無法滿足人民的需求,甚或背離人民的需求與意願,則人民有持異議與不服從的權利,用到極端,甚至可以迫使政府下臺,這個持異議與不服從的權利是確保主權在民的最後防線,人民固然將統治的權力賦予政府,但是在必要的時候,人民也可以將政府的統治權力收回,迫使政府下臺。

二、政治平等

政治平等(political equality)是指每一個公民都有平等的參與政治決策與爭取公職的機會。為了要體現主權在民,每一個公民都應該有平等的參與政治與爭取公職的機會,如果某些人參與政治的權利與機會比另一些人來得多或少,都使主權在民的原則落空。要體現政治平等,需要達到幾個條件:

(一)一人一票,票票等值

公民無論其條件背景,在選舉時每一個人都有一票,而且每一個人的一票,與其他人的一票,價值完全相等,不會因為有些人的職務較高,或者較有智慧、較為富有,他的一票就比另一些人的一票價值較高;也不會因為他的地位較為卑下,或者較為窮困,而使他的一票比其他人的一票沒有價值。此一原則我們今日看似簡單且理所當然,但是在人類歷史上卻走了相當長的一段路。

在民主政治發展的初期,許多國家因為個人的不同條件,而決定是否賦予其投票權,或者決定賦予其選票不同的價值,例如過去普魯士採三級選舉制度,將選舉人依照納直接稅的多寡分為三級,每一級各組成一個選舉團,選出同等數額的議員,每一級選舉人所納的稅是直接稅總額的三分之一。因此第一

級的選舉人數自然較少，第二級次之，第三級選舉人數最多，而無論選舉人數多寡，選出同等數額的議員，結果自然是第一級的選舉人的一票，價值較第二級或第三級選舉人的票價值為高。

英國雖然是老牌民主國家，但是在1832年以前，有選舉權的人僅限於一小部分擁有財產的男性（擁有每年租金四十先令以上的土地或房屋者），此一財產條件的限制一直到1918年才對成年男子完全廢止。至於英國對女性選舉權的開放則遲至1918年，並且只開放給那些年滿三十歲，且有每年租金五鎊以上不動產的女性。同時，過去英國的選民，最多可以投三票，除了在原選舉區外，在財產所有地，若有每年租金十鎊以上的土地或房屋者，可以在其財產所有地再投一票，而大學畢業生在其大學選區，可以再多投一票，如此一人最多可投三票，此一複數投票制到1918年修正為每人最多投兩票，成年人一人一票的普遍選舉權遲至1948年才完全實現。顯見所謂一人一票，票票等值在民主政治的發展上，有其相當長的歷史，以及不可磨滅的貢獻。

（二）每位公民都有平等陳述政治觀點，以爭取政治職位的機會

此一條件看似簡單，但是實踐起來卻不容易。譬如無黨籍的人士沒有政黨奧援，要取得重要的政治職位並不容易，甚至於即使有政黨奧援，但是小黨候選人當選的機會就比大黨的候選人來得困難。例如美國長久以來都是兩大政黨的候選人當選為總統或國會議員，小黨的候選人得票通常都非常低，而且小黨的候選人通常在媒體的曝光程度比大黨候選人少了許多，因此當選的機會自然較為有限。從這個角度出發，自然衍生出新聞自由是民主政治的重要條件，唯有新聞自由才可以使每個人都有機會接觸媒體，也能夠透過媒體來表達意見。

事實上，長久以來，媒體的曝光度對候選人的當選與否非常重要，同時金錢也對選舉產生重要的影響，那些有錢人往往較能夠貢獻政治捐獻給候選人，這些候選人因此較有財力購買媒體時間，媒體曝光率也就較高，自然較可能當選。而這些人當選之後，必然較可能回饋給他的政治捐獻者，因此，選舉政治推行到今日的結果，有錢有勢者往往比另一些人更有政治發言權，如此將使得政治平等落空。

由上述說明來看，政治平等是不容易達到的目標，即使勉力而為，仍有許多無法克服的人類天生與後天的限制，但話又說回來，政治上權力的絕對平等是不是應該要體現的目標？有沒有必要勉力而為？達到的標準何在？有些人主張政治平等是指機會的平等，而非實際參與的平等，如果硬要體現參與的平

等，反而會讓許多能力不足的人介入政治，造成政治的不安。然而，參與民主理論卻提醒我們，公民必須要從參與政治當中學習，如果剝奪某些人的參政機會，不平等的情況會更加劇，如此更會造成社會的動盪不安，許多發展中國家的經驗提供了諸多的例證。因此，如何具體實踐政治平等，是一個在理論上與實踐上都必須仔細思考的課題，這也是許多政治思想家思考的課題，我們將在後面第肆部分中仔細說明。

三、人民諮商

在代議民主裡，大多數人民無法直接參與每日的政治決策，但是當人民選出了政府官員與國會議員之後，這些政府官員與國會議員的決策必須考量人民的需求，以體現主權在民的原則，因此當其作決策時，必須諮商人民的意見。人民諮商（popular consultation）起碼須滿足兩個條件：

第一，政治體系必須具有某種機制，使政治決策者可以了解人民的期望：一般而言，政府了解民意的管道相當多，包括政府採取主動的方式去探求民意，例如做民意調查、閱讀媒體報導、觀察選舉結果、留意遊行示威訴求的目標；或者政府被動地接受公民個人的意見表達、利益團體遊說……等等。值得注意的是，各種表達民意的途徑各有其特色與優缺點，譬如利益團體所表達的意見可能較為具體而強烈，表達的技巧也較為突出，因此帶來的即刻壓力也很大，但是它們所代表的可能只是一小部分人的意見；而民意調查所表達的意見雖然代表多數人的意見，但是少數強烈的意見卻可能被淹沒在大多數冷漠的意見裡。因此決策者要如何體察民意，拿捏之間，必須相當謹慎。

第二，當政治決策者知道人民的期望之後，會加以斟酌採納依循：但這並不是指決策者事事以民意馬首是瞻，亦步亦趨跟著民意走，如果民意並沒有清楚的指示，則甚麼事情都可以不做，而是指決策者以人民整體意見為一個大方向，在這個大方向之下，做到周全的規劃，並且建立達到目標的行動方針與細節考量。譬如如果民眾的意願是要建立國家安全制度，那麼政府官員要考量預定幾年內達成這個目標，財源如何規劃，其他的施政計畫是否必須調整，以及具體的實施辦法等等，當然，政府的這一套施政計畫，最後還是要由人民來檢驗，在下一次選舉時，認為執政者做得好的，可以支持其繼續連任，認為做得不好的，也可以將之淘汰出局，讓其他人或政黨取而代之。

四、多數決

民主政治是指最後最高的決策權是掌握在全體人民手中的，然而政治決策總是很難獲得全體人民一致的共識，這是因為價值的稀有性與人類的歧異性。價值是指一個社會上多數人所渴望的標的，譬如權力、名望、地位、財富。在每一個人都想要獲得眾所渴望的價值的情況下，價值總是相對稀有的，而因為不同的個人或群體往往會有不同的需求、偏好、意見與態度，在價值稀有，而人類歧異的情形下，大多數的政治決策總是免不了會對某些人較為有利，對另一些人較為不利，因此政治上的歧見總是無法避免。那麼，當歧見發生時如何解決？民主政治是依多數決（majority rule）的原則來決定，也就是說政府應該以多數人，而非以少數人的意見為意見。但是，民主政治在使用多數決原則時特別強調以下幾個特點，以免淪為多數暴力（majority tyranny）。

（一）多數決原則不是用來壓制少數人

多數要設法去說服少數，而非去壓制少數，因為多數所堅持的不一定對，少數所堅持的也不一定錯，當時移勢易，過去少數的意見可能成為多數的意見，而多數的意見可能淪為少數的意見。譬如臺灣在過去戒嚴時期，堅持解嚴與推動民主化是少數反對人士的意見，但是最後成為多數人的意見。也因此，今日我們以為的少數意見，可能在日後成為多數意見；而今日我們以為的多數意見，可能在日後被棄之如敝屣。也因此，對於少數意見應該予以尊重。

（二）多數所選出來的候選人並不因此就被賦予至高無上、毫無限制的權威，仍應該遵循適當的法律規範

被多數人選舉出來的政府官員與國會議員，必須遵守適當的法律規範，不得逾越，若是逾越，譬如政府官員做出違法或違憲的行政措施，或者國會議員制訂出違法或違憲的法律或決議，應該被適當的機制判決違法或違憲，而加以改正，同時對於違法或不當的政府官員或國會議員，予以適當的處罰，人民也要予以適當譴責，譬如下次選舉的時候將之淘汰。如果以為多數所支持的政府官員或國會議員可以無所不做，不用負責，這就成為民粹主義，它對民主、人權、社會福祉所造成的傷害，絕對不亞於獨裁政治所造成的惡果。也因此，在民主政治裡，制度的設計較多數的支持更為重要，當多數支持與制度的設計違背時，必須捨多數支持，而就制度的限制，前述這個原則，是憲政主義（constitutionalism）的具體實踐。

參、民主政治的制度要件

　　前面提到民主政治的基本原則，然而，原則常常是一個規範面的理想，在落實到實際政治時，幾乎沒有任何一個國家可以達到完全理想的境界，就實際世界的國家而言，民主只是程度的問題，而非絕對的是或不是的問題，要檢視世界各國的民主程度，有必要將民主的「理想」落實為一些較具體可行的判別標準。政治學者Dahl於1971年撰寫《多元政體》（*Polyarchy*）時，即試圖提出標準，以對世界上的各個國家的民主程度加以評量，Dahl在之後所發表的若干有關民主政治的論著，如《民主及其批評》（*Democracy and Its Critics*, 1989）與《論民主》（*On Democracy*, 1999），對民主都有相當發人深省的討論，他所使用的評量標準，也成為其後政治學者與政治觀察家在評估各國民主程度時的重要參考。

　　Dahl認為民主政治是這樣的一個政治體制：政府回應公民的偏好，視公民為平等的，並提供所有公民同樣多的機會去形成偏好、表達偏好，且使他們的偏好在政府行動時被平等對待，無論此偏好的內容如何，也無論此偏好是來自於誰。為了達到上述目標，Dahl認為必須要滿足「公開競爭」（public contestation）與「包容（成員）」（inclusiveness）兩個標準，前者是指政治體系的自由化，以使競爭者有自由公平的競爭機會；而後者是指政治體系中的每一個永久居住且守法的成年人都被賦予政治參與的權利。凡是滿足上述標準的，堪稱多元政體，而多元政體是比較接近民主理想的現實世界中的政體，也是邁向民主政治的過渡性政體。Dahl認為為了要達成以上的目標，必須符合幾個制度上的要件，這些制度上的要件，包括（1989: 221-222; 1999: 96-104）：

1. **選舉產生的官員**：凡具有制訂政策權力的政府官員與民意代表，都必須經由選舉產生。
2. **自由公平的選舉**：民選官員與代表都是在經常且公平、無脅迫的選舉中產生。
3. **表達意見的自由**：公民對於各種政治事務，無論是政府官員、政府、體制、社會經濟秩序或主流意識形態，都有表達意見的自由，且不需要擔憂會因為表達意見而遭到懲罰。
4. **接觸各種不同來源的訊息**：公民有追求各種不同訊息來源的權利，且各式各樣的訊息來源都被法律予以充分保障。
5. **社團的自主性**：公民有權利組成各式各樣的獨立自主的社團，無論是政黨

或利益團體，以便於去實踐民主政治內所保障的各種權利。

6. **包容性的公民身分**：每一個永久居住且守法的成年人都應該擁有與他人同等的權利，進行上述政治制度所提供的活動，包括選舉、被選舉、表達意見、接觸各種訊息、組織結社等。

根據上述的制度要件，可以衡量世界各國哪一些比較接近民主政治的理想，哪一些是離民主政治的理想還有一段距離。

自由之家（Freedom House）自1972年始，用政治權利與公民自由兩大指標（詳見附錄一）來判別世界各國的民主程度，自由之家所採用的標準較Dahl更為具體明確，但大體不脫Dahl所提出的範疇。自由之家將世界各國按民主的程度分為自由國家、部分自由國家與不自由國家。選舉的民主國家是指符合某些較起碼的標準：如選民可以從競爭的團體與個人當中，自由地去選擇政治領導者，而非政府自行決定政治領導者；選民可以接觸到有關候選人以及他們主張的資訊；選民投票時不受到來自於權威當局的壓力；同時候選人也不受到任何的脅迫。至於自由的民主國家，是指除了符合選舉的民主條件外，還提供一系列的重要公民自由，諸如表達意見與信仰自由、結社與組織自由、法治與人權、個人自主權與經濟權等。根據自由之家在2016年對世界195個國家所做的評估，有89個國家是自由國家，55個國家是部分自由國家，51個國家是不自由國家。

肆、民主政治的理論與實際——菁英主義與多元主義的觀點

前面我們提到民主政治的原則，是民主政治的理想面，儘管在實際上某些國家被歸類為民主國家，然而它們仍然很難達到完全民主的理想，譬如雖然政治平等是這些國家高舉的原則，然而在實際政治上，有些人卻比另一些人有更多權力，這些有較多權力的人，我們名之為政治菁英，他們是政治體系裡的一小群人，對政治較為關心，比較願意介入政治，通常教育水準較高，也從政治中得到較多的特權與利益；反之，政治體系中的大多數人是一盤散沙，無法對抗少數菁英。又譬如多數統治雖然是民主國家高舉的旌旗，但是很多時候多數統治僅是形式上而已，實則少數才是真正的決策者，因此菁英主義主張民主政治其實是少數統治（minority rule），而多元主義主張民主政治是許多少數的

統治（minorities rule），以下我們將進一步說明菁英主義與多元主義對民主政治實際面的觀察與詮釋。

一、菁英主義

　　菁英主義者主張社會上有兩種階級──統治階級與被統治階級，政治權力掌握在統治階級手裡，他們人數較被統治階級少得多，但是掌握權力。而他們之所以能掌握權力，原因可能並不相同，譬如可能是因為出生在好的家庭，或者擁有較多的財富，或者擁有較高的職位，或者擁有特殊的心理能力，或者擁有特殊的智識能力或技能，如組織的能力、說服的技巧等等。菁英主義的代表人物，如Gaetano Mosca、Roberto Michels、Vifredo Pareto、C. Wright Mills等人，前面三位對政治的觀察焦點放在十九世紀末二十世紀初的歐洲國家，而Mills的觀察焦點放在二十世紀中葉的美國。

　　Mosca在其代表著作《統治階級》（1896）中指出有兩個階級，一個是統治階級，一個是被統治階級。統治階級人數較少，擔當一切的政治職務，獨占權位與勢力，並享受獨占權位與勢力帶來的種種利益。第二種階級，人數較多，受第一種階級的指揮控制，而這種指揮控制，有的時候相當合法，有的時候則恣肆橫暴。而何以統治階級得以以較少的人數控制大多數的被統治階級？Mosca認為是因為組織的力量，由於統治階級人數少，方便迅速溝通，同時凝聚力強，可以很快做出適當的決策去對付一盤散沙的多數人。

　　對於菁英何以能掌握權力作更清楚而有力的指陳的是Michels，他著有《政黨》（1911）一書，他觀察各種社會主義政黨的活動，發現無論這些政黨在開始的時候如何標榜民主與大眾化，但到頭來一定被少數領袖份子操控，這就是著名的「寡頭鐵律」（iron law of oligarchy）。那麼，何以各種團體最後都淪為寡頭統治？Michels指出有三個主要原因：第一是組織的需要：組織的範圍逐漸擴大，需要也隨之增加，內部任務跟著增加，且益形艱鉅，此時由全體直接管理勢不可能。第二是因為個人的秉賦：菁英經過教育訓練，加以職務習慣，與群眾的差異愈形擴大。第三是群眾的企求，群眾常常需要領袖，同時對於上級的指揮容易心生崇拜，也因此寡頭統治是所有團體的共同現象。

　　Pareto在其代表作《社會的心靈》（1916）中指出，在任何時代、任何社會，總有一個人數極少的統治階級，其所以能維持自己的權力，一部分是靠武力，一部分是靠操弄人數較多的被統治者的同意，即使是號稱主權在民的民主政治，其實多數民眾也是受制於少數統治菁英。同時，Pareto更指出權力控制

在少數人的現象，不獨在政治上，也在經濟、社會上，而少數人之所以能掌控統治權力，靠的是暴力與欺騙，統治者既像獅子一般強藉暴力來支配，也像狐狸一般狡詐，以奸詐來操控群眾的同意。

C. Wright Mills著有《權力菁英》（*The Power Elite*, 1956）一書，從制度觀點來看政治菁英。Mills研究美國的國防決策，探討究竟誰是主要的決策者，結果發現大企業、軍方及圍繞在總統旁邊的政治集團掌握著相關決策，同時他發現這些職務之間可以互相流轉，譬如卸任將領往往一變而為大企業的說客，為這些大企業遊說政府官員，而他們的遊說通常也較易達到效果。Mills因此主張菁英之所以掌握權力，是因為他們掌握了制度上的領導職位，擁有有價值的經驗，Mills更清楚指出權力菁英的特質：權力是累積的、職位是流轉的；他指出政治菁英的權力是可以累積的，亦即有了政治權力，也就同時有了經濟權力以及社會聲望；換句話說，名聲、權力、財富通常都是掌握在同一小群人手中，同時，有價值的職務總是在一小群人之間相互流轉。

總而言之，菁英理論可以簡單歸納如下：

（一）權力菁英

社會上有兩個階級，一個是掌握權力的一小群人；另一個則是沒有權力的大多數人。這一小群掌握權力的人，可以在不同的職務之間互相流轉，而且權力是累積的，也就是說，有了某項權力之後，其他的權力也就跟著而來；有了政治權力後，通常也就有了社會權力與經濟權力。

（二）壟斷的選舉

菁英主義者認為無論有幾個政黨或候選人，最後能夠當選的總是較大政黨的候選人，選民只能在主要候選人之間選擇，極少人能突破大黨而當選，因此，政治職位實際上是被少數人所壟斷的。而且，這些政治職務的當選人不見得會負責，也不見得會實踐其競選諾言；同時，並非所有人都去投票，且選舉制度也不保證多數所支持的人一定獲勝。

（三）寡頭控制的團體政治

儘管有許多政治利益團體組成，且團體的組成之初無論是否標榜民主，但由於大多數人極少積極介入團體內的事務，因此最終權力總是掌握在少數人手中。

二、多元主義

　　多元主義主張雖然政治上的特權份子或經濟豪強行使較大的權力，但是並沒有統治或永久的菁英能夠支配整個政治過程，一般大眾還是擁有某些權力、資源，因此總會在政府決策過程的某個階段發揮影響力。譬如在選舉的時候，一般公民有選擇政治菁英的權力，而政治菁英發現一般大眾的這個權力，為了尋求當選連任，勢必要提出吸引人的政策，而當選之後，也要負責政策的貫徹執行，以免在下次選舉時被淘汰。

　　多元主義可以追溯到自由主義的思想家，如John Locke、Montesque等人，而James Madison 是首位較有系統的多元主義者，Madison是美國建國之父之一，也是《聯邦論》（*The Federalist Papers*）的作者之一。Madison對於多數暴力充滿疑慮，他認為未受監督的民主統治，可能會演變為多數暴力，或假借民意遂行己意，進而破壞人民的權利，剝奪人民的生命財產。他認為社會上有兩個階級──有財產的少數與無財產的多數，他們各有不同的利益，無可避免地會產生衝突，無財產的多數可能會去侵害有財產的少數，那麼，如何去保障少數呢？Madison認為必須擴大選舉權給所有的人民，如此各式各樣不同的人群，其多元分歧的偏好與利益得以相互衝突與抵銷，如此可以避免多數暴力的產生。

　　在憲政制度上，為了避免多數暴力，Madison將美國的憲政體制規劃為三權分立且制衡的政府體制，這是基於他根深柢固地認為權力會使人腐化，如果政府官員不被適當地制衡，則會成為暴君，如此人民的權利會蕩然無存。他認為野心必須以野心來制衡，因此他在政府體制的設計上，充滿著分權制衡的色彩：

　　第一，使行政、立法、司法三權分立，由三個機關分別掌握不同的權力，並且三個權力之間互相制衡。

　　第二，唯恐立法權太大，以致於行政權與司法權無法制衡，因此將立法權再一分為二，成為參議院與眾議院，參議院由各州各兩個代表組成，代表各州的利益；而眾議院由各州依人口比例產生，代表人民的權力，如此參議院與眾議院互相制衡，使立法權不致過於龐大。

　　第三，中央與地方的關係採地方分權，聯邦政府與各州政府各掌一定的職權。

　　Madison此一憲政規劃，被當代多元主義的巨擘Robert Dahl加以檢視，Dahl分析當代美國的憲政運作，發現果真是分權制衡，然而卻並不是Madison

以為的國會的權力過大，反而政治決策權是操縱在總統手中，國會只是被動地去扮演制衡的角色，而總統之所以能扮演主導決策的角色，是因為總統相當倚恃政黨的組織力量，而政黨是在Madsion時代無法預見的政治力量。

Dahl在1961年出版《誰統治》（*Who Governs*）一書，探討究竟是誰掌握權力，他認為，究竟誰有權力可以從誰掌握公共政策的決定權來推斷。他觀察New Haven這個小城鎮的三個政策領域——都市更新、公共教育、政黨提名，究竟是誰掌握決定權，結果發現最大的權力掌握在民選的市長手中，而非隱藏在背後不受控制的權力菁英手中。

而三個政策領域的次領導者，有某些相似性；其財富、教育程度、社會地位高過一般公民，但低於社會名流，他們大多參與社團與俱樂部，比一般公民對政治更感興趣，但是跨不同政策領域的領導者不同：在都市更新的政策上，決策權掌握在工商業、工會與知識界人士；在公共教育方面，決策權掌握在中產階級以及為人父母者；至於在政黨提名方面，提名權掌握在鄰里中較具聲望，對政治有興趣的人手中。Dahl認識到社會資源的分配是不平等的，同時也發現政治菁英的資源較一般大眾來得多，且政治菁英會將資源轉化為政治影響力。但是，他並不認為政治菁英的權力較大會不利於民主政治，這是因為：

第一，不同的政治菁英並沒有共同的利益、意見與立場，他們之間會相互競爭，政治菁英為了求勝，必須要爭取選民的青睞，因此必須做出吸引人的決策，而且當選之後要履行諾言，回應選民的需求，以求在下次選舉的時候還能連任。

第二，政治菁英受到社會化的影響，內化了民主的價值與規範，他們受到民主內化的程度，比一般大眾有過之而無不及，因此他們可能更是民主政治的堅強捍衛者。

前面提到在1950年代Berelson、Lazarsfeld及Mcphee等人對美國選民的調查研究指出：大多數選民離全能民主公民的理想相距甚遠，他們既非理性的，也非政治資訊充分的，且對政治沒有興趣，也並非按公益的原則作政治決定。顯然民主政治並非建立在全能的民主公民上，那麼，民主政治建基在何種條件上？Berelson等人提供了一個答案：民主政治的實踐並不在於選民是同質性的，符合民主公民的理想，而是選民是異質性的，社會上的大多數人都介於兩個極端之間，一個極端是對公共事務漠不關心，毫無黨派偏好，有高度彈性，公共政策甚麼都好，這種人被他們稱為社會人；而另一個極端是對政治高度關注，高度介入，有強烈的黨派觀念，但是對公共政策高度堅持，毫無彈性，這

種人被他們稱為意識形態人。至於大多數人既不完全冷漠，也不極端關注與介入，而是介於這兩個極端之間，這種人被他們稱為政治人。他們進一步指出：一個社會上的公民有介入也有冷漠；有僵化也有彈性；有保守也有進步；有共識也有分歧，如此才能維持一個社會的穩定與進步。社會有許多人的冷漠，因此較具彈性，可以充當不同政治觀點的緩衝器，維持社會的穩定，如此社會在多元異質的情況下，民主政治才有實踐的可能性。Berelson等人的觀點無疑為民主社會中多數人的冷漠提供了一個解釋，但是此一解釋可想而知也招致相當多的批評，然而無論是否同意Berelson等人對民主政治實際面的觀察與解釋，他們的論點無疑也是多元論者的觀點。

多元主義的觀點，可以歸納如下：

（一）分化的權力

職位並非是流轉的，權力也不是累積的，權力並非掌握在一個階級或少數人手中，有權力的個人或團體也並非全然一致，某些個人或團體擁有某方面的權力，另一些個人或團體掌握另一方面的權力，公共政策並非全然由一個團體所把持，而是不同的團體之間互相競爭的結果。同時，在不同的個人與團體之間有競爭，並非如菁英理論者所主張的菁英之間有高度共識。即使掌握政治職務的人彼此之間也有競爭，例如總統與國會議員時有衝突，且不同的國會議員各自代表不同的選區、政黨或利益團體，因此也有競爭。

（二）負責的選舉

定期的選舉使得當選的菁英只被許可在一定的時間內掌握權力，因此他必須定期回到選民那裡，得到選民的支持，而政治菁英為了求勝，必須做出吸引人的決策，而且當選之後要履行諾言，回應選民的需求，以求在下次選舉的時候還能連任。

（三）團體政治

多元主義者視利益團體為民主政治的精髓，因為單一的個人力量薄弱，而透過組織，他們的聲音才能被聽到。社會是由許多不同的團體組成，而個人被歸屬於許多不同的團體，因為會員身分重疊（overlapping membership），會使他們的觀點較為平和，不至於發生某些團體與其他團體強烈的對抗，因為在政治的某個階段或某個領域中，他們可能會因為彼此利害相同而團結在一起。

　　舉例而言，在臺灣有些人是本省籍，有些人是外省籍，在本省籍裡面，有些人的社經地位較高，有些人的社經地位較低。同樣地，在外省籍裡面，有些人的社經地位較高，有些人的社經地位較低，在統獨議題上，外省籍與閩南籍可能站在彼此對立的立場；至於在社會福利議題上，社經地位較高者又與社經地位較低者站在對立的立場。但是因為社經地位較高者與社經地位較低者都同時有外省籍與本省籍，因此不會全然對立到無法挽救的衝突。

　　因為社會分歧是橫切的，所有的政治衝突都是部分衝突，而非整體衝突，所以社會上儘管有競爭，但是仍然能夠結合在一起。相反地，假如社會分歧並非橫切的，而是相互增強的，譬如說在過去的南非，黑人的社會地位都較白人卑下，在政治上沒有權力，這種社會種族的界限與社會地位的界限是一致的，而非橫切的，因此黑白對立是整體衝突，因而造成嚴重的對立與不安。在美國，黑人與白人可能互相不喜歡對方，但是白人工人與黑人工人大多投票給某個標榜勞工權益的候選人，此時他們會修正彼此對立的態度。也因為如此，一個多元分歧的社會即使存在許多大大小小的團體，但是社會仍然可以整合，不至於分崩離析。

伍、結論：民主政治的價值與問題

　　無論是否同意菁英主義或多元主義對於民主政治實際面的觀察與解釋，大多無法否認即使在民主國家裡，仍難免有某些人的政治權力比另一些人的政治權力大的事實，政府的決策也並未完全顧慮到所有民眾的意見。儘管如此，民主政治仍有許多優點，這些優點使它較諸其他的政治體制更有價值（江宜樺，2001）。

一、重視個人價值

　　民主政治強調個人價值，強調公民享有許多基本的自由與權利，這是非民主制度不會強調，也無法體現的。民主政治認定只有個人自己是自己利益與權利的最佳護衛者，個人的利益與權利不須藉由其他人，無論基於如何冠冕堂皇的理由來加以護衛，因為權力往往使人腐化，而絕對的權力使人絕對地腐化，因此個人的權利靠自我來保障才是最可靠的。而也只有民主政府才能夠為個人提供最大的機會，使他們能夠運用自我決定的自由，在自己選定的規則下生

活。同時，民主政治也較諸其他的制度，更強調個人的參與政治，一方面個人的利益、意見可以經由參與而被注意到並獲得實踐；而在另一方面，個人可以在參與政治的過程中學習，使他感受到自己是國家的一份子，對公共事務負有責任，同時透過參與的過程增進政治知識與技巧，並且學習到與人溝通、協調、講理、容忍等公民德行，同時激發自己與他人合作、貢獻自己給社會國家的意願，促成自我發展與實現。

二、重視政治平等

民主政治與其他的政治體制相當大的歧異在於：其他政治體制認定人與人之間的不平等，因此強調某些人比另一些人更有統治的能力與權力；而民主政治則儘管認識到人天生的不平等，但是仍舊強調每一個人都有權利要求別人尊重自己，都有權要求政治自由、平等以及各項的權利，同時透過政治上的參與平等，如一人一票、票票等值的選舉規則，如政治獻金的透明化與金額的限制等，使人人都有機會平等地表達其對於公共事務的意見，以及要求其利益被考量在公共政策的擬定當中，儘管民主政治的實踐仍難免造成一些不平等，但是民主政治強調政治平等，如此使得它比其他的政治體制更有機會造就相對較高的平等（江宜樺，2001）。

三、促進文明與和平

民主政治中政治權力的取得是依靠一套眾所同意的競賽規則，使有意於追求政治職位的菁英，都必須透過贏得競賽來取得權力，而且贏得一時的競賽，也只容許在一段時間內掌握權力，因此他必須兢兢業業，以備在下一次的競賽中繼續勝出而繼續掌握權力。如此，政治權力的取得不是依靠流血鬥爭，權力的轉移建立在文明的方式上，同時由於權力的取得必須靠眾所同意的競賽規則與眾人的支持，避免了暴虐邪惡的統治者出現的可能性。此外，根據Dahl（1999）的統計，現代的民主國家彼此之間沒有發生戰爭（但並非民主國家與非民主國家之間沒有戰爭），何以如此？根據Dahl的說法，也許是因為民主國家認為其他民主國家的公民與他們一樣值得信賴，而且民主國家習慣於用和平的方式談判、結盟、禦敵，如此使得他們渴求和平，避免戰爭的傾向進一步加強。

儘管民主政治有如上的諸多價值，但是由於民主政治強調大眾參與，尤其是選舉的重要性，因此特別容易造成兩個可能的弊病，其一是金權政治，其二

是民粹主義（江宜樺，2001）。在現代競選方式日新月異，競選經費日益高昂，使得候選人與政黨無可避免地必須仰賴政治獻金，而金錢豐厚的財團與個人，比一般民眾更可能去捐贈政治獻金，以致於他們也較可能使他們所支持的候選人或政黨當選，而這些他們所支持的候選人或政黨一旦當選，就比較可能制訂出有利於他們的政策，如此使得政治的強勢者利用金錢獲得更多他們想要的，而原本政治上的弱勢者卻無法透過政治過程獲得他們需要的，反而在金錢政治的運作下失去更多，如此不平等可能更形嚴重，金錢介入政治的情況更趨惡化的結果，將會嚴重影響民主政治的品質。

　　同時，由於民主政治強調大眾參與和多數決，極可能造成民粹主義，民主政治強調政治人物從選舉當中獲得權力，因此特別容易造就具有特殊群眾魅力的政治人物出現，他們以人民福祉為號召，或者以譁眾取寵的方式為手段，取得廣泛民眾的支持，但是如此可能壓抑了異議者自由表達多元意見的空間，更有甚者是這個受到群眾支持的政治人物挾著民眾的支持，可能做出超越憲政法治，權力制衡等情事，以致於違背民主政治所標榜的憲政主義、法治政治、多元的價值觀與自由開放的政治討論等基本原則，使民主政治的品質低落，更嚴重的是可能造就政治獨裁者的出現，使民主嚴重倒退。

　　如何讓民主政治在強調主權在民、政治平等、多數決與大眾諮商等原則的情況下，防範金權政治與民粹主義的問題，是施行民主政治必須留意與思考的。無可否認地，民主政治即使不是一個完美的政治制度，但是卻比其他的政治制度更適合目前的人類社會，而民主實踐的不夠完美，也唯有靠更多的民主才能解決，也就是透過公民更多的參與政治、更多的自由討論、更多的資訊流通，與更成熟的政治素養，及更適當的制度規劃，俾使民主的品質提升，以更能夠體現個人價值，更能夠促進政治的平等、社會的進步與人類的永久和平。

附錄一：自由之家所採用的評估民主程度的標準

（一）政治權利

1. 選舉過程
   (1) 政府的主要領導者或國家權威是否透過自由公平的選舉？
   (2) 國會議員的產生是否透過自由公平的選舉？
   (3) 是否具備公平的選舉法規與架構？
2. 政治多元主義與參與

（1）人民是否有權依據其選擇去組成政黨或其他類的政治團體，且政治體系對這些競爭性的政黨或團體的起落是否是開放的？

（2）反對勢力是否可以獲得相當選票的支持？或者反對勢力是否可以真正的在選舉中增加其支持度或獲得權力？

（3）人民的政治選擇是否可以免於軍隊、外國勢力、極權政黨、宗教科層機構、壟斷性的經濟組織或其他任何勢力的干涉？

（4）文化、種族、宗教或其他少數團體是否可以經由決策過程中非正式的共識而享有合理的自決、自治、自主及參與的權利？

3. 政府職能

（1）政府的政策是否是由自由選出的政府領導者或國會議員來決定？

（2）政府是否能免於普遍性的腐敗？

（3）政府是否對選民負責？政府的運作是否公開透明？

（二）公民自由

1. 表意與信仰自由

（1）是否存在自由且獨立的傳播媒體，或其他形式的文化表達管道？

（2）是否存在自由的宗教機構或社群可以公開與私下地表達信仰的自由？

（3）是否具有學術自由？教育系統是否可以免於廣泛的政治灌輸？

（4）是否存在公開與自由的私人討論空間？

2. 結社與組織的權利

（1）是否具有集會遊行及公開討論的自由？

（2）是否具有成立非政府組織的自由？

（3）是否具有自由的貿易組織、農會機構，以及類似的組織？是否具有有效的集體協商？是否具有職業協會以及私人組織？

3. 法治

（1）是否具有獨立的司法體系？

（2）法治是否在民事與刑事案件的審判中被普遍地依循？警察是否受到公民的控制？

（3）無論是支持或反對該政治體系的任何團體，是否皆能免於白色恐怖、非法的監禁、放逐或刑求？人民是否有免於戰亂的自由？

（4）是否任何人群皆能確保在法律之前被平等對待？

4. 個人自主與個人權利

（1）個人是否擁有遷徙、居住、選擇職業與教育的自由？

（2）公民是否能擁有財產以及建構私人企業的自由？還是私人企業的活動被政府、國安機構、政黨、團體，或組織犯罪不當地影響？

（3）是否擁有個人的社會自由，包括兩性平等、自由選擇婚姻，以及自由決定家庭成員的多寡？

（4）是否擁有機會平等以及免於經濟剝削的自由？

（資料來源：李西潭、陳志瑋譯，2003，《最新民主與民主化》，韋伯文化，頁vi-vii，以及https://freedomhouse.org/report/freedom-world-2016/methodology）

參考書目

一、中　文

江宜樺，2001，《自由民主的理路》，臺北：聯經。

二、英　文

Berelson, Bernard R. Paul F. Larzarsfeld, and William N. McPhee, 1954, *Voting.* Chicago: The University of Chicago Press.

Dahl, Robert. 1961, *Who Governs?* New Haven: Yale University Press., 1971, *Polyarchy: Participation and Opposition.* New Haven: Yale University Press., 1989, *Democracy and Its Critics.* New Haven: Yale University Press., 1999, *On Democracy.* New Haven: Yale University Press.（中文版，李柏光、林猛譯，2003，《論民主》，臺北：聯經）。

Ranney, Austin, 2001, *Governing,* eighth edition. New Jersey: Prentice Hall. 雙葉代售（中文版，倪達仁譯，1998，《政治學》，臺北：雙葉）。

Roskin, Michael, et. al., 2001, *Political Science: An Introduction.* seventh ed., Prentice-Hall International, Inc. 華泰代售（中文版，劉后安等譯，2002，《政治學的世界》，臺北：時英）。

Schumpeter, Joseph, 1942, *Capitalism, Socialism, and Democracy.* New York: Harper.

第七章　政治民主化

郭承天

壹、第三波民主化

　　1980年代開始的「第三波民主化」浪潮，使得大約一百個開發中國家和社會主義國家，放棄了先前威權體制或極權體制，而紛紛採取民主政體。這第三波的民主化曾經帶給民主自由人士無限的希望和樂觀，認為民主人權終於得到全世界的認可，永久的世界和平也將來到。然而二十年後，政治學者再一次檢驗這一波的民主化過程，並且比較前兩波的民主化，卻發現許多值得憂慮的現象。

　　根據杭廷頓（Samuel P. Huntington）的說法，第一波的民主化大約從十八世紀美國獨立建國開始，到二十世紀初期第一次世界大戰之後，歐美國家（包括澳洲、紐西蘭）大多完成了民主轉型，建立起現代的民主政體。然而兩次世界大戰之間的世界經濟蕭條，促成了法西斯政權的興起，導致德國、義大利和日本的民主政體崩潰。在這些法西斯國家占領下的歐洲國家，也都無法維持民主政體的正常運作。

　　二次世界大戰之後，德國（西德）、義大利和日本在盟軍的強力干預下，採取了民主政體。歐洲國家很快地恢復了民主體制。受惠最大的，則是受到西方帝國主義控制的第三世界殖民地。這些殖民地在1950和1960年代紛紛獨立，並且採行民主政體，形成所謂的「第二波民主化」。但是好景不常，從1960年代末期到1970年代，這些開發中國家的民主政體迅速崩潰，被獨裁政權取代。這些獨裁政權有的是軍人專政（如南韓），有的是文人政府得到軍人的支持，實行專制政體（如菲律賓），也有的是加入共產集團，採行極權政體（如高棉、越南）。

　　到了1980年代中期，第三波民主化開始。先是從南歐（西班牙、葡萄牙、希臘）開始，然後是中南美洲、亞洲和非洲，最後則是1989年蘇聯解體，導致

東歐共產國家拋棄了共產專政體制，採行資本主義民主政體。由於第三波民主化不但比前兩波民主化，產生了更多的民主國家，更使得在核子毀滅陰影下的東西陣營對抗，消失於一旦。

全世界民主人士對於民主、人權和世界和平的樂觀期待，是有一定根據的。在這一波的將近一百個民主化國家中，至今也只有少數國家（如中亞的四個前蘇聯國家）放棄了民主政體，採取專制政體。但是第三波民主化國家所面臨的問題，對於民主、人權和世界和平的傷害，可能比前兩波民主化國家所遭遇的更複雜和更嚴重。

民主政體崩潰是前兩波民主化國家遭遇的主要困難。這個憂慮仍然存續在少數第三波民主化國家中。但是第三波民主化國家碰到的更大困難，是新的民主政權建立後，仍充斥著踐踏人權、司法不公、行政無效率、國會無能、官員腐化、黑金政治、貴族主政等專制政體的弊端。

在有些回教國家（如阿爾及利亞），極端的基本教義派政黨訴諸民粹主義，合法取得政權之後，反過來壓迫人民的基本人權。甚至為了鞏固國內統治的合法性，這些國家積極支持國際恐怖份子對於西方國家發動「聖戰」。其他非回教國家，即使不是利用宗教極端主義，也常常訴諸民粹主義，激發種族之間的對立，以遮掩新政府統治的無能。簡言之，除了約十個國家以外（如波蘭、捷克、烏拉圭、臺灣等），大部分第三波民主化國家在建立民主政體之後，都陷入了民主化的停滯期，與學者們在1990年代初期的樂觀期待，有很大的差距。

因此，第三波民主化對於政治學者和民主支持者，都是一項新的挑戰。根據前兩波民主化所發展出來的學術理論與改革政策，固然有參考的價值。但是新的問題需要新的理論與對策，才能有效的分析和解決第三波民主化所產生的問題。本章下一節先討論「政治民主化」的定義，其次研究影響民主化的七種主要因素，最後總結第三波民主化對於民主支持者和政治學者所帶來的新挑戰和新希望。

貳、政治民主化的定義

現代民主政治理論的大師Robert A. Dahl，曾經定義一個多元政體（polyarchy）需要具備下列七個條件：

1. 主要的政治決策者為民選

這包括中央政府的行政首長和國會議員，必須是經由人民選出；選舉方式為直選或間接選舉都可以。

2. 選舉過程自由且公平

選出這些民選官員的選舉機制，必須是公平而且經常舉行。選舉過程之中，不可以有太多的暴力威脅。

3. 普遍選舉權

絕大多數的成年公民都有選舉權，不可以因為種族、性別、宗教和政治理念而有所歧視。現代民主國家一般只對公民的年齡和行使公民權能力，做最基本的要求，如十八歲的基本下限以及沒有被法院宣判喪失公民權者。

4. 參政權

絕大多數的成年公民都要有參政權，也就是被選舉權。由於被選舉人負責國家政策的制訂與執行，選舉法令中可以要求候選人具有比一般公民稍微高的資格，如較高的年齡規定，但不可多做限制。

5. 言論自由

公民可以自由表達其政治意見，甚至批評政府官員，而不受到政治、宗教，或意識形態的限制。對於言論自由的限制，應該只限於對國家重大利益或他人生命財產有立即危險者。

6. 新聞自由

公民有權利去找尋所需的資訊，不受到政府不必要的新聞檢查。而且政府不是唯一能夠提供資訊的管道。對於新聞自由的限制，也應該只限於對國家重大利益或他人生命財產有立即危險者。

7. 集會結社的自由

公民有權組織自主獨立的社會團體，包括政黨以及利益團體，以保障或擴展其權益。

這個定義廣被政治學者和新聞媒體使用。不過，就如Dahl提醒過，這個定義只能算是現代民主政體的基本條件，並不能視為理想民主政體的積極條件。畢竟，現代的民主國家仍然無法有效解決民主政體所應該解決的公平正義議題，如貧富差距、男女平權、環保權利、弱勢團體的保障，以及人民對於官員和民意代表的控制問題等。

這個定義在分析第一、二波民主化現象時，有很大的解釋力。當一個民主

政體建立時，這七個條件幾乎同時伴隨而來。當一個民主政體崩潰時，這七個條件也幾乎同時不存在。但是這個定義用在第三波民主化國家的時候，就顯得有些不足，因為有些專制國家會先從事「政治自由化」（political liberalization）的改革，也就是擴大言論自由、新聞自由，甚至集會結社的自由，但是卻不從事符合多元民主前四個條件的「政治民主化」（political democratization）的改革。而大部分的第三波民主化國家更突顯了這個定義的困難，因為他們在拋棄了專制體制之後，立刻進行政治民主化的改革，但是新的民主政府卻反過來侵害人民的基本自由權利。而司法不公、行政無效率、國會無能、官員腐化、貴族主政、極端種族主義等弊端，雖然不在民主的傳統學術定義之中，卻深刻地影響人民每日的生活，並且腐蝕新興民主政體的合法性。

因此，政治學者對第三波民主化國家所發生的各種現象，發展出不同的分類方式。一開始，政治學者用一個簡單的三分法：威權政體、轉型中的民主政體（transitional democracies）和鞏固的民主政體（consolidated democracies）。什麼是一個鞏固的民主政體？當主要的政治行為者和大部分的公民，都支持民主是「政治圈中唯一的遊戲規則」（the only game in town）時，這個民主政體即進入了鞏固的階段。更具體地說，一個鞏固的民主必須使民主價值深入心理、社會和政治制度之中，並且成為政治行為者互動的習慣（Linz and Stepan, 1996: 5）。也就是說，當政治菁英、社會團體以及大部分的民眾，都接受並且實踐民主，使得民主成為主流的政治文化時，這個國家就具有鞏固的民主政體。

但是這種三分法不但無法區分上述政治民主化和自由化的差異，而且似乎認為轉型中的民主政體會持續朝向鞏固的民主政體發展，這又與事實不符。因此，政治學者使用了許多形容詞，來描述不同的新興民主政體。David Collier和Steven Levitsky根據新興民主政體的缺陷，歸納了這些新名詞。如果新興民主政體缺乏普遍選舉權，可以稱之為limited democracy、male democracy、oligarchical democracy。缺乏完全競爭的新興民主政體，被稱為controlled democracy、de facto one-party democracy、restrictive democracy。對於公民權利缺乏保障的，有electoral democracy、hard democracy、illiberal democracy。最後，新興民主政體若沒有管理國家的能力，就稱為guarded democracy、protected democracy、tutelary democracy。

這些分類名詞的優點，是他們都避免了「轉型中民主」一詞所帶有的「目的論」。他們並不認為新興民主政體一定會朝著鞏固民主政體的方向持續進

行。即使是朝著鞏固民主政體的方向邁進，這些新興民主政體也不一定是朝著西方民主國家的模式邁進，而可能演化成符合本國特殊歷史、文化、政治、經濟條件的民主政體。這些分類名詞的另一個優點，是他們也指出了未來民主改革的具體方向，使得新興民主政體的決策者和人民有所依循，而不致於對新興民主政體絕望，轉而訴諸威權專制的方法來解決新興民主政體所面臨的困難。這些分類名詞的缺點是過於繁雜。因此，類似David Collier和Steven Levitsky比較簡化的歸納整體，是民主理論學者的努力方向，一方面具有學術的廣度，另一方面也因此能提供具體的改革建議。

參、影響民主化的主要因素

前面提到一個鞏固的民主政體，必須把民主價值深植到心理、社會和政府制度之中。根據這個分類，可以歸納出影響民主化的主要因素，大致有政治文化、公民社會、憲政體制、政黨與選舉制度、軍人角色、經濟發展以及政府的管理能力。以下詳述之。

一、政治文化

政治學者對於政治文化的研究，在1950和1960年代就有豐碩的成果，主要的學者有Gabriel Almon、Sidney Verba、Seymour Martin Lipset、Alex Inkeles、David Smith、Ronald Inglehart等人。政治文化是指「人們對於本國政治體系以及自己在這個政治體系中的角色，所持有的主要信仰、態度、價值、理想、感情和評價。」這個定義包含了三個層面：認知層面（cognitive），就是對於政治體系的知識和信仰；情感層面（affective），就是對於政治體系的感覺；以及評價層面（evaluational），亦即根據自己的政治價值觀來評斷政治體系的表現（Diamond, 1999: 163）。

這些研究的基本假設是，政治文化會影響到民主政治的運作和品質。不同的政治文化對於民主所強調的妥協、合作、彼此信任、容忍不同意見、政府權限和基本人權，有不同的看法。一個威權的文化就容易支持一個威權的政體。而西方民主政體則有穩固的民主政治文化作為支撐。政治文化如何傳承？傳遞威權文化或者民主文化的主要組織有家庭、學校、社會團體和軍隊。因此，研究政治文化的學者，不但研究這些組織運作的方式和內容，也根據他們的研究

成果，提出具體改革建議，以提倡民主價值。

在這些過去的研究中，比較被忽略的是宗教所扮演的角色。到了1980和1990年代，政治學者開始注意到宗教對於民主化的影響，因為他們發現這三波的民主化國家似乎與不同的宗教有緊密的關係。

第一波的民主化國家，主要是以基督教國家為主，或者基督教也是國內主要教派之一的國家。

第二波民主化國家雖然擴及到南歐和拉丁美洲等天主教國家，但是他們在1960和1970年代都放棄民主政體，轉而採取專制體制。

第三波民主化國家又有不少的天主教國家加入，但是這與當今羅馬教皇支持民主化運動似乎有極大的關係。

在這三波民主化潮流中，受到影響比較遲緩的是信奉儒家文化的東亞國家，和信仰回教的中東國家。日本的民主，由於自民黨長期主政，常常被歸類為「半民主國家」。臺灣和南韓到了1970年代已經創造了經濟奇蹟，但是到了1980年代末期，才開始民主化。新加坡至今仍是威權政體，香港的民主運動在回歸大陸前後都不是很有影響力，而中國大陸至今仍然看不到獨立自主的反對黨出現。

最不受三波民主化影響的，則是回教國家。大部分的回教國家，不是採取神權統治、貴族體制，就是專制體制。即使少數的回教國家，如土耳其、阿爾及利亞和印尼，後來採用了民主體制，然而回教基本教義派對於這些國家的人權，甚至世界和平，都構成嚴重威脅。Samuel P. Huntington因此預言二十一世紀將是「文明衝突」的世紀，而回教文化將是世界文明的主要威脅。

使用政治文化來解釋民主化的優點，是因為它提供了個人層次和集體心理層次的解釋，說明政治行為的動機。然而，政治文化的研究法仍有一些爭議，使得政治文化必須結合其他因素，才能提供比較完整的解釋。

這些爭議包括：首先，問卷調查出來的政治文化特質與當地的主流文化有必然的關係嗎？臺灣和中國的現代政治文化，還能夠稱之為儒家文化嗎？

其次，政治文化也許提供了一個政治行動的動機解釋，但是政治行動者有了動機以後，還要將動機轉換成政治行動。這個轉換過程可能會受到各種集體行動邏輯（logic of collective action）的影響，而不是政治文化單單所能決定的。

第三，文化在時空上，是一個相對穩定的概念，如何用來解釋變動頻繁的民主化過程，尤其是複雜的互動策略和制度選擇？

最後，近年的研究發現，民主化的實踐本身就可能對政治文化產生巨大的影響。當人們實際參與民主決策的時候，他們就可能放棄原先威權的文化思想，轉而支持民主政體。因此，即使政治文化可能影響了民主化的方向和速度，它也可能反過來被民主化影響。

二、公民社會

公民社會（civil society）是指獨立於政權控制之外的各種社會團體，為了維護團體會員的利益，對於政治決策發揮持續的影響力。學者認為公民社會的存在，對於民主政體的正常運作，有以下幾個重要的貢獻：

首先，集會結社權本來就是基本的民主權利之一。專制和極權政體對於社會團體，要不是會積極干預其人事與行動，就是會禁止批判政府的社會團體出現。

其次，社會團體可以促進其他民主權利，如言論、新聞、政治參與權利的伸張。「團結力量大」的邏輯，是所有社會團體形成的基本原因。

第三，社會團體是學習民主價值的教室。人們參與社會團體，可學到如何與超越親友關係的其他人相處。為了推動社會團體的目標，會員學習到協調、妥協、尊重不同意見、建立協調機制等民主價值。

一個社會團體為了要達成團體目標，常常需要聯合其他的社會團體一起行動。這又再一次地加強民主價值的學習。最後，社會團體可以監督民主政府和民意代表。社會團體擁有比較多的人力和資源，對於政府施政和民意代表的立法行為，可以持續觀察和監督。對於管理能力不善的執政黨或是背離民意的民意代表，社會團體可以動員選票懲罰之。

過去關於公民社會對於民主化影響的研究，大多限於個案研究，或者計算社會團體的數目，以推論民主化的程度。許多個案研究集中在勞工團體，是因為勞工團體不但會員人數眾多，而且由於階級利益的關係（多數但弱勢的勞工對抗少數但強勢的資本家），常常是民主化的推手。計算社會團體的數目，是假設公民社會愈發達，民主價值和民主制度的基礎愈穩固。

然而，這兩種研究方法並不能充分反映公民社會與民主化的關係。勞工團體固然常常是民主化的主要推手，它仍然需要與政治團體，如政黨和軍隊，進行協商和妥協，才能達到民主化的目標。而計算社會團體的數目，但不考慮政治菁英對這些社會團體的控制能力，以及這些社會團體是否反對民主價值（如極端種族主義和宗教狂熱份子），則很可能出現像是前南斯拉夫或者新加坡的

例子，其中各種社會團體林立，但是民主政體無法出現。

　　比較適當的研究法，似乎是要在兩者之間取得均衡。一方面擴大個案研究的數目，以及探討社會團體與政治團體的互動關係。另一方面在總體量化研究時，考慮到政權對於社會團體的控制能力，以及社會團體對於民主價值認知的程度。

　　另外，研究公民社會的一個分支，是研究中產階級與民主化的關係。學者聲稱中產階級的階級心態與民主價值比較接近，即保守之中帶有改革、願意妥協、負責任、支持法治、反對少數專政等民主習慣；中產階級也比較有能力組織社會團體，提倡本身的階級利益。但近十年來的民主化研究幾乎完全放棄使用中產階級這個概念。原因是這個概念在理論和方法上過於模糊。中產階級是一個可界定的階級嗎？它的階級利益為何？它能夠促成階級的集體行動嗎？它一定會支持民主改革，還是常常為了既得利益而反對可能帶來動亂的民主改革？

三、憲政體制

　　關於憲政體制對於民主化影響的研究，主要在探討總統制（presidential system）、內閣制（cabinet system，或稱議會制〔parliamentary system〕）、雙首長制（semi-presidential system），或者這些制度的衍生物，對於民主化的影響。

　　總統制與內閣制的主要不同之處有三：在內閣制設計下，行政首長由議會（國會）選出；行政首長對議會負責，也就是說，議會可以藉由不信任投票迫使行政首長下臺；以及行政權傾向集體領導。在總統制設計下，總統是由人民直接選舉或經由選舉人團制度選出；總統有憲法規定的任期；以及行政權傾向由一人領導。至於行政首長是否兼任議員身分、總統是否有解散議會權利，以及議會制是否同時具有一位象徵性的國家元首（如立憲君王）和實質的行政元首，則不是分別總統制與內閣制的重要標準。

　　由於憲政體制已經假設一個民主政體的存在，因此這類研究的重點集中在不同的憲政體制對於人權的保障、政府的穩定、政府的效率，以及民選官員的代表性，有何不同的影響。

　　大部分的民主化學者都傾向支持內閣制。他們認為內閣制可以鼓勵政黨之間的妥協，以便形成國會多數，藉著倒閣權隨時監督政府的施政，並且經由立法與行政權的合一，政府可以有效地推動民主改革。而相對來說，總統制比較

會陷於行政與立法權的僵局，產生獨裁或民粹的統治者，總統無能時必須等到下一次選舉時才能替換掉等困難。支持內閣制的實證根據，是先進民主國家大部分都採取內閣制，而拉丁美洲國家的總統制在1970年代都產生了獨裁統治者。

支持總統制的學者則提出不同的理論和實證根據。他們認為總統制可以減少國會分贓政治的濫用，可以推動長期的改革計畫而不必受到私利政客倒閣的威脅，而且總統的民意基礎是全國性的，在質和量上面都高於民意代表所代表的選區。相對來說，內閣制可能會遭遇到內閣更換頻繁的結果，使得政策朝令夕改。為了形成多數，內閣政府可能不敢大刀闊斧地改革。而且為了擔心倒閣，行政會與立法勾結，縱容分贓法案的通過。支持總統制的實例雖然不多，但是採取總統制的世界第一強國——美國，是最有力的例證。而義大利以及非洲許多採取內閣制的國家，過去都遭遇到以上提到的困難。

蘇聯解體之後，許多蘇聯的成員國採取了雙首長制，臺灣的民主政權也聲稱採取雙首長制。這個制度的好處是它的彈性：當總統與國會多數同屬一個政黨時，由總統主導政治運作，可以結合總統制與內閣制的優點。當總統與國會多數不同政黨時，由內閣總理主導政治運作，以避免行政與立法的僵局。然而，即使不論一個政治體系的最高行政機關常常因為選舉結果不同而更換，是不是有益於民主政治的穩定運作，實證經驗顯示雙首長制的國家常常不能得到總統制和內閣制的優點，反而是兩者的缺點。法國的雙首長制到了1980年代的第一次「左右共治」，才釐清行政權之歸屬。前蘇聯國家和臺灣的雙首長制，都造就了有權無責的強勢總統，以及有責無權的弱勢總理。使得新興民主政權既沒有期望中的實際管理能力，也沒有民主政體所要求的權責相符理念。

總結憲政體制對於民主化的影響，似乎還要考慮到其他因素，例如憲政體制的明確度、政治菁英對於憲政體制尊重程度、行政領袖的協商能力、政黨的數目，以及政黨相互妥協的能力等。從目前的統計實證研究來看，有些研究的結論認為內閣制優於總統制，有的研究無法證實內閣制優於總統制，有的則超越內閣制和總統制的對比，而主張「共識型」（consensual）的憲政體制優於「多數型」（majoritarian）的憲政體制。在此，「共識型」與「多數型」憲政體制的差別，是依據行政權的集中或分散；行政機關是否凌駕立法機關之上；兩黨制或多黨制；選舉制度是否為多數決或比例代表制、利益團體的結構是多元式（pluralism）還是統合主義式（corporatism）；中央政府與地方政府的權限；單一議會或雙議會；憲法修正的難易度；司法審查的最後解釋權在議會或

者在一個獨立的司法機關手中；以及中央銀行是否獨立於行政機關之外（Lijphart, 1999）。這些分類標準已經超越了以往總統制與內閣制的差別，也提供了新興民主國家改善其憲政體制（不論是總統制或內閣制）的具體建議。

四、政黨與選舉制度

在十七、十八世紀近代民主思想興起的時候，民主理論家，如Rousseau以及Madison，其實對於政黨抱持著高度的懷疑心。他們認為政黨結合的目的是為了一黨之私，有損國家利益。但是，政黨在民主政治的實際運作過程中，卻又扮演必要的協調、組織、動員、代表，和籌組政府的功能，使人以為「民主政治即是政黨政治」。由於政黨有這兩種矛盾的特性，使得在民主化過程中，政黨和選舉制度的設計，就成為重要的議題。

就政黨對於民主化的影響，大多數的爭議集中在政黨的數目，是一黨制、兩黨制，還是多黨制比較好？這裡所謂政黨的數目，是指實際有可能執政政黨的數目，而不是指合法成立政黨的數目。一黨制的優點是政局的穩定，政治領袖可以從事長期的改革規劃。例如，有的學者將日本戰後經濟的奇蹟，歸功於自民黨長期的執政。雖然日本也有許多政黨合法存在，但是這些政黨在1955年到1990年以前都無法執政。一黨制並非不民主，但是一個政黨長期執政，可能造成貪污腐化、決策僵化、公民因為無實質的選擇權而對於政治冷漠，以及少數團體採取民主體制外的暴力方法來表達其意見等弊病。

多黨制的優點是給予公民豐富的選擇權和參政權。這在種族、文化複雜的國家中，尤其能夠尊重少數團體的政治權利，促進彼此在民主政體內的妥協，使得國家得以團結。但是多黨制也可能產生一些流弊，例如國會中的多數聯盟常常更替，如果是內閣制的國家，這意味著內閣常常變動。多黨制也可能鼓勵極端主義政黨的出現，並且使得極端主義政黨在國會多數聯盟中，扮演關鍵性角色，將國家決策導向極端對立。

介於一黨制和多黨制之間的是兩黨制，也是大多數政治學者所支持的政黨制度。兩黨制的優點是它提供選民兩個選擇的機會，對於執政黨施政的監督比較有效，而且鼓勵政黨採取中間溫和的改革路線，以爭取最大多數中間選民的支持。不過，這最後一個優點，也隱含著兩黨制最常見的缺點，就是兩黨的政見過於類似，使得選民無法區分政黨之間的差異。這種情況似乎與一個政黨內兩個派系輪流執政的情形類似。然而，這個缺點可能不如想像中的嚴重。畢竟，兩個政黨之間的互動與利益衝突，和一黨內不同派系的互動與利益衝突，

有程度的差別（前者比較多衝突），也有實質的差別（後者允許派系分贓），使得兩黨制比較能夠達到民主監督的功能。

　　與政黨制度息息相關的是選舉制度的設計。一般而言，一個選舉區只能選出一位民意代表的單一選區的選舉制度，有助於兩黨制的形成。這是因為為了爭取過半數選民的支持，原來的小黨政客可能因此加入比較大的政黨，以求得勝選，小黨因而逐漸被淘汰掉。如果選舉制度採取可以選出兩位以上民意代表的複數選區制，這將有助於多黨的形成，因為每一個政黨只要能夠爭取一定數量死忠選民的支持，就可以派出民意代表在國會中參與決策。

　　不論是單一選區或者是複數選區所選出來的民意代表，大多比較關心選區選民的地方利益，而比較不注重政黨或是全國的利益，因此，「單一選區兩票制」成為近年來政治學者和政治菁英所歡迎的一種選舉制度。「單一選區」可以保持政局的相對穩定，又可以鼓勵兩個主要政黨的出現，提供選民選擇的空間。「兩票制」是指選民投票時，一票投給心目中的候選人，另一票投給合意的政黨。至於這兩票之間是否有連帶關係，以及如何將票數轉化成國會席次，不同的國家有不同的做法。無論如何，兩票制使得小選區利益和政黨利益之間，取得了一個相對的平衡點。由選區選出來的民意代表，可以繼續服務選民，強化民意代表與選民的付託關係。而由政黨推薦所選出的民意代表，比較會支持政黨的立場，不受到地區特殊利益團體的影響。

　　從以上的討論來看，政黨的數目與選舉制度的設計，對於開發中國家的民主化有一定的影響，但不是決定性的影響。單一選區兩票制所鼓勵形成的兩黨制（或者兩個政黨聯盟），可能是比較有助於政權的穩定，以及鼓勵中間派的政黨彼此妥協。但是極端派，或者少數族群的政黨如果不能在這種政黨選舉制度中得到適當的影響力，他們可能訴諸體制外的暴力行動，來妨礙新興民主政體的運作。因此，學者們建議比較適當的政黨和選舉制度的設計，似乎以鼓勵形成兩個主要政黨聯盟為佳，而不是兩大黨或者一黨獨大。

五、軍人角色

　　第二波民主化國家的崩潰，大多是因為軍事政變，或者野心政客得到軍人的支持，實施威權統治。因此，軍人的政治取向在民主化過程中，扮演著關鍵性的角色。

　　對於軍人干政的分析，大致可以分為干政的種類和原因兩大類。就干政的種類而言，又可以分為軍人直接主政和掌權、文人主政軍人掌權、軍人成為監

護人，以及軍人成為重要的利益團體。軍人干政對於民主政治的傷害，一般也是依照這種順序，而有大小之分。軍人直接主政和掌權，常常伴隨著禁止政黨活動、停止政治權利，甚至殺害政敵，也因此容易引起群眾激烈的反抗。又因為軍人專業背景的限制，大多沒有能力處理複雜的政治、經濟、社會事務，所以軍人一旦掌權之後，也會盡快把名義上的管理權交還給文人政府，自己在幕後決定國家大事。當文人政府運行逐漸進入佳境，軍人可以選擇交出更多的管理權，作為只在重大決策上發揮影響力的監護人。最後，文人政府運行順暢之後，軍人就可以回歸專業軍人的身分，作為只對軍事決策進行關切的一個利益團體。就理論而言，在民主化的過程中，軍人干政應該是依循上述的種類次序，逐漸減少對文人政府的干預。但是實際上，軍人干政的程度和持續性，因國而異。有些國家長期維持軍人直接主政和掌權，有些國家則經歷各種軍人干政的類別，而循環出現。

　　影響軍人干政的主要原因有文人政府的施政表現、文人政府對於軍隊的控制能力、軍人的專業素養，以及公民團體對於軍人干政的看法。在開發中國家，軍人發動軍事政變的理由，大部分都是指責文人政府貪污腐化、無能治理國家。軍人自稱重視效率和管理，可以肅貪除弊，振興經濟。許多新興民主政權，由於缺乏管理能力，政黨之間常有惡鬥，加上官商勾結醜聞不斷，使得他們更容易成為軍事政變的對象。其次，文人政府對於軍隊的控制能力，可以反映在該國是否採取比較容易失控的募兵制而不是徵兵制，是否有輪調制度以防地方軍閥的割據，是否在軍隊內部設立獨立的監督體系（如政戰體系）以制衡職業軍人，以及全國的各種軍事武力是否統一在中央政府管轄之下。軍人的專業素養，是指軍人對於自己政治角色的認定，是專業軍人或者也可以扮演政治領袖的角色？最後，公民團體對於軍人干政的看法，也會影響軍人干政的機率與成敗。對於民主化影響最大的公民團體，有勞工、中產階級、學生與宗教團體。軍人對於勞工團體的抗爭，常常採取鎮壓的手段。但是如果軍人鎮壓學生團體和宗教團體，則容易引起所有民眾的反抗。因此，在第三波民主化過程中，學生和宗教團體成為抗拒軍人干政的重要力量。而中產階級，如前所述，不一定會反對軍人主政。

六、經濟發展

　　經濟發展與民主化之間的關係，在理論上和實證研究上，一直受到學者和政治決策者的爭議。主張經濟發展與民主化之間有正面關係的學者，認為經濟

發展會導致社會經濟功能的分化和專業化，國家機關和領導階層不再能夠全盤控制社會和經濟的發展，而必須以協商代替命令。為了保障財產權和促進各行各業的利益，獨立自主的社團開始出現，並且經由社會和政治的動員，主動要求參與決策制訂和執行的過程。經濟發展也同時促成教育普及和中產階級的興起，進而帶動政治意識的覺醒。這些中產階級在滿足物質方面平均分配的同時，也開始要求政治權力的重分配。也就是說，經濟發展促成獨立自主的「公民社會」（civil society）的擴張，民主政治因而產生。

支持經濟發展與民主化關係的學者，以歐美工業先進國家和後威權新工業化國家為例，支持他們的理論。工業革命在十八世紀時，由英國傳播到歐美其他國家，引起經濟和社會的大變動。經濟社會分化和專業化的結果，使得中產階級代替了傳統地主貴族階級，成為社會經濟的主軸。而美國革命（1776）、法國革命（1789），以及隨後民主政治在歐洲的擴散，都是反映經濟發展的政治效果。相對地，開發中國家之所以未能普遍採用民主政治，可能就是因為他們的經濟還沒有發展，社會還未分化、專業化，而且缺乏一個廣大、有影響力的中產階級。

近十年來，「發展國家理論」（developmental state theorists）或新威權主義者（neo-authoritarianists）也以新瓶裝舊酒的方法，主張在經濟發展之後，民主政治才會產生。他們以南韓、臺灣為例，認為這兩個國家近十年的民主化，要歸功於1960年代和1970年代所創造的經濟奇蹟。許多統計分析，似乎也支持經濟發展對於民主化的正面影響。

由於受到其他理論的批評和反例的出現，上述的理論已減少其「決定論」的色彩，而代之以「環境論」。新的說法是，經濟發展並不必然導至政治民主化，但是它能為政治民主化創造一個有利的成長環境，使得民主化過程較為平和順利。除了前述的一些因素以外，經濟發展可以產生許多經濟獲利的機會，用來補償政治民主化過程中的政治失勢者。不論是失勢的貴族、威權統治官僚、干政的軍人，或是爭權失敗的政客，都可以在繁榮的經濟體內，找到適當的工作機會，或得到優厚的物質報酬。一個發展繁榮的經濟，也因此構成了民主化權力重分配的一個良性氣栓，疏通政治體系調整時的壓力。

對於經濟發展與民主化之間的正面關係持懷疑態度的，則是主張政治民主化的議題有其獨立性（autonomy）。民主化所牽涉的分配，基本上是政治權力的重分配，它也許會、也許不會涉及經濟權力的重分配。民主化參與者的動機，可能不是經濟的因素，例如基於意識形態的差異、受到專制統治的政治迫

害、對外戰爭失敗後引發的民族主義，或領導階層的權力內鬥。參與者所動用的資源，也不一定是經濟的，例如以勞工、農民、流氓地痞或訴諸廣大群眾，來推翻現有政權。因此民主化的開端和進行，不一定與經濟發展有關。從集體行動理論（collective action theory）來說，民主化更重要的因素，在於是否有政治企業家（political entrepreneurs）的出現，他們是否有能力組織足夠的反對力量，結合有力的政治聯盟，並以憲政的方式維持主要政治勢力之間的均衡。因此經濟發展並不一定會導至或有助於民主化，而經濟的衰退，也不必然導至民主的崩潰。

　　例如美國的民主革命和早期的民主鞏固過程，並沒有受到經濟發展太大的影響。一直要到十九世紀中期，工業化才影響到民主化的進一步發展（美國內戰和黑奴解放）。印度的經濟在1980年代末期以前，一直是遲窒緩進，但是它的民主政治卻順利成長。菲律賓在1986年的民主革命，也是在該國經濟最衰退時發生的。而大部分前蘇聯國家雖然經歷了連續十多年的經濟蕭條，人民對民主政治的支持仍然穩固。

　　經濟發展對政治民主化影響的不確定性，可由它的負面效果來看。經濟發展可能是由權威型國家帶動，以國家資本主義方式進行。在這一種政治經濟體制下，主要的生產者可能是國營企業，可能是經由國家許可的外資企業，或者可能是依賴國家機關保護的民間企業。由於這些資本家與所謂的資本國家（capitalist state）有共生的關係，他們不但不能成為民主化的助力，反而容易成為阻力，防阻任何足以威脅他們既得利益的新政治勢力出現。

　　這一類型的例子，包括十九世紀末期普魯士帝國的工業化：一個高度軍隊化的政權，結合了傳統貴族階級，以及新興的金融、工業集團，迅速地發展以重工業為主的經濟，在半世紀內趕上英、法等先進國家的工業水準，而國內的政權結構，只有愈趨保守集權。從臺灣和南韓在1980年代以前、新加坡從建國至今，以及香港的政經發展例子可知，雖然經濟在急速發展，但是民主化的腳步卻非常緩慢。另外，中國近二十年的經濟快速成長，不但沒有促成政治民主化，反而增加了共產黨統治少見的合法性。Francis Fukuyama甚至認為亞洲國家為了維持「後後工業化」的經濟現代化，可能會犧牲西方民主的價值，而再轉向傳統的東方威權價值體系。

　　綜合目前對於經濟發展和民主化關係的計量研究結論，可以歸納出三個比較為大多數學者接受的結論：

1. 早期的研究發現經濟發展與民主化有單純和直接的正相關，這似乎是不正

確的。

2. 經濟發展似乎對民主政體的建立沒有確定的影響；但對民主化的程度和民主政體的鞏固，有顯著的影響。

3. 財富（所得）分配似乎對民主鞏固有顯著的影響。

七、政府的管理能力

經濟發展的好壞，常常是評價新興民主政體的重要指標，但是它並不是唯一的指標。新興民主政體同時還要處理社會福利分配、基本人權的保障、政黨之間的協商、文化種族之間的爭議等複雜且迫切的議題。這些議題都測試了民主政體的管理能力（governability）。

前蘇聯國家獨立後所發生嚴重的宗教和種族衝突，首先就挑戰了新興民主國家的「國家性」（stateness）。畢竟，沒有國家，如何能夠有民主政體？主要的宗教和種族團體，如果連基本的國家認同都沒有，如何進行民主的協商？因此，新興民主國家的首要之務，就是要建立起國家認同，以及一個能夠被國內主要政治團體接受的民主政府。問題是，執政的種族宗教團體是否有堅強的民主信仰，以及足夠的政治智慧和毅力，尊重民主的程序和價值，來建立一個其他種族宗教團體也能夠接受的民主政府？而不是以優勢的文化、政治和軍事力量，強迫其他團體接受。

民主憲政體制建立以後，並不表示民主的各樣好處隨之而來。許多新興民主國家所面臨的問題是，僅有民主憲政體制的空殼，而沒有落實民主憲政體制的具體法律和執行機關。除了需要建立起有能力的政府部門促進經濟發展，以及控制國內社會秩序與安全以外，如何建立保障基本民主權利的司法體制和選舉體制，更是新興民主政體表現管理能力所面臨的最大挑戰。

司法體系的健全或公正與否，關係到人民基本權利，如言論、自由、財產、集會、結社權利的保障。新興民主政體建立以後，通常都會宣稱新的憲法保障這些人民的基本權利，而且也會建立一套司法體系，作為基本權利的護衛者。但是新興民主國家的司法體系在實際運作上，卻遇到很多困難，影響到它的公正性。這可能是因為司法人員的數量不足、訓練不佳、品格缺陷，或者是司法組織和法律設計不良，也可能是政黨、軍隊、利益團體和黑社會的強力介入。在這些狀況下，司法體系反而成為將不合法、不公義的事情予以合法化的工具，使得人民不但不能得到實質的保障，也間接使得人民對於民主政權喪失信心。

　　同理，選舉體制的健全或公正與否，對於人民實質權利的保障，也不是只從表面的選舉程序就能判斷的。就像是司法體系可能遭遇到的問題，新興民主國家的選舉體制也常常因為選務人員的數量、品質、操守有問題，加上外部政治力量的干預，使得選舉雖然定期舉行，但是賄選、做票、黑函滿天、選舉暴力、媒體報導偏頗、政府官員為執政黨不當助選，以及選舉經費來源不明等問題層出不窮，造成選舉的過程和結果都不公平。沒有一個健全公正的選舉體制，民主制度也成為特權份子持續掌權所使用的一個空殼子。

　　除了司法體系和選舉體制以外，晚近的學者也注意到政府肅貪機構和金融監督機關的管理能力。肅貪機構的設立，主要是在監督政府官員制訂和執行政策時，是否接受賄賂而影響民主政府的效能。而1980年代以來，新興民主國家的經濟發展愈來愈受到金融因素的影響，這些因素包括政府負債、銀行呆帳、股票內線交易、外匯投機等。新興民主國家的政客常常為了勝選，而製造或者擴大上述這些金融問題。因此，如何建立有效的金融監督機關，也成為新興民主政體的首要任務之一。

　　不論是司法體系、選舉體制、肅貪機構、金融監督機關，還是其他的民主輔助制度，雖然不是民主政體定義中的主要成分，但是對於民主政體的運作、結果與存續，卻密不可分。這是晚近研究民主化的著作與1990年代前的著作不同的地方。

　　這一類的著作通常也以一個新的主題來代表，就是「政府負責能力」（governmental accountability，或翻譯成「政府問責」）。早期的民主化研究比較深入探討政府「垂直的負責能力」（vertical accountability），也就是人民選出來的政府官員和民意代表，如何忠實地反映和照顧選民的需要。表現不好的官員和民代，在下一次選舉的時候就會被選民淘汰掉。但是晚近的學者發現，由於新興民主政體的選舉體制本身就有很多缺點，如果單靠選舉方法的垂直監督，恐怕不能增進政府負責的能力。而民選官員和民意代表在兩次選舉之間所造成的施政災害，要等到下次選舉時才來一次總算帳，可能就太遲了。

　　因此，晚近的學者針對政府的「橫向負責能力」（horizontal accountability）提出許多建言，期望新興民主政體在平時就能夠藉著一些政府之內監督制度的設計，例如上述的司法體系、選舉體制、肅貪機關和金融監督機構，監督民選官員和民代，防止弊端的發生。其他對於民主政治運行是否順暢的重要監督制度，包括審計制度、行政法院、憲法法庭以及人權委員會等。這些監督制度的設計已經超過傳統政治學對於三權分立（separation of powers）與制衡（checks and balances）的討論，而是在每一個政府部門之內和之間，設立跨部門的監督制度。

不過，誰來監督這些監督人呢（Who guards the guardians）？就像許多新興民主政體都發生過的，這些監督機構也許一開始還能發揮監督的功能，但是後來本身反而成為貪污腐化的中心，甚至更甚於被監督的政府官員和民代。因此，這些監督機構的設計和成員，需要經過特別的規劃。例如，監督機構的經費獨立自主且自足，不需要經過行政或立法機關的核准；監督機構成員的任期與民選行政首長和民代的任期錯開；成員應有專業學識背景；甄補成員的過程需得到跨黨派的支持，但不是人民直接選舉；監督機構開會記錄完全保留，並公開不涉及國家機密的部分；以及授與監督機構足夠的人力、經費和實質的監督與懲罰權力等。

肆、結論

第三波民主化對於民主支持者和政治學者，有新的挑戰也有新的希望。對於民主支持者而言，許多新興民主國家的主要問題不是以往憂慮的民主崩潰，而是民主化步伐的停滯不前。如何推動這些新興民主政體繼續鞏固其民主政體，落實民主權利的保障，成為當代民主支持者的新挑戰。然而第三波民主化除了新的挑戰以外，也帶來新的希望，也就是不少的新興民主政體，擺脫了傳統宗教、文化、軍事政變、歷史和經濟條件的限制，建立起相當鞏固的民主政體，不讓歐、美、紐、澳的基督教民主國家專美於前。

對於政治學者的新挑戰而言，第三波民主化所要處理的分析因素，比以往更複雜，而且更多層次。除了第三波民主國家涵蓋的國家遠超過之前兩波民主化國家的數目以外，本章所列的政治文化、公民社會、憲政體制、政黨與選舉制度、軍人角色、經濟發展，以及政府的管理能力，只是舉其最重要者。另外，有許多學者還研究國際體系、周邊國家的民主化經驗、非政府組織，以及性別政治等議題對於民主化的影響。由於篇幅的限制，本章無法在此一一處理。而這些因素又常常交互影響，使得系統性的分析愈來愈困難。然而第三波民主化也提供了政治學者新的希望。個案數目和種類的增加，以及分析工具的進步，使得政治學者可以歸納出共同的經驗法則，並且根據這些經驗法則，提出具體可行的政策建議。藉著民主支持者和政治學者的緊密互動，第三波民主

化國家持續推動民主鞏固的步伐，很可能在目前停頓之後，再增快腳步。

參考書目

Collier, David, and Steven Levitsky., 1997, "Democracy with Adjectives: Conceptual Innovation in Comparative Research."*World Politics* 49(April): 430-51.

Dahl, Robert A., 1989, *Democracy and Its Critics*. New Haven, CT: Yale University Press.

Diamond, Larry., 1998, *Developing Democracy: Toward Consolidation. Baltimore*, MD: Johns Hopkins University Press.

Diamond, Larry, and Marc F. Plattner, eds., 1996, *The Global Resurgence of Democracy*, 2nd ed. Baltimore, MD: Johns Hopkins University Press.

Diamond, Larry, and Marc F. Plattner, eds., 2001, *The Global Divergence of Democracies*, Baltimore, MD: Johns Hopkins University Press.

Huntington, Samuel P., 1990, *The Third Wave: Democratization in the Late Twen-tieth Century*. Norman, OK: University of Oklahoma Press.

Lijphart, Arend., 1999, *Pattern of Democracy: Government Forms and Performance in Thirty-Six Countries.* New Heaven, CT: Yale University Press.

Linz, Juan J., and Alfred Stepan., 1996, *Problems of Democratic Transition and Consolidation: Southern Europe, South America, and Post-Communist Europe*. Baltimore, MD: Johns Hopkins University Press.

Przeworski, Adam, Susan C. Stokes, and Bernard Manin, eds., 1999, *Democracy, Accountability, and Representation*. New York: Cambridge University Press.

Schedler, Andreas, Larry Diamond, and Marc F. Plattner, eds., 1999, *The Self-Restraining State: Power and Accountabil-Ity in New Democracies*. Boulder, CO: Lynne Rienner Publishers.

第八章　憲法與人權

隋杜卿

PART 2

　　時至今日，粗略地說，除了伊斯蘭教世界中一些堅持政教合一的國家以外，包括過去的共產國家，或是尚存的少數集權國家在內，我們可以說很少國家沒有一部憲法。雖然當代大多數的國家都保有一部形式上的憲法（constitution），[1]但是只有在自由民主國家中，憲法的研究才是政治分析的主要議題（Hague et al., 1992: 261）。

　　不過，憲法的研究曾經遭到當今許多政治科學家貶抑，或是僅賦予低度的重要性，令人意外的是，包括許多學院派的法學家似乎也共同接受此一觀點。[2]而這種現象在1990年蘇聯解體後，隨著東歐新興民主國家的出現，而獲得改善。

壹、憲法的意義

　　任何關於民主制度的討論，通常都起始的論點就是憲法，它是討論一個國家政府各個部門的彼此權限，以及基本關係的一般性架構。但卻沒有一個放諸四海而皆準的民主憲法設計圖，因為不同型態的憲法之間，與相同類型的憲法之間，都存有巨大的差異（Pickles, 1970: 97）。因此，給憲法下一個定義，便成為瞭解憲法的基本入門途徑。

　　不過，就主觀上來說，我們在知識的追求上，對於某一事物或現象的敘

1　我國將constitution譯為「憲法」，乃援引日本的翻譯（許志雄，1992：7）。

2　首先，他們認為如果不是被誤導的話，憲法文獻並未能完善地操控現實面的實踐；其次，憲法可能遺漏其他的規範，例如政黨的地位就是顯例；第三，在法律受到尊重的國家中，憲法的文本（constitutional text）常因法院的解釋而遭到滲透（permeated）；第四，憲法也甚少論及那些超越憲法以外，卻得以指引政治過程的組織，例如教會、壓力團體、官僚體系、大企業、媒體等等（Finer et al., 1995: 1-2）。

述，總希望能夠以簡潔而周延的「定義」來加以說明，以便迅速而正確地瞭解該一事物或現象。然而，從客觀上來說，任何事物或現象非但不是單純而孤立存在的，反而大多是相當複雜的，並且可能與其他事物或現象彼此相互關聯。所以要給一個事物或現象下一個簡潔而周延的定義，事實上並不容易，給「憲法」下定義，也存在著同樣的困難。

雖然中國古代典籍即載有「憲」及「憲法」一詞，如《管子》：「有金城之守，故能定宗廟，育男女矣；有一體之始，故能出號令，明憲法矣。」《國語》：「賞善罰姦，國之憲法也。」等，雖然也含有制度、規範的形式意義，但與當代所稱之「憲法」（constitution）的實質意義並不相符（彭堅汶，1999：5），這是我們首先要瞭解的一個基本觀念。

而當代「憲法」一詞的概念，係源自於拉丁文Constitutio。英文中的Constitution或Constitution law，[3] 原有組織與構造之意（黃炎東，2002：1），因此依照其字面的解釋，便是「國家組織法」之意。而「憲法」具有今日根本大法的意義，則又與契約論[4]觀念的出現與興起有關（呂亞力，1995：90）。有許多國家以「憲法」作為一個國家最根本且最高的法規名稱，然而，並非所有國家皆將其國內最高法規範名之為憲法，例如西德基本法。因此可知，即使名稱或有不同，但是只要是作為國家的最高法規範，即是憲法（許慶雄，1992：32）。

以最簡易的說法來描述當代意義下的「憲法」，是指一個社會為了管理的目的，所設立之基本規則的書面文件（Roskin et al., 1997: 45）。而廣義上的憲法，則指一組尋求建立政府機關的義務、權力及功能，並規範政府部門之間的

3　在西方論述中，「憲法」一詞，有稱constitution者，亦有稱constitutional law者，後者亦有譯為「憲政法規」者。英國學者A. V. Dicey曾謂：「憲政法規，依英國的用法，似乎包括所有直接或間接有關國家權力分配與行使的一切法規。」（Dicey, 1961: 23）由於英國憲法為多種有關憲政的重要法律、慣例和憲典所共同構成，所以英國有以constitutional law稱之為憲法的現象。但在美國，constitution（憲法）與constitutional law（憲政法規）的意涵則有所不同。由於美國憲法為一部單一形式的法典化文書，因而constitution專指此一意涵下的美國憲法而言，為了避免名詞的含混與誤解，美國學者H. W. Horwill（1969: 18-20）曾提議將1787年制憲會議所制訂的聯邦憲法，及嗣後正式通過的憲法修正案，稱為「憲法基礎法」（The Fundamental Law of the Constitution）。而constitutional law除了包含那一部特定的憲法（The Constitution）以外，更包括了總統、國會對於憲法的解釋，（聯邦最高）法院的判決，官署的裁定，以及政府的習慣和慣例在內（Shapiro and Tresolini, 1975: 14）。

4　在社會契約中，政府因被治者的同意而建立，並以此方式結合了個人自由與社會合作的益處。因此，契約論強調：當人類在決定共組一個政府之初，就必須建立一個政府與人民關係間的契約，而憲法，特別是成文法，則是這個契約的基本表現形式。

關係，以及界定國家與個人之間關係的規則而言（Finer et al., 1995: 1; Heywood, 2000: 196）。

儘管如此，憲法這個名詞在今人的用語中，仍是一個含有歧義的名詞。這是因為憲法本身的特性又含有形式與實質的兩面，所以儘管用同一個名詞，而其意義並不一致（王世杰，錢端升，1936：1）。形式意義的憲法，是指將有關國家基本規範以條文集合而成之法典，亦即所謂的成文憲法，它又包括了兩個特性：（1）憲法的效力高於普通法律；（2）憲法的修改異於普通法律。

而實質意義的憲法，則是指國家基本秩序及組織的規範，或許是指已制訂的成文法典，也可能是由習慣、判例或實質存在等事實所建構。另外，也有學者嘗試以固有意義的憲法與近代意義的憲法來說明憲法的意義，固有意義的憲法即是指有關基本統治體制的規範，就國家的政府組織及權力作用予以規範。而近代意義的憲法就是指必須以近代「立憲主義」理念為基礎而建構的憲法，有一定範圍的統治原理（許慶雄，1992：33-4）。

一方面因為憲法的定義難以用簡潔的文字加以闡明；二方面，學者間對憲法的定義又呈現百家爭鳴的現象，因此，另從憲法的內容與構成這兩個面向加以探討，將有助於深刻理解憲法的意義。

一、形式憲法的內容

從近代各國憲法——尤其是被稱為「成文憲法」的這種類型加以觀察，憲法至少包括下列內容（Maarseveen and Tang, 1978: 161）：

1. 關於憲法本身的規定

特別是規定憲法在國家法體系中的性質和地位，修改的可能性和修改的程序。

2. 對於國家機構的規定

所有的憲法幾乎都對中央行政機關和立法機關加以明訂，同時絕大多數的憲法都規定了司法制度、選舉制度以及代表制度。

3. 有關法律制度的規定

例如憲法本身與普通法律的關係，以及與國際性立法的關係。

4. 關於公民與政治權利的規定

大體區分為：構成基礎權利的「平等權」；以排除國家不當干預的「自由權」；確保人民參與國家政治事務的「參政權」；因國家施政而受益的「社會權」；以及向國家請求回復權利的「救濟權」等。

　　至於各國憲法各有其不同的規定內容，甚難一一予以分門別類，但是仍有幾個比較值得重視的規範形式。

　　例如「前言」[5]載明了立憲的動機與目的；「國家的性質」說明了國家是君主國或共和國、聯邦國或單一國，或是民主政體等；「國家的符號」揭示了國號、國旗、領土、人民、主權等；「基本國策」則代表著不隨政黨輪替而發生政策變遷的國家大政方針。

二、實質憲法的構成

　　如果我們將國家的政治過程視為一種競賽（game），那麼憲法就是這個競賽中所有的參與者必須遵守的競賽規則（rules）。但是所謂的規則，其實並不是單指一部形諸固定文字的憲法法典，亦即所謂的「形式意義的憲法」而已，廣義的政治規則還包括了法律、命令、條約、習慣法、條理、判例與解釋（謝瑞智，1999：21-22），因而構成了整體而有系統的「實質意義的憲法」。

　　所謂憲法及相關法律，通常都是以成文法典的形式展現，包括了憲法本文的規範，以及國會所制訂法律的補充。而憲法解釋，乃指由於政治、經濟、社會的變遷，而造成憲法難以因應時代的需求之際，或者受限於正式修憲程序的困難下，透過有權機關的解釋，使憲法的規範得以與時俱進之謂。憲政習慣則意指某種政治行為曾被依舊例反覆遵行，經過一段時間的施行，而為一般人約定俗成，並具有拘束力的慣例或成規，像英國這樣沒有形式意義憲法的國家，憲法慣例便是實質憲法最主要的內容。這些構成憲法的重要概念，將留待本章後文中詳細討論。

貳、憲法的分類

　　憲法類型學是用來把憲法有系統地區別開來，並加以分類和排列。透過提出一系列的概念，及提出說明和解釋憲法的其他方式，從而有助於豐富憲法的總體知識（Maarseveen and Tang, 1978: 242）。所以，依據憲法不同的特性加以分類，是一種有系統研究憲法的方法，但是因為學者的觀點不一、標準不

5　憲法前言，亦有稱為緒言、序言、引言、宣言者。憲法應否具有前言，並無定例常規可言。Maarseveen & Tang曾經對142個國家成文憲法進行研究的結果指出：96部（67.6%）憲法有前言，而沒有前言的憲法亦多達68部（32.4%）（Maarseveen & Tang, 1987: 86）。

同，而又有各種不同的分類結果。

　　在既有的憲法專門論著或教科書中，對於憲法分類的討論，可以說愈來愈多元。已經被提出來的分類項目，且為國內學者經常引述的傳統分類計有「成文憲法與不成文憲法」、「剛性憲法與柔性憲法」、「欽定憲法、民定憲法與協定憲法」（曾繁康，1967：9-11）、「三權憲法與五權憲法」、「聯邦制憲法與單一制憲法」、「一院制憲法、兩院制憲法與三院制憲法」（黃炎東，2002：12-3）、「戰時憲法與平時憲法」（林騰鷂，1995：13）等，而新式的分類又有「規範性憲法、名目性憲法與字義性憲法」、「原生性憲法與衍生性憲法」、「意識形態憲法與功利性憲法」、「資本主義式憲法與社會主義式憲法」（陳新民，2001：24-8）等。國外學者更有「君授憲法與非君授憲法」、「歐洲型憲法和美洲型憲法」、「現代憲法與古代憲法」（Maarseveen and Tang, 1978: 248）等。

　　憲法的分類，固然有傳統的和現代的。而傳統的分類，有的已經過時了，不合現代政治與憲法的實情，而現代的分類，則五花八門，也不一定放諸四海而皆準。不過從現代政治學的觀點看來，每種分類都有其意義和價值。就以欽定憲法、協定憲法及民定憲法來說，雖然已成昨日黃花的分類，但對於了解歷史上的政體還是有用的（馬起華，1985：105）。基於本書篇幅以及晚近受重視程度的考慮，僅擇要介紹如下。

一、成文憲法與不成文憲法

　　憲法若以其存在形式為標準，可以分為「成文憲法」（written constitution）與「不成文憲法」（unwritten constitution），又可稱為「法典化憲法」（codified constitution）與「非法典化憲法」（uncodified constitution）。

　　成文憲法是以單一文書或數種文書共同構成獨立法典的形式所呈現，1787年制訂的美國憲法首開全世界單一法典形式憲法的先河，隨後許多國家紛紛仿效，例如頒布於1946年的日本現行憲法，以及1958年法國第五共和憲法皆然。而以數種文書構成憲法之例，則如法國1875年的第三共和憲法，是由「參議院組織法」、「公權組織法」、「公權關係法」三種法典所構成（陳新民，2001：10-11）。

　　反之，若有關政府的組織與權力或人民權利義務事項的規範，是散見於各種文獻（documents）、習慣（customs）、協約（convention）與慣例（usage），甚至憲政學者的專門論著之中，就被稱為不成文憲法。不成文憲

法相當罕見，以A. Lijphart所研究的三十六個民主國家為例，只有英國、紐西蘭以及以色列是不成文憲法國家[6]（Lijphart, 1999: 217），當然英國為最典型的代表。

　　一如學者M. D. Pickles指出的：「今天幾乎所有的文明國家，無論民主與否，至少都有一部成文的憲法法典。」（Pickles, 1970: 98）Maarseveen and Tang曾以1976年3月31日為基準日，對一百五十七個國家（包含臺灣在內）的憲法進行統計分析後指出，除了少數沒有憲法，或不能確定如何歸類者外，有成文憲法者為一百三十四個國家，占了85.4%，而不成文憲法國家只有八個，僅占5.1%（Maarseveen and Tang, 1978: 38）。所以單一法典形式的成文憲法也可以說是現今為最多國家採用的憲法形式。

　　雖然全世界各國的憲法基本上都可以被歸類為成文憲法或不成文憲法，但是也有少數的例外情形，像加拿大憲法就呈現「成文憲法與不成文憲法的揉合」的面貌。在成文法部分有1867年及以後陸續增修的「英屬北美洲法」、1931年的「西敏寺法」及諸多的「憲法法案」。在不成文法部分，由於加拿大長期受英國統治，所以加拿大的政制亦極力模仿英國的憲政習慣，例如加拿大的聯邦政府和地方政府都採行英國式的內閣制，就沒有嚴格的成文憲法或法律根據，而只是習慣上的制度（李獻榮，1995：257）。

　　成文憲法的優點在於規定明確，政府權限與人民之權利、義務，條文中皆有所規定，不易遭致扭曲，當有其一定程度的穩定。缺點則是更改不易、缺乏彈性，較難適應國家社會快速變遷的需要。相對而言，不成文憲法之優點為較富彈性，易於修改，故在適應國家社會變遷的需求上，顯得靈活些。但也因為不成文憲法的內容，散見在各項文書中，規範容易因為條文之不同引用而有不同的解讀，人民之權益反難確保。因此除非使用者有相當的智慧與訓練，否則要想運作自如，恐有其一定程度的困難，故非任何開發中國家所能輕易採行。

　　再者，成文憲法與不成文憲法並非絕對性的概念。美國憲法雖然被普遍視為成文憲法，但我們絕對不能忽視美國憲政運作過程中仍有許多不成文的憲政慣例，例如總統任命在各州任職的聯邦機關重要官員，會將任命對象事前徵詢該州參議員意見，謂之「參議員禮貌」者是。至於不成文憲法的英國，我們也不能忽視「大憲章」（Magna Carta, 1215）、「權利法案」（Bill of Rights,

---

6　Heywood（2000:197）認為英國及以色列是現存僅有的兩個採用不成文憲法的自由民主國家。

1689）、「國會法」，或是「人民代表法」等成文法典，對英國憲政制度運作的影響（彭堅汶，1999：41-2）。

二、剛性憲法與柔性憲法

憲法若以其修改程序為標準，則可分為剛性憲法（rigid constitution）與柔性憲法（flexible constitution）。這種憲法分類是由英國憲法學泰斗A. V. Dicey在「英憲精義」（The Law of the Constitution）中率先提出。

所謂剛性憲法，是指憲法的修改不同於一般法律（law）的修改，必須經由特殊的程序，而非國會以普通多數決即可修改。通常是以國會或特定的機關採取特定的多數決（special majority rule）方式通過修憲案；或是由政府制訂修憲案並交由公民投票（referendum）方式通過修憲案（Lijphart, 1984: 189）；當然也包括混合多種原則的程序，來進行憲法修改。

以美國聯邦憲法規定為例，提出憲法修正案的程序有二：第一是國會參、眾兩院三分之二以上議員的同意後提出；第二是國會應三分之二以上州議會的要求召開制憲會議（National Constitutional Convention）提出憲法修正案。而批准憲法修正案的方式也有兩種，其一為四分之三以上的州議會同意，其二為四分之三以上州制憲會議的同意。美國憲法自1787年施行迄今兩百餘年，總共通過了二十七條的憲法修正條文，提出修正案的程序全部都是國會議員自行提出，而批准的程序，除了第21條修正條文是經由州制憲會議同意者外，其他都是由州議會批准。

再以法國為例，為了解決法屬阿爾及利亞的軍事危機，法國政界應戴高樂要求，於1958年9月通過了「第五共和憲法」。其後又有1960年、1962年、1963年、1974年、1976年，以及最近一次1999年等六次修改，憲法修正案的提議機關每一次容或有所不同，或依照憲法由國會兩院通過，或基於慣例由政府建議提出，但「經公民複決同意」擇一。

日本現行憲法係制訂於1946年，施行迄今已產生不少爭議，其中尤以第9條宣示「戰爭的放棄」原則，所引發日本應否建立「軍隊」的論戰最為著名，但仍未進行過任何一次修正，其原因當與憲法規定的嚴格修憲程序：「由國會經各議院議員總額三分之二以上贊成而提議，向國民提案，經其承認。此種承認，必須於特別的國民投票，或於國會所定選舉時之投票，得其過半數之贊成。」有密切關係。

至於對憲法的修改機關、程序，均與普通法律相同，而以國會普通多數決

即可進行修憲者，就是柔性憲法。例如英國是所謂不成文憲法，有關憲法內涵的規範，均載於國會所通過的法律之中，因此憲法與法律的界限難以明確劃分，所以相對於剛性憲法的修改程序而言，是比較容易修改的。而1848年的義大利憲法雖然是成文憲法，但卻採取與一般法律相同的修改程序，係屬少數的例外。

不過若從各國憲法變遷的實際經驗來看，剛性與柔性之分，其實並不完全準確。在一般的成文憲法中，正式的修憲固然相當困難，但是在許多國家中的剛性憲法也經常被修改；況且，正式的修憲程序並不是改變憲法內涵的唯一方法，例如透過「解釋」憲法改變憲法的涵義，各種「慣例」也在憲政實踐的過程中次第形成。這些另類的「修憲」方式存在，正說明剛性憲法也有其柔性的一面。

而英國憲法雖被普遍歸類為柔性憲法，但是相當於憲法內涵的基本規範事項，固然許多皆由普通法律加以規定，實際上卻很不容易修改，[7]更何況英國有許多由憲政慣例構成的憲法規範，更不是國會多數決可以改變的，反而呈現出相當剛性的面貌。

換言之，把憲法分為剛、柔二種，受到最大的批判是：這種分類未必能反應憲法變遷的現實情況，因而不太有意義（呂亞力，1995：93-4）。

三、規範性憲法、名目性憲法與字義性憲法

這是由K. Loewenstein所創立的分類模式，他從本體論（ontological）的分析途徑將憲法區分為規範性憲法（normative constitution）、名義性憲法（nominal constitution）及語義性憲法（semantic constitution）（Loewenstein, 1965: 147）。

規範性憲法係指政治權力能夠遵循憲法規範的約束，K. Loewenstein將規範性憲法比喻為有如一套合身且真正穿在身上的衣服（Loewenstein, 1965: 148）。大體而言，一般民主先進國家如英、美、法、德等國憲法均是。

名目性憲法指憲法的規範無法對現實的政治權力發揮拘束作用，憲法只是名義上存在而已，K. Loewenstein形容名目性憲法就如同暫時掛在衣櫃中的衣

7　眾所周知的，英國雖為最古老的當代民主國家，但八百多年來，至少也是從十四世紀以後，上議院中多數議席係由世襲制度所產生，因此上議院的改革就是長期以來重要的政治議題。截至目前為止，正式的改革方案仍未在下議院中通過，惟上議院於1998年10月通過了廢除世襲制的法案，才啟動了具體的改革行動。

服，要等國家團體長大之後再來穿它（Loewenstein, 1965: 149）。許多開發中國家的憲法，大多存在這種現象。

而字義性憲法則在許多獨裁國家所常見，憲法的內容不過是將現實的政治勢力，以成文憲法的形式加以定型化。換言之，這種憲法完全禁不起「憲政主義」（constitutionalism）的檢驗，而只是統治者的工具罷了。所以K. Loewenstein認為語義性憲法根本不是一套衣服，它僅是一件披風或是化妝晚會的道具服裝罷了（Loewenstein, 1965: 150）。

K. Loewenstein以本體論途徑建立了此一分類，並非按照憲法的形式或靜態性的規範內容來做探討，而是集中於權力過程的事實與憲法規範的一致性加以分析（Loewenstein, 1965: 147-8）；也就是說，一部憲法是否為規範的、名義的或語意的，不能從它的條文來決定，還要洞察權力歷程的現實（馬起華，1985：117）。此一分類固然代表了一種「實用主義」的傾向，但是也開啟了思考憲法類型學的一個新方向，也揭穿了當代許多藉由憲法的制訂，並宣示其為「人民民主」國家的假象。事實上，此一分類，不再是一種「描述性分析」，已經進入「規範性分析」的層次，而將憲政主義視為「典範價值」來判斷一國憲政的良窳。

參、人權保障與憲政主義

雖然憲法概念與形成的起源甚早，現今各國幾乎也都擁有自己的憲法，特別是二次世界大戰後，許多共產國家不僅制訂憲法，並在憲法中明列許多人民的權利內容，更在憲法中標示其政體與國體[8]亦為「民主共和」國家，這樣的現實衍生出兩個須分別探討的問題，其一是人民權利的內涵為何？其二就是如何區分「民主」與「極權」（或獨裁）？

一、人權的意義與內涵

今天已經被世人普遍接受的人權思想，是經過數百年來的努力，方蔚為今日世界潮流。在古希臘時代，個人往往被理所當然地視為政治體系的附屬品，

---

8 國體（form of state）是指國家的形式，傳統上是以國家元首的身分來區分為「君主國」、「共和國」。政體（form of government）是指政府的統治型態，以政府是否基於國民公意所組成，而可分為「民主制」、「獨裁制」（陳新民，2001：60-2）。

個人的思考絕不能自外於國家統治之外。雖然中古世紀的一些希臘城邦中，確實存在公民享有言論自由與法律之前人人平等權利的特例。但論及當代人權發展起源，應當首推十三世紀時由英國開展維護個人權利的一些傳統慣例。1215年的《大憲章》、1628年的《權利請願書》（*Petition of Rights*），以及1689年的《權利法案》，都是與個人權利的哲學思考有關的重要文獻，對近代人權發展有著非常重大的影響。不過，這些文件上所指涉的內容，在當時僅能稱作「國民權」而已。

個人在國家管轄之外，仍享有權利的觀念，主要源起於十七世紀。對個人權利的重視，可以說受到十七、十八世紀時社會契約論的影響最深遠。由於「自然法」的思想強調人類與生俱來便擁有某些基於維護生存與尊嚴的基本需求，復以洛克（J. Locke）、孟德斯鳩（Charles de Secondat Montesquieu）、盧梭等人大力提倡「權力分立」與「社會契約論」的結果，便要求國家將這些先驗的權利，經由憲法的確認而成為實定法上的權利，而在國家法律秩序中獲得確保。自十八世紀末葉以後，隨著1776年美國維吉尼亞州憲法、獨立宣言（Declaration of Independence）以及1789年法國人權宣言（France Declaration of Rights of Man and of the Citizen）的陸續頒布，使得人權的理念日漸落實為法典化的內容。1948年聯合國提出「世界人權宣言」更獲得無異議支持，從此確立起全世界對人權的一致重視。如今即使是違背人權的政府，都會在口頭上極力否認侵犯人權，或是大談自己如何促進經濟和社會人權，卻盡量避談政治人權。若從原則而非事實上來看，對人權保障的重視，確實成為國際政治中各國最大的默契。

雖然人權普世性的發展已是事實，但有關權利的討論，仍是眾說紛紜，主要是這個名詞的用法相當廣泛。故有學者提出「公民自由」（civil liberties）、「民權」（civil rights）與「人權」（human rights）等同於政治權的說法，但嚴格說來，「人權」與「民權」的概念在實踐上仍應予以區隔。所謂「人權」，是指人類基於天賦人權的理念而擁有的諸權利，理論上並不因人種與國家而有所差異。而當這些人權的內容經由憲法的承認，並且以國民為對象方得擁有的權利，則是「民權」或「國民權利」的意義，又稱為基本人權（fundamental human rights）。但不可否認地，憲法所承認的基本權利，不僅有屬於「國民權利」的性質，也應該包括一般性的「人權」在內。[9]

9　以德國基本法第1條明訂「人類尊嚴不可侵犯」為例，即意味著承認外國人在德國亦享有最

　　由於人權的內容，經常隨著人權觀念的歷史變化而不斷更迭，時至今日，已經法典化的人權內容項目繁多，尚有新興的人權概念不斷被提出、討論、形成，因此難以一一列舉，以下將以分類[10]的方式加以說明人權的內涵。

（一）平等權

　　所有的人權宣言都毫無例外而加以規範的就是平等的原理，這是現代人權保障的基礎權利。雖然平等的意涵在學理上仍有「絕對平等」與「相對平等」的爭論，但憲法上所登載的平等權，是以「法律地位平等」（equality before the law）為基本原則，如「種族平等」、「男女平等」等。隨著人權思想的演進，「法律地位平等」的意涵，由早期「否認法律上的特權（privileges）」的概念，例如法國人權宣言第6條規定：「法律對任何人，其保護與懲罰，均應平等」，亦即否認任何人在法律上存在特權；到晚近承認人類有自然不平等的事實存在，轉而強調「對弱者的特別保護」。

（二）自由權

　　這是近代民權體系中最古老，也最重要的核心權利。自由權乃是排除國家權力介入個人領域，以保障個人決定意思及活動自由的權利，又被稱為「不受國家干涉的自由」。具體的內容包括了人身自由、表意自由（包含思想、言論、著述、講學、宗教信仰、集會結社、居住遷徙、秘密通訊等自由）、經濟自由（包含選擇職業的自由，以及生存權與財產權的保障）。

（三）參政權

　　當人民爭得消極的自由權後，又恐自由權的保障是處於被動的地位，故一方面強調權力分立與制衡，以限制國家權力的行使，並進而爭取主動參與以及監督國家公共事務的權利，所以參政權的性質乃為「人民參與國家的自由」。具體的內容有選舉權、罷免權、創制權、複決權，以及應考試並擔任公職的權利。

基本的人權。而學者謝瑞智（1999: 155-6）則援引我國憲法第141條的規定，主張外國人在我國的人權保障，應以平等互惠原則決定。

[10] 人權的分類類目在憲法學或政治學上的討論並不一致，例如有分為政治權、經濟與社會權三類者。政治權（political rights）包括確保個人表意自由、參政自由、訴訟時受到公平對待以及法律之前人人平等的權利；經濟與社會權（economic and social rights）則指享有物質上安全無虞的自由，包括就業自由、居住條件、適當公平的受教機會、社會安全與福利等保障。

（四）社會權

　　為了保障社會的、經濟的甚或族群上的弱勢者，而由人民要求國家採取積極的行動或對策，以確保弱勢者享有生存與尊嚴的權利，由於具有「由國家受利益的自由」的性質，因而也被稱為「受益權」。受益權的內涵甚為廣泛，又可細分為經濟上的受益權，如生存權、工作權的保障；社會上的受益權，有勞工的保障、兒童與婦女的保護、社會保險制度等；文化上的受益權，如接受國民基本教育權。

（五）救濟權

　　人民的基本權利若受政府不當或非法的侵害，則人民可以循救濟途徑，要求國家加以回復或保障，包括請願權、訴願權、訴訟權，乃至國家賠償請求權等均是，其中請願權、訴願權又被稱為「行政上的受益權」，訴訟權則為「司法上的受益權」。

二、「民主」與「極權」的區分

　　從近代西方民主政治的發展，同時帶動的憲法的產生與演進來看，不論是十八、十九世紀以個人本位主義為制憲基礎，或二十世紀轉變為團體主義或社會本位主義出發，皆著眼於保障人民權利，防範專權獨裁為目的（黃炎東，2002：31-2）。是故，民主政治絕對不能簡化為在形式上以人民經由投票決定公職人員[11]或是公共政策內容的意義，更應該以「憲政主義」為依歸。在代議民主的脈絡下，它意味著即使政府的行動是代表多數的意願，也必須受到成文法與習慣的限制，也就是所謂的「憲政之治」。

　　憲政主義是自由主義（liberalism）的基本概念，依自由主義理論家的見解，個人在國家成立之前，便已擁有了自然權利，政府是人民為了保障其權利而設置的。因此，在憲政主義的理念之下，有限政府（limited government）的概念是憲政精義所在，倘若一個政府的權力無限，它就可能淪為暴政。政府權

---

11 自從J. A. Schumpeter提出：「民主的秩序就是達成政治決定的制度性安排，透過競爭人民選票的努力，個人得以獲得決定的權力。」（Schumpeter, 1975: 269）的觀點以後，許多當代的西方政治學者都接受並附從此種對「民主政治」的界定方式。R. A. Dahl就認為民主的關鍵在於政治參與與競爭（Dahl, 1971: 6），而Samuel P. Huntington更是直指：「民主政治最主要的程序便是由被統治的人民經由競爭性的選舉來選擇領袖。如果最高決策者的一般性選舉是民主政治的精髓，那麼民主化過程中的關鍵，就是以自由、公開與公平的選舉所產生的政府，來取代並非此一方式產生的政府。」（Huntington, 1991: 6-8）

力之所以要受到限制，是受到法儒孟德斯鳩提倡「權力分立」（separation of power）觀念的影響，將政府的權力區分為行政、立法、司法三個部門所掌有，同時讓各個權力部門彼此互相節制，這就是所謂的「制衡」（check and balance）原則，以防範權力壟斷所造成的腐化與濫用，以致侵犯人民權利。其次，一個權力不受限制的政府固然可能淪為暴政，而政府的權力即使分開了，但是政府權力的行使若是恣意而不受節制，仍有濫用而侵犯人民權利之虞。因而，政府行使各種權力的程序應該透明化，而讓人民能夠有事前防範或事後尋求救濟的可能性。所以，政府行使憲法所賦予的權力，便必須根據「正當法律程序」（due process of law）的原則，由國會制訂法律來建立對政府行使各項權力的程序規範，這又引申出「依法行政」的原則。

　　觀諸法國人權宣言第16條明確宣稱：「一個沒有明確保障人民權利，也未實踐權力分立制度的社會，就不能說是有憲法的社會。」正是從憲政主義的精義對憲法所做的最佳詮釋。孫中山先生曾說：「憲法者，國家之構成法，亦即人民權利的保障書也。」（孫文，1989：600）也同樣是詮釋憲法與憲政主義意義的最精要見解。因此，憲法學者便經常強調「憲法是憲政的規範，憲政是憲法的實踐」的觀念。

　　如果一個國家存在一部形式上的成文憲法，但是這部憲法並未能對政治權力的實際運作，產生規範性的節制作用，這個國家既不能稱之為民主國家，也不可以將依據該部憲法所組成的政府視為一個「立憲政府」（constitutional government），因為人民的權利在這部憲法之下，無法真正獲得確保。未解體前的蘇維埃聯邦共和國（Roskin et al., 1997: 47），以及今天的中華人民共和國，都是顯著的實例。

　　不過，我們也不要忽視了「徒法不足以自行」的觀點。即使是一個國家有了一部洋洋灑灑地列舉人民權利的憲法，政治運作也符合程序性民主的定義，但人民權利是否能夠確實獲得保障，仍有賴：(1)憲法必須體現「權力分立與制衡」的原則；(2)行政機關與立法機關對權力的自我節制；(3)獨立的司法機關；(4)人民權利意識的覺醒等條件的共同配合，憲政主義的精神才能夠真正融入民主政治的實踐。

肆、憲法變遷

　　由於無論如何設想周到，憲法內容都無法絕對周密，更無法預測未來的發展，隨著國家內部的政治、社會生活的變化，既存的憲法規範也必然受到環境變化所帶來的挑戰，因而憲法規範的內容亦將隨之發生變遷，以適應社會情況，可以說是必然的、經常的現象。所以，憲法變遷（constitutional change）是一種常態，沒有一個國家的憲法是一成不變的，只是變遷的速度有快有慢，變遷的範圍有大有小，變遷的方式有所不同而已（馬起華，1985：167）。以憲法規範變遷的方式而言，可以下列兩種方式為之：或者是在這部憲法及釋憲傳統所承認的限度內作改變，或者以戰爭與革命手段推翻這部憲法（杜利，2001：37），前者被憲法學者視為是正常的變遷，後者則為不正常的變遷。

一、正常的憲法變遷

　　正常的憲法變遷係指體制內為因應社會生活的需要，依循既存憲法規範而促成憲法變遷的結果。因此，正常的憲法變遷者，即透過習慣或政府公權力之解釋的運用，逐漸使憲法的正文或憲法之原意內容產生變化之情形，亦即不依憲法規定之修改程序，而在事實上對憲法內容予以改變之意。此與憲法之修改或其他憲法之破壞等非法性變更有所不同（謝瑞智，1999：787）。

　　這種變遷途徑主要有下列幾種：(1)制訂新憲法；(2)修改憲法；(3)國會立法；(4)憲法慣例；(5)憲法解釋。

（一）制訂新憲法（making constitutions）

　　每一個國家制訂新憲法的原因都不同，主要可以區分為以下三種成因（許慶雄，1999：31-2）：

1. 因為一國內部的政治發展或民主改革力量興起，使其原有的憲法體制無法順利運作，而必須另行制訂一部符合現狀的新憲法。例如法國自1791年制訂第一部憲法之後，便陸陸續續地制訂過多部憲法，就是為了適應不斷發展的民主改革。近年來，韓國、菲律賓的制憲亦屬此型。

2. 因為戰爭動亂的因素，使國家在稍微回歸和平狀態時，必須考慮制憲，以建立憲法新秩序，集結全民力量重建國家。例如第一次世界大戰之後德國所制訂的威瑪憲法，二次大戰之後日本、德國、義大利相繼制憲都屬此型。

3. 因為新的獨立主權國家誕生，也必須制憲以建立獨自的憲法秩序。例如，最早是美國獨立之後的制憲，最近東歐、蘇聯瓦解後宣告獨立的國家，為擺脫母國的憲法體系，也都必須制憲。

　　事實上，新憲法也以許多歧異的理由而被認可或接納：對大多數獨立前的殖民地而言，新憲法顯現了一個朝向自治（self-government）的發展階段；1787年的美國則用新憲法建立一個新興獨立國家的政府體系；或像是1978年的西班牙，標記著政府體制重要的變遷；或是有如西德於1949年戰後接受新憲法（基本法）的原因，是為了重建國家機器；以及在革命之後宣示新的起點，或是在政體崩解之後，如法國在1791年或1958年頒布新憲法等（Brazier, 1998: 1）。

　　但是，正常憲法變遷下的制訂新憲法行為，與後述不正常憲法變遷途徑的「憲法破棄」不可混為一談。正常憲法變遷下的制訂新憲法行為，必然是制憲權主體是相同的，而得以維持新、舊憲法之間的一致性，並且憲法內容亦必須符合構成當代民主憲政的一些基本原則，諸如人民主權、憲政主義等是。1945年法國人民廢棄第三共和憲法，制訂第四共和憲法，1958年又廢棄第四共和憲法，制訂第五共和憲法，就是此一意義下的具體例證。

　　不過，我們必須承認，從政治效果的觀點看來，一部新憲法的確要比一部修改了的舊憲法有更大的象徵性意義，因此也就比較適合於宣告與過去決裂（Maarseveen and Tang, 1978: 285）。

（二）修改憲法（amending constitutions）

　　從洛克主張當君主不能履行保護人民義務的「契約」時，人民有權起而革命推翻君主並重新訂定契約，即新憲法；或美國開國元勳傑佛遜（T. Jefferson）認為下代人並無遵守當前人所定憲法之義務，故憲法應每二十年重新制訂一次（曾繁康，1967：657）等民主理論家的觀點來看，顯示早期的民主理論家心中，並不存在修改憲法的觀念。

　　惟憲政民主發展的經驗也讓我們認知到，革命為非常手段，自不可輕言啟動，而重新制憲所須付出的社會成本又難以估計。因此，各國憲法幾乎都訂有憲法修正的條款，以建立憲法因應社會變遷而有所調整的機制。

　　一般而言，憲法通常具備了「根本性」、「最高性」、「固定性」、「政治性」、「妥協性」、「適應性」等特性（林騰鷂，1995：7-10）。但這些特性間固然有相輔相成的關係，例如「根本性」與「固定性」，但也有彼此矛盾的關

係，其中以「固定性」與「適應性」特別明顯。

　　憲法既然是國家的根本大法，且為一切法律、命令的根本來源，便不宜輕易修改，否則國家制度與社會秩序便很可能處於不穩定的狀態下。為了避免這種風險，所以許多國家的憲法，特別是成文憲法，多在憲法上對於憲法修改的方法、機關、程序，甚至時間、範圍等事項，作嚴格的明文限制規定。在嚴格的限制下，憲法的「固定性」得到維護，但是憲法的「適應性」——隨著憲政環境的變遷與發展，而從事憲法規範的調整，使憲法得以適應國家社會政治生活的需要——便會受到相對的不利影響。因此，如何在「固定性」與「適應性」兩者之間尋求一種動態的平衡，便是一件頗費思量的課題。

　　所以，修憲的一般性意義，是指在不變動憲法基本原理的前提下，根據憲法所規定的修憲程序，進行「部分條文」[12]的修改（許慶雄，1999：27）。綜觀有關世界各國憲法論及憲法修改的規範，大多集中在下面三個面向：

1. 修憲案的提議

　　世界各國憲法修正的提議程序，大致以下列三種為普遍的形式：

(1) 經由國會提案：這是最常見的提議方式，例如日本憲法便規定，修憲案的提議「應經各議院全體議員三分之二以上之贊成」。

(2) 由特設修憲機關修憲：例如美國聯邦憲法第5條規定的修憲程序，[13] 修憲案除可由國會提議外，也可由全國憲法會議（national constitutional convention）提議，不過，以往所有修憲案都由前者而不由後者提議。

(3) 由公民連署提議：如瑞士憲法規定有公民十萬人的連署，即可提議修改憲法。

2. 修憲案的議決

　　憲法修正案必須符合一定的表決額數方為通過，而各國憲法對表決額數的規定也有許多差異，但是一般可以歸納為三種基本的類型（Lijphart, 1984: 189）：

(1) 以特設修憲機關中的特定多數，例如三分之二、四分之三或五分之三

---

12 但是我們也必須承認，即使當憲法所規定的修改程序得到遵守之際，它也可能導致一部新憲法的產生（Maarseveen and Tang, 1978: 245）。

13 「國會兩院各有三分之二議員認為必要時，應提出本憲法修正案，或遇三分之二州議會之請求，國會應召集會議提出憲法修正案。以上兩種情形中之任何一種修正案，經四分之三州議會或四分之三州修憲會議（state constitutional convention）批准時，即認為本憲法之一部分而發生效力。至於採用何種批准方法，由國會決議之……。」

等，議決修憲案者，以美國為例，修憲案可由四分之三州議會批准，或由四分之三的州修憲會議批准。

（2）以公民投票方式通過修憲案，無論是「強制複決」或「任意複決」，[14]通常是以全體選舉人過半數投票、過半數贊成，作為議決修憲案的額數標準。

（3）以一般的議會多數即可通過修憲案。

3. 修憲界限

各國憲法存在修改憲法的規定固然非常普遍，然而憲法學理上對憲法修改限制的討論，歸納而言則有：時間的限制、[15]程序的限制、[16]形式的限制，[17]以及範圍的限制等四項，不過前三者在憲法學理上少有爭議，最後一項又包含了「事項的限制」、「內容的限制」[18]或「實質的限制」[19]等。長期以來，在憲法學理上一直存有「無界限說」與「有界限說」的爭論。

所謂「無界限說」，認為憲法之修正權並無任何限制，凡依憲法所規定的修正程序而為修正者，無論如何修正，均無悖於法理。理由如下：

（1）憲法即使有明文規定某種事項不得修改，但修憲機關如不遵守，實際上亦無救濟辦法，所以憲法修改的界限在法律上並無重大意義，僅能視為道義上之限制而已。

（2）依據社會契約說，憲法為某一時代人民共同訂立的契約，此一代契約，自然不能拘束下一代之國民。由著重法律之適應性，須隨時代俱轉而言，尤不應限制憲法之修改。

（3）另從技術的觀點來看，憲法中任何條文的效力應該是相等的，而沒有高低之別。同時，在事實上何者得修改，何者不得修改，亦無明確標準，故任何條文皆得予以修改。

---

[14] 修憲案提出後，必須交付公民投票者為「強制複決」，如日本是；而修憲案如有人民或其他機關要求時，方交付公民投票者是為「任意複決」。

[15] 美國聯邦憲法第5條末段規定「惟在1808年以前所制訂之修憲案，無論如何，不得影響本憲法第1條第9項第1、第4兩款之規定。」所以在1808年以前，國會不得提出禁止黑奴入境或有關人口稅或其他直接稅的修憲案，這就是時間上的限制。

[16] 例如希臘1927年憲法第125條規定，自憲法公布之日起，未滿五年，不得修正。

[17] 形式的限制，是指憲法修改或以直接修改本文的方式，或以附加條款的方式修改憲法。

[18] 法國第五共和憲法、義大利1947年憲法皆規定共和政體不得修改；西德基本法亦限制有關人權保障、民主社會聯邦國之政體國體規定，其基本原則不得修改。

[19] 前述美國聯邦憲法第5條末段又規定「無論何州，未經其同意，不得剝奪其在參議院之平等參政權。」便是近乎一種永久的實質限制。

（4）證諸舊時憲法常有修改，甚至完全廢除而產生新憲法的事例，說憲法是一種「註定的遺產」的學說，已經過時了。

而「有界限說」則以為憲法之修正法理上有其界限，理由如下：

1. 一部憲法的產生必有其根本精神，這個根本精神不但是這部憲法的基礎，更使憲法全體內容保持同一性。所以就整體憲法觀之，根本精神乃站在其他條文之上，可以拘束其他條文，故不得成為修改對象。

2. 憲法的「修改權」與「制訂權」不同，憲法修改權的意義，是在憲法的根本精神範圍之內，將憲法中的個別規定加以變更、附加或補充的權限。

3. 根本精神部分，不問憲法有無明文規定，均應為憲法修改行為之界限。倘得就憲法的根本精神部分加以修正，則為觸及根本原理之憲法改變，實已不得視為憲法之修改，而為憲法之破壞，為超憲法之革命行為，則不啻憲法之自殺。

上述兩說，自理論推展而言，均有發人深省之處。無界限說著重於憲法修改之「形式合憲性」的考量，而有界限說則偏好於憲法修改之「實質正當性」的斟酌，各有其長短；若兩者無法得兼時，應以有界限說較為妥當，蓋因：

1. 憲法既為法規範的一種，自亦蘊涵其基本價值，若忽視憲法的基本價值，吾人將無從了解合憲秩序之所在。同時在政治權力的優勢下，憲法可以隨時被修改、規避、扭曲，以符合政治權力的需要，那麼整部憲法將只是一個臨時規定，是一個時常被修憲條款所填補的空白規範而已，憲法又如何成就其為「根本大法」的地位？

2. 將法律實證主義應用於憲法學上，其必然堅持形式意義的憲法優於實質意義的憲法，則造成憲法的理念、價值橫遭漠視，立憲精神於焉不彰的結果。在修憲無所節制下，也難以建立國民對憲法普遍尊重的心理。

3. 憲法制訂權不受之於「法」，而產生於「力」；反之，憲法修改權不是產生於「力」，而是受之於「法」。換言之，「力」制訂了憲法，再由憲法授予某個機關以修改憲法的權；而由憲法所創設的修改權，竟然得以破壞憲法的根本精神，這在法理邏輯上是說不通的。

4. 憲法的修改與制訂固然有部分與全體之別，若是修改無界限，則部分之修改勢必影響全體。除了憲法修正案必須交由人民認可的複決制度之外，修改憲法的機關不難利用憲法的修改，造成侵犯人民主權的後果。

綜上所述，有界限說的困難，不在於理論的推衍與建構，而在於如何尋繹

憲法根本價值的共識。若放任各憑其政治上之目的或私自利益做恣意的區別，仍然會使憲法淪為「政治的奴僕」，而成為政治的工具。根據學術研究的論述，「人民基本權利的尊重」、「權力分立原則」與「國家組成形式」三項，厥為憲法修改不可逾越的界限所在（隋杜卿，1997：205-15）。

（三）國會立法（congress legitimated）

由於憲法文字內容具有「簡潔性」的特性，往往無法對政治過程的細節詳加規範，同時正式修憲往往手續繁複，不能也不宜常用。所以各國都以國會立法的途徑，來補充憲法規範之不足。不論是人民權利、義務的具體範圍或實施程序，如請願、訴願、訴訟、納稅或服兵役等，抑或是政府權力的行使，如國會彈劾違法失職政府官員的程序與法定效力，均為常見的實例。

（四）憲法慣例（constitutional convention）

按照《牛津法律大辭典》的解釋，憲法慣例是指那些經過相當長時期的、統一的、連續的和普遍的實踐，而被公認並且獲得法的確信的習慣規則（徐秀義、韓大元主編，2001：301）。因此，所謂憲法慣例就是指根據習慣與前例，而非基於法律所形成的一套政治行為規範。這些規範因合乎憲政觀念（指「正確」的事），或實際環境（指「可運作」的事）的意義而獲得支持。

英國學者A. V. Dicey在其著名的憲法論著《英憲精義》中，率先指出英國憲法「包含直接或間接規則，國家統治權的分配或運用的一切規範」，而依其特徵可以分為兩大類：

1. 憲法之法律（The law of the constitution）

這是一套由法院所執行的法律，不論其為成文或不成文，也不論其為制訂法或是由大量的習慣法（customs）、傳統（tradition）或法官創設（judge-made）之普通法（common law）所衍生之規則。

2. 憲法之慣例（conventions of the constitution）或是「憲法上的道德」（constitutional morality）

這些慣例包括慣例（convention）、諒解（understanding）、習慣（habits）或常規（practices）。例如：國王必須同意國會兩院共同通過的法案；上議院不得提出任何財政收支法案（money bill）；當上議院扮演上訴法院角色時，凡不具高級法官（law lord）身分的貴族議員，不得參與決議；內閣部長未獲得下議院信任（the confidence）即應辭職等（Dicey, 1961: 22-6）。

換言之，憲法變遷並非僅經由正式的修改憲法而發生，特別是透過政治習慣，也經常給憲法既定的規範帶來不可察覺的質變（Loewenstein, 1965: 148-9）。

憲法慣例至少具有下列特徵：

1. 憲法慣例不具有具體的法律表現形式，它的內容並不是規定在憲法法典或憲法性法律之中，而是由政治生活實踐[20]形成的。
2. 憲法慣例的內容涉及到國家根本政治制度和根本組織，它同成文憲法一樣，實際上發揮了憲法的作用。
3. 憲法慣例在社會生活和國家生活中的實施，主要的是依靠社會公眾輿論為後盾，它本身不具有國家的強制力。
4. 憲法慣例可以在不變動憲法原文的情況下，修正已有的憲法規範內容，創設新的憲法制度，彌補憲法過於原則性的不足，填補憲法立法的空白（徐秀義、韓大元主編，2001：302）。

詳言之，凡是有關基本的政治及憲法事項的一些格言（maxims）、信條（precepts）、常規（practices）、習慣（customs）、先例（precedents）、諒解（understandings）及權變（expediency）等，均為構成憲法慣例的可能來源。不可否認地，由於慣例不是法律（laws），而是一種非法律的規範和慣行，所以違反慣例的論爭，不在司法管轄範圍之內（Dicey, 1961: 439；馬起華，1985：228-9）。

憲法慣例係以約定俗成的方式帶動憲法意義變遷，而不修改憲法條文，甚至不必形諸文書法令。這類慣例存在於所有的憲政體系中；但在不成文憲法中，慣例顯得特別重要，它們界定了主要機關的程序、權力和義務，因此彌補了欠缺法典化文書的不足。

所以，憲法慣例在不成文憲法國家中，本身就是憲法的一部分，但是我們卻不可以率爾推論：成文憲法不包括憲法慣例。或許，憲法慣例在成文憲法國家憲政運作的過程中，它的比例或重要性難與不成文憲法的運作相提並論，但是隨著成文憲法的普遍實施，至少對許多民主先進國家的憲政發展而言，絕對不能忽視憲法習慣所扮演的角色。精確的說法應該是，在不成文憲法國家中，憲法慣例是創設憲法制度、發展憲法規範、理解憲政內涵、應用憲法規則的主

---

20 以英國而言，二十世紀中主要的憲法變遷經常由政府與反對黨的協議所引導，例如1936年的禪位危機時，鮑德溫首相與反對黨領袖對國王有意迎娶辛普森夫人一事進行磋商，結果所有的政治領袖都同意英王愛德華八世應於結婚前禪位（Brazier, 1998: 2-3）。

要手段；而在成文憲法國家，憲法慣例是憲法法典的補充、修正或發展，是憲法法典得以適應社會實踐變化、更新內容、靈活運用的輔助手段（徐秀義、韓大元主編，2001：300）。

美國是成文憲法的國家，但是行憲兩百年來所形成的憲政慣例[21]也不少，「參議員禮貌」（senatorial courtesy）便為著名的實例。眾所周知，依據美國憲法明文規定，美國總統應提名並獲得參議院的同意後，方得任命大使、公使、領事、最高法院法官，以及一切依法律規定而設立之聯邦官員。至於聯邦政府其他官員的任命並無相關的程序規定，法理上總統當然可以自由任命。但是長期以來，總統對於欲派往各州的聯邦官員（如推事、檢察官、執行吏、徵稅員等），均於事先徵詢該州兩位參議員的同意，或是經由該州參議員的推薦，再依憲法程序，由總統提名，請參議院批准，而形成所謂的「參議員禮貌」。

1796年9月，美國首任總統華盛頓宣布不再競選第三屆總統，此一行事風範亦獲得許多後繼者的維繫，而逐漸形成「總統連選連任一次」的慣例。但是1940年富蘭克林‧羅斯福（F. Roosevelt）總統基於第二次大戰尚未結束，在國家處於緊急狀態下的考慮，分別於1940年與1946年競選第三、四任總統成功，便打破了這個憲法慣例。不過，二次大戰後，美國人民有感於「總統連選連任一次」的慣例應該予以維持，而於1951年通過憲法第22條修正案，明文規定「任何人當選總統職位，不得超過兩次」，而將沒有強制力的憲法慣例，變為有拘束力的憲法法典規範。

（五）憲法解釋（constitutional interpreted）

憲法並不是「決斷性」（once and for all）的文件，它們經常被以「修正」或「解釋」的方式，以回應變動不居的環境。以美國憲法為例，運作兩世紀以來，雖然被正式修正過二十七次（Finer et al., 1995: 126），然而透過司法解釋所發生的憲法改造，卻可能更具有顯著性（Hague et al., 1992: 283）。

---

21 雖然Convention、Usage與Custom在一般性的語意上都有「習慣、習俗」的意義，但是放在憲法學的討論中，仍有其值得注意的差異。就英國憲法而言，根據A. V. Dicey所舉證說明的案例來看，將Convention理解為「慣例」，確屬適當。不過從美國憲政發展的經驗來看，所謂的 "constitutional convention"，卻係專指1787年制訂美國聯邦憲法的主體——「制憲會議」，或是用來指稱各州制訂或修改基本法律的議會，而並非英國憲法概念下的「慣例」，所以H. W. Horwill在探討美國憲法「慣例」時，只好採用 "usage" 一詞（Horwill, 1969: 21-2）。

　　憲法為什麼需要解釋？首先，憲法條文有限而文字固定，難以因應社會日新月異的變化，而修改憲法又有過於困難或是緩不濟急的侷限；其次，憲法上有些文字的規定缺乏明確的意義，[22]甚而造成政治過程中的爭議，這就需要加以解釋。而憲法解釋的結果實際上等同修改了憲法，這種藉由重新解釋憲法而達成間接修憲的途徑，使得剛性憲法更能夠反映變遷的公共意見（Pickles, 1970: 110）。因此，憲法解釋具有下列四種作用：（1）闡釋憲法文字疑義之作用；（2）補充法律不備之作用；（3）推陳出新之作用；（4）依據法律原理，針對時勢需要，不為成文法條所拘之創造作用（林紀東，1993：261）。

　　然而憲法應由何種機關進行解釋，各國制度又不盡相同：

1. 立法機關解釋

　　如英國之制強調「國會至上」，故不許司法機關可以推翻國會（parliament）所制訂的法律。復以英國之憲法與法律，無顯明的區分，故嚴格說來，並無「法律是否違憲」的問題。目前僅見比利時於憲法明訂，憲法解釋之權屬於立法機關。

2. 司法機關解釋

　　此制首先行於美國，而為中南美洲國家，及日本、菲律賓與印度所模仿採用。但在此制度下，法院不得主動解釋憲法，而必須以「爭訟」為前提。

3. 憲法法院解釋

　　晚近若干成文憲法國家，察覺憲法解釋權為一國最重要的權力，所以認為行使憲法解釋權力的機關，其地位與權力，均應駕乎普通國家機關之上，使得以其超然之地位，達成保衛憲法的目的（曾繁康，1967：529-32）。諸如德國、義大利的憲法法院，法國的憲法委員會等皆是。

　　當國內的大學生被問道：「誰解釋憲法？」的問題時，通常的標準答案都是「司法院大法官會議」。這是因為我國憲法明確規定了司法院大法官會議掌理憲法解釋的職權，事實上，除了司法院大法官會議之外，我們尤應重視：「凡適用憲法者，即為解釋憲法者」的觀念，諸如總統、國會、法院、學者，甚至是一般人民，都可以是憲法的解釋者。當然，法院（或是特定解釋機關）[23]的解釋——特別是設有「司法審查制度」（judicial review）國家——才是法定的最終解釋機關，它所做出的憲法解釋在法秩序的位階上就等同憲法，

---

22 西方學者甚至指出：「在某些案例中，憲法文字意涵的含糊籠統（vagueness）是有意（intentional）造成的。」（Pickles, 1970: 101）

23 由於我國司法院大法官會議並不掌理司法審判的職權，所以是一種特設的憲法法院。

而具有最高的效力。這意味著憲法的解釋雖然不等於憲法條文，也不是法律，但解釋效力等於憲法。美國聯邦最高法院的首席大法官Hughes就曾經說過：「我們都生活在憲法之下，但是憲法是法官說它是什麼就是什麼。」事實上，在許多自由民主國家中，法院在解釋憲法上都扮演著重要的角色（Hague et al., 1992: 285）。

　　不過憲法的解釋，即使在法院，也不是採取一貫不變的原則來解釋憲法，拿美國來說，不同時代的聯邦最高法院，對「種族平等」的意涵就有著非常不同的解釋。雖然1868年通過的美國憲法第14條修正案明文指出：「……州不得在其轄區之內，拒絕給予任何人平等法律保護。」但是從十九世紀晚期開始，南方瀕臨國界的各州便制訂了一系列被稱之為 "Jim Crow" 的法律，禁止非洲裔的美國人與白人就讀相同的學校、搭乘相同的交通工具、共同使用公共游泳池與高爾夫球場，以及在餐廳中共同用餐。許多反種族隔離主義者認為這些法律牴觸了「平等保護條款」（equal-protection clause）；而另一方面，許多身為種族隔離主義者的白人則認為那些法律完全符合「平等保護條款」而毫無疑慮。

　　1896年的Plessy v. Ferguson案，聯邦最高法院認為無論各州法律是否規定在火車上實施種族隔離都是合憲的，這就是知名的「分離但平等法則」（separate-but-equal formula）。到了1930年代，聯邦最高法院開始採納了不同的方針，它堅決主張若各州不允許非洲裔美國人進入公立大學，則必須為他們提供實質相同的設施。而在1950年的Sweatt v. Painter案裡，聯邦最高法院更進一步命令德克薩斯州應該接受非洲裔美國人申請進入德州大學法學院，否則針對非洲裔美國人而設置的法學院，則必須在各方面提供數百萬美元的相同保障措施。1954年的Brown v. Board of Education案更為「平等權」的演進立下了一個新的里程碑，在該案中，聯邦最高法院明確地否決了「分離但平等法則」，轉而認為無論提供任何措施，公立學校的種族分離政策在本質上就是對平等保護非洲裔美國人的否定，因此所有各州法律中任何種族隔離的要求，都與憲法第14條修正案牴觸（Ranney, 2001: 346-8）。

三、不正常的憲法變遷

　　不正常的變遷係指脫逸既存憲法規範的改變結果，無論這種改變是不合程序規範或實質規範皆然。表現的型態可以歸納為下列幾種：

（一）憲法凍結

因客觀的國家、社會現實條件發生明顯變化，而暫時凍結既存憲法中特定規範的效力。憲法凍結又有合憲凍結與違憲凍結之分。前者通常獲得社會上一定正當性的支持，並在既存憲法規範內容的約束下，特別是指根據合憲程序所進行的凍結；而後者則對憲法變遷的正當性與合憲性毫不在意，甚至是以威權命令對憲法加以凍結。

（二）憲法廢除

既存憲法制訂權的主體，根據社會生活中所出現的特別狀況，廢除了既存的憲法。憲法廢除之後，大多數的情況會再制訂一部新憲法，來因應國家生活的發展。例如1814年法國路易十八頒布的欽定憲法，其中並未有憲法修改程序的規定，其目的在使永久不變，可是這部憲法只維持到1830年（馬起華，1985：105），便被完全廢除，而另行制訂新憲法。

（三）憲法破棄

以制訂新憲法來說，不僅在形式上完全改變了既存的憲法法典，同時，新、舊憲法之間也缺乏一致性。除了憲法的基本價值可能發生重大的變化之外，更可能是改變制憲權主體的結果。如果是以合憲的程序進行部分憲法規範的修改，但是這些修改卻逾越了憲法的核心價值體系，也就是「修憲的界限」時，也同樣是一種憲法破棄的情況。

（四）憲法侵害

指既存憲法規範並未被任何變遷的形式所廢除、凍結或破棄，但是政治現實上卻存在著牴觸憲法規範的命令或措施，而使憲法規範效力無從實踐。換言之，憲法侵害就是違憲行為的發生與持續。

伍、中華民國憲法的實證分析

一、分類

首先，就憲法的形式而論，制訂於1946年的中華民國憲法應為「成文憲法」，因為以憲法的內容加以審視，前述成文憲法所應具備的四項重要內容：

關於「憲法本身」以及「法律制度」的規定，訂定於第十四章〈憲法的施行與修改〉；對於「國家機構」的規定，由第三章〈國民大會〉起至第十一章〈地方制度〉所共同構成；而關於「公民權利與政治權利」的規定，特別由第二章〈人民的權利與義務〉，及第十二章〈選舉、罷免、創制、複決〉給予詳盡的規範。

不過我們也不可以忽視自1947年行憲以來，立法院修訂法律、大法官會議所做出的憲法解釋，以及極少數的憲政慣例，對實際的憲政運作所產生的補充、調整與變遷的效果。例如，憲法僅對立法委員的總額、任期、婦女保障名額等的重大原則做出規範，但是選舉制度的整體設計是由立法院所通過的「公職人員選舉罷免法」所補充建構的；而第一屆立法委員以國家遭遇變故，事實無法辦理改選而繼續行使職權達四十餘年之久，以及限期於1991年12月31日以前終止行使職權，即為大法官會議分別以釋字第31號（1953年）與釋字第261號解釋（1990年），通過「釋憲」途徑所推展的憲法意涵調適現象；而我國行憲後的第一次政黨輪替甫於2000年發生，或許對於憲法上缺乏明文規定的某一政治行為，卻已經形成各政黨共同接受的憲政慣例，或許為數甚少，但亦不無討論空間。以行政院院長並無任期規定而言，但歷來多基於尊重新總統的前提下，而於新任總統就職前提出總辭，足以視為一項已經形成的憲政習慣，當然也應該構成我國實質憲法的一部分。

其次，依修憲程序的規定來看，無論是原始規範：由國民大會代表或立法委員提出憲法修正案後，並經由國民大會以特別多數表決來進行修憲三讀程序；或是現行由立法委員以特別多數表決提出憲法修正案，再交由任務型國民大會複決修憲的規定來看，我國憲法是為「剛性憲法」應無疑義。

但是另從憲法於1946年制訂之後，至1991年之前，先後歷經「動員戡亂臨時條款」五次（1948年、1960年、1966年兩次、1972年）的修訂，及至2000年為止，又歷經六次（1991年、1992年、1994年、1997年、1999年、2000年）「憲法增修條文」修訂的事實觀之，不僅修憲次數頻仍，同時對憲法內容的改變幅度亦難謂不大，諸如凍結臺灣省自治選舉、政府體制朝向雙首長制修正、任務型國民大會的改變等，皆為犖犖大者。因此，就實際的憲政運作而言，我國憲法如被歸類為剛性憲法，又恐難免名實不符。

最後，自憲法的功能以及動態的實踐運作觀察，我國憲法在「政府權力分立與制衡」、「保障人民權利」等方面的文字靜態規範，與西方先進民主國家憲法相較，亦可謂毫不遜色，所以有學者認為我國憲法應為「規範性憲法」

（馬起華，1985：123）。但是由於中國國民黨長期的一黨獨大，進而造成權力融合甚至壟斷，人民權益難以伸張的現象，正如同西方學者Jim Semou對我國憲法的忠實評價：「問題並不是該憲法是一部壞的憲法，而是它從來都沒被遵守，只是紙張上的文字。」（蓋爾，1995：81）一樣，我國憲法則應該被歸類為「名目性憲法」。雖然有學者指出：「一國憲法以此一類型歸類，並非一成不變的。名目憲法可能因為人民努力追求立憲政治，或權力者態度轉變，而提升為規範憲法。」（許志雄，1992：28）但我國憲法被歸類為「名目性憲法」的現實，即使在政黨輪替後也並無改善。陳水扁總統就職後，完全無視國會政治生態呈現朝小野大的結構，以及行政院向立法院負責的憲法明文規範，拒絕以國會穩定多數為原則籌組聯合政府，而造成總統「有權無責」的亂象，並未隨政黨輪替而終結。

二、人權保障

截至2003年7月底為止，司法院大法官會議總共公布了562號的解釋文，就數量而言，其中屬憲法解釋者約占全部解釋的70%，可見大法官透過憲法解釋的方式，對我國的憲政變遷與成長，應有一定的影響。就內容而論，則大法官在憲政發展中的功能與角色，其調整蛻變的軌跡也明顯可見，[24]特別是近年來多號宣告法律、命令甚或司法審判牴觸憲法而無效的解釋文不斷出現，確實在限制政府權力、保障人民權利方面，相當程度地落實了憲政主義的精神。

茲以人民依據「司法院大法官審理案件法」第5條第1項第1款規定：「人民、法人或政黨於其憲法上保障之權利，遭受不法侵害，依法定程序提起訴訟，對於確定終局裁判所適用之法律或命令發生有牴觸憲法之疑義者。」提出釋憲聲請者，其中較為重要而具有指標性的案例略為介紹：

（一）平等權方面

釋字第452號指出：「民法第1002條規定，妻以夫之住所為住所，贅夫以妻之住所為住所。但約定夫以妻之住所為住所，或妻以贅夫之住所為住所者，

---

24 大法官翁岳生（1990：475）早年即以司法院應為「憲法維護者」，大法官楊與齡則認為「由解答疑義而向解決爭端，由維護憲政體制而向保護人民方向發展。」（司法院大法官書記處編，1998：28）；學者蘇永欽（1997：284-8）亦有「從諮詢者到制衡者及仲裁者、從規範控制者到權利救濟者、從政權鞏固者到人權維護者、從政治監督者到社會改造者？」之評價。

從其約定。本條但書規定，雖賦予夫妻雙方約定住所之機會，惟如夫或贅夫之妻拒絕為約定或雙方協議不成時，即須以其一方設定之住所為住所。上開法律未能兼顧他方選擇住所及具體個案之特殊情況，與憲法上平等及比例原則尚有未符，應自本解釋公布之日起，至遲於屆滿一年時失其效力。」

（二）自由權方面

1. 人身自由權

釋字第251號宣告：「違警罰法規定由警察官署裁決之拘留、罰役，係關於人民身體自由所為之處罰，應迅改由法院依法定程序為之，以符憲法第8條第一項之本旨，業經本院於中華民國69年11月7日作成釋字第166號解釋在案，……至遲應於中華民國80年7月1日起失其效力。」

2. 集會結社自由權

釋字第445號解釋其解釋文宣示了：「集會遊行法第11條第1款規定違反同法第4條規定（不得主張共產主義或分裂國土）者，為不許可之要件，……與憲法保障表現自由之意旨有違；……應自本解釋公布之日起失其效力。」

（三）參政權方面

1. 服公職的權利

釋字第491號：「憲法第18條規定人民有服公職之權利，旨在保障人民有依法令從事於公務之權利，……中央或地方機關依公務人員考績法或相關法規之規定對公務人員所為免職之懲處處分，為限制人民服公職之權利，實質上屬於懲戒處分，其構成要件應由法律定之，方符憲法第23條之意旨。……相關法令應依本解釋意旨檢討改進，其與本解釋不符部分，應自本解釋公布之日起，至遲於屆滿二年時失其效力。」

2. 候選人的平等權

釋字第340號解釋文指出：「公職人員選舉罷免法第38條第2項規定：『政黨推薦之區域、山胞候選人，其保證金減半繳納。但政黨撤回推薦者，應全額繳納。』無異使無政黨推薦之候選人，須繳納較高額之保證金，形成不合理之差別待遇，與憲法第7條之意旨（中華民國人民無分黨派，在法律上一律平等）有違，應不再適用。」

（四）受益權方面

釋字第430號宣告：「憲法第16條規定人民有訴願及訴訟之權，人民之權利或法律上利益遭受損害，不得僅因身分或職業關係，即限制其依法律所定程序提起訴願或訴訟。……現役軍官依有關規定聲請續服現役未受允准，並核定其退伍，如對之有所爭執，既係影響軍人身分之存續，損及憲法所保障服公職之權利，自得循訴願及行政訴訟程序尋求救濟。」

三、權力分立

我國憲法對政府體制的設計，是依據孫中山先生創立中華民國遺教的「權能區分」、「五權分立」為基礎，國民大會代表人民行使政權，是為「政權機關」，總統及五院為「治權機關」，行使國家各種統治權力。同時經由「政治協商會議」，將總統、行政院、立法院三者的關係，定位為「修正式的內閣制」，亦即總統僅為國家元首，行政院為國家最高行政機關，並向立法院負責。而司法、考試、監察三院，依憲法規定，均應「超越黨派，依據法律，獨立行使職權」，均為憲法本文體現「權力分立與制衡」原理的明證。

惟行憲以後，在中國國民黨長期一黨獨大的政黨體系下，加上強人領政的結果，不但造成總統僭越行政權，致使憲政運作形成「有權者不必負責」的現象，也使得司法、考試、監察三院的運作形同憲政上的橡皮圖章。尤有甚者，總統本應服膺誓詞「恪遵憲法」，但解嚴後的「憲政改革」，完全由總統透過體制外的組織，如國是會議、國家發展會議加以主導，國民大會淪為配合修憲程序的棋子而已。

回顧了我國政府體制在憲政運作上的變異，不得不嘆服法國學者M. Duverger對政黨政治影響憲政運作的卓越見解。他說：「權力分立的程度，是取決於政黨制度多於取決於憲法條文的規定。譬如一黨制就導致權力的高度集中，雖然憲法條文可能對權力做出相當的規定，但黨卻將政府不同機構強固地互相結合起來；……政黨的對立則可以削弱每個政黨在國會和政府之間所可能建立起來的聯繫，於是憲法規定的權力分立就因此而再度發生效力。……因此，權力的真正分立是政黨制度和憲法架構相結合的結果。」（Duverger, 1955: 393-4）

四、憲法變遷

（一）制訂新憲法

我國自1990年解除戒嚴以後，大幅落實了言論自由的保障，其中亦不乏主張「制訂新憲法、建立新國家」者，但不論是基於穩定兩岸關係的考慮，或避免國內憲政發展立即面臨嚴重的政治衝突，「制訂新憲法」一途始終未成為我國憲法變遷的一環。

如果拋開「修憲界限論」的思考，那麼修憲和制憲的差異，便不是規範改變幅度的大小問題，而在於改變者與改變程序的關照。修憲必須依據憲法，不能違反憲法所定程序與實體的界限，制憲卻可以自外於憲法，完全由當時政治秩序的主導力量來決定。儘管修憲或制憲在學理上並無絕對的優劣之分，但毫無疑問地，思考如何在修憲與制憲兩者之中，為我國的憲法變遷做出最有利的抉擇，仍然是國民未來必須面對的課題。學者蘇永欽提出的觀點：「修憲可以幅度很大，只要共識確有這麼高，但未通過的部分，始終有效，因此在改革過程中規範不會出現空隙，政治秩序可維持穩定。制憲卻是從零開始，制憲力的發動已不可避免地摧毀了原來的憲法，制憲者等於被迫在每一必要部分達成妥協，或者更糟的，在無法妥協之下陷入無止境的混亂」（蘇永欽，1994：40），值得國人慎思。畢竟，制訂或修改一部憲法的結果，都帶有某些不確定性。因此，從事憲政設計或改革之際，必須在目標、風險，以及變化的不確定性三者之間，做成可以被接受的抵換（trade-offs）判斷（Dahl, 1998: 140）。

（二）憲法修改

憲法修改途徑厥為促成我國行憲以來憲政變遷最重要的模式，自1948年起以「動員戡亂時期臨時條款」的形式進行五次修憲，1991年之後又以「憲法增修條文」的形式推動憲政改革，至2000年憲法增修條文第六次修正為止，不僅修憲次數頻仍，對憲法內容的改變亦多。

以修憲進行憲法變遷，最具代表性的案例就是「總統直選」。我國總統產生方式，依憲法第27條規定，係由「國民大會代表（間接）選舉」。但1994年憲法（第三次）增修條文修正為：「總統、副總統由中華民國自由地區全體人民直接選舉之，自中華民國85年第九任總統、副總統選舉實施。」迄今已完成四次公民直接選舉總統的程序。

再以國民大會職權變遷為例，憲法本文中包括了：「議決領土變更權」

（第4條）、「選舉、罷免總統、副總統」、「修改憲法」、「複決立法院所提之憲法修正案」（第27條）、「議決總統、副總統彈劾案」（第100條）等數項。1992年憲法（第二次）增修條文，增加「對總統提名（司法院、考試院、監察院）人員行使同意權」、「聽取總統國情報告、並檢討國事，提供建言權」兩項。為因應總統直選，1994年憲法（第三次）增修條文第一條對國民大會職權加以變動者有：「補選副總統」、「提出總統、副總統罷免案」。2000年通過的憲法（第六次）增修條文，則又將國民大會的職權縮限於「議決立法院提出憲法修正案、領土變更案、總統副總統彈劾案」三者，不僅職權大幅縮減，且行使職權的方式亦由主動改為被動。

又如憲法第91條對監察委員產生方式，原採「（各省市議會、蒙古西藏地方議會及華僑團體）間接選舉」的規定。惟政府播遷來臺，事實無法依據憲法辦理全面改選，而先以臨時條款對「需由僑居國外國民選出之監察委員」，授權總統「訂定辦法遴選之」。其後復於1992年以增修條文修正為「由總統提名，經國民大會同意任命之」，而2000年國民大會通過第六次增修條文，再次將監察委員產生的方式修正為「由總統提名，經立法院同意任命之」。

至於我國憲法是否存有「修憲界限」的問題，國內學者多認為我國憲法本文第174條所規範者，僅為「程序限制」性質，至於時間、形式或範圍的限制，憲法本文並無明確規範。

從過去修憲的經驗來看，時間的限制確不存在。憲法修改的形式，不論是動員戡亂時期臨時條款，或憲法增修條文，都是在維持憲法本文而以附加條款的形式來進行，至於未來會不會以逕行修改憲法本文的形式修憲，並不能完全排除其可能性。而範圍的限制，亦即實質的限制，則有深入理解的必要。

雖有不少學者從學理論述支持「修憲有界限論」，而認為1997年國民大會未徵詢臺灣省民意見，逕行修憲停止省長、省議會選舉之舉，似有牴觸修憲界限之虞。但嚴格說來，我國憲法並無類似法國第五共和、義大利或德國憲法對禁止修憲範圍的明文規定，所以有學者以「國民主權原理」主張，我國國民大會只要按憲法第174條所訂程序修憲，並無任何實質限制，此即「修憲無界限論」，亦難謂不當。

不過，1999年第三屆國民大會代表修憲自行延長任期[25]的案例，除立即

25　1996年選舉產生的第三屆國民大會代表，依憲法增修條文的規定任期四年，而應於2000年5月20日任期屆滿前改選。但當屆國民大會代表竟於1999年7月進行（第五次）憲法增修條文修改之際，以國會改革為名，一方面將應於2001年2月任期屆滿的第四屆立法委員，延長至

引發社會各界的批判外，對「憲法修改界限」理論的爭執，也產生重大的影響。經由立法院提出的釋憲聲請，司法院大法官會議於2000年3月24日做成釋字第499號解釋，不僅指出「其程序違背公開透明原則及當時適用之國民大會議事規則第38條第2項規定，其瑕疵已達明顯重大之程度，違反修憲條文發生效力之基本規範」外，更以「與憲法中具有本質重要性而為規範秩序賴以存立之基礎，產生規範衝突，為自由民主憲政秩序所不許」為由，宣告該次修憲條文「應自本解釋公布之日起失其效力」，顯然已經確立「民主共和國原則（憲法第1條）、國民主權原則（憲法第2條）、保障人民權利（憲法第二章），以及有關權力分立與制衡之原則」等事項，應為我國憲法所蘊涵的修憲界限。

（三）立法補充

我國憲法（含增修條文）對大法官、考試委員、監察委員名額的規定不盡相同，憲法增修條文明訂大法官十五人，監察委員二十九人，而考試委員名額則規定「若干人」，立法院制訂之「考試院組織法」，其中第3條規定：「考試院設考試委員十九人，……」即為立法補充的實質憲法之一部。

而總統提名大法官、考試委員、監察委員的人選時，必須依照司法院組織法、考試院組織法，以及監察院組織法內所訂的資格條款，提出適當而合法的人選，以避免總統濫用提名權，亦為憲法變遷中立法補充途徑的顯例。

又我國憲法修改程序原訂於憲法第174條，就修憲案提案程序而言有二種途徑，一是經由國民大會代表總額五分之一逕行提出，亦可由立法院立法委員依照憲法規定的額數擬定憲法修正案，惟後者必須公告半年。從修憲實務上的經驗來看，歷次的修憲歷程均由國民大會代表逕行提案。不過，2000年所通過的第六次憲法增修條文，業將國民大會代表的修憲提案權予以凍結，憲法修正案改由立法院發動。憲法對修憲案之議決權，係專屬國民大會，依據第六次憲法增修條文的規定，未來立法院所提出之憲法修正案，經公告半年後，將由依比例代表制選舉產生的國民大會代表進行「複決」。依法理，國大代表僅能對立法院提出之憲法修正案表達贊成或反對的意見，而不得提案再修改，此其一；國大代表進行複決時，僅能全案包裹表決，而不能逐條複決，以免憲法的結構性與一致性遭到割裂，此其二；國民大會複決憲法修正案的通過額數如

2002年6月30日，並同時規定「第三屆國民大會代表任期至第四屆立法委員任期屆滿之日止」，而遭社會批判為「國民大會代表自肥」。

何，此其三；增修條文均未明載，仍有賴立法院於修訂「國民大會職權行使法」之際，予以立法補充。

（四）憲法解釋

憲法的解釋在理論上是維持憲法的最高性與固定性，但實際上憲法解釋的結果常賦予憲法新的內容，甚至變更憲法的原意，所以等於修改憲法（華力進，1995：187）。雖然「凡適用憲法者，即為解釋憲法者」是一個理解憲法解釋的重要觀念，但憲法上所規定的有權解釋機關，才是終局的解釋機關，它所做出的憲法解釋具有最高的效力。我國司法院大法官會議所做出的解釋，對憲法變遷產生重大影響者甚多，僅試舉數例加以說明。

先就憲法解釋的效力而言，釋字第185號指出：「司法院解釋憲法，並有統一解釋法律及命令之權，為憲法第78條所明定，其所為之解釋，自有拘束全國各機關及人民之效力，各機關處理有關事項，應依解釋意旨為之。」所以，憲法上未明文規定的爭議，經由大法官會議明確釋疑，許多都獲得了釐清。

憲法第87條明訂：「考試院關於所掌事項，得向立法院提出法律案。」但在司法院、監察院的專章中並無相同規範。大法官會議以「基於五權分治，彼此相維之憲政體制」為由，於釋字第3號、第175號解釋中，宣告監察院與司法院「有向立法院提出法案之權」。

其他又如國會的認定（釋字第76、325等號解釋）；中央民意代表之任期（釋字第31、261等號解釋）、遞補（釋字第117、150等號解釋）、宣誓就職（釋字第119、254等號解釋）、總額（釋字第85、381等號解釋）、兼任（立法委員：釋字第1、4、24、25、30等號解釋；監察委員：釋字第17、20、24、25、81、120等號解釋；國大代表：釋字第15、30、74、75、421等號解釋）；軍人兼任文官（釋字第250、450等號解釋）；中央教科文預算比例（釋字第77、231、463等號解釋）；地方教科文預算比例（釋字第258號解釋）、自治法規（釋字第259、260等號解釋）等，皆產生明確補充憲法疑義，促成憲法與憲政發展與時俱進的功能。

至於釋字第499號解釋宣告修憲無效，讓憲法解釋對憲法變遷的影響，更達到了一個全新的境界。

（五）憲政慣例

我國憲法對總統的地位與職權有相當詳盡的規定，但對副總統而言，則僅

在第49條中極為簡略地規定：「總統缺位時，由副總統繼任，……總統因故不能視事時，由副總統代行其職權……。」而憲法亦未明確禁止我國副總統「不得」兼任其他職務，所以，副總統得否兼任其他公職的問題，一直是我國憲政運作實務暨憲法學理探討上，一個極富爭議與意義的議題。

雖有國內學者指出：「副總統兼立法院長及監察院長是不合理的。司法院、考試院院長如何？尚無先例，就難說可否。我國副總統兼行政院長在憲法上未有可否規定，但自陳誠以副總統身分兼任行政院長後，可說已成為補充我成文憲法的慣例。」（華力進，1995：187）但觀照1996年因為兩大在野黨（民主進步黨與新黨）不能接受「連戰副總統兼任行政院長」的政治現實，而引發的憲政爭議，大法官會議雖做出釋字第419號解釋，但內容模稜兩可而未能化解當時的朝野對立，恐怕仍難有定論。

不過，另一個憲法疑義：行政院長並無任期規定，則善盡「憲法義務」而提出辭職的時機為何？或可謂已經建立了憲政慣例。

1993年立法委員陳水扁等七十二人，以「立法院已全面改選，第二屆立法委員宣誓就職，並開始行使職權」為由，主張「行政院院長應於立法院立法委員重新改選後，宣誓就職行使職權前，率全體閣員總辭，以俾立法院就總統重行提名之行政院院長人選，行使憲法賦予之同意權」[26]，向大法官會議提起釋憲聲請。大法官會議於1995年10月頒布釋字第387號：「……行政院院長既須經立法院同意而任命之，且對立法院負政治責任，基於民意政治與責任政治之原理，立法委員任期屆滿改選後第一次集會前，行政院院長自應向總統提出辭職。」因而確立了行政院負有隨立法委員改選而總辭的「憲法義務」。

相對地，1997年修憲取消立法委員的同意權，而賦予總統逕行任命行政院長的權力，加上2001年12月第五屆立法委員選舉結果，民主進步黨更一躍為國會第一大黨等政治現實條件的變化，行政院院長是否仍應善盡前述憲法義務，或不無可容重新詮釋的空間，但行政院院長張俊雄仍然於2002年2月1日第五屆立法委員就職前，向陳水扁總統提出總辭，也避免了可能再次發生的憲政爭議。

至於行政院院長於新任總統就職時提出總辭之行為，根據釋字第419號解釋，則「係基於尊重國家元首所為之禮貌性辭職，並非其憲法上之義務」。不過，2000年因總統大選帶來我國首度的政黨輪替，在民主進步黨籍的陳水扁總

---

26 憲法第55條：「行政院院長由總統提名，經立法院同意任命之。」

統於5月20日就職前，中國國民黨籍的行政院長蕭萬長即已提出總辭，此一「禮貌性辭職」在陳總統重新任命唐飛擔任行政院長後成為「實質性辭職」。

　　從上述實際政治運作的觀察，我們可以肯定蕭、張兩人已經為「行政院總辭」議題建立了典範，未來如能獲得無分黨派的後繼者遵循，便可確信為我國的憲政慣例。

陸、結論

　　目前除了極少的國家以外，無論是否被認定為民主國家，絕大多數都保有一部形式上的憲法，但從民主觀點來說，民主憲法的首要功能並非將行為的道德規範強制實現於非自願的全體選民，而是陳述出一個多數人願意接受的標準（Pickles, 1970: 102）。更何況一個國家的憲法亦同時反映了社會的歷史經驗、文化背景，以及在立憲當時制憲者主觀的企圖，[27]便沒有一部可以稱做「完美」的憲法。不論一國的憲政運作如何成功，也不論其政治家如何聰明，對任何憲法的期待仍然是有限的，或為不爭的事實，畢竟，立憲政府是相當罕見的，即使在自由民主國家中，立憲政府也並非一蹴可幾的目標，因為欲達成各種權力受到節制的狀態，先天上就極為困難（Hague et al., 1987: 281）。

　　環顧近代民主憲政發展的經驗，在那些歷史悠久、高度穩定的民主國家裡，除了憲法之外，尚存有某些有助於穩定基本民主制度的基礎性條件。各國憲法雖各有不同，但在這些條件的配合下，便不會嚴重影響民主制度的穩定；反之，任何憲法設計都不太可能保護得了民主。也就是說，立憲政府理念的實現，猶有賴憲法受到尊重並得以成長，[28]人民權利的維護與保障才能夠真正落實。

　　換言之，憲政之實踐，徒具憲法是不夠的，必須仰賴若干其他條件的配合。美國著名的政治學者R. A. Dahl曾經指出：「民主的關鍵條件在於：（1）軍隊和警察是由選舉產生的官員所控制；（2）民主信念和政治文化的提升；

---

27 當然，蘊含在憲法條文裡的企圖會不會被具體實現，就不是憲法制訂者能預見或節制的了。

28 立憲政府面臨的困境就是，若憲法太容易修改則將減低對憲法的尊重，甚至成為政黨政策的工具；反之，憲法的變遷若過於艱困，將成為保守主義最佳的附屬品，最後甚至被政黨以暴力推翻。要解決此一困境，就有賴憲法的成長與受到尊重的程度而定（Pickles, 1970: 112-3）。

（3）外部不存有強大而敵視民主的勢力；（4）現代的市場經濟與社會；（5）微弱次文化的多元主義。」（Dahl, 1998: 147）審視我國現今民主發展的內外環境，唯一較不利的因素，就是外部確實有著中共這樣強大而具有威脅的勢力存在，其他條件可以說都已臻成熟。

　　但亦如D. M. Pickles所說：「成功的立憲政府的兩個必要條件，那就是一個長期民主制度建立的經驗，以及憲政共識的匯集，政治鬥爭就絕不會演變成憲政危機。」（Pickles, 1970: 108）因此，憲法不僅是一堆條文，更是一整套價值理念，反應同時也參與塑造一個社會的歷史文化（蘇永欽，1994：43）。憲法乃人所定，也為人所用。好的憲法雖不一定能促成令人滿意的民主政治，但是好的民主政治卻能夠妥善運用憲法（Pickles, 1970: 112-3），一個和平、民主的過程，通常都不會排除以談判、調解和妥協的方式解決政治衝突。而我國當前大部分憲政問題的淵源，既不是現行憲法不能提供民主憲政秩序的基礎工程，也不能卸責諉過於種種社會條件的不足，今天我國大部分憲政的問題根本還是肇因於「缺乏憲政共識」，特別是政治人物與當權者缺乏踐履憲法的誠意與敬意，因而種種詆毀憲法的言論、毀棄憲法的行為，自然就層出不窮了。

參考書目

一、中　文

王世杰、錢端升，1936，《比較憲法》，南京：商務印書館。

司法院大法官書記處編，1998，《大法官釋憲史料》，臺北：司法院。

呂亞力，1995，《政治學》，臺北：三民。

李獻榮，1995，〈加拿大的憲法〉，刊於許世凱編，《世界各國憲法選集》，臺北：前衛，頁256-259。

林紀東，1993，《中華民國憲法逐條釋義》（三），臺北：三民。

林騰鷂，1995，《中華民國憲法》，臺北：三民。

孫文，1989，吳宗慈著《中華民國憲法史前編》序，刊於秦孝儀主編，《國父全集》，臺北：近代中國。

翁岳生，1990，〈憲法之維護者〉，刊於翁岳生，《行政法與現代法治國家》，臺北：作者自刊，11版，頁475-80。

馬起華，1985，《政治學原理》（上冊），臺北：大中國。

許志雄，1992，《憲法之基礎理論》，臺北：稻禾。

許慶雄，1992，《憲法入門》，臺北：月旦。1999，《憲法入門I》，臺北：元照。

陳新民，2001，《中華民國憲法釋論》，臺北：自刊。

彭堅汶，1999，《憲法之理論與實踐》，臺北：中華電視。

曾繁康，1967，《比較憲法》，臺北：三民。

華力進，1995，《政治學》，臺北：五南。

隋杜卿，1997，〈「凍省」修憲之憲政評析〉，《中山人文社會科學期刊》，臺北：政治大學中山所，第 5 卷第 2 期，頁 197-256。

黃炎東，2002，《新世紀憲法釋論》，臺北：五南。

杜利（Tully, James），黃俊龍譯，2001，《陌生的多樣性：歧異時代的憲政主義》（Strange Multiplicity: Constitutional in an Age of Diversity），臺北：聯經。

蓋爾（Gaer, Felice），1995，〈民進黨新憲法架構下人權問題的探討〉，陳隆志編，《臺灣憲法文化的建立與發展》，臺北：前衛，頁 71-81。

謝瑞智，1999，《憲法新論》，臺北：自刊。

蘇永欽，1994，《走向憲政主義》，臺北：聯經。1997，〈憲法解釋──憲政成長的指標〉，刊於《中華民國行憲五十年學術研討會論文暨研討實錄》，臺北：國民大會，頁 273-291。

二、英　文

Brazier, Rodney, 1998, *Constitutional Reform*. Oxford [England]; New York: Oxford University Press, 2nd ed.

Dahl, Robert Alan, 1971, *Polyarchy: Participation and Opposition*. New Haven: Yale University Press. 1998, *On Democracy*. New Haven, Conn.: Yale University Press.

Dicey, Albert Venn, 1961, *Introduction to the Study of the Law of the Constitution*. London: Macmillian, 10th ed.

Duverger, Maurice, 1955, *Political Parties: Their Organization and Activity in the Mordern State*, Tran. By Barbara and Robert North. London: Methuen.

Finer, S. E., Vernon Bogdanor, and Bernard Rudden, 1995, *Comparing Constitutions*. Oxford: Clarendon Press; New York: Oxford University Press.

Hague, Rod, Martin Harrop and Shaun Breslin, 1987, *Comparative Government and Politics: An Introduction*, Atlantic Highlands. NJ: Humanities Press International, 2nd ed., 1992, *Comparative Government and Politics: An Introduction*. Basingstoke, England: Macmillan, 3rd ed.

Heywood, Andrew, 2000, *Key Concepts in Politics*, Basingstoke. Hampshire [England]; New York: Palgrave.

Horwill, Herbert William, 1969, *The Usages of the American Constitution*. Port Washington, NY: Kennikat Press.

Huntington, Samuel P., 1991, *The Third Wave: Democratization in the Late Twentieth Century*. University of Oklahoma Press.

Lijphart, Arend, 1984, *Democracies; Patterns of Majoritarian and Consensus Government in Twenty-one Countries*. New Haven: Yale University Press.1999, *Patterns of Democracy: Government Forms and Performance in Thirty-six Countries*, New Haven, Conn.: Yale University Press.

Loewenstein, K., 1965, *Political Power and the Governmental Process*. Chicago: University of Chicago Press.

Maarseveen, H. Th. J. F. van, and Ger van der Tang, 1978, *Written Constitutions: A Computerized Comparative Study*, Dobbs Ferry. NY: Oceana Publications.

Pickles, Dorothy Maud, 1970, *Democracy*. London: Batsford.

Ranney, Austin, 2001, *Governing: An Introduction to Political Science*. NJ: Prentice Hall, 8th ed.

Roskin, Michael, Robert L. Cord, James A. Medeiros and Walter S. Jones, 1997, *Political Science: An Introduction*, Upper Saddle River. NJ: Prentice Hall, 6th ed.

Schumpeter, Joseph Alois, 1975, *Capitalism, Socialism and Democracy*. New York: Harper & Row.

Shapiro, Martin M., and Rocco J. Tresolini, 1975, *American Constitutional Law*. New York: Macmillan, 4th ed.

進階閱讀書目

吳庚，2003，《憲法的解釋與適用》，臺北：三民總經銷。

Bagehot, Walter, 1936, *The English Constitution*. New York: Oxford University Press.

Barendt, Eric M. (ed.), 1998, *An Introduction to Constitutional Law*. Oxford [U.K.]; New York: Oxford University Press.

Bogdanor, V. (ed.), 1988, *Constitutions in Democratic Politics*. Aldershot: Gower.

Cooter, Robert, 2000, *The Strategic Constitution*. Princeton, N.J.: Princeton University Press.

Elster, Jon, and Rune Slagstad, 1988, *Constitutionalism and Democracy*. Cambridge; New York: Cambridge University Press.

Giglio, Ernest, 1995, Rights, *Liberties and Public Policy*. Brookfield, VT: Avebury.

Greenawalt, Kent, 1996, *Fighting Words: Individuals, Communities, and Liberties of Speech*. Princeton, NJ: Princeton University Press.

Hazell, Robert (ed.), 1999, *Constitutional Futures: A History of the Next Ten Years*. Oxford [England]; New York: Oxford University Press.

Jowell, Jeffrey L. and Dawn Oliver, 2000, *The changing constitution*. Oxford: Clarendon Press; New York: Oxford University Press.

Lane, J. E., 1996, *Constitutions and Political Theory*. Manchester: Manchester University Press.

Levy, Leonard W., 1994, *Seasoned Judgments: The American Constitution, Rights, and History*. New Brunswick, NJ: Transaction.

Maddex, Robert L., Jr., 1995, *Constitutions of the World*. Washington, DC: CQ Books.

Patman, Robert G., 2000, *Universal Human Rights*? Basingstoke, Hampshire [England]: Macmillan; New York: St. Martin's Press.

Robertson, A. H., and J. G. Merrills, 1996, *Human Rights in the World: An Introduction to the Study of the International Protection of Human Rights. Manchester*, U.K.; New York: Manchester University Press; New York, NY: Distributed exclusively in the USA by St. Martin's Press, 4th ed.

Smith, Rhona K. M., 2003, *Textbook on International Human Rights*. Oxford [England]; New York: Oxford University Press.

Spiro, Herbert J., 1959, *Government by Constitution*. New York: Random House.

第九章　憲政體制的類型

楊日青

PART 2

　　憲政體制乃是指立憲國家根據憲法及政府實際政治運作所建立的整套規範或體制，實為立憲國家的政府體制。

　　在討論憲政體制的類型之前，對於什麼是政府？政府在國家之中扮演何種角色？研究政府的主要途徑何在？擬在第一節略作說明。

　　關於憲政體制的分類，民主國家的學者偏好依政府產生方式及決策權最後控制在誰手中為分類的標準，將政府分為民主政府（democratic government）與獨裁政府（dictatorial government）。前者政府首腦由公民直接或間接選舉產生，決策最後控制在公民手中，如美國、日本、法國等；後者政府之首腦非經競爭性自由選舉產生，且決策權最後控制在統治者個人或少數人手中，如古巴、北韓等共產政權及利比亞等軍事獨裁。實際上，各國政府都介乎標準的民主模型與標準的獨裁模型之間，幾乎沒有一個政府是合乎真正的民主模型。被認為最民主的美國，其政策實際上是由政府、政黨、軍事、企業、各界領袖及學者與專家互動決定，而非由全體公民決定。唯民主政體與獨裁政體終究有別，其主要差異在於前者政府權力是有限的，不僅受憲法之規範，並受民意機關、社會力量及輿論的監督制衡，而後者的政府權力幾乎不受限制，故獨裁政體不在本章討論之列。第二節討論的，主要是針對「以限制政府權力為手段，以保障人民權利為目的」之民主憲政體制，此類體制因行政權歸屬及行政與立法關係之不同，可進而區分為總統制、內閣制、雙首長制及委員制四種。茲分別說明於後。

壹、政府的角色與制度研究

　　先談政府的角色，政府是一套制度與一部分人員的組織體。它有憲法賦予

的法定職權，民主政府通常具有人民承認的政治權威主導決策，為社會作「權威性的價值分配」。基本上，民主政府應為大眾服務，對社會價值作合理的分配。

對於政府的研究，在不同的時代環境，有不同的研究方法，而當今則以新制度研究法為主流，因而亦宜作簡單之介紹。

一、政府的角色

按照自由主義與社會主義的理論，人民設立政府之目的在維護人民之自由權利，謀求人民之福祉。具體而言，政府的主要功能就是在擬訂公共政策、制訂法律、決定社會價值（包括權力、財富、福利、服務、預算等社會資源）的分配、解決公共問題、裁決爭端、協調紛爭、維持社會秩序與安全。不論獨裁或民主的政府都行使合法的獨占的強制性權力，擁有警察與軍隊，在必要時，可以動用武力，對違反政策法律者加以制裁，甚至剝奪違法者之自由或生命。

由於政府有法定職權形成政策、制訂法律，而其所制訂的公共政策，施行的法律，全體人民均須遵守，否則將受制裁。亦即政府的決策對人民的權利義務、利害福禍造成不同程度的影響，與我們生活息息相關。因此我們對政府的組織與運作情形，決策的方式與過程不能不重視，不能不有所了解。

在現實世界中，各國政府之組成方式及決策過程並不相同。有些國家政治領袖的地位是以武力取得，早期的共產政權如蘇聯的列寧，中共的毛澤東均是透過無產階級革命，「槍桿子出政權」方式，以武力奪取政權；有些靠宗教力量，如伊朗的柯梅尼；有些靠世襲，或由在位者指定繼承人，如約旦、沙烏地阿拉伯等國及非民主國家的領導者。不過在第三波民主化，[1]尤其是在1991年蘇聯及東歐共產黨垮臺之後，現在多數國家透過直接或間接選舉程序產生政府首長。凡是政府首長及民意代表均按照民主的基本程序產生，即競爭性地經由民主選舉過程產生，大致上可以說是建立在人民同意基礎之上的民主政府。

在非民主國家，公共政策及法令由政府首長或政治領袖決定，過去國王的聖旨就是法律，現在的極權或獨裁國家，法令仍依領袖的意志制訂，縱有非領袖主導的憲法或法律存在，亦不能對領袖發揮「法」的強制或拘束作用。總之領袖的意志高過法律，決策及施政方式是人治而非法治。在人治之下，領袖個

1　杭廷頓（Samuel Huntington）在《第三波：二十世紀晚期的民主化》一書中指出，民主的第三波浪潮起自1974年葡萄牙軍事獨裁終結，拉丁美洲、亞洲一些國家隨之民主化，1980年代末期擴大至東歐，1991年並導致蘇聯共產政權崩潰（S. Huntington, 1991: 21-22）。

人有絕對的權力,這種體制能不腐化者,鳳毛麟角。

在高水準的民主國家,政府權力是有限的,不僅受憲法規範,且受許多社會力節制。政策與法令均非政治領袖所能壟斷,亦非廣義的政府[2]所能單獨決定,實則許多非政府的政治活動,如投票行為、群眾運動、大眾輿論、社會團體及政黨活動等,均對公共政策或法令制訂與執行具有重大影響,亦對政治領袖及行政部門發揮監督制衡作用。但無論如何,政治領袖或行政首長掌握人力、物力、龐大行政資源,擁有法定職權,對政策的主導作用無與倫比,民主政府仍然控制在極少數人手中,仍不脫少數統治、多數被治的「寡頭鐵律」[3]。但「權力趨於腐化,絕對的權力使人絕對地腐化。」[4]因而對掌握豐沛資源的政治領袖及行政官員必須加以監督,以防其濫用職權,貪瀆腐化。

對於誰來監督是很多人想知道的問題。對於行政的監督概可分為兩方面,一為行政部門的內部監督,包括人事、會計、政風、檢調等單位的監督;二為外部監督,其中又可分為立法、司法與監察等體制內的監督,以及政黨、社會團體、大眾傳播媒體與選民等體制外的監督。在民主先進國家,最有能力扮演監督角色者是立法機關(國會),因國會由民選代表所組成,有憲定職權,代表人民議決政策、法案、預算,並透過質詢、不信任投票或調查、彈劾等方式監督政府之施政。但是誰來監督國會議員?除了內部的紀律委員會,外部的司法機關、大眾媒體、政黨的監督之外,主要靠選民的選票來淘汰不肖議員。因此選民若具民主素養,選賢與能,則會選出一流的議員;若選民賣票或不能分辨好壞、盲目投票、選出不入流的議員,而這些議員可以靠沒有民主水準的選民繼續當選,期望國會能發揮立法與監督的正常功能,則無異緣木求魚。建構宏偉的民主華廈,需要全民共同努力,這亦是成功的民主政治所以稀少,不易仿效的關鍵所在。

我國實施民主政治為時不久,憲法未受應有之尊重,政治領袖缺乏民主素養,不願遵循多數治理的民主原則,強行組成少數政府,欲將個人及少數人之

2　我國學者所謂的政府有廣狹二義:狹義的政府專指行政部門,有如英國人的觀念;廣義的政府則是指行政、立法、司法以及其他國家機關,與美國人的觀念相近(呂亞力,1987:174)。實際上,美國人提到政府亦常指行政部門,我們甚至看到以行政首長總統之名冠於政府之前,來表示不同時間的行政部門,如甘迺迪政府、布希政府等。

3　菁英主義者(elitist):密歇爾(Robert Michels, 1876-1936)指出,無論形式是否民主,所有組織的決策權均傾向於集中在有知識、有能力的少數菁英手中。這種說法,他稱之為「寡頭鐵律」(the iron law of oligarchy)。

4　艾克頓爵士(Lord Acton, 1834-1902)察覺人有自私自利的天性,曾說過流傳世界的警世格言:"Power tends to corrupt, and absolute power corrupts absolutely."

意志強迫多數人接受。這種違反多數民意的做法，顯示權力的傲慢，潛藏濫權專斷、民主倒退的危險。若想維護我們得來不易的初階民主，現代公民應發揮中流砥柱的監督角色，對於有權者違背法治政治與多數治理民主原則等情事，允宜譴責，不宜縱容，以求防微杜漸，根絕人治與威權等惡質政治復活。

二、制度研究重現

不論民主或非民主國家，政府的活動均為國家的主要活動。故政府制度是傳統政治學者研究的主題，唯傳統政治學者以憲法、法規與文件等資料為分析的基礎，運用歸納法蒐集所需資料，然後從資料中找出一些原理原則。此時的研究成果多為描述性或規範性。由於所討論者應然的成分居多，研究的結論與實際政治現象時有落差，引起一些學者不滿，故有行為主義於1950年代興起。

行為主義者普遍採用系統論作為分析政治的概念架構，而排斥國家概念，忽略政府的權威性地位，漠視制度的研究，專注於個人與團體的行為，並以科學計量方法對投票行為、團體活動及決策行為進行研究，期望建立一套普遍性經驗的理論，以便解釋及預測政治現象。

行為學派對促進政治學研究方法的科學化確有貢獻，投票行為研究對權力競爭的結果，亦有頗高的預測效果。但在力求科學化的同時，對不易量化的政治思想、國家及國際重大問題則刻意迴避，使政治研究與社會大眾實際需要脫節。[5]而且行為主義到後來，更往抽象的經驗理論科學方向發展，而忽視國家這個與人民有權利義務關係的實際統治團體，漠視具有制訂政策法律，分配社會價值等合法權力的國家機關及政府制度，結果脫離了政治現實，造成政治研究的新盲點。所以到1988年連行為主義大師奧蒙（Gabriel A. Almond）亦在美國政治科學評論（APSR）季刊上發表論文，呼籲「回到國家」（The Return to the State）[6]。如今政治學者亦再度重視國家與政府制度的研究。

現代政治學者所研究的制度，範圍寬廣，方法多元。基本上認為制度是成套的遊戲規則，行為的規範，會影響到人的行為。March和Olson於1984年提出「新制度主義」時即指出，在現代的經濟與政治體系裡，正式的組織（formal organization）是主要的行動者。依法設立的政府機構和官僚組織愈來愈龐雜，對人類生活之影響亦愈來愈重大（March & Olson, 1984: 743）。他們在1989年

5　1960年代有許多反對行為主義的批評，伊斯頓（David Easton）稱之為後行為革命（The Post-Behavioral Revolution）。見（Easton, 1969）

6　見APSR, Vol.82 , 1988.

進一步指出，政治制度是一組相互關聯的規則與慣例的集合體，它是一套標準化的政治運作程序，也是分配社會價值的結構。它界定了政治角色（political actor，從事政治活動者）與情境間的適當關係（March & Olson, 1984: 160），因此亦形塑了人們的政治行為模式。新制度主義者所研究的制度問題與傳統的制度研究者頗有差異，現代的制度研究，不僅在方法上不限於制度研究法或行為研究法，還借用其他學科的方法。在研究主題方面範圍寬廣，諸如民主制度的建立和鞏固，國家與市民社會（civil society）的互動關係，政策輸出和經濟表現的關係，重視特殊的制度安排是否能增進處理衝突的能力，能否落實公平選舉、多數治理、責任政治、……民主憲政等，與人民生活息息相關的重大政治議題均包括在內。新制度主義似已成為現代政治研究的一個潮流。

貳、憲政體制的分類

　　現代民主國家受孟德斯鳩三權分立學說，及美國分權制衡制度之影響，普遍設有行政、立法、司法三部門，有些國家尚設置其他機關，如我國尚有考試、監察等機關。

　　學者為了方便比較與說明各種不同的政府制度，常擷取某一事項或某些事項作為政府體制（憲政體制）分類的標準，同時由於所採標準不同，因而有種種不同的分類。

　　最早將政府加以分類者當推西元前四世紀的亞里斯多德，他以「誰來統治？」（who rules？）及「誰從統治中受益？」（who benefits from rule？）兩項疑問來分類，亦即政府是由一人、少部分人或多數人作「最後決定」及政府為「統治者個人或社會大眾的利益而統治」兩個標準，將政府分成為六類，[7]如圖9-1。

　　現代學者依其研究之需要採取下列不同的分類：

一、依國家元首產生方式為標準

　　分為君主制（monarchy）與共和制（republic）政府，而君主制又分為君主立憲制（constitutional monarchy，如英國）與君主專權制（absolute

---

7　轉引自（楊晴等譯，2002:44-45）

誰來統治

誰受益		一個人	少數人	多數人
	統治者	暴君政府（Tyranny）	寡頭政體（Oligarchy）	暴民政體（Democracy）
	全體人民	君主政體（Monarchy）	貴族政體（Aristocracy）	民主政體（Polity）

圖 9-1　亞里斯多德六種政府類型

monarchy，如沙烏地阿拉伯）。如果元首非世襲而是民選產生則為共和制，現在世界絕大多數國家是採行共和制。

二、依中央與地方政府權力關係為標準

　　將政府分為單一制（unitary government）與聯邦制（federation government）。前者中央政府有極大的權力，有權決定地方政府的權力範圍，如中國、日本、英國等。後者之中央和地方政府各有權限，均受憲法之保障，彼此不能干涉或侵犯，如美國、加拿大、澳洲等。此外尚有邦聯制（confederation），地方政府的權力極大，中央政府只有各邦政府全體同意賦予的權力，且各邦政府可以隨時決定收回。邦聯制與單一制政府恰好相反，中央政府權力極為有限。典型的例子是1781至1789年間，美國在邦聯條款（Articles of Confederation）下建立的邦聯政府，但在1789年聯邦憲法實施後，已被聯邦政府所取代。現代學者多認為邦聯具有國際聯盟性質，如大英國協、蘇聯崩解後之獨立國協，以及由歐洲共同市場發展而成的歐洲聯盟。

三、依政府產生方式及決策最後控制在誰手中作為分類的標準

　　民主國家學者偏好將政府分為民主政府（democratic government）與非民主的獨裁政府（distortional government）。前者的決策者（國家領袖、民意代表）經由競爭性民主選舉程序產生，可視為政府是建立在人民同意的基礎之上，政府的權力是有限的，其去留最後控制在人民手中，且受到體制內的監督（國會、司法等）之外，並有體制外的政黨、社會團體、大眾媒體的實體監督；非民主政府產生方式，係經由政變、革命或世襲產生的領袖，具有絕對的權力，缺乏監督。

四、依行政權歸屬及行政與立法關係為指標

這是目前普受學者重視的政府分類方式。行政權包括「政府組成」（政務官任命）、「政策制訂與執行」、「行政監督」等職權。凡是行政權歸屬總統，行政權與立法權分立制衡者為「總統制」（presidential government）。行政權屬於閣揆與內閣，行政權與立法權融合成一體者為「內閣制」（cabinet government，又稱議會制parliament government，或議會內閣制）。行政權由總統與閣揆分享，國會多數黨與總統同黨時偏向總統制；不同黨時左右共治，偏向內閣制運作者為「雙首長制」（two-headed executive，dual-executive system，又稱半總統制semi-presidential government，或混合制hybrid system）。及行政權屬於委員會，實則行政權與立法權均集中於國會者者為委員制（collegial executive）。同時由於民主的政府均採司法獨立制度，故政府分類時，司法權通常略而不論，而以行政與立法兩部門的權責關係作為分類的重點。

實際上，各國政府制度均因各國歷史、文化、經濟、社會結構等國情之差異及本國之需要加以設計修正，因此幾乎沒有任何兩國的政府制度是完全相同的。現以美國總統制、英國內閣制、法國與我國雙首長制及瑞士委員制為例，說明各國憲政體制形成的歷史因素，並從憲政的法理層面與實際運作的憲政慣例來說明各種體制的特徵。至於不同憲政體制對政治穩定、民主鞏固、經濟表現的影響等問題，由於事實有不同的印證，學者看法分歧，擬略而不論。

參、總統制

美國總統制究竟如何形成？有何特徵及優劣？是傳統政治學者關注的重要課題，茲分別說明於後。

一、總統制之成因

美國在獨立之前為英國之殖民地，受英王剝削，由英王派駐的行政長官——總督——統治，與當時殖民地人民根據自治傳統所選出的議會，時常對立衝突。此種經驗使早期的美國人對行政權充滿不信任感。因此在制憲時，基於國家的統一領導與效率考量，雖採首長制而非合議制，但總統的職權卻成為刻意加以限制的對象。

另一方面，制憲者受孟德斯鳩三權分立，互相制衡理論的影響，故憲法設

計的中央政府，分設立法、行政、司法三個機關。由參眾兩院組成的國會分享決策立法權，總統具有依法行政的權力，法院具有司法審判權，並使此三個權力互相節制，以免專制政府在美國出現，藉以保障人民權利。故很多學者指出，美國總統制採取了「分權制衡」（separation of powers，checks and balances）的原則。不過美國有名政治學者紐士達（Neustadt, [1964] 1990: 29）則強調行政與立法的關係是「分立的機關共享權力」（separated institutions sharing powers），炯士（Jones, 1990: 3）更精確指出，美國有一「分立機關競爭共享權力的政府」（government of separated institutions competing for shared powers）。

　　無論是「分權制衡」或「分立的機關競爭共享的權力」，均表示行政、立法、司法三個機關均有分別獨立的地位，各有憲定的職權，唯權力的行使，彼此制衡，不能專斷濫用。例如政策法律的制訂，必須行政與立法機關彼此合作，互相支持，否則即難以通過實施。

二、總統制之特徵

　　美國總統制究竟有何特徵？學者因關注之焦點不同，而有種種說法，茲引述三位名家的說法。

　　美國政治學者薩托利（Giovanni Sartori）曾表示，總統制有三個特徵：（1）國家元首（總統）民選產生；（2）總統任期內不因國會表決（不信任案）而去職；（3）總統領導並指揮其任命之政府（雷飛龍譯，1998：88）。

　　英國政治學者海伍德（Heywood, 1997: 320）指出，總統制特徵有五：（1）行政與立法部門分別由民選產生，各有憲法賦予之權力；（2）民選總統一人扮演國家元首與政府首長（行政首長）兩種角色；（3）行政權集中於總統，整個內閣各部會首長只是總統的諮詢對象，由總統任免，須向總統負責，不具副署權；（4）立法與行政機關人員正式分離（不得互兼）；（5）總統與國會議員各有固定任期，總統既不能解散國會，國會亦不得（以不信任投票方式）將總統免職（除非因違法失職被彈劾）。

　　我國知名政治學者鄒文海教授曾表示，總統制的特徵隨時代環境之變遷而改變，唯其中最值得注意的幾點是：（1）行政與立法的分立；（2）行政與立法的制衡；（3）總統為國家元首兼行政機關首長，獨攬行政大權。

　　以上三位學者均指出，美國總統制之基本特徵有三：（1）行政權歸屬總統；（2）行政與立法各自獨立；（3）行政與立法互相制衡或分享權力。

茲分別進一步說明於後：

1. 民選的總統，一人扮演國家元首與行政首長兩種角色，獨攬行政大權，部會首長等政務官員是由總統任免，為總統行政助手，對總統負責，故總統公布法令，無須部會首長副署。

2. 總統與國會議員分別民選，各有法定任期，彼此均無權強迫對方提前下臺，即總統不得解散國會，國會亦不能以不信任強迫總統辭職，而且官員不得兼任議員，亦不得出席國會之院會，行政與立法主要成員各自獨立。

3. 在權力制衡方面，總統有覆議權與咨文權，以防止國會立法專制，而國會亦有立法權、預算議決權、官員任命同意權、調查及彈劾等權，以防止總統濫權不法，彼此互相制衡。

在總統與國會的權力制衡或分享權力方面，究竟誰占優勢？從環境變遷與歷史發展的路徑觀察兩者的權力關係，常呈現鐘擺式的擺盪，有時國會居優勢，有時總統居優勢。唯若自憲法的授權分析，基本上總統分享的立法權是建議性、程序性，最後決定權仍在國會；而國會分享的行政權則具體且重要。是以「制衡」或「權力共享」旨在限制總統的權力，並使國政的控制權最後掌握在國會手中。在憲法規定中，國會是決策立法機關，有權監督總統「忠實執行法律」（Laws be faithfully executed），且立法權具體地列在第1條，分成十項，而行政權則鬆散地列在第2條，僅分四項。顯見在制度上，國會居於優勢地位。且實際上，1930年代以前，亦復如此。故威爾遜總統曾描述美國政府是「國會政府」（Congressional Government），但1930年代以後，總統趨於優勢，而國會立法權有沒落現象。

總統與國會優勢地位的轉變，實受兩大環境因素影響。其一，為免1930年代經濟大恐慌再現，政府放棄了傳統的自由放任（laissez-faire）政策，對經濟與社會面向採取干預主義者（interventionist）的措施。其二，二次世界大戰之後，美國成為超級強權，形勢使其放棄孤立主義（isolationism），扮演世界領導的角色。國內外環境要求總統提出改善社經方案，並扮演領導國家的角色。故羅斯陶（Clinton Rossiter）說，美國總統不僅是行政首長、三軍統帥，而且是立法首長（chief legislator）、外交首長、民主世界的領袖。美國歷史學者史勒辛吉（Arthur Schlesinger）在《帝王總統》（*The Imperial Presidency*）一書中特別強調，現代總統之所以強勢，主要是隨著美國國際角色日重，總統的權力也因而水漲船高。

儘管總統權已隨著國內外情勢的轉變而擴大，但總統的權力在憲法中仍

然薄弱，在實際上，仍無法專斷獨行。紐士達在1964年的經典之作《總統的權力》（*Presidential Power*）一書中，強調總統的主要權力是「說服權」（power to persuade），不是命令（dictate），此一觀點依舊正確。總統的主張或意志能否貫徹，端視四大關係是否良好而定，即國會、官僚體系、最高法院及大眾媒體若支持總統，總統將擁有驚人的權力。倘不支持，尤其是若缺乏國會的支持，政府的施政可能受阻停擺。當國會的多數黨與總統不屬同黨時，行政與立法機關間的僵局更易發生，甚至再度出現柯林頓政府於1995年底及1996年初因預算爭議，導致部分機關被迫兩次關閉的情事。同時倘若大眾媒體對總統的報導與評論多屬負面，不僅可能削弱總統的威信與領導能力，嚴重時可能迫使總統下臺，如尼克森總統於1974年辭職，即源自華盛頓郵報揭發水門案醜聞。如今大眾媒體已被描述成美國的第四權。此外，文官若不願積極執行總統的政策，最高法院若宣判總統主導的法令違憲無效，總統的政策主張均無法憑其個人意志加以貫徹。

在「分權制衡」、「權力共享」原則下，總統想主導決策立法，必須與國會領袖們諮商，設法領導文官體系，並使大眾媒體的報導多從正面評論。能否成為成功偉大的總統，端視總統是否有遠見，能否發揮理性說服的能力，而非剛愎、專斷、一意孤行。

三、總統制之優劣

最後有必要對總統制之優劣作一簡介，美國政治學者林斯（Linz, 1994: 6-19）曾指出，總統制的主要缺點有五：

1. 總統與國會同具民選的合法性，彼此共享權力而又分立制衡，意見不一時，各恃合法性，各持己見，易陷僵局及雙重合法性危機。

2. 由於各有固定任期，不能如內閣制透過辭職或解散機制化解僵局，制度缺乏彈性。

3. 當國會多數黨與總統不屬同黨時，總統常將施政困難歸咎於國會及在野黨，總統與國會常爭功諉過，不僅僵局難解，且政治責任不明。

4. 總統大選屬「零和賽局」（zero-sum game），贏者全拿（the winner takes all），輸者全輸。易激化選戰，不擇手段，甚至引發政變革命，對國家安定十分不利。

5. 總統全民選出，易輕視國會、政黨及媒體的意見，視其為代表私利或局部地方的利益，而把自己視為代表全民的利益，動輒直接訴諸民意，易產生

民粹式領袖（popular leader）甚至有淪為獨裁政治的危險。

舒加與凱瑞（Shugart & Carey, 1992: 36-38）對林斯的批評不以為然，他們指出總統制有下列優點：

1. 責任歸屬明確，因國會議員對政策法案的表決有紀錄可查，總統與國會議員對法案的立場，選民不難分辨，是否追究其政治責任，可在下次選舉中用選票來決定；

2. 符合人民主權原則，總統民選，選民對行政首長能做真正的選擇。而內閣制之行政首長（閣揆）由國會議員推舉，在多黨制國家更由政黨摔閤而定，非選民所能決定；

3. 制衡雖可能出現僵局，但更能防止總統獨裁。因任期受保障的國會，對財政法案有最後決定權，能有效防範總統濫權；而內閣制的行政與立法兩權混合為一，國會不易發揮制衡閣揆之作用。

平心而論，總統制下的總統大選屬零和賽局，在缺乏民主素養的國家，常引起政局不安，且在分權制衡原則下，行政與立法間易生僵局，均為不爭之事實。總統與國會多數黨同屬一黨時，僵局仍無法避免，如卡特總統時代；不屬同一政黨的分立政府（divided government）時期，情況更為嚴重，如柯林頓總統時代，連政府機關都被迫局部關閉一段時間。事實上，立法與行政本為採取行動、解決國家問題的兩個階段，若分別由不同政黨主導，自易彼此拉扯，甚至背道而馳，形成國會的立法，控制行政權的總統不願忠實執行，而總統的施政綱領，國會拒絕配合，不能成為法律。在缺乏統一領導的分裂政府下，立法與行政的僵局益形嚴重，施政效能更形低落，這是總統制的最大缺點。至於總統制的最大長處，則是選民可挑選國家領導者，且權力集中，應變快速，如小布希總統對911恐怖攻擊事件之反應。

肆、內閣制

一、內閣制之類型

內閣制又稱議會制，此一制度的基本原則是「議會至上」（supremacy of the Parliament）。因為理論上，議會（又直譯為巴力門，英議會由兩院組成，但1949年議會法通過後，貴族院對法案僅有一年擱置權。後文所稱議會，乃指

平民院而言）代表民意，政府根據多數議員支持與信任所組成，倘失去多數支持，政府即應改組，故政府受代表民意的議會控制。

　　今日民主政治乃是政黨政治，政黨制度為一黨獨大、或兩黨、或多黨，會影響到內閣制政府行政與立法兩權的消長、政府穩定與否以及其效能的高低。如今內閣制國家因政黨分化程度不同，概可分為四種類型：

1. **英式兩黨內閣制或閣揆制**（cabinet or premier system）：其內閣控制議會。
2. **聯合內閣**：在多黨制國家，內閣由政黨捭闔的結果產生，內閣受政黨或議會控制。
3. **一黨獨大內閣**（1954-1993之日本）：一黨長期控制內閣與議會。
4. **少數內閣**：如挪威、丹麥等北歐國家，議會有多黨，不僅無一過半，且各黨不願合作，姑且由最大的少數黨組閣。

　　一般而言，一黨獨大的內閣，不僅內閣受一黨控制，議會亦長期受具有絕對多數席次的政黨控制。在黨政一體的運作下，政府穩定，通常表現不錯的效能，有利經濟發展。主要缺點是長期掌權，可能腐化，而且人民沒有真正的選擇機會，不夠民主。

　　多黨聯合的內閣，通常閣揆及內閣由政黨協商產生，缺乏團結基礎，利益衝突時，任何一黨的退出即有倒閣危險，故其壽命較短，如法國第三共和時期，內閣平均壽命不到八個月，第四共和時不及半年。且為免分裂，爭議性政策往往延宕，政府缺乏施政效能。不過並非全然，基於國家危險處境，如以色列；或基於建設性不信任投票（必須先選出新閣揆始能倒閣），及政黨數目在三個左右，如德國，仍能維持聯合內閣的穩定，與不錯的效能。

　　至於少數內閣，其成因主要有二：

1. 閣揆的產生無須議會正式表決同意，如英、加等國；
2. 採取協合式民主體制（consociational democracy），政策由各黨及重要社團協商決定，如挪、丹等國，未入閣的政黨，可分享決策權，無入閣的急迫性。

　　無論如何，少數內閣多短命，若不能妥協，施政難以推動。

二、英國內閣制之成因

　　內閣制源於英國，故對英國的內閣制有進一步說明的必要。英國自1688年光榮革命以來，隨著政治民主化，實施普選，採單一選區多數決選舉制度，形

成兩黨制及嚴格黨紀後，現代的內閣制於焉誕生。

　　光榮革命之後，議會擁有廢立英王的權力，從此確立了其優越地位。1714年，英自德國迎接王位繼承人喬治第一就任，因其不諳英語，由是英王之行政權旁落內閣。1742年華爾波（Sir Robert Walpole）首相因其提出的法案未獲議會通過，憤而辭職，形成議會具有對內閣表達不信任之倒閣權，內閣須對議會負責之慣例。議會運用決策立法及預算議決權控制了內閣（政府），形成議會至上。議會有權廢立英王，更換首相，議決預算及法律，沒有任何人或機關能改變議會之決定。故白芝浩（Walter Bagehot, 1936）說，議會除了不能決定將男人變成女人之外，它能決定一切。內閣受議會控制，其地位類似議會之執行委員會。

　　十九世紀末期在選舉權普及下，出現黨紀嚴格的兩黨制之後，政黨以紀律約束黨籍議員之發言與表決，首相遂能以議會多數黨領袖的身分促使同黨議員支持政府法案通過，在議會中領導立法，造成過去議會控制內閣，而如今閣揆領導的內閣反過來控制議會，內閣成為議會的操控委員會（steering committee）。故今日學者多稱英國政府制度為內閣制或閣揆制。

三、英國內閣制之特徵

　　其主要特徵有二：

1. 虛位元首（Titular Head）：形式上英王仍擁有行政、立法、司法等大權，實際上他除了名義上代表國家，對政治處超然地位，不作決策，不參與黨爭，也不負政治責任，故英人均謂："The King never do wrong"。

　　虛位元首須遵守的原則主要有三：

　　（1）元首任命閣揆及閣員，無選擇之自由，必須任命多數黨領袖為閣揆，若無多數黨，亦應任命最能聯合友黨的領袖組閣，並由閣揆決定閣員名單。元首的責任是任命一位能獲議會多數支持的閣揆，而非挑選他所關愛的人來組閣。

　　（2）內閣總辭或提請解散議會，元首不得挽留或拒絕，概由閣揆決定，元首宣布而已。

　　（3）法律由內閣提案，議會三讀通過。已經閣揆副署簽名同意者，元首不得拒絕公布或覆議。而未經閣揆副署之法令，元首公布亦無效。

2. 行政與立法兩權之間，因處常或處變而有融合（fusion）或對立的關係：在法制上，行政對立法負責，內閣對議會負責。因議會代表人民，於主權

在民時代，展現議會至上的精神。但實際上，由於政黨的運作，閣揆由多數黨領袖擔任，閣員由其在同黨重量級議員中物色，內閣由多數黨領袖及有資望議員組成，故其政策能獲多數議員之支持。換言之，內閣反過來能在議會中領導立法，使行政與立法兩權融合（fusion of powers）。可見內閣制與分權式的總統制截然不同。

英國多數時間，內閣不僅能領導行政，監督政策法律的忠實執行，且能領導立法，形成白芝浩所說的，內閣有如連字符（hyphen）或紐扣（buckle），使行政與立法兩者連為一體。在平時處常狀態，政府呈現行政與立法兩權融合，立法配合行政，步調一致，合作無間，發揮高度施政效能，內閣猶如議會的操控委員會（steering committee），控制著議會的運作，形成內閣強勢，而非議會至上的現象。

但若在處變狀態，即內閣之預算及重要政策法案被議會否決，或議會對無能之內閣通過不信任案，閣揆應率閣員集體辭職，以便能獲多數議員支持之新領袖出組內閣。唯倘若議會中，無過半議員支持之新領袖或內閣認為議會之多數反對，不足以代表多數民意，亦可不辭而請元首解散議會，以便將內閣與議會之爭議問題交付選民公斷。可見政府與議會間亦存在解散與倒閣的制衡關係，這種制衡關係實際上是執政黨與在野黨的制衡。倘執政黨於大選中重獲勝利，證明內閣政策獲得多數選民支持，則執政黨繼續執政，內閣不必改組。倘執政黨失敗，原來在野黨成為新議會的新多數黨，則原來執政黨必須下臺，內閣必須辭職，絕對不可再解散議會。同時由新議會之新多數黨領袖出組新內閣，使行政與立法兩權再度融合，發揮政府施政效能。

由於英國是兩黨制，且黨紀良好，故絕大多數時間，多數黨組成的內閣通常能領導立法，兩權融合，地位穩定。當內閣失去議會多數議員支持，此種不尋常的對立狀態出現時，內閣制就經由內閣總辭或解散議會的方法恢復常態。

很多學者認為，英國閣員間辯論政策，集體決策，集體為政府政策辯護的內閣制，已變成閣員須服從閣揆決策，行政權集中於首相（總理）的閣揆制（premiership）。[8]薩托利（G. Sartori）特別強調首相是「不平等之上的第一人」（a first above unequals），首相為內閣之揆首，閣員及政務官由其任免，須接受其決策，服從其領導，閣揆亦為議會多數黨之黨魁，在嚴格黨紀約束

8　Crossman（1963），Mackintosh（1977），Giovani Sartori（1991）等學者均認為英國政府已成為閣揆制。Andrew Heywood（1997：326）則稱之為「總理制」政府（prime-ministerial government）。其特徵為權力集中於總理。

下，同黨議員須支持閣揆之決定，否則可能被開除黨籍，連任無望，故閣揆亦能在議會領導立法。閣揆不但是行政首長、文官首長、立法首長，而且經常參與國際高峰會或外交訪問，動見觀瞻，成為媒體報導的焦點，將其塑造成全國領導人的角色。1980年代的柴契爾首相，能在議會領導占絕對多數的同黨議員順利立法，有效推動施政，其所行使的權力，曾令他國領袖稱羨不已。

不過，進一步分析，上述觀點並不盡然，閣揆的權力仍受限於內閣、政黨、議會及政治環境，柴契爾因保守黨議員支持成為黨魁之後，基於工黨分裂，加以經濟復甦及1982年福克蘭群島戰爭獲勝，使她領導下的保守黨連續贏得1979、1983、1987年的平民院大選，同時亦使她擔任閣揆長達十一年之久，並獨攬行政與立法之大權。1980年代的柴契爾，其聲望與權力均如日中天，連雷根總統都艷羨不已。但是1990年卻因保守黨議員對其專制作風不滿，一些重要閣員在1989、1990年先後辭職，在失去同黨多數議員支持，缺乏閣員（重量級議員）抬轎的情況下，未能連任黨魁，因而亦被迫辭去閣揆職務，同時亦失去了不可一世的權威。柴契爾曾表示，她是被內閣政變（coup）趕下臺的。可見閣揆需要議員與閣員抬轎，須擅於溝通協調，實不宜有權力的傲慢，這亦是內閣制有利於民主鞏固的重要原因。柴契爾之後的梅傑首相，面對經濟衰退，保守黨的議會多數滑落，不僅成為弱勢首相，最後在團結的工黨競爭下，失去了政權。

四、內閣制之優缺點

由上所述，可見內閣制有若干優點：

1. 政府的決策，須經朝野政黨辯論；內閣之去留，主要決定於有無議會的多數支持，最後決定於民意的背向。內閣制能展現民意政治、責任政治的民主精神。

2. 倒閣與解散機制，能使行政與立法的衝突得以化解，不致形成長期僵局，使政治運作富有彈性。

3. 行政權與立法權匯集於內閣，草擬法案及預算案者亦是負責執行的人，故草擬時不致好高騖遠，而使法律平實可行，預算經濟合理，使政府具有施政效能。二次大戰後，政府送到議會的法案，通過率高達97%（Rose, 1989: 112-113）。

4. 虛位元首為國家之代表，統一之象徵，統而不治（reign but not govern）超然於政黨競爭之上，其地位安定，有維繫國家認同及穩定政局之作用。

5. 內閣制國家領袖多出身議會，經議會政治訓練的人，深知獨行其是者必致失敗，能與他人合作、謙和有禮者，反易贏得他人尊敬與擁護，內閣制有利於民主政治家的訓練。

天下無完美無缺的制度，內閣制亦有缺點，主要有三：

1. 執政黨控制行政與立法兩權，在野黨不易有堅強的著力點，倘內閣不遵慣例，該辭而不辭，不該解散而解散，內閣制亦有專制的危險。
2. 英王世襲，不但違背民主原則且象徵保守的價值，有妨礙進步之嫌。
3. 多黨制國家，聯合內閣地位較不穩定，政局比較不安。而為免分裂，爭議性政策往往延宕不決，政府施政效能較差，且失策責任選民難以判斷。一般而言，內閣制優點多於缺點。

伍、雙首長制

討論雙首長制，多以法國為典型。它兼有總統制與內閣制的部分特徵，故薩夫倫（Safran, 1995: 161）等學者稱之為混合制（hybrid systems）。我國於1997年第四次修憲後，憲政體制每被定位為雙首長制。茲先談制度之成因，再談制度之特徵。

一、法國第五共和與我國憲政體制之成因

法國第五共和與我國憲政體制自始即在主張總統制與內閣制者拔河角力下折衷產生。先說明法國，再談我國。

第一，法國第五共和憲法起草時，一方面戴高樂希望總統具有獨立行使的職權，而負責草擬的司法部長戴布瑞，則嚮往英式議會內閣制，另一方面兩人對法國第三、第四共和時期，國會過於強勢，導致內閣短命，均認為必須改善，故要削弱國會權力，強化行政權，使政府能主導立法。因此最後通過的憲法，包含了強化總統的職權，維持內閣制基本架構，穩定內閣地位，削弱國會（由參議院與國民議會兩院組成，但內閣只對後者負責，後文之國會亦指後者而言）權力等重要原則。1962年總統選舉方式由選舉人團改為公民直選，使總統有強大的民意基礎，在戴高樂總統的強勢作為下，內閣總理（閣揆）幾乎被貶成其部屬，因而杜瓦傑（M. Duverger, 1980）稱法國政府屬半總統制（semi-presidential Government）。

　　唯憲法上規定，總統與閣揆各有其行政權，總統統率三軍，主持國防會議，談判並批准條約，並由其扮演國家利益仲裁者角色；而總理有權「指導政府活動」，「政府決定並指導國家政策」，總理並任命文武官員，負責國防，確保法律之執行，顯見二者均有行政權，但界限模糊。艾夫里（Pierre Avril, 1969: 99）稱之為雙行政首長制（two-headed-executive）。薩托里（Giovanni Sartori）亦強調法國是二元的行政結構，有兩個頭（head），唯總統的權力是間歇性的非經常行使的權力，且都非決策的權力，而是傾向於阻擾決策的權力（如將法律交付公民複決，解散國會，行使否決權等），故就憲法明文規定而言，閣揆有組織政府及指導政府活動等具體權力，是政府的「第一首長」（the first head），總統的決策權應居於弱勢。

　　1964年，密特朗（Francois Mitterrand）對戴氏強勢作為甚為不滿，曾撰文批評「戴高樂的總統制主義」，故密特朗於1981年當選總統之後，即專注於國防外交事務，減少對國內事務的干涉。1986年國會大選，左派失敗，密特朗總統遵循總統大選時的競選諾言，按照民意（當時世界報民調，65%公民贊成共治），延請國會多數右派領袖席哈克（Jacques Chirac）組閣，實施左右共治（Cohabitation），由總理主導國內一般政務，總理優勢，呈現內閣制的特色。可見總統與國會多數黨同屬一黨時，總統以黨領袖身分透過黨政運作，主導施政，政府運作偏向總統制；當不一致時，則實施左右共治，偏向內閣制。這種因國會的政治生態之不同，在偏向總統制或偏向內閣制之間移動的「擺盪制」（oscillation）或「換軌制」（alternation），[9]不是憲法明訂，而是政治領袖尊重「多數治理」民主原則，形成的憲政慣例所建立。且自1958年法國第五共和憲法實施以來，僅有三次共治，[10]時間不長，其他多數時間，均為總統優勢，總統才是法國長期的領袖「第一首長」（the first head）。

9　杜瓦傑與國內一些學者稱之為交替（alternation）或換軌制。薩托里與李帕特稱之為擺盪制（oscillation），因交替或換軌是一種體制換到另一體制，而雙首長制在總統掌握國會多數時，雖然總統權大，但仍須透過內閣治理，內閣仍須對國會負責，與總統制總統之獨自治理，及與國會分立制衡之關係不同；當總統與國會多數分裂時，議會多數支持的閣揆成為第一首長，總理的決定算數，但總統的一些獨立職權未變，如第一次共治時，雙方對蘇聯限武問題有歧見，最後以總統意見為依歸，總統亦曾拒絕簽署命令與法律，可見總統絕非虛位元首。故薩托里不贊成交替或換軌的說法，而強調法國政府是一種「基於彈性的二元權力結構的混合制」，或半總統制權力重心是在「兩個頭的雙行政首長間移動」，是在一個體制內擺盪（雷飛龍譯，1998：130）。

10　第一次是1986-1988，第二次是1993-1995，第三次是1997-2002。

　　第二，我國憲法深受中山先生五權憲法理論之影響，故中央政府採取五權架構。在行政與立法關係方面，一則受五五憲草總統制色彩之影響，再則受憲法起草人張君勱先生主張內閣制之左右，故1946年制訂的憲法中明訂，行政院為最高行政機關，對立法院負責，呈現內閣制的特色，唯缺乏倒閣與解散國會之設計，同時總統具有某些實權（具有解決院際爭議的調解權與覆議核可權）而非虛位元首，故張氏稱之為「修正式內閣制」，實則已具備總統制與內閣制混合式的憲政架構。但在實際運作中，則因動員戡亂、臨時條款、實施戒嚴、一黨獨大、強人政治等因素之影響，原憲設計之中央政府體制，並無真正實施的機會。

　　1987年7月15日解嚴，1991年第一次修憲，廢止臨時條款，動戡時期結束，在回歸憲法與憲政改革過程中，另一政治強人李登輝總統的積極介入，使總統權力不斷擴大。1991年第一次修憲時，保留了臨時條款賦予總統的緊急命令權與國安大政決定權；1992年第二次修憲增添總統對監察院長與監委的提名權；1994年第三次修憲，確定總統與副總統由公民直選，並縮小行政院長的副署權；1997年第四次修憲，在李登輝總統主導及民進黨主席許信良配合下，決定了總統任命閣揆無需國會同意，及國會有倒閣權，我國政府體制採取雙首長制。在國大正式修憲時，國、民兩黨國大黨團的主角都參考法國第五共和憲政架構，強調我國憲政體制將是雙首長制，而且憲政運作邏輯也將呈現「擺盪」或「換軌」的型態。在兩黨修憲提案的說明中也提到換軌的機制，國民黨版中明言，總統任命行政院長，「仍必須考量立法院的政治情勢，任命多數黨可接受之人選。」民進黨版中更具體表示，「本版憲政制度設計的精神，在於提供政治權力在總統與行政院長之間轉換的可能，當總統與立法院內的多數為同一政黨時，政治權力的核心為總統；當總統與立法院的多數分屬不同政黨時，政治權力的核心則移轉至立法院及立法院所信任的行政院長。」但是2000年民進黨的陳水扁當選第十任總統，立法院的多數黨仍為國民黨，按照修憲時的構想，及法國雙首長制運作慣例，此時憲政體制應擺盪到偏向內閣制軌道上運作。但事實不然，陳總統任命唐飛為閣揆組成的「全民政府」及後來任命張俊雄、游錫堃、謝長廷、蘇貞昌組成的內閣，都是「少數政府」，缺乏立法院多數支持，並未呈現換軌制。2004年陳總統以兩顆子彈、些微選票領先，其當選正當性受到多人質疑。2005年，第六屆新選出的立委泛藍（國親）過半，應尊重多數治理原則，實施「左右共治」。卻因陳水扁操弄扁宋會，泛藍不團結而破局，再度未能依憲換軌。其中原因何在？此一問題亦關係到我國憲政體制究

竟有何特徵？與法國雙首長制究竟有何差異？何以法國雙首長制能順利擺盪而我國不能？其中主要原因何在？值得進一步探討。

二、法國第五共和與我國憲政體制之特徵

兩國憲政體制有類似的特徵，但亦有其差異，茲扼要分析於後：

（一）法國憲政體制之特徵

義裔美國知名學者薩托里（Sartori, 1994: 121-40）沿用杜瓦傑的「半總統制」概念，指出其特徵有五：

1. 總統為國家元首，由人民直接或間接選舉產生，有固定任期，有相當權力（considerable power），主導國防、外交。
2. 總統與閣揆共同享有行政權力，形成二元的權力結構。
3. 在二元結構下，總統獨立於國會之外（國會不能以不信任或罷免方式逼迫總統下臺），同時必須經由政府（內閣）治理國事（總統之下無執行機關，仍須由總理之下的各部會執行）。
4. 閣揆與內閣對總統獨立，對國會依賴，因國會多數之信任與支持而任職，亦因國會不信任而去職，其去留均由是否有國會多數的信任與支持來決定（故有左右共治之現象存在）。
5. 在二元權力結構中，行政部門的二位首長各有「獨立行事的潛力」（autonomy potential），且容許有不同的安排，即行政部門內兩位首長的權力大小有變動的可能。

當國會多數黨或多數聯盟與總統同黨時，由總統主導決策；不同黨時，則實施「左右共治」，由閣揆主導決策。此時，閣揆為政府的「第一個頭」或「第一首長」（the first head），但總統仍保有獨立行使之職權，並非虛位元首。可見法國政府體制是在「偏向總統制」（總統優勢）與「偏向內閣制」（閣揆優勢）間擺盪或換軌，而非在典型的總統制與典型的內閣制間交替換軌。

（二）我國憲政體制之特徵

就制度面而言，修憲前為「修正式內閣制」，修憲後為「雙首長制」。就實際政治運作而言，政黨輪替前，多數時間為強人政治，政黨輪替後，由於陳總統缺乏強人政治條件，同時又不願尊重「多數治理」民主原則，堅持成立以民進黨為骨幹的「少數政府」，以致朝小野大，陷入政府難以推動施政的憲政

危機。茲進一步分析於後。

　　第一，在修憲之前，憲法明定行政院為國家最高行政機關，行政院會議得議決法律案、預算案、戒嚴案……，及國家其他重要事項，包括國防、外交、兩岸關係等國家安全相關事務，顯見行政院為國家決策核心，因而主持行政院會議並指揮監督各部會之行政院長自然為行政首長，應該主導政府人事與政策。在憲法上，總統為國家元首，代表國家，固然亦有公布法令等權力，但其權力的行使，須先經行政院會議議決及立法院通過，並經行政首長副署，否則無效。總統可以單獨行使，而無須副署的權力，實在有限，主要為解決院際爭議的調解權與覆議核可權等非常狀態之權力。故總統不是實權元首，更非行政首長。同時由於行政權在行政院，基於權責應相關聯的民主原則，故憲法又規定行政院對立法院負責，只是缺乏倒閣與解散制度，負責方式不夠徹底，故草擬憲法的張君勱先生稱之為「修正式內閣制」（張君勱，1971）。

　　但是過去由於動員戡亂，實施戒嚴，一黨獨大，黨魁多願擔任總統，使總統得以黨魁身分，透過嚴格黨紀、黨政運作，在實際上控制了政府各部門，成為政治強人，包括兩蔣及李登輝（中後期）均將行政院長貶為執行長或幕僚長。只有嚴家淦繼任為總統的三年短暫時間，時兼國民黨主席的蔣經國院長主導政府的人事與政策，行政院長扮演了行政首長的憲定角色之外，其他時間，都是強勢總統，其行使的權力，遠遠超過憲法的授權範圍，政治實力僭越憲法的規範。

　　第二，修憲之後，我國政府在制度上已具備Duverger及G. Sartori等學者所指出的半總統制或雙首長制特徵，一方面有一位民選的總統，任期固定，握有相當權力（如國安大政決定權等）；另一方面，有一位總統任命，但須向國會負責的閣揆，閣揆與內閣的去留取決於是否有國會多數的支持與信任，內閣（政府）的政策法案及預算等等均依賴國會多數的支持通過始能付諸實施。

　　修憲之後，總統為決定國家安全大政方針，得設國家安全會議。國安局員額編制一千五百餘人，直接主導國安與情治工作指揮情治系統，甚至可命令調查局進行政治偵防及政情調查工作。若加上受其指揮之調查局、情報局人員，則總統可貫徹其國安決策大權之人力，約五千人，規模龐大。顯見修憲後的行政權與行政指揮系統已呈現二元化格局。

　　在二元的權力結構下，總統與閣揆各有「獨立行事的潛能」（autonomy potential）。且就憲政精神而言，兩位首長權力大小亦應如法國，端視國會多數黨或多數聯盟與總統是否同黨而定。即同黨時，行政權由總統主控，不同黨

時，由閣揆主控，憲政體制的運作，亦應如法國，在偏向總統制與偏向內閣制間擺盪或換軌。但實際上，我國並未出現換軌現象，其原因值得進一步了解。

前已提及，這種擺盪性雙首長制，深受國會政黨生態之影響，在實施時，需要政治人物的民主素養配合。法國憲法雖未明訂，總統任命國會多數支持之人選為閣揆，但法國政治領袖能尊重「多數治理」、「責任政治」等民主原則。密特朗與席哈克總統在不利的政黨關係下，均願自我節制，釋放權力，實施「左右共治」，故雙首長制在法國能成功順利地運作。但我們的總統缺乏民主素養，權力不願自我節制，故無法建立「換軌」與「共治」的憲政慣例，雙首長制在我國多黨結構下，勢將經常出現缺乏效能的「少數政府」。

除了人的因素之外，我國缺乏配套的制度亦是重要原因。顯而易見地，法國總統有主動解散國會權，我國總統僅有被動解散權。法國總統有權將政府組織法、國際條約交付公投，有權主持部長會議、國防會議，有分項覆議（否決）權，我國則無相關規定。法國國會立法權限於明文列舉事項，其他則屬行政權範圍，國會亦無權罷免總統；我國立法院之立法權幾無限制，重大事項均由立法院依多數決做最後決定，甚至立委有權對總統、副總統提出罷免案，由選民投票決定是否罷免。

而更關鍵的是在選舉制度方面，法國總統與國會議員均採兩輪投票制，第一輪若無人獲得過半選票，則以得票較多之前兩名（議員以得票逾12.5%者）進行決選，因而會產生過半數選民支持的總統，不但總統民意基礎深厚，而且兩輪選制能促使政黨結盟，國會容易形成穩定團結的多數，能有效促成二元間權力之消長，並落實擺盪制，使左右共治成為可能。而我國總統選舉採相對多數決，可能選出少數選民支持，多數不滿的總統，其權力行使的正當性易受爭議；舊制立委選舉方面採複選區單記非轉讓投票法（single non-transferable vote, SNTV），具有比例代表制的作用，容易產生多黨的立法院，難以形成穩定團結的多數，不易迫使總統節制其權力，使我國失去建立擺盪與共治憲政慣例的制度推力。

由於立法院缺乏穩定團結的多數，而舊制立委選舉採SNTV制，同黨候選人亦須競爭，使每位候選人均須設法建立支持個人的選民基礎，故不僅競爭經費高昂，且無當選把握。在擔憂解散改選有落選危險的威脅下，使得立委在實際上不敢冒被解散危險來行使倒閣權，因而亦使得總統在任命閣揆時，可以不顧國會多數意見，而以信任與聽話為第一考量，導致總統組成少數政府，立法院無法有效制衡，同時使符合「多數治理」民主原則及雙首長制中「左右共

治」的重要機制，在我國成為不可能實現的憲政空話。

憲政精神的落實，與其寄望於政治人物的民主素養、權力自制，不如改善制度的配套。為使雙首長制能如法國般順利運作，未來若再修憲，有必要在制度上恢復立法院的閣揆任命同意權，改採法國式兩輪投票制度，同時賦予新任總統主動解散國會的權力。俾便在配套下，制度的法理有現實的政治實力支撐，避免制度法理被政治實力扭曲變形。倘欲進一步朝內閣制修正，則取消總統之國安大政決定權，並明訂閣揆兼為黨魁，閣員得兼議員，即可回歸原憲之「修正式內閣制」。若朝總統制發展，則須廢除行政院及副署、倒閣、解散等制度。

三、雙首長制之優劣

一般而言，其主要優點有三：其一，法理上倒閣與解散機制可化解行政與立法僵局。其二，總統權力強化，比較不受國會影響，有助政局穩定。其三，對我國而言，與憲法原本制度比較接近，不必大幅修憲。其主要缺點為：

1. 二元權力結構，總統與閣揆之權力界限不易明確區分，如果兩個權力引擎同時發動而向相反的方向推動，則可能對抗爭權，引發政潮。
2. 行政權割裂，缺乏統一領導，可能妨礙行政效率。
3. 總統與閣揆同一政黨時，總統有權，但不對國會負責，而閣揆無權，卻須對國會負責，形成總統有權無責，閣揆有責無權，不符責任政治原理。
4. 總統若缺乏民主素養，可能僭越抓權，按己意組成御用內閣、少數政府，導致國會多數反彈，行政與立法僵局難解，形成施政難以推動的無能政府。

陸、委員制

現代政治學已很少討論委員制，因其只適合小國寡民，且目前僅瑞士一國採行。唯其制度特殊，仍值略作介紹。委員制之特徵主要有四（鄒文海，1974）

一、議會至上

議會是國家最高統治機關，立法、行政、司法三權集中於議會，與一般三

權分立國家截然不同。

瑞士為聯邦國家，故設兩院。聯邦院（Council of States）代表各邦，共有議員四十四人，由各邦普選或邦議會選舉產生，任期因邦而異，一至四年不等；民族院（Council of Nation）代表人民，共一百九十餘人，按比例代表制選出，任期四年。兩院有平等之立法權，重大事項多以兩院聯席會議議決。諸如：（1）七位執行委員（Federal Councillors）、聯邦法官、戒嚴司令之選舉；（2）議決法案及行政方針；（3）撤銷執行委員會之違法命令；（4）頒布赦免命令；（5）宣戰、媾和、批准條約；（6）頒布戒嚴及解嚴命令；（7）仲裁各級政府之衝突等事務。

議會不僅有立法權，行政與司法亦由其決定原則，並得隨時處理。

二、合議的執行委員會

分享行政權的執委會，設委員七人，分掌七個部，他們由議會選舉產生，連選得連任。實際上多久任其位，直至退休。服務滿十年以上者，亦能領取退休年金。執委會對法案及重要事項按合議制，多數決方式決定。唯其主要職權為執行，決策立法權全在議會，故執行委員不像政務官，倒像常任文官（Key Lauson, 1993）。議會選舉執委時，須顧及各邦地域及政黨實力之比例原則。

七部之中，經濟部掌管全國經濟，並監督各州經濟事務；郵電交通部掌管鐵路電器等國營事業，兩者較為重要。軍事、外交、財政與國務三部因中立國關係，事務簡單，且甚少變動。內政及司法重心在各州，相當清閒，故整個行政機關，事簡人少。

執行委員互選主席、副主席各一人，任期一年，不得連任，但可隔屆再任，通常由兩人輪流擔任主席與副主席，直至退休。主席與其他執行委員之行政權力無甚差異，僅多一份代表國家的角色，行使國家元首形式上的權力，其正式頭銜為聯邦總統（president of the confederation）。在反對突出個人領導的瑞士傳統下，委員制最適於事簡人少如瑞士的小國。

三、行政與立法之關係

就立憲精神而言，執行委員會隸屬聯邦議會，有執行責任，而無決策權力。執行委員得列席議會，為法案提出說明，並備諮詢。但執行委員無表決權，無須因議會不信任而辭職，亦無權對議會的決定要求覆議。可見委員制既不同於總統制，亦不同於內閣制。

就實際運作而言，執委會通常受議會之信託，能左右議會之決定。因執行委員由議會選任，皆為議會所信託之人，且多久於其任，經驗豐富，其意見自易受議會重視。尤其是在緊急狀態，如第一、二次大戰期間，在議會授權下，執委會可採取一切必要措施，其權力與英國內閣幾無差異。

四、直接民主

議會集行政、立法、司法三種國家統治權於一身，會否形成議會專制？此一疑慮，若進一步了解其直接民主的機制，當可釋懷。

前已言及，議員民選，此無異議員之地位受公民之控制。更重要的是對議會的修憲與立法權，公民可運用創制與複決加以控制。且此兩權力，並非具文，實際上公民經常行使，自1848-1944年已運用一百五十次，1945-1962年修憲及法律之創制複決公投達六十七次，1960年代之後，更為頻繁，1963-1980年一百零八次，1981-1993年一百次（鄒文海，1974：303；謝復生，1996：7）。

瑞士公民久受直接民權訓練，富有政治判斷能力，不致流於民粹或暴民政治。同時直接民權使公民具有最後決定權，迫使議會之議事運作不得不更加慎重，更加尊重民意。

柒、結論

徒法不足以自行，好的法律制度遇到壞的執法者，一樣會鑽法律漏洞，甚至藐視法律，公然違法。從「理性抉擇」與「權力政治」的角度觀察，有權者想維持權力或擴大權力，並且亦會謀取自己利益的極大化，這是人性自私下的大勢所趨。西諺有謂：「權力趨於腐化，絕對的權力趨於絕對的腐化」。行政部門及高官掌握龐大的用人及用錢權力，最易腐化。

為此，西方民主先進國家對政府及掌握者莫不有制度上的設計，加以監督與制衡，故行政機關內部置人事、會計、政風、檢調等監督單位，外部則有立法、司法等體制內的監督，以及政黨、社會團體、大眾傳媒及選民等體制外的監督。而其中以立法機關最能扮演監督者角色，因為它是民選的代表所組成，具有憲定的職權，代表人民議決政策、法案、預算，並透過質詢、不信任投票或調查、彈劾等方式監督政府。因而經國會通過的政策或議案，無異得到人民

的同意，使政府施政具有正當性或合法性。

在權力關係中，以立法權與行政權之關係最為密切，影響亦最為深遠。故憲政體制的分類，要以立法機關與行政機關的關係之不同，分為內閣制、總統制、雙首長制及委員制。內閣制的議會由人民選舉產生，代表人民，就法理而言，議會至高無上，因而在英國有議會主權理論。內閣制須對議會負責，但是隨著普選與政黨的興起，由議會多數黨領袖組成的內閣，反過來領導議會的立法，形成議會與內閣步調一致，行政與立法融為一體的關係。在占據多數議席的執政黨議員袒護內閣的生態下，議會失去了有效的監督能力。於實際運作中，議會的監督角色主要由在野的少數黨扮演。通常少數黨以透過質詢與批評等方式揭發政府的失策與弊政，藉以喚起選民注意，以求選民能用選票來制裁惡質的執政黨，達到政黨輪替之目標。簡言之，追究內閣制政府的政治責任，最後是依靠能明辨是非對錯的高素質選民，這亦是成功民主政治與健全的責任內閣制所以稀少的關鍵所在。

在美國總統制下總統與國會議員分別民選，各自獨立，分別對選民負責。總統不對國會負責，國會不能以不信任強迫總統辭職，總統亦無權解散國會。但另一方面，行政與立法機關間有互相制衡或權力分享的關係。總統有覆議權與咨文權，防止國會的立法專制，而國會亦有立法權、預算議決權、官員任命同意權、調查及彈劾等職權，以防止總統濫權不法，並監督總統「忠實執行法律」。在法制上及1930年代以前的實際運作，國會居於優勢，故威爾遜總統曾出版《國會政府》一書，來描述當時的政府運作情形。但1930年代，總統為挽救經濟大恐慌，及美國國際角色日重的關係，總統趨於優勢，而國會立法權有沒落的現象。但1970年代，水門案爆發後，尼克森總統甚至在1974年被迫辭職，國會權力復甦，尤其是1994年大選後，民主黨的柯林頓總統面對共和黨居多數的參眾兩院，在眾院議長金瑞契領導下，不僅使國會重掌立法的主控權，而且還因預算爭議迫使部分行政機關關閉，權力鐘擺明顯盪向國會。不過2001年，911恐怖攻擊後，共和黨總統布希，在兩院多數黨與其同黨的政治生態下，總統又掌握了立法主導權。可見，總統與國會的權力關係，是隨著時代環境的變遷而改變，有時國會居優勢，有時總統居優勢。不過，國會，尤其是在野黨對總統的監督制衡，始終不會放鬆。一旦有濫權違法情事，調查、聽證、彈劾等武器隨時出籠。

法國是典型的「雙首長制」，我國修憲後，學界普遍認為，憲政體制已從「修正式內閣制」改為「雙首長制」。一方面有一位民選的總統，有相當權力

（如國安大政決定權），另一方面有一位總統任命，但須向國會負責的閣揆，閣揆與內閣的政策法案及預算等重要事項均依賴國會多數通過，始能付諸實施。依據法國的運作規則，當國會的多數與總統同黨或同一政治立場時，總統主控行政權，不同時，則總統釋放權力，將一般行政權由國會多數支持之閣揆主控，總統自限於國防、外交事務、實施「左右共治」。法國總統能尊重「多數治理」、「責任政治」等民主原則，故能在偏向總統制或偏向內閣制之間換軌或擺盪。但是，我國總統缺乏民主素養、不尊重國會多數、強行組成「少數政府」、形成朝小野大。導致政府的政策法案受到立法院的杯葛，而立法院通過的議案，政府又抵制不予執行，致使政府施政陷於癱瘓。解決之道，在制度上，有必要於再行修憲時，恢復閣揆任命同意權。在政治上，最好透過選舉，使國會多數黨與總統同一政黨，則行政與立法能合作推動施政，自易建立「有效能的政府」，自然就能擺脫「少數政府」、朝小野大、政府無能的夢魘。

參考書目

一、中　文

呂亞力，1988，《政治學》，臺北：三民。

Levine, Llerbert M 著，王業立等譯，1999，《政治學中爭辯的議題》，臺北：韋伯文化。

高朗、隋杜卿主編，2002，《憲政體制與總統權力》，財團法人國家政策研究基金會。

鄒文海，1974，《政治學》，臺北：三民。

張君勱，1971，《中華民國憲法》十講，臺北，臺灣商務印書館，頁 70。

鄒文海，1974：303；謝復生，1996，〈公民投票：主權在民的體現或民粹主義的濫用〉，《問題與研究》，第 35 期，頁 7。

Heywood, Andrew 著，楊日青等譯，2002，《政治學新論》，臺北：韋伯文化。

蘇永欽主編，2001，《聯合政府》，財團法人新臺灣人基金會。

Giovanni Sartori 著，雷飛龍譯，1998，《比較憲政工程：結構、動機、後果之研究》，臺北：國立編譯館。

二、英　文

Avril, Pirre, 1969, *Politics in France*, Harmondsworth: Penguin Books.

Bagehot, Walter, 1952, *The English Constitution*. 2nd ed., London: Oxford Univ. Press.

Duverger, Maurice, 1980, A New Political System Model: Semi-Presidential Government. in *European Journal of Political Research*, (8) 2.

D. Easton, 1969, "The New Revolution in Political Science," American Political Science Review (APSR), Dec.

Heywood, Andrew, 1997, *Politics.* London: MacMillian Pr. Ltd.

Jones, Charles O., 1990, The Separated Presidency, in *The New American Political System*. Anthony King, ed.

Key Lauson, 1993, The Human Polity, Houghton Mifflin Co., chap. 9.

Linz, Juan J., 1994, Presidential or Parliamentary Democracy: Does It Make a Difference? in *The Failure of Presidential Democracy*, Juan J. Linz andArturo Valenzuela eds. Batimore: The Johns Hopkins Univ. Press.

March, James G., and Johan P. Olsen, 1984, *The New Institutionalism: Organizational Factors in Political Life*. American Political Science Review 78: 784-49

Ranney, Austin, 1997, *Governing: An Introduction to Political Science*. Englewood Cliffs, NJ: Routledge.

Safran, William, 1995, *The French Polity*, 4th ed. NJ: Longman Inc.

Shugart, M. Soberg and John M. Carey, 1992, *Presidents and Assemblies Constitutional Design and Electoral Dynamics*. Cambridge: Cambridge Univ. Press.

Sartori Giovanni, 1994, *Comparative Constitutional Engineering: An Inquiry into Structures, Incentives, and Outcomes*. N.Y.: New York University Press.

第十章　行政部門

吳重禮

壹、前言

　　「行政」一詞，觀念上係相對於立法、司法而言；在我國五權憲政體制中，尚包括監察與考試。在政治運作過程中，行政部門居於中心地位，負責政策的擬定、監督政策的執行，並且評估政策的成效，這種情形在所有的政治體制中皆然。大體而言，行政部門可以區分為兩個部分：一是行政首長及其所屬政務官員，其主要任務在於制訂政策，並且監督政策的執行；另一是行政體系，亦可稱為「官僚體制」（bureaucracy）或者「文官部門」（civil service），其主要功能在於輔佐行政首長及其所屬政務官員制訂政策、詮釋施政內容、擬定施行計畫，以及實際執行政策。

　　睽諸各國情形，行政部門的設計與行政首長的職權容或有差異之處，這可能是因為文化、法律、社會、宗教，或者歷史傳統使然，而呈現出不同的組織結構。然而，無論其政治制度如何安排，均由行政部門執行政策、從事外交工作、規劃經濟發展、進行危機處理，以及達成其他重要任務。尤其，在現代化、全球化程度益趨提高之際，國際相互依存的關係更形緊密，各個國家必須面臨瞬息萬變的挑戰，包括跨國性犯罪、毀滅性武器的蔓延、環境保護、資訊科技、經濟貿易等，在在需要迅速的決策與反應，這使得行政部門的功能更為重要。相對地，決策較為遲緩、議事須經多數同意的立法機構，往往無法勝任類似工作。這足以說明為何多數學者認為，二十世紀以來，行政權持續膨脹，而立法權與司法權相對萎縮，幾乎成為世界各國的共同趨勢。無疑地，了解行政權力的支配方式，以及如何箝制這些權力的行使，是政治學的基本課題。

　　本章擬對於行政首長與官僚體制的若干面向進行陳述，以期了解行政體系的本質與角色。鑑此，本章將首先探討行政首長的類別及其履行的主要功能。其次，嘗試說明制衡行政首長職權的各種方式，以及取得行政領導權的三種類

型。再者，本章將探討焦點著重在官僚體制的運作，說明其六項基本特徵。另外，本章亦將歸納官僚體制的功能，且針對其正反評價進行分析。尤其是行政與政治的關係，向來是學界爭議的重要課題，亦值得關切。

貳、行政首長的類別

隨著各國政府體制的不同，每個國家的行政首長職權設計亦有所差別，但是無論如何，可以兩個面向區分其特徵。首先是行政首長的產生方式，其次是行政首長與立法部門的互動關係。基本上，這兩個面向牽涉到行政首長的權力多寡，以及其如何履行其權力。大體而言，行政首長可以區分為五類。第一類屬於繼承的君王，其職位來自於世襲，這種世襲君王可能僅是虛位元首，例如大英國協、日本、比利時、荷蘭、瑞典、挪威、丹麥等，這些君主立憲國家形式上仍以君王的名義統治之。這種世襲君王也可能是實權元首，舉凡摩洛哥、約旦、沙烏地阿拉伯、科威特、安曼等，其為實際政治領袖，主導政府人事與施行決策的權力。

第二類屬於直接由人民選舉產生的行政首長，其亦擔任國家元首。美國總統是這種類型最明顯的例子。另外，墨西哥、哥倫比亞、阿根廷、哥斯大黎加、厄瓜多爾、菲律賓、芬蘭、塞浦路斯、南非，亦是總統肩負雙重角色。法國第五共和的情形較為特殊，屬於「雙首長制」（two-headed executive system），總統身為國家元首，且為實權的行政首長，主要負責對外事務，並擁有否決權與緊急處分權，總理與總統分享行政權，總理掌管內政事務。

第三類為內閣制的總理或首相，行政權隸屬於總理與閣員構成的內閣。大體而言，這種政府體制的元首可能是前述世襲繼承的君王，亦可能是由人民選舉產生，例如奧地利、德國、冰島、印度，以及義大利等國的總統，其均為虛位元首。在內閣制政府體制下，祇有國會議員經由人民普選產生，贏得過半數議席的政黨成為執政黨，其黨魁經由國會同意，提請國家元首認可而膺任總理，進而組織內閣。倘若沒有任何政黨囊括多數議會席次，則由各政黨折衝妥協推舉閣揆，籌組聯合內閣。

第四類為「執行委員會」（collegial executive），以瑞士為代表。政府的決策單位為七位執行委員，執行委員會採取合議制，由上下議院聯席會議選舉產生，任期四年。國會從執行委員會中選擇兩人擔任聯邦總統、副總統，任期一

年，不得連任，其實際權力與其他委員相同。國家元首職位按照資深制度的原則，由各執行委員輪流擔任。

第五類的行政首長，其並非依據正式憲法規定或是世襲繼承而取得職位，其可能是軍事政變的將領、領導國家獨立，或者是革命成功的政治領導者，例如中華人民共和國的毛澤東與越南的胡志明，也可能是因為宗教的特殊定位而掌握行政權，如伊朗的何梅尼（Ayatollah Khomeini）。一般說來，這種類型的行政首長不僅握有政治權力，而且對該國人民而言，他們亦是地位崇高的精神領袖。在這些國家，行政權獨大幾乎是不可避免的情形，立法部門與司法部門可能無法發揮任何制衡的功能，充其量也不過是政治花瓶與橡皮圖章的作用。這些行政首長獨攬行政權，主導政局，甚至依其特定意識形態，灌輸社會價值，培養威權化的政治文化，其他政府部門與社會組織必須竭力配合行政首長的指揮。

參、行政首長的主要功能

誠如所知，行政部門儼然成為政府機構的核心，而行政首長領導行政部門，更是肩負重大任務。大體而言，行政首長的主要功能得以歸納為六類，包含儀式與象徵性功能、外交權、三軍統帥權、危機處理的領導角色、政府預算的規劃，以及行政體系的領導權，試分述如下。

一、儀式與象徵性功能

當行政首長身兼國家元首時，必須代表全國人民主持慶典儀式、接待外國貴賓、弔唁陣亡將士，以及授予榮典等。再者，由於法定與政治傳統所賦予的權力與功能，行政首長可能還必須擔任國家的象徵性領導者。一旦國家面臨緊急危難，行政首長擔任象徵性領導者的意義更為重要，藉此凝聚民心，維繫國家團結。第二次世界大戰期間，邱吉爾（Winston Churchill）有效地動員英國人民，團結民心；美國總統羅斯福（Franklin D. Roosevelt）帶領美國人民經歷「經濟大恐慌」（Great Depression）和度過第二次世界大戰最艱困的日子；1958年法國總統戴高樂（Charles de Gaulle）擔任全國人民的精神領袖，遏止國家步上鬥爭與分裂的道路；南非總統曼德拉（Nelson Mandela）成為人民對抗殖民主義的象徵，以及抵抗種族歧視的代表人物。在這些案例之中，國家迫

切需要強而有力的政治角色，以維繫人民的忠誠與團結，除了行政首長之外，似乎沒有其他的政治人物能夠更適切地扮演這個角色。當然，並非每位行政首長均具有特殊的個人魅力與特質，得以履行這種象徵性功能。所以，相對於儀式與象徵性功能，以下五類屬於行政首長的實質權限。

二、外交權

外交政策的制訂與執行主要由行政首長掌握，儘管其作為可能必須受議會和輿論的監督。以美國為例，在1919年威爾遜（Woodrow Wilson）鼓吹的「國際聯盟」（League of Nations）終因參議院多數反對使得和約未獲批准；參議院在1951年至1952年期間極力抨擊並調查杜魯門（Harry S Truman）政府的中國政策及處理韓戰的不當舉措；在1956年國會嚴厲抨擊艾森豪（Dwight D. Eisenhower）政府對於空軍戰力規劃不當；國會在1973年通過了「戰爭權力法」（War Powers Act）藉以限制尼克森（Richard M. Nixon）海外用兵的職權；國會在1980年代多次主動涉入雷根（Ronald W. Reagan）政府的中美洲政策；在1987年舉行「伊朗—尼加拉瓜反抗軍軍售案」（Iran-Nicaraguan Contras）聽證會；在1990年代國會多次要求與俄羅斯簽訂解除武器條約，以及要求柯林頓（William J. Clinton）政府對菲律賓、非洲國家進行人道援助等（吳重禮，2002）。

另外，許多行政首長的外交決策也往往引發媒體關切，受到社會大眾的矚目，並使得白宮飽受壓力。然而，無論如何，實際規劃與執行的外交工作仍然是總統及其所屬國務院的職務。

睽諸各國情勢，行政首長獨享外交權是共同的趨勢。之所以如此，係因為外交工作經常涉及談判交涉，這些事務幾乎不可能由國會與其他國家進行協商。況且，面臨國際局勢瞬息萬變的發展，有些協議必須決策者迅速地回應，並在諸多選項中立即作成決定。一般說來，議會的決議必須經過反覆協商，始足以建立共識，這種冗長的討論往往曠日持久。除此之外，「祕密性」是另一項更為重要的理由，說明為何必須由行政首長負責外交政策的擬定。當然，吾人可以從不同的觀點看待這項議題。在過去幾年間，美國、法國、英國政府都曾經要求其他國家釋放被羈押的人質，在這些案例中，祕密協商都是其中的關鍵因素。有時候，當兩國政府代表私下進行磋商時，可能意外導致消息洩漏，引發社會輿論的批評與人民的反彈，造成祕密協商破裂。但是，平心而論，將外交事務委由行政首長及其幕僚處置，仍然是較佳的方式。

　　即使我們不考量祕密會商的問題，外交溝通、談判交涉、簽訂條約等工作，委由行政首長全權負責，確實能夠簡化問題的複雜性。就實際情形看來，領袖高峰會議是各國主要政治人物會商重要事務的場域，而且這些場域提供協議正式條約的基礎。這種較具彈性、屬於密切溝通協調的特性，使得領袖高峰會議比較適合行政首長及其幕僚人員參與。況且，一旦爆發國際緊急危機事件，行政首長得以立即指派代表進行外交折衝，這確實是較為便利的方式。

三、三軍統帥權

　　依據憲法規定，行政首長負責指揮全國陸海空軍。即使是在內閣制國家，統率部隊進行軍事演習、對外宣戰的名義由虛位元首為之，但實際的決定權仍操在總理及其內閣成員手中。基本上，行政首長甚少單靠個人決定便得以指揮三軍，舉例來說，英國下議院必須同意內閣運用軍隊的決議，美國國會有權對外進行宣戰媾和，藉著通過「共同決議」（concurrent resolution，共同決議意指國會制訂的法案，無須總統簽署即可生效）終止總統所發動未經授權的戰爭行為，並且國會有權審議軍事行動所需的財政支出。儘管如此，環顧世界各國，行政首長掌控統帥權，幾乎毫無例外。

　　行政首長之所以掌握統帥權，其理由與獨攬外交權的情形是相同的。當國家需要從事武力行動，或者只是進行軍事演習以達到嚇阻的效果，政府部門都必須採取果斷的決定，隨時做出靈敏的回應。賦予行政首長最高權力以調度軍隊，就國內因素的考量，也是一項重要的理由。在若干政治情勢尚未穩定的國家，軍事將領掌握政治權力的主要途徑是透過軍事政變。如果軍隊僅向軍事將領負責，而不是向行政首長效忠，那麼這些軍隊可能不受行政首長的指揮與調度。如是以觀，這些軍事將領往往可以藉口國家安全的需要，起而取代文人政府。因此，在許多第三世界國家，行政首長的主要任務在於建立政治權威，嘗試對軍隊進行有效的控制。當然，在這些國家，當總統或者總理試圖掌握軍隊的時候，往往遭受軍事將領的反彈與不滿，甚至面臨軍事政變的命運。

四、危機處理的領導角色

　　在現代政治體制中，行政部門職權日益膨脹的一項主要理由，係因為危機處理之必須。面臨國際社會與國內情勢的緊急事故，每個國家都需要非常時期緊急應變領導者，其大多由行政首長負起協調與負責政府回應的重責大任。之所以如此，其道理甚為簡明：這些行政首長比議會更能夠迅速地回應與動作，

而且能夠有效地指揮整個政府部門的行動。

　　當然，所謂緊急狀態有輕重之分。當國家遇有天然災害、瘟疫，或者國家財政經濟上有重大變故，為了避免民眾遭遇緊急危難，須為急速處分時，必須由行政部門負責處理。此外。國家在危急存亡之際，也必須由行政部門迅速負責處理，做出回應。此外，當國家面臨絕續關鍵之秋，行政部門負責緊急應變的處置，可能逾越正常的憲政運作規範。國家安全的賡續需要特別的作為，這些作為在正常法治情況之下，甚至不被允許。或許，最為人熟知的就是美國總統林肯（Abraham Lincoln）在南北戰爭時期，面臨南方各州脫離聯邦，美國瀕臨分裂的危機之際，決定暫時停止憲法所賦予人民的基本權利，對南方港口實施軍事封鎖，並且動支公款以因應軍需，這些舉措未獲國會授權，明顯違反憲法對總統職權的限制。當危機事故發生時，唯有仰賴行政首長領導政府，訴諸緊急處分權限，決定並執行重大的政策。

　　必須說明的是，在若干發展中國家，行政首長經常會過度誇大或渲染國家緊急危難的現象，以作為擴大權力使用範圍的託辭。有些第三世界的國家領袖也可能藉口促進經濟發展，誇大其他國家的軍事威脅程度，或假借維持國內政治穩定之名，而行濫用緊急處分權之實。

五、政府預算的規劃

　　政府的預算可謂是政府機關以貨幣數字顯示的政策白皮書，而政府的預算過程，也是政府總體性的政策過程。誠如一位研究預算的權威學者所言，政府預算是行政首長、官僚人員、民意代表，以及利益團體反覆協商調適的過程，具有高度的複雜性（Wildavsky, 1992）。在預算過程中，政治行為者的考量，如黨派因素、選區利益與利益團體的壓力，都是影響預算增減的因素。簡言之，預算是政府在價值分配上最具有權威性的表現。

　　在許多國家，預算分配的規劃或者是預算草案的擬定，係行政部門的職責。之所以如此，其道理甚為清楚。國會議員代表不同的選區與選民，而且往往與若干利益團體或社會組織有著極為密切的關係，因此，嚴格地說，企求國會議員以全國性觀點衡量歲入與歲出預算，可能並不適切。因為，當某項預算支出特別有利於該議員的選區時，該選區選民享有相當的實質利益，但是僅付出極少比例的成本，而由全國納稅人共同平均分攤成本。誠如所知，每一位民意代表均面臨相似的情況，所以要求他們以宏觀面向決定預算分配，以達到國家共同利益，這並不切合實際。反觀，由行政部門統籌資源分配，全面性規劃

歲入與歲出預算，似乎是比較合理的做法。

　　當然，在民主國家中，議會最主要的職權之一即是預算審議之權，修改或否決政府之預算，以達反映民意，監督政府的施政。施政作為必須透過預算的形式為之，不論是歲入、歲出的支出、政策執行，或者是預算的審計工作，議會必須在過程中加以審議、通過和監督，然後行政部門之作為始具有正當性與合法性。值得強調的是，為了防止議員擴張預算，因此許多國家皆有明文規定，議會在審查預算案時，不得做出增加支出之提議。因此，其所行使的權利是消極性的，而非積極性的。易言之，議會關於預算的審議，只能刪減，不得擴增。儘管議會擁有審議政府預算的權力，然而行政部門仍占有規劃預算的絕對優勢，這主要是在於幕僚作業能力的差異。再者，在行政部門與立法部門的互動過程中，立法部門是諸多不同政治和利益考量的組合，而行政部門則是較為整體性的團隊。同時，由於資訊的不對稱與專業知識的落差，使得立法部門經常居於劣勢。

六、行政體系的領導權

　　行政首長掌握實際政治權力，領導行政體系，負責政策的制訂與監督政策的執行。在多數民主體制中，行政首長及其執政團隊提出政策草案，送交立法部門討論，嘗試說服議員與社會各界支持其政策，之後又必須執行立法部門所通過的法案，督責所屬，協調機關各種活動，務必徹底執行。當然，行政首長有權在諸多政策選項中，決定優先順序，作為政府施政依據。無疑地，政策的制訂並非行政首長獨自得以完成，其必須依賴部會首長、幕僚顧問，或者高級文官提供諮詢意見，至於最終採擇何種方案則是行政首長的權力，任何政策成敗，皆由行政首長承擔政治責任。另外，政策制訂之後，行政首長必須負責監督官僚體制執行政策，倘若有違法失職情事發生，行政首長及其所屬政務首長應予糾正，並在必要時懲處違法失職人員。畢竟，身為行政體系的領導者，任何政策得失，都是行政首長的責任。

肆、行政首長職權的制衡方式

　　由於行政首長掌握多重政治權力，因此遂成為政治體制的核心。然而，無論屬於何種類型的行政首長，其多少必須受到牽制。在民主國家之中，這種制

衡的情形更是明顯。一項研究在分析美國總統的運作型態之後，其認為總統儘管具有法定的政治權力，但是實際上，其最重要的權力在於「說服」（persuasion）；杜魯門與艾森豪就是甚為強烈的對比，杜魯門善於溝通，頗有建樹，而艾森豪偏好運用法定權力，由上而下指揮其部屬，但卻是一事無成（Neustadt, 1990: 9）。類似的論點亦可從其他研究美國總統職權的著作中得到驗證（Kernell, 1993; Waterman, 1989）。誠如其所闡述的，欲作為一位「成功的」（successful）、「有影響力的」（influential）政府首長，總統不應單單憑恃正式職權所賦予的權力，更重要的訣竅在於運用非正式，但卻是更有效的權力——「溝通」（communication）與「協調」（negotiation）——嫻熟穩健地維持行政部門與立法、司法部門的良好關係，並且與「非政府角色」（non-governmental role）——政黨、利益團體、大眾傳播媒體與人民——保持良好的公共關係。針對重大而頗具爭議性的法案，總統必須有效說服國會議員，使其體認這些法案不僅裨益行政部門利益，亦吻合議員自身的需求，而非單憑訴諸權威，例如「覆議權」（veto power）的使用，要求議員恪遵總統的意志。

　　至於在其他政治體制中，行政首長必然也會面臨類似的情形。諸多國家的行政首長經由一番艱辛征戰，取得政治權力之後，可能會發現實際的政治權力運作，與他們原先所想像的情形差距甚遠。舉例來說，在菲律賓，科拉蓉（Corazn Aquino）在廣大人民的奧援與支持之下，推翻馬可仕（Ferdinand Marcos）長期執政的腐敗政權。科拉蓉原本希望繼承其先生的遺志，戮力推動民主化改革，然而在宣誓就職之後，她卻發現在軍方將領、反對政治勢力、大型企業集團，以及少數大地主等多方利益的盤根錯節影響之下，行使總統職權變得極為無力。

　　基本上，行政首長權力受限幾乎是共通的現象。賦予行政首長權力的來源，可能也正是限制其權力之處。無疑地，現代的行政首長在錯綜複雜的政治環境中運作，迫使他們必須不斷地調適、折衝、妥協，才能夠有效地發揮權力。至於制衡行政首長職權的方式，包括任期限制、限制權力行使的範疇、分權制衡的政治制度、反對黨（勢力）的箝制效果，以及新聞媒體與社會輿論的監督。茲分述如下：

一、任期限制

　　在多數國家，行政首長的任期受到憲法明文規定，或是憲政傳統、政治慣例的限制。舉例來說，美國憲法制訂之初，僅規定總統任期為四年，至於是否

連任的問題爭議頗大，故無具體規定。但是，自從華盛頓（George Washington）樹立兩任總統的政治傳統之後，除了羅斯福總統在第二次世界大戰期間連任四次之外，其餘歷任總統無不援引此例。這項政治慣例直至1951年美國憲法第22號修正案明訂美國總統任期四年，連選得連任一次的規定，才明文規範。法國的情形與美國類似；依憲法規定，總統任期為七年，連選得連任一次。除此之外，許多拉丁美洲國家，例如墨西哥、阿根廷、巴西、秘魯、委內瑞拉、薩爾瓦多、烏拉圭、智利，以及亞洲國家的菲律賓，其憲法限制總統任期僅得一任。一般說來，這些行政首長的任期即將屆滿之際，其政治影響力多少會開始減弱，部分學者戲稱此時的行政首長為「跛腳鴨」（lame duck）。

二、限制權力行使的範疇

民主國家強調「立憲主義」（constitutionalism）的原則，旨在體現「依法而治」（rule of law）的精神。詳言之，政府的活動不依靠個人主觀意志，而是仰賴客觀的法律規範（劉慶瑞，1988：1）。申言之，在「有限政府」（limited government）架構之下，任何政治人物意圖取得政治職位，必須依據憲法所規範的途徑，一旦掌握政權之後，行政首長及其他政府官員亦有其特定職權範圍，藉此限制政府權力，防堵濫用與腐化。舉例來說，在美國「聯邦制度」（federal system，亦可稱為「地方分權體制」〔decentralization of government〕）之下，中央政府的權力以憲法「明定列舉權力」（expressly enumerated powers）為限，大體而言，屬於全國一致性事務劃歸由中央政府管轄（譬如國防、外交、宣戰、媾和、締結條約、幣制、關稅、國際貿易等），其餘憲法未賦予中央以及未禁止地方行使的權力，則保留給地方，稱之為「保留權力」（reserved powers）。故之，由於地方政府擁有相當的自主權，權力的來源並非來自於中央的授權，各州得制訂州憲法（惟不得與聯邦憲法牴觸），且管轄事務因地制宜，因此地方與中央政府之間各有權責。在這種情形下，行政首長的職權範圍僅及於中央政府的管轄事務。

三、分權制衡的政治制度

現代民主立憲國家，往往藉由政府分權結構形成制衡的關係，這對行政首長的權力往往具有相當的節制效果。這種設計以美國憲法為濫觴。依據其憲法原意，政府組織之建構必須避免政府濫權的情形發生，防止政府可能的暴虐與

壓制，而對人民的自由權利構成威脅。[1]鑑此，制憲者提出的主要解決之道，在於將政府的統治權分別授予分立的立法、行政、司法機構，以避免任何部門無所限制地獨攬政府權力，而且每一部門對其他部門具有若干牽制以保持適當的平衡。[2]此即所謂「分權」（separation of powers）與「制衡」（checks and balances）的原則。

從另一個角度觀察，在實際政治運作過程中，國會、官僚體制，以及司法部門履行不同的功能，而且所代表的利益亦有所差別。基本上，國會議員代表選區與地區利益，官僚體制經常與利益團體保持密切關係，甚至司法體系可能較為關切弱勢社群，進而成為少數團體表達意見的重要管道。倘若行政首長作成任何政策決定，損及這些利益，國會、官僚體制和司法部門可能起而反對。即使行政首長的職權未曾遭受挑戰，這些政府機構仍有許多機會與途徑，嘗試杯葛、延誤、推託、阻撓行政首長的決定。

再者，誠如本章第陸部分討論的議題，官僚體制通常會發展並依循「標準作業程序」（standard operating procedure），該程序經過一段時期的適用之後，可能會變得非常僵化。假若行政首長的決定與官僚體制所遵行的標準作業程序有所違背，就可能造成行政體系內部的衝突。

總而言之，行政首長及其所屬政務官員所領導的龐大官僚體制，只是牽制行政首長權力的部分原因而已。果爾面對官僚體制的抵制，行政首長必須加以調適，使政策得以具體推行與落實。行政首長與政務官員隨著選舉更迭而上臺或下野，然而，這些文官人員久居其位，對於相關業務的熟悉程度往往高過於這些行政首長與政務官員。因此，行政首長與政務官員不宜認為這些官僚體制得以輕易駕馭，完全依據主觀意見擬定新計畫或新政策，而要求行政人員全力配合執行。事實上，即使在威權體制之下的行政首長，也不能輕忽強而有力的行政官僚。

在發展中國家，行政首長必須應付的其他政府部門可能較為弱勢。立法部

1　美國獨立宣言（The Declaration of Independence）主要起草人傑佛遜（Thomas Jefferson），以及麥迪遜（James Madison）在《聯邦通訊書》（*The Federalist Papers*）第10、47、48、51與62篇中，皆曾劃切指出，政治制度的設置必須杜絕政府濫權與壓制人民的傾向。

2　就美國聯邦政府中行政與立法的互動關係而言，國會有權藉著否決總統要求通過的法案、審核行政部門所提出的預算案、參議院運用總統指派高級官員（包括內閣閣員、聯邦最高法院法官、駐外使節、局長、署長等）的任命同意權與條約締結的批准權，甚至提出彈劾等等，對於總統的權力加以制衡。在行政部門方面，總統對立法部門的制衡，主要係藉由覆議權的行使，覆議國會所通過之法案，以防止國會的濫權。

門、司法機構、官僚體制仍具有若干制衡作用，但是一般說來，這些部門的政治影響力較為單薄，受到人民支持的程度往往遠不及行政首長。就相當程度而言，在這些國家，行政首長的決策範圍與施行方式，較民主國家的行政首長更有揮灑空間。與此同時，在缺乏有效率的政府機構配合之下，這些行政首長的政策理念可能也較不易落實。簡言之，這些國家所呈現的政府型態往往是一位強勢的行政首長，以及諸多積弱的政府機構。

四、反對黨（勢力）的箝制效果

近代民主政府之運作莫不以政黨政治為基礎，而民主政治與責任政治之體現，與政黨政治更有著密切的關係。諸多政治學者相信，民主政治首重「政黨政府」（party government）的運作機制，而責任政治之體現，更與政黨政治有著密切的關係。對於政府整體運作來說，政黨是一項不可或缺的工具，它促成凝聚和團結，因而產生效能，連結行政部門和立法部門以串連共同利益。經由健全的政黨競爭，執政黨擔任行政機關與立法機關的樞紐，行政部門提出之政策有賴於議會中的多數黨為之呼應，由是產生連鎖行政與立法的橋樑功能。反對黨則扮演監督行政首長與執政黨的角色，成為政府施政的警鐘。

當行政部門與立法部門多數席次皆由同一政黨所掌控，亦即所謂的「一致政府」（unified government），反對黨對於行政首長的牽制作用或許較為薄弱。然而，一旦行政權與立法權分屬不同政黨所掌握時，「分立政府」（divided government）於焉產生，這將使得在野黨所掌握的議會可能過度牽制行政首長，導致「政策滯塞」（policy gridlock）、「停頓」（deadlock）與「缺乏效率」（inefficiency），以及行政與立法部門之間的「僵局」（stalemate）（Cutler, 1980, 1988; Leonard, 1991; Sundquist, 1986, 1988, 1990）。

以美國國會的監督權為例。基本上，民意代表機構必須扮演監督制衡行政部門的關鍵角色，然而在分立政府體制之下，議會的行政監督權限將益形擴大，甚至濫用。其立論以為，一旦行政首長與議會分屬不同政黨時，反對黨掌握之委員會經常過度掣肘行政部門，阻撓行政首長所推行之政務，極力調查行政部門的「不當行為」（misbehavior），進而彈劾政務官員。[3]更具體地說，

3　因不當行為而遭彈劾的理由，包括「叛國」（treason）、「不忠」（disloyalty）、「篡位」（usurpation）、「貪污」（corruption）、「重罪」（high crime）、「失職」（misdemeanor）、「利益衝突」（conflict of interest）、「其他違法行為」（other illegalities）、「不當行政」（maladministration）、「錯誤政策制訂」（bad policy planning）、「錯誤信念」（bad faith），或

國會扮演著調查角色,而當總統不同於國會多數黨的時候,國會將過度監督行政部門。[4]國會調查案件往往引起媒體的高度關切,激發社會大眾的矚目,而行政部門則飽受壓力,主要官員經常因遭受彈劾而相繼辭職。1973年至1974年尼克森因為「水門事件」(Watergate)黯然下臺、1999年柯林頓的性醜聞案件,即為典型的案例。

五、新聞媒體與社會輿論的監督

　　對行政首長而言,新聞媒體猶如刀之雙刃,其可善用以鞏固聲望基礎,但亦可能為其所批評與監督,甚至引發社會輿論之抨擊而導致下臺。報紙、廣播、電視可能是服務行政首長的重要工具,但也可能是箝制行政首長的利器。當新聞媒體為政府部門所掌控,這些傳播媒介可能用以塑造民意、宣傳政令、傳達政治領導者的意識形態與理念,藉以維繫政權。相反地,新聞媒體可能為不同政治立場的人士所掌握,政府的施政作為一旦遭受新聞媒體的批評,行政首長經常必須針對媒體的批評做出回應。在傳統社會中,資訊較為封閉,決策者的作為可能僅有少部分民眾知悉,新聞媒體經常只有褒揚的空間,而無批評的餘地。在現代社會中,行政首長必須坦然接受新聞媒體的監督,畢竟媒體已經成為政治生活的一環。

伍、行政領導權的三種類型

　　盱衡各國情勢,行政首長的類別及其角色扮演,形形色色,不一而足。蔣介石、毛澤東、蔣經國、鄧小平、邱吉爾、羅斯福、戴高樂、希特勒(Adolf Hitler)、海珊(Saddam Hussein)、柴契爾夫人(Margaret Thatcher),這些備受矚目的行政首長,自有其歷史評價。基本上,每一位行政首長皆有其獨特的個人特質,而且在任期內所遭逢的環境與亟待解決的問題並不相同,因此吾人甚難完整歸納行政首長的類型。儘管如此,我們得嘗試以「行政領導權的取得方式」為考量因素,對於不同行政首長進行分類。之所以如此,是因為權力的取得方式往往與行政首長的表現優劣有著密切關係。援引韋伯(Max

---

　　者其他犯錯行為(Mayhew, 2001: 31)。

4　誠如一位學者所言,「比起反對黨的國會議員來說,執政黨的國會議員比較不會關切監督政府的功能」(Ogul, 1976: 18)。

Weber）的觀點，吾人可將取得行政領導權的方式，分成三種類型，包括「傳統權威」（traditional authority）、「神格領袖的權威」（charismatic authority），以及「合法性權威」（legal authority）（摘自Ethridge and Handelman, 1998: 199-203）。關於這三種類型，有兩點值得加以說明：

第一，這些類型並無涉及價值判斷的意涵。

第二，其皆屬「理想型態」（ideal type）。

現實世界的行政首長可能並無法完全符合某一種特定的類型，而是採取混合兼容的型態，祇是適用的程度有著輕重之分。

一、傳統權威

政治領袖地位的取得係依循世襲傳統而來。傳統權威主要源自於歷史文化的信仰，多數民眾認為臣服行政首長的權威是理所當然的事。這種行政首長權威的取得，並非憑藉個人自己的努力或才能，而是仰仗繼承的力量，因此，君王之子恆為君王，公侯之子恆為公侯。這種傳統權威，最常為人所引述的例子就是英國與日本的皇室制度。這兩個國家均具有悠遠歷史的世襲傳承，其間蘊涵著諸多的傳統文化意涵。在第三世界的農業社會或者傳統部落之中，領導人物經常擁有類似的傳統權威。

對於民選的行政首長而言，歷史傳統也可能是統治權威的重要來源之一。舉例來說，現今英王已無實質政治影響，而是由首相及其內閣掌握權力，但事實上，首相的職權與地位有相當程度源自於傳統與習慣，並非法定規範所賦予。除了英國之外，若干案例亦顯示，傳統權威確實不可小覷。舉例來說，在1933年，當羅斯福總統執政之後迅速制頒諸多法案，其中的「全國工業復興法」（National Industrial Recovery Act）與「農業調整法」（Agricultural Adjustment Act, AAA）卻遭聯邦最高法院宣布違憲。在1936年連任之後，羅斯福提出司法改革方案，嘗試增加聯邦最高法院大法官的人數，以減弱九位終生職大法官的影響力。雖然美國憲法並未規定聯邦最高法院大法官的人數，但是羅斯福此舉卻引起輿論非議，這證明傳統權威顯然是一項頗具影響的因素。儘管如此，我們可以發現，傳統權威的影響力似乎正逐漸消退，而行政首長益發必須仰賴其他的權威來源。

二、神格領袖的權威

諸多社會科學研究者普遍相信，有些人由於其個人特質的關係，使得他們

較具影響力。這些人被稱之為「神格領袖」（charisma）。[5]若干政治領導者的產生，係由於人民信仰他們擁有與生俱來、近乎超自然，以及超脫世俗的特質或天賦，所以順從於他們的統治權威。追隨者對於神格領袖遵從無疑，甚至可以為其犧牲性命。這些神格領袖的興起，往往因為傳統權威的式微，起而代之的是那些自恃為超凡入聖者，他們以「救世主」的姿態君臨天下。由於神格領袖必須經歷一番奮鬥始能取得領導地位，故與傳統權威係由世襲而來大相逕庭（張潤書，1991：59）。另外，這種神格領袖亦非基於行政首長合法理性的權威。由於強調個人特質的重要性，因此神格領袖的意志和行為往往不易受到法規或慣例的約束。

諸多實例顯示，神格領袖的產生是因為獨立革命所引發的英雄主義，或者是因為戰爭或其他危機時期，這些人物能夠帶領群眾進行反抗，或者鼓動民眾積極投入某些運動。在歷史上，這種背景出身的行政首長，有些成為殘忍、恐怖的暴君，也有些因為追求某些崇高理想而成為舉世景仰的人物。另外，有些行政首長則是毀譽參半。希特勒和墨索里尼（Benito Mussolini）都具有神格領袖的特質，正如羅斯福、邱吉爾、阿根廷的貝隆（Juan Pern），以及埃及的納塞（Gamal Abdel Nasser）亦具有這類特徵。

當然，神格領袖的崛起，往往因為國家發生經濟恐慌或者戰爭危機，這些領導人物必須提出獨特的見解或訴求，尤其對於許多窮人、教育程度較低、中下階層者，更具有吸引力。對於那些遭受苦難的人民而言，他們深信這些神格領袖必然可以促成更美好的未來。在實際的情形中，神格領袖經常會訴諸意識形態，作為組織動員的基礎。更不幸的是，任何批評其他種族、族群的意識形態，以及打擊非我族類的政治理念，往往能夠吸引眾多無知群眾的認同與支持，例如「法西斯主義」（fascism）、「納粹主義」（Nazism），以及「列寧主義」（Leninism）等。這樣的意識形態使得行政首長能夠鼓動大批群眾，將他們的注意力集中在某些捏造或者虛幻的國家威脅，例如少數種族、外國勢力，以及階級敵人所造成的潛在危機。

由於神格領袖取得權力係因為個人因素，而不是奠定在傳統或者法治基礎，因此幾乎極難加以拘束。這些領導人物被普遍認為具有卓越的智慧與才能，而且這些神格領袖通常具有能力操控民眾崇拜的情緒。事實上，許多神格

---

5 此詞源自於希臘字，原義為「上帝的禮物」（divine gift）。衍生其意，係指創造性或革命性領袖所具有的特殊性格，其追隨者相信他具有宗教或超乎常人的魅力（林嘉誠、朱浤源，1990：42）。

領袖之所以具有魅力，往往係因為他們所保持的鬥士形象，試圖與社會資產階級、種族團體，或者敵對外國勢力進行嚴厲的對抗。他們可能藉口必須繼續抗衡反對勢力，而要求擴張個人權力。對於那些政治制度尚未步上軌道，或者缺乏民主傳統的國家，這種情形堪慮。尤其，在低度開發與發展中國家，神格領袖經常希望擺脫法律對其權威的節制，甚至擁有獨裁的權力。在這種國家，任何政治人物要取代神格領袖的地位，甚為不易。對於神格領袖及其追隨者而言，任期限制或者憲政規範的約束作用相當薄弱。

　　因此，對於這些神格領袖的臧否，歷史評價不一。在某些情況之下，神格領袖得以成功地扮演象徵性領袖的功能，尤其當國家需要一位領袖人物作為凝聚團結的基礎，這些神格領袖確實有其必要。但是，神格領袖可能並不擅長擬定法案、處理財政問題與外交事務，甚至是軍隊控制。當神格領袖不能夠繼續依據個人特質獲取群眾的支持，而需要其他治理能力的時候，就可能會遭遇困境。

三、合法性權威

　　依據韋伯的觀點，另一種權威的來源係基於法治原則。行政首長憑恃合法統治權威，根據法律賦予該行政職位的權威，決定政策與採取行動。當神格領袖權威發展到某一階段後，必然趨向高度的組織化及制度化，否則其統治權威便不易維持。隨著社會環境的轉型，政治生態亦產生相當的質變。舉凡教育水準提升、都市化發展、傳播資訊大量繁衍、人口流動迅速，以及新興社區的蓬勃設立等，使得人民獲悉政治訊息的管道多樣化，經此培養較強的政治判斷力與自主性。這種情形在在不利於傳統權威、神格領袖權威的維繫。解決之道唯有建立法治體制，將政治領導者的統治權威合法化。換言之，民眾之所以願意服從政治領導者，並非個人因素之故，而是因為法律賦予的領導地位。因此，在此階段，法律規範即具有至高無上的權威。當然，唯有多數人民認為政府的存在是依法而治，行政首長的合法性權威才有意義。

　　必須說明的是，以上三種行政首長的權威往往是重疊存在的。舊的權威不可能完全為新的權威取代，但卻為新的權威所改變或削弱。在人類歷史的演進過程中，最早發生的似乎是傳統權威，其後為神格領袖權威，再者為合法性權威。在某些情況之下，合法性權威也可能反為神格領袖權威所取代。當然，在任何社會，都可以找到以上三種權威，只不過有其程度與偏重的不同罷了。事實上，即使在合法性權威極為強烈的政治體制之下，行政首長仍然必須仰賴其

他的領導權威，才能夠達到有效治理的境界。總體而言，合法性權威是現代社會的重要特徵，而且合法性權威的維持與行政體系有密切關係，這是下文討論的要旨。

陸、官僚體制的基本特徵

在一般用字遣辭上，當提及「官僚體制」這一詞彙時，往往具有負面意涵，其可能意指一群龐大的行政人員或組織墨守成規、不知變通、缺乏效率，或僅為保有個人職權而不顧問題的解決。雖然這種觀點並不正確，甚至有蓄意貶摘的惡意，但亦非完全無的放矢。的確，行政體系是一個階層化組織架構，冗員過多、故步自封、不知變通、缺乏效率等缺失，也可能實際發生。相關問題，容後再談。首先，我們或許應該援引韋伯的觀點，說明行政體系的特徵。當然，韋伯的學說仍有不足之處，亦引起諸多學者不同的看法，但是其成為爾後研究行政體系的重要基礎，是無庸置疑的（張潤書，1991：60-62）。根據韋伯的論點，在現代社會中必然發展出完整的官僚體制，其建立在合法性權威基礎之上。基本上，理想型官僚制度具備下述幾項特徵。

一、清楚的職權範圍

行政組織內部的成員均有其「固定職掌」（fixed jurisdiction），所有職能範圍均清楚規定，依法行使職權。機關係根據完整的法規制度而設立的一種組織型態，這種機關組織有其確定的目標，並依循完整的法規制度，藉以規範組織和所屬人員的作為，有效地達到預先設定的政策目標。因此，在此組織體制下，每位成員有正式的職責範圍。其次，以法規嚴格限制的方法，賦予命令的權威，以行使固定的職責。再者，行政人員所應享有的權利與應盡的責任，均有清楚的界定，而且只有具備特定資格者始能夠聘用，主要憑藉其執行職務的才能。

二、階層化組織結構

行政機關的組織型態，按照「階層結構」（hierarchy）所設立，「指揮系統」（chain of command）權責分明。在此組織體系內，按照職權地位的高低，規定人員之間命令與服從的關係。除了最高領導者之外，機關內部的每一位人

員僅有一位上司（one boss and one boss only），而且必須嚴格服從上級的命令，接受上司的指揮與監督。原則上，每位行政人員僅對所屬上司負責，不接受任何人的命令。這樣的設計，一方面可以減少混亂的現象，另一方面較易控制部屬，達到指揮順暢的目的，藉此提高工作效率。

三、嚴格的法規程序

組織成員的工作項目，以及人員之間的工作關係，係依循「明文規定」（written rule），其間不得涉及個人的情感與偏好。換言之，行政人員的工作內容與從屬關係，係為「對事不對人的關係」（impersonal relationship），主要在於完成特定的行政目標。

四、專業化與分工性

為了達成機關目標所需完成的各項職務，按照人員的專長進行合理的分配，並且每位人員的工作範圍及其權責，必須以法規明文予以規定。行政人員依其專長接受「技術訓練」（expert training），「專業化」（professionaliz-ation）與「分工性」（specialization）為其主要特性。在此明確的分工制度之下，人員的工作範圍必然趨向專門化，而行政職權的專門化又必然促進人員的專業知識，進而提高行政效率。官僚體制的行政權威主要亦源自於專業化與分工性的特質。

五、永業化原則

大體而言，行政體系人員的聘僱係基於永業化原則。這種情形與政務官員的任用不同，因為政務官員是隨著選舉輸贏而下野或上臺，以及是否得到最高行政首長的信任而指派或免職。反觀，行政人員的選用原則，務求擔任行政職位者皆能運用其才智，克盡其義務，有效地推展工作。因此，每個職位皆有其資格限制，其可能根據學歷，或者衡量考選成績，藉以證明符合選任要求，避免因為才學不足而影響工作績效。人員的任用根據自由契約的關係，除非人員因業務疏失，並且依法律的規定加以糾舉、彈劾與免職，否則行政組織不得隨意終止這種契約關係。官僚體系固定任期的保障，旨在使人員能專心一意地處理行政事務。

六、制度化的薪資、獎懲與升遷體制

　　文官體系的薪資給付是依據人員的地位和年資，有明文規定。固定工作報酬，使得擔任某種職位或從事某種工作的人員，享有一定的待遇與權益。在薪俸制度的保障之下，確保行政人員不至流於偏私，以及影響工作情緒。除了正常的薪俸之外，並須具有明確的獎懲制度和升遷制度，使得人員能夠安心工作，無須擔憂正常作為遭受懲罰，摒除政治壓力與人情關說。獎懲制度係針對人員工作成績之優劣而設。至於升遷制度，主要根據兩個條件，一是根據人員的工作績效，另一是考量年資深淺。

　　依據韋伯的觀點，任何行政機關假若具備上述六種特性，則可以達到高度理想化的標準，而且必然是最有效率的，理由有五：

1. 依據層級節制的原則，上下從屬關係可以清楚釐定，使得行政組織建立完整、順暢的運作機制。
2. 由於法令規章完備，行政人員的職掌與工作流程均有明確規定，避免權責不清的弊端。
3. 行政部門依法行政，排除人情因素與政治壓力，阻絕營私舞弊的可能。
4. 人員的聘任依憑才能與專長，使得行政業務高度專業化，藉此提高工作績效。
5. 固定的薪給與升遷的保障，培養人員的事業心，確保以工作表現為取向。

柒、行政體系的功能及其評價

　　由於行政體系為階層化組織，上下從屬關係清楚界定。大體而言，文官體系內部成員可區分為高級事務官員、中級事務官員，以及基層事務官員。依其履行職權的不同，各類行政人員的功能亦有所差異。高級事務官員主要在於提供專業意見，協助行政首長與政務官員制訂政策；再者，在政策制訂之後，詮釋施政內容，擬定執行計畫，並且監督所屬，務使貫徹執行。中級事務官員承接高級事務官員的指揮，規劃實際執行步驟，交付基層事務官員實施，協調執行單位的活動，監督計畫的執行，並且反映基層人員的執行意見。基層事務官員實際執行計畫，從事若干例行性活動，遇有任何疑義則向中級事務官員反映。總體而言，行政體系所履行的任務甚多，包括管制工作、稅捐稽徵、會計稽核、公共服務、交通建設、水利運輸、戶口調查、農業推廣、證照發放、國

民教育、公營事業、就業輔導、社會福利、國防外交、科技研究等，幾乎無所不包，無怪乎官僚體制在國家機構中扮演著益形重要的角色。

如前曾述，官僚體制該詞彙經常蘊涵著負面意涵。環顧各國情形，官僚體制並不必然缺乏效率、不負責任，或者是必要之惡。儘管官僚體制經常蒙受批評，然而事實上，多數人民對於官僚體制仍然抱持正面評價，普遍認為政府行政人員是具有能力、有效率，甚至是相當和善的。為了進一步瞭解官僚體制的情形，本章在此嘗試提出正反兩面的觀點。基本上，行政體系在效率、負責方面的評價是受到肯定的，然而行政體系卻也經常面臨過度僵化與拒絕革新的批評。茲分項說明。

一、官僚體制的正面評價：效率與負責

對於政府所欲達成的諸多目標，官僚體制可能是達到效率與負責的最有效組織方式。在現代官僚體制尚未建立之前，許多行政任務的達成係依賴一些非專業人員，他們取得這些職位主要是因為與政治領導者的私人情誼。在這種「分贓制度」（spoils system）之下，政治忠誠往往成為指派公職的唯一標準，此亦難脫購買官職、金權徇私的嫌疑。甚者，以分贓制度作為政治甄補的最大缺憾在於，這些行政人員的選任並非基於適才適任，缺乏專業訓練，而且就任時期隨著選舉更迭改變，導致決策制訂品質低劣，政策執行過程粗糙，往往亦難課以行政責任（Palumbo and Maynard-Moody, 1991: 5-6）。舉例來說，稅捐稽徵就是極為專業的行政事務，數以百萬計的納稅者必須在短時間內完成報稅，而且必須依據相關規定，精確申報稅款。顯然，沒有專業的官僚體制負責，幾乎不可能達成這些目標。這也就是為何促成政府公職人員的選任，以「功績制度」（merit system）來取代分贓制度的主要原因。

二、官僚體制的負面評價：僵化與抗拒革新

或許，官僚體制最受人批評之處在於墨守成規、過度僵化，對於嶄新的執行計畫與變遷的社會環境，官僚體制的調適能力往往較為緩慢。從另一個觀點來說，官僚體制並不擅長於創新改革。若干研究者指出，官僚體制之所以過於僵化的主要原因，並不是來自於行政人員的人格特質，而是因為官僚組織的本質所致（Ethridge and Handelman, 1998: 242-245; Goodsell, 1994: 103）。基本上，官僚體制過度僵化的主要原因歸納有三：

其一，是標準作業程序所致。由於固定的行政規則，使得官僚體制在處理

一般事務時能夠達到效率的目的。然而，一旦官僚體制遭逢特殊情況，需要進行某種程度的變通調適時，往往難以自我修正。標準行政程序使得行政人員嘗試將所有類似情況以相同方式處理。但是，遭遇某些情形較為獨特，需要運用不同的解決方式時，行政人員仍然習慣依循原有的程序。

其二，官僚體制之所以會形成僵化，可能源自於行政人員的固有職權。換言之，本位主義的限制導致溝通協調的障礙。行政人員固定的職權與特定的行政責任，使得他們在特定工作範圍中成為專家，這是官僚體制極為重要的優點。然而，當有些問題需要不同次級單位之間相互討論、協商與合作時，倘若行政人員僅認為他們只需要執行原有工作事項與上級長官所交付的任務，那麼不同部門之間的溝通協調將變得非常困難。

其三，官僚體制既有的權力關係往往使得改革創新面臨瓶頸。基本上，當制訂新的政策計畫，或者標準作業程序變更之後，行政人員既有的權力地位可能遭受威脅，這也是官僚體制為何抗拒變革的另一項重要原因。舉例而言，某一位行政人員長期負責公園路燈事務，他自然掌握若干行政優勢，如預算支出編列等。假若決策當局預計將公園路燈的管理，以契約分包方式交由民間機構負責，儘管這可能是個頗具創意的做法，但是這種變革必然影響該行政人員原有的職權優勢，而抗拒類似的革新方案。

捌、行政與政治

行政與政治的關係，向來是學界爭議的重要課題。以往，主要爭論的焦點在於，是否應該嚴格劃分行政與政治的關係。主張兩者應該清楚釐定界限者，以古德諾（Frank J. Goodnow）為代表；其觀點認為，政務官員負責政策制訂，並接受國會的監督，事務官員經由考試任用，不受政治因素影響進退，僅負責將政策加以貫徹執行（摘自張潤書，1991：755-757；Palumbo and Maynard-Moody, 1991：7）。此立論影響深遠，眾多學者奉之為圭臬。之後，若干研究者質疑這種看法，提出截然不同的命題，其強調兩者非但無法清楚劃分，甚至密切配合。因為政策制訂與政策執行屬於一貫性質，前者在於確立目標，後者在於實現目標，兩者存有目的與手段的連帶關係，可視為一體兩面，相互配合。再者，為了保障民意得以具體落實，事務官員在執行政策的過程中，必須受到政務官員的督導與考核。由於行政部門具有立法的提案權與行政

命令的制訂權，這些法案或行政命令的規範更不能背離民意，這也足以說明為何行政與政治不宜明確劃分。

　　相較於前述行政與政治嚴格區分的觀點，由於後者更為貼近現實情況，且擴大行政體系研究的領域，其影響已凌駕前者，逐漸成為多數學者所遵循的典範。現今，行政與政治的關係，較為人關切的議題在於，面臨行政體系日益膨脹之際，是否能夠控制官僚體制的權力？依據若干行政學者的觀點，官僚體制的運作原則係基於專業知識與技能，並且接受上級人員的指揮與監督，而不是基於民主統治的原則。官僚體制對於政策的詮釋與執行，係基於專業訓練、分析與判斷，而不是基於民意調查或者是選民投票結果。這種情形令人不得不思索一個嚴正的議題，亦即官僚體制是否能與民主政治相容並存。

　　事實上，在現代社會中，民選產生的行政首長與議員往往難以掌控、監督組織龐大的官僚體制。大體而言，官僚體制之所以難以控制的主要肇因有二：

　　其一，是官僚體制的資訊優勢。面對日新月異的高科技議題，如水利、環保、醫藥、軍事、跨國犯罪等，諸多官僚體制的決策行動係基於科學資訊，藉由頗費心思的調查研究，始得作成決定。當政務官員徵詢行政人員關於決策資訊時，這些政務官員甚難知悉事務官員所提供的意見究竟是否準確。一般說來，政務官員是政治通才，對於眾多技術性議題所知有限。相反地，事務官員為行政專才，對於某些特定領域事務知之甚詳。如是以觀，便不難理解為何政務官員甚難判別事務官員之意見是否正確。一項研究就曾指出，官僚體制所負責的決策領域愈是屬於專業知識，則民選官員嘗試指揮、監督的力量益形薄弱（Bawn, 1995）。換言之，當政務官員與民意代表要求行政官員提供專業見解，他們必須授與官僚體制相當程度的行政自主性，如此將使得政治監督更為困難。

　　其二，除了掌握資訊的優勢之外，官僚體制之所以甚難控制的理由在於行政官僚與利益團體之間的緊密關係。利益團體、國會委員會，以及官僚體制，這三者往往擁有相當豐富的專業資訊，因此在制訂政策的過程中扮演極為重要的角色。這種關係稱之為「次級政府」（subgovernments）或者「鐵三角」（iron triangle），為政治學者普遍運用的概念（Heclo, 1990; Ripley and Franklin, 1991）。在特定政策領域方面，利益團體試圖給予國會委員會、行政官僚相關訊息，並且設法滿足對方的利益。在這三角關係以外的政治力量幾乎很難實際影響政府決策。當吾人以此三角關係解釋決策過程的時候，官僚體制的監督控制就引發相當嚴重的問題。基本上，「互利互惠」（reciprocity）是立

法過程的常態現象，亦即議員之間會相互支持彼此提出的法案。這種立法的互惠性，使得鐵三角關係更形鞏固，因為議會傾向尊重委員會所達成的決議，而委員會的意見往往與利益團體與官僚體系的觀點相互契合（Peters, 1993: 23-25）。依據此種邏輯，吾人可以得出這樣的結論：官僚體制、利益團體、國會委員會所形成的堅固結盟關係，幾乎不受其他政治力量的監督與制衡。

當然，鐵三角理論仍有相當爭議，部分研究者認為其無法適用於諸多情境，這些學者堅信，官僚體制的權力運作過程其實是更加複雜的。若干研究文獻提出「議題網絡」（issue network）的觀點，其認為國會委員會、利益團體與官僚體制，這種三角關係已開始呈現鬆動的跡象。事實上，並沒有特定的決策模式可以適用在所有的政治體系（Stillman, 1992）。依據議題網絡的立論，鐵三角理論並非完全錯誤，只不過在實際決策過程中，政策參與者往往更為多元性與多樣化，因此其預測力相當有限，理論解釋力存有不足之處。必須說明的是，無論是鐵三角理論或者是議題網絡，吾人均可發現，官僚體制得以與利益團體相互結合，增強其行政獨立性，超脫政治的掌握與控制。

玖、結　論

在全球化程度益趨提高之際，各個國家必須面對瞬息萬變的挑戰，行政部門迅速敏捷的決策特性，使得行政部門儼然成為政府機構的核心。隨著各國政府體制的不同，行政首長的職權設計亦有其差別，大體而言，吾人可以兩個面向區分其特徵：一是行政首長的產生方式，另一是行政首長與立法部門的互動關係。據此，得將行政首長區分為五類：

1. 世襲繼承的君王，可能是實權領袖，亦可能為虛位元首。
2. 由人民選舉產生的行政首長，其亦擔任國家元首。
3. 內閣制之總理或首相，行政權隸屬於總理與閣員構成的內閣。
4. 合議制的執行委員會，以瑞士為代表，國家元首按資深制度的原則由各執行委員輪流擔任。
5. 非依據正式憲法規定或是世襲繼承而取得職位的行政首長，其可能是軍事政變的將領、領導國家獨立，或者是革命成功的政治人物。

就行政首長所履行的功能而言，約可歸納為六類，包含儀式與象徵性功能、外交權、三軍統帥權、危機處理的領導角色、政府預算的規劃，以及行政

體系的領導權。由於行政首長掌握多重政治權力，因此如何規範權限內容、節制權力行使，確實有其必要。尤其，在民主國家之中，這種制衡機制更是避免濫權的保證。至於制衡行政首長職權的方式甚多，舉凡任期限制、限制權力行使的範疇、分權制衡的政治制度、反對黨（勢力）的箝制效果，以及新聞媒體與社會輿論的監督。無疑地，行政首長在錯綜複雜的政治環境中運作，促使他們必須不斷地調適、折衝、妥協，才能夠有效地發揮權力。

盱衡各國情勢，行政首長的類型甚多，不一而足。基本上，每位行政首長有其獨特的個人特質，而且在任期內所遭逢的環境與亟待解決的問題並不相同，因此吾人甚難完整歸納行政首長的類型。儘管如此，藉由韋伯的學說，吾人可依據「行政領導權的取得方式」，將行政首長權威來源區分成三種類型，包括傳統權威、神格領袖的權威，以及合法性權威。傳統權威主要源自於歷史文化的信仰，行政首長權威的取得，並非憑藉個人自己的努力或才能，而是仰仗繼承的力量。神格領袖的權威，係由於人民信仰政治領導者擁有天賦異稟的智慧與才能，他們深信這些神格領袖必然可以促成更美好的未來。合法性權威係基於法治原則，行政首長憑藉法律賦予該行政職位的權威。換言之，民眾之所以願意服從政治領導者，並非個人因素之故，而是因為法律賦予的領導地位。

事實上，這三種行政首長的權威往往是重疊存在的。在人類歷史的演進過程中，最早發生的似乎是傳統權威，其後為神格領袖權威，再者為合法性權威。根據韋伯的觀點，當社會發展至成熟階段時，必然更加依賴合法性權威。換言之，合法性權威是現代社會的重要特徵，而且合法性權威與官僚體制有著密切關係。基本上，理想型官僚制度具備六項特徵，包含明確職權範圍、階層化組織結構、嚴格的法規程序、專業化與分工性、永業化原則，以及制度化的薪資獎懲與升遷體制。任何行政機關假若具備這些特性，則可以達到高度理想化的標準，而且必然是最有效率的。

一般認為，官僚體制主要在於執行政策，然而其實際作用並不止於如此。官僚體制的工作性質，極度仰賴專業與才能，這使得事務官員往往得以影響決策的制訂。大體而言，官僚體制內部成員可區分為高級事務官員、中級事務官員，以及基層事務官員。高級事務官員主要在於提供專業意見，協助行政首長與政務官員制訂政策。中級事務官員承接高級事務官員的指揮，規劃實際執行步驟，交付基層事務官員實施，協調執行單位的活動，監督計畫的執行。基層事務官員實際執行計畫，從事若干例行性活動。

　　由於官僚體系的政治影響力益趨明顯，因此亦遭致諸多批評，尤其在於過度僵化與拒絕革新這兩方面。歸納而言，官僚體制之所以過度僵化與拒絕革新，係肇因於標準作業程序的牽制、本位主義的限制導致溝通協調的障礙，以及既有的權力關係使得改革創新面臨瓶頸。由於扮演政策制訂與政策執行的關鍵角色，官僚體制幾乎注定面臨批評，甚至難以駕馭。假如期望維持官僚體制的有效運作，而且能夠監督控制官僚體制的運作，吾人必須從行政與政治的觀點瞭解這些問題。無可諱言地，由於官僚體制掌握的資訊優勢，以及官僚體制與利益團體相互結合強化其行政獨立性，使得行政首長與立法部門更加難以掌控文官體系的作為。

參考書目

一、中　文

吳重禮，2002，〈美國「分立政府」運作的爭議：以公共行政與政策為例〉，《歐美研究》，第32卷第2期，頁271-316。

林嘉誠、朱浤源，1990，《政治學辭典》，臺北：五南。

張潤書，1991，《行政學》，4版，臺北：三民。

劉慶瑞，1988，《中華民國憲法要義》，修訂17版，臺北：三民。

二、英　文

Bawn, Kathleen, 1995, "Political Control versus Expertise: Congressional Choices about Administrative Procedure."*American Journal of Political Science* 89(1): 62-73.

Cutler, Lloyd N., 1980, "To Form A Government: On the Defects of Separation of Powers."*Foreign Affairs* 59(Fall): 126-143.

Cutler, Lloyd N., 1988, "Some Reflections about Divided Government."*President Studies Quarterly* 18(3): 489-490.

Ethridge, Marcus E., and Howard Handelman, 1998, *Politics in a Changing World: A Comparative Introduction to Political Science*. 2nd ed. Boston: Bedford/St. Martin's.

Goodsell, Charles, 1994, *The Case for Bureaucracy: A Public Administration Polemic*. 3rd ed. Chatham, NJ: Chatham House.

Heclo, Hugh, 1990, "Issues Networks and the Executive Establishment."In *The New American Political System*, 2nd ed., Anthony King. Washington, DC: American Enterprise Institute.

Kernell, Samuel, 1993, *Going Public: New Strategies of Presidential Leadership*. Washington, DC: Congressional Quarterly Press.

Leonard, John, 1991,"Divided Government and Dysfunctional Politics."*PS: Political Science and Politics* 24(4): 621-653.

Mayhew, David R., 2001, *Divided We Govern: Party Control, Lawmaking, and Investigations, 1946-*

1990（中文版，吳重禮、陳慧玟譯，《分立政府：1946-1990 年期間之政黨控制、立法與調查》，臺北：五南）。

Neustadt, Richard E., 1990, *Presidential Power and the Modern Presidents: The Politics of Leadership from Roosevelt to Reagan.* New York: Free Press.

Ogul, Morris S., 1976, *Congress Oversees the Bureaucracy: Studies in Legislative Supervision.* Pittsburgh: University of Pittsburgh Press.

Palumbo, Dennis J., and Steven W. Maynard-Moody, 1991, *Contemporary Public Administration.* New York: Longman.

Peters, B. Guy, 1993, *American Public Policy: Promise and Performance.* 3rd ed. Chatham, NJ: Chatham House.

Ripley, Randall B., and Grace A. Franklin, 1991, *Congress, the Bureaucracy, and Public Policy.* 5th ed. Pacific Grove, CA: Brooks/Cole.

Stillman, Richard J., 1992, *Public Administration: Concepts and Cases.* Boston: Houghton Mifflin.

Sundquist, James L., 1986, *Constitutional Reform and Effective Government.* Washington, DC: Brookings Institution.

Sundquist, James L., 1988, "Needed: A Political Theory for the New Era of Coalition Government in the United States."*Political Science Quarterly* 103(4): 613-635.

Sundquist, James L., 1990, "Response to the Petracca-Bailey-Smith Evaluation of the Committee on the Constitutional System."*Presidential Studies Quarterly* 20(3): 533-543.

Wildavsky, Aaron, 1992, *The New Politics of the Budgetary Process.* 2nd ed. New York: HarperCollins Publishers.

Waterman, Richard W., 1989, *Presidential Influence and the Administrative State.* Knoxville, TN: University of Tennessee Press.

進階閱讀書目

Barber, James David, 1992, *The Presidential Character: Predicting Performance in the White House.* 4th ed. Englewood Cliffs, NJ: Prentice-Hall.

Edwards, George C., III, Steven A. Shull, and Norman C. Thomas, eds., 1985, *The Presidency and Public Policy Making.* Pittsburgh: University of Pittsburgh Press.

Fry, Brian R., 1989, *Mastering Public Administration*: *From Max Weber to Dwight Waldo.* Chatham, NJ: Chatham House.

Garvey, Gerald, 1997, *Public Administration: The Profession and the Practice.* New York: St. Martin's.

Kerbel, Matthew Robert, 1991, *Beyond Persuasion: Organizational Efficiency and Presidential Power.* Albany, NY: State University of New York Press.

Kessel, John H., 1992, *Presidential Campaign Politics.* 4th ed. Pacific Grove, CA: Brooks / Cole.

Landy, Marc, ed., 1985, *Modern Presidents and the Presidency.* Lexington, MA: Lexington Books.

Light, Paul C., 1983, *The President's Agenda: Domestic Policy Choice from Kennedy to Carter.* Baltimore: Johns Hopkins University Press.

Lynn, Laurence E., Jr., 1996, *Public Management as Art, Science, and Profession.* Chatham, NJ:

Chatham House.

Peterson, Mark A., 1990, *Legislative Together: The White House and Capitol Hill from Eisenhower to Reagan*. Cambridge, MA: Harvard University Press.

Polsby, Nelson W., and Aaron Wildavsky, 2000, *Presidential Elections: Strategies and Structures of American Politics*. 10th ed. Chatham, NJ: Chatham House.

Rockman, Bert A., 1984, *The Leadership Question: The Presidency and the American System*. New York: Praeger.

Rourke, Francis E., 1986, *Bureaucratic Power in National Policy Making*. 4th ed. Boston: Little, Brown.

Rushefsky, Mark E., and Kant Patel, 1998, *Politics, Power, and Policy Making: The Case of Health Care Reform in the 1990s*. Armonk, NY: M. E. Sharpe.

Savas, Emanuel S., 1982, *Privatizing the Public Sector: How to Shrink Government*. Chatham, NJ: Chatham House.

Shull, Steven A., ed., 1991, *The Two Presidencies: A Quarter Century Assessment*. Chicago: Nelson-Hall.

Shull, Steven A., 1999, *Presidential Policymaking: An End-of-Century Assessment*. Armonk, NY: M.E. Sharpe.

第十一章　立法部門

楊日青

PART *2*

　　立法機關又稱國會，其主要功能是使政策合法化，完成立法程序，正式制訂法律，並監督政府。

壹、立法機關的類型

　　立法機關的類型因學者採取不同標準而有各種不同的分類。

一、立法機關的院制

　　按照立法權由一個機關或兩個以上機關行使為標準，可分成一院制（unicameral，如希臘、西班牙、挪威等）、兩院制（bicameral，如英、美、法、德、日等）、三院制（如南非）、五院制（如1984-1994年之南斯拉夫）。唯絕大多數國家不是一院制，就是兩院制。且新興國家多採一院制，聯邦制國家多採兩院制。值得注意的是，紐西蘭於1950年、丹麥於1954年、瑞典於1970年先後廢棄了第二院。

　　兩院中第一院民選，第二院產生方式複雜，或世襲、或任命、或民選不一。一般而言，民選的第一院（又稱下院或眾院等）大多居於優勢，現內閣制國家，內閣只對下院負責，在立法權方面，多由下院做最後決定（如英、法、德、日等），例如英貴族院對法案只有一年延擱權，對財政法案則無權過問。[1]二次大戰後，一院制已成主流，兩院制國家在減少，且多數兩院制國家的人事與政策，實際上均由下院主導決定，真正兩院平權的國家（如美、義、

1　Heywood, Andrew（2002，1997）；楊日青等譯，2003：501-504；Ranney, Austin，倪達仁譯（1998：298）。

比），為數甚少。

　　至於一院制與兩院制孰優孰劣，學者間有不同看法。主張兩院制者強調，立法需要慎重，經兩院討論可減少立法的草率；在聯邦制國家中，一院代表各邦，一院代表全民，可維持各邦與聯邦的平衡。主張一院制者則強調，倘若兩院的意見一致，則造成時間與金錢不必要的浪費，倘若不一致，易形成僵局，在內閣制國家曾使內閣左右為難，無法負責。[2]

二、憲政體制與國會類型

　　立法機關的主要分類，是從立法功能的角度，即從國會是否能決策立法的標準來分，Nelson Polsby將國會分成「轉換型（或立法型）立法機關」（Transformative Legislature）及「競技場型（或議論型）立法機關」（Arenalike Legislature）（Polsby, 1975: 277-278）。Andrew Heywood將國會分成為「制訂政策」（policy-making）、「影響政策」（policy-influencing）及「行政部門支配」（executive-dominated）的國會（assemblies）。[3]比較具體實用的分類，可能是從憲政體制來分，分為總統制國會、內閣制國會、行政支配的國會三種。茲以美、英、中共為例，分別說明不同憲政體制下國會之主要特徵，同時簡介我國之國會。

1. 總統制國會

　　立法機關的憲政角色，因政府體制而異。一般而言，美國總統制，在三權分立、相互制衡的關係下，總統與議員分別民選，各有一定任期，總統不能解散國會，國會具有獨立的地位。而議員不得兼任官員，能貫徹分立的精神，且議員當選多憑自己的聲望與人脈，政黨的助益有限，因而黨紀不易貫徹，故議員能展現高度的獨立自主性。

　　在分權制衡的原則下，議員獨占法案的提案權，對總統及行政部門擬定由其同黨議員代為提出的政府法案有修改、擱置、否決的權力。國會不僅有權主動立法，且有權變更預算，審查被提名人資格，彈劾不法官員，並藉調查、聽證等方法監督行政部門之施政。這種擁有「獨立的職權，且經常行使其職權，將來自各方的法案轉化為法律」的立法機關，坡士比（Nelson W. Polsby）稱之為「轉換型（或立法型）立法機關」（Polsby, 1975: 277），也是Andrew

---

2　1893年，法國上院以156：63彈劾內閣，下院以314：45支持內閣，使內閣進退兩難。
3　Heywood, Andrew（2002, 1997）；楊日青等譯，（2003：507-512）。

Heywood所謂的「制訂政策型國會」，及一般學者所謂的強勢國會。

美國國會為有效行使其職權，在組織結構上，不僅力求專業分工，成立類似專家委員會性質的常設委員會，使國會亦有各種專業知識的議員，能與各部會官員相抗衡，而且設有龐大的立法助理與支援系統，使議員有足夠資訊與能力擬定或檢討政策法案，同時能有效監督行政部門，防止政府濫權專制，以保障人民之自由權利。

可見，具有決策立法權的美國國會具有四項特徵：

1. 有憲法明確的授權，立法權獨立。
2. 柔性政黨，總統無法透過黨紀控制黨籍議員。
3. 專家性常委會，使國會有效及強勢。
4. 充分的幕僚與資訊支援，不必仰仗行政部門。

不過這些特徵實際上亦因時代環境而異，如經濟恐慌及二次大戰前後，總統提出立法計畫（如羅斯福總統之新政），領導決策立法，國會的立法功能減弱；但在水門案後，國會的權力復甦，尤其是在1994年大選後，柯林頓總統面對共和黨占多數的國會，總統失去主導決策立法的能力，甚至因國會拒絕通過部分預算，造成若干政府機關關門。共和黨在參眾兩院均占多數，在眾院議長金瑞契（Newt Gingrich）強力領導下，國會重新掌握了決策立法的主控權。2001年，911恐怖攻擊後，共和黨總統布希在兩院多數與其同黨的政治生態下，總統又掌握了立法主導權。

2. 內閣制國會

現代內閣制國家，國會通常扮演影響政策而非制訂政策的角色，雖然在法制及理論上，閣揆及內閣由議會多數議員之支持而產生，內閣須對議會負責，議會可通過不信任案，迫使內閣辭職，「議會至上」。但在實際上，由於英國採行單一選區多數決選舉制，導致兩黨政治，總有一黨控制議會，且因政黨趨向中央集權，黨紀嚴明，因而多數黨領袖不僅能順利組閣，領導內閣制訂政策，形成立法計畫，亦能在議會主控提案、法案審議時間、議事程序及多數議員投票行為。相對而言，議會失去了自主的立法能力，變成了坡士比所謂的「競技場式（論壇型）立法機關」（Polsby, 1975: 278）。即議會變成朝野政治勢力角力，或執政黨與在野黨議員辯論的場所，各黨期望透過在議場的表現，進而影響民意，贏得下次選舉的勝利。換言之，議會基本上是透過檢討、批評、修正方式影響政府政策，主要任務在扮演回應、監督、制衡的角色。而且這種角色，主要依賴在野黨來扮演。

議會影響力的大小，因執政黨實力與團結力而定，如柴契爾政府於1980年代，不但掌握下院多數，且保守黨內部有高度凝聚力，議會及在野黨之影響力微弱。1992年大選後，保守黨席次減少，且團結度衰退，梅傑（Major）政府時，議會及在野黨角色隨之強化。

其他多黨內閣制國家，聯合政府須透過協商與妥協制訂政策與法律，國會具有極大影響力，德國與瑞典就是典型的例子。

3. 行政支配的國會

一黨長期執政的內閣制國家，如新加坡，1955年至1980年代自民黨執政的日本，以及共黨專政和開發中國家，通常伴隨著弱勢或行政部門支配的國會。其主要特徵為對政府的政策法案只能行使形式上的審議權，通常被譏諷為行政部門的橡皮圖章。其主要功能是使政府的政策完成合法性手續，使政府的施政具有正當性（legitimacy）。簡言之，國會的核心功能是扮演象徵性角色，顯示政府的政策業經人民代表機關之同意，進而使政府具有正當性，並達國家整合之效果。如今最典型的例子是中共的全國人民代表大會，簡稱為全國人大或人大。

人民代表大會的理論源自盧梭的人民主權說，他認為最民主的政體莫過於把立法權和行政權結合在一起的政體（何兆武譯，1982：87-88）。這是「議行合一」，而非「權力分立」的政體。

根據中共現行憲法（1982）及此後修改的選舉法的規定，全國人大的代表由省及同省級人代選舉產生，而省人大則由縣人大選出，縣（有些縣由鄉人大選出）與鄉之人大代表則由選民直選產生。為改革過去黨提名即等於當選的不民主選舉現象，如今除了黨提名的人選外，選民或各級代表得聯名提出代表候選人，同時將等額選舉改為差額選舉。全國人大組成人員除地區、少數民族及軍人代表外，也考慮到婦女、農民、工人、專業人員等各行各業的代表性。

從憲法上看，全國人大職權廣泛，對憲法與法律有議決權，對國家重要人事，如人大常委會委員長與委員、國家主席與副主席、國務院總理與各部部長、中央軍委會主席與委員、最高人民法院院長、最高人民檢查院檢察長有選舉權。人大之常設委員會於人大閉會期間，代行其廣泛職權，包括立法、修法、審批國民經濟與社會發展計畫及預算、調整政府機關組織、准廢條約、宣戰媾和，並根據總理提名，決定國務院各部會首長人選之任免。國務院為人大執行機關，須向人大報告施政，各部會首長並須接受人大之質詢與監督。就人大及其常委會之法定職權而言，與西方民主國家國會之職權相比，似有過之而

無不及。形式上是議會至上，行政、立法、司法大權均集中於人大。

不過在實際運作上，由於一黨專政關係，人大及各個政府機關內部均有相對的黨組織存在，長期形成「黨委揮手、政府動手、人大舉手、政協拍手」，黨委決策，政府執行的畸形權力結構。最高權力機關的人大主要是象徵人民主權的形式化機關，其真正功能不過如前蘇聯的最高蘇維埃，作為黨政與人民溝通的橋樑或「傳送帶」（transmission belts）而已，一方面動員人民支持政府的政策和法律，另方面向政府反映人民對政策的反應，作為政府的參考。

唯近年來，中共對政治的控制有鬆動現象，人大的討論比過去自由，對議案的投票也不像過去總是一致通過。例如三峽大壩工程案表決時，很多人大代表投反對票或棄權，有些國務院提出的議案被人大否決。過去對黨提名的人選亦是一致通過，1998年人大選委員長時，很多代表未支持李鵬，朱鎔基當選總理的票數遠比李鵬高。

而且全國人大及其常委會在法制工作方面已有相當成績，自1979至2000年已制訂三百餘部法律。其中特別受人矚目的是1992年修憲確認了「市場經濟」的合法性。[4]而自由市場經濟本質上要求政府少管，使人大在約束行政權方面，有了憲法及社會經濟的基礎。1989年「行政訴訟法」及1990年代一系列監督行政的法律[5]規定，人民或社團若受行政機關不法侵害，有權提出控告，由司法機關審判。這無異給行政權力套上法律的韁繩，將促使行政機關必須朝依法行政方向發展。

1990年代中期開始，中共領導人江澤民提出「依法治國」、「依法行政」的口號；1999年國務院總理朱鎔基在全國行政工作會議中要求政府領導幹部熟悉法律，提高依法辦事能力，要各級政府都應接受同級人大及其常委會的監督，接受司法機關的審判。可見中共的民主政治雖無顯著表現，但法治、政治工作確實在積極推動。

雖然中共的法律體系已大致齊備，人大及其常委會有相當貢獻。但由於代表產生方式非自由競爭，全國人大近三千人，任期五年，每年開會一次，且每次會期約十天左右，會期短，政府首長的報告又多，實際討論法案的時間少之又少；休會期間雖有常委會代行部分職權，唯常委會二月召開一次會議，會期亦不長。為加強人大日常的工作，雖增設了九個專門委員會，但因人大缺乏專

4　《鄧小平文選》，第二卷。北京：人民出版社，1993: 146。
5　《1991行政復議條例》，《1994國家賠償法》，《1996行政處罰法》，《1997行政監察法》，《1999行政程序法》。

業的立法與監督支援機構，故在實際運作上，未能有效行使憲法職權，連最基本的立法監督亦未完全落實。例如憲法規定，國務院制訂之行政法規應送全國人大及其常委會備案，但實際上並未備案；地方法規應報請全國人大常委會與國務院備案者，只占應報備的57.3%，而且「至今還沒有一件撤銷備案的事例」（周旺生主編，1998：405；李步雲主編，1998：131、134），顯然受理備案的機關也是「備而不審」，徒具形式而已。期望全國人大具有英、美國會的功能，必須在選舉制度，組織結構以及政治生態等層面先行改革，始有可能。

4. 我國之國會

我國立法院猶如一般民主國家之國會，為國家最高立法機關，由民選之代表所組成，代表人民行使立法權、預算議決權、修憲權及監督權，具備民主國家國會之主要職權。只是國會職權尚不完整，有立法權而無立法調查權，有預算議決權而無審計權，有彈劾總統職權，但無聽證權。不過無論如何，立法院為中央唯一立法機關。尤其是憲法經2005年6月第七次修改，國民大會已被廢除，走入歷史，而監察院本無立法、預算案議決權，不具備一般國會之主要職權。1992年修憲後，監察委員已非間接民選，而改由總統提名，經立法院同意後任命產生。因此，已非民意機關，亦非國會之一院。故我國僅立法院相當於民主國家之國會，乃採「一院制」或「單一國會」制度，應無疑義。

就原憲規定而言，立法院有權議決法律案、預算案及其他重要事項（63條），並且有權監督政府。行政與立法的關係為行政院須對立法院負責，立委有質詢權（57條）。此外，總統府及五院的組織與權限均由立法院制訂法律加以規定，立法院在憲政機關中具有優越的地位。修憲後，更進一步增加了不信任投票權（倒閣權），對正副總統有罷免及彈劾權，司法、考試、監察三院重要人員有任命同意權，並有權補選副總統，聽取總統國情報告，提出修憲案及領土變更案等等（憲增四）。特別是覆議制度因修憲而改變，立法院反否決行政院覆議（否決）案之門檻由三分之二降為二分之一，即立法院過半數便可對任何政策法案做最後決定，行政部門已不可能倚靠立法院三分之一的少數支持來否決立法院的多數決定（憲增三）。就憲法授權而言，立法院之法定職權與一般民主國家國會相比，似不遑多讓。立法院在憲政制度上成為國家重要權力機關，應成為政治運作的重心。

但進一步分析，會發現立法院的國會權力不僅不完整，且真能發揮監督效果者不多。例如失去對行政院長的任命同意權，導致對總統強組少數政府，強

行主導政府決策，引發行政立法兩權嚴重對立，無法化解；雖有倒閣權，但在解散改選壓力下，不敢輕言倒閣；雖有彈劾權，但限於總統、副總統，不僅行使程序困難，且缺乏完整的調查與聽證制度的配套。沒有調查聽證權無異使立法院的各種監督權形同缺乏彈藥的槍械，無從發揮作用。如拉法葉案、國安密賬弊案，以及2004年總統大選時三一九槍擊案，立法院至今無法進行調查聽證，以致難以揭發政府弊端，不易發揮監督的實質效果。

因此，討論國會改革，首應健全國會之職權。識者常謂，調查、聽證及審計權為民主國家國會普遍具有的日常工具性權力，缺乏這些工具，立法院有成為「跛腳國會」的危險。倘再推動修憲，首應落實國發會共識，賦予立法院民主國家國會普遍具有的日常監督權力。

此外，眼前的立法院相當讓人失望，除了部分優秀立委能認真議事外，有不少立委偏愛作秀，或謀取私利，平日不務正業，不願開會，常導致法定人數不足而流會，或無法進行表決。直至會期結束前夕，各黨才動員立委，挑燈夜戰趕業績，結果常被輿論公評為立法品質不佳，議事功能不彰。其所以如此，究其原因多端，除了立法院本身組織結構、職權行使等方式尚欠合理，國會應有的工具性權力如審計、調查、聽證等職權尚不完整之外；主要是選制不佳，造成人的素質有問題。因而第七次修憲，廢止了弊病叢生的SNTV立委選制，改採單一選區兩票制，形似日本的兩票並立制。但因立委總額113人中，僅34人依政黨比例產生，占總額30.1%，而由單一選區產生者79人，占69.9%。這種選制可能使絕大多數立委著重地方事務，並且不利小黨及弱勢族群，更不利多元民主政治的發展。至於兩票制能否革除宿疾，提升立委素質，仍有待觀察。

貳、立法機關的組織

立法機關之主要組織包括議長、委員會、委員會主席、議員、政黨組織、研究機構、立法助理等，茲扼要分述於下：

一、議長

議長由議員互選產生，通常由多數黨領袖獲多數議員支持之人選擔任。其職責在主持會議、擔任會議主席、維持議場秩序、綜理會內事務，至於應否中

立則因憲政體制而異。

英日等內閣制國家之下院議長須退出政黨活動，維持中立地位，通常由德高望重，無政治野心者擔任。因為執政黨在議會中有閣揆及內閣領導立法，無須議長協助，故議長可扮演中立角色。美國總統制之下院議長由眾院多數黨領袖擔任，黨派色彩濃，無中立之義務，因為在分立制衡制度下，官員不得兼任議員，若執政黨議員在眾院居多數，自然希望其議長協助通過政府政策，若在野黨占多數，自然希望在野黨擁護產生的議長協助在野黨對政府加強監督。我國立法院正副院長由能獲多數立委支持者擔任，有黨派色彩，中立度較低。因我國立委不得兼任官吏，總統亦非虛位，具有總統制的分立精神，院長角色接近總統制。

美國參院議長較為特殊，法定由副總統兼任，唯僅於總統宣讀國情咨文或外國元首蒞院演講時始主持會議。平時不出席參院會議，實際上另有議員選舉人緣較佳之資深議員擔任臨時議長（President of the Senate Pro tempore），負責綜理院務，但亦不擔任院會主席，因為那是辛苦的工作，故常推派新進議員輪流擔任。

二、委員會與其主席

各國國會人數眾多，立法工作龐雜，必須借助專業化的分工合作，故莫不設置各種常設委員會、特種委員會及全院委員會。全院委員會由全體議員參加，主要職掌在審查預算。我國立法院全院委員會則以審查覆議案、官員任命同意案為主。預算案則先由各常設委員會分組審查，再由全院各常委會聯席會議匯集審查，最後由院會議決。

特設委員會則為調查特殊議案或為處理院內事務而設立，因任務終了而解散，或不常開會。如我國立法院之修憲委員會、紀律委員會等。

常設委員會與會期相始終，主要任務在協助院會立法，審查各種議案，為多數國會的真正工作場所，從事蒐集資訊、區分不同方案、確定立法的細節。唯各國因憲政體制與國會制度不同，常委會之設計與運作亦有差異。

（一）美國國會常委會

按法案性質分設軍事、外交……等專業的常設委員會，大致上與政府各部會相對應。常委會是決策立法的中心，也是監督行政機關的主要機制。因為美國參議員一百人，眾議員四百三十五人，若不設常委會，勢必無法處理每屆

（兩年）逾萬件法案及近十萬件人事同意案（Davidson & Oleszek, 1999: 197），故須先經常委會篩選，通常能獲其通過的法案約一千五百件，其餘85%被擱置者幾成死案，常委會通過者，約半數可獲院會通過成為法律，故常委會對法案幾乎掌握了生殺大權。美國威爾遜總統曾說：「院會不過是在民眾面前走秀，委員會才是國會運作的重心。」他將國會運作描述成「常設委員會政府」（Government by standing committee）（wilson，1885:102）。很多學者亦認為美國國會立法過程是採行「委員會中心主義」。

實際上，隨著立法環境及內部規則的改變，委員會在立法決策過程中的角色，已非「委員會中心主義」一詞所能概括。二次大戰結束以來，大致可分為三個時期（Deering & Smith, 1997: 30-43）：

1. 委員會政府（committee government）時期（1946-1964）

為適應戰後新局，國會通過了1946年立法改革法（The Legislative Reorganization Act of 1946），提供常委會永久性幕僚，委員會的資深制、專業化及封殺法案的擱置權等例規均已發展完成。同時委員會主席對小組委員會的設置、助理的配置、議程與聽證會的安排、對委員會經費的支用、委員是否出國考察，以及對議案審議的結果均能加以控制。簡言之，此時的常委會與其主席確為國會決策立法的中心。

2. 改革時期（1965-1980）

資深的多數黨委員即擔任主席的結果，使得容易連任的南方保守派議員占據了大多數委員會主席職位，引起北方與自由派新進議員的不滿。隨著自由派議員的增多，國會內部出現改革的要求，「1970年立法改革法」及相關改革法案通過後，委員會主席人選及議員分配至何種委員會，由黨團會議祕密投票決定。法案須先交相關小組委員會審查，小組委員會主席有權任用小組專屬的幕僚。小組委員會的設置，其成員與主席人選及管轄權範圍不再由常委會主席決定。整體而言，國會的權力從黨團與常委會領袖流向小組委員會與個別議員，過去「委員會政府」便成為「小組委員會政府」（subcommittee government）。

3. 後改革（post-reform）時期（1981-1994）

小組委員會權力擴張，國會議長與常委會主席協調與整合能力衰退，過度分權使國會弱化的危機遂成為再改革的新對象。後改革時期主要特徵是國會決定權流向議長與黨領袖，眾院議長權力增強，規則委員會成為議長領導眾院立法的關鍵機制，限制性規則增多，同時黨團幹部會議成為決策立法的中心，形成所謂的「政黨中心主義」。為避免單獨立法引起難以解決的爭議，乃透過兩

黨協商，將許多法案匯集成一個包裹議案（Omnibus Measures），以包裹方式通過。同時為方便議長及黨團核心幹部領導立法，乃強化常委會主席職權，使其對小組委員會之主席及預算有決定權，相對而言，小組委員會則被弱化（劉有恆，2002：15-20）。

議長與黨團之所以能影響議員，原因有二：

其一，議員想連任成功，須支持黨，俾便落實黨的政綱政策，兌現競選諾言；同時議員為贏取選區選民利益，須透過政黨從中協調。

其二，議員希望其政黨在競選中獲勝，因成為多數黨才能為其成員提供更多資源，如常委會主席等重要職位（Rohde, 1991; Cox & McCubbins, 1993）。

眾院議長及多數黨團幹部強勢領導立法的現象，在第104屆國會（1995-1997）金瑞契擔任議長時達到顛峰。此時議長對常委會主席人選掌握了實質的任免權，對黨團列為重要優先法案，議長及黨領導幹部常避開常委會，改交黨領導所控制的規則委員會或另組特別工作小組處理。這種做法引起常委會主席及資深議員不滿，於是權力又行調整。尤其是共和黨領導國會拒絕柯林頓總統的部分預算案使部分機關兩次關閉事件後，[6]常委會主席與議長之間，出現權力分享現象。106屆國會（1999-2001）接任眾院議長的哈斯特（J. Dennis Hastert）的領導風格不同於金瑞契的強勢，議長及黨團中央與常委會及其主席之間的權力已趨平衡（Davison & Oleszek, 1999: 222-223）。

常委會之組織結構與數目每屆不一，就第107屆國會（2001.3）而言，現眾院設有常委會十九個，小組委員會八十六個，參院常委會十六個，小組委員會六十八個。[7]議員分配至哪個委員會，形式上由全院以連記投票法投票決定，實際上則由兩黨黨團幹部會議協商決定。基本上按政黨比例及資深優先原則分配。自第104屆國會起，每一議員最多限於參加二個常委會與四個小組委員會，且只能擔任一個常委會或一個小組委員會主席（過去有一人兼三、四個常委會與小組委員會主席者），主席任期不得逾六年，每一常委會最多設置五個小組委員會，常委會主席有權指派一小組委員會主席。常委會主席權力的強化，旨在使黨團領導幹部推動的議案能透過主席權力的運用來加以貫徹（Evans & Oleszek, 1997: 92）。

6　第一次關閉在1995.11.14-19，為期六天；第二次關閉在1995.12.16-1996.1.6，為期近月。

7　U.S. House, 2002., Official List of Sanding Committees and Subcommittees. pp.1-38；http://clerkweb.house.gov/107/scsoa/.pdf；http://www.senate.gov/legislative/legis_act_committee_membership.htm/

參院因規則准許議員在院會「冗長發言」（filibuster），且准許議員提出無關待決法案的修正案，個別參議員即能杯葛立法，故參院常委會在立法過程中的角色與權威地位均不如眾院常委會。

為了因應國會內外環境之變遷，國會的結構功能與程序常隨之改變。參眾兩院均會在每屆國會開議第一天對議事規則重新確認，通常會作或多或少的改革。二次大戰之後，常委會的角色亦因時間而異，1990年代的常委會受政黨影響較大，其獨立自主性不及1950及1960年代，唯常委會仍有提供專業意見，增進立法效率，監督行政機關，促進選民利益等功能，在國會立法過程中，常委會仍扮演核心角色。

（二）英國國會之常委會

由於在制度上，閣員兼為議員，內閣的法案可由閣員以議員身分直接向院會提出，並在院會為法案解釋辯護，因而政府首長不必在委員會多費功夫，政府不需要常委會專業分工，亦不希望其變成專家委員會，使其有能力對行政部門進行監督。故蓄意使常委會非常設化、非專業化，使其以ABC……至J十個字母順序命名，並使法案於二讀後，始交付審查，而且審查完一個法案即行解散，新案需審時，再行重組，不同於歐美之常設與專業性，結果使常委會淪為只是潤飾法案文字的次要角色（Hanson & Walles, 1990: 75）。政策與法案的重要原則已由政府及執政黨主導，在二讀會中決定，英國會以院會為中心，因而一般議員不願參加常委會工作。

在多數民主國家，常委會與政黨均為國會決策過程中的關鍵性角色。在英國，則常委會遠不如政黨。

英國國會為提升其立法與監督功能，自1966年以後，便開始設立與政府部門相對應的「選任專門委員會」（Departmental Select Committees），其職責在審查緊急性法案，監督相關部會之政策及預算的執行。具體而言，包括調查政府決策與施政上的缺失，調閱文件，舉行聽證會，傳喚證人，質詢官員，如有拒不配合者，委員會得建議院會以藐視國會罪（Guilty of Contempt）追訴，如有偽證，得以偽證罪起訴。若因調查之需要，院會休會期間，專門委員會仍可繼續行使職權，故效率較高。2002年共有內政、國防、外交、北愛業務、蘇格蘭事務、威爾斯事務等十六個專門委員會（http://www.Parliament.UK/Commons/）。

各種委員會成員，除全院委員會與蘇格蘭委員會委員之外，大多由遴選委

員會（Committee of Selection）依政黨比例選派。但遴選委員會之十一位委員表面由院會選舉產生，實則由閣揆與反對黨領袖依政黨比例協商決定，且多由黨鞭及黨內次級領袖擔任，遴委會之安排即代表各黨之立場，故無須再經院會同意。

專門委員會採會期制，多數議員常留在同一委員會，故其專業較受肯定。且其主席允許反對黨擔任，以便扮演好主席中立超黨派角色，更能發揮委員會的監督功效，其自主性較高。專門委員會除配有專職幕僚外，並可外聘專家顧問，協助委員會進行調查分析。總體而言，專門委員會之功能凌駕常委會，故議員參加及出席比率高達76%（Lees, 1979: 277；楊婉瑩，2002：24-26）。英國國會的專門委員會是否取代常設委員會值得留意。

（三）我國立法院之常委會

由於國會人數眾多，美國及多數民主國家，通常依功能編組，專業分工，按政黨比例及資深制度，成立具有專家委員會性質的常設委員會，為立法品質把關，並藉以提升立法的效率，我國亦不例外。

依立法院組織法規定，立法院雖按功能性質、政黨比例原則，分設八個常設委員會，但因其組織結構、議事運作、職權行使仍有欠缺，使常委會仍然無法扮演專家委員會的角色，發揮其應有之功能（楊日青，2002：39-44）。2007年11月30日修改立法院組織法，常委會已由十二個改為八個，以適應修憲將立委總額由225人改為113人之巨變。但觀諸民主先進國家之國會，常委會通常隨著行政部門之擴增而增加。為使立法院之常委會能專業有效地監督行政各部門，常委會之數目，縱然無法增加，但亦不宜減少，始符合世界潮流。

1. 在組織結構方面

因尚未採取資深制度（即連任的立委有優先留駐原屬委員會之權利，及長期固守某一常委會之多數黨委員，有優先擔任委員會主席之機會），因而很少立委常守同一委員會，同時出現新科立委即競選並當選召委、主持會議等情事。

此外，每一常委會設置三名召集委員，輪流擔任主席，雖同一議案，得由一人連續擔任主席。但實際上，遇有大案，常由三位召委輪流擔任主席，而有互相對立，彼此推翻，甚至審查報告互相矛盾等情形，實有損常委會的專業權威。

為維持常委會的穩定性，俾培養工作默契，累積專業知識成為專家委員

會，以提升立法功能，實應仿效美、日等國，只在議員改選後始能改組常委會，使立委在四年任期內，固守在同一委員會；並提供誘因，落實資深制度，使常委會成為專家委員會。2007年11月30日立法院修改各委員會組織法，雖已降為置召委2人，但為樹立主席權威，提升議事之專業化與效率化，並健全資深制度，實應採行一位主席制，或主席之外，另設副主席一人，以輔助主席並做備位。

2. 在議事運作方面

依各委員會組織法規定，委員會議只須三分之一以上出席，及出席委員過半數之同意議決之。但在場委員不足三人者，不得議決。換言之，只要有出席委員三人在場，委員會即可作成合法決議。雖然較過去委員會可由一人決議之怪象略有改進。但三人決議有可能被派系或少數黑金立委所操控，有合法性不足的疑慮，難以展現慎重及專業的權威，似應仿效美國制度，委員會審查議案之決議，「常委會之表決以過半數委員與代表（只委證投票之代表者）之出席，及其過半數之同意議決之。」（湯德宗譯，1992：129）。或改成常委會之表決，以過半數委員與代表（指委託投票之代表）之出席，及其過半數之同意議決之。

由於常委會成員並非相關問題專家，且出席率偏低，常流於少數人決定；復因召委之間因政治立場迥異，時有審查報告內容矛盾的現象，致使委員會審查的結果，不受院會重視，根據統計，竟有75%以上受到院會再修正。

立法院職權行使法（職權法）制訂後，議事運作在法制上有了重大變革，如今政黨協商的結論可以推翻委員會的審查報告，進入院會二讀者，可能是黨團協商的版本。依規定，若無立委十五人以上連署提出異議，通常就按協商的版本表決通過，黨團協商已成為立法院的運作重心。這種黨團密室協商取代常委會與院會立法功能的現象，實有損立委反映民意、代表全民的角色。不過，黨團協商亦有助於化解院會中的激烈衝突，增進議事的和諧與效率，則功不可沒。[8] 平情而論，黨團協商實為避免常委會被少數把持，院會歹戲拖棚之不得已的機制。不過2007年新修訂之職權法規定，組成黨團只需三人之門檻，似乎

8　立法院第三屆第六會期於88.1.12通過國會改革立法，其中修正立法院組織法，明定黨團地位及黨團協商機制。比較歷屆通過議案之數目，可證黨團協商有助議事效率。第二屆通過議案二百四十件，第三屆二百九十七件，實施黨團協商機制後之第四屆增為六百四十二件，第五屆第一會期即通過一百五十三件，第二會期一百一十六件。一屆六會期，僅前兩會期通過之議案已與第二屆、第三屆之總數相當。

嫌低，按立委選舉得票率超過5%之政黨可組成立法院黨團之標準而言，總數一百十三位立委的5%應為五至六人，故黨團門檻至少應維持五人以上，以求法理邏輯的一貫性，並避免立法院被人數過少的黨團所牽制。此外，黨團協商冷凍期四個月應改為一個月；黨團協商應透明化，協商結果與委員會議決不同時，應將修改理由列入紀錄上網並刊登公報。立法院錄製之「院內隨選視訊系統」（VOD）有關重大法案審議過程及公聽會，應透過公視頻道轉播，以符合人民的權利。

3. 在職權方面

按職權法規定，立法院之調閱權，限於調閱政府機關文件，不包括官員個人文件，及社會團體或經濟團體之資料。且無正當理由而拒絕者，僅得經院會決議，移送監察院糾彈，最後由公懲會懲處。根據過去記錄，公懲會之懲戒處分多為記過申誡，撤職比例偏低，其效果有限（楊日青，1992：19-21），遠不及美國調查制度中藐視國會罪或偽證罪之制裁力。

至於公聽會，立法院對受邀出席之政府及社會有關人員，若拒不出席，則無任何強制規定，倘作偽證，亦無罰則規定，連移送監察院糾彈之權力亦闕如，比調閱權更不易產生效果。因而難以發揮如美國國會聽證會之蒐集證據、釐清真相的作用。

我國委員會之公聽制度與邀請政府人員及社會有關人員到會備詢的制度，均屬「諮詢」性質，旨在廣徵資訊及意見，受邀者拒不出席或拒不答覆，並無法定罰則，故無強制或效力可言。改善之道，為透過修憲及修法程序，仿效美國國會之調查、聽證制度，明定藐視國會罪、偽證罪及相關罰則，使調查、聽證成為國會有效行使立法、監督等職權的有效工具。尤其是在2004年12月15日大法官第585號解釋已賦予立法院調查聽政權，更應加速法制化，使立法院亦具備一般民主國家國會擁有的日常工具性權力。

參、立法的程序

法律是全國人民的行為規範，同時決定社會價值的分配，攸關每一個人的利害，故立法的程序應慎重嚴謹。一般國家通常均採三讀會程序，唯憲政體制及國會制度不同，故其進行方式仍有差異。茲就法案提出、一讀、委員會審查、二讀、三讀、公布等立法行為，比較美、英及我國之制度差異。

一、提出法案

多數民主國家國會議員均有權提出法律草案，如美國參眾議員有提案權，行政部門無法定提案權。唯實際上，總統及行政部門創議擬定的政府法案（administration bills），委由同黨資深議員代為提出，並在總統推動下使國會通過者，比例頗高。

英國議員與行政部門均可提案，唯「政府法案」（government bills）先經內閣討論協商，再由具議員身分的閣員提出，較受重視。一般議員個人提出的法案稱「議員法案」或「私法案」（private member's bills），在通過的法律中，比例甚低。總體而言，「政府法案」在國會通過的比例在88%以上（Herman, 1975:29）。

我國憲法明訂行政院與考試院有提案權，後經大法官解釋司法院與監察院亦有提案權，而立法院既有立法權，自應包括提案權，但須經立委三十人（2007年已修改為15人）以上連署始能提出。中央政府唯國民大會與總統無法定提案權，若欲提案須由行政院代為提出。

二、一讀

讀會乃是宣讀以周知所討論及表決之內容。一讀（first reading）的方式各國有異。在美國，國會議員將法案投入秘書處或秘書議事桌上的斗櫃（hopper），即完成提案手續，且提出法案即視同完成第一讀會。在我國，政府或立委提出之議案或法案，先送程序委員會提報院會，由主席宣付朗讀標題，並決定交付委員會審查或逕付二讀後，即完成一讀。

三、委員會審查

在多數民主國家，法案在院會二讀審議前，須先交付委員會審查（considered by committee）。按照專業分工，同時並進原則，負責篩選法案，為院會節省時間，以提升立法效能。美國常委會是對法案具有生殺大權的典型代表，通常法案均須先由常委會舉行聽證，並經逐條討論通過，始將審查報告提報院會。參與院會之其他議員基於對專業的尊重及利益交換，通常尊重常委會之決定，通過二讀。如果常委會對某法案不舉行公聽會或不予審查或審查而未通過，則被擱置之法案大致成為死案。雖眾議員得提案，經三分之二同意，可解除常委會權責，將該案逕交院會議決，但成功機會偏低。在英國則是法案經二讀，始交委員會審查，其作用以潤飾文字與細節為主，委員會的立法功能

有限。我國常委會組成方式不尊重資深倫理原則，缺乏專業知識，且出席及表決人數不高，致其審查報告缺乏權威性。復因政黨協商之結論可取代審查報告，導致常委會做白工，其地位與功能嚴重受損。

四、二　讀

　　美國國會對委員會審查完成之法案，院會逐條討論時仍可做修正，唯多按委員會審查意見通過。同時法案在院會二讀（second reading）時，部會首長不得出席，以貫徹三權分立原則。英國法案在交付委員會審查前，先進行二讀。提案者在院會說明法案主旨與內容後，即進行逐條討論，議員可逐條提出修正建議，閣員在院會與反對黨議員，進行辯論，通常政府法案都能依執政黨意見通過。我國在立院之第二讀會，得就委員會審查意見或按黨團協商版本，先做廣泛討論，然後逐條討論以決定是否通過。依慣例，二讀會時得決議函請相關部會首長列席說明並備質詢。一般而言，二讀會是各國國會決定法案通過與否的關鍵階段。

五、三　讀

　　是宣讀全案，做文字修正後，並將全案付諸表決之程序，若表決通過，即表示議院同意該法案成為法律。在英、美及我國三讀（third reading）時均不做實質內容之修改，除非發現內容有矛盾或與憲法及其他法律相牴觸，故法案或預算案審議之重心在委員會及第二讀會，第三讀會之意義，形式重於實質。

　　此外兩院制國家的立法程序因國而異，在英國，上院權力萎縮，對下院通過的法案僅具一年擱置作用。在美國，兩院職權相近，故法案須經兩院三讀通過始能成為法律，倘兩院意見不一，則兩院議長須指派相同人數的代表組成協調委員會（conference committee），負責提出折衷妥協後的法案新版本，若有一院拒絕折衷案，則該法案即被打銷。唯有兩院均獲通過，始能送請總統公布。

六、行政機關公布或覆議

　　法案經立法機關完成三讀程序之後，在內閣制國家須經閣揆副署，咨送元首公布，元首不能拒絕，亦不得退回國會覆議。在總統制的美國，總統若不贊成國會通過的法案，得不公布，而在十天之內退回國會覆議（veto，目的在否決），若參眾兩院有一院未能以三分之二多數維持原案，則該法案即被否決，故總統具有可觀的決策立法控制權。我國總統亦有公布法律及覆議核可權，唯

總統不得因法案不符民意或違憲嫌疑而拒絕公布，因是否符合民意由立法院決定，是否違憲由大法官解釋。而是否可行，需否覆議，由行政院決定，總統僅有被動的核可權。修憲後，立法院對覆議案之可決數自「三分之二」，改為「二分之一」，這無異取消了行政部門得以立法院三分之一的少數支持來否決立法院多數決定的總統制特徵，加強了一切由國會多數作最後決定的內閣制精神。

最後以我國立法院之法律案審議過程為例，以圖11-1示其流程。

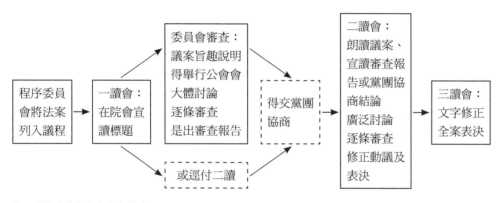

註：虛線部分為非必然之程序

圖 11-1　法案審議流程

肆、立法機關之功能

立法機關扮演的角色，因各國制度的不同而有差異。歸納各國立法機關的功能，主要有四：（1）立法；（2）監督；（3）代表；（4）正當性。[9]

在實際運作上，因國家而異，有些能充分發揮各項功能，有些僅能執行少許功能，有些則只有象徵或裝飾作用。

一、立法（legislation）

為維護有秩序的社會，現代國家須對新生事務並隨時代環境之變遷，適時

9　Heywood（1997: 297-301）Ranney（Chap.11）；冉伯恭，（1999：116-117）；凌渝朗，（1994：82-84）。

制訂或修訂法律。立法機關通常被認為具有立法權，有權提出法案，修改政府提案，並議決各種議案。因為立法機關由社會各界代表所組成，有代表人民意志的作用，無異有人民決策立法的意涵。在實際上，各國法律均須經立法機關議決通過，至少在形式上，絕大多數都是如此。君主的聖旨就是法律，幾已不存在了。現代只有在沙烏地阿拉伯、摩洛哥等少數君主專制國家殘留。

立法機關雖有立法權，但並不意謂其能壟斷立法權。即使民主先進國家，立法權往往亦由其他機關分享或主導。如美國總統有法案否決權（Veto Power），且實際上約有50%至80%的法案由行政機關起草，並在總統的影響與領導下，由國會通過（Fisher, Louis, 1973:54）。英國則由內閣主導立法，議會很少積極立法。其主因是現代國家問題錯綜複雜，需要有專業知識專家來解決，行政部門有龐大文官，資訊豐富，有大量專家，而議會則較少專家與資源。

二、監督（scrutiny or oversight）

雖然國會的立法與代表功能有式微現象，但監督功能則日受重視。廣義的國會監督除調查、聽證、質詢、彈劾、倒閣外，尚包括對政府的政策法案、收支經費預算、主要行政官員的任用等均須經國會審查通過或同意。國會在決定是否通過的辯論過程中，可使政策的各種選擇方案受到公評與鑑定，使人民得知執政者的利弊得失，進而影響輿論與選民的支持方向，促使執政者或想取代執政地位者，更加認真負責地工作。

行政部門有龐大人力、財力，掌握資訊的優勢，成為主導國家決策立法的要角，已無庸置疑。但一般民主國家國會亦有調查聽證或質詢等職權，使行政首長或部會首長向國會解釋其決策原委與過程，說明其施政狀況與進度（楊日青，1998：105-106）。此項日常監督政府決策與施政的權力，倘能有效行使，足可揭發政府缺失，使行政部門的施政更為謹慎，必須思考決策的後果與責任。

追究政府違法或失策的責任，除了司法機關與選民選票之外，端賴國會一般民主國家國會均有彈劾或倒閣權。例如美國國會對違法失職的總統或高官均可調查聽證及彈劾，使其撤職下臺；英國議會對無能的內閣可通過不信任案，迫使內閣總辭下臺。這些監督雖不經常行使，但有此致命武器，卻可使行政部門受到威脅，不敢違法或濫權，足可發揮實質的監督效果。我國立法院雖亦有權對總統彈劾，對行政院長進行倒閣，但由於門檻過高或缺乏調查、聽證等有

效工具及立委選制不良、競選經費龐大，使彈劾與倒閣權形同虛設。

三、代表（representation）

在代議民主政治中，立法機關是代表人民、反映民意、將公眾意見與利益提交公共討論，並決定利益分配的主要機制，是溝通政府與人民的主要橋樑。

從歷史的角度觀察，十九世紀以前，立法機關的代表原則是階級利益，故法國曾有三級會議代表貴族、教士與平民的階級利益，英國有權力相近的貴族院與平民院分別代表貴族與平民的利益，美國有參院與眾院分別代表各州與全民的利益。在實際運作中，美國國會議員尚有代表選區選民或利益團體利益的作用。

十九世紀以後，主要的代表原則為全民，立法者的權力源自人民信託或委任，整個國會代表全民。美國參議員於1913年由州議會選舉改為由選民直接選出，亦顯示代表全民的原則抬頭。

至於立法者該如何扮演代表的角色？有不同的代表理論，[10] 信託說或代理說（Trustees or Agent Theory）者認為，立法者受選民之信託，為選民之代理，代理人有權為被代理人之利益作最佳抉擇，猶如父母為子女之代理人，具有自由裁量權，除了定期改選，不受選民太多控制。問題是倘若立法者不按民意，違背人民利益行使職權，還能算是人民的代表嗎？故另有委任說或代表說（Mandate or Representative Theory），持此理論的學者認為，立法者民選產生，應如鏡子反映選民之意見，不應以個人主觀意見為決定基礎。問題是民意難明，且若立法者祇是鏡子，透過民意調查或電腦連線統計即可，實則我們仍希望立法者提供專業能力、獨立思考，使真理愈辯愈明，作最佳的抉擇。因而有混合說（Mixed Theory），立法者應發揮智慧，視議題而定，有時扮演代理人，有時扮演代表人，有時尚應扮演政黨的代表（Representative of Party），因立法者由政黨提名及助選而當選，在黨紀嚴格，且選民的政黨認同度強的國家，如英國，立法者往往要站在黨的立場，貫徹黨的決策，以免遭黨紀處分或失去下次被提名機會。我憲法規定，立法委員「代表人民行使立法權」，且有「言論及表決對院外不負責任」之規定，法理上應代表全民，為全民之代理人。但又規定，選民得罷免之，不僅法理上亦須對選民負責，且當選與否決定於政黨與選區民意，故立委仍多注重黨意與選區民意的經營。

---

10 Blondel（1973）；凌渝朗（1994: 84-86）；呂亞力（1988: 194-198）。見第七章參考書目。

四、正當性（合法性）

前已言及，立法機關成員由選舉產生，具有代表人民的性質。因而經國會通過的政策法案或議案，無異表示得到人民的同意。由於有國會以人民的名義為政府背書，故政府的決策、立法、施政乃具有正當性或合法性（legitimacy）。

彌爾（John Stuart Mill）曾指出，國會允許各種意見與利益有表達的機會，縱使自己的意見被否決，亦會因為意見表達權受到尊重，而降低不滿情緒，進而擱置自己的主觀意志，認為自己應該以更崇高的理性，代表全國多數的民意（Mill, 1951:321）。故國會有理性討論，調和不同意見，形成共識，消除街頭抗爭，使政府決策具有正當性或合法性之功能。

使政府政策合法化，法律具有正當性，不僅是民主國家國會的功能，更是極權或獨裁國家國會的主要或唯一功能。例如史達林極權統治的蘇聯亦有蘇維埃會議扮演代表人民，使政策合法化的象徵性功能。

至於其他政治甄補與訓練（political recruitment and training）、政治社會化（political socialization）、司法、宣導，以及教育等功能，限於篇幅，在此不贅述。

伍、立法功能式微之原因

自十九世紀以來，就有人擔憂行政部門權力擴大，而立法機關有立法功能萎縮的現象。二十世紀，這種趨勢更加明顯。究其原因，主要有四：(1)有紀律的政黨興起；(2)行政權擴大；(3)國會結構性弱點；(4)利益團體具替代作用（Heywood, 1997: 512-515）。

一、有紀律的政黨興起

十九世紀末，群眾黨（Mass party）興起，政黨結構由鬆散趨於紀律嚴明，議員根據良知判斷，代表選民的角色削弱。政黨取代國會成為代表民意的主要代理者，國會成為辯論殿堂的功能，因議員對政黨的忠誠及政黨能支配議員投票而降低。內閣制尤其明顯，國會多數黨議員對政黨的效忠，亦即對政府的效忠，因為政府是由多數黨領袖級議員所組成。因而國會的多數議員實際上扮演政府護航者的角色，國會整體所從事者已非主動立法或積極監督制衡。

二、行政權擴大

　　十九世紀中葉以前，個人自由主義、經濟放任主義思想流行，經濟問題應由個人解決，政府應少干涉。因而政府的任務應限於保護私產，維持治安，抵禦外侮，提供人民自由競爭的環境，扮演有限政府的角色。

　　但是二十世紀，隨著工業化與都市化的發展，國家面臨許多複雜的經濟問題與社會問題，諸如能源危機、環境污染、經濟不景氣、失業問題、貧富不均、治安惡化，均非個人獨力所能解決，需要大有為的政府代為解決，政府因而須採取一些經濟措施、社會福利政策以為因應，行政權自然擴大。同時解決複雜問題，須有高度專業與技術能力，行政機關有龐大的文官，具備專業知識，能提出政策方案，供行政首長抉擇。而國會議員多為通才，又缺乏充足助手，相對而言，專業能力不足，不易提出解決問題的具體方案，更無法提出整體的立法計畫，而只能對行政機關的決策與施政進行批評、調查與監督。

三、國會結構性弱點

　　各國國會通常由數百議員所組成，每位議員有平等發言與表決權，國會組織扁平化，缺乏命令與服從的指揮系統。這種平等與分化的特質，常使國會群龍無首，無法展現協調與領導決策的能力。復受任期、會期、程序等限制，不易掌握時效。而行政部門有專業分工、龐大的組織，且由總統或總理統一領導，因此比國會更能及時有效地回應環境的變遷，社會的需要。雖然美國國會議長，如眾院議長金瑞契於1995-1997年亦曾展現領導立法的能力，並曾因拒絕通過某些預算，導致部分聯邦機構兩次關閉。當然，這種議長領導立法的權力，與其說來自國會結構，不如說來自政黨。因為1995年國會選舉，共和黨在參眾兩院成為多數黨，結束了民主黨在眾院四十年的多數地位。共和黨議員有改革國會及主導立法的強烈企圖，使得金瑞契能團結黨籍議員，展現領導立法的作用。但是金瑞契告別眾院，哈斯特（J. Dennis Hastert）接任議長之後，議長領導立法的模式亦隨之消失（Davidson & Oleszek, 1999: 222-228）。

四、利益團體具替代作用

　　民主國家憲法均保障人民有意見自由、集會結社自由，並有權向政府請願陳情。但一般個人意見往往人微言輕，團體意見較受人重視，故現代民主國家均有各種利益團體，數量龐大。

　　很多利益團體為使有利其團體成員的政策法案通過，使不利的打消，常透

過遊說等各種方法，影響行政、立法，甚至司法機關的決定。當國會對政策形成過程中之影響力下降之際，組織化的利益團體為民眾提供了替代性的代表機制，它們比國會更有效地受理民眾的抱怨，而且感同身受地代為向相關部門反映意見，或在政府舉辦的公聽會中，提供專業建言與資訊，或在學術研討會中提出論述，進行公共辯論，其效果比拘於形式的國會中的政策討論更加顯著，有人認為民眾對利益團體的期待與支持，有超越國會之勢。

實際上，立法機關在民主政府中仍扮演重要角色，因為立法機關仍然具有憲定之制訂法律的正式權力，行政部門想要通過的政策及預算仍須立法機關同意。雖然內閣制政府能透過多數黨控制國會，但後排議員與反對黨的批評與修正意見，仍不能掉以輕心，否則像英國的閣揆柴契爾（Margaret Thatcher）強人亦可能被迫下臺。美國總統雖能主導重大決策立法，但多數政府法案仍會遭到國會修正。被視為近年來最有影響力的雷根總統，其援助尼加拉瓜叛軍案及禁止墮胎憲法修正案均遭國會否決。而尼克森總統更因涉及水門案，擔心國會通過彈劾案，被迫辭職下臺，更凸顯國會監督權之威力。誰能說現代立法機關對行政機關的監督制衡，對民主政治健全運作的貢獻，其重要性會小於對決策立法的主導作用。最後要特別強調，國會的立法功能雖有式微現象，但批評、修正、監督等功能卻在增強之中。

陸、結　論

國會的結構，主要分成一院制和兩院制。一般而言，人口千萬以上的大國，因社會的異質性或採聯邦制的關係，多採兩院制，而單一制國家多採一院制。且第二次世界大戰後，紐、丹、瑞典等國先後改兩院制為一院制，如今一院制已成為世界主流。我國修憲後，國民大會已被廢除，監察委員由間接民選改為由總統提名經立法院同意後任命產生，已非民意機關。故大法官第73號解釋，「國民大會、立法院、監察院共同相當於民主國家之國會」，已不合時宜。目前僅立法院相當於民主國家之國會，顯見我國國會是採行「一院制」，符合世界潮流。

從國會是否具備決策立法之能力分析，國會的立法功能往往隨憲政體制而異。例如美國總統制的國會，因總統與議員分別民選，總統無權解散國會，議會亦不能以不信任投票強迫總統下臺，各有獨立的地位，國會議員更展現高度

的獨立自主性。在分權制衡原則下，國會有權主動立法、變更預算、審查被提名人資格，彈劾不法官員，並藉調查聽政權的行使有效並監督行政部門之施政。顯見美國擁有強勢國會，N. W. Polsby稱之為「轉換型立法機關」，A. Heywood 稱之為「制訂政策型國會」。

英國議會在法制上，「議會至上」，閣揆由議會多數議員支持而產生，內閣需對議會負責，議會通過不信任案，可迫使內閣辭職下台。但實際上，由於政黨趨向中央集權，黨紀嚴明，因而多數黨領袖組成的內閣能在議會領導立法。相對而言，議會失去了自主的立法能力，變成朝野議員辯論的場所。實際上是，依靠議會中在野黨議員扮演監督、制衡、影響政策的角色。A. Heywood 稱之為「影響政策型國會」。

我國立法院類似民主國家國會，由民選之代表所組成。原憲明定立法院代表人民行使立法權、預算議決權、修憲權及透過質詢行使監督權，而且行政院需對立法院負責，總統府及五院組織與權限均由法律定之，可見立法院在憲政機關中具有優越地位。修憲後，更獲得倒閣權、彈劾權及罷免正副總統的權力、修憲權、司法監察考試三院重要人員之任命同意權，以及覆議程序變更，即立法院過半數即可對政策法案作最後決定。就憲法授權而言，立法院不僅具有內閣制國會之質詢權、倒閣權，且擁有總統制國會之彈劾權，及兩者均無的罷免權。

自法制面而言，立法院之職權較諸民主國家之國會，似乎有過之而無不及。但實際上，解嚴前一黨獨大，在威權體制下，立法院類似行政部門的橡皮圖章。解嚴及修憲後，因為三種明顯的缺失，使國會應有的職權與功能仍無法正常發揮。

其一，憲政制度缺乏配套，立法院失去行政院長的任命同意權，致使缺乏民主素養的總統可不顧國會多數的反對，強組少數政府，強行主導政府政策，形成朝小野大，政府無能，亂象叢生的現象。解決之道，厥為修憲、恢復立法院之閣揆任命同意權。

其二，立法院缺乏民主國家國會普遍具有的調查聽證、審計等日常工具性權力，使國會難以揭發政府弊案，諸如拉法葉軍購、國安密帳、319槍擊案等重大案件，立法院迄今無法調查聽證，對政府作有效監督。解決之道，可透過修憲，或依2004年12月15日大法官釋字第585號解釋，使釋憲賦予立法院的調查聽政權法制化。在立法院職權行使法中增訂，對於拒不合作、藐視國會行為或作偽證之官員，制訂類似美國的罰則，藉以發揮代表人民監督政府的實質效

果。

　　其三，立委素質良莠不齊，過去在SNTV選制下，候選人只要獲得小比例的選票即可當選。因此，可不靠政黨，而靠個人人脈、賄選、偏激言論，甚或與黑道勾結就會當選。部分如此當選的立委，可能繼續偏激，甚至罵人、打架，致使國會議事品質低落，立法效能不彰，黑金政治難以遏止。好在第七次修憲、立委人數減半，SNTV選制已改為單一選區兩票制，形似日本的兩票並立制，有人認為立委素質應可隨之提升。但亦有人認為，立委總額113人中，僅34人依政黨比例產生（第七屆不分區立委中具專業知識者比例偏低），而由單一選區選出者79人，占絕大多數。此種選制易形成兩黨制，可能有利政局穩定，但不利小黨及弱勢族群，更不利多元民主政制的發展。同時，小選區產生之立委會重視選區利益，而忽視全國利益之維護，可能使肉桶立法、黑金政治仍難消除。選制的改革，能否革除宿疾，提升立委素質，仍有待觀察。

參考書目

一、中　文

朱志宏，1995，《立法論》，臺北：三民。

舟伯恭，1999，《政治學概論》，臺北：五南，頁116-117。

凌渝郎，1994，《政治學》，臺北：三民，頁82-84。

周旺生主編，1998，《立法學》，北京：法律出版社，頁405；李步雲主編，1998，《立法法研究》，湖南：湖南人民出版社，頁131、134。

陳健民、周育仁主編，2002，《國會改革與憲政發展》，臺北：國家政策研究基金會。

湯德宗譯，1992，《國會程序與政策過程》，臺北：立法院秘書處：正中。

楊日青，2002，〈從憲政走向探討立法院與常委會〉，《立法院院聞》351號。

楊日青，1992，〈中美彈劾案審理制度之比較〉，《政大學報》，64期，頁19-21。

楊日青主編，2003，《兩岸立法制度與立法運作》，臺北：韋伯文化。

楊婉瑩，2002，〈英國國會委員會之地位與角色〉，國政基金會主辦《國會改革與憲政發展》學術研討會發表論文。

劉有恆，2002，〈美國國會委員會之地位與角色〉，國政會主辦《國會改革與憲政發展》學術研討會發表論文。

羅傳賢編，2002，《立法原理與制度》，臺北：立法院法制局。

羅傳賢，1997，《立法程序與技術》，臺北：五南。

盧梭，何兆武譯，1982，《社會契約論：政治權利的原理》。北京：商務印書館，頁87-88。

二、英　文

Blondel, Jean, 1973, *Comparative Legislature*. Englewood Cliffs, NJ: Prentice Hall.

Cox, Gary and Mathew McCubbins, 1993, *Legislative Leviathan: Party Government in the House*. Berkeley: Univ. of California Press.

Davidson, Roger & Walter J. Oleszek, 1998, *Congress and Its Members*. 6th ed. Washington: CQ.

Deering, Christopher J. & Steven S. Smith, 1997, *Committees in Congress*. 3rd ed. Washington: CQ.

Evans, C. Lawerence & Walter J. Oleszek, 1997, *Congress Under Fire: Reform Politics and the Republican Majority*. Boston: Houghton Mifflin.

Herman, Valentine. 1975, "What Government Say and What Government Do: An Analysis of Postwar Queen's Speech. " *Parliamentary Affairs* 28: 29.

Heywood, Andrew, 1997, *Politics*. London: MacMillian Pr. Ltd. 楊日青等譯，2003，《政治學新論》，臺北：韋伯文化。

Hanson, A. H. and Malcolm Walles, 1990, *Governing Britain—A Guide Book to Political Institutions*. London: Fontana Press.

Jewell, Malcolm E. & Patterson, Samuel C., 1977, *Legislative Process in The United States*. NY: Ramdom House.

Lees, John D. & Shaw, Malcolm, Ed., *Comparative in Legislatures: A Comparative Analysis*. Durham, NC: Duke Univ. Press.

Polsy, Nelson W., 1975, *Legislatures in Handbook of Political Science*. V. eds. Fred Greenstein and Nesison W. Polsby.

Ranney, Austin，倪達仁譯，1998；《政治學》，臺北：雙葉，頁298。

Rohde, David. 1991, *Parties and Leaders in the Postreform House*. Chicago: Univ. of Chicago Press.

Rose, Richard, 1989, *Politics in England*. 5th ed. Boston: Scott Foresman and Co.

Wilson, Woodrow, 1885. *Congressional Government*., Boston: Houghton Mifflin: 102.

第十二章　司法部門

隋杜卿

PART 2

　　有一個廣為人知的歷史故事，那就是劉邦入關中與民約法三章：「殺人者死，傷人及盜者抵罪。」從政府權力與組織的觀點來看，不但與今天大家耳熟能詳的民主觀念：「權力分立與制衡」毫不相干，反而凸顯了立法、行政與司法三者，率皆為「君權」的一部分。然而每一個近代的民主國家，政府的組織型態或許不盡相同，例如三權分立、五權分立；政府權力的運作模式也有差異，又如總統制、內閣制、雙首長制；各級政府之間權力分配的原則，有單一制、邦聯制、聯邦制等區別。但是，幾乎沒有例外的，司法機關（judiciary）或是司法制度（the judiciary system）都是政府不可或缺的一個部分，同時，要求「司法獨立」（judicial independence）的精神，更是一致的。

壹、當代「司法權」的意義

　　雖然當代許多的民主理論學者都把自由的選舉視為檢驗民主實踐的重要指標，例如J. A. Schumpeter在1942年出版的《資本主義、社會主義與民主》（*Capitalism, Socialism and Democracy*）一書中即指出：「民主的秩序就是達成政治決定的制度性安排，透過競爭人民選票的努力，個人得以獲得決定的權力。」（Schumpeter, 1975: 269）而S. P. Huntington（1991: 6-8）更是直指：「民主政治最主要的程序便是由被統治的人民經由競爭性的選舉來選擇領袖。如果最高決策者的一般性選舉是民主政治的精髓，那麼民主化過程中的關鍵，就是以自由、公開與公平的選舉所產生的政府，來取代並非以此一方式產生的政府。」[1]

1　按照上述說法，嚴格說來只有總統制可以算是民主制度了，Schumpeter（1975: 273）便宣

　　但是在政府組織與職權的設計上，基於落實憲政主義的思考，尤需重視孟德斯鳩（Montesquieu）所倡導的「三權分立論」，他說：「若司法權（judicial power）未能獨立於立法權及行政權之外，人民便無法獲得自由。因為司法權若與立法權結合，則司法官同時就是立法者，人民的生命和自由將被武斷的法律所踐躪。司法權若是與行政權結合，則司法官同時就是行政官，更容易利用暴力壓迫人民。要是一個人或一個團體兼握三種權力，不論握有這種權力的人是出身於貴族或平民，自由都將蕩然無存」。孟氏因而強調「以權力抑制權力」之觀點，主張將國家權力分為立法、行政與司法三者，使立法權屬於議會、行政權屬於政府，司法權屬於法院，三者各自獨立互不隸屬，以免權力集中，同時強調權力相互制衡與監督，達成「制衡」（check and balance）的效果，以防範政府權力被濫用的可能性。但衡諸實際，立法權與行政權都帶有濃厚的政治色彩，特別是在政黨政治發達的今日，立法權與行政權經常融而為一，人民的基本人權難免受到威脅。因此，在立憲政治體制中，對於由司法機關主持正義以保障人權之期待，就愈加殷切（劉得寬，1986：406-7）。

　　基於三權分立的原理，無論立法、行政或司法部門，其權力運作皆以「法」為核心，是三者之間共同的特色。大體來說，立法部門的功能偏重在「法律的制訂」；行政部門的功能以「執行法律」為主；而司法部門則著重爭訟案件「適用法律」的功能，惟三者之間仍有其明確的界限與區別。因而，從比較司法權與立法權、行政權區別的觀點，則可以相對性的內涵釐清司法權的意義。

　　就司法權與立法權的區別而言：立法為制訂法規的作用，而司法為適用法規的作用（林紀東，1993：1）。

　　再就司法權與行政權的區別而論：

1. 行政權係機動的執行法規，於不違反法規的範圍內，可審酌國家與人民之利益，依其自由裁量，而為適當的措施；司法則為機械性的適用法規之作用，法官只能依照法規的規定，針對爭訟的事實，宣告依照法規應如何裁判，不能自作主張。

稱：「選民投票直接組成政府的民主國家，只有一個，那就是美國。」但是在內閣制下，選舉並不直接產生政府，而是將政府組成的功能，交給中介的國會完成。所以上述觀點，或許深刻地說明了選舉是民主政治的核心要素，卻不能視為普遍的法則。對於選舉與民主的關係，一個持平的觀點應該是：「選舉是民主的必要條件，但非充分條件。」（王業立，1991：136）

2. 從目的來看，司法僅係立於法規之下的民事及刑事作用，[2]此外，立於法規之下，達到國家目的之作用，均為行政（林紀東，1993：1）。

3. 雖然行政與司法都有適用法律、執行法律的義務，但是行政是追求利益的作用，所以除了要具備合法性外，還要具備合目的性，而司法適用法律卻沒有利益的考慮，法官僅就其認定的「法」加以宣示。

4. 行政機關應依職權、主動的適用法律，而司法機關則要嚴格遵守不告不理的原則（翁岳生，1994：333）。

單獨來說，「司法」是對國家法律的適用，是運用國家法律處理訴訟案件或非訴訟案件的過程與結果。更具體地說，則可謂「於當事人間，發生關涉具體事件的訟爭時，以當事人提起訴訟為前提，由獨立的法院基於統治權，經過一定的訟爭程序，為解決紛爭而判斷何者違法，以保障適用正當的法之作用。」因而，構成司法概念的重要要素為：（1）有「具體的訟爭」存在；（2）遵守合乎「正當程序」要求之特別程序（像言詞辯論、公開主義等）；（3）可獨立裁判；（4）是保障適用正當法律的作用（李鴻禧譯，1995：295-6）。

在上述前提下，司法權的意義可定為：（1）司法是法律上爭議的裁判；（2）司法係就具體事實適用法律，宣告何者違法的作用；（3）司法乃保障個人權益、審查人民權益是否被違法侵害的作用（翁岳生，1994：331-2）。

不過，司法權亦有廣義與狹義之分：

一、狹義的司法

乃專指法院所行使民事、刑事訴訟之審判權而言，也就是法院對於具體的個別案件，適用法規的作用，也就是說，司法權就是代表國家依據法律而裁判爭訟的權力。關於狹義的司法權，亦有許多名稱，有稱之為裁判權，有稱之為審判權，亦有稱之為法官權，在德國則稱其為第三權（翁岳生，1994：331）。

二、廣義的司法

則兼指行政訴訟、選舉訴訟、憲法爭議之審判而言；最廣義的司法，更包括各種司法行政事務、[3]檢察官之偵查起訴、公證人之公證、乃至法人登記等

---

2 民事作用，乃就私人互相間之訟爭，依照法規予以解決，藉以維持社會秩序之作用。刑事作用，則以對於犯罪者科以適當刑罰，藉以維持社會秩序之作用。

3 所謂司法行政乃是在審判權的運用上所需要的行政作用，例如法院的設置，法院管轄區的劃定，法院職員的任命與監督，法院經費的處理等是（鄒忠科，1980：2）。

非訴訟案件之處理皆是（林紀東，1993：4）。亦有將「所有參與法院司法程序，或協助法院執行司法工作的機關或法律服務工作者」（張明貴，2002：433），例如檢察官、警察或律師等，皆列入廣義的司法意涵內。

貳、法律概論

一、法律的意義

　　或有謂：「法律者，保障群眾安寧，維持社會秩序為目的，而通過國家權力以強制實行的一種社會生活規範。」（鄭玉波，1998：2）不過，要為法律下一個通說的定義，卻極為困難。

　　關於法律的意義，因時代不同，學者的主張也頗不一致。在法律的發展史上，各個法律學派對於法律的意義有不同的詮釋，其中較重要者有「神意說」、「民意說」、「正義說」、「國家命令說」、「民約說」、「總意說」等。但在西方民主政治的傳統裡，由於法律哲學方面的差異，所謂的法律包含兩種層次：自然法（natural law）與實證法（positive law）。自然法被認為是自然界的根本基礎，是不證自明的真理，同時人們只能發現它，而不能締造它。實證法則又被稱之為「人類法」（human law），它是由人們制訂，並用於規範所屬成員的日常生活。

　　雖然自然法與實證法在法律哲學上的爭論迄今仍是學術領域非常重要的課題，但以本書側重政治學的觀點來說，我們並不擬多予著墨。不過我們要提醒讀者，任何一個社會中，符合自然法概念下的「價值觀」，諸如宗教、道德的規範，仍然是存在的，甚而許多的宗教與道德的規範，又經由人們制訂實證法的程序，納入當代的法律體系內。

　　法律的定義雖人言人殊，莫衷一是。惟今日學者說明法律的意義，通常多分為實質之意義與形式之意義兩種，惟形式意義的法律通常包括於實質意義的法律中，即前者與後者輒有重疊的現象。

1. 實質的法律或稱廣義的法律，是指法律法學研究上的學理意義，簡言之，即「以正義為基礎而為維持秩序或解決紛爭，能以國家強制力實現之人類社會生活規範」。
2. 形式的法律或稱為狹義的法律，係指經由法定程序制訂，而以成文法典形式表現的法律（李復甸，1996：8、13）。

二、法律的目的

法律的目的，可分為個別目的及一般目的：

1. **個別目的**：為適應某種事件的需要，而制訂某種法律，該法律的主旨所在，即其目的之所在。

2. **一般目的**：就一般法律的整體研究，必有其概括的共同目的。其說不一：（1）有謂法律的目的，在於正義的執行；（2）有謂法律的目的，在使人民止於至善；（3）有謂法律的目的，在於人類生活規範的維持與保護（管歐，1961：83-4）。

三、法律的淵源

法律的淵源，簡稱「法源」，依其意義約有下列幾種：有指「根據頒布機構的來源」[4]者；有指為法律產生的原因者（管歐，1961：71）；有指為法律權力之根據者；有指為法律存在之形式者；有指為法律演進之源流者；亦有指為法律組成之資料者（鄭玉波，1998：17）。但以學界多以「構成整體法律秩序之各種資料來源」為通說，並依其發生效力，主要分為直接法源與間接法源兩者。

1. 直接法源

指在所有具備法之效力的規範中，能被法院直接引為裁判依據，直接發生法律效力者，如憲法、法令、自治法規、條約[5]等，謂之直接法源，亦稱為成文法法源或制訂法。

2. 間接法源

係指法院不得直接引為裁判依據的規範，只有在直接的淵源不完備時，經過國家承認，始發生效力者，如習慣、法理、判決例、學說、解釋例等，[6]謂

4　計有：憲法（constitutional law）、制訂法（statutory law）、行政法（administrative law）、普通法（common law）、衡平法（equity law）及羅馬法和民法（Roman law and civil law）（Ranney, 2001: 328-31）等六類。

5　國家與國家間所締結的契約，稱為條約。根據條約的規定，而另制訂各種法律，亦係常事。惟條約經締約國予以簽訂，必須經締約國的立法機關議決通過，復經國家元首批准，並互換及公布後，即有拘束締約國政府與全體國民的效力，其實質上及形式上均具有法律的效力（管歐，1961：73）。

6　所謂「習慣」，實指習慣法（customary law, legal custom）而言，乃社會慣行之事實，經國家承認而有法律上效力之準則；惟習慣法之成立，必須具備之要件為：（1）需為法令所謂規定事項；（2）須係多年慣行之事實；（3）須人人有確信以為法之決心；（4）須不違背公共秩序及善良風俗。而「法理」乃法律之原理，由法律精神，以正義公平為目標推求而得。「判

之間接法源，亦稱為不成文法法源或非制訂法。

四、法律的類別

現代法律的內容是相當複雜的，針對法律不同特性而分類的項目極多，僅擇要介紹如下。

（一）成文法與不成文法

依法律制訂的程序與存在的形式為標準，可分為成文法（written law）與不成文法（unwritten law）兩種。成文法又稱為制訂法，是由國家機關依一定的程序制訂並公布的法律，具有形式的條文，通常又稱為「法典」（code）。不成文法又稱為非制訂法，係指成文法以外之一切有實質法律意義的規範，如習慣、法理、判例等。

（二）私法與公法

依法律關係的內容為標準，則有私法（private law）與公法（public law）之分。私法係指處理政府部門以外的私人機構或個人之間爭端的法規；而公法則處理涵蓋了政府也是爭端當事人的各種爭議。不過我們要注意的是，不論私法或公法都會有被賦予政治考慮的可能性，因為即使是適用私法的案例中，衝突的解決都有政治系統在其背後支持。

（三）民法、刑法與憲法法規

若依法規適用的行為性質區分，則民法（civil law）、刑法（criminal law）與憲法法規（constitutional law）的分類，是種更細緻的方法。

民法係被用於處理個人之間的爭議，例如處理侵權行為、財產爭議或是契約關係。它強調個人和機構必須對自己的行為負責，且受到不利影響的成員可以請求司法上的救濟。但它不以懲罰為目的，所以法院作成的裁決多以回復原狀或賠償為主。

刑法則具有針對犯罪行為加以懲罰的性質，其有嚇阻干擾社會秩序行為再發生的目的。

決例」指法院對同一性質之案件，反覆為同一判決之成例。「學說」為法學者研究法律問題之見解。「解釋例」意為有權機關對於法律之適用，所為之解釋（孫致中，1986：17-8）。

　　而憲法法規則偏重政治上的意義，它專門處理發生於政府部門之間，以及政府與公民之間的爭議。由於憲法法規為政治體系提供了基本的輪廓與結構，當政府部門本身就是爭議的當事人之際，它通常都涉及到對基本的政治關係不同詮釋的問題（Isaak, 1987: 221-222）。

（四）實體法與程序法

　　實體法與程序法的區別，是以法律的實質或其施行的程序為標準。實體法（substantive law）是規定權利義務或具體事件的法律，又稱為主法，例如刑法為關係刑事的實體法。程序法（procedural law）是對於實體法如何運用或施行的法律，又稱為助法或手續法，例如刑事訴訟法乃是規定實施國家刑罰權方法的法律，亦即運用刑法的法律（管歐，1961：97）。不過，今天大多數的法律已難以就實體法與程序法加以二分，例如選舉罷免法，其內容不僅規範了選舉人、被選舉人的資格、選舉結果的效力等，具有實體法性質的內涵，而對選舉機關辦理各項選舉事務時程的詳細規定，更兼具程序法性質的內容。

（五）國內法與國際法

　　依法律成立的手續及其施行的範圍加以分類，則有國內法與國際法之分。國內法（national law）係指規範一個國家領域之內，所有關於個人之間、團體之間，或是個人與團體之間的法律，大部分的國內法是由該國的立法機關所制訂。然而國際法（international law）則來自：國際條約和公約（international conventions and treaties）；國際慣例（international customs）；文明國家法律之一般原則（general principles of law recognized by civilized nations）；以及國際判例和有名國際法專家的著作（legal scholars opinions）等四個主要的法源（凌渝郎，1995：276）。

　　國內法由於具有國家統治權的支持，通常能夠有效地被執行，但是國際法的效力主要依靠簽署條約或協定的國家自願遵守、彼此互利互惠，才能落實它的效力。同時，無論是國內還是國際法庭，都難以確保國際法的司法判決得到執行，例如設在海牙（Hague）的國際法庭（International Court of Justice），它所審理的案件都是各國自願提起的，它的判決只有在各個國家都予以尊重時才能發揮作用，以致國際法庭仍然缺乏凝聚力與執行力（Roskin et al., 1997: 325-6）。

參、法律體系

　　法律體系有廣、狹二義，狹義的意義是指一個國家的法律體系；廣義的意義則指不同國家的法律體系，卻有共同特徵而構成的類別。後者是本節要討論的範疇，在這個意義下，法律體系常被簡稱為「法系」。

　　從法源或類別的觀點來看，世界各國的法律不僅表現的形式繁多，實質的差異亦大，但從法律比較研究的角度理解，卻可以分為數目有限的法系。就我國而論，自民國創建以來，為適應世界潮流，所繼受之外國法，是以大陸法系為主，故大陸法系與我國現行法律關係密切（鄭玉波，1998：190）。至於與大陸法系相對者乃為英美法系，不僅第二次大戰後原屬大陸法系的國家，有改採英美法系之例，如日本，以我國近年來由司法院推動「司法改革」的方向而論，亦有改採英美法系立法例之發展趨勢，故僅就此兩者予以並論。

1. **大陸法系**：大陸法系起源於歐洲大陸，它是以羅馬法為基礎而形成的法系，以法典為主要的表現形式。
2. **英美法系**：英美法系起源於英國及美國，又稱為海洋法系，是一種以英國普通法為基礎而形成的法系，主要的表現形式為判例法。

　　詳言之，大陸法系與英美法系的主要區別，有下列數端：

1. **在法律的淵源上**：大陸法系主要是以抽象的、概括的「成文法」為主要法源，而具體的、個別的「判例」居於輔助的地位；英美法系則是以積極判例而成立的判例法為主要法源，成文法則居於補充的地位。
2. **在法律的分類上**：大陸法系一般以公法與私法作為法律分類的基礎；英美法系則以普通法[7]與衡平法[8]將法律予以分類。
3. **在法院的體系上**：大陸法系國家通常都設有普通法院與行政法院兩個系統，前者管轄民事、刑事案件，後者管轄人民與政府機關之間的爭訟，或有另設憲法法院，專門處理憲法解釋或違憲審查之例；英美法系則以普通

7　「普通法」至今仍是英國法律體系的基礎，它並不是由正式的成文法所明訂的規範，而是法官在處理爭訟之際，依據常識、社會的習慣，以及既有的司法判例（precedent）所作成的判決，它可以說是法官對習慣的解釋，所以又有「法官造法」（judge-made law）之說（Isaak, 1987: 219-20）。

8　「衡平法」起源於英國，關於被害人於財產權或私權方面，在普通法院依普通法無法得到適當救濟時，得向衡平法院（Chancery）請求救濟。由法官根據不成文法內「公正」的概念，依良心判斷以達衡平目的。此種視公正而合於正義之原則，被引用於具體案件，逐漸成為有系統的衡平法。

法院統一執掌司法權，對民事、刑事、行政訴訟案件均有管轄權，至於憲法解釋或違憲審查，美國是由聯邦最高法院（The Supreme Court）就爭議個案加以審理，英國則基於國會至上的傳統，法院基本上並不處理違憲爭議的問題。

4. **在法官任命上**：大陸法系的法官通常經由專門的司法考試與培訓過程產生；英美法系的法官則多從執業多年的律師中選任。

5. **在法官的職能上**：大陸法系注重立法與司法的分工，所以法官只能「依法審判」，雖亦承認法官可以解釋法律，但只限於闡明法律本身的疑義[9]；英美法系則有允許「法官造法」的傳統，亦即在沒有先例可供遵循時，他可以創造先例。

6. **在訴訟程序上**：大陸法系除輕微案件的審判是採（一位法官的）獨任制外，一般都是以（多位法官）合議制為之，法官在進行案件審理時，係依據「職權進行主義」，主動積極地行使訊問被告、調查證據，以及罪刑宣告等職權；而英美法系一般是由法官以獨任制審理案件，在庭訊過程中，是採取「當事人進行主義」，由控、辯雙方進行相互詰問，甚至被告是否有罪，亦多由特別選任的陪審團加以認定，法官僅扮演中立的仲裁人角色。

肆、司法機關

司法機關為國家司法權運作的主體，也是建構司法制度[10]的核心。孟子說：「徒善不足以為政，徒法不足以自行。」所以，司法機關是政府中被授權裁決各種爭議的部門，其主要的功能就是宣告法律的真義，在這個意義上，司法機關便解釋或創設了法律（Heywood, 2000: 216）。要深入了解司法權的運作，則從制度面著手，先行理解司法機關的組織與職權，毋寧是首要的研習重點。

一、組織系統

由於各國的國情文化、歷史發展經驗各有不同，司法機關的組織各有其特

9　法官既然運用法律，必然要加以解釋或創造，因此我們也必須留意，近年來如法國、德國這些將法律廣泛法典化的國家，也要求法院在法規未能預見的情況下，填補其空白或以類推的方式來判案（Hague, et al., 1992: 279）。

10　「司法制度」是指因應國家司法權的運作，在憲法及法律規範下，就其組織及職能做體系的分工，司法制度可以說是國家法律制度的靜態觀察（郭介恆等，1998: 4）。

色，是極為正常的現象。

　　一般而言，在單一國家中，法院是單軌制，而聯邦國家[11]則採雙軌制，即聯邦法院系統和各州的法院系統共存（凌渝郎，1995：110），彼此並無行政上的隸屬關係。

　　而在大陸法系的德、法等歐陸國家，司法體系採取「司法二元主義」為主，將屬於人民與人民之間爭議的民、刑事訴訟，率皆由普通法院依循審級制加以裁判，但涉及人民與國家機關爭議的行政訴訟，往往另設行政法院管轄。至於海洋法系的英、美國家的司法體制，通常是屬於「司法一元主義」，民事、刑事與行政訴訟皆歸由普通法院管轄。

二、管轄權

　　法院雖然可以進行爭議事件的訴訟審理，但是存在著某些限制條件，管轄權就是其中之一。所謂的管轄權，是將審判權內容分配於各法院而言，也就是法院行使審判權的界限。所以，管轄權的發生必以先有審判權為前提。

　　法院管轄權依其性質，通常以土地管轄、事物管轄及審級管轄為法定管轄的內容，然後依具體情事而有牽連管轄、競合管轄、指定管轄、移轉管轄或裁定管轄等變更管轄之規定（蔡墩銘，2000：61-71），此處僅就法定管轄內容說明之。

（一）審級管轄

　　為使訴訟的審理能夠慎重與正確，各國司法機關多有審級制度之設，一般而言，以「三級三審」為原則，「三級二審」為例外。因此，審級管轄乃按法院審級劃分上級法院行使審判權範圍的一種制度，例如對於尚未確定之判決而提起之「普通上訴」，可向第二審法院提出事實審上訴，或在法律許可下，向第三審法院提出；但對於為糾正審判違背法令的確定判決而提出之「非常上訴」，則由第三審法院進行法律審上訴。

（二）事物管轄

　　對於第一審法院所審判案件的分配，有依犯罪種類或刑罰輕重而決定之別。

---

11 有關單一國家、聯邦國家的意義，請參見Isaak（1987: 170-4）的介紹。

（三）土地管轄

乃依事件的土地關係，而對第一審法院為管轄權的分配是謂。各國關於土地管轄的立法規範不一，大多以犯罪地為準，或輔以被告之住所、被捕地。

三、司法審查權

司法審查權（judicial review）的意義乃指法院有宣告其他政治人物及機構的政治行為，包括行政措施、正式通過的法律，是非法（illegal）或違憲（unconstitutional）而無效的權力。[12]換言之，「司法審查」一詞是法院在大多數政府行為合憲性的議題[13]上，扮演作為最終權威角色的簡稱（Williams, 1979: 1）。雖然十七世紀的某些英國法官就曾經宣示此一權力，但司法審查權首先在十八世紀晚期的美國被普遍建立，進入十九與二十世紀，司法審查制度逐漸普及於其他國家，第一次世界大戰後更被廣泛採納（Ranney, 2001: 329）。

雖然有學者指出，司法審查權的存在必須滿足兩個條件：

1. 有一部被政治體系各部門視為基本法（basic law）的憲法。
2. 司法部門是憲法所承認的合法解釋者[14]（Isaak, 1987: 224）。

但是美國聯邦憲法條文中並未對司法審查權制度有所規定，[15]而係由美國聯邦最高法院藉由司法審判所創設，[16]但是，毫無疑問地，在「司法審查

---

12 在這個意義下，法院行使違憲審查的效力，僅止於藉發覺法律違憲，而否認違憲法律對某一案件的效力而已，卻並未撤銷這一法律，亦即該一法律仍然存在，但不為法院所適用。

13 事實上，合憲性的裁決權涵蓋了三個主要領域：（1）解決政府與人民之間在基本自由權上的衝突；（2）裁決特殊的法律是否合憲；（3）解決不同機關或不同政府層級之間的衝突（Hague et al., 1992: 282），皆與政府行為有關。

14 不過這兩個條件甚難同時滿足，所以也僅有少數法院體系得以掌握司法審查的權力。例如，對英國而言，如果自由民主國家的目標是在經由選舉程序，讓立法者向人民負責，那麼選舉產生的代表所呈現的人民意志，當然凌駕於任何法院之上。在這樣的觀點下，司法審查即意味著對自由民主與國會至上傳統的暗中破壞，所以英國的憲法（constitutional law）非常清楚地顯示，任何法院無權對國會的舉動提出質疑。

15 雖然憲法第三條將「司法權」賦予聯邦法院，但也沒有任何一處具體指明，司法權包括了可以否決一個與之平行的政府部門所制訂的法案的特權（Barron and Dienes, 1991: 7）。

16 聯邦最高法院首席大法官Marshall在「Marbury v. Madison (1803)」案中，根據一系列的邏輯推理：「（1）憲法為最高法；（2）凡制訂的法律違反憲法者都非法律；（3）於兩種衝突的法律中加以抉擇，是法院的義務；（4）制訂法如果牴觸最高法的憲法，則法院應毫無疑義地拒絕適用這種制訂法；（5）法院如果不拒絕適用這種制訂法，成文憲法的基礎便被破壞了（羅志淵，1994：207）。」而成功地闡釋了憲法問題是可受司法管轄的。從此意味著最高法院在憲法解釋中，總是扮演著中心的角色（Corwin and Peltason, 1985: 27）。美國制訂於十八世紀四輪馬車時代的憲法，因而能夠適應二百年來社會急遽發展的需要，得力於最高法院解釋

制」與「聯邦制」和「三權分立」已經成為美國憲法中鼎足而三的基本特點（Corwin and Peltason, 1985: 17）的情況下，可以說沒有任何一個國家的法院比美國聯邦最高法院擁有更大的權威（authority），這個權威最重要的表現就是司法審查權的行使。

當然，美國聯邦最高法院運用司法審查權進行憲法解釋，[17]並不是沒有任何限制的。嚴格地說來，作為憲法終局的解釋者，聯邦最高法院的法官是權威的，但不是唯一的憲法解釋者，至少沒有隨時解釋憲法的權力（Corwin and Peltason, 1985: 25-31）。根據美國學界的觀點，司法審查權的限制，大體來自於兩個方面：即憲法的限制和政策的限制[18]（Barron and Dienes, 1995: 16-22）。前者係源自於憲法條文本身，例如憲法第十一修正案（The Eleventh Amendment），[19]以及憲法第3條第2項（Art. III, Sec. 2）[20]的規定；後者則取決於最高法院運用司法審查權時自我抑制（self-restraint）的意識。

過去歐洲大陸各國認為由法院實施違憲審查制度，違反民主主義與權力分立原理，因而未予制度化。不過由於在第二次大戰中，體驗獨裁制的苦楚，產生深刻的反省，認為必須保障人權不受法律的侵害，因而在戰後新憲法，違憲審查制度乃被廣泛採用（李鴻禧譯，1995：333-44）。

是故，今日採用成文憲法之現代法治國家，基於權力分立之憲政原理，幾乎莫不建立法令違憲審查制度。不過，行使違憲審查職權的機關與方式，各國規定卻不盡相同。

就行使機關而言，若未專設違憲審查之司法機關者，此一權限或依裁判先例或經憲法明定由普通法院行使，前者如美國，後者如日本（1946年憲法第81

權的貢獻者實多（荊知仁，1984：464）。

17 雖然對美國聯邦最高法院而言，違憲審查就是解釋憲法意義最普遍的表現方式。不過，就語意學而言，「憲法解釋」（interpretation of constitution）與「司法審查」的意義並不相同。前者係指針對憲法本身的條文疏漏或爭議，由解釋者加以釐清是謂，而法院只是許多適用憲法而有權解釋憲法的機關或成員之一，但法院的解釋是具有最高效力的終局解釋。而後者則是指法院認定某依法律或命令，因牴觸憲法而拒絕適用或宣告其無效是謂，這是在設立「司法審查制度」的國家中，法院專屬的權力或權威。不過，就兩者的過程與結果來看，法院行使「司法審查權」之際，必須先確認憲法條文的真正意涵，才能夠裁定某一法律或命令是否與憲法牴觸，當然也是一種「憲法解釋」的活動。

18 我國學者劉慶瑞（1962：43-54）亦曾指出，司法權的界限有二：「一是本質上的界限，二是政策上的界限。」

19 「聯邦的司法權，對於他州公民或外國屬民，提出對任何一州在普通法或衡平法上的訴訟案，不得行使之。」

20 本條係界定司法權所及的範圍，詳細內容請參見許世楷編（1995：31）。

條）。其專設違憲審查之司法機關者，法律有無牴觸憲法，則由此一司法機關予以判斷，如德國（1949年基本法第93條及第100條）、奧國（1929年憲法第140條及第136條）及西班牙（1978年憲法第161條至第163條）等國之憲法法院，或法國第五共和憲法所規定的「憲法委員會」（constitutional council）等皆是。

　　另就違憲審查制度的行使方式，則有「抽象規範審查」與「具體規範審查」等不同的安排。所謂「抽象規範審查」，係由特定的憲法機關就某一法規之合憲性問題提出審查之聲請，而與具體的訴訟案件無關者，也就是說釋憲案之聲請，與聲請人本身現存的利益無關（蘇俊雄，1998：16），此一方式常見於採取特定機關以解釋憲法的國家。反之，聲請人受有具體訴訟案件要求的限制者，則為「具體規範審查」，又稱為「附帶審查制」；根據美國憲法的規定，聯邦法院只能管轄憲法第3條第2項所列舉的案件與爭訟（劉慶瑞，1962：43），因此必然是「具體規範審查」的性質。

　　各國制度之設計及運作固難期一致，惟目的皆在保障憲法在規範層級中之最高性，並維護法官獨立行使職權，俾其於審判之際僅服從憲法及法律，不受任何干涉。我國法制以承襲歐陸國家為主，行憲以來，違憲審查制度之發展，亦與上述歐陸國家相近。

四、憲法解釋

　　憲法何以需要解釋，其原因有三：
1. 有許多未能為憲法所周延思慮到的問題不斷出現；
2. 即使有些憲法條文，是以明顯的慣用語言所撰寫，例如「必要且正當」（necessary and proper），應該如何確定其意義？
3. 如果有的話，憲法將無可避免地會面對什麼是足以允許政府干預基本人權的辯解，或是對這些辯解要加以區隔（Chemerinsky, 1997: 15-6）。

　　然而，何者方為憲法上權威性的解釋者，則有三個可能的答案：

　　第一個途徑是並無憲法解釋上可作為權威性的機構，每一個政府機構對於決定憲法條款的意涵，都有平等的權威，其間的衝突必須透過政治力量與妥協加以解決。

　　第二個途徑認為每一個政府機構在特定的領域具有權威性，這是因為憲法並未具體指定誰來解釋憲法，因此解釋的權威性應該被分配給特定的政府機構。

第三個途徑則以為，雖然每個政府機關都得以解釋憲法，但只有一個機構應被視為裁決者（umpire）的角色（Chemerinsky, 1997: 25-7）。

此處第三個途徑下所指作為裁決者角色的政府機構，通常就是指司法機關而言。尤其是允許法院擁有司法審查權的國家，其對於憲法所做的解釋，具有「終局」解釋的效力，可見司法機關解釋憲法的地位，是高於其他政府機構的。

關於憲法的解釋方法，可大抵分為法定解釋與學理解釋。

（一）法定解釋

亦稱有權解釋，或強制解釋，乃指國家機關基於行使法定職權所為的解釋，又可分為立法解釋、行政解釋及司法解釋三種。

（二）學理解釋

係就法令文字，根據學理上的見解以解釋法令之謂。又可分為：

1. **文理解釋**：係依據法律條文上的字義或文義所為之解釋。
2. **論理解釋**：不拘於法律的各個文字，而依一般推理的原則確定法律的意義，是為論理解釋。就其方法言之，又可分為七種：擴張解釋、縮限解釋、當然解釋、反對解釋、補正解釋、歷史解釋、類推解釋（管歐，1961：157-62）。

五、司法機關的功能

（一）裁判的功能

司法機關最重要的功能就是解決紛爭，而此種解決必定是應用法律的結果。司法機關的裁判，在性質上可以區分為三種：糾紛事實的認定，如民事裁判；違法的決定，如刑事裁判；以及違反後果的裁定，例如行政訴訟裁判。

（二）監督執法的功能

司法機關監督執法的範圍甚為廣泛，諸如信託的履行、公司的改組，或是人民不服各級政府機關法律執行的結果而提出行政訴訟，甚至法律本身是否有牴觸憲法之疑慮，司法機關均得根據法律或憲法的規定，進行司法審查的監督。

（三）創造新法的功能

雖然司法機關進行審判是以「應用法律」作為一般性原則，但是法官也經常的解釋（interpret）與「創造」（create）法律。事實上，不僅英、美的普通法大部分都是「法官造法」的產物，即使是一如法、德這些大多數皆屬成文法（codified）的國家裡，法院也經常必須填平法典與近似個案間的鴻溝。

伍、司法獨立原則

即使民主政治理論有古典與當代之別，但為了防範國家權力運作而不致侵害人民權利的目標則一。自孟德斯鳩首倡三權分立理論以後，行政、立法、司法三權分屬三個機關行使，便成為民主國家設立政治機構的基本架構。因而，廣義的司法獨立即指司法權的獨立：司法機關必須與行政、立法機關互不隸屬，並立於平等的地位，此乃制度獨立的保障。

今日自由民主國家均接受司法獨立是作為法治（the rule of law）的基礎（Hague et al., 1992: 280），對司法的壓制通常被視為走向獨裁的第一步。但司法機關「既不掌權又不握劍」，如何避免立法、行政機關之擅專，進而透過法庭外影響特定案件的做法，導致人民的諸權利不能獲得充分保障，亦被視為違反司法獨立的精神。

狹義的司法獨立意義，就是指審判獨立，此指法官在進行司法案件審理之際，有關事實認定、法條適用、量刑輕重等，均由法官依法獨立（或合議）做出客觀的審判，而不受上級法院或是法院首長的指揮，特別是政治力量[21]干預的影響。

但是為了避免司法獨立淪為空談，則必須有其他制度的配合，其中最重要者當屬法官的任用與身分的保障兩者。例如公開的甄補程序可確保法官具備專業素養而無倖進之途；而非因違法失職不得任意遷調，甚至終身職（life tenure）的保障等，方可使法官不畏權勢、進退無慮。唯有法官之身分或職位不因審判之結果而受影響，審判獨立方能成為落實自由民主憲政秩序、權力分立與制衡之重要手段。

---

[21] 司法獨立原則是保證司法程序是在冷靜、深思熟慮，以及不受利益團體和壓力團體的壓迫，因此法官應不受政治壓迫（Ranney, 2001: 341）。

一、法官的任用

　　司法獨立的議題突顯了法官是如何產生的問題。法官的任用隨各國司法體制各有不同，在西方國家中，選任法官有四個主要的方法：

1. **由普選產生**：大多數的美國各州。
2. **由國會選舉**：如某些拉丁美洲國家。
3. **由行政部門任命**：英國以及（經參議院同意的）美國聯邦最高法院。
4. **由法官共同選擇**：例如義大利、土耳其（Hague et al., 1992: 280-1）。

　　事實上，法官人選的決定，永遠無法避免政治上的干擾（Pickles, 1970: 151）。法官如果普選，一則選民未必了解候選人的專業知識與品德，而難以獲得適當的司法人才；再者，有事前受到政黨影響、事後受到輿論干預的可能，均難以避免損害司法獨立。再以由行政機關提名，立法機關同意後任命為例，政黨政治和政治意識介入任命過程仍是毫無疑義的，根據美國過去的紀錄顯示，大部分總統所任命的法官係來自同黨，黨派意識為任命過程中主要的決定因素。

二、身分的保障

　　美國聯邦最高法院的經驗顯示，無重新任命必要的終身職地位、高額薪資、退休金的保障，以及僅能透過彈劾方能免職等因素，都對最高法院大法官獨立行使職權產生重大的影響，此處僅就法官的任期制度加以討論。

　　各國選任法官的方法各有不同，法官的任期亦不盡相同。有些法官是終身職的，只有失職才能使其去職。然而，也有某些被提名的法官是有固定任期的；此外，也有由定期選舉產生的法官。法官若因行使審判職權而有隨時遭到免職或懲處的顧慮，則難保司法審判不受政治或司法行政的影響。

　　美國憲法明文規定，聯邦法院法官是終身職。這種終身職的好處是可以確保法官對各種政治壓力維持更大的獨立性，不過，如果他們也擁有司法審查的權力，那麼，他們在判決中所反映的，極有可能是多數人民和立法代表都已經不再支持之陳舊的意識形態，結果，司法審查的權力就可能被他們用於阻礙改革。因此，二次大戰後在憲法中明文規定了司法審查權的那些民主國家，都拒絕採行終身職，而代之以任期較長的有限任期制度，一如德國、義大利和日本（Dahl, 1998: 121-122）。儘管論者批評終身職的保護可能造成與時勢脫節和傲慢自大的法官，但一般人多能接受「終身職」是維繫司法獨立的先決條件。

　　當然，法官「終身職」並不意味著法官不能「去職」。只不過法官去職的

原因多僅限於：合乎彈劾事由；身心障礙致不能執行職務；或有成績不良等不適任的客觀而明顯的事蹟（李鴻禧譯，1995：307）。

　　雖然司法權獨立的原則，已成為近代立憲主義的大原則，在世界各國的憲法上廣受肯定（李鴻禧譯，1995：313）。但我們必須承認，此一原則在實際運作上經常遭遇困難，而使得司法權難以達到百分之百的獨立。

　　我們也必須深切了解，司法獨立欲獲得真正保障，制度所能提供的條件，遠不如來自更深層的某些事物：它們不僅是源自政府組織與法庭的執法，更源自於一般大眾心中與日俱增地尊重司法公正原則與法治原則的傳統（Pickles, 1970: 151-152）。

陸、中華民國司法部門的實證分析

一、法律的意義

（一）形式意義（狹義）的法律

　　我國憲法第170條規定：「本憲法所稱之法律，謂經立法院通過，總統公布之法律。」

　　由此觀之，我國憲法架構下的「法律」概念，僅具有實證法上形式意義（狹義）法律的意涵，無論其名稱為「法、律、條例或通則」，此亦為釋字第391號[22]解釋之意旨。因此，凡我國憲法上有關「依法」行使職權的規定，例如法官、考試委員、監察委員應「依據法律獨立行使職權」（憲法第80條、第88條、增修條文第7條），所稱之法律，都必須是符合憲法第170條所訂程序規範的實證法，此亦即「合憲（法）性」的要求。

（二）實質意義（廣義）的法律

　　不過，根據大法官會議釋字第38號[23]、第137號[24]以及第371號[25]，特別

---

22 「狹義之法律，或形式意義的法律，諸如我國中央法規標準法第2條所稱之法、律、條例、通則是。」

23 「憲法第八十條……所謂依據法律者，係以法律為審判之主要依據，並非除法律以外與憲法或法律不相牴觸之有效規章均行排斥而不用。」

24 「法官於審判案件時，對於各機關就其職掌所作有關法規釋示之行政命令，固未可逕行排斥而不用，但仍得依據法律表示其合法適當之見解。」

25 「……憲法之效力既高於法律，法官有優先遵守之義務……。」

是第391號【26】解釋的內容來看，舉凡憲法、行政機關所制訂的命令、地方自治規章等「有效規章」，均得視為實質意義（廣義）的法律內容，而作為法官進行司法裁判之依據。

惟須注意者，基於保障人民權利的基礎，刑事訴訟之審理必須嚴格遵守「罪刑法定主義」【27】，即不得以「類推解釋」【28】進行判決。但民事訴訟是以解決紛爭為目的，依民法第1條規定：「民事，法律所未規定者，依習慣；無習慣者，依法理。」顯見民事訴訟所適用的法律，尚包括非成文法典型式的習慣與法理，但習慣在法律上只有說服的效力，而不能強制法官必須適用。因此法官在援引某一習慣以為審判依據時，必須受到下列限制：

1. 法官只能適用既存之習慣，而不得創造新習慣；
2. 法官適用習慣，不可牴觸法律明文規定；
3. 習慣只能在一定範圍之內有效，而難以將其一概適用於全體（Allen, 1958: 89-102）。

而宗教、道德、輿論或個人信念，則無法構成法律的內涵，最多只能成為社會成員自律規範的一部分而已，如有牴觸或許會受到其他社會成員的譴責或抵制，但不會受到司法體系的懲罰。

至於法律是否「良善」，便涉及「合法性」（legality）與「正當性」（legitimacy）的思辨。所謂「合法性」，意指法律內容的制訂或修改，必須合乎憲法所規範的正當程序；「正當性」的意義，則指法律能夠為社會大多數成員所認同、接納，而願意服從而言。換言之，即使一個經由立法機關按照正當程序所制訂的法律，但若其內容與多數人民的認知、感情或評價，發生嚴重的落差，我們便可以說這樣的法律不具備「正當性」【29】。惟法律是否合於「正當性」的判斷，經常涉及個人主觀意識的價值取向而定，故相較於「合法性」原則，難有清晰而確定的審查標準，而易生爭議。不過，法律條文意涵的正當性，原則上並非執法者所關切者，但是若涉及法律是否「違憲」而無效的疑

---

26 「廣義之法律，或實質意義的法律，諸如我國國民大會通過的憲法、立法院通過總統公布的法律，行政機關訂定發布的規章命令，或甚至其他具有法源性質的任何法規範，如類屬間接法源的判例、先決例、習慣等，均屬之。」

27 刑法第1條規定：「行為之處罰，以行為時之法律有明文規定者為限。」

28 乃法律對某種事務無明文規定，而援引其他類似事項已有的規定，以為適用之意，學理上又稱「類推適用」。

29 一個具有「合法性」，但「正當性」不足的法律，亦有稱之為「惡法」者。至於「惡法亦法」或「惡法非法」在民主政治理論上的爭議，迄今尚無定論。

義，根據司法院大法官審理案件法（以下簡稱「案件法」）第5條的規定，中央（或地方）機關、人民（法人或政黨）、立法委員（現有總額三分之一）或最高（或行政）法院各依其法定要件，聲請大法官解釋，作為權力分立制度下，補救不當立法的途徑。

二、司法院、法院與司法機關的名詞釋義

憲法本文中與司法制度有關的字彙，包括第8條第1項[30]中的「司法機關」與「法院」，以及第77條[31]中的「司法院」、「司法機關」，此三者的意涵與區分，是為探究我國司法制度所必須先行了解者。

就我國司法制度變遷觀之，自清末變法設立各級法院以來，即同時建立檢察系統，審判和檢察一直都是分別獨立行使職權。不過審判權固然是由各級法院法官獨立行使，僅在行政上受其上級機關的監督，而司法行政權的歸屬及其組織則屢經變更。1928年五院制度建立後，最高法院雖隸屬司法院，而高等法院以下各級法院及檢察系統則同屬司法行政部。司法行政部雖兩度隸屬司法院，但自1942年以來，便長期隸屬行政院（廖與人，1982：45），即使1947年行憲後亦然。也就是說，掌理審判的各級法院在行政監督系統上，僅最高法院隸屬司法院，而高等以下各級法院，則與掌理檢查的各級司法檢察機關，以及負責監所管理、司法保護等一般性的司法行政工作，皆隸屬於行政院下的司法行政部。

司法院大法官會議雖曾於1960年做出釋字第86號解釋謂：「憲法第77條所定司法院為國家最高司法機關，掌理民事、刑事之審判，係指各級法院民事、刑事訴訟之審判而言。高等法院以下各級法院既分掌民事、刑事訴訟之審判，自亦應隸屬於司法院。」至此，高等法院以下各級法院應改隸司法院，始獲得相當於憲法位階的釐清。但又以事關國家司法制度改革牽涉廣泛而延宕多年。直至1980年於立法院完成修正行政院組織法、司法院組織法、法院組織法及法務部組織法等相關法律後，方於同年7月1日正式實施「檢審分隸」，將高等法院以下組織改隸司法院，而司法行政部更名為法務部，仍隸屬行政院，我國司法制度建制的爭議始告落幕。

---

30 「人民身體自由應予保障。除現行犯之逮捕由法律另定外，非經『司法』或警察機關依法定程序，不得逮捕拘禁。非由『法院』依法定程序，不得審問處罰。……」

31 憲法第77條：「『司法院』為國家最高『司法機關』，掌理民事、刑事、行政訴訟之審判及公務員之懲戒。」

（一）司法機關

　　「司法機關」一詞於我國憲法第8條、第77條中皆有明訂，兩者之意涵究有無區別，曾為我國司法實務、學術兩界爭論的議題，惟已由釋字第392號解釋予以釐清。

　　釋字第392號解釋有云：「司法權之一之刑事訴訟，即刑事司法之裁判，係以實現國家刑罰權為目的之司法程序，其審判乃以追訴而開始，追訴必須實施偵查，迨判決確定，尚須執行始能實現裁判之內容。是以此等程序悉與審判、處罰具有不可分離之關係，亦即偵查、訴追、審判、刑之執行均屬刑事司法之過程，其間代表國家從事『偵查』『訴追』『執行』之檢察機關，其所行使之職權，即亦在達成刑事司法之任務，則在此一範圍內之國家作用，當應屬廣義司法之一。憲法第8條第1項所規定之『司法機關』，自非僅指同法第77條規定之司法機關而言，而係包括檢察機關在內之廣義司法機關。」

　　申言之，憲法上「司法機關」一語，實有廣、狹二義：

1. **廣義的司法機關**：即憲法第8條所謂之「司法機關」，係包括司法院、法院，以及行使廣義司法作用的檢察機關在內。
2. **狹義的司法機關**：乃憲法第77條所稱之「司法機關」，僅指司法院及掌理審判制度的法院而言，本節所討論的司法機關，即以狹義的司法機關為限。

（二）司法院

　　雖然「司法院為國家最高司法機關」為憲法第77條所明訂，但這只說明了司法院的地位。由於憲法文字僅為原則性、概括性的規定，所以司法制度的建構，便有賴法律規範予以補充，而後者對司法制度的形成與發展的影響尤大於前者。

　　在現行司法制度設計的實務上，係採大陸法系體制（鄭正忠，1999：20）。司法院依憲法（含增修條文）規定並設有大法官會議、公務員懲戒委員會與憲法法庭，分別掌理解釋憲法（法令之統一解釋）、公務員懲戒及政黨違憲解散事項。

　　而民、刑事案件及行政訴訟之審判，則由法律另定，分由普通法院與行政法院掌理。此與英美各級法院對私法及公法事件均有審判權，而其最高法院並有解釋憲法及統一解釋法令之權責不同，應加以區別。

　　由於司法院本身並未直接審理民、刑事及行政訴訟案件，所以司法院不是

法院，其理甚明。但有關我國司法政策之制訂、法規研擬與人事任命、並對所屬機關進行行政監督，係由司法院統一掌理則無疑義。所以「司法院為國家最高司法機關」的意涵，除意謂司法院在憲法解釋及公務員懲戒事項具有終局效力之外，並為所屬機關，包括各級法院、行政法院，在司法制度上的最高行政監督機關，同時司法院有向立法院提出法律案之權（釋字第175號解釋）、規則制訂權[32]（釋字第530號解釋）。

（三）法　院

在司法制度的實務上，我國負責審判的「推事」與掌理犯罪偵查的「檢察官」，雖然在實施「檢審分隸」後，分別隸屬於司法院下轄之各級法院與行政院法務部，但兩者的晉用途徑，皆為參加國家司法人員考試，錄取後並共同參加訓練，再分別以候補推事、候補檢察官，派任各地方法院或檢察處任職。兩者職權雖有不同，但在工作性質上都確與司法有關，同時檢審人員又得依據「法官檢察官互調辦法」[33]申請職務互調，復以「地方法院」與「地方檢察署」又多合署辦公等現象，均容易造成誤解，更何況大法官會議又有「廣義司法機關包含檢察機關在內」的解釋，那麼「法院」就何所指？

釋字第392號解釋有謂：「憲法第8條第1項、第2項所規定之『審問』，係指法院審理之訊問，其無審判權者即不得為之，則此兩項所稱之『法院』，當指有審判權之法官所構成之獨任或合議之法院之謂。」

顯然，「法院」係專指具有審判權之各級法院與行政法院而言。

（四）法　官

進而可以探究者，則為「法官」的意義。

---

32 規則制訂權係指最高司法機關得由所屬審判成員就訴訟（或非訟）案件之審理程序有關技術、細節性事項制訂規則，以期使訴訟程序公正、迅速進行，達成保障人民司法受益權之目的。

33 西歐國家將法官和檢察官視為同一公職（public service）的不同部分。例如，法國單一的司法專業人員，便包含了三種不同的職務：坐著的法官（sitting judge），即法庭法官主持法院，如同英美的法官一般；站著的法官（parquet），形成每個法院的檢察官職位；及司法部職員（administrative staff of the Ministry of Justice）。三者都被視為同一部門之下的文職人員，而任何一個司法專業人員的成員均可擔任這三個職位。事實上，對一個司法專業人員而言，由他的法庭法官席位，調至另一個法院的檢察官職位，再調回司法部的職員，這也是常見的情形（Ranney, 2001: 340-1）。

　　釋字第13號解釋曾謂：「憲法第81條[34]所稱之法官，係指同法第80條[35]之法官而言，不包含檢察官在內。」此乃由於檢察官並未行使憲法第80條所訂之審判權，[36]故予排除法官身分之適用。[37]尚須注意者，釋字第162號解釋又謂：「行政法院評事、公務員懲戒委員會委員，就行政訴訟或公務員懲戒案件，分別依據法律，獨立行使審判或審議之職權，不受任何干涉，依憲法第77條、第80條規定，均應認係憲法上所稱之法官。[38]」是故，憲法第80、81條所稱之法官，實乃狹義的法官。廣義的法官，除指涉各級法院執掌審判權之人員外，亦包括行政法院評事與公務員懲戒委員會委員在內。惟依該解釋，「行政法院院長、公務員懲戒委員會委員長，均係綜理各該機關行政事務之首長，自無憲法第81條之適用。」

三、司法院的組織、人員與職權

（一）大法官會議

1. 組　成

　　憲法第79條第2項原規定：「司法院設大法官若干人……。」乃由司法院組織法第3條補充規定為「司法院置大法官十七人」。惟於2000年通過之現行憲法增修條文第5條明訂：「司法院設大法官十五人，並以其中一人為院長、一人為副院長。」其中值得進一步探討的議題，乃為：大法官的任命程序、資格、任期與連任限制等四者。

(1) 任命程序

　　我國司法院大法官任命程序，自行憲以來向由「總統提名」，但行使「同意權」的機關，則隨憲法修正而歷有更迭：

---

34 憲法第81條：「法官為終身職，非受刑事或懲戒處分，或禁治產之宣告，不得免職。非依法律，不得停職、轉任或減俸。」

35 憲法第80條：「法官須超出黨派以外，依據法律獨立審判，不受任何干涉。」

36 釋字第392號解釋並進一步予以說明：「自權力分立原理、組織結構功能之觀點，司法權即審判權，具正義性、被動性、公正第三者性及獨立性之特徵，與檢察權之公益性、主動性、當事人性及檢察一體、上命下從特徵，截然不同。」

37 釋字第13號解釋但書「實任檢察官之保障，依同法第八十二條及法院組織法第四十條第二項之規定，除轉調外，與實任推事同」之說明，則僅在說明法院組織法對檢察官之保障，係比照法官之規定現狀，不能改變檢察官在憲法上屬於行政機關之基本地位。

38 釋字第396號解釋再次確認：「公務員懲戒委員會掌理公務員之懲戒事項，屬於司法權之行使，並由憲法上之法官為之。……懲戒機關之成員既屬憲法上之法官。」

① 監察院同意：行憲後第一屆（1948年）至第五屆（1985年）的大法官，均係依憲法本文第79條的規定，由監察院行使同意權。

② 國民大會同意：依1992年修訂之憲法（第二次）增修條文第13條的規定，第六屆的大法官係由國民大會於1994年行使同意權後就任。

③ 立法院同意：依1997年修訂之憲法（第四次）增修條文第5條的規定，自2003年起，大法官須經立法院同意後任命之。

(2) 資　格

依司法院組織法第4條規定，大法官應具有下列資格之一：

一　曾任最高法院法官十年以上而成績卓著者。

二　曾任立法委員九年以上而有特殊貢獻者。

三　曾任大學法律主要科目教授十年以上而有專門著作者。

四　曾任國際法庭法官或有公法學或比較法學之權威著作者。

五　研究法學，富有政治經驗，聲譽卓著者。

同時第二項但書並規定：「具有前項任何一款資格之大法官，其人數不得超過總名額三分之一。」期使各種法學人才的比例均衡，以代表各種不同的觀點。

(3) 任期與連任限制

憲法本文對大法官的任期，並未見諸明文，後經司法院組織法補充規定為：「大法官之任期，每屆為九年」。

但1997年通過的憲法增修條文第5條第2項，將大法官任期與連任限制予以明訂，並自2003年起實施：（1）其中八位大法官，含院長、副院長，任期四年；（2）其餘大法官任期為八年；（3）並為院長、副院長之大法官，不受任期之保障；（4）司法院大法官任期……不分屆次，個別計算，並不得連任。

有謂大法官的任期應仿效美國聯邦最高法院大法官的終身職為制度設計的典範，規定任期制並不適當。蓋因大法官應獨立行使職權，故亦應與普通法官享受同一保障，素為各國憲法所承認。揆諸我國憲法或司法院組織法原無連任限制，換言之，大法官雖有任期屆滿之時，但如能持續獲得總統提名，暨通過立法院的同意，亦可維持「終身職」的結果。

不過，大法官非為終身職，利弊得失亦難論斷。大法官因受任期限制，在任期內必須努力任職，力求工作上及學術上之進步，以其繼續被提名為大法官，或為其優點。但大法官如有汲汲於續任之念，則於其任內遇有重大政治爭議事件，特別是出自於分掌提名權與同意權之權力當局者，又恐難保大法官於

行使解釋憲法之際，得以無所顧忌而為斷然處置，以確保釋憲機關的獨立、超然及權威性的地位，釋字第419號及釋字第499號當為著例。即令憲法已有「不得連任」限制，苟若大法官缺乏風骨，或貪戀其他職位，憲法解釋亦難免有偏袒或敷衍之結果。至於院長、副院長雖具大法官身分，但其任期卻不受保障，更恐予政治干預司法權運作的空間。

　　而2003年任命之大法官任期分別為四年與八年各半，應出自民間司法改革基金會於1999年所提出司法改革藍圖之建議。全體大法官之任期並非同時屆滿，或有維持組織結構穩定、制度經驗傳承的功能，但在實務運作上，由即將任滿的總統提名新任的大法官，顯與「配合總統任期每四年應重新選聘其中一半，以符合代表最新民意之要求」（澄社等主編，2000：17）的初旨有所乖違。

2. 職權

　　憲法對我國司法院職權的範圍，主要係由憲法第78條，以及憲法增修條文第6條所規定，茲分項說明如下：

(1) 憲法解釋

　　憲法第78條規定：「司法院解釋憲法，[39]並有統一解釋法律及命令之權。」此處所稱「解釋憲法」，在意義上與憲法第172條：「法律與憲法牴觸者無效。法律與憲法有無牴觸發生疑義時，由司法院解釋之。」所指涉的「違憲審查」有所不同，故予以分述之。

① 憲法解釋

依據「案件法」第5條第1項規定，得聲請解釋憲法的情形為：

　　A. 中央或地方機關，於其行使職權，適用憲法發生疑義，或因行使職權而與其他機關之職權，發生適用憲法之爭議，或適用法律與命令發生有牴觸憲法之疑義者。

　　B. 人民、法人或政黨於其憲法上所保障之權利，遭受不法侵害，經依法定程序提起訴訟，對於確定終局裁判所適用之法律或命令發生有

---

39 憲法第173條：「憲法之解釋，由司法院為之。」似有重複規定之嫌（林紀東，1990: 372；隋杜卿，2001: 70）。但大法官會議於釋字第499號解釋中，就憲法第78與173條的區別，另有殊見。「查憲法第七章已就司法定有專章，其中第七十八條規定：『司法院解釋憲法，並有統一解釋法律及命令之權。』……是司法院大法官掌理解釋憲法及統一解釋法令之職權，依上開條文固甚明確。惟憲法……既已有前述第七章第七十八條及第七十九條之規定，又於第十四章憲法之施行及修改，保留『憲法之解釋，由司法院為之』之文字作為第一百七十三條。對照以觀，第一百七十三條顯非為一般性之憲法解釋及統一解釋而設，乃係指與憲法施行及修改相關之事項，一旦發生疑義，其解釋亦屬本院大法官之職權」。

牴觸憲法之疑義者。

C. 依立法委員現有總額三分之一以上之聲請，就其行使職權，適用憲法發生疑義，或適用法律發生有牴觸憲法之疑義者。

D. 最高法院或行政法院就其受理之案件，對所適用之法律或命令，確信有牴觸憲法之疑義時，得以裁定停止訴訟程序，聲請大法官解釋。

我國憲法第78條雖規定「司法院解釋憲法」，但所謂「解釋」究何所指？係指限於就具體案件或爭議所為之「具體解釋」，抑或兼指可不受案件或爭議事實之拘束，而抽象地就「疑義」所為之「抽象解釋」，憲法並未明訂。但藉由釋字第2號解釋，大法官以「中央或地方機關於其職權上適用憲法發生疑義時，即得聲請司法院解釋。法律及命令與憲法有無牴觸發生疑義時，亦同」，為大法官會議創造了「抽象解釋」的權力空間，此即「案件法」第5條第1項第1款的源頭。1993年修正公布的「案件法」增訂第5條第一項第三款，進一步允許立法委員總額三分之一以上[40]亦得聲請解釋憲法疑義，更行深化了大法官會議進行「抽象解釋」的可能性。[41]

而大法官會議通過憲法解釋所需的額數，則由「案件法」第14條第1項規定為：「大法官解釋憲法，應有大法官現有總額三分之二之出席，及出席人三分之二同意，方得通過。但宣告命令牴觸憲法時，以出席人過半數同意行之。」又依「案件法」第14條第一項規定，各大法官得提出協同意見書或不同意見書。[42]

② 統一解釋法律及命令

「案件法」第7條第1項規定，得聲請統一解釋的情形有二：

A. 中央或地方機關，就其職權上適用法律或命令所持見解，與本機

---

[40] 本款立法本旨，往好處看，允許國會少數派議員有機會發動聲請解釋案，可藉由客觀超然之司法機關，以制衡國會之多數意見，如此庶不致造成政黨間之政治抗爭（朱武獻，1988）。回顧過去，顯然這個理想不僅落空，甚至衍生更多的政治爭議。大法官楊與齡便在釋字第329號解釋的不同意見書中，大力批判大法官會議忽視立法本旨，不計程序是否合法，而輕易接受立法委員聲請釋憲的做法。

[41] 這個因素，可謂大法官會議先天即難以自外於憲政爭議的重要原因，這也讓大法官會議在一黨獨大、強人主政的時代，只能扮演諮詢者與政權鞏固者的角色；而在多黨競爭的時代，又難免成為政治角力的棋子（隋杜卿，2001: 83-4）。

[42] 據司法院大法官審理案件法施行細則第18條的補充規定，「大法官贊成解釋文草案之原則，而對其理由有補充或不同之法律意見者，得提出協同意見書」、「大法官對解釋文草案之原則，曾表示不同之法律意見者，得提出一部或全部之不同意見書」。

關或他機關適用同一法律或命令時所已表示之見解有異者。但該機關依法應受本機關或他機關見解之拘束，或得變更其見解者，不在此限。

B. 人民、法人或政黨於其權利遭受不法侵害，認確定終局裁判適用法律或命令所表示之見解，與其他審判機關之確定終局裁判，適用同一法律或命令時所已表示之見解有異者。但得依法定程序聲明不服，或後裁判已變更前裁判之見解者，不在此限。

統一解釋法律及命令所需的額數，由「案件法」第14條第2項規定為：「大法官統一解釋法律及命令，應有大法官現有總額過半數之出席，及出席人數過半數之同意，方得通過。」各大法官亦得提出協同意見書或不同意見書。

(2) 違憲審查

司法院擁有「違憲審查權」，係我國憲法第172條所明訂，依「案件法」規定，大法官進行違憲審查之可決額數，亦與憲法解釋同。

惟可進一步探究者，即我國各級法院的法官，是否有權拒絕適用牴觸憲法的法律，或是牴觸憲法或法律之命令？

釋字第371號解釋早於1995年即指出：「憲法為國家最高規範，法律牴觸憲法者無效，法律與憲法有無牴觸發生疑義而須予以解釋時，由司法院大法官掌理，此觀憲法……規定甚明。又法官依據法律獨立審判，憲法第80條定有明文，故依法公布施行之法律，法官應以其為審判之依據，不得認定法律為違憲而逕行拒絕適用。惟憲法之效力既高於法律，法官有優先遵守之義務，法官於審理案件時，對於應適用之法律，依其合理之確信，認為有牴觸憲法之疑義者，自應許其先行聲請解釋憲法，以求解決。是遇有前述情形，各級法院得以之為先決問題裁定停止訴訟程序，並提出客觀上形成確信法律為違憲之具體理由，聲請本院大法官解釋。」

依本解釋之意旨，法院不得逕行行使法律之違憲審查權，但得於確信適用法律違憲的前提下，先行停止訴訟並聲請大法官釋憲，以為審判之依據，「案件法」第5條第2項第4款之規定即依此制訂。

至於法院得否針對「命令」行使「違憲審查權」的部分，觀諸1948年司法院院解字第4012號指出：「與憲法或法律牴觸之命令，法院得逕認為無效，不予適用。」顯見法院得對「命令」進行違憲審查應無疑義。

(3) 監督地方自治

我國憲法本文以第十二章專章保障地方自治事項，地方制度分設省、縣二

級，均有權自行制訂包括「省自治法、省法規、縣自治法、縣單行規章」在內的自治法規。

依據憲法第114條、第117條、第125條等規定可知，司法院有權宣告「省自治法違憲之處無效」、「省法規牴觸法律者無效」以及「縣單行規章牴觸法律或省法規者無效」，是為地方自治監督權，「關於省自治法、縣自治法、省法規及縣規章有無牴觸憲法之事項」便是「案件法」第4條第1項第3款規定之大法官解釋憲法事項之一。

1997年修憲雖以憲法增修條文第9條凍結「省級地方自治選舉」，但仍保留縣級地方自治，同條第4款便規定：「屬於縣之立法權，由縣議會行之。」是以司法院仍有依據憲法第125條監督縣自治之權。

（二）憲法法庭

1. 政黨違憲解散事項

憲法增修條文第5條第4款規定：「司法院大法官，除依憲法第78條之規定外，並組成憲法法庭審理政黨違憲之解散事項。」其第5款又規定：「政黨之目的或其行為，危害中華民國之存在或自由民主之憲政秩序者為違憲。」顯見憲法增修條文設置憲法法庭的原始目的，僅在於處理「政黨違憲解散事項」。

但是，畢竟「政黨違憲解散事項」在本質上屬於「政治問題」，實非司法機關得以進行審查、解釋或審判者，否則極有可能導致政治上的高度衝突，而與司法機關尋求解決紛爭的目的有違。所以，當「政黨違憲解散事項」的相關規定，於1994年成為第三次憲法增修條文法典化的內容後，內政部即將民進黨通過「臺獨黨綱」的行為是否應予解散的爭議案件，移轉司法院大法官會議。不過該一政治爭議案件迄未獲得大法官會議之處理而成懸案。在民進黨於2000年贏得第十屆總統大選而成為執政黨後，在政治的現實上，大法官會議就更不可能通過解散民進黨判決的評議了。

2. 準用言詞辯論之釋憲案件

依據「案件法」第32條訂定之「憲法法庭審理規則」，其中第19條補充規定：「本規則於大法官審理解釋案件行言詞辯論時準用之。」使得憲法法庭除得依憲法增修條文行使「政黨違憲解散事項」職權之外，並得於大法官會議進行釋憲案時召開之。作成於1994年1月14日的釋字第334號解釋，便是首開大法官會議召開憲法法庭進行言詞辯論先河的案例。

截至2004年7月底為止，在大法官會議所公布的582號解釋中，召開憲法法

庭進行言詞辯論的釋憲案，計有四號，分別為釋字第334號（立法院與行政院就其職權適用中央政府建設公債發行條例所持見解有異）、第392號（「司法機關是否包括檢察機關」之疑義）、第419號（「副總統兼任行政院院長」之疑義），以及第445號（「集會遊行法違憲」之疑義）解釋。

（三）法　院

　　國家為達成行政上之任務，得選擇以公法上行為或私法上行為作為實施之手段。其因各該行為所生爭執之審理，屬於公法性質者歸行政法院，私法性質者歸普通法院。司法院組織法第7條規定：「司法院設各級法院、行政法院……；其組織均另以法律定之。」是具有大陸法系國家的特徵。

1. 普通法院

　　依法院組織法第2條掌理「審判民事、刑事及其他法律規定訴訟案件，並依法管轄非訟事件」之法院是謂，分為地方法院、高等法院、最高法院三級。地方法院受理第一審案件，不服第一審判決者，得上訴高等法院，是為第二審，最高法院為終審法院，採「三級三審制」。但(1)依刑事訴訟法第376條所列各罪之案件，以及「公職人員選舉罷免法」第109條規定的選舉罷免訴訟，係以地方法院為第一審，高等法院為終審；(2)法院組織法第32條所訂「內亂、外患及妨害國交罪」之案件，以及「總統副總統選舉罷免法」第100條規定的選舉、罷免訴訟，均以高等法院為第一審，最高法院為終審；是「三級二審制」，為「三級三審制」之例外。又為因應爭訟輕重與性質不同，暨審判內容多元化的發展趨勢，地方法院亦分設簡易法庭[43]或專業法庭[44]以為應對。

2. 行政法院

　　依憲法第77條的規定，顯示我國憲法承認行政爭訟之存在。故我國於普通法院之外，專設行政法院，審理行政訴訟案件（行政法院組織法第1條）。行政法院分設高等行政法院、最高行政法院（行政法院組織法第2條），採「二級二審制」。高等行政法院為第一審，以言詞審理為原則；最高行政法院為上訴審，雖以書面審理為主，但在特定條件下亦得進行言詞辯論。

　　現行行政訴訟的種類主要為撤銷訴訟、確認訴訟以及給付訴訟三種，並另

---

[43] 是指民事訴訟中情節輕微及金額在一定額數以下的事件，或是刑事訴訟中與刑期無關的罰金處分案件，得以簡化手續審理判決的特殊法庭。

[44] 如財務法庭、少年及家事法庭、交通法庭、治安法庭等。

及於維護公益訴訟、選舉罷免訴訟之特種訴訟範圍。

（1）撤銷訴訟

　　人民因中央或地方機關之違法行政處分，認為損害其權利或法律上之利益，經依訴願法提起訴願而不服其決定，或提起訴願逾三個月不為決定，或延長訴願決定期間逾二個月不為決定者，得向高等行政法院提起撤銷訴訟（行政訴訟法第4條）。撤銷訴訟之目的在於除去違法的行政處分，本質為形成之訴。

（2）確認訴訟

　　確認行政處分無效及確認公法上法律關係成立或不成立之訴訟，非原告有即受確認判決之法律上利益者，不得提起之。其確認已執行而無回復原狀可能之行政處分或已消滅之行政處分為違法之訴訟，亦同（行政訴訟法第6條）。確認訴訟之目的在於確認行政處分無效和確認公法上法律關係成不成立。

（3）給付訴訟

　　人民與中央或地方機關間，因公法上原因發生財產上之給付或請求作成行政處分以外之其他非財產上之給付，得提起給付訴訟。因公法上契約發生之給付，亦同（行政訴訟法第8條）。此為一般給付之訴。

　　惟人民因中央或地方機關對其依法申請之案件，於法令所定期間內應作為而不作為（或駁回），認為其權利或法律上利益受損害者，經依訴願程序後，得向高等行政法院提起請求該機關應為行政處分或應為特定內容之行政處分之訴訟（行政訴訟法第5條）。此稱為課予義務之訴，本質為給付之訴之一種，目的在要求行政機關「給付」一定之行政行為。

3. 職　權

（1）民事、刑事、行政訴訟以及非訟事件之審判

　　民事訴訟是以確定私權關係存在與否為其目的；刑事訴訟是以確定國家有無刑罰權為目的；行政訴訟是人民對於國家機關違法的行政處分，尋求司法救濟的方法；而非訟事件乃司法機關基於私人之間的關係複雜，為避免紛爭擴大，而由司法機關依職權調查事實真相，並提出解決方案，而以非司法審判的方式解決爭議。

（2）選舉訴訟之審判

　　「選舉訴訟，由法院審判之」為憲法第132條所定。

（3）編選或變更判例

　　最高法院以及最高行政法院之裁判，其所持法律上之見解，認有編為（或

變更）判例之必要者，應分別經由院長、庭長、法官組成之會議決議後，報請司法院備查。惟我國為大陸法系國家，判例僅居於輔助地位，原則上僅具有事實之拘束力。

4. 朝向「當事人主義」邁進的訴訟制度改革

司法審判的進行程序，基本上有辯論式（adversary system）與審問式（inquisitorial system）兩種基本體系（Ranney, 2001: 334-336）。前者是由雙方當事人自行進行，又稱為「當事人進行主義」；後者是由法官依職權進行，又稱為「職權進行主義」。在大陸法系國家，民事訴訟旨在解決私權糾紛，採當事人進行主義；刑事訴訟則在確定刑罰之有無及其範圍，而採職權進行主義。但在英美法系的法院，則多採當事人進行主義。

我國司法制度的建構長期以來多繼受大陸法系模式，刑事訴訟法第163條原規定：「法院因發見真實之必要，『應』依職權調查證據」，因而法官於審問案件之際，係採「職權進行主義」，主動詢問原告、被告與證人，以發掘事實真相。

2002年2月8日該條修正為：「法院為發見真實，『得』依職權調查證據。」修正目的在建立改良式「當事人進行主義」，規定法官原則上中立聽訟，不調查證據；這項修法方向其實是1999年中舉行之「全國司法改革會議」的多數意見。雖然該條的但書規定，仍保留了「但於公平正義之維護或對被告之利益有重大關係事項，法院應依職權調查之」的文字，不過，「應」與「得」雖僅一字之異，卻讓我國司法制度的審判程序，由「職權進行主義」向「當事人進行主義」邁進了一大步。

平心而論，由於「職權進行主義」與「當事人進行主義」各有其產生的社會背景，因而各有其著重之點，並無理論上的絕對優劣之別。在有效證據下，我們無法明顯地說明，在懲罰惡人和保護無辜的人，是辯論式或是審問式系統較為有效。然而，對於不同民主國家使用的兩種系統而言，如何有個公平的審判和公正的結果，都是兩者所企求的（Ranney, 2001: 336）。不過，從人權保障的角度來看，兩制雖都絕非完美，但由於當事人進行主義注重「程序正義」，審判程序必然耗費大量時間與金錢，因此，司法救濟資源的分配並不平均；相對而言，職權進行主義之下，司法救濟的資源分配比較平均。我國司法訴訟制度雖已朝向「當事人進行主義」邁進，但相關的配套措施仍有待改進者甚多，例如可以減少正式訴訟案件以紓解司法資源不足壓力的「認罪協商制度」，以及建立完整的「法律扶助制度」以避免司法淪為有錢人的遊戲等。

（四）公務員懲戒委員會

1. 組　成

依據公務員懲戒委員會組織法第2條規定：「公務員懲戒委員會置委員九人至十五人，簡任第十四職等；委員長一人，特任，並任委員。」顯見公務員懲戒委員會委員長為特任官，而委員則屬事務官。但無論為特任官或事務官，依法均應具備的資格之一為：

一、曾任公務員懲戒委員會委員者。

二、曾任簡任司法官、行政法院簡任評事八年以上；或曾任簡任司法官、行政法院簡任評事，並任簡任行政官合計八年以上者。

三、曾任教育部審定合格之大學教授，講授法律主要科目八年以上，具有簡任公務員任用資格者。

惟「前項委員，應有三分之二以上曾任司法官或行政法院評事者。」

2. 懲戒的意義

公務員之懲戒者，乃國家為維持官紀，依其特別權力關係，對於違法失職之公務員，所加以之處罰（林紀東，1993：23）。追究公務員「違法、廢弛職務或其他失職行為」之責任，在我國現行體制內，得由行政機關或司法機關依法予以處分，前者是行政懲處，後者則為司法懲戒。

就司法懲戒部分而論，提案程序有二：

（1）監察院通過對違法失職公務員之彈劾案後，向公務員懲戒委員會提出者。

（2）各院部會長官、地方最高行政長官，對於所屬九職等以下之公務員，得逕送公務員懲戒委員會審議。

公務員懲戒委員會收受審議案件後，經調查、通知被懲戒人申辯程序後，以依法任用的委員總額過半數出席，出席委員過半數同意議決之，再交由被懲戒人之主管長官執行。

3. 懲戒對象

公務員懲戒法第1條規定：「公務員非依本法不受懲戒。但法律另有規定者，從其規定。」所謂的「公務員」，意義並不明確，但一般而言，其涵義如下：

（1）凡具有公務員身分者，無論是否為正式任用人員，均為懲戒對象；

（2）凡具有公務員身分者，無論其為中央或地方公務人員，亦不論是政務

官[45]或事務官，皆屬懲戒對象；

(3) 軍人之懲戒不適用公務員服務法；

(4) 懲戒對象不包括民意代表。

4. 懲戒種類

依公務員懲戒法之規定，懲戒類別計有下列六種：(1)撤職；(2)休職；(3)降級；(4)減俸；(5)記過；(6)申誡。

惟政務官的懲戒僅有撤職及申誡兩項；九職等以下公務員之記過、申誡得逕由主管長官行之。

5. 懲戒效力及救濟

現行公務員懲戒採一審終結制，惟若有法定原因，得移請或聲請再審議。但是，釋字第298號解釋宣告：「憲法第77條規定，公務員之懲戒屬司法院掌理事項。此項懲戒得視其性質於合理範圍內以法律規定由其長官為之。但關於足以改變公務員身分或對於公務員有重大影響之懲戒處分，受處分人得向掌理懲戒事項之司法機關聲明不服，由該司法機關就原處分是否違法或不當加以審查，以資救濟。」使公務員的權利獲得進一步保障。

6. 公務員懲戒委員會的體制有待改進

基於釋字第396號解釋的宣告，現行公務員懲戒委員會體制的合憲性問題，當為吾人尤須注意者。該解釋文指出：「公務員因公法上職務關係而有違法失職之行為，應受懲戒處分者，憲法明定為司法權之範圍……。懲戒處分影響憲法上人民服公職之權利，懲戒機關之成員既屬憲法上之法官，……則其機關應採法院之體制，且懲戒案件之審議，亦應……採取直接審理、言詞辯論、對審及辯護制度，並予以被付懲戒人最後陳述之機會等，以貫徹憲法第16條保障人民訴訟權之本旨。有關機關應就公務員懲戒機關之組織、名稱與懲戒程序，併予檢討修正。」惟迄今尚未完成司法院組織法相關條文修法程序。

四、司法獨立的現況

司法獨立的實踐是否已經獲得民眾的肯定，或許仍應有所保留，但隨著我國民主政治發展的深化，在追求司法獨立的制度設計層面，確實已有長足的進步，茲分述如下。

---

45 有論者主張：「政務官因未具身分保障權，宜隨政策或選舉之成敗而進退，是否失職，宜由選民或議會決定。」（林紀東，1993：25），頗值參考。

（一）司法組織獨立

基於憲法第七章的規範，司法院與其他四院分立於平等地位，且自檢審分隸實施後，各級法院歸屬司法院，司法機關的獨立已茲確立。

（二）司法審判獨立

司法獨立即法官獨立，最重要的就是審判獨立。法官獨立審判原則，其內容可分職務獨立性及身分獨立性二者，前者指法官從事審判僅受法律之拘束，不受其他任何形式之干涉，憲法第80條即為我國憲法對「司法獨立」最重要的宣示，其第一層的意義是「法官必須依法審判，不得以司法獨立為名而濫行裁判」。第二層的意義指「法官須超出黨派以外，不受政黨政治的影響；所謂超出黨派，並非謂曾有黨籍者不得擔任法官，乃指已任法官之後，則不得參加政黨活動，期能擺脫政治關係，以超然態度審判案件」。第三層的意義為「司法機關不可假借行政監督之名，橫加干預法官進行審判程序」。後者謂法官之身分或職位不因審判之結果而受影響，憲法第81條是為具體規範。

（三）司法人事獨立

我國法官雖由政府任命，但依法院組織法第33條第1款所示，必須「經司法官考試及格者」為之，實採取公開競爭辦法，全憑法學知識以獲選，顯示我國法官的選任程序，可以擺脫政治性或非專業性的影響。再者，憲法第81條對法官身分保障的規定可說甚為周密，對於防止政治力量干預司法的情事，應能發揮一定的功能。

（四）司法財政獨立

憲法增修條文第5條第6款規定：「司法院所提出之年度司法概算，行政院不得刪減，但得加註意見，編入中央政府總預算案，送立法院審議。」即使不能完全擺脫來自行政院與立法院的政治影響，但司法預算不再完全受制於行政院，應仍有促進司法獨立的效用。

柒、我國當前司法改革的爭議探討

一、司法院審判機關化

從我國制憲的相關文獻史料來看，[46]顯然制憲草擬階段，確有讓司法院相當於美國聯邦最高法院的構想。惟後來制憲國民大會三讀通過之現行憲法條文，將司法院的地位與職權訂於第77條，卻於第79條第2項中明訂：「司法院設大法官若干人，掌理本憲法第78條規定事項……」，使得大法官會議只有解釋憲法以及統一解釋法律及命令之權，而非為審判機關。所以行憲以後，有關司法院大法官會議審判機關化的論述，也一直是我國憲法學界未曾稍歇的爭論。例如，……現任司法院院長翁岳生先生早在1984年演講〈論司法院大法官會議的功能〉時，便主張「大法官會議既為司法權的一種，就應該司法化。也就是要以法庭的型態出現，要有嚴密的訴訟程序的規定，同時要有公開的辯論。」（翁岳生，1994：365-6）

民間司法改革基金會於1999年率先提出「司法改革藍圖」，明確指出對「司法組織」的改革建議：「廢除司法行政體質的司法院，建立以行使審判權為核心之最高法院，並另設憲法法庭。」有關司法院定位的具體內容則為：「一、廢除司法院；二、最高法院設民事庭、刑事庭、行政訴訟庭、法曹及公務員懲戒庭，除專司審判外，並有統一解釋法律及命令之權；三、設憲法法院專司憲法解釋；四、釋憲程序以及法官、檢察官、律師、公務員之懲戒程序法庭化；五、最高法院院長及憲法法院院長應分別由最高法院法官及憲法法院法官兼任之。」（澄社等主編，2000：8）即所謂的二元二軌制。

同年，司法院舉行了全國司法改革會議，在有關司法院定位的問題上，由司法院、民間團體，以及最高法院學術研究會共同提案，便指出現行制度產生兩個問題：「一、現行制度與憲法原意不完全相符；二、造成司法行政凌駕審判的形象，有損人民對審判獨立的信賴。」而與會者提出具體的建議改革方案設計多達五種，依其性質又可分為：一元多軌（甲案）、多元多軌（乙案與丙案）、一元單軌（丁案）以及二元二軌（戊案）等。最後經出席代表逾三分之

---

46 1946年舉行的「政治協商會議」，通過「修改五五憲草原則」中便有：「四、司法院為國家最高法院，不兼管司法行政，由大法官若干人組成。……」的明文，而國民政府送請制憲國民大會審議之「政協會議對五五憲草修正案草案」，更於第83條中規定：「司法院為國家最高審判機關，掌理民事刑事行政訴訟之審判，及憲法之解釋。」（荊知仁，1984：440，584）

二的同意，達成的會議結論為：「以修正甲案[47]為近程目標，丁案[48]為終極
目標」（司法院，1999：1637-41）。

但是亦有論者指出：「從憲法第77條、第78條、第79條等有意區分審判與
解釋機關，且從體系功能觀點檢討，亦不認為大法官會議有直接負擔權利救濟
功能的需要來看，形式的改制是否徒然淆亂此種功能區分，引起人民錯誤的期
待與不必要的挫折？似乎不能不仔細斟酌。」再者，「如果同意：司法的主要
特色在以超然獨立的地位及一定的解釋方法來適用法律，主要功能則在控制客
觀規範秩序與保護人民主觀權利；那麼，我國司法院『內』的大法官會議和監
督『下』的各級法院，無疑皆屬司法機關。由會議與法院分別承擔兩大司法功
能，彼此間又依組織特性有著極精緻的配合，正是我國憲法設計的司法制度的
特色。」因此，「改制法院是否妥當，可思過半矣！」（蘇永欽，1994a：
177）

由於全國司法改革會議非屬我國憲政體制的法定機構，故其結論可以被視
為一種建議案，但並不具有法制上的拘束力。換言之，結論內容如未獲得立法
院的多數支持，司法改革的進程仍將原地不前。

對推展「司法院審判機關化」議題產生重大影響的事件，當屬2001年10月
5日司法院大法官會議作成之釋字第530號解釋，該解釋文指出：「憲法第77條
規定：『司法院為最高司法機關，掌理民事、刑事、行政訴訟之審判及公務員
之懲戒。』惟依現行司法院組織法規定，……是司法院除審理上開事項之大法
官外，其本身僅具最高司法行政機關之地位，致使最高司法審判機關與最高司
法行政機關分離。為期符合司法院為最高審判機關之制憲本旨，司法院組織
法、法院組織法、行政法院組織法及公務員懲戒委員會組織法，應自本解釋公
布之日起二年內檢討修正，以副憲政體制。」

就憲政理論而言，大法官會議做出的憲法解釋，「自有拘束全國各機關及
人民之效力」，且「各機關處理有關事項，應依解釋意旨為之」（釋字第185號
解釋），但此一解釋亦引發多方批評。有指本解釋為「訴外解釋」者，有認為

---

47 一、司法院內設各庭，行使釋憲權與審判權；
　　二、大法官組成憲法法庭，掌理釋憲權、政黨違憲解散權及政務官的懲戒權；
　　三、司法院另設民事訴訟庭、刑事訴訟庭及行政訴訟庭，分別掌理民事、刑事及行政訴訟
　　　　（現制公務員懲戒事務官部分併入）審判權；如各該庭間之法律見解發生歧異時，以各
　　　　該庭聯合法庭的方式統一各庭法律見解，並以司法院院長為主席。
48 司法院置大法官十三人至十五人，掌理民事、刑事、行政訴訟審判、公務員懲戒、憲法解釋
　　及政黨違憲解散權。

「司法院藉憲法解釋而為立法指導」，已破壞憲政主義中權力分立的基本原則，故有主張「立法院不必遵守」者。所以，司法院雖依全國司法改革會議結論，完成相關法律條文修正案，並移請立法院審議，期能符合「二年內檢討修正」的解釋意旨，但迄今未能於立法院完成三讀程序。

二、參審制的引進

歐美國家之審判制度之所以為國民所接受，乃基於國民本身得以透過陪審制度（Jury）或參審制度直接參與司法審判活動，並藉此發現案件的事實，進而實現正義。所以有謂「最直接的司法民主化，就是陪審與參審制度」（翁岳生，1994：344）。

陪審制度多實施於英美法系的國家，以美國為例，陪審係指由一群經遴選並發過誓的社區智識公民，在審判中確定事實之謂。依訴訟階段之不同而有大陪審團與小陪審團之別。大陪審團為決定應否對被告為起訴之團體，通常由二十三人之陪審員組成之，小陪審團則對於某一民事訴訟或刑事訴訟案件，依所獲得之證據而宣示其事實，通常由十二人之陪審員組成（呂丁旺，1994：51）。

而參審制度則盛行於歐洲的大陸法系國家，德國在1924年即採用「參審制」迄今，由職業法官一人或三人，另由參審員或平民參審員於訴訟中襄審之謂。參審員在訴訟進行中，準備程序、調查證據程序及言詞辯論均可全程參與，辯論終結後之評決，其犯罪之是否成立及刑罰之輕重或免除，均與職業法官享有「平等」之表決權，其法定職權與地位，等同合議審判之陪席法官（呂丁旺，1994：53）。

而我國的訴訟制度並未採取得由國民直接參與司法活動的陪審制度或參審制度，基本上是以職業法官為司法活動的核心，並由法官依據職權進行主義，主導整個司法活動的程序，從證據調查、事實認定到法律適用皆然。近年來司法院研擬改革，即以採行參審制為考量要項之一（陳志華，1997：272）。

司法院早於1987年3月即在內部正式會議中討論參審制度或陪審制度之可行性，並於1988年舉行的全國司法會議中，議決可採擷歐陸國家通行的參審制精神，研擬參審試行條例，迄於1984年完成「刑事參審試行條例草案初稿」，這是我國司法史上試圖引進參審制度的具體努力。由於參審制度涉及法院組織法的基本結構，攸關人民的基本權利義務，也涉及司法的程序及與其他公權力的關係，在憲法層面上均是應該注意研究的課題（李念祖，2000：109-111）。

1999年司法院舉行的全國司法改革會議中，有關人民參與司法審判制度的

議題上，係由法務部與民間團體共同提案，其背景理由為：「為避免職業法官之審判可能拘泥於法條上之認知，對社會之法律情感及價值觀念體認不足，應就具有專業性、特殊性之案件類型，引進國民參審制度，以提升國民對司法的信賴。」具體建議方案為：「立法明定：一、少年案件、家事案件、勞工案件、智慧財產權案件、醫療糾紛案件及重大刑事案件等實施參審制；……四、……參審員對於事實認定及量刑輕重皆與職業法官有平等之表決權。」惟該提案亦指出：「五、因國民參審員非職業法官，並無終身職之身分保障，是引進參審制度，可能涉及違憲與否之爭議。【49】就此，如有必要修憲，即應進行修憲。」本提案經分組會議討論後做成決議：「……應規劃如何立法試行酌採專家參審制，處理特定類型案件……。」該決議並於全體會議中獲得無異議通過（司法院，1999：1652-3），不過對於如何修憲，卻未提出具體的內容。

對於司法民主化的呼聲，採行參審制，固有贊同者，然亦有持保留態度者。

強調採行者所持之理由【50】是：

1. **順應民主潮流**：使公民的聲音得以進入審判，反應社會觀點。
2. **節制職業法官**：為使司法獨立之權威及早鞏固樹立，並減免法官之職業偏見、本位主義，有採行之必要。
3. **增益司法之知識能力**：由具有專長之國民法官參與審判，得以助益科技、社會等案件之審理能力，適應時代專業化之趨勢。
4. **確保國民對司法之信賴**：因參審制之採行，審判程序更具透明化，使司法審判成為國民自己的審判，減除疏離疑慮，提升國民對司法的信賴。

然而反對採行參審制者，其理由要點如次：

---

49 參審制度可能觸及違反憲法規定之處有下列幾項：(1)如未經當事人同意，即令其接受參審員之審判，可能侵及當事人之訴訟權；(2)如果擔任參審員非係出於志願，可能侵犯選擇職業自由等基本人權；(3)如果參審員可由其他公職人員兼任，將構成權力分立制度之破壞；(4)參審員如為經過必要之基本法律知識進修講習，亦可能於當事人之訴訟權有不利影響（李念祖，2000：128）。當然，亦有學者認為「『違憲』的考慮實在不值得作為反對參審制的主要理由。」（蘇永欽，1994b：293）

50 實施參審制的優點有：(1)判斷事實比完全交給職業法官更周延、客觀；(2)補強特殊領域的專門知識與價值判斷；(3)減少審級可減輕案件負擔；(4)司法民主化——強化參與、監督與透明化；(5)強化司法獨立，提高人民對司法的信任；(6)對參與民眾為最佳法治教育（蘇永欽，1998：9）。

1. 降低司法品質

職業法官之養成培訓，經嚴格考選，並依公務員服務法負獨立審判之義務，當能維持司法審判於一定水準。今由普通缺乏司法素養之公民參與，不免影響司法品質。

2. 影響司法獨立

司法獨立或法官獨立審判，主要係建立於專業司法知識，以及合議開庭的審理制度上，法官之素養與審判程序之健全是司法獨立的關鍵，今由不具司法素養之公民參與審判，與職業法官地位平等，如加上不參加準備程序或不許閱卷，勢難確保司法之獨立。

3. 民主化非必然採行參審制

民主不能離開法治，民主貫徹需要法治主義。由職業法官掌理審判，較之公民參與審判，更能貫徹法治，從而維護民主。何況法治亟需超然獨立的審判，如由公民參審而帶進社會價值判斷甚或預斷態度，必難冷靜思考，致損及法治基礎，反不利民主（陳志華，1997：273-274）。

各國司法制度的存續與發展，皆有其特殊的社會條件，難以逕行論斷兩者的利弊得失。以我國而言，缺乏參審制的訴訟制度，並不構成法院組織或基本人權的致命缺陷。從參審制度應植基於當事人的自願接受一點來看，參審制度的引進，其實只是提供訴訟當事人另一種有別於現行司法實踐的選擇而已。此項選擇，並不具備某種不可取代的優勢（李念祖，2000：129-130）。事實上，參審制是否可採的主要關鍵，還是基於民眾的信賴。司法一旦失去民眾的信賴，即使判決的正確性再高，也沒有存在的意義（蘇永欽，1994b：293）。

參考書目

一、中　文

王業立，1991，〈我國現行中央民代選舉制度的理論與實際〉，《政治科學論叢》，第 2 期，頁 135-52。

司法院，1999，《全國司法改革會議實錄》（下），臺北：司法院秘書處。

朱武獻，1988，〈憲政爭議的法制化處理──兼談擴大聲請大法官解釋之管道〉，刊於立法院圖書館編，《憲法與憲政》，臺北：編者，頁 1-4。

呂丁旺，1994，《法院組織法論》，臺北：月旦。

李念祖，2000，〈我國實施參審制度的憲法界限〉，刊於氏著，《司法者的憲法》，臺北：五南，頁 107-31。

李復甸，1996，《法學概論》，臺北：大中國。

蘆部信喜著，李鴻禧譯，1995，《憲法》，臺北：月旦。

林紀東，1993，《中華民國憲法逐條釋義》（三），臺北：三民。1990，《中華民國憲法逐條釋義》（四），臺北：三民。

凌渝郎，1995，《政治學》，臺北：三民。

孫致中，1986，《法學緒論》，臺北：三民。

翁岳生，1994，《法治國家之行政法與司法》，臺北：月旦。

荊知仁，1984，《中國立憲史》，臺北：聯經。

張明貴，2002，《政治學：政府與政治》，臺北：五南。

許世楷，1995，《世界各國憲法選集》，臺北：前衛。

郭介恆、雷萬來、那思陸，1998，《司法制度概論》，臺北：空中大學。

陳志華，1997，《中華民國憲法》，臺北：三民。

隋杜卿，2001，〈憲法解釋與『可訟性』原則初探〉——以釋字第五二〇號解釋為例〉，刊於《中山人文社會科學期刊》，臺北：政治大學中山所，第 9 卷第 1 期，頁 69-110。

鄒忠科，1980，《中德司法制度比較研究》，臺北：文笙。

廖與人，1982，《中華民國現行司法制度》，臺北：黎明。

管歐，1961，《法學緒論》，臺北：自刊。

劉得寬，1986，《法學入門》，臺北：五南。

劉慶瑞，1962，《劉慶瑞比較憲法論文集》，臺北：三民。

澄社、民間司法改革基金會主編，2000，《司法的重塑：民間司法改革研討會論文集》（一），臺北：桂冠。

蔡墩銘，2000，《刑事訴訟法論》，臺北：五南。

鄭玉波，1998，《法學緒論》，臺北：三民。

鄭正忠，1999，《兩岸司法制度之比較與評析》，臺北：五南。

羅志淵，1994，《美國政府及政治》，臺北：正中。

蘇永欽，1994a，《合憲性控制的理論與實際》，臺北：月旦。1994b，《走向憲政主義》，臺北：聯經。1998，《司法改革的再改革》，臺北：月旦。

蘇俊雄，1998，〈從『整合理論』（Integrationslehre）之觀點論個案憲法解釋之規範效力及其界限〉，刊於劉孔中、李建良主編，《憲法解釋之理論與實務》，臺北：中研院社科所，頁 1-31。

二、英　文

Allen, Carleton Kemp, 1958, *Law in the Making*. Oxford: Clarendon Press.

Barron, Jerome A. and C. Thomas Dienes, 1991, *Constitutional Law in a Nutshell*, St. Paul, Minn.: West Pub. Co, 2nd Ed., 1995, *Constitutional Law in a Nutshell*. St. Paul, Minn.: West Pub. Co, 3rd Ed.

Chemerinsky, Erwin, 1997, *Constitutional Law: Principles and Policies*. New York: Aspen Law & Business.

Corwin, Edward S. and Jack W. Peltason, 1985, *Understanding the Constitution*. New York: Holt, Rinehart and Winston, 10th ed.

Dahl, Robert Alan, 1998, *On Democracy*. New Haven, Conn.: Yale University Press.

Hague, Rod, Martin Harrop and Shaun Breslin, 1992, *Comparative Government and Politics: An*

Introduction, Basingstoke, England: Macmillan.

Heywood, Andrew, 2000, *Key Concepts in Politics*. New York: Palgrave.

Huntington, Samuel P., 1991, *The Third Wave: Democratization in the Late Twentieth Century*, Norman and London: University of Oklahoma Press.

Isaak, Alan C., 1987, *An Introduction to Politics, Glenview*, Ill.: Scott, Foresman: Harper Collins.

Pickles, Dorothy Maud, 1970, Democracy. London: Batsford.

Ranney Austin, 2001, *Governing: An Introduction to Political Science*. Upper Saddle River, NJ: Prentice Hall, 8th ed.

Roskin, Michael, Robert L. Cord, James A. Medeiros and Walter S. Jones, 1997, *Political Science: An Introduction*. Upper Saddle River, NJ: Prentice Hall, 6th ed.

Schumpeter, Joseph Alois, 1975, *Capitalism, Socialism and Democracy*. New York: Harper & Row. Shevtsova, Liliia Fedorovna.

Williams, Jerre S., 1979, *Constitutional Analysis in a Nutshell*. St. Paul [Minn.]: West Group.

進階閱讀書目

吳庚，2004，《憲法的解釋與適用》，臺北：三民，三版。

劉鐵錚，2003，《大法官會議不同意見書之理論與實際》，臺北：三民。

Abraham, Henry J., 1993, *The Judicial Process: An Introductory Analysis of the Courts of the United States*, English, and France. New York: Oxford University Press, 6th ed.

Abramson, Jeffrey, 1994, *We the Jury: The Jury System and the Ideal of Democracy*. New York: Basic Books.

Agresto, John, 1984, *The Supreme Court and Constitutional Democracy*. Ithaca NY: Cornell University Press.

Baum, Lawrence, 1997, *The Supreme Court. Washington*, DC: CQ Press, 6th ed.

Carp, Robert A., and Ronald Stidham, 1998, *Judicial Process in America*. Washington, DC: CQ Press, 4th ed.

Cord, Robert L.,1971, *Protest, Dissent and the Supreme Court*. Cambridge, MA: Winthrop.

Griffiths, J. A. G., 1991, *The Politics of the Judiciary*. London: Fontana, 4th ed.

Hobson, Charles F., 1996, *The Great Chief Justice: John Marshall and the Rule of Law*. Lawrence, KS: University Press of Kansas.

Schwartz, Bernard, 1996, *Decision: How the Supreme Court Decides Cases*. New York: Oxford University Press.

Waltman, J. and K. Holland(eds.), 1988, *The Political Role of Law Courts in Modern Democracies*. New York: St Martin's Press.

第十三章　地方政府與制度

高永光

政府各部門的權力分配有兩種方式，一種是水平分配，例如：行政權、立法權、司法權，分別由行政機關、立法機關及司法機關所擁有；另外一種是垂直分配，即中央政府的權力由中央政府各部門分享，而地方政府也有其權力，分別由地方的行政機關或立法機關（議事機關）所掌有。

不過，政府權力的水平分配，在不同類型的權力之間，各有其界限，此即為權限範圍，基本上不容許彼此之間有所侵犯或踰越。但是，政府權力的垂直分配，容易給人有上級政府及下級政府之間的從屬、指導或監督的關係的固定印象。因此，傳統上對於地方政府的看法，比較傾向中央集權的解釋。此亦即單一制的國家（Unitary States）無論在什麼情況下，中央政府雖授與地方政府權力，但中央政府得隨時改變地方政府的轄區界限，組織結構和業務工作（Bealey, 1999: 195）。

相對於單一制國家地方政府的特徵，呈現出極不相同的地方政府類型的則是聯邦制國家或政府（Federal Government）。

聯邦政府的權力分別由中央及地方分享，中央與地方分享的不僅僅是統治權，而是主權（sovereignty）。由於中央及地方政府各自保有主權，因此，一旦權限範圍起了衝突，一定要有第三者予以仲裁。所以，聯邦制國家一定要有憲法法庭（constitutional courts）。單一制國家可以有憲法法庭，但不一定絕對需要；而聯邦制國家則必須設立憲法法庭（Bealey, 1999: 130-131）。

聯邦制國家，地方政府的權力受到憲法絕對保障，因為邦政府先於聯邦政府存在。因此，中央政府無法像單一制國家般，對地方政府幾乎有著絕對的管轄權或操控權。

一般而言，在單一制國家中對中央及地方政府的關係，習慣地以「集權制」（Centralization）來加以形容；反之，在聯邦國家，中央與地方之間的關係，則被認為是「分權制」（Decentralization）。

政治學在探討地方政府或地方政治時，重心也都放在集權和分權。例如
Andrew Heywood（1997）的*Politics*一書，[1]在第七章「次級國家的體系」
中，重要的議題就是（楊日青、李培元、林文斌、劉兆隆，1999：211）：

1. 中央集權與地方分權各自的優點為何？
2. 聯邦制與單一制有何差異？聯邦制與單一制各如何成功地調和領土差異與
   其他差異？
3. 為何曾有一股朝向較大程度中央集權的趨勢？

壹、何謂地方政府

地方政府（local government）的定義為：「地方政府通常指的是小於國
家，在國家之下的區域政府。」

地方政府擔負一些與民眾福利相關的重要責任，同時，也提供一些服務。
大部分地方政府是由民選官員來負責推動工作，地方政府都具有徵稅權。傳統
上，美國很重視地方自治的原則，地方政府較小，因此，學者們都認為地方政
府對民眾的需求，比較具有直接反應的能力。地方政府都會鼓勵居民參與地方
事務。當然，學者們也舉出許多地方政府的弱點，例如地方政府常常無能去處
理跨行政區域的交通、污染的問題。因為，這些事務都必須去尋求其他的地方
政府的合作，也因此使地方政府顯得毫無能力（World Book, 2002: 407-409）。

易言之，解決地方的問題，地方性的行政，就叫地方政府。

英國在盎格魯薩克遜王朝時代，地方上就有分成州（shires），村
（hundreds），和自治區或自治市（boroughs）。不過，到十九世紀，地方行
政才變得較具系統。工業革命帶來社會問題，這些社會問題需要地方政府來處
理。

1835年英國根據The Municipal Corporation Act（1835）設立了一百七十八
個地方自治議會（Municipal Council），議員由繳交得起稅款的公民選出。地
方自治議會的職能主要是公共衛生和警察治安。郡議會（County Council）在
1888年成立。到1894年，所謂的地方政府包括自治區（Borough），也包含了城
區議會（Urban District Council），更包括郊區的教區議會（Parish Council）。

1972年通過「地方政府法」（the Local Government Act）將英格蘭

1　國內譯本為楊日青等譯，《政治學新論》，韋伯文化，1999年出版。

（England）和威爾斯（Wales）分成五十三個郡，郡議會以外有地區議會（District Council）和教區議會（Parish Council）（World book, 2002: 733）。

地方政府是國家政府之下的派出機關。在聯邦國家，指的是區域政府（如州）之下的政府分支部門。地方政府的面貌，反映出該國既存的政府體制，以及流行的文化價值。一般而言，因為施政的便利性，國家會把一些事物的推動工作，交給地方政府來擔任。傳統上，地方政府有時和國家政府的各個部門，或者都會區域政府，不易區別它們的差異性。但是，地方政府和其他機構的差異，在於它有某種程度的徵稅權和政策決定權。

現在地方政府並不特別是單獨地在處理一些事務。事實上，它常常被捲入中央政府、區域政府複雜的府際關係網絡中。

地方政府的寬鬆定義是：它是一個公共組織，得到授權，在一相對較小領域範圍內去決定和執行有限的公共決策，地方政府所在領域通常是中央政府或區域政府的一部分。

如果把全國各級政府看做是一個金字塔，地方政府就是金字塔的底層，上層是中央政府，中層則是州、區域政府或省政府（Sills, 1991: 451-452）。

貳、與地方政府有關的問題

工業化社會，討論地方政治時，會觸及以下四大問題：

1. 地方政府理想的功能和目標是什麼？
2. 地方政府在整個國家政治過程中，緊密度和疏離度有多少？
3. 地方政府的自由性有多大？在政策決定權方面，自由裁量度有多大？
4. 地方政府或地方社群，其中權力分配的情形如何（Sills, 1991: 460-464）？
   現分別加以討論：

一、地方政府理想的功能和目標

William和Adrian（1963: 23-32）兩位學者曾提出對地方政府功能和目標的四種景象（image）：

1. 地方政府有兩種目標，一種是生產性目標（production goals），另外一種是消費性目的（consumption goals）。
   所謂生產性目標，美國稱之為「推進主義」（boosterism）。推進主義所要

推動的事務重點在獲得「公共支持」（public support），這些事務包括：普及用水、下水道系統、對地方工商特區的服務以尋求稅基擴大及創造就業機會。

此外，還包括土地使用的計畫和管控，發展科學工業園區，發展新企業，並且向新企業徵稅。

以產品為導向的地方政府，就是美國古老的「公司城」（company town），因為該地產礦或採伐林木而形成一個城鎮，但這種型態的地方已經沒有了。現在當前的美國文化已經沒有這一類的「公司城」或「產業鎮」。當然，仍然有一些城鎮，以一個單一的產業或企業，支配著整個城鎮的政治經濟生活。

2. 不過，二次世界大戰之後，消費目標導向的地方城市開始出現，地方政府必須提供居民一些賞心悅目之事，如：有效的下水道系統、良好的飲水供應、漂亮的公園、快捷的交通、優良學校、創造性的休閒設施、漂亮的街燈等等。專業行政，議會經理人制乃成為地方政府所需要的制度。

3. 對地方政府的第三種期許的類型是很傳統的，僅僅要求地方政府有著最基本的功能，例如：教育、警察、消防滅火、自來水供應等，地方政府只是一個單純的「看顧者」（caretaker）。這種對地方政府型態、功能的想像，常常和美國社會中主張「低稅」（low-tax）的意識形態串在一起。就世界各地的地方政府而言，這種類型屬「傳統主義」（traditionalism），與工業主義（industrialism）格格不入。而且，地方政府和居民生活風格的建立似乎較無關係。

4. 對地方政府的第四種類型的看法是，地方政府僅只是中央政府在地方上執行中央政策的工具。這種看法在美國幾乎從來沒有被接受過，倒是在法國和許多亞洲國家，較流行這種看法。

當然，並非一個國家的制度，完完全全只符合上述其一的單一種類型看法，有可能是混合型的，看整體上它們比較傾向哪一種類型。

二、中央與地方關係：隔離或整合

有些國家中央與地方關係十分密切，如英國和前蘇聯，全國性的政黨都涉入地方事務。但是，有些國家如美國，和一些非民主的非洲國家，全國性政黨的活動和地方幾乎是截然分開的，不相關聯。

歐洲民主國家，很多全國性政黨，它們對地方性事務，都有一些主張，因此，歐洲很多民主國家的傳統是中央和地方呈現出整合的關係。

但是，在美國就比較複雜。美國在十九世紀的後五十年，中央與地方關係

甚為密切；甚至到二十世紀的上半葉，東部的州如芝加哥都還是如此。

不過，從1880年代以來，美國開始改革運動，地方事務被認為應該和州及聯邦有所區隔。地方事務的非政黨化成為時尚，地方政治領袖人物及人們，不希望由任一政黨來支配。不過，政黨標誌在地方各類選舉中，一直到1960年代仍持續出現、存在。大部分美國的郡或城鎮都是由某一政黨人士當選民選公職人員，沒有兩黨競爭。因此，政黨標誌在地方政治中的重要性，沒有那麼大。

二十世紀地方政黨的組織及力量都趨弱，不過，城市的政黨組織則愈趨完善，政黨機器在地方尋求其利益，並且提供服務。但是，隨著一些社會團體的出現，例如工會、不同族裔聯盟、人民生活改善、祕密投票制度完善，社會福利制度的專業化，1933年之後，地方政治開始出現專業政治人物，然而候選人則來自社會各階層，有商人、工人、專業人士等，所以地方上的民選首長或議員所代表利益愈來愈寬廣；因此，政治溝通就變得愈來愈重要，不僅是政治人物之間的溝通，地方人士與不同團體，或團體領袖之間的溝通，以及與媒體的溝通都需要。所以，地方政治整合的程度，愈來愈高。

三、地方政府的自主性及自由度有多大？

地方的政治權力到底操縱在誰手中？地方權力擁有者擁有多大的權力？與此有關的問題還有：

1. 地方政治權力究竟是被一小撮人掌控，或者由一個特殊階級所握有？還是有一套社會機制，讓不同的各階層的人皆有機會獲得？
2. 權力結構是專斷的、壟斷的，還是允許內部競爭？
3. 權力是多功能整合的，還是單一階層結構式的？
4. 權力擁有者（power holders）和權力運用者（power users）之間有無區別？

由於地方政府的風貌各異其趣，地方政府的權力自主性及自由度該有多大，似無定論。但是，無論如何，研究地方政府就是要問下列三個問題：

1. 什麼程度才可以說是地方自治？社區居民經由有組織的或個別的行動，是否有機會經由選舉參與到政府裡去？或者說社區居民有機會接近政府官員表達他們的意見嗎？
2. 什麼程度下，地方政府可以有相對自主性？或者偶爾可以有權威去行動或立法？此即地方政府可以從中央權威得到部分賦予的權力，在中央高密度的監督下，可以有相對的自由，以便主動地去啟動一些計畫或工作？

3. 地方政府對居民到底有多大意義？地方政府的決定會深刻影響到居民的生活嗎？還是居民根本很少感覺到地方政府的存在？

依據以上問題的答案，就能判斷出地方自主性或自由度的高低、大小。

參、各國地方政府的特色、類型和體制

因為意識形態和文化各有不同，各國地方政府的類型、功能也不同。比方美國，在聯邦成立之初，由於土地遼闊，交通與溝通不便，因此，十分重視地方自治及地方自主性。

英國則重視地方自治（self-government）的理念。法國的地方政府，如「公社」（commune），被認為是在法國大革命期間為人民帶來民主及平等的工具。

總之，地方政府所以重要，是因為：（1）把人民放入決策過程中；（2）可以因地制宜執行特定功能。

一、地方政府的不同特色

（一）法國地方政府的特色

法國地方政府基本上比較類似行政單位。大體上，中央政府十分集權，地方政府如同中央各部會，只是執行中央的政策而已。所以，法國地方政府並沒有什麼自主性。不過，法國的地方政府體制有一個特點，能讓中央聽到地方的聲音，一般法國大都市的市議員同時也都是國會的議員。

（二）日本的地方政府

日本在封建時代，它的地方政府和區域政府構成很重要的政府部門。不過，在1867年明治維新之後，日本的中央政府相當集權。二十世紀初期，地方政府開始有其自主性。二次大戰後新憲法十分強調地方政府的自主性。

（三）德國的地方政府

德國的地方政府應該是歐洲國家裡，最受重視的，它是一個有長久地方自治歷史及傳統的國家。在德意志部落時代，就有了民主的地方政府。中古歐洲

漢撒聯盟（the Hanseatic League）時代，德國就有所謂的城邦（city-state）。1871年德國統一是把所有的小邦結合起來。所以，截至今日為止，德國的鄉下地方政府仍擁有高度的自主性。但是，晚近都市化弱化了地方政府的自主性傳統。

二、地方政府的類型

（一）英國制

英國國會通過立法，賦予地方政府職權。地方政府的行政和立法部門都是民選產生，中央政府對地方政府的職權和稅收很少干涉。通常地方政府的主要行政工作都是由專業文官執行，但每一個部門都由一個委員會負責。澳洲、加拿大、紐西蘭和南非都仿行英國這種制度，雖然在每一個國家都會有一些小的變化。

（二）美國制

美國受英國影響，保有英國地方自治的自主性傳統。不過，美國的地方政府各異其趣，呈現出完全不同的地方政府類型：第一類是在州政府和郡政府的層次，行政功能通常是集權的，人員的任用隨著領導人物的進退而進退。但是，第二類則是中度規模和轄區較大的城市，以及大都會地方政府，是比較分權的，而政府用人則以功績制為原則。美國地方政府的風貌都是隨著科技發展和生活風格而有所變化。

（三）前蘇聯制

前蘇聯由十五個國家組成蘇維埃社會主義聯邦共和國。地方政府都是由所謂的「蘇維埃」（Soviet）來領導，蘇維埃是人民會議之意。所以，蘇維埃的人數都很多，從數百人到上千人。因此，蘇維埃內勢必要劃分成一些委員會來處理日常事務。不過，由於是共黨一黨專政，即使是地方政府的事務，其決策仍由黨來發號施令。

（四）法國制

法國中央政府，尤其是內政部，對於地方政府常常是居於支配性地位，全國大約劃分成九十六個省（Departments），行政首長叫Prefect；省之下是都會

政府或者叫市政府（Municipal government），此即法國人所稱的Commune，除了巴黎市之外，所有地方政府都是由民選行政首長，和民選地方議會所組成。但是Commune一年開會四次，每年所編列預算，經費大多由內政部掌握，基本上，地方政府所推動的最主要工作有兩項：警政和教育。不過，地方議會在純地方性的休閒活動、公園及街道的維護上，享有極高度的決定權。法國這種中央集權的體制，西歐很多國家都加以仿效，中東國家、南美洲國家、墨西哥，以及非洲國家也都採取類似模式。

三、地方政府的體制

從中央和地方之間權力大小的關係，可以分成四種體制：

（一）聯邦—分權體制（Federal-decentralized Systems）

聯邦國家較傾向分權，地方得到較高的自主地位。不過共黨國家則完全不同，例如：前蘇聯，雖是聯邦國家，仍然十分中央集權。

聯邦國家如澳洲、加拿大、德國、瑞士、美國都屬於聯邦分權制的地方政府體系。

美國採行的是「家治」原則（home rule），相對於此的是十九世紀末期法官John F. Dillon所寫下來的明示，賦予地方才有權力的Dillon法則。

不過，美國法院並沒有嚴格遵守Dillon法則，當中央與地方起訟爭時，總會威脅到地方的自主性。美國的地方政府相當多樣化，不過，並非都由居民掌控一切，有時是政黨，有時是商人，他們掌控了地方政府。

瑞士的邦叫做Cantons，基本上，瑞士的地方政府有著很寬廣的自主性。德語族群所在的邦，較義大利語和法語族群的邦，擁有更多的權力。十分之九的市（communes），合格的選民就是市議會的成員，有一些大城市的議員是聘僱的，人民以公民投票來加以節制。

不過，澳洲的地方自主性是有限的，地方的行動一般都必須得到州長（governor）的授權、批准，雖然澳州地方政府都擁有自治憲章。

加拿大的地方政府也有些自主性，但不如美國、瑞士。例如：安大略省，在1953年要成立多倫多市時，安大略（Ontario）省長就威脅說，如果多倫多市無法想出具體有秩序的解決都會問題的方法，安大略省議會將不會通過立法成立多倫多市政府。前西德地方政府的自主性很強，但以省（LŠnder）而言，其自主性無法與美國、瑞士比。西德的市長（burgomaster）是一個專業行政者，

具有強勢地位。西德的市長不僅僅是地方政府官員，也是省的官員，更是聯邦的代理人，因為他要執行很多功能、業務。在一項調查中發現，德國人很多認為「地方可以執行自己的惡法」，但「地方無法矯正來自中央的惡法」。

聯邦分權國家地方政府的動態變化很大，像美國，受到工商業發展的影響，在二十世紀的前五十年，不論在保護性、規範性、福利性、計畫性、促進經濟、文化及其他活動，都有所擴張。不過，這種擴張取決於城市的規模，郡的地理位置，以及鄰近區域的特性。

（二）單一國分權制（Unitary-decentralized systems）

英國和北歐國家的地方政府是分權的，同時具有很高的自主性。當然，地方仍須受中央監督與授權，但基本上在很多方面都是獨立地在決策。

英國城市的獨立地位有相當長的歷史。早在封建國王時代，國王有時對城市的獨立地位予以特許。除了城市之外，也有一些商業行會（guild）和區（borough）得到這種特許地位。國會仍是地方自主的法源，但任何對地方獨立地位的削減，都是十分慎重的，而且，常在國會中經過冗長的討論。不過，從十九世紀以來，這種獨立性有減弱的趨勢。主要是新問題的產生，中央透過補助款制度，削弱了地方的獨立性。

英國的地方政府是由民選議員組成（council），它也有市長，市長是議會成員，不過，他不像國會中的閣揆般具有實權，一般他只是象徵性的地方首長。地方議會遴選專家擔任專門工作。專家們處身於議會中的各個委員會（committee），當然委員會要採取什麼行動，事前須獲得議會的批准。城鎮（town）或郡（county）的祕書（clerk）也是關鍵人物，他們提供各種資訊給委員會，決定議程，不過祕書不像美國的市經理，不負責實際行動或指揮監督行政。過去祕書的專長主要在提供法律知識，不過，日新月異的行政，在實際上，祕書已經經常提供行政執行上的諸多意見。

十九世紀以來，北歐國家的地方自治就相當發達。表面上地方政府的支出似乎受到區域政府首長的監督、節制，但事實上，並沒有那麼嚴格。像挪威的都會政府，就有相當多的自主權。丹麥在財政上似乎也受到中央政府很多的節制，但實際上對地方政府的制衡並不明顯，丹麥地方政府都相當民主，但自主性比起挪威差了一些。瑞典的地方政府幾乎完全是自由的，除了在法律上可以加以挑戰。北歐國家，只有芬蘭比較例外，地方政府受到相當嚴密的監督。

（三）拿破崙大區制（Napoleonic-prefect systems）

　　法國的地方政府是設定為中央政府的派出機構或代理機關，起源於封建王朝時代，把地方政府視為是采邑、封地或教區。當時地方政府的意思乃是「來自國家中心地帶國王權威的延伸」。法國的這種地方政府模式，比較是南歐和拉丁美洲國家採行的模式。

　　法國地方政府最基本的結構是Commune，大約有三萬八千個，其上是九十六個省，省之下有區制。Commune是小社區，由於法國大部分地區維持鄉村的風貌，城市較少，所以，城市也被設定成Commune。法國地方人士非常重視地方利益，因此，地方議會選舉競爭十分激烈。Commune的縣長是從議會中選出，擁有極大的行政權，但必須向議會負責，只是無論如何他在地方上仍為強而有力的政治領袖。政策的啟動權及財政權都抓在市長手中。不過，Commune的所有行動舉措，都必須受到省長Prefect的監督，省長可以改變Commune首長或議會的任何決定。平均來說，一年有三百次以上的情形，省長改變了Commune的決定，但大部分是肇因於地方行政首長和議會持不同的看法。

　　理論上，法國地方政府受到省及大區首長的節制，而省及大區則受巴黎中央政府的指揮監督。可是，在實際運作上，對於地方政府仍是相當尊重，這是因為法國國政的運作，基礎仍在地方政府。很多縣市長這類地方政治人物具有政治實力，對國家政局影響甚鉅。可是即使如此，法國地方政府對中央依賴的程度遠甚於英國、美國。比方說，警政治安、教育就不是地方能掌控的；此外，財政管控、財務津貼也使得地方必須俯首聽命。

　　在地中海國家和拉丁美洲國家，法國的行省制十分流行，不過有一些改變。像西班牙和義大利比法國更集權，西班牙由中央政府直接控制九千個地方政府，地方政府首長由中央直接派任，對地方事務握有實權。葡萄牙採取類似制度。義大利在法西斯時期採中央控制的行省制，使義大利對地方事物進行集權控制，1960年代的義大利有過之而無不及。地方基層政府雖然都設有民選的議會和行政首長，但仍受制於行省長官。行省長官在行政或政策上可說是予取予求，郊區的地方政府情形更糟糕，老百姓視之如毒蛇猛獸。

　　拉丁美洲國家也是如此，中央對地方嚴格控制，不管地方官員是由中央任命，還是民選產生。巴西採取聯邦制，比較上各州有其某種程度的自主權，因此，較為例外。

（四）共黨體制

共黨國家反而是愈到地方政府，權力愈集中。作為中央政府機關的代理人，大小事地方政府都管。地方政府是嚴密的政府權力層級結構中的一環。地方政府毫無自主、獨立性，完全聽命於中央政府。地方政府嚴格地受黨務系統掌控，共黨以內部嚴格紀律約束黨員幹部，不服從則予以整肅。不過，到了1950-1960年代，前蘇聯的情形稍微有了改變，赫魯雪夫（Nikita Khrushchev）採取和史達林（Joseph Stalin）較不同的方式，放了一些權給地方，尤其是要地方負起責任來的工作，同時，也賦予他們決策和執行權。不過，本質上來自中央的高壓控制並沒改變。

過去中共的公社制度，採行政社合一，政經合一。人民過集體生活，集體管理。公社制是平衡中央控制與地方自主的一項設計。

南斯拉夫是比較例外的，在共黨控制時期，地方有某種程度的分權，地方政府採兩院制。一院管政務，成員民選；另一院管經濟，由工農代表組成。當然，政務議院的主席比經濟議院的主席更有權力。不過，在基本院事務上，如預算，兩院主席權力相等。中央政府對於地方經濟發展，必須傾全力挹注；此外，地方事務則允許有相當程度的自主權，像地方經濟組織的設立，負責人的任命，工人如何管理，掌控廠企等。除了工廠之外，地方政府掌管的業務是從教育到社會安全，樣樣都包。正因如此，公民投票複決制是允許的。南斯拉夫擁有高度自主性的地方政府，不過，與此同時，卻也強調「民主集中制」。此乃列寧式教條最終的掌控關鍵，當然還在「集中」上。因此，中央或黨的管控，也仍然存在。

（五）後殖民體制（Postcolonial systems）

原被殖民國家在後殖民時期大體都延續殖民時代，殖民地政府及官員對地方政府嚴格的管控。不過，有些發展較慢的國家，在後殖民時代，政府無法擁有如同殖民政府般的掌控權，位於鄉村偏遠的傳統農村、部落，在後殖民時代，呈現出一種自給自足式的自治狀態，中央對其控制權極為薄弱。但等到中央政府開始進行整體政治改革和經濟發展時，傳統村落的這種自治就受到挑戰，一般是由新設的地方行政首長和村落原先的領袖共同進行管理。但因為這種現代與傳統夾雜的地方生態，使得地方民主（local democracy）沒有辦法建立。後殖民地國家，普遍貧窮、落後，動亂頻仍。地方居民的貧病混亂，中央毫無辦法可管。地方上形成山頭狀態（boss），由政治人物提供支援，換取選

票。因此，亞、非，還包括近東國家如印度，這些後殖民國家，中央與地方關係，呈現某種結構式的斷裂。地方常常出現一種半無政府狀態。

不過，後殖民國家呈現出來的特點是，為了全國的統一，發展經濟，中央以各種手法企圖建立對地方政府的掌控，是靠強而有力的政黨，例如：突尼西亞（Tunisia）和迦納（Ghana），而摩洛哥（Morocco）和以色列則都是靠中央政府強力推動。

肆、地方政府的層級結構

一、各級地方政府

一般國家地方政府垂直的權力分配層級呈現出來的各級政府有：

（一）區域政府（Intermediary Government/ Regional Government）

經常是居於中央政府及較下層地方政府之間的中介層級地方政府，仍被視為地方政府的一個層級，但較不管地方政府的事，與地方居民關係也較不密切。

加拿大的「省」，澳洲、印度、美國的「州」，以及法國的「大區」，英國的郡，前蘇聯的各共和國都屬此類地方政府。區域政府負有一些重大的責任、工作，如大城市之間高速公路的興建、大眾捷運系統的建立，教育、衛生、福利，以及監獄的設置等等。區域政府的權力大小，來自中央的授予，不過，基本上仍有其行使職權的自主性，對地方政府也可以發聲，有一些影響力及管轄力。

區域政府之下的基層政府，比較是我們口語上常說的地方政府。

（二）城市政府（Urban Governments）

大城市像倫敦、巴黎、羅馬、東京和紐約等，其政府結構和一些郊區的地方政府，會顯得有所不同。

在美國這些都市化程度高的地方政府通稱市。但是，英國傳統上這些地區都是地方教會所在，因此，它們過去被稱做cathedral或者叫borough。很多城市和borough，以及郡（county）全區都是都市化程度高的地方，因此也有稱為郡區的（county borough），美國很多城市和郡混雜在一起，像丹佛、檀香山、

紐約、費城、聖路易、舊金山等城市。

城市的執掌與功能與鄉村迥異，如水的供應屬全區所有，但水的分配則專屬地方的事務。

（三）郊鄉政府（Rural Government）

村（village）一級政府屬之，它們常常是因為交易集中地而成形，這一點幾乎全世界都一樣，village乃是政治、社會和經濟的基礎單位。village的執掌和功能和都市政府卻也差不了多少。不過，多少還是有些不同，例如：承認它們擁有小幅度的立法權、官員的職稱可以自定，政府部門的名稱亦可以不相同。

郊鄉政府不論在人口、區域大小、政府組織規模上，都在尋求它自己合適的形式或名稱。像在美國有些州的基本地方政府單位是鎮（town or township），但仍以郡（county）為最普遍之地方政府的基礎單位。但即使是美國的郡也各有不同，像美國南方的郡，基本上區域都小，不過，西部的郡則地域遼闊，人口分布得很散。美國的東部和中西部則以鎮（town）為地方政府基礎單位。像中西部密西西比河流域一帶，以36平方哩（大約96平方公里）為一個鄉郊鎮政府單位的轄區。

（四）特區單位（Special Function Units）

美國有很多這種地方政府單位，像校區（school district），此外，水的供應區或防火滅火區，土地資源保護區，大眾運輸區，或以公共衛生來劃分成地方政府的特別區塊。這種劃分是依特定功能取向來決定。特區單位通常都是專家行政。

二、地方政府的組織

不論中外各國，民主國家或非民主國家，地方政府都有一行政首長，通常民選產生，代表地方政府的行政機關。地方政府立法機關則名稱互異，有稱做council，也有叫做board，或commission，或committee。地方立法機關行使的就是立法權。

不過，地方立法機關一般都不甚活躍，常是被動的，受到行政機關的支使或政治利益團體的驅動，才會採取行動。

（一）行政首長

地方政府都會有一個被選出來的行政首長，有的叫做總經理（manager chief）或叫做總行政官（chief administrative officer）。地方行政首長也有由地方議會選出，有的是直接民選。如果是民選，任期都較短，四年一任，有時還不允許連任。不過，在法國大多是連選連任，不少人在位時間很久。

美國的郡（county）則沒有行政首長。這是因為最早時郡被看作只是執行州政府交代的工作或任務的機關而已。不過，當各地的郡愈來愈都市化，那就不只是行政性的工作而已，它還必須進行協調、溝通及領導。所以，城市的郡現在都有行政長官，只是，較多是由郡議員選出來。

（二）官　僚

過去地方政府的首長及行政人員，大體是隨政黨在位與否而進退，所以是一種「恩給制」（patronage system），比較例外的是法國的大區，它的Prefect及所屬行政人員是由文官系統中加以任用。在愛爾蘭，是以一個地方文官任命委員會，從文官體系中來尋找人選。不過地方的文官仍屬於國家公務人員的一環，其薪俸、職給等，大體完全由中央政府掌控。

三、立法部門

立法部門的人數各地殊異。美國的村（village）有些只有二個人組成，意見不一致時，由村長加入投票決定。相反地，在前蘇聯的「蘇維埃」以及歐洲很多地方議會，人數都超過百人。

美國地方議會的規模，從十九世紀以來不斷在縮水。早先，有百人以上，甚至於到二百人，1890至1929年期間，美國地方政府為了效率而瘦身。瘦身結果，現在一般標準的市鎮，議員的人數大體是五到九名。

至於州和省，也就是區域政府，區域政府的規模，以美國為例，州眾議院人數約一百人，至於州參議院則有五十人左右。

區域政府大多採兩院制的立法體系。至於地方立法機關，大體都是民選，但大多數國家，競爭並不激烈，像美國很多地方政府都是始終由某一黨執政。

四、地方政府的財政

地方政府擁有有限的課稅權，即使如此，多數地方政府仰賴國家的財政補助。

（一）稅收部分

地方政府稅收的主要來源是土地和建物的增值稅。由於地方財政困難，地方政府大多在貨物買賣所繳交的附加貨物稅上動腦筋。

（二）中央政府的補助款

一般都設有基金，但基金多寡要看中央的財政收入，因此，地方每年能從中央對地方財政補助基金拿到多少錢，並不可靠，特別補助款（grant-in-aid）亦復如是。

中央與地方關係十分複雜，各國都是如此，因此，合作與協調乃是不二法門。

伍、地方政府的理論

地方政府雖是政府權力垂直分布中的一個層級，但地方政府的存在卻有其理論基礎及追求的價值。

地方政府所追求的自由主義價值是自由、參與和效率。

一、自　由（liberty）

地方上的民眾能藉著自治，即自我發展，達到自由的追求。而且，地方政府與中央政府的對抗或競爭，也是自由的體現。最後，地方從中央分權，讓中央無法壟斷權力，也是自由的精神。各個地方政府有其自主的權利，基本上就是政治的自由。

二、參　與（participation）

參與意謂著「選擇的自由」（freedom of choice），地方居民參與到地方自己的事務。選擇解決自己問題的方式，發展出「最適當的社群規模」（optimum community size）。所謂最適當的社群規模，意謂著每一個個人，如同一個個別消費者，到處尋尋覓覓，終於發現了最能夠滿足自己需要的社群。假定消費者（也就是選民），發覺他們需要的服務，無法獲得滿足，他們就會藉選票來「嗆聲」，表達他們的不滿。

所以對地方一己事務的參與，乃是「自我發展」（self-development），也

是自我需求、自我選擇與自我滿足。地方自治的居民參與，就是居民對自我社群的關懷。因此，所謂的地方主義（localism）就是指：地方政府就是地方性的。

三、效　率（efficiency）

　　地方政府被認為比較能符合經濟效益地分配公共資源，而提供公共服務。因為，地方政府知道地方的需要，此即因地制宜的原理。

　　根據Desmond King的看法，從極左到極右的不同意識形態或思潮，對地方政府的理論會有不同的看法，參見表13-1。

　　King所指的保守派就是工黨，工黨對地方政府所做的強調常是口頭說說而已。國家主義者是由反對工黨的地方政府政策者發展出來的，仍然強調國家的整體政策，不過，對地方政府有一些較為務實和溫和的對待。至於強調分權，擴大地方政府參與權力，及消費者掌控等觀念的，也是對工黨保守派的反擊，他們形成新城市左派（New Urban Left）。

　　對於中央集權式的地方政府政策提出全面質疑的就是城市左派，他們大體集中在大都市，例如：利物浦（Liverpool）、倫敦（London）。較激進的或可稱之新城市左派，彼等強調地方政府內的種族關係、婦女關係、政策責任。新城市左派最突出的是要求發展地方企業，繁榮地方經濟（King, 1995: 228-248）。

陸、中央與地方關係：聯邦主義和區域多樣性

　　地方政府分權主義趨勢的來源之一就是聯邦主義。聯邦主義制度最足以代表的就是美國政府。美國聯邦主義每一階段的演變，都影響中央和地方關係。

　　K. C. Wheare（1961: 10）認為美國組成聯邦的原則（the federal principle），是指職權（powers）劃分的結果，使得中央政府和地方政府，在各自管轄的事項和地域的範圍內，一方面既是獨立的（independent），另一方面，又必須是協調的（coordinate）。

　　從憲法上來看，聯邦政府和州政府居於平等的地位，州以下才是地方政府，它們的界域和職權，州政府有全權來改變它，就各州來說，每個州政府都是單一制的體制（unitary system）。

表13-1　地方政府的五種理論

意識形態的層次				
	新右派		左派	
變項	自由新右派	保守新右派	城市左派	社區主義者	國家主義者
價值	自由、參與、效率	中央威權／效率	再分配／參與	自由、參與、再分配	社會公民
地方政府的角色	服務社區	中央政府派出的代理人	服務社區	服務社區	中央政府派出的代理人
政策例證	課徵人頭稅	配合國家總體政策	企業營運目標	課徵地方所得稅	一貫的教育
政策輸出	促成變化和不均等	在效率準則下中央型態的服務	不同人際之間和不同區域之間的服務變化	不同人際之間和不同區域之間有變化的服務傳遞	減少不均等的中央型態服務

資料來源：Desmond King (1995: 243).

一、現代聯邦主義的發展

　　美國在制憲及施行之後，眾所皆知有以傑佛遜（Thomas Jefferson）為主的民主共和黨州權派，主張保護州權因而傾向分權主義；相對於此的，有所謂的聯邦派，即以漢彌爾頓（Alexander Hamilton）為主的聯邦主義派，主張強化中央政府，避免聯邦分崩離析。

　　因此，在實務上，也始終有兩派不同的見解。南北戰爭之前，以南方的州為主，他們認為聯邦是各州造出來的，因此，聯邦應該屬於各州。所以各州議會應該有權取消（nullify）聯邦國會所通過的任何立法或政策。不過，南北戰爭後，這種論調已經不再具有說服力。

　　現代聯邦主義的發展受到以下背景因素的變化（Lees, 1975: 57）：

1. 聯邦政府扮演更積極的角色，其職權的擴展，逐漸得到人民的認同。
2. 1930年代之後，大家都希望聯邦政府介入社會及經濟事務。而州政府在失業救濟及就業服務上能著力的部分愈來愈小，聯邦政府遂得以填入這個空間，強化了中央政府集權化的趨勢。當然，跨州事務的增加，更助長了中央集權的情形。
3. 聯邦對於國民的直接財務補助計畫，削減了州的勢力。

二、雙重聯邦主義與協力聯邦主義

　　所謂雙重聯邦主義（Dual Federalism）就是說，聯邦憲法造成了兩個獨立

部分的政府，彼此有很明顯的責任範圍。不過，雖然是相互獨立的，但兩部分的政府之間，卻有著緊張和競爭。在這當中，最高法院（the Supreme Court）扮演著仲裁和保障憲法有關權力分立的規定。因此，對於聯邦政府透過財政補助款，擴大聯邦權限，雙重聯邦主義是反對的，他們認為反而應該要把角色顛倒過來，讓州去負責這些工作，由他們去籌措財源，執行這些工作。

　　「協力聯邦主義」（Co-operative Federalism）強調不同層級的政府之間，在提供公共服務時的「夥伴關係」（partnership）。M. Cummings和D. Wise就說：「不同層級的政府互相關聯在一起，形成一個單一的政府體系（a single government system），合作成為一個特徵，共同負擔一些功能的成分，多於衝突和競爭。（Cummings and Wise, 1985: 69）」

　　主張協力聯邦主義的人認為，雙重聯邦主義從來也沒有真正存在過，打從有聯邦政府以來，聯邦政府就透過修橋鋪路，在幫助州和地方政府。他們認為雙重聯邦主義所說的聯邦和州及地方政府，像一層一層，層次分明的蛋糕，根本是錯誤的比喻。美國的協力聯邦主義，像大理石蛋糕一樣，尤其在全美國的經濟，渾然成為一個整體之後，州與州之間的人貨來往、水污染控制、高速公路交通、失業保險，都不是任何一個州單方面可以應付的（Grodzins, 1966: 3-4; Elazar, 1972: 47）。

　　協力聯邦主義，並不是要求聯邦政府高高在上的指揮地位，相反的聯邦政府扮演的是：（1）補位的功能（supplement）；（2）促進的功能（stimulate）；（3）協助的功能（assist）。

　　因此，聯邦政府不僅直接和州合作，也直接和地方政府合作。協力聯邦主義，在1960年代詹森總統（Lyndon Johnson）的「大社會」（Great Society）立法中，取得正式的地位，由於國會立法的支持，聯邦政府不僅可以主動推行各種計畫，也合法地可以要求州及地方政府的配合。

　　詹森總統自己稱這種合作的聯邦主義乃是「創新式聯邦主義」（creative federalism），但是，學者如Michael Reagan和John Sanzone，都嗤之以鼻，認為聯邦處處居於主宰的地位，州必須去迎合聯邦政府的意思，編造計畫，才有可能得到財政補助費。而且，聯邦與州以下地方政府直接打交道，也使得州與地方政府之間的關係，充滿猜忌、懷疑和緊張，處處有雜音（squeak-points），因此他們兩個人稱所謂的協力聯邦主義，不過是「恩准的」聯邦主義（permissive federalism）（Reagan and Sanzone, 1981: 175）。

三、新聯邦主義

雖然聯邦權限不斷擴大，但是，到1960年代，各地方城鎮所遭遇到的問題，愈來愈棘手。尼克森於是宣稱，需要有一個「新的聯邦主義」（The New Federalism），以便使得各州首府和華盛頓之間居於平等的地位。

尼克森開始推動分權（decentralization）。尼克森的做法是透過國會立法，將聯邦政府的財政收入中，有一定的比例，撥給州政府而毋需任何限制或附加條件。同時，在這一定比例的撥款中，又再規定有一部分直接撥給地方政府。

尼克森的主張遭到國會議員強烈的反對，不過，1972年國會終究還是通過了歲收分配法（Revenue Sharing Act），每年聯邦總收入中，撥出六十億美元給州及地方政府，一直到1980年代，雷根政府時，才因政府財政赤字而逐年削減。

四、雷根和新聯邦主義

雷根（Ronald Reagan）一上任，在就職演說中就強調要恢復憲法上有關聯邦和州之間權限的界限。因此，1981年4月，他召集了一個顧問委員會，請內華達州選出來的參議員Paul Laxalt擔任主席，草擬一項法律，就叫做「回復適當憲政關係」法草案，希望聯邦、州、地方這三級政府的權限，回復到憲法上所規範的地位。

上述委員會和全美州長協會（the National Governors Association）對該草案討論甚多，多數都認為聯邦政府過去管得太多，很多事情如果由各州及地方政府來推動，會比聯邦更有效率和效能。這些討論導致雷根採取更進一步的行動，1982年1月，他在當時對國會兩院的「聯邦諮文」演講時，宣布要建立「新聯邦主義」，包括以下幾個事項：

1. 從1983年10月起，聯邦政府肩負起所有窮人的醫療保健的負擔。但是州要負起所有的主要社會福利制度的支出，這些社會福利包括：對家裡有扶養兒的家庭補助，以及發配食物券。
2. 聯邦貨物稅和石油收入稅提撥部分成立一個信任基金，一年大約可以從中撥二百八十億美元給州和地方政府，由州和地方政府來推動四十三項計畫。原先這四十三項計畫是由於聯邦來出資進行。這些四十三項的計畫包括技職教育（vocational education），地方交通、用水以及廢水處理等工作。
3. 本項基金預計到1991年用罄，屆時州和地方將以增加自己的地方稅收，繼

續推動這些工作。

雷根的新聯邦主義對逐漸傾向中央集權的聯邦政府產生向地方分權方向拉回的力道。在雷根的新聯邦主義提出後，州開始進行改革。

五、多樣化的地方政府的組織

聯邦主義下的美國地方政府呈現出非常的多樣化。即使在州政府的層次，也是如此（Palmer, 1972）。

美國各州政府都是依分權原則來建立政府組織，除了內布達斯加州，各州政府都採兩院制。各州都以州憲來規範州政府權力。但普遍來說，各州憲都很冗長。

美國的州分「弱州」和「強州」。弱州的州長沒有什麼權力，通常任期短（二年）；而州政府中的職務，如副州長及州總檢察長都是民選的，因此，州長無法完全駕馭他們。

強州的州長任期較長（四年），一般都還可以連任一次，擁有較多人事任命權，預算編列權，以及其他形成公共政策的權力。強州幾乎絕大多數擁有對州立法部門的政策覆議權（veto power）。

基本上，美國州政府的發展趨勢是：一方面讓州長的行政權擴大；另一方面，也適度地允許州議會會期延長，讓他們對州政策及法律的通過，有較多的時間去從事立法工作。

美國在州以下的地方政府，原則上是州政府的授權才得以行事，它們的職權來源是州政府，因此，是州政府的派出機關。州政府對地方政府的組織、任務，可以隨時予以調整。美國州政府以下的地方政府有三種：

1. 地方自治政府（Municipalities）：包括市（city）、村（village）、區（borough）和城鎮（town）。
2. 郡（Counties）：一般在地方自治市、區、城鎮之外，以「郡」的地方政府機關為主。
3. 特區（Special Districts）：特區乃因地區特性，必須執行特定功能，而形成特區管理委員會（Boards of Trustee），例如：公園、港口、學院院區等，都會形成特區政府，以校院特區（School Districts）為例，1942年全美有8,299個，到1991年已爬升到2萬9,532個。

州政府和地方政府之間有很多矛盾，大都會區橫跨好幾個州，範圍跨及州領域內的郡、城鎮、特區、校區等，常常是上千個以上的地方政府，如何協調

表13-2 改革及未改革城市之特點的比較

未改革的城市	已改革的城市
由政黨掌控的選舉	地方選舉不被政黨操控
由不同選區選出之市議員	由全城為一選區選出市議員
行政權掌控在市長手中	由市議會任命的市經理執行行政業務
較弱的市民服務	較強的市民服務

合作，形成大問題。

　　但無論聯邦主義如何演變，美國的州和地方政府仍是核心，因為，不管任何形式的聯邦主義，都不能完全阻絕美國政治「非集中化」（non-centralization）的傾向。

　　美國的地方政府，沒有經過改革洗禮的城市，一般又稱為傑克遜式城市（Jacksonian city）；而已經經過改革的城市，又被稱為「進步主義城市」（Progressive city）（Wilson *et al.*, 2011）。

　　改革以及未改革城市的特點，比較如表13-2。比較上，未改革的城市集中在東北部較老的州，城市也都是大城市；而西部和西南部的州，比較年輕。

　　不過，目前的趨勢是，美國地方城鎮制度傾向混合型，一般都希望有一個強而有力的民選市長，能盡速反映社區需求，以及滿足選民需要；另外，則主張單一選區或社區選區，以便該選區選出之市議員能告訴他們市府在為他們做些什麼事；另外，則需要專業的文官行政人員，超越黨派，提供專業服務。

　　美國城鎮政府的類型，可以從表13-3來了解。

表13-3 美國城鎮政府的類型

市長－議會制（Mayor-Council）	3,766
議會經理制（Council manager）	2,513
委員會制（Commission）	178
鎮民大會（Town meeting）	419
鎮民代表會議（Representative town meeting）	81
總　數	6,957

資料來源：*Municipal Yearbook* (1986).

　　所以，比較常見的美國地方政府體制是市長—議會制和議會經理制。不過，市長議會制也分成強、弱兩種。弱的市長議會制，選民直接選出市長、市財政長、市議員、市陪審團員，以及其他應選官員，因此，市長的權力比較小，其情形如圖13-1。

　　至於強的市長議會制，則如圖13-2。由此可知強、弱市長—議會制的關鍵，在於市長是否全權統領及督導市府所屬單位及機關。

　　美國地方政府的市經理制，其政府結構則如圖13-3。由此可見，市經理負有全權，指揮督導市府所有行政部門，處理市政府日常事務，但市經理須向市議會負責，而議會則向選民負責。

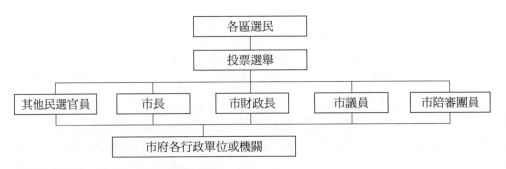

資料來源：Wilson, Dilulio and Bose (2011: 638).

圖 13-1　美國弱的市長議會制

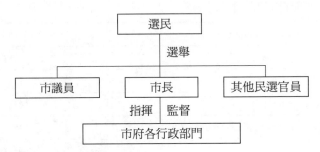

資料來源：如上圖所揭書，p. 639, figure 24.2。

圖 13-2　美國強的市長議會制

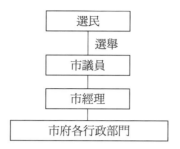

資料來源：如上圖所揭書，p. 639, figure 24.3。

圖 13-3　美國地方政府市經理制

柒、我國地方政府的現況及研究

一、臺灣地方政府及地方自治的演變

　　臺灣是單一制國家，因此，雖然憲法的前言載明，中華民國憲法是依據孫中山先生之三民主義五權憲法的原理所制訂，地方自治在憲法中有相當程度的強調，但是，一般人的觀念仍認為是單一制國家，地方政府不過是中央政府的派出機關。

　　由於宣布施行憲政後，國民政府即自中國大陸撤守至臺灣，在臺灣一方面進行戒嚴；另一方面則進入動員戡亂時期。因此，臺灣雖然在國民政府來臺之後，從未停止過地方自治選舉（高永光，2001：640），但地方自治的精神，並沒有具體實踐，特別是憲法所賦予的地方自治的規定，並沒有落實。民國36年的憲法在第十章規範「中央與地方之權限」，包括憲法第107條規定中央立法並執行之事項，第108條規定中央立法並執行，或交由省、縣執行之事項，第109條規定由省立法並執行，或交由縣執行之事項，第110條規定由縣立法並執行之事項，而第111條更規定中央與地方事項之性質有爭議時，由立法院解決之。可見，我國憲法將中央與地方之權限採明白列舉方式，並明定省、縣有立法權。因此，地方政治學者大多認為我國雖是單一制國家，但憲法第十章的規範方式，明顯具有聯邦制，授與地方自治之權限，並且保障地方自治以及地方之自主性，用意甚明（高永光，2002：50-51）。

　　但是憲法雖明文賦予及保障地方自治，卻也同時規定中央對地方政治或地方自治的立法監督之責。因此，依憲法第108條的規定，由中央立法制訂「省、縣自治通則」，省再召集省民代表大會，依據省縣自治通則，制訂省自

治法（憲法第112條規定）；而縣也是召集縣民代表大會，依據省、縣自治通則，制訂縣自治法（憲法第122條規定），省縣即是依據此程序來實施地方自治。此即臺灣地區若要在省縣市實施地方自治，首先必須中央立法通過省縣自治通則，否則，地方自治組織、自治事項、人民的自治權利義務的規定，缺乏法律依據，也缺乏法律保障。

但是，省縣自治通則從未在立法院審查通過，完成立法。因此，臺灣省及北、高兩市實施地方自治的依據是：臺灣省各縣市實施地方自治綱要、臺北市各級組織及實施地方自治綱要、高雄市各級組織及實施地方自治綱要。以上這些自治綱要全部都是行政院發布的行政命令；至於各級議會之組織規程，也都是由行政院以行政命令方式發布。因此，臺灣地區的地方自治，在民國83年省縣自治法及直轄市自治法通過之前，並非依憲法所規定之程序，不但憲法之保障形同具文，更由於其依據是中央政府的行政命令，地方政府之權限範圍、組織制度等，幾乎完全憑中央一己之喜好，可以任意更改之。因此，此時期學者稱為「綱要時代」，並認為地方自治只是徒具虛名而已（蘇永欽，1999：12）。

臺灣地區在民國76年7月15日解嚴，80年5月1日，總統明令宣告「動員戡亂時期」終止，並廢止臨時條款，政治之運作勢須回復正常憲政體制。

民國80年5月1日總統在宣布廢止臨時條款同時，也公布了中華民國第一次增修憲法條文。本次增修條文旨在為中央民意代表之全面改選取得憲法之依據，同時，將動員戡亂時期總統的緊急命令權及決定國家安全大政方針之權納入。對於地方自治之推動，雖迫在眉睫，卻沒有增修任何條款。

但民國81年5月28日第二次增修憲法條文時，則在第17條規範了地方自治的各種條款，其內容如下：

第十七條

省、縣地方制度，應包含下列各款，以法律定之，不受憲法之第一百零八條第一項第一款，第一百十二條至第一百十五條及第一百二十二條之限制：

一、省設省議會，縣設縣議會，省議會議員、縣議會議員分別由省民、縣民選舉之。

二、屬於省、縣之立法權，由省議會、縣議會分別行之。

三、省設省政府，置省長一人，縣設縣政府，置縣長一人，省長、縣長分別由省民、縣民選舉之。

四、省與縣之關係。

五、省自治之監督機關為行政院，縣自治之監督機關為省政府。

民國81年憲法增修條文對地方自治相關制度，明定直接以法律定之，改變了上述先制訂省縣自治通則的做法，比較直接務實。而最重要的，當在為臺灣省省長及北高兩直轄市長的民選，取得憲法之依據，並據之可以訂定法律。因為自民國39年國民政府遷至臺灣以來，臺灣省採委員會制，省的首長為該委員會之「主席」，因此，當時期的臺灣省省長的正式職稱是臺灣省省主席。至此增修條文之規定，省長民選定案。

民國36年憲法對直轄市自治之規定為第118條「直轄市之自治，以法律定之。」而在戒嚴及動員戡亂時期，直轄市之市長，因無法律依據由市民直選，一直是官派；終止動員戡亂之後回歸憲政，自須訂定直轄市自治法。因此，在民國83年7月29日同時完成了省縣自治法及直轄市自治法，臺灣地方自治從此由「綱要時代」進入「二法時代」。

不過，由於立法時間倉促，且長期以來地方自治有名無實。因此，雖有「二法」做為地方自治之依據，除省長及北高兩市市長民選，於民國83年底舉行，被認為是臺灣地方自治的一個重大里程碑，也是臺灣民主化的一個重大指標。但直轄市自治法及省縣自治法的內容，實與「綱要時代」所頒布之各「自治綱要」相去不多。因此，地方自治的實質自主性並沒有因為「二法」的保障，而獲得重大改變。

民國81年之後，83年再次進行修憲，但有關地方自治的增修條文並未更動，只是由81年的第17條改變成83年增修條文的第8條。86年第四次修憲增修條文的通過，一般認為當時執政的國民黨為了行政院長由總統任命，不須經立法院同意，特別同意在野民進黨對精簡臺灣省政府此一層級的要求；另一方面，在實際政治裡，當選民選第一任省長的宋楚瑜，不時以高分貝的聲音，和中央政府持不同的看法，此一微妙政治環境的改變，致使86年增修條文第9條對地方自治的規範，有了革命性的轉變，該條文如下：

第九條（原第八條改列）

省、縣地方制度，應包括左列各款，以法律定之，不受憲法第一百零八條第一項第一款、第一百零九條、第一百十二條至第一百十五條及第一百二十二條之限制：

一、省設省政府，置委員九人，其中一人為主席，均由行政院院長提請總統任命之。

二、省設省諮議會，置省諮議會議員若干人，由行政院院長提請總統任命

之。

三、縣設縣議會，縣議會議員由縣民選舉之。

四、屬於縣之立法權，由縣議會行之。

五、縣設縣政府，置縣長一人，由縣民選舉之。

六、中央與省、縣之關係。

七、省承行政院之命，監督縣自治事項。

第十屆臺灣省議會議員及第一屆臺灣省省長之任期至中華民國87年12月20日止，臺灣省議會議員及臺灣省省長之選舉自第十屆臺灣省議會議員及第一屆臺灣省省長任期之屆滿日起停止辦理。

臺灣省議會議員及臺灣省省長之選舉停止辦理後，臺灣省政府之功能、業務與組織之綱要，得以法律為特別之規定。

民國86年第四次憲法增修條文對地方自治影響最大的在於：

1. 精簡「省」此一層級，基本上中央與地方在政府權力的垂直分配上，由原先的中央、省（市）、縣（市）、鄉鎮市的四級制，在實質上變成三級制。而當時朝野的共識是準備取消鄉鎮市一級的自治選舉，即自治政府，最終使我國的中央到地方的政府層級呈現兩級制。不過，迄今（民國103年）尚未達成此目標。

2. 由於修憲精省的結果，造成民國83年省、縣自治法與直轄市自治法的不適用，因此，在極短的期間內立法完成「地方制度法」，以取代上述「二法」。「地方制度法」於民國88年1月25日公布實施，從此我國地方自治從「二法時代」進入「地制法時代」[2]。

「地方制度法」基本上是一部相當程度上非常重視地方分權的法律，該法之基本精神與實質規定均與省、縣自治法及直轄市自治法不同。「地方制度法」制訂所依據的時代背景乃是1980年代以來，歐美先進民主國家在中央與地方關係上，都傾向盡量向地方讓權的分權主義，形成了所謂的「新地方主義」。在我國的「地方制度法」上就此所呈現出來的最大特色之一是，原民國36年憲法對於地方享有的「立法權」，得到某種程度的落實，地方立法機關可以訂定地方自治條例，地方行政機關可以訂定地方自治規則，地方自治條例與自治規則統稱地方自治法規，形式上頗有與中央法令規章分庭抗禮之趨勢，使得臺灣的地方自治型態有了巨大的轉變。不僅如此，也對臺灣地方政府及自治

2　有關修憲精省及臺灣地方制度的重新設計，參看紀俊臣（1999b）。

的研究產生極大衝擊，整個地方政府、地方自治研究的方向、內容、方法等都有了幾乎完全不同的風貌。

民國96年5月5日立法院三讀通過地方制度法第4條及第7條修正草案，只要縣人口超過200萬人，即使還沒有升格為直轄市，可以「準用」直轄市的相關規定，不論預算編列額度、公務員人員編列等，「得」比照直轄市規定辦理。修法也通過，縣轄市要升格改制為直轄市，只要符合標準，在不涉及行政區域劃分、調整的情況下，縣市政府可以提請縣市議會通過後，由內政部轉報行政院核定，排除直轄市設置應依法律規定的限制。地方制度法第4條及第7條修正條文如下：

第四條

人口聚居達一百二十五萬人以上，且在政治、經濟、文化及都會區域發展上，有特殊需要之地區得設直轄市。

縣人口聚居達二百萬人以上未改制為直轄市前，於第三十四條、第五十四條、第五十五條、第六十二條、第六十六條、第六十七條及其他法律關於直轄市之規定，準用之。

人口聚居達五十萬人以上未滿一百二十五萬人，且在政治、經濟及文化上地位重要之地區，得設市。

人口聚居達十五萬人以上未滿五十萬人，且工商業發達、自治財源充裕、交通便利及公共設施完全之地區，得設縣轄市。

本法施行前已設之直轄市、市及縣轄市，得不適用第一項、第三項及第四項之規定。

第七條

省、直轄市、縣（市）、鄉（鎮、市）及區「以下簡稱鄉（鎮、市、區）」之設置、廢止與該行政區域之劃分、調整，依法律規定行之。

縣（市）改制為直轄市，如不涉及行政區域劃之劃分、調整者，縣（市）政府提請縣（市）議會通過後，由內政部轉報行政院核定之，不適用前項規定。

村（里）、鄰之編組及調整辦法，由直轄市、縣（市）另定之。

此一修正條款又被外界稱之為「準直轄市條款」，而符合此一條件者只有台北縣，因此台北縣被媒體稱「升格」為「準直轄市」。不過，「準用」係為一種不確定之法律名詞，法律規範中這一類不確定法律名詞，是因為當法律要件或情況條件相當時，為避免法條之重複規定，顯得累贅或繁雜，而有準用及

適用之不確定法律名詞出現。「準用」與「適用」究有不同，前者指法規並不自為構成要件或法律效果之規定，而明示借用其他在規範對象上或法的評價上與其相近之法規；後者指法規自為構成要件或法律效果之完整規定，明文規範其所欲規範之對象。「適用」能夠從事判別或判定的範圍，相當有限；但「準用」則會有「準用」及「被準用」之規定，該規定則視法律執行主管機關的解釋。

因此，臺北縣的統籌分配款、機關單位員額的數目，能否自然就比照北高兩市，予以編列補實？臺北縣擬比照北高兩市爭取到直轄市應有之待遇，還須視內政部及中央政府的決定。

98年6月23日，內政部通過臺北縣、臺中縣市和高雄縣市，升格或合併升格為直轄市，29日再通過臺南縣市合併升格。此一合併升格計畫，係我國自68年高雄市由省轄市升格為直轄市，以及71年新竹市與嘉義市由縣轄市升格為省轄市，與基隆市、臺中市、臺南市為五大省轄市後，唯一一次的行政區域調整計畫。其目的是希望藉由合併升格，透過地方政府展現改制直轄市的願景，朝向大都會方向發展，對外提升城市競爭力，對內與其他縣市建立互攜、共利關係，以縮短城鄉差距及化解零和競爭，提升資源運用綜效。

內政部為為周延與有效進行縣市升格事宜，特於98年6月6日頒布「內政部審查改制計畫作業要點」，以審查直轄市、縣（市）政府依地方制度法第7條之1及第7條之2規定所送之改制計畫。依此一作業要點第三點規定，審查小組置委員21人至25人，均為無給職；除內政部長為當然委員並任召集人外，其餘委員就下列人員派（聘）兼：

　　（一）相關中央主管機關副首長。

　　（二）具有國土規劃、區域計畫、都市計畫、交通運輸、政治、財政、經濟、文化等專業領域之專家學者。前項專家學者，不得少於委員總數二分之一。【3】

3　改制計畫審查小組共計25位評審委員，名單如下：
　廖了以（內政部長）、林中森（內政部次長）、鄧振中（經濟部次長）、曾銘宗（財政部次長）、張邱春（交通部次長）、鹿篤瑾（主計處副主計長）、邱文彥（環保署副署長）、黃萬翔（經建會副主委）、宋餘俠（研考會副主委）、洪慶峰（文建會副主委）。
　趙永茂（台大社會科學院院長）、高永光（政大社會科學院院長）、夏鑄九（台大城鄉所所長）、姜渝生（成大都市計劃系兼任教授）、紀俊臣（銘傳大學公共事務系教授）、林將財（前監察委員）、馮正民（交大交通運輸研究所教授）、邊泰明（政大地政系教授）、蕭全政（台大政治系教授）、李顯峰（台大經濟系副教授）、徐偉初（政大財政學系兼任教授）、簡俊彥（水利技師公會理事長）、謝錦松（東海大學環境科學系教授）、黃世輝（雲

　　經各縣市議會通過的改制計畫書總計有七件，包括臺北縣、桃園縣、臺中縣市、彰化縣、雲林嘉義縣、臺南縣市及高雄縣市等十一個縣市。審查小組開會時，依改制計畫收件順序，由直轄市、縣（市）政府進行簡報，並經過詢答。依「內政部審查改制計畫作業要點」第六點，簡報內容如下：

　　（一）人口、政治、經濟、文化、都會區域發展等條件。

　　（二）總體願景及優勢、劣勢之分析。

　　（三）如何帶動周邊區域發展及提升都會區域之國際競爭力。

　　審查小組於直轄市、縣（市）政府均簡報及詢答完畢後，進行總體討論，並以共識決提出審查結論；無法達成一致共識時，以多數意見為審查結論。內政部於審查完畢後，將審查小組之審查結論，併同各改制計畫、相關中央主管機關初審意見，以及審查小組之會議紀錄，報請行政院核定。

　　依現行「地方制度法」之規定，新直轄市之次級行政區一律改制為「區」，區不具有自治法人地位，區公所為市政府派出機關，區長由市政府指派，區不設議會或代表會，故亦無須舉辦區議會或代表會代表之選舉。此一作法即如現行臺北市與高雄市之區制度，完全取消直轄市次級行政區之自治法人地位。

　　被核准升格或縣市合併升格的臺北縣（新北市）、臺中縣市、臺南縣市、高雄縣等，其縣市長與縣市議員的任期自動延任至民國99年底，亦即不用參加98年底的縣市長與縣市議員選舉，而與99年底的臺北、高雄市長、市議員選舉一併進行。

　　由於此次升格計畫，使我國多出現五個直轄市，加上原先的臺北市，總數是六個直轄市，也就是現在通稱的「六都」。此與馬英九總統於民國97年競選時所提「三都十五縣」國土規劃構想似乎有所不同。行政院發出說帖解釋，「三都十五縣」的構想旨在提升國家競爭力與區域平衡發展，「三都」是指「生活圈」，不在直轄市數目。馬總統的「三都」概念並不等同於傳統的「直轄市」，而是整合諸多面向的「生活圈」。每個大生活圈內至少有一個直轄市，但並非只能有一個直轄市，可能有二至三個直轄市，讓臺灣的北、中、南都有大型都會區。[4]

科大創意生活設計系主任）、江大樹（暨南大學公共行政與政策系教授）。

4　請參考：高永光（2009a）、（2009b）。另參考Kao (2010) "Special Municipalities and Regional Governance," *Taiwan Development Perspectives 2010*, Taipei: National Policy Foundation。

二、臺灣地方政府及地方自治的研究

　　中山先生雖十分重視地方自治，但國民政府在大陸時期之統治為軍政及訓政時期，是故，地方自治僅為試驗性質，訓政時期前後，有所謂「實驗縣」，嘗試推動地方自治之實驗，因此，早期我國地方政治或自治之研究，大體是一些原理論述，對地方政治的實務討論不多，更遑論根據事實去建立理論。這一類的研究如李宗黃1949年編著的《中國地方自治概論》。

　　戒嚴及動員戡亂時期，地方政治雖有相當熱鬧的地方選舉，但地方自治欠缺自主性。因此，基本上，地方政治的性質比較上是執行中央政府的政策，中央政府派出機關及執行機關的性質，較為濃厚，作為地方自治團體的功能較為薄弱。因此，在「綱要時代」及「二法時代」，地方政治及地方自治的研究，比較上是制度、法令規章的介紹，例如羅志淵所撰《地方自治的理論體系》，董翔飛所著《地方自治》、《地方自治與政府》等，又如許新枝的《現代民主與地方自治》等。而這一類的著作中，被認為極具代表性的是，在政治大學任教一生，長期擔任地方政府與自治課程的薄慶玖教授，其著作《地方政府與自治》（上）（下）兩冊，是教授此一課程的教科書。[5]從其內容中，當可理解在綱要及二法時代，地方政府與自治研究的重點，它們是：地方政府與地方自治的意義、功能，比較歐美各國地方政府制度，地方政府區劃問題，地方政府居民的權利義務，地方政府的事權、歐美及我國地方政府的組織、地方選舉、地方財政與地方監督。

　　不過，國內對於地方政府、地方自治或地方政治的研究，在「二法時代」逐漸有了一些改變，此因自民國80年以來的修憲，強調地方自治與地方自主性，因此地方自治的一些問題逐漸浮現。一方面必須為地方自治及地方自主性建構其理論基礎，據以劃分中央與地方的權限及爭議的解決，這一類的著作如趙永茂（2002）的《中央與地方權限劃分的理論與實際——兼論臺灣地方政府的變革方向》。

　　不過，由於「省縣自治法」與「直轄市自治法」的內容及精神，脫胎於前期之各地方「自治綱要」，因此，此一時期有關地方自治、地方政治的論述仍不夠豐富。

　　民國87年因為「精省」要把臺灣省政府這個層級虛級化，除了前一年修憲取得「精省」的憲法依據外，為了因應87年底臺灣省長及省議員不再民選，以

5　薄慶玖1982年出版，2003年由空中大學出版其專書之修訂四版。

致「二法」必須廢止，而另立新法，於是在時間壓力下，引進了具有二十世紀末先進民主國家「新地方主義」分權精神的許多自治觀念，而訂定了「地方制度法」，民國88年1月25日由總統公布施行。自此，地方自治及地方政府的研究進入一個嶄新的時代。

地方自治及地方政治的研究，因為地方制度法的公布施行，以及臺灣地區的民主化，特別是中央與地方都發生政權輪替，導致分裂政府的出現，而使得現階段出現較新的趨勢：

第一，對於地方制度法的研究，法律學者投入相當多的心力，而自88年迄今，約五到六年的時間，其成果也十分引人注意。這一方面的學者包括黃錦堂、張正修、蘇永欽、蔡秀卿、蔡茂寅、董保城等人，其研究成果均十分值得參考。由於這些學者專家從事的都是法律的研究，因此，所謂的「地方自治法學」似已儼然而形（蔡秀卿，2003：3）。[6]

第二，地制法之訂定乃是因應「精省」而來，但「精省」後，地方自治及地方政治的一些相關問題，並未獲得徹底解決。因此，一些政治學者及專家紛紛投入這些問題的研究，例如：精省後所設立的省諮議會，曾委託甚多學者就：地方縣市政府之經營管理、落實地方制度法、健全地方自治法規、落實財政收支劃分法、英美日等各國地方自治體等課題，進行委託研究。[7]

此外，從「政府改造委員會」中有關地方自治及政治之改革議題，也可看出學者在精省後，比較關切的問題，它們是：

1. 有關行政區劃，即地方政府之區域如何重新劃分，所引起的問題，其中更包括縣市升格直轄市、去直轄市使北高兩市與一般縣市同級，以及縣市合併等問題。
2. 中央與地方權限劃分問題，包括如何明確區分中央、地方各自權限，權限爭議的解決機制等。
3. 「中央—縣市」建立二級制政府垂直權力分配的制度，也包括直轄市地位之探討、鄉鎮市自治層級的取消，更包括村里長制度的探討。
4. 縣市的跨域合作。其中包括縣市之間如何進行合作的法制化問題，以及縣市之間所謂的府際衝突與關係的探討。[8]

6　關於「地方自治法學」之詞之使用，見蔡秀卿（2003：3）。

7　這些委託研究報告成果，由省諮議會編印，例如：紀俊臣（1999a）。

8　2000年陳水扁當選總統就任後，成立「政府改造委員會」，該委員會下設各種分組，其中與地方政府及政治有關的分組為「分權合作的政府架構」，此分組有四個研究主題：（1）合

當然，國內地方自治及地方政府的研究，不止上述內涵。臺灣地方政治研究最具獨特性的，當屬地方派系之研究，臺灣地方派系的存在，是臺灣地方政治的獨特之處。而且，近幾年來，有關臺灣地方派系的研究，在質的研究上，田野調查的趨勢逐漸興起；另外，在量化研究方面，也開始有一些統計模型的測試。【9】

捌、結　論

臺灣地方政治及地方自治的研究，由於長期處於有名無實的環境下，因此，此一主題的研究，並未受到重視。但臺灣地方自治法制化之後，由於中央與地方之間的關係時生齟齬，而地方財政日益困難，地方居民對地方政府之要求益多，地方政府與地方自治的發展，遂備受各方注意，相關的研究也開始增加。民國40年，已經通過的「財政收支劃分法」，歷經多次修正，根據88年1月25日通過的修正條文，我國中央與地方財政收支系統，比較上有了具體的劃分。但學者敦促已久的「中央與地方權限劃分法」或成立「中央與地方權限爭議處理委員會」來處理中央與地方權限爭議的事項，目前仍無具體的草案或方案，待有心人士持續推動，使我國中央與地方更能成為「夥伴」，不會因不同政黨執政而產生中央與地方行政上的衝突。「原住民族基本法」規範應依憲法增修條文，實行原住民族自治，其相關事項，另以法律定之，但「原住民族自治暫行條例」至今尚未立法通過，將來該法通過後，對於我國地方事務和原住民族的治理，會帶來什麼影響，也值得研究與關注。

參考歐美日等先進國家地方政治的發展，不論制度有別，都是從集權到分權，由於地方政府是面對當地民眾，站在第一線的工作人員，因此中央讓權、分權及分錢，地方自主的觀念，逐漸成為主流的思考。臺灣也不例外，其發展路徑頗為吻合先進國家的軌跡。

由於人民自主性不斷提高，世界各國地方自治的觀念，又有從自治走向

理劃分中央地方職權，強化夥伴關係，由臺大蔡茂寅教授負責；（2）精簡政府層級，由政大高永光教授負責；（3）地方行政區域調整方案之規劃與設計，由東海大學紀俊臣教授負責；（4）建立地方政府跨域合作體制，由東吳大學陳立剛教授負責。該研究分組之召集人為臺大教授趙永茂。

9　這些研究例如趙永茂（2001）及高永光（2000）。

「治理」（governance）的趨勢。何謂「治理」？在「治理」的觀念中，比較不強調統治者、被統治者這一類的觀念，以及「政府」「人民」等相對的主從觀念。但是，自治及自主性似乎又太依賴居民的自覺、積極與主動，理想面的陳義過高。「治理」，則強調地方上各種力量及團體的整合、協調及合作，其中包括政府機關及各種類型的民間團體及個人。

　　地方治理意謂著政府體制的分殊化（differentiated），權力的細分、授權，方法上的多樣化，以及最重要的是「多層次的治理」（multi-level governance），居民與居民之間，居民與政府之間，居民與地方社團，地方社團彼此之間，以及地方社團與地方政府之間，那種夥伴關係（partnership）、網絡關係（networks），以及大家一起參與的政府（joined-up government）的出現（Leach & Percy-Smith, 2001）。因此，預計二十一世紀的地方政府、地方自治與地方政治，將會有更新的風貌。

參考書目

一、中　文

內政部，2009，〈內政部審查改制計畫作業要點〉，<http://www.moi.gov.tw/dca/01news_001. aspx?sn=2590>。

行政院組織改造檔案展，2014，〈全球化下的行政院—成立政府改造委員會〉，<http://theme. archives.gov.tw/govreform/guide_03-4.html>。

李宗黃，1949，《中國地方自治概論》，臺北：正中。

紀俊臣，1999a，《如何健全地方自治法規之研究》，南投縣：省諮議會。

紀俊臣，1999b，《精省與新地方制度—始末、設計、發展系論》，臺北：時英。

高永光，2000，〈『城鄉差距』與『地方派系影響力』之研究—1998 年臺北縣縣議員與鄉鎮市長選舉的個案分析〉，《選舉研究》，第 7 卷第 1 期，頁 53-85。

高永光，2001，〈兩岸地方自治之比較分析—村里的研究〉，高永光主編，《民主與憲政論文彙編》，臺北：政大中山人文社會科學研究所，頁 639-659。

高永光，2002，〈地方政府研究的理論重構：地方立法權的分析〉，國立政治大學中山人文社會科學研究所主編，《中央與地方關係學術研討會論文集》，臺北：國立政治大學人文社會科學研究所，頁 47-55。

高永光，2009a，〈2009 年縣市三合一選舉後續政治效應〉，《臺灣民主季刊》，第 6 卷第 4 期，頁 227-233。

高永光，2009b，〈以三大都會區強化競爭力〉，《國政評論》，<http://www.npf.org.tw/post/1/ 6093>。

許新枝，1992，《現代民主與地方自治》，臺北：中正。

楊日青、李培元、林文斌、劉兆隆譯，Andrew Heywood 原著，1999，《政治學新論》，臺北：

韋伯文化。

董翔飛，1979，《地方自治》，臺北：華視文化事業公司。

董翔飛，1982，《地方自治與政府》，臺北：五南。

趙永茂，2001，〈新政黨政治形勢對台灣地方派系政治的衝擊—彰化縣與高雄縣個案及一般變動趨勢分析〉，《政治科學論叢》，第 14 期，頁 153-182。

趙永茂，2002，《中央與地方權限劃分的理論與實際—兼論臺灣地方政府的變革方向（三版）》，臺北：翰蘆。

蔡秀卿，2003，《地方自治法理論》，臺北：學林。

薄慶玖，2003，《地方政府與自治（上、下）》（修訂四版），臺北縣蘆洲市：空大。

羅致淵，1970，《地方自治的理論體系》，臺北：商務。

蘇永欽，1999，〈地方自治法規與人民權利義務〉，《中國地方自治》，第 25 卷第 4 期，頁 3-20。

二、英　文

Bealey, F., 1999, *The Blackwell Dictionary of Political Science*. Oxford: Blackwell.

Cummings Jr, M. C., & D. Wise, 1985, *Democracy under Pressure: An Introduction to the American Political System*. 5th ed. San Diego: Harcourt Brace Jovanovich.

Elazar, D. J., 1972, *American Federalism: A View from the States*. 3rd ed. New York: Harper & Row.

Grodzins, M., 1966, *The American System: A New View of Government in the United States*. New Jersey: Transaction Publishers.

Heywood, A. 1997, *Politics*. Basingstoke: Palgrave.

Kao, Y. K., 2010, "Special Municipalities and Regional Governance," *Taiwan Development Perspectives 2010*, Taipei: National Policy Foundation.

King, D., 1995, "From the Urban Left to the New Right: Normative Theory and Local Government." In Steward, J. and Stoker G. (eds.), *Local Government in the 1990s*. Basingstoke: Macmillan, pp. 228-248.

Leach, R., & J. Percy-Smith, 2001, *Local Governance in Britain*. Basingstoke: Macmillan.

Lees, J. D., 1975, The Political System of the United States. London: Faber & Faber.

Maxwell M., 1991, *The Macmillan Encyclopedia*. 2nd ed. New York: Maxwell Macmillan International.

Palmer, K. T., 1972, *State Politics in the United States*. London: St. Martin's Press.

Reagan, M. D., & J. G. Sanzone, 1981, *The New Federalism*. New York: Oxford University Press.

Sills, D. L., 1991, *International Encyclopedia of the Social Sciences*. Michigan: Macmillan.

Wheare, K. C., 1963, *Federal Government*. 4th ed. London: Oxford University Press.

Williams, O. P., & C. R. Adrian, 1963, *Four Cities: A Study in Comparative Policy Making*. Pennsylvania: University of Pennsylvania.

Wilson, J., Jr, J. DiIulio, & M. Bose, 2011, *American Government: Institutions and Policies*. 12th ed. Boston: Wadsworth Cengage Learning.

World Book, 2002, *The World Book Encyclopedia*. Chicago: World Book.

第三篇　政治過程

第十四章　政治文化與政治社會化

陳陸輝

　　政治文化是政治體系成員對於政治事務所持的認知、評價與行為模式，而政治社會化則是學習政治定向與政治行為規範的過程。觀察一個國家政治文化的內涵時，不能忽略該國民眾政治社會化的過程。本章將先介紹政治文化的意義以及政治文化的研究，再進一步分析政治社會化的意義、政治社會化的機構以及政治社會化的研究現況。

壹、政治文化的意義

　　Almond（1956: 396）對政治文化的定義是：「每一個政治體系皆鑲嵌於某種對政治行動取向的特定模式中。」不過，Almond也同時提醒我們：政治文化未必與特定的政治體系或是社會的範圍一致，有時它會超越或是延伸到這個疆界之外。政治文化與一般文化相關，不過卻未必相同。因此，雖然政治文化的內涵，是我們經由觀察該政治體系內人民的政治行動歸納而得，不過，政治文化的本質是具有一定的集體性。換言之，「政治文化是由一個政治體系的集體歷史與該體系成員生活史結合而成的產物。」（Pye, 1968: 218）

　　Verba（1965: 513）對政治文化的定義則是：「由包括經驗性的信念（empirical beliefs）、表達的符號（expressive symbols）以及價值觀（values）三者所交織而成的一個體系。……我們稱政治文化為體系，因為我們假定一個社會的各種觀念、感情和態度，並不是偶然的或雜亂無章的。」這三者之中，又以深植人心的價值觀最為重要。因此，政治文化可以界定為一國人民對於政治標的物之政治活動模式。所謂政治標的物，如果借用Easton（1975）有關政治支持的定義，可以區分為政治社群（political community）、典章制度（regime）以及權威當局（political authorities）。政治社群就是上述的政治體

系，可以是一個國家，也可以是一個部落。典章制度指的是一個國家的憲政體制以及相關統治機構。至於權威當局主要是指執行權威性價值分配者，例如我國的總統或行政院長。除此之外，對於政府的具體政策也是政治標的物。至於政治活動模式，是指對政治標的物之「認知」（cognition）、「情感」（affect）以及「評價」（evaluation）（Almond, 1956: 396）。就認知而言，是對於政治社群、典章制度以及權威當局的知識、區辨與了解。例如，你知道我們國家的元首是總統，對外代表中華民國。情感則是對政治標的依附感或是涉入感（emotional significance），例如，你會不會以我們國家的民主憲政制度為榮。至於評價是指對於政治標的物依照一套所屬政治體系認定的標準給予好或是壞的評估。所以，你對於總統施政表現滿意與否的評價即屬之。

對於政治文化的經典之作，當推Almond與Verba在1963年出版的名著《公民文化》（*The Civic Culture*）一書。他們利用調查研究的方法，分析美國、英國、西德、義大利與墨西哥等五個國家民眾的政治態度以及對民主政治穩定程度的可能影響。他們依照認知、情感與評價三個面向，以及政治體系、政治輸入（政策的制訂過程）、政治輸出（具體政策及執行結果）以及民眾的自我能力，將政治文化劃分為地方型（parochial）、臣屬型（subject）以及參與型（participant）政治文化。[1]

地方型的政治文化是民眾只關注地方事務，對於全國事務少有或是根本沒有興趣。它出現在非洲的部落社會，其社會分工程度極低，常常是部落領袖集政治、經濟及宗教大權於一身，並沒有專職的政治角色。該政治文化體系中的人民在政治取向上與其宗教或社會行為取向並無差異，其對於政治體系、政治輸入、政治輸出以及自我政治能力並沒有特別的期望。臣屬型的政治文化是人民認為他們應該服從權威，但不太參與政治。民眾對於政治體系以及政治輸出，具有一定的認知，但在情感上是相當消極的。而在政治輸入以及自我參與的能力上，人民在認知、情感以及評價上，都相當被動或是疏離。參與型的政治文化是人民對於政治事務有興趣也有意願，人民在政治體系、政治輸入、政治輸出以及自我能力上，皆具備認知、情感與評價的能力。不過，上述三種政治文化的類型只是分類的「理想型式」（ideal type），就各國的真實情況觀察，政治文化大多是上述三種理想型式的混合。Almond與Verba所提出的「公

---

[1]　相關的討論也可參考江炳倫（1983）第五章。當然，在Almond與Verba之前，還有其他學者用不同的研究方法討論政治文化。可參考Pye（1991:487-508）；以及黃秀端（2000：251-293）。

民文化」其實就是一種混合參與型、臣屬型及地方型的政治文化而形成的行為取向。該政治體系內的部分人民通曉政治事務、主動積極涉入，並以理性而非感性做出政治決定。不過，也有許多人民僅願意扮演較為被動的角色。人民一方面也對他人信任、願意與他人合作、積極參與社區事務或是加入志工的行列。除此之外，人民也支持以及服從政府的政策，對政府具備一定的向心力。而最重要的，是人民對政治典章制度具有高度共識，能夠容忍不同意見，社會上更有高度的互信與合作的精神（江炳倫，1983：60）。

政治文化的特色是相對穩定，不過，它應該也具備變遷的可能。在1959到1960年執行訪問的《The Civic Culture》一書，作者發現，在當時的美、英、（西）德、義、墨等五國中，他們對於地方社區事務或是對於全國性出現不義的法規時的反應，在表14-1中可以發現：在Almond與Verba（1963）定義的參與型政治文化的美國與英國民眾，在社區參與以及面對國家不義的法規時願意挺身而出的比例，相對其他三個國家為高。西德與墨西哥則出現兩者的比例相若，雖然按照Almond與Verba的定義，前者屬於臣屬型政治文化，但是後者屬於部落型政治文化。至於義大利，則在社區事務的參與以及挺身面對不義之法律上的態度較為被動。在50年後的2010年那一波調查，雖然沒有相同的問卷題目，但是可以看出：美國、德國與墨西哥三國，在政治興趣上，以德國最高，美國其次，墨西哥僅有三成。亞洲的民主國家中，日本約有六成六，比德國還高，臺灣則僅有約兩成八。表14-1中仍可以發現：美國民眾對公共事務的關注程度依然相對較高，不過，經過二次戰後超過五十年的民主經驗，德國民眾與

表14-1 各國民眾政治傾向與組織參與的跨年度比較

	1959-1960 調查結果[1]				
	美國	英國	西德	義大利	墨西哥
積極參與社區事務	59%	43%	26%	11%	26%
面對不義挺身而出	75%	62%	38%	28%	38%
	2010-2014 調查結果[2]				
	美國	德國	墨西哥	臺灣	日本
對政治感興趣	58.9%	62.4%	30.3%	27.9%	65.5%
為環保組織的會員	17.5%	6.8%	14.5%	28.1%	3.3%
大部分人可以信任	34.8%	44.6%	12.4%	30.3%	35.9%

資料來源：[1] Almond and Verba (1963), 171, 185.

[2] World Values Survey, 6th wave. 2010-14. http://www.worldvaluessurvey.org/WVSDocumentationWV6.jsp。檢索日期：2020 年 5 月 5 日。

日本民眾對政治事務的關注程度，也與當前的美國不相上下，甚至更高。而臺灣民眾在對環保組織的參與，以及人際信任上，也有不錯的表現。

貳、政治文化的研究：跨國比較與後物質主義興起

在Almond與Verba的研究之後，以調查研究方法探討各國民眾政治定向的研究開始受到重視。本節將依序討論有關政治文化的效果與對政治文化研究的批評、後物質主義的研究、政治次文化的研究以及臺灣政治文化相關的研究等四個主題。

一、政治文化的效果與對政治文化研究的批評

政治文化研究受到重視，主要是因為學者認為政治文化往往與一國的政治穩定有重要關係。早在韋伯（Max Weber）所著的《基督教倫理與資本主義精神》一書中，他即強調，價值觀念對社會制度以及經濟發展的重要。近年有關政治文化的研究中，頗受重視也引起相當多討論的，當推Putnam（1993）的著作。Putnam（1993: 9）認為，一個表現好的民主制度「必須既能回應（responsive）又具效能（effective）：對它的選民需求有敏銳感受也運用有限的資源有效能地關注這些需求」。因此，他以這兩個標準作為民主政體表現的判斷依據，並試圖解答：「哪些條件是創造一個強大、回應、有效的代議制度所必需的？」。他分析義大利地區地方政府的民主運作發現：這些相同制度設計的各個地方政府卻在實際表現上，大不相同，他以市民社群（civic community）這個概念，作為解釋各地方政府施政表現差異的因素。Putnam（1993: 88-91）指出，市民社群是強調基於平等的權利與義務下，彼此合作的公民，具有團結（solidarity）、信任（trust）與容忍（tolerance）的德行，且積極參與各種組織（association）的政治文化。Putnam（1993: 98）發現：市民社群意識愈強的地區，其制度表現愈佳。因此，他認為：政治文化與一國的政治穩定與制度的運作，具有重要的關聯性。

不過，近來有關政治文化的研究，開始以探討民眾的政治行為以及影響民眾政治行為的相關態度為主要焦點。由於使用的研究方法為調查研究法，再加上許多了解民眾政治定向的測量工具，也就是問卷題目，大致相同，因此，與政治文化相關的研究至今仍然受到學界的重視。對於政治文化的研究，也有相

當多的討論與批評（黃秀端，2000：255-62）。例如，我們針對一般民眾以調查研究方式所取得的有關個人對政治標的物的認知、偏好與評價，是否可以化約為一個國家的文化集合體？這就需要進一步討論。此外，除了利用民意調查的方式之外，運用內容分析法來分析一個國家官員的演講與談話內容、文件、教科書，甚至報章媒體的報導，或是採用人類學家的參與觀察法所進行的深度分析，都有助於我們了解一個政治體系的政治文化。

二、後物質主義的研究

除了上述Putnam的作品之外，另一個有關政治文化研究的重要主題，當推Inglehart有關後物質主義（postmaterialism）的研究。Inglehart（1990）認為，隨著資本主義經濟的快速發達，在物質更為富裕之下，民眾的需求層次以及價值觀，也隨著過去重視自身安全、滿足生理需要與經濟繁華的物質主義（materialism），轉變為重視尊嚴與自我表達的後物質主義。

Inglehart（1990: 68）認為一個社會價值觀的轉變，主要是基於兩個假設。首先是所謂的稀有性假設（scarcity hypothesis），意指個人需求的優先順序，反映其所處的社會中該事物的稀有與否。換言之，該社會環境愈稀有的事物，民眾對其需求愈為殷切。第二個假設則是社會化的假設（socialization hypothesis），它是指一個人價值觀是在其成年前後形成的。我們將兩個假設予以結合，則價值觀體系的變遷，肇因於整個社會環境的改變，而新世代民眾如果成長時期所處的社會與經濟大環境與上一代不同，則相較於上一代民眾，不同世代民眾的需求將出現顯著差異。因此，環境變化以及世代交替（generational replacement），新的價值觀有可能取代既有的價值觀，成為一個社會或是政治體系的主流價值。

Inglehart針對西方工業化國家過去數十年的長期觀察，他認為隨著經濟的發展，新世代的民眾生長在經濟上不虞匱乏的年代，因此，他們不再追求更安全有序的社會環境，也不重視經濟發展的物質主義，而是追求個人尊嚴、個人參與以及個人表達的後物質主義。這與我們所謂的「衣食足而後知榮辱」不謀而合，不過，Inglehart的社會化假設更說明了一個社會價值觀的改變不是一蹴可幾的，往往需要新世代新價值觀的注入，才會在世代交替之後，出現價值觀逐漸改變的情況。

從表14-2中可以發現，在1995年的第三次世界價值觀調查（World Values Survey, WVS）時，美國的後物質主義者的比例最高，大約是有四分之一的民

眾為後物質主義者。南美的烏拉圭也有超過兩成三的比例。至於北歐的瑞典約一成七,而日本、南非與臺灣等國民眾擁有後物質主義價值觀者,則在5到9個百分比

表14-2   各國民眾後物質主義傾向比例的跨年度比較

	美國	瑞典	烏拉圭	南非	日本	臺灣
WV3_1995-98[1]	24.6%	17.3%	23.1%	6.9%	8.5%	4.7%
WV6_2010-14[2]	16.7%	30.0%	19.7%	5.5%	6.6%	6.9%

資料來源:[1]World Values Survey, 3rd wave. 1995-98. http://www.worldvaluessurvey.org/WVSDocumentationWV3.jsp 。檢索日期:2020 年 5 月 5日。

[2]World Values Survey, 6th wave. 2010-14. http://www.worldvaluessurvey.org/WVSDocumentationWV6.jsp 。檢索日期:2020 年 5 月 5日。

之間。到了美國金融危機之後的2010年代,美國與烏拉圭民眾具有後物質主義價值觀者分別跌到一成七或是兩成,下降比例不少。瑞典則上升至三成,是幾個國家中最多的。日本與南非也都略為下降,但是臺灣民眾則微幅上揚一點。表14-2中可以發現:在日本、南非與臺灣三個國家具有後物質主義價值觀者相對穩定,而一個國家要提升其後物質主義的價值觀,需要有良好的經濟發展情況的輔助。

三、政治次文化:大眾與菁英的差異以及團體間的異同

一個國家的政治文化雖然是整體的現象,不過,我們一個國家內的菁英與一般大眾之間或是不同的團體之間,也許存在著不同的價值觀念與行為模式。以下,我們就分別討論。

針對大眾與菁英之間態度差異的研究,我們以美國政治學界對政治文化中相當重要的觀念,民主價值的經驗性研究為例,來加以說明。早在Stouffer(1956)、Prothro與Grigg(1960)以及McClosky(1964),他們的研究動機大多溯自托克維爾的《美國民主》一書中所述:民主政體存在的先決條件是民眾對於一些基本的遊戲規則或是基本價值具有共識。這些民主政治的基本價值,一般包括:多數決、政治平等、支持民主政體是最好政體等等,以及對於一些程序上自由權,例如人民的言論自由表達權以及集會與結社自由權的支持。不過,一些實證的研究成果卻發現民眾大多支持抽象的民主原則,但是對於將這些原則運用到具體或是實際的生活中時,支持的比例立刻大幅下降。而菁英與群眾之間,也出現顯著的差異。

以Prothro與Grigg(1960)的研究為例,他們發現有超過九成的受訪者,支持民主政體是最好的政體以及服從多數以及尊重少數等抽象的原則。而當運

用這些抽象的原則到實際生活中時，例如，要不要給種族主義者（racists）言論自由，民眾同意的比例立刻下降。相對而言，教育程度較高的民眾，其對於民主原則實際運用在生活上的支持程度較高。

McClosky分別針對參加民主黨與共和黨兩黨的黨代表大會的政治菁英以及具有全國性代表的一般民眾樣本的這兩群不同樣本，進行比較分析。他的研究發現，有關民主基本價值以及遊戲規則等程序正義的民主價值，在政治菁英間支持的程度遠高於一般民眾，由於政治菁英對於這些民主價值擁護的熱忱遠勝於一般民眾，因此，他甚至宣稱（1960: 376）：「民主的社會即使在一般大眾對於基本的民主以及憲法價值誤解以及不同意的情況下，仍然可以生存。」

因此，社會菁英通常是該社會中，教育程度較高、收入較高、具有較明確的議題立場、對於政治事務的關注以及參與程度較高的一群。正因為他們擁有較多參與政治的資源與技巧，因此，他們對於實際政策的影響力，往往遠超過一般社會大眾。儘管在民主國家，每個公民都擁有投票權，但是，菁英因為擁有更多影響政府政策制定的管道，他們對於民主政府的重要政策，往往擁有更大且更有力的發言權。

除了菁英與一般大眾的差異之外，次級政治文化的差異也常出現在不同種族之間。以當前美國為例，白人與黑人在政治態度上就明顯不同。例如，黑人在政治支持上，絕大多數是支持民主黨的。此外，他們也認為政府應該在社會福利上扮演較為積極的角色。而同一國家內使用不同語言的地區，也會出現不同的次文化。以加拿大為例，使用法語的魁北克省，就積極想脫離使用英語的加拿大而獨立。西班牙的加泰隆尼亞則是另一個因為語言文化以及經濟發展不同，而希望脫離母國獨立另外一例。宗教的差異，則讓北愛爾蘭的羅馬天主教與新教徒之間出現重要的衝突。因此，不同的種族、語言與宗教，所衍生出的不同生活習慣以及政治傾向，可能使同一國家內出現不同的次級文化。有時，這些次文化若是與主流文化發生衝突，往往會引起更多的政治對立甚至分離運動。

四、臺灣學界對於政治文化的研究

臺灣學界有關政治文化的研究，肇始於江炳倫教授。其後，包括袁頌西、胡佛、陳義彥、彭懷恩以及陳文俊等學者，對於政治文化與政治社會化的相關主題，均有深入的研究。而國外學者如Sheldon Appleton與Richard Wilson，對

於臺灣學生的政治態度的相關研究，也有一定的成果[2]。

就國內外學者有關政治文化的研究成果而言，早期是以政治社會化的主題為焦點。這方面成果，我們將在本書下兩節詳述。而對於一般民眾政治文化的研究，則不脫政治態度與政治行為之間關聯性的探討。其中，有關投票行為與其政治態度之間的關聯、政治民主化中重要政治態度與政治價值的轉變以及有關民主價值的相關討論，是相關研究的重點。相關的研究均同意，民眾參與政治除了需要具體的行動之外，其所具備的一些相關政治態度也對於他是否參與政治具有重要的影響。其中，民眾的政治效能感（sense of political efficacy）是一個重要的觀察點。

Abramson（1983: 135）認為，政治效能感是僅次於政黨認同，受到最多學者研究的一個政治態度。依照Campbell等人（1954: 187）的定義，政治效能感是人們認為「個人的政治行動對於政治過程是有影響或是可以產生影響的」[3]。政治對許多人而言，也許是複雜而遙遠的，不過，有些人也許認為，他們對於政治的運作以及政策的決定，是具有影響力的。因此，政治效能感所要測量的，正是一般民眾對於自己了解政治的能力以及自認為對於政治決策過程影響程度的主觀認知（Campbell et al., 1960）。

除了政治效能感之外，近年來另外一個與政權合法性相關的重要政治態度，政治信任（political trust），除了受到國外學者的注意之外，也是國內研究的重點之一。所謂政治信任是指民眾對於政府的信心（faith），當民眾對於政治權威的能力以及操守具有相當程度的信任時，民眾會相信執政當局了解民眾的需要、能夠為人民謀福利並且依法行政而無貪腐的情事出現。相對地，當人民對於權威當局不信任時，他們給予執政者的自由裁量權相對地縮小，且會處處限制執政者，以確保自身的利益不受執政者侵犯。因此，政治信任有其起源，更有其政治後果。

不過，從美國相關政治信任的研究中卻發現，美國民眾的政治信任是一路下滑。Abramson（1983）與Chanley（2002）運用「美國全國選舉研究」（American National Election Study）的資料展示，在1958到1996年之間，民眾的政治信任快速下降。以美國白人為例，在1958年時，相信政府所做的事情大多數是正確的比例為74%，並在1964年上升到77%。不過，從1964年之後，這個

2　相關的整理可以參考黃秀端（2000）；吳玉山（2000：3-48），何思因、陳義彥（2003：1-6）。
3　有關政治效能感的相關討論以及文獻整理，請參考Abramson（1983）第八章以及Reef and Knoke（1993）。

比例就開始下降，到了1980年時下跌到25%。在雷根擔任總統的期間曾經反彈回44%，不過，隨著伊朗軍售醜聞的爆發、1992年國會的相關弊案以及1994年共和黨控制了國會的多數，民眾的政治信任在該年跌落至歷史新低的21%。[4]因此，政府發生醜聞，會讓民眾政治信任快速下降；不過，當國家面臨重大危機時，民眾的政治信任感似乎又出現急遽上升的跡象。例如，在2001年的911恐怖攻擊之後，美國民眾對政府的信任程度，在2004年回升到了50%。就臺灣地區而言，政治民主化之後，傳播媒體報導的資訊更加開放與多元，因此，政黨輪替之前，有關執政國民黨與黑金掛勾的相關報導不斷，政黨輪替之後，民進黨政府施政能力與貪腐的負面報導也不斷傳出，這些對於民眾的政治信任而言，一定是一大打擊。

我們從表14-3中可發現：民眾同意「政府所做的事情大多數是正確的」比例，1992年時超過四成，卻一路下跌到2008年的七分之一，雖在2020年反彈至24.9%為2000年以後的最高，這也許因為新冠肺炎（COVID-19）的疫情處理得當，讓民眾對政府的信任提升。不過，2020年的比例也較1992年下跌了近一成七，值得深思。在此同時，民眾不同意「政府所做的事情大多數是正確的」比例，從1992年的四成多，一路上揚到2008年的超過七成，在2012年下跌至七成

表14-3　民眾對政府信任[1]的分布情況，1992-2020年

	1992年	1995年	1998年	2001年	2004年	2008年	2012年	2016年	2020年	差距[3]
同意	41.5	33.0	25.7	20.8	16.9	13.9	22.3	17.3	24.9	-16.6
不同意	42.5	49.3	55.4	60.2	69.0	72.7	66.8	72.2	67.1	24.6
差距[2]	-1.0	-16.3	-29.7	-39.4	-42.1	-58.8	-44.5	-54.9	-42.2	
（樣本數）	(1,523)	(1,485)	(1,207)	(2,022)	(1,258)	(1,905)	(1,826)	(1,690)	(1,680)	

資料來源：陳義彥（1993、1996）、劉義周（1999、2005）、黃紀（2002、2016、2020）、游清鑫（2009）與朱雲漢（2012）。詳細計畫名稱請見參考書目。

說明：[1]問卷題目是：「有人說：『政府所做的事大多數是正確的』，請問您同不同意這種說法？」表中僅列出「同意」與「不同意」的百分比，其他選項未列入計算。

[2]該差距是計算「同意」減去「不同意」百分比的差距。負值表示民眾不信任的比例高於信任的比例。

[3]該差距是計算2020年的百分比減去1992年百分比的差距。負值表示過去28年來該項百分比下降，正值表示過去28年來該項百分比上升。

4　在2001年美國境內歷經恐怖份子攻擊的「911」事件後，《華盛頓郵報》進行一項民意調查，結果發現相信政府所做的事情大多數是正確的比例上升到64%。參考Chanley（2002）。

以下，但在2016年又回升到2008年的約七成二。雖然2020年的比例下降到六成七左右，但是，整體而言，自二十一世紀以來，民眾對於政府的不信任程度，是遠高於信任的比例，這對於我國民主政治的運作是否會產生負面的影響，相當值得重視。

　　關於政治信任的低落，會不會對於民主政治的運作產生不良的影響，學者之間的看法並不相同。Miller（1974: 951）認為低落的政治信任顯示民眾對於國家政策制定的方向並不滿意，也影響民主政體的生存。不過，Citrin（1974）則反駁，認為低落的政治信任只是民眾對於現任民選官員的不信任以及其制定政策的失望。而Citrin與Green（1986）指出，民眾低落的政治信任其實給予新的民選官員一個改革的契機，而民眾的政治信任的起落，則繫於他們對於政府所作所為，而不是應做應為的評價。Norris（1999）更進一步指出，儘管民眾對於執政者不信任，但是只要他們持續相信民主體制，這些對當權者心懷疑慮但卻捍衛民主體制的批判性公民（critical citizens）有助於民主政治的健全發展。

　　國內對於政治信任的研究則發現，民眾對政黨表現的評價以及對總體經濟的評估，都與民眾的政治信任顯著相關。當民眾認為執政黨過去一年表現較差以及認為過去一年整體社會經濟變壞時，其政治信任就出現顯著偏低的情況。選民的政治信任也與其投票支持的政黨有重要關聯，當信任愈高愈傾向支持執政黨提名的候選人。此外，民眾的政治信任也與其對民主政治的評價或是展望有重要的關聯。政治信任愈高的民眾，對臺灣的民主政治實施的展望或是評價愈樂觀（陳陸輝，2002、2003、2018）。此外，相關的研究也發現：國民黨認同者在政權輪替由民進黨執政之後，出現信任感降低的趨勢，不過，民進黨認同者反而出現上升的趨勢（盛治仁，2003）。因此，目前臺灣學界對政治信任的相關研究，似乎還是觀察民眾對於執政當局的信任程度為主。民眾信任的對象以及其政治後果，是與執政黨的施政表現與選舉命運密切相關的。短期而言，政治信任的低落對我國民主政治的順利運作，似乎較無密切的關聯。不過，如果民眾長期對於執政當局抱著不信任的態度，則民眾對政治疏離的後果，勢必影響民主政治的健全發展。

　　一個國家的政治文化的形成、持續與變遷是需要長期觀察的，對一個國家政治運作也至為重要。任何國家或是社會，都希望透過系統的方法，將重要的態度、價值與認知傳遞給一般民眾。因此，政治社會化就是一個重要的主題。以下，我們就針對政治社會化的定義、影響政治社會化的媒介以及政治社會化

的研究，一一加以探討。

參、政治社會化的意義

政治社會化（political socialization）是「個人獲取政治定向（political orientations）以及行為模式（patterns of behavior）的發展過程。」（Easton and Dennis, 1969: 7）從上述的定義中我們可以發現：對個人而言，政治社會化是一個發展的過程，而所獲取的，是包括態度與信念（beliefs）的政治定向以及行為模式。而我們觀察一個人政治社會化的歷程，可以從其幼年時期一直到成年以後。就其政治學習的內涵而言，除了分析政治相關事務與其行為模式及政治定向間的關聯性之外，我們也觀察他在一些非政治性相關事務，例如，其所處社會的文化或是其個人人格，產生的影響。以下，我們將分別討論政治社會化的定義、政治社會化的理論、政治社會化的研究主題以及解釋政治學習效果的四種模型。

一、政治社會化的定義

對於政治社會化定義，應該可以歸納成兩個主要界說。[5]第一個是強調個人獨特的成長（the idiosyncratic personal growth）。Greenstein（1968: 551）就指出，「（關於政治社會化）的一個較廣義的概念，即其包括生命歷程各階段中的所有政治學習，不論正式的或非正式的，計畫的或非計畫的，都囊括在內」。換言之，此種政治學習，不僅包括顯而易見的政治性學習，即便非政治性的學習，如與政治相關的社會態度之學習及與政治相關人格特質的養成，只要具有影響政治行為的作用，也都包括在內。因此，這個定義主要強調人類在成長過程中，逐漸獲取個人的自我認同，能夠表現自己，並以自己的方式尋求個人獨特的需求與價值。這種探討個人政治社會化的歷程，是以個人政治學習（political learning）的角度切入，與一般政治心理學的研究較為貼近。

第二種的定義主要是從社會體系的角度來看，例如，Langton（1969: 4）把政治社會化定義為「社會將它的政治文化從上一代傳遞到下一代的過程」。從這個角度探討的政治社會化是強調世代間政治價值的傳遞，在其中，國家的

5　以下兩段討論可以參考易君博（1975：114-120）；陳義彥（1979：3-4）。

教育機制也可扮演重要的角色。所謂的「教化」、「灌輸」、「文化傳承」以及「接受文化規範」等用語，實際上即在描述一個社會有系統地將一套規範、價值與行為模式，傳遞給其新成員的過程。

二、政治社會化的理論

政治社會化的理論，依照Easton與Dennis（1969: 19-70）的看法，可分為以下三種。首先，是分配理論（allocation theory），該理論強調在民主政體中，價值或是有價值的事物如何分配給其成員。其次，是系統維持理論（system-maintenance analysis），該理論著重政治社會化的過程應該如何確保政治體系維持相對上的穩定。而第三種理論則是系統持續理論（system persistence theory），相對於第二種理論，本理論著重在說明系統穩定以及變遷的原因。因此，在這個理論中，系統的變遷成為可能，而社會化的作用，就是政治系統處理重要壓力的回應機制（response mechanisms）之一。

國內學者易君博（1975：126-132）認為，政治社會化所欲解釋的現象，不外乎個體的政治行為、政治體系的穩定現象以及政治體系的持續與變遷，因此，他認為可以從行為論、功能論以及系統論等三個不同理論層次，討論政治社會化。就行為論而言，政治社會化的研究主要自心理學出發，強調個人政治行為背後的形成的過程與原因，注重人與環境的互動，分析影響個人政治行為背後的認知形成與資訊處理過程。至於功能論，則假設政治社會化對於政治系統得以產生整合或是維持的作用。政治社會化若能對政治系統提供上述功能，則它自能解釋政治系統為何得以穩定。相對於功能論，系統論則除了強定穩定之外，也關注政治體系的變遷。而且其研究的範圍，還包括對政治系統的輸入（需求與支持）、輸出（決策與法案）以及與環境的互動等。在系統論中，政治社會化過程不但在形塑公民政治支持、政治需求上扮演重要的角色，對於公民就政治系統輸出的法案與政策應如何評估，以及對系統的持續或是變遷，都有重要的影響。

從上述政治社會化的理論中，我們發現相關的理論仍然不脫個人層次以及結構層次兩個面向。除了理論架構之外，政治社會化的具體研究主題為何，我們在以下加以討論。

三、政治社會化的研究主題

在定義過政治社會化的意義以及討論相關的社會化理論之後，我們一般在

進行政治社會化的研究時，會側重哪些主題呢？就政治社會化研究的主題而言，Sears（1975: 94）認為應該包括以下三個部分。首先，是探討民眾對政治體系的制度、結構與規範的歸屬感。其次，則是研究民眾對當前執政者以及競逐政治權力與政治影響力的個人、團體、政策或是意識形態的黨派態度（partisan attitudes）。而除了兩個態度面向之外，政治社會化也注重民眾的政治參與。

而Dennis（1968）提到以下十項研究問題，作為政治社會化的研究主題，他們包括：與系統有關的政治社會化、政治社會化內容的差異、整個生命週期的政治社會化、不同世代間的政治社會化、政治社會化的泛文化研究、次級團體與次級文化的差異、政治學習過程、政治社會化的媒體與媒介、對不同人的政治社會化的程度與相關效果以及特殊的（尤指菁英的）政治社會化。

Jennings、Niemi及其同僚（Beck & Jennings, 1975, 1991; Jennings, 1987; Jennings & Markus, 1984; Jennings & Niemi, 1974, 1975, 1981; Niemi & Jennings, 1991; Stoker & Jennings, 1995）歷年來針對年輕學生、其父母以及後來其子女先後所做的四波「定群追蹤研究」（panel studies），探討「代間」政治態度的傳遞、個人政治態度的持續與變遷，最具有突破性。除了家庭內政治價值、態度與行為的傳遞之外，他們的研究也分析了重大政治事件、生活經驗以及生命週期對個人政治態度持續與否的影響，並比較不同社會背景間政治定向的差異。在研究資料、研究方法以及研究成果上，他們的研究，是政治社會化研究中最具代表性也最傑出的。

四、解釋政治學習效果的四種模型

在政治社會化的研究中，個人政治學習的效果是否得以持續？抑或將隨外界環境變化而改變？一般可以區分為終生持續模型（lifelong persistence model）、終生開放模型（lifelong openness model）、生命週期模型（life-cycle model）以及世代模型（generational model）等四種不同模型[6]（Jennings & Niemi, 1981: 19-47）。

所謂終生持續模型，是指政治社會化效果相當持久，並且限制了個體日後改變的機會。終生持續模型強調個人一旦學習、獲取特定政治態度之後，該態

---

6 Hess與Torney（1967）也提出累積型、人際關係移轉型、認同型以及認知、發展型等四種解釋政治態度的獲取、穩定與變遷的解釋模型。相關的討論請參考陳義彥（1979：13-14）。

度會終生持續不變，並影響其對其他政治事務的看法。終生開放模型則認為一個人的政治定向是一輩子都「可能改變」的，但「可能改變」並不代表一定會改變。就這個模型而言，個人並沒有所謂「固定的」政治定向，各種政治態度可能會隨著新資訊的吸收而即時調整。

生命週期模型是人民隨著自己年齡的增長，面對生命不同的階段時，諸如：成家、立業、為人父母等，而調整其政治態度。通常我們說一個人年輕時充滿改變社會現狀的熱情或是具有叛逆的傾向，年長之後，就變得穩重而保守，即是運用生命週期模式解釋其不同人生階段的政治傾向變化。至於世代模型則認為出生在同一時期的選民，受到相同的歷史、政治與社會環境所影響，而在政治定向上與其他世代出現顯著的不同。在目前臺灣社會流行的「五年級」、「六年級」或是「七年級」的說法，就是以出生的時期作為不同世代的劃分。世代模型有一個重要的假設，就是同一年代出生的民眾，他們的政治傾向形成年代大多在18至25歲期間，亦即他們接觸政治事務早期所形成的。因此，他們對社會或是政治重要的集體記憶，主要是在這個年齡階段的經歷。一般政治世代的劃分通常會以重大事件作為切割點，例如，美國的經濟大蕭條或是新政、臺灣的「二二八事件」、「解除戒嚴」或是1996年首次總統直選的年度，以顯現該事件對所屬世代的影響。

除了上述四種模型之外，有關政治社會化的相關研究中，另外一個重要效果是所謂的時期效果（period effect），它是指與特定時間點相關的影響（Glenn, 1977）。就臺灣的所有民眾而言，西元2000年總統大選後的首次政黨輪替，以及2004年總統大選的激烈競選過程與選前一天正副總統同遭槍擊的戲劇化轉折，是對所有民眾皆產生重大影響的重要事件。在此時期所有民眾的政治定向，都或多或少受到影響。

在描述有關政治社會化的定義、研究主題以及對於政治學習效果的幾種理論之後，在民眾政治社會化的歷程中，哪些是影響民眾政治定向與行為模式的主要媒介（agents），將是我們下一節討論的重點。

肆、政治社會化的主要媒介

在個人學習社會行為規範的過程中，除了其出身與成長的家庭之外，學校、同儕團體、工作場所、大眾傳播媒體以及選舉或是重大政治事件，對於個

人的政治學習，都有相當程度的影響。以下，我們就一一說明。

一、家庭

　　家庭不但是一個人出身與成長的場所，家庭也同時提供個人政治認同並代表了他所處的社會階層以及所在的社會經濟地位。而以其父母甚至祖父母為家長的家庭，更是一個人在成人之前甚至成年之後，居住與生活時間最長的處所。其對於個人政治定向與行為模式的影響，其重要性不言可喻。

　　子女透過平常對父母的觀察與互動，而認知到父母對政治以及非政治事務的態度與看法。因此，父母在家庭社會化中所扮演的角色，主要是將與政治相關甚至非直接相關的價值，透過日常生活的機會，以刻意或是非刻意的方式傳遞給其子女。因此，父母自己在媒體使用、政治興趣及政治參與的情況，以及父母在家中對於政治事務討論的頻率與好惡，不但提供子女認識政治事務的機會，更藉由聆聽或是參與父母討論的過程，認知並進一步學習父母的政治態度。在一個經常討論政治性話題的家庭，親子間政治定向的傳遞會較為成功；反之，如果父母平時討論政治並不頻繁，也就是在一個對政治事務並不熱衷的家庭成長，則父母對於子女政治態度的影響程度自然不大。當然，父母是否擁有固定的政黨認同，對於其子女政黨認同的形成，也有其影響力（Jennings & Niemi, 1974: 153-178, Westholm, 1999）。此外，家庭內的溝通模式，子女對於家庭或是個人的重要事務是否具有發言權或是決策權，對於親子間的關係以及子女未來的政治定向，也相當重要。

　　在子女政治社會化的過程，政治標的物，例如，政黨體系或是重要的政治事件，如果持續不變的話，政治社會化的效果自然較佳。在美國長期以來的兩黨政治或是歐洲以意識形態光譜定位的多黨政治體系，使得父母的政黨認同或是意識形態的傳遞上，出現不同的效果。簡言之，以兩黨政治為主的美國，其親子間政黨認同的傳遞較佳。而歐洲則以自由或是「左派」與保守或是「右派」的意識形態立場，在親子間的傳遞較好（Westholm & Niemi, 1992）。當然，如果父母的政治傾向是否一致以及親子關係是否密切，對於代間政治態度的傳遞，也有不同程度的效果。父母政治態度愈一致以及親子間關係更密切，親子之間政治態度的傳遞效果會更好。

　　我們以臺灣大學生的政治社會化調查為例，說明家庭間親子政黨傾向傳遞的情況。從表14-4中可以發現：在1991年調查時，當時的大學生其政黨傾向與父親一致的比例約五成四，到了2001年升高到五成七，而在2012年更高達七

表14-4　臺灣大學生與父母親政黨傾向一致性的分布，1991-2012年

		1991 年	2001 年	2012 年
大學生與父親	一致	769（**53.6**）	892（**56.6**）	1,230（**70.1**）
	不一致	667（46.4）	684（43.4）	524（29.9）
大學生與母親	一致	--	886（**56.2**）	1,288（**73.4**）
	不一致	--	690（43.8）	466（26.6）

資料來源：陳義彥（1991；2001）、陳陸輝（2012）。本表轉引自陳陸輝與楊貴（2019），表2。

說明：表中數字為樣本數，括號內為直欄百分比（%）。

成。在2001年時，我們也詢問其政黨認同與母親的一致情況，該年為五成七，到了2012年則接近四分之三。雖然該問卷調查中，大學生及其父母的政黨認同都是由大學生自己填答，但是，我們可以發現：在1991年度，臺灣民主化的初期，就有超過五成的大學生，與其父母親的政黨傾向相當，到了2001年，首次政黨論替之後，則提高到五成六，在2012年的第二次政黨輪替後，更高達七成以上。顯示家庭間親子政黨傾向的傳遞，具有一定的效果。

除了親子之間的政治價值傳遞之外，夫妻婚後也會對彼此的政治態度產生影響。一般而言，夫妻之間的影響大致有以下兩個方式，首先，是在雙方婚姻的初期，彼此互相學習以及適應，以減輕彼此之間的歧見，因此，婚姻初期是政治態度較可能改變的階段。而在婚後由於兩人必須面對共同的問題並尋求解決之道，因此，兩個人就必須對於針對不同的意見進行協調，以達成相同的決議。這些互動都對夫妻間的政治態度，產生影響（Stoker & Jennings, 1995）。

二、學校

學校除了可以透過正式的以及有計畫的課程設計之外，學校也透過學校的政治氣氛、課外活動、師生互動以及學生之互動，提供學生政治學習的環境，並將政治信念與價值傳遞給學生。

學校在政治社會化中所扮演的角色，一向為政治社會化研究的學者所重視，而一個人教育程度的高低，更對公民的政治參與有重要的影響。教育一方面增加個人認知技巧，使其可以了解較為複雜、抽象以及難以捉摸的政治世界。教育程度較高的公民，也因為跟整個政治體系的關係更為密切，而受到社會期待的壓力去參與政治以及有較強的公民責任感。教育的學習過程，更讓一個人學會了如何跟官僚機構打交道，知道官僚組織有關要求、填表、排隊以及

合乎「期限」（deadlines）等規定，培養其日後跟官僚機構打交道的能力（Wolfinger & Rosenstone, 1980: 35-36）。

　　學校的公民教育課程，常常是國家以有系統的方法，將有關政治制度運作的知識、價值以及規範，灌輸給學生。由於學校本身就是一個制度化的學習場所，因此，正式課程提供的相關政治學習，一向為國家所重視。任何國家也希望透過教育的過程，讓學生了解代表國家的國旗與國歌以及過去輝煌的歷史傳統，藉以凝聚國民對國家的向心力。Almond與Verba（1963）針對美國、英國、德國、墨西哥與義大利五個國家的調查研究也發現，學校教育是公民學習政治知識以及政治參與的重要管道。不過，從美國早期的研究發現卻顯示，學校的公民課程對於高中學生的政治涉入、政治興趣以及政治行為沒有顯著的影響（Langton & Jennings, 1968）。不過，美國近來的研究卻顯示，高中學生學習公民相關課程的數目與其政治知識之間，是呈現顯著正相關的（Niemi & Junn, 1998）。

　　除了正式課程上的公民教育，提供個人政治學習的機會之外，透過非正式的課程或是課外活動，也影響學生的政治學習。研究顯示，學生有沒有參加學生的自治政府活動及學校社團，對於政治參與及志工活動的參與有重要的影響（Smith, 1999; Verba, Schlozman, & Brady, 1995）。主要是因為，學生參加這些課外活動的過程中，不但對於人際溝通的能力有所增進，更對組織的技巧有所提升，自然有利於其日後的政治參與。

三、同儕團體

　　同儕團體包括同學、朋友、同事以及經常聚會見面的一些團體組織的成員，例如，教友或是扶輪社的成員。由於同儕團體的年齡相近，而且常常是興趣相投或是希望獲得同儕團體認同者才會集結成群，因此，彼此之間的影響，有其重要性。不過，過去的研究中發現：因為青少年較不關切政治事務，也未必有投票權，因此，他們之間在政治傾向的一致性較低，但卻在衣著或是對流行事務的偏好相若。值得注意的是Jennings與Niemi（1974）的研究，他們從「議題重要性」的角度，分析與大學生切身相關與否的各議題中，家庭與同儕團體對大學生政治態度影響的差異。他們發現：在是否應給予年滿十八歲者投票權的議題上，個人與同儕團體，相對其父母，因與大學生更較具切身相關，因此同儕團體的影響力是大於家庭的。不過，Tedin（1980）則從認知正確性與議題重要性來評估兩者的影響力差異，發現在政治相關的議題上，子女對父母

立場的認知正確性與相關議題的討論皆多於同儕團體，因此父母對子女的政治態度影響較大。Langton（1969）則以政治效能感作為測量標的，來評估對家庭、學校、同儕團體的相對影響力差異，他發現家庭與學校對於個人政治效能感具有較大的影響力，至於個人是否具有高度的政治效能感，則取決於與同儕之間的政治化環境程度高低。因此，議題切身相關與否，往往左右了同儕團體間的影響力大小。

　　同儕團體的社會階級，對於個人的政治學習，也是一個重要的影響因素。如果成員屬於相同的社會階級，其居住的環境相若，則彼此之間的政治態度會有增強的作用。例如，同樣是勞工階級的同儕，對於社會經濟的安排，比較會採取注重社會資源重新分配的立場。相對地，如果個人處於異質性的同儕團體時，社會階級較低者，會傾向學習階級較高同儕的政治態度（Langton, 1967）。

四、工作場所

　　一個人完成學業、服完兵役而進入工作場所，是其政治社會化的一個重要階段。由於各種不同工作場所有其特定的價值以及行為模式，加上特定的職業類型與一個人相處的社會階層密切相關，因此，工作場所是對個人社會化的重要場合。

　　在進入職場之後，職場的工作環境與職場的政治氣氛，與一個人政治態度的學習、持續與變遷也密切相關。一般而言，擔任傳統工廠的勞工，由於強調標準化的生產作業流程以及重視組織與紀律，人與人之間的關係較為密切，其對政治學習產生的影響，也可能較大。不過，一個有趣的研究卻顯示，在一個支持民主黨氣氛濃厚的美國汽車工廠的系絡（context）中，一位共和黨人會用自己的政治立場為標準，結合工廠中屬於少數的「志同道合」之同事，形成另一套人際關係網絡（network）。不過，若是持少數意見無法結合成群，則少數意見將逐漸銷聲匿跡（Finifter, 1974）。

五、大眾傳播媒體、選舉與重大事件

　　過去有關大眾傳播媒體對於一個人政治態度影響的看法，相關的實證研究發現：大眾傳播媒體的效果，其實只是在「強化」一個人既有的政治立場。大眾傳播媒體重要的功能在於「議題設定」（agenda-setting）的功能，也就是媒體出現最頻繁的新聞，常常是民眾認為最重要的問題（McCombs & Shaw,

1972）。

　　不過，在現代化的社會中，大眾傳播媒體是提供政治資訊的重要管道。任何政治人物都試圖利用大眾傳播媒體，向民眾說明他們對於相關政治事務的看法或是推銷其政策。對任何政體而言，不論是民主政體或是極權政體，都會利用大眾傳播媒體傳遞重要政治訊息。在大眾傳播媒體中經常出現的人物，例如，總統或是行政院長，無疑有助於其建立政治領導的形象。美國近年的研究也發現，不同的媒體因為政治立場分明，因此，收視的民眾各有不同。例如，保守派人士喜歡看福斯新聞（Fox News），而自由派則偏好收看MSNBC。

　　就民主國家的公民而言，選舉可能是使青少年的相關政治態度具體化（crystallize）的重要媒介。Sears與Valentino（1997）指出，在選舉期間，由於政治相關資訊的大量湧出並經過媒體大幅報導，使得青少年的許多政治態度在此期間形成，他們對於一些與政黨相關的認知與評價，並不會隨競選結束之後而消失，反而因為選舉的催化而具體成型。

　　個人生活的重大改變，例如移民，就是一個人「去政治社會化」與「再政治社會化」的過程。Finifter與Finifter（1989）觀察移民澳洲的美國民眾時發現，過去他們在美國時就擁有政黨認同者，縱使移民澳洲，對澳洲的國內政治也會繼續感興趣。不過，如果在美國時就對政治事務不關心者，到了澳洲之後，其改變的情況也並不大。至於一個國家之內，民眾在不同區域的移動，會不會改變其政治態度，也是研究的重點。以黑白種族鮮明的美國為例，Glaser與Gilens（1997）的研究發現即顯示，離開南方的白人相較於留在南方的白人，在許多種族態度以及政府應不應該擴大社會福利預算上，都比留在南方的白人更為自由（liberal）。

　　此外，一些重要的政治事件，例如，國家元首遭到暗殺，像美國的甘迺迪總統或是以色列總理拉賓，或是國家元首發生重要的弊案，如尼克森總統的「水門案件」，對民眾產生的衝擊，以及對民眾認知總統角色以及政治信任，都產生顯著的影響（Raviv et al., 2000; Slone, Kaminer, & Durrheim, 2000）。而美國在歷經「911」恐怖攻擊之後，民眾的政治信任突然大幅提高，也顯示諸如恐怖攻擊的重大事件，對個人政治態度的影響（Chanley, 2002）。而一些其他重要的經驗或是參加一些重要的校外活動甚至社會運動，對他們政治態度會不會產生影響，也值得觀察（Cole, Zucker, & Ostrove, 1998; McAdam, 1989; Slone, Kaminer, & Durrheim, 2000）。

六、政府

政府當然是一個國家政治社會化重要的媒介。它透過國民義務教育中的頒訂課綱,決定公民將學習哪些重要的價值觀。然而,要分析不同政府體制對其公民政治社會化的影響,並不容易。

表14-5　各國對於以下行為認為「根本沒道理」的百分比,1995-1998年

	西德	東德	臺灣	中國大陸
同性戀	14.5%	26.2%	63.8%	81.3%
逃車票費用	38.2%	51.0%	59.2%	74.9%

資料來源:World Values Survey, 3rd wave. 1995-1998. http://www.worldvaluessurvey.org/WVSDocumentationWV3.jsp。檢索日期:2020 年 5 月 5日。

因為不同政治體制的國家,也許其政治文化,本來就有一定程度的差異。不過,東、西德以及臺灣與中國大陸,都是在二次世界大戰之後分裂的國家,因此,他們提供我們,因為不同政府體制差異所可能造成的影響。從表14-5中,我們看到,民主國家因為對於不同的社會群體較具包容性,因此,對於同性戀不接受而認為其是「根本沒道理」的在西德與臺灣的比例,相較於東德與中國大陸,低了十幾到近二十個百分點的比例。而東德與中國大陸在不接受逃車票費用上的比例,也高出西德或臺灣約15%上下。

伍、臺灣學界有關政治社會化的研究

國內對政治社會化之研究,由袁頌西與易君博撰文介紹首開其端。其後有外籍學者Rosenberg、Appleton(1970、1976)及Wilson(1968a、1968b、1970),分就大學生、中學生、小學生加以研究。袁頌西於民國60年至62年,以兒童與青少年為對象,研究家庭因素對政治效能感的影響。民國64年,McBeath調查研究中學生的政治社會化。其後,有許多研究生以政治社會化為主題,從事博士或碩士論文的寫作。因此,國內有關政治社會化的研究,自民國60年以來,逐漸展開,然而,無論在研究方法或理論建構上,值得努力的方面仍多。特別是相關研究以研究生的碩士論文居多,政治學界的學者中以政治社會化為主題作有系統及深入探討者甚少,其中,陳文俊在1990年代對大學生、中學生及小學生作一連串的研究,是較具貢獻者。不過,他的研究先觀察大學生、接著分析中學生、最後則以小學生為對象。這種由上向下的研究設計,對於我們了解政治社會化的過程,略嫌不足。當時若能考慮由小學生而中學生並進一步分析大學生,如此逐步往上探究,則對我國學生政治價值與行為

的發展與演變，非常有可能得到一個更清晰的輪廓。

　　國內以大學生為對象，以隨機抽樣的方式進行持續觀察的政治學者，當推陳義彥。他分別在1975年、1991年以及2001年，針對我國大學生的社會化，進行系統性的觀察。以其1991年以及2001年的大學生政治定向上的比較分析為例，該研究（陳義彥、陳陸輝，2004）發現：在兩個有關人格測量的變項上，也就是反威權傾向以及個人現代性傾向上，十年之間出現了上升的趨勢，不過，大學生個人現代化的變化並沒有出現顯著的變化。值得注意的是，過去較高的政治信任、外在政治效能感與內在政治效能感，在十年間出現了顯著下降的趨勢。該研究進一步發現：大學生的反威權傾向、政治信任、外在政治效能感以及對執政黨的好惡，與其對民主政治的評價之間，有顯著的正相關。而個人現代性愈強者，對於臺灣民主政治的評價愈差。陳陸輝（2015）則自2012年起，針對臺灣地區大學入學的第一新生，進行了為期四年的定群追蹤研究，試圖了解大學生在大學四年期間，其政治社會化的過程以及政治態度的持續與變遷。我們把相關研究中的大學生、其父親以及當年度的全體選民的政黨傾向分布列於表14-6。從表中可以發現：在1991年大學生的政黨偏好與全體選民頗為接近，較是他們認知其父親傾向泛綠的比例較高，超出一般選民或大學生約一成五的比例。當年度大學生與其父親大約兩成八認同泛藍政黨，較全體選民約三分之一的比例為低。到了2001年首次政黨輪替之後，則看到大學生與其父親

表14-6　大學生、其父親以及全體選民政黨偏好的歷年分布

		1991	2001	2012	全距	平均值
大學生	泛藍政黨認同	**28.8**	**24.4**	39.2	14.8	30.8
	泛綠政黨認同	4.5	37.4	19.9	32.9	20.6
	中立無反應	66.6	**38.2**	**40.9**	28.4	48.6
父親	泛藍政黨認同	**27.9**	**43.3**	45.1	17.2	38.8
	泛綠政黨認同	18.0	38.8	28.1	20.8	28.3
	中立無反應	54.1	18.0	26.9	36.1	33.0
全體選民	泛藍政黨認同	34.4	31.6	36.8	5.2	34.3
	泛綠政黨認同	3.3	25.8	28.0	24.7	19.0
	中立無反應	62.3	42.6	35.1	27.2	46.7

資料來源：大學生及父母的資料為陳義彥（1991；2001）、陳陸輝（2012）。全體選民為政治大學選舉研究中心歷年調查研究資料，其中1991年為1992年的調查結果。

說明：表中數字除全距該欄外，皆為該次調查的直欄百分比（%）。

認同泛綠的傾向大約三成八上下，全體選民則只有四分之一。至於大學生認同泛藍的傾向僅四分之一，遠不及全體選民的三成二，更不及其父親的四成三。到了2012年，經過第二次的政黨輪替之後，全體選民約有三成七認同泛藍政黨，大學生則接近四成，其父親則超過四成五。其父親認同泛綠的比例與全體選民比例都是兩成八，但大學生不及兩成。至於沒有政黨傾向的比例，以大學生的四成一最高，全體選民約三成五，大學生的父親則是兩成七。我們可以發現：大學生的政黨偏好，與其所處時代的勝選政黨有一定的關聯度。在2001與2012年分別由民進黨與國民黨勝選之後，大學生當年認同泛綠或是泛藍的比例，也同時水漲船高。

此外，張卿卿（2002）則在陳義彥所主持的2001年的調查研究中，運用政治學中有關「政治效能感」的測量方式，建構了「政治媒介效能感」。她的研究發現：大學生的政治媒介效能感會影響他們的政治媒介參與的行為，且進一步會影響大學生的政治效能感以及政治參與的情況。

就國內外政治社會化的研究而言，我們可以發現，Jennings與Niemi定群追蹤的研究方式，持續追蹤同一群受訪者的相關研究，雖然耗時費力，不過，對於我們了解民眾政治定向的形成、持續與變遷，具有重要的啟發與貢獻。國內相關的研究自2012年開始採取類似的方式進行，不過，礙於經費或人力的限制，所以，其父母的相關資訊是請大學生填答。且追蹤的年度，也限於大學四年。未來，如果能夠投入更多的研究經費與人力，當可對我國的政治文化與政治社會化研究，做更深入的分析。

參考書目

一、中　文

江炳倫，1983，《政治文化研究導論》，臺北：正中。

朱雲漢，2012，《2009 年至 2012 年「選舉與民主化調查」三年期研究規劃（3/3）：總統與立法委員選舉面訪案》，計畫編號：NSC100-2420-H-002-030。

吳玉山，2000，〈政治與知識的互動：臺灣政治學在九〇年代的發展〉，載於《邁入二十一世紀的政治學》，何思因、吳玉山主編，臺北：中國政治學會，頁 3-48。

易君博，1975，《政治理論與研究方法》，臺北：三民。

袁頌西，1972，〈家庭權威模式、教養方式與兒童之政治功效意識：景美研究〉，《思與言》，第 10 卷第 1 期，頁 35-55。

袁頌西，1974a，〈我國家庭政治與少年政治功效意識之研究（上）〉，《思與言》，第 11 卷第 5

期，頁 1-12。

袁頌西，1974b，〈我國家庭政治與少年政治功效意識之研究（下）〉，《思與言》，第 11 卷第 6 期，頁 22-9。

張卿卿，2002，〈大學生的媒介認知、媒介行為與其政治效能與政治參與之間的關係〉，《選舉研究》，第 9 卷第 2 期，頁 37-64。

黃秀端，2000，〈政治文化：過去、現在與未來〉，載於謝復生、盛杏湲主編，《政治學的範圍與方法》，臺北：五南，頁 251-293。

陳文俊，1983，《臺灣地區中學生的政治態度及其形成因素——青少年的政治社會化》，臺北：資訊教育推廣中心基金會。

陳文俊，1997，《政治社會化與臺灣的政治民主化：大（專）學生的政治態度與價值之研究》，高雄：中山大學政治所叢書（3）。

陳陸輝，2002，〈政治信任與臺灣地區選民投票行為〉，《選舉研究》，第 9 卷第 2 期，頁 65-84。

陳陸輝，2003，〈政治信任、施政表現與民眾對臺灣民主的展望〉，《臺灣政治學刊》，第 7 卷第 2 期，頁 149-88。

陳陸輝，2015，《我國大學生政治社會化的定群追蹤研究（4/4）》，計畫編號：NSC 100-2628-H-004 -084 -MY4。

陳陸輝、陳映男，2013，〈台灣大學生的媒體使用與政治效能感〉，《傳播文化》，第 12 期，3-40。

陳陸輝、陳映男，2014，〈台灣的大學生對兩岸服貿協議的看法〉，《台灣研究》，第 5 期，1-9。

陳陸輝、楊貴，2019，〈家庭政治傳統的持續與變遷〉，政治大學選舉研究中心成立 30 週年學術研討會，5 月 24 日～25 日，台北：政治大學。

陳義彥，1979，《臺灣地區大學生政治社會化之研究》，臺北：作者自印。

陳義彥，1985，〈臺灣地區大學生政治參與傾向影響因素之探析〉，《政大學報》，第 51 期，頁 77-114。

陳義彥，1993，《選舉行為與台灣地區的政治民主化—從第二屆立法委員選舉探討》，計畫編號：NSC 82-0301-H-004-034。

陳義彥，1996，《選舉行為與台灣地區的政治民主化 (IV)—從八十四年立法委員選舉探討》，計畫編號：NSC 84-2414-H-004-053 B2。

陳義彥，2003，〈臺灣選舉行為調查研究的回顧與展望〉，《選舉研究》，第 10 卷第 1 期，頁 1-6。

陳義彥，2008，《我國大學生政治價值與態度的持續與變遷—大學四年政治社會化過程之研究（IV）》，計畫編號：NSC 96-2414-H-004-038-SSS。

陳義彥、陳陸輝，2004，〈臺灣大學生政治定向的持續與變遷〉，《東吳政治學報》，第 18 期，頁 1-39。

盛治仁，2003，〈臺灣民眾民主價值及政治信任感研究——政黨輪替前後的比較〉，《選舉研究》，第 10 卷第 1 期，頁 115-170。

黃紀，2002，《台灣選舉與民主化調查：民國九十年立法委員選舉全國大型民意調查研究》，計畫編號：NSC 90-2420-H-194-001。

黃紀，2016，《2012 年至 2016 年「選舉與民主化調查」四年期研究規劃：2016 年總統與立法委員選舉面訪案》，計畫編號：MOST 101-2420-H-004-034-MY4。

黃紀，2020，《2016 年至 2020 年「選舉與民主化調查」四年期研究規劃（4/4）：2020 年總統與立法委員選舉面訪案》，計畫編號：MOST 105-2420-H-004-015-SS4。

劉義周，2005，《2002 年至 2004 年「台灣選舉與民主化調查」三年期研究規劃：（IV）：民國九十三年立法委員選舉大型面訪案》，計畫編號：NSC 93-2420-H-004-005-SSS。

劉義周，1999，《選區環境條件與選民行為：一九九八年立法委員選舉之科技整合研究》，計畫編號：NSC 89-2414-H-021-SSS。

劉義周，2005，《2002 年至 2004 年「台灣選舉與民主化調查」三年期研究規劃：（IV）：民國九十三年立法委員選舉大型面訪案》，計畫編號：NSC 93-2420-H-004-005-SSS。

游清鑫，2009，《2005 年至 2008 年『選舉與民主化調查』四年期研究規劃（IV）：2008 年總統選舉面訪計畫案》，計畫編號：NSC 96-2420-H-004-017。

二、英　文

Abramson, Paul R., 1983, *Political Attitudes in American: Formation and Change*. San Francisco: W.H. Freeman and Company Press.

Almond, Gabriel A., 1956, "Comparative Political Systems." *Journal of Politics* 18(3): 391-409.

Almond, Gabriel A., and Sidney Verba. 1963. *The Civic Culture: Political Attitudes and Democracy in Five Nations*. Princeton, New Jersey: Princeton University Press.

Appleton, Sheldon. 1970, "The Political Socialization of Taowan's College Student." *Asian Survey* 10(10): 910-23.

Appleton, Sheldon. 1976, "The Social and Political Impact of Education in Taiwan. "*Asian Survey* 16(8): 703-20.

Beck, Paul Allen, and M.Kent Jennings, 1991, "Family Traditions, Political Periods, and the Development of Partisan Orientations. " *Journal of Politics* 53(3): 742-63.

Campbell, Angus, Philip E. Converse, Warren E. Miller, and Donald E. Stokes, 1960, *The American Voter*. New York: John Wiley & Sons.

Campbell, Angus, Gerald Gurin, and Warren Miller, 1954, *The Voter Decides*. Evanston, Ill.: Row, Peterson.

Chanley, Virginia A., 2002, "Trust in Government in the Aftermath of 9/11: Determinants and Consequences." *Political Psychology* 23 (3): 469-83.

Citrin, Jack, 1974, "Comment: The Political Relevance of Trust in Government." *American Political Science Review* 68: 973-88.

Citrin, Jack, and Donald Philip Green, 1986, "Presidential Leadership and the Resurgence of Trust in Government." *British Journal of Political Science* 16 (4): 431-53.

Cole, Elizabeth R., Alyssa N. Zucker, and loan M. Ostrove, 1998, "Political Participation and Fenlinist Consciousness among Women Activists in the 1960s." *Political Psychology* 19 (2): 349-71.

Dennis, Jack, 1968, "Major Problems of Political Socialization Research." *Midwest Joumal of Political Science* 12: 85-114.

Easton, David, 1975, "A Re-Assessment of the Concept of Political Support." *British Jounzal of Political Science* 5 (4): 435-57.

Finifter, Ada W., 1974, "The Friendship Group as a Protective Environment for Political Deviants." *American Political Science Review* 68: 607-25.

Finifter, Ada W. and Bernard M. Finifter, 1989, "Pang Identification and Political Adaptation of American Migrants in Australia." *Journal of Politics* 51: 599-630.

Glaser, James M., and Martin Gilens, 1997, "Interregional Migration and Political Resocialization." *Public Opinion Quarterly* 61 (1): 72-86.

Glenn, Norval D., 1977, *Cohort Analysis.* Beverly Hills, CA: Sage.

Greenstein, Fred I., 1960, "The Benevolent Leader: Children's Image of Political Authority." *American Political Science Review* 54: 934-943.

Greenstein, Fred I., 1965, *Children and Politics.* New Haven: Yale University Press.

Greenstein, Fred I., 1968, "Political Socialization." In *International Encyclopedia of the Social Sciences,* ed. David L. Sills, Vol.14. New York: The Macmillan Company and the Free Press.

Hess, Robert D. and Judith V. Torney, 1967, *The Development of Political Attitudes in Children.* Chicago: Aldine Publishing Company.

Hyman, Herbert H., 1959, *Political Socialization: A Study in Psychology of Political Behavior.* N. Y.: The Free Press.

Inglehart, Ronald, 1990, *Culture Shift in Advanced Industrial Society.* Princeton, New Jersey: Princeton University Press.

Jennings, M. Kent, 1987, "Residuals of A Movement: The Analysis of the American Protest Generation." *American Political Science Review* 81 (2): 367-82.

Jennings, M. Kent, and Gregory B. Markus, 1984, "Partisan Orientations over the Long Haul: Results from the Three Wave Political Socialization Panel Study." *American Political Science Review* 78 (4): 1000-1018.

Jennings, M. Kent, and Richard G. Niemi, 1974, *The Political Character of Adolescence: The Influence of Families and Schools.* Princeton University Press.

Jennings, M. Kent, and Richard G. Niemi, 1975, "Continuity and Change in Political Orientation: A Longitudinal Study of Two Generations." *American Political Science Review* 69 (4): 1316-1335.

Jennings, M. Kent, and Richard G. Niemi, 1981, *Generations and Politics: A Panel Study of Youth Adults and Their Parents.* Princeton, N. J: Princeton University Press.

Langton, Kenneth P., 1967, "Peer Group and School and the Political Socialization Process." *American Political Science Review 61* (3): 751-58.

Langton, Kenneth P., 1969, *Political Socialization.* New York: Oxford University Press.

Lift, Edgar, 1963. "Civic Education, Community Norms, and Political Indoctrination." *American Sociological Review* 28 (1): 69-75.

McAdam, Doug, 1989, "The Biographical Consequences of Activism." *American Sociological Review* 54 (5): 744-60.

McBeath, Gerald A., 1973, *Political Integration of the Philippine Chinese.* California: University of California Research Monograph No. 8.

McClosky, Herbert, 1964, "Consensus and Ideology in American Politics." *American Political Science Review* 58: 361-382.

McCombs, Maxwell, Donald L. Shaw, 1972, "The Agenda-setting Function of Mass Media." *Public Opinion Quarterly* 36: 176-87.

Miller, Author, 1974, "Political Issues and Tmst in Government: 1964-1970." *American Political Science Review* 68 (3): 951-72.

Niemi, Richard G., and M. Kent Jennings, 1991, "Issues and Inheritance in the Formation of Party

Identification." *American Journal of Political Science* 35 (4): 971-88.

Niemi, Richard G., and Jane Junn, 1996, *Civic Education*. New Haven: Yale University Press.

Norris, Pippa. 1999. ed. The Critical Citizens: Global Support for Democratic Governments. New York: Oxford.

Parsons, Talcott, and Edward A. Shils, eds. 1953, *Toward a General Theory of Action*. Cambridge: Harvard University Press.

Prothro, James W., and Charles W. Grigg, 1960, "Fundamental Principles of Democracy: Bases of Agreement and Disagreement." *Journal of Politics* 22 (2): 276-94.

Putnam, Robert, 1993, *Making Democracy Work: Civic Traditions in Modern Italy*. Princeton, New Jersey: Princeton University Press.

Pye, Lucian W., 1968, "Political Culture," in *International Encyclopedia of the Social Sciences,* vol. 12, ed. David L. Sills. New York: Macmillian and Free Press.

Pye, Lucian W., 1991, "Political Culture Revisited." *Political Psychology* 12 (3): 487-508.

Pye, Lucian W., and Sidney Verba. eds., 1965, *Political Culture and Political Development*. Princeton, New Jersey: Princeton University Press.

Raviv, Amiram, Avi Sadeh, Alona Raviv, Ora Silberstein, and Orna Diver, 2000, "Young Israelis' Reactions to National Trauma: The Rabin Assassination and Tenor Attacks." *Political Psychology* 21 (2): 299-322.

Reef, Mary lo, and David Knoke, 1993. "Political Alienation and Efficacy." In *Measures of Political Attitudes*, eds. Robinson, John P., Philip R. Shaver, and Lawrence S. Wrightsman Cal.: Sari Diego Press, pp. 413-64.

Schumpeter, Joseph, 1942, *Capitalism, Socialism, Democracy*. New York: Harper and Row.

Schuman, Howard, and Jacquline Scott, 1989, "Generations and Collective Memories." *American Sociological Review* 54 (3): 359-81.

Sears, David O., 1975, "Political Socialization." In *Handbook ofPolitical Science,* eds. Fred I. Greenstein and Nelson W. Polsby, Readings, Mass.: Addison-Wesley Publishing Company, Inc. Vol. 2, pp.93-153.

Sears, David O., and Carolyn Funk, 1999, "Evidence of the Long-Term Persistence of Adults' Political Predispositions." *Journal of Politics* 61 (1): 1-28.

Sears, David, and Nicholas A. Valentino, 1997, "Politics Matters: Political Events as Catalysts for Preadult Socialization." *American Political Science Review* 91 (1): 45-65.

Slomczynksi, Kazimierz, and Goldie Shabad, 1998, "Can Support for Democracy and the Market be Learned in School? A Natural Experiment in Post-Communist Poland." *Political Psychology* 19 (4): 749-79.

Slone, Michelle, Debra Kaminer, and Kevin Durrheim, 2000, "The Contribution of Political Life Events to Psychological Distress among South African Adolescents." *Political Psychology* 21 (3): 465-88.

Smith, Elizabeth, 1999, "The Effects of Investments in the Social Capital of Youth on Political and Civic Behavior in Young Adulthood." *Political Psychology* 20 (3): 553-80.

Sniderman, Paul M., Joseph F. Fletcher, Peter H. Russell, Philip E. Tetlock, and Brian J. Gaines, 1991, "The Fallacy of Democratic Elitism: Elite Competition and Commitment to Civil Liberties."

British Journal of Political Science 21 (3): 349-70.

Stoker, Laura, and M. Kent Jennings, 1995, "Life-Cycle Transitions and Political Participation: The Case of Marriage." *American Political Science Review* 89 (2): 421-33.

Stouffer, Samuel A., 1955, *Communism, Conformity and Civil Liberties*. New York: Doubleday.

Tedin, Kent L., 1980, "Assessing Peer and Parent Influence on Adolescent Political Attitudes," *American Journal of Political Science* 24 (1): 136-54.

Verba, Sidney, 1965, "Comparative political Culture," In *Political Culture and Political Development*, eds. Lucian W. Pye and Sidney Verba. N. J.: Princeton University Press.

Verba, Sidney, Kay Lehman Schlozman, and Henry E. Brady, 1995, *Voice and Equality*. Cambridge: Harvard Univ. Press.

Westholm, Antlers, 1999, "The Perceptual Pathway: Tracing the Mechanisms of Political Value Transfer across Generations." *Political Psychology* 20 (3): 525-52.

Westholm, Antlers, and Richard G. Niemi, 1992, "Political Institutions and Political Socialization." *Comparative Politics* 25 (1): 25-41.

Wilson, Richard W., 1968a, "A Comparison of Political Attitudes of Taiwanese Children and Mainlander Children on Taiwan." *Asian Survey* 8 (12): 988-1000.

Wilson, Richard W., 1968b, "The Learning of Political Symbols in Chinese Culture." *Journal of Asian and African Studies* 3 (3-4): 241-56.

Wilson, Richard W., 1970, *Learning to be Chinese: The Political Socialization of Children in Taiwan*. Cambridge, Mass.: MIT Press.

Wilson, Richard W., 1974, *The Moral State: A Study of the Political Socialization of Children and American Children*. N. Y.: The Free Press.

第十五章　民意與政治傳播

陳陸輝

　　民主政治體制的重要原則之一為：政府權力的合法性，來自民眾的同意；政府的重要決策，必須尊重人民的意向。因此，執政者與其重要決策，必須經由某種形式的民眾認可，才得以取得執政權力的合法性並順利推行其政策。民主政治也被人稱之為民意政治，可見民意在民主政體中的重要性。在政策制訂的過程中，執政者如何透過大眾傳播媒體向民眾傳達政策意旨與內容，以爭取民眾的支持，也是民主政治中的重要程序。

　　本章將介紹民意以及政治傳播兩大項主題。就民意部分，本章將說明民意的意義、蒐集民意的方式以及民意與民主政治的關聯性。而政治傳播則涉及政治菁英、媒體與民眾對於重要政策形成過程的互動。本章也將針對政治傳播的意義以及政治傳播的效果，分別加以說明。

壹、民意與民意的研究

　　透過科學的隨機抽樣過程以及用數據化資料呈現，使得民意調查的結果兼具代表性以及科學性，而成為民主社會中了解民眾意向的一個重要工具。不過，也正因它具有的代表性與科學性的符號意義，如何正確地從事民意調查以及適當地詮釋民意調查結果，就成為民主社會的公民，必須學習的重要課程。

　　民意的起源，可追溯到十八世紀末的法國以及巴黎的沙龍（Salons），它提供了一個國家與經濟之外的理性討論的公共空間，讓民眾可以在該處論述公共事務並構思或是交換對政府的意見（Kinder, 1998: 780）。對於民意（public opinion）的定義，各學者因為出發的角度不同，而有不同的看法。Yeric與Todd（1996: 6）將民意定義為「一群人對共同關心的事務所共有的意見。」而Key（1961: 14）則認為，民意是指「一些政府要慎重注意的民眾意見」

（Kinder, 1998: 780）。至於哪些意見的內容要注意？Key（1961: 11）認為應包括民眾對於候選人的意見、對政黨的看法、對政府表現的態度、對公眾事務好壞的判準以及對政府的期望（Kinder, 1998: 781）。顯見他們分別自民眾或是政府的角度出發，其中，態度或是意見都是民意的重要成分，而與政治制度、政治人物與公眾事務相關的主題，更是民意的核心。

　　Hennessy（1985: 8-13）則認為，民意是在一項重要問題上，由一群顯著的大眾所表示出來的偏好之綜合。因此，他提出民意的五種要素，包括：議題的出現、有一群對該議題關心的民眾、民眾偏好之綜合、對該議題意見的表達以及參與表達意見的人數具有一定的影響力。因此，民意並不會憑空產生，需要先有議題出現，且要有一定數量而不僅僅是少數民眾對該議題感興趣並表達意見。

　　Kinder（1998: 784）對於民意的定義更為廣泛，他延續Key的觀點而認為民意是政府覺得重要之任何人民的偏好。所以，人民之任何偏好，只要是政府認為應該重視的，就是民意。這些偏好或是意見，人民可以完整地或是片段地形成，也可以是盲目的與偏執的或是理性的與充分知悉的。Kinder認為，我們在了解民意的同時，也必須探討民眾了解公眾事務的過程以及民眾在諸多公眾事務之中如何判定優先順序。此外，Kinder也認為，民意除了包括民眾的意見（opinion）之外，民眾的情感（affect）與認知（cognition），也應該成為研究的主題。因此，Kinder將民意研究的範圍，從意見擴及到情感與認知等成分，且強調民眾處理資訊的能力以及議題對民眾的相對重要性。

　　此外，Eirkson與Tedin（2001: 7）則將民意定義為「成年民眾對於政府事務的偏好」，他們將焦點放在政府相關的事務上，且以成年民眾為主要對象，他們更強調「偏好」（preference）既包含情感也涵蓋認知的成分，且無法經過科學的法則解決的。例如：有些人喜歡流行音樂，也有人喜歡古典音樂，這是每個人偏好與品味的不同，無所謂的好壞，更無法用科學法則解決偏好的差異。

　　除了對於民意的定義之外，自從政治學開始採用調查研究法（survey research）之後，民意以及選舉的相關研究，成為政治學的重要焦點。調查研究法是研究者以隨機抽樣的方式，選出可以代表母群體的樣本，以書面、對談或是自我填答方式詢問中選樣本對公眾事務意見的研究。由於民意是影響民主政治的重要因素，因此，對於民意的起源，自然成為學者關注的重點。一般而言，學者認為影響民意的要素可以從個別民眾的角度出發、政府表現詮釋以及

憲政制度差異等三個角度加以理解。以下就從上一章談到的有關政治支持的概念，一一說明影響民意形成、持續與變遷的三個因素。

一、政治社會化歷程

Kornberg與Clarke（1992: xiv-xv）以民眾政治支持的分析為例，說明民眾政治傾向起源於政治社會化的過程，其中，民眾個人價值、團體認同以及民主規範與價值觀都屬於社會化的經驗。因此，如同前一章所言，透過親子代間的政治傾向傳遞、學校政治社會化歷程……等等媒介，民眾個人的價值觀、對政治團體認同以及對社會基本規範的遵守得以逐步養成。這些價值觀、對團體認同或是對社會規範的遵守，都會進一步影響一個人對公眾事務的認知、評價與看法。例如，一個出生在信仰虔誠的家庭，可能因為其虔誠的宗教信仰，而對於同婚議題具有不同的看法。

二、政府施政表現

除了政治社會化之外，Easton（1965: 203-1）針對影響民眾政治支持的因素，提出三種情況解釋體系成員政治支持下滑的原因。首先是政府沒有呼應民眾的需求，提出具體政策。其次則是政府未具前瞻的眼光，提出防範的政策。第三則是，儘管政府執行特定政策來呼應民眾的需求，不過，政策產出的結果卻未符合民眾的需求。因此，政府施政表現是影響民意的重要因素。Kornberg與Clarke（1992: xiv-xv）也認為，民眾對政治機構與程序之運作的工具性評價（instrumental judgments）是影響民意的重要因素。政治體系運作的效能與平等公正（equity-fairness）是政府施政表現的具體產出，Kornberg與Clarke（1992: 6-7）認為，民主國家中，民眾的政治支持，取決於他們認為國家對其公民權利保障的紀錄。當民眾認為政府公平或是平等地對待他們，民眾才會給予政治支持。

三、憲政制度設計的差異

不同於上述觀點，Norris（1999）則認為，從**政治社會化**或**政治價值**的解釋，雖有其解釋力，不過，似乎無法完整解釋當前世界各民主國家的民眾對於國會滿意度持續下滑的情況。有關**政府施政表現**的解釋，雖然對於民眾政治支持的波動有其解釋力，不過對特定國家民眾的政治支持變動也有不足之處。以美國為例，在1960年代的經濟表現不差，不過，政治支持卻開始下滑。因此，

Norris提出「**制度理論**」（institutional theories）這個第三種途徑來解釋民眾政治支持的變化，如多數制（majoritarian）、共識制（consensual）的制度安排下，在選舉時投給選後執政的贏家（winners）選民以及輸家（losers）選民的政治支持情況就不同。因為，在多數決制中，注重的是究責（accountability）與效率（effectiveness），使得輸家的政策偏好往往被忽略。而共識制的政體中，因為輸家的政治偏好有可能被照顧。同樣是輸家，在共識制相較於多數制的制度安排下，其對於制度的信心就更高。因此，制度的設計或是制度的公平性，是研究民眾政治傾向的重要因素，我們在進行跨國民眾政治傾向的比較時，也應該考慮各國憲政制度的差異。我們在前一章提到，東、西德以及海峽兩岸，對於一些社會議題上的不同看法，也是因為民主與威權體制的不同，對於人民對於公眾事務的意見，產生不同程度的影響。

除了影響民意的因素外，在相關的民意研究，我們發現民眾有時在一些政治傾向上，未必具有穩定以及邏輯一致的意見，對於這種現象，可以歸納為三種主要解釋，以下一一說明。

（一）Converse的「無態度」解釋

首先，是美國政治學者 Converse（1964）提出的「無態度」（non-attitude）解釋。他認為，一般民眾很難用意識形態來整理或是思考政治事務，而多數民眾對於相關的政治議題並沒有具體的政治態度。所以，當訪員到了受訪者家裡或是打電話訪問到該受訪者，詢問他對於一些政治與社會議題的看法時，受訪者也許是在礙於情面的情況下，隨機地表達他對於這項議題的支持或是反對立場。由於Converse利用的是定群追蹤研究的資料，該研究是針對同一群選民在1956年、1958年以及1960年連續訪問。他發現，在經過兩年以及四年之後，當受訪者被問到相同或是類似問題時，他們所提出的答案竟然跟先前的答案非常不同，表示一般民眾的態度穩定性（stability）並不高，甚至像是隨機性地「猜」一個答案。因此，Converse提出「黑白猜模型」（black and white model）來解釋大多數民眾態度的「不」穩定性。

此外，Converse也發現，對於不同議題的立場上，民眾態度的一致性（consistency）也不高。例如，當一個民眾認為政府應該愈小愈好時，他是採取較為保守派（conservative）的立場。對於一個若立場始終如一的民眾而言，我們理應預測，他在社會福利的議題上，也應該傾向採取刪減社會福利支出的保守派立場，不過，Converse的研究卻發現一般民眾在各項議題之間的態度一致

性並不高。

從Converse以及其前後的學者研究發現：民眾對於公眾事務未必感興趣、也不太會去吸收資訊、較無法用抽象的意識形態思考政治議題。

（二）Achen的「測量誤差」解釋

Converse的相關研究，是美國研究民意政治相當重要的一篇作品，不過，也引發相當多的回應與挑戰。這些回應，除了挑戰Converse的研究中，不同年度問卷題目的改變之外，最直接的挑戰，莫過於Achen（1975）提出的「測量誤差」（measurement error）的解釋。他認為，Converse所發現民眾態度的不穩定以及不一致，可能有兩個原因。其一是民眾態度真的不穩定，其二則是問卷題目的信度不佳。Achen（1975: 1229）發現，一旦考慮了測量誤差之後，其實民眾的政治態度是相當穩定的。因此，他認為民眾的態度看似不具一致性或穩定性，實際上是因為測量工具所導致的。換言之，設計問卷的研究者，對於民眾態度的不一致與不穩定，應該負擔較大的責任。由於社會科學研究中，如何將抽象的概念轉變成一般來說民眾淺顯易懂且能用以測量的問卷題目原本就是一項重要挑戰，加上研究者偶爾會使用較艱澀或是專業的名詞，因此，利用這些工具對民眾的政治態度進行研究，自然使得民意看起來似乎是變動無常的。

（三）Zaller的「資訊與既存傾向結合」解釋

不過，對於所謂測量誤差的解釋，學者之間比較難以接受的是，我們無法僅用一句「測量誤差」，來解釋民眾政治態度的變化與持續。因為，民意的分布中，有許多政治態度是仍然相當持續而穩定的。例如，美國民眾對於政黨認同、族群議題的態度或是臺灣民眾對於「統獨」議題的立場，就是相當穩定的。因此，Zaller（1992: 6）認為：「民意是資訊與既存傾向（predisposition）的結合：資訊提供對特定議題的心理圖像而既存傾向激發對該議題的看法」。他提出「接收－接受－取樣」（Receive-Accept-Sample, RAS）模型來說明民眾在一般民意調查中所呈現出來的政治態度，實際上是在其接受民意調查時，聽完訪員所提出的問題後，先在腦海中搜尋相關資訊，經過考量之後，所做的意思表示。也因為民眾考量的資訊不同以及民眾政治練達（political sophistication）

程度的差異，所以，民眾態度的一致性以及態度改變的可能性，都會不同。[1]換言之，Zaller認為對於政治練達程度高（先知先覺）以及政治練達程度低的（不知不覺）民眾而言，因為前者的信念體系（belief system）原本就較為一致而穩定，後者則不傾向接受資訊，使得前者不易被說服而後者無從說服，因此，傳播者希望利用資訊改變他們態度的情況就不容易發生。至於練達程度介於前述兩者之間的（後知後覺）民眾，因為具備接收資訊的能力，態度也有改變的可能，因此是資訊傳播者可以試圖說服的對象。而資訊內容是指描述單一立場的一元化的資訊或是具有各種不同角度的多元的資訊，以及政治菁英對特定議題的立場也會影響民眾政治態度的變化。例如在美國有關民權法案的討論上，於1950年代時，民主與共和兩黨的立場差異並不大，所以，各黨認同者對這些議題的差異也不顯著。不過在1960年以後，民主黨總統Lyndon B. Johnson提出更多的民權法案，而共和黨的參議員Barry Goldwater則極力反對。在政黨領袖對該議題出現重大歧異的情況下，支持與反對民權法案的資訊變得多元而豐富，各黨支持者因為其政黨領袖對民權法案的立場各異，使得其追隨者的態度也出現顯著的差異（Zaller, 1992）。

　　雖然從相關的研究可以發現：一般民眾對於政治事務並不關心、政治練達程度也不高，甚至對於不喜歡的政治團體，也較不傾向給予其政治權利（Kinder, 1998: 784-797）。不過，一個有趣現象是，當我們將民意視為一個集合體，或是從總體層次上觀察時，我們可以發現：「全體民眾」似乎是具有一定理性的。此種將全體選民作為分析單位，討論全體選民是否理性的研究中，分析影響整體民眾對總統表現評價的因素，是一個重要的焦點。由於蓋洛普民調（Gallup Poll）以及各種媒體民調機構經年累月地持續針對總統施政滿意度進行民意調查，研究者就將歷次民調中整體民眾滿意總統表現的百分比作為依變數，而利用一些總體性的各種經濟、政治或是社會指標，例如，失業率、經濟成長率、通貨膨脹率，海外出兵與戰爭傷亡人數等相關變數，以及總統提出的法案在國會通過與否的成功率，進行實證分析。這種分析方式，與前述一般民意調查研究以個人為分析單位的情況，頗為不同。在Ostrom與Simon

---

1　上述Converse（1964）的作品即為討論政治練達的經典著作之一。政治練達強調的是民眾對政治事務的認知能力，分析其對資訊處理、儲存以及據以決策的能力，討論民眾是否能以抽象的意識型態進行思考，能夠對於各項不同議題立場具有一致性或是對相同議題在不同時間點具有穩定性。因此，政治練達不但注重民眾擁有政治資訊的多寡（數量），也注重民眾對於這些資訊整合與組織的能力（品質）。政治練達程度愈高的民眾，擁有較多的資訊且其對各種資訊的組織與整合能力較強，對於各項議題立場的一致性與穩定性較高。

（1985: 336）的研究中，他們認為：「（民眾對於）總統，總是期待其可以維持和平、繁榮、社會安定以及（具備）總統的權威與正直」，而他們的研究結果也驗證這一點。其他類似的研究如MacKuen、Erikson與Stimson（1989）研究總體黨派勢力（macropartisanship）[2]，他們也發現，經濟情況好壞以及總統滿意度的高低，會影響歷年來總體黨派勢力的變動。此一發現，與個體層次中對政黨認同研究的發現並不一致，也引起相當多的討論與爭辯（Abramson and Ostrom, 1991）。

　　Page與Shapiro（1992）所持的觀點部分呼應了前述Achen有關測量誤差的理論。他們認為，利用個體層次的資料進行分析時，因為測量的誤差，所以我們看到個體層次的民意變動似乎較大。不過，當我們以整體民眾為分析單位時，在個體層次的測量誤差會因為隨機分布而彼此抵消，所以，我們所得到的總體態度分布，將更能準確地掌握總體民意脈動。他們整理過去五十年來相關民意調查的趨勢發現：美國民眾集體的偏好是具有一定的模式以及一致性的。其歷年來的總體分布相當穩定，若出現任何改變，也都有跡可循。當遇到新的情況或是有新的資訊時，總體民意也會以合理的方式適度地回應。除此之外，Stimson（1998）依循Lippmann「時代精神」的想法，提出「政策心情」（policy mood）的概念。他希望討論國家政策方向逐漸變動的原因與其政治後果。一般而言，新的執政團隊上臺，不易採取極左或是極右的政策，因為這樣引發的爭議太大。不過，卻可能採取比原來政策方向較為左傾或是較為右傾的方向。Stimson強調，「心情」這個字眼與我們一般的用法不太相同。他指出（1998: 20），所謂政策心情，是指大眾利用的「一般的傾向」（general disposition）來看日常的政策議題。就像個人會有感到憤怒、沮喪或是驕傲、高興與樂觀的情緒變化一樣，Stimson認為，全體民眾的「政策心情」也會因為大環境的不同而改變。他的研究中，所謂「心情」或是「一般傾向」的測量，是運用大量且長期的調查研究資料，檢視民眾認為當前政府在教育、環保、福利等項目，其支出是太多（傾向保守派）還是太少（傾向自由派）。他將傾向自由派與傾向保守派者當分母，而以傾向自由派的當作分子，來測量總

2　MacKuen等人（1989: 1127）認為：「政黨認同應該被視為一個跨時而持續的總現象」，因此，他們將總體黨派勢力，以該次民意調查的訪問中，有政黨認同（在美國僅有民主黨與共和黨兩個政黨）民眾的樣本數當作分母，而以認同民主黨當作分子，計算而得到的百分比是用來表示在整體選民中，民主黨在兩個政黨的相對勢力。

體的「心情」分布。[3]他發現，從艾森豪總統到老布希總統期間，政策心情依循逐漸、持續以及循環的模式移動。Stimson特別強調政策心情的穩定性，他認為，累積而持續的改變其實代表整個時代精神或是總體民意偏好的轉變，這對於國家具體政策方向的影響，是更為重要的。而且，政策心情也與政治、經濟與社會的大環境密切相關。例如，當民眾預期國家總體經濟情況將好轉時，政治心情會轉向自由派而支持政府開支；相反地，當民眾預期經濟情況將變糟，政策心情會傾向限制政府開支。

　　除了利用總體資料，分析民意的形成與變遷之外，由於認知心理學中有關資訊處理（information processing）的相關理論與研究成果，也引進到民意的研究中，成為新興的研究焦點。前述Zaller（1992）的RAS即屬於認知心理學的應用。而有關選民資訊處理的過程以及做出政治判斷的相關解釋模型，以「記憶」（memory-based）模式以及「即時資訊處理」（on-line information processing）模式的相關討論最多。以民眾對候選人的評價為例，記憶模式係指民眾在接受到有關候選人資訊時，先不作任何判斷，而只是存放在記憶裡。一旦需要他對候選人進行判斷時，他會先由記憶中尋找有關候選人的所有印象，然後據以歸納而作成評估（Hastie & Park, 1986）。即時資訊處理模式係指民眾競選期間接收到與候選人相關的資訊時，即依照該資訊來判斷他對該候選人應該持正面或是負面（或是喜歡或是不喜歡）的評價，然後即時更新他對該候選人的好惡評價。隨著資訊不斷的進入，他對候選人的評價不斷更新，等到民意調查詢問他或是當他進入投票所，要投下寶貴一票時，他就依照最後對該候選人評價的好壞，來表達他對該候選人的評價。至於是哪些資訊造成他最後的評價，也許他並無法一一回憶（Lodge, 1995）。而McGraw、Lodge與Stroh（1990）的研究顯示：政治練達者較常用「即時資訊處理模式」，而較不會處理政治資訊的非政治練達者，則較常使用「記憶模式」。不過，Zaller（1992: 278-279）卻認為，一般民眾未必認為政治事務屬於重要事項，他們其實沒有必要即時判讀並更新政治訊息。因此，解釋選民資訊處理的方式，應以「記憶模式」較佳。除了認知心理學外，上述的政治心情、民眾對政治事務的政治情緒（emotions）或是有關個人人格對其政治態度與政治行為的可能也影響，近來也受到研究者所關注（Brader 2014, Marcus et al. 2010, Mondak 2010）。

3　按照Stimson變數建構方式，其政策情緒應具備「總體（自由派）意識型態勢力」的意涵。

貳、民意調查與其功能

在討論完民意的定義以及有關民意的研究之後，我們探究民意的方法，當然是以各種科學性的民意調查為佳。不過，在民意調查充斥的今天，如何以「科學的」方式探索民意，是一門重要的學問。一個科學性的民意調查，通常在研究問題確定之後，即針對調查研究的對象，也就是「母群體」或簡稱「母體」（population），加以定義。然後經由科學的抽樣程序，自母體中抽出具有代表性的樣本，據以進行訪問。而在訪問使用的測量工具，也就是問卷題目，通常是經過試測（pretest）、使用、反覆分析檢討其信度與效度而得到的。以對談式的訪問例如面訪或是電話訪問，其執行須採用標準化的程序，招募與訓練訪員，並要求訪員按照一致的執行方式進行訪問。經由訪問蒐集到的資料，也必須經過適當的複查、編碼、輸入與檢誤程序，方得以確保資料品質。最後，研究者也須採用適宜的統計分析方法，將研究成果與他人分享（陳陸輝等，2013；游清鑫等，2001a、2001b）。以下我們就針對抽樣、問卷設計、標準化執行程序、各種蒐集民意方法以及選舉民調等幾個主題，一一分別說明。我們並討論有關民意調查的功能以及民意調查對民主政治運作的影響。

一、民意調查的母體定義與抽樣

在民意調查的執行過程中，研究者最先遇到的問題，就是對研究對象的界定，也就是所謂「母體」的定義問題。如果我們想要了解民眾在特定選舉中的投票意向，則該次選舉的合格選民，就是我們的母體。不過，並不是從任何母體中選出一定數量的次團體，也就是「樣本」（sample），都可以讓我們推論母體。如果不是透過隨機抽樣，或是當我們抽出的樣本與母體在許多重要的特徵出現顯著差異的話，我們都將無法以樣本推論母體或是所推論結果會出現嚴重的誤差。因此，如何透過機率抽樣的方式，選取出在許多重要特徵都與母體分布相近的「代表性的樣本」（representative sample），就成為民意調查中一個相當重要的程序。

在早期民意調查的研究中，一個非機率抽樣導致失敗推論的最有名案例，是《文學文摘》（Literary Digest）發生在1936年美國總統選舉的預測上。該雜誌當時寄出近千萬份的郵寄問卷，請全美的雜誌訂戶以及擁有電話與汽車的民眾，回答其投票意向，以預測羅斯福總統是否會繼續當選連任。由於上述樣本在該年代明顯偏向較為支持共和黨的高收入民眾，使得該雜誌預測共和黨候選

人將贏得壓倒性勝利，而與最後民主黨羅斯福的勝選結果大相逕庭。因此，在這個事件發生之後，以非機率抽樣進行的民意調查失去其可信度，而在該次選舉中，另外一種以機率抽樣進行預測的蓋洛普（George H. Gallup）一戰成名，並成為此後以及當前民意調查最普遍也是最應該使用的抽樣方式。

　　造成《文學文摘》預測失敗，是因為它使用的清冊與母體分布有重大差異，因此，如何找到可以涵蓋母體分布並據以抽樣的母體清冊就變得非常重要。以臺灣過去針對選舉進行面訪的抽樣方法為例，早期是運用縣市選委會公布的選舉人名冊或是至鄉鎮市區的戶政事務所進行抽樣。後來在資訊電腦化之後，也曾經使用戶籍資料進行抽樣。這兩種資料不是實際選舉人名冊就是據以產生選舉人名冊的資料，涵蓋率相當完整，用以推論選舉頗為適當。不過，近年來因為《個人資訊保護法》的相關規定，讓學術機構使用戶籍資料受到一定的限制，所以臺灣的選舉研究也開始利用門牌地址的抽樣（address-based sampling）。此外，在電話訪問上，也因為近年不用市話而僅使用手機「唯手機族」（cellphone-only user）的比例提高，讓電話訪問時需針對一定比例的「唯手機族」進行訪問，以增加研究推論的有效性（黃紀，2000）。

　　至於抽出樣本的方式頗多，常用的簡單隨機抽樣（simple random sampling, SRS）是從母體清冊中，以隨機方式抽出受訪者。抽出的原則是每個人有相同的中選機率，且每一個人是否中選都與其他人中選與否彼此獨立。我們以一個200人大班級的通識課程為例，我們若要抽出其中40人。可以做200個籤然後隨機抽出40個學生成為受訪者，但是，如果你只做編號1-40、41-80、81-120、121-160以及161-200五個籤，則雖然每個人中選機率還是1/5，但是，1號一旦中選，2-40號也中選，就違反SRS的第二個原則：每個人中籤機率不是彼此獨立的。除了SRS之外，我們常用的另外一種機率抽樣是等距抽樣（systematic sampling）（亦稱系統抽樣）。它的程序是先計算「間距」（k），也就是母體數（N）除以中選樣本數（n）。上述學生例子中，我們計算間距的數值（200/40）為5。然後在1到5或是1到k之間，隨機選擇一個起始值（c），例如，是4。則第一位選擇是4號，即為c，第二位以後即加上k，所以c+k是第9號，第三位是c+2k=14號，依此選出40位受訪學生。當然，我們抽樣時，如果要顧及不同類別具有一定的比例，可以先將母體分為不同層（strata）再抽樣。分層的原則是「物以類聚」，且以「同層之內，差異愈小愈好，不同層之間，差異愈大愈好」為原則。例如，我們400人的通識課程有240位女同學，160位男同學，如果我們認為我要進行的訪問中，不同性別會有不同的意見，因此，性別

對我們來說是很重要的變數，那我們可以先分為男、女兩個層，再各依照比例抽出16位與24位男、女同學，這種依照母體內不同特性先分組（或稱「分層」）再進行的抽樣稱為分層隨機抽樣（stratified random sampling）。在臺灣的選舉研究中，不同地區或是都市發展程度也許與民眾的投票行為相關，所以過去曾以不同的都市化程度的鄉鎮市區為單位，先進行分層，然後再進行抽樣。需注意的是，抽樣既然以遠小於母體的代表性樣本，推論母體的分布，因此，有抽樣就會有抽樣誤差。例如，當我們隨機抽樣的樣本數是1,068時，訪問結果是大家對甲、乙兩位候選人的支持度分別是51%與49%時，其實民眾對兩位候選人的支持度，在考慮百分之九十五的信心水準後的最大隨機抽樣誤差是正負三個百分點後，民眾分別對甲為介於48%到54%，對乙則是介於46%到52%之間，兩位候選人的支持度中的48%到52%之間是重疊的，換言之，民眾對兩位候選人的支持度，其實在統計學上是不具備有顯著的差別的。當我們希望推論更精確，往往需要愈大的樣本數，以換取較小的抽樣誤差，但是增加樣本往往需要投入更多人力、經費與訪問時間，如何權衡，至為重要。[4]

表15-1　民眾對不同定義「一國兩制」的態度

問卷題目	接受	不接受	無意見
如果臺灣與大陸雙方協議，「一國兩制」保證五十年不改變：也就是臺灣的經濟及生活模式在五十年內都不改變，請問您能不能接受這樣的「一國兩制」？	35.2	48.0	16.8
如果「一國兩制」的一國不叫中華人民共和國，也不叫中華民國，就是一個新國號，叫做「中國」，請問您能不能夠接受這樣的「一國兩制」？	33.7	49.7	16.6
如果臺灣接受「一國兩制」以後，臺灣可以擁有自己的軍隊，但是不能再向其他國家購買所需要的武器，請問您能不能夠接受這樣的「一國兩制」？	14.4	73.0	12.6
如果臺灣接受「一國兩制」以後，臺灣民眾不能自由地直接選總統，請問您能不能夠接受這樣的「一國兩制」？	7.5	82.3	10.2

資料來源：政治大學選舉研究中心在2002年針對臺灣地區成年人所進行的電話訪問。訪問成功樣本數為1,115。

4　其他常用的機率抽樣方式還包括集群抽樣（cluster sampling）以及多階段集群抽樣（multistage cluster sampling）。國內有關抽樣方法介紹的教科書不少，可以參考陳陸輝主編，2016，《民意調查研究》，第五章；陳陸輝譯，2017，《讀懂民調：讓公民變民調專家》，第四章。

二、民意調查的問卷設計

除了抽樣之外，另外一個影響民意調查結果的重要因素，是問卷設計。許多民意調查針對相同的主題進行調查，卻常出現結果不同的情況。究其原因，除了抽樣誤差之外，很重要的因素，是調查者使用不同的問卷題目。

以國內有關「一國兩制」的調查為例，如果研究者定義的「一國兩制」不同，民眾的反對程度也自然有異。表15-1可以發現，當研究者定義的「一國兩制」愈不改變現狀，民眾反對的程度自然降低。例如，第一個問題，係「一國兩制、五十年不變」的「一國兩制」。該條件一方面對現行生活影響不大，一方面也因為五十年是不算短的時間，民眾自然抗拒程度會降低。而第二題則是就新國號的名稱為「中國」的提問，實與「一國兩制」實質內涵無關，也與現狀是否改變無涉，民眾抗拒度較低。不過，儘管條件如此寬鬆或是模糊，民眾對於一國兩制的不接受度還是高於接受的比例。而且，一旦「一國兩制」落實到沒有獨立國防或是民眾無法直選總統時，則民眾有超過七成甚至八成的比例「不接受」，且「接受」的比例，立刻大幅下跌。表15-1的案例顯示出問卷的內容甚至選項的內容，對民眾態度的影響。當然，在2019年香港出現的《反送中運動》，在街頭上出現警察強力鎮壓民眾的情況，讓香港民眾對於所謂的「一國兩制、五十年不變」產生極大的質疑，也影響到臺灣民眾的態度，因此，可以預期的是：當外在環境出現變化，民眾的意向也可能會出現變化。

三、標準化執行程序

除了抽樣與問卷設計之外，另外一個經常被忽略的環節，是民意調查蒐集資料的執行過程。在調查訪問中，會因為訪員的個人特質、對訪員的訓練以及對訪員監督程序不同，而讓訪問結果出現差異。因此，訪問程序標準化，是「給予訪員一致性的指示與訓練，……（使得）在同一個研究中，所有受訪者得到『一致的刺激』，以將訪員效應降至最低程度」（鄭夙芬，2000：143）。因此，以目前最普遍採用的電話訪問為例，由於電腦輔助電話訪問（Computer Assisted Telephone Interviewing, CATI）系統的使用，使得訪員在訪問進行過程中，督導訪員的工作人員可以透過對訪員訪問過程的監看（訪員在訪問過程中的訪問端電腦操作過程）以及監聽（訪員與受訪者的對話過程），而糾正訪員的錯誤以及協助訪員改進訪問技巧而確保資料的品質。

四、各種蒐集民意的方法

我們一般使用蒐集民意的方法，大致可以分為：面訪、電話訪問、郵寄問卷、網路民調以及焦點團體（Focus Group）訪談法等。其中，焦點團體訪談法與前述四種的性質較為不同，它是針對訪問的主題邀請背景較為相近的參與者，組成一個可以分享、討論以及氣氛輕鬆的座談「團體」，而由主持人依照研究的主題（焦點），一一提出問題，讓參與者討論。因此，焦點團體強調的是同質性的團體成員的互動，而其目的在於蒐集與研究主題相關的豐富資訊，因此，屬於質性的研究方法（鄭夙芬，2005）。以下，僅就面訪、電話訪問、郵寄問卷及網路民調依序加以介紹。

（一）面訪

在四種量化的調查研究法中，面訪是最為昂貴但是資料內容較為豐富的研究方法。以目前在臺灣進行的面訪為例，過去由於戶籍資料較為完整且已經完全電腦化，因此，通常在抽樣完成後而訪問進行時，訪員是依據戶籍地址找到特定的受訪者進行訪問。由於戶籍資料與研究定義的母體幾乎一致，所以理論上面訪的樣本代表性較佳。不過，近來因為《個人資料保護法》的要求，因此，研究者必須改採門牌地址抽樣，在經過不同的隨機抽樣設計後，抽出門牌地址，再按照戶中抽樣的程序，選出受訪者。也因經濟發展，有管理人員的住宅大樓愈來愈多，加上民眾對於隱私性的要求愈來愈高，導致訪員要進入家戶訪問的困難度也相對提高。

除了訪問過程中，經濟程度較佳的大樓住戶如果有管理員阻擋較難接觸外，一些偏遠地區，例如處在崇山峻嶺的村落，訪問也較難進行。這些因素不但影響研究的樣本代表性，也因為訪問困難度提高而使得整個訪問執行所需要的時間與研究經費相對增加。不過，當訪員得以進入中選的地址訪問受訪者後，其可以訪問的時間較長，可以詢問的問題自然較多，而且訪員可以攜帶圖表、卡片等各種工具輔助訪問。而訪員發現受訪者對問卷題目不了解時，也可給予適度的協助。因此在訪問資料的豐富性以及受訪者對於研究問題的了解上，面訪較其他方法為優。

（二）電話訪問

目前在民意調查中最為普遍的蒐集資料方式，當為電話訪問。透過電腦輔助電話訪問系統的使用，在訪問執行過程中，對於中選電話用戶的戶中抽樣過

程、訪問問卷的題目、各題目的選項、資料的輸出以及訪員的管理，都可以透過該系統完成，不但提高工作效率，也增進訪問資料的品質。快速便捷是電訪最大的優點，如果問卷題目不多，訪問執行機構又具有足夠的電話線路與訪員時，通常一個晚上也許就可以完成上千通的訪問，訪問結果也許隔天甚至當天晚上就可以公布。電訪由於採用集中作業的方式，如果研究者按照標準化執行程序對訪員的訪問過程加以監控與管理，其所得的資料將具有一定的品質。目前電話訪問所使用的樣本，也就是電話號碼，在考慮電話號碼簿因為用戶不登錄或是新用戶未及登錄使得涵蓋率不全的情況下，採用「電話號碼尾數隨機撥號」（Random Digital Dialing, RDD）的方式取得樣本，可節省抽樣經費以及改善涵蓋率不足的問題。「電話號碼尾數隨機撥號」是先整理國內各縣市地區電話的局碼（prefix），也就是七位碼數電話號碼的前三碼或是八位碼數電話號碼的前四碼，在計算局碼分布的比例之後，以機率抽樣的方式，抽出局碼。而該中選局碼後面的末尾四碼或是末尾兩碼，可以用隨機亂數的方式產生，這樣就可以取得我們據以訪問的電話號碼。不過，因為唯手機族逐漸增加，在2013年時，唯手機族的比例大約是14.6%，而在2017年時，大約是24.8%（黃紀，2013、2017），因此，許多研究單位分別利用上述的市話電話號碼簿以及國家通訊傳播委員會公布的手機門號核備現況，以雙底冊分別進行抽樣後，進行訪問。相對於面訪，電話訪問的研究經費較為節省，且電話訪問不受大樓或是偏遠地區的空間限制，而可以接觸到任何有電話的受訪者。不過，電話訪問的問卷題目不得太複雜或是太多，以及因為詐騙案件層出不窮而影響民眾接受訪問的意願，對電話訪問法的應用都是限制或是隱憂。

（三）郵寄問卷

　　另外一種經濟而簡單的調查研究方式為郵寄問卷。郵寄問卷所需要的研究經費與研究人力相當精簡，調查者僅需負擔問卷印刷費、郵資以及資料處理費即可，通常，一個訓練有素的助理即可處理研究過程所需的大部分工作。郵寄問卷由於不需要訪員，因此，不會出現因為訪員的特質或是訪員舞弊而產生偏差的情況。有時在面訪或是電話訪問時，會因為訪員的族裔背景或是使用的語言，而影響訪問結果。以美國為例，會因為訪員是「非洲裔的美國人」（也就是俗稱的「黑人」，以下依此俗稱）或是白人的族裔不同，而出現對黑人受訪者某些態度的影響。研究發現：當受訪者是黑人而訪員是白人時，受訪者傾向對共和黨或是共和黨的重要領袖，表達較為溫和的態度。不過，當訪員是黑人

時，也許黑人受訪者會預期該訪員也一樣不喜歡共和黨，而對共和黨表達較為負面的態度。不過，當受訪者是白人時，不論訪員是黑人或是白人，對其態度的影響較不顯著。在臺灣地區則發現，受訪者在訪問使用的語言不同，也就是使用國語或是閩南語的不同其重要的政治態度像是統獨立場或是臺灣人認同，都會出現差異（陳陸輝、鄭夙芬，2003）。當使用郵寄問卷，因為沒有與訪員互動，自然也無上述問題。相較於面訪以及電話訪問，郵件問卷的訪問方式給受訪者較自由的填答時間，也無訪員在現場或是訪員在電話那端所給予的壓力。不過，郵寄問卷的回收率通常較低，有時會被受訪者或是其家人當成廣告郵件甚至詐騙郵件而丟棄。為克服此一問題，除了郵寄問卷的封面以及內容要經過一定的設計，以吸引受訪者的注意以及方便其填答之外，研究者一般需要在訪問兩週後寄出第一次催收郵件，而再過兩週後，對尚未回覆者寄出第二次催收信，並附上問卷，以利問卷已經遺失的受訪者填答。國外為了增加郵寄問卷的回覆率，有時會在問卷中放入面額不大的現金或是巧克力，這樣的做法對於增加民眾的回覆率具有一定的效果。不過，回收的問卷通常無法確認填答者是否為我們郵寄的對象，且有些問題也許因為受訪者翻問卷不謹慎或是受訪者刻意忽略而出現漏答的情況，這些都會影響資料可信度以及品質。

（四）網路民調[5]

目前最新興的民意調查方式，當屬網路民調。它的受訪者可以利用機率抽樣或是非機率抽樣的方式招募。訪問進行前先寄出連結給受訪者請其直接上網路填答。其優點在於費用經濟、回收快捷以及分析方便。而郵件問卷的優點中，如不給予受訪者壓力、填答時間較為彈性、沒有訪員偏差因素等優點，也同是網路民調的優點。研究者也認為，網路民調與郵件問卷訪問，如果匿名性的方式處理得宜，都可以增加民眾回答較為敏感性問題的意願。不過，網路民調的主要問題在於，參與的受訪者與我們定義的母體，也許會出現顯著差異。有些調查即使以隨機抽樣的方式招募到受訪者，但是願意參加成為未來的受訪者以及調查時實際參與填答者，與母體相較，屬於較為年輕、教育程度較高，以及住在較為都會地區的民眾，因此，想據以推論母體會有一定程度的落差。不過，因為網路民調填答方便，頗適合以實驗設計進行研究。例如，當我們想

5　網路調查如何招募其參與者的介紹，可以參考陳陸輝主編，2016，《民意調查研究》，由俞振華教授撰寫的第四章；或是陳陸輝譯，2017，《讀懂民調：讓公民變民調專家》，第五章。

知道如表15-1中，不同問卷題目對民眾態度的影響，即可使用網路調查，將受訪者隨機分成四組，詢問四種不同類型下，民眾的態度分布，有無重要的差異。

五、選舉民調[6]

除了上述的民意調查方法以外，其他幾種民意調查方式也廣泛應用在選舉中。以下將分別針對出口民調（exit poll）、基點民調（benchmark survey）、對決民調（trial-and-heat survey）、滾動樣本民調（rolling sample survey）、審議式民調（deliberative opinion poll）以及推開式民調（push poll）依序加以介紹。

（一）出口民調

出口民調是當選民剛離開投票所後，所進行的民意調查。由於出口民調詢問的就是剛剛投完票的選民，與其他選舉前民意調查所詢問「可能會去」投票選民的「投票意向」不同，因此，準確性較高。在總統選舉制度不同的美國，因為其採取選舉人團（electoral college）制度，故其出口民調的設計也需考慮其調查結果可以分別針對各州以及全國分別進行預測，所以在美國的出口民調訪問成功的樣本數需要相當大。正因其蒐集的樣本數與資訊是其他一般民調所無，故具有相當的價值而可以提供新聞媒體以及學術工作者使用。出口民調所詢問的問題簡短，很容易整理與製表，所以，可以迅速獲得民眾支持對象的資訊。一般而言，出口民調的結果大致還算準確，但是在競爭激烈的選舉，如果考量前述的抽樣誤差，預測與實際結果就容易出現落差。從出口民調的相關研究中發現：通常較為富裕或是教育程度較高的選民，較會填答問卷，這個趨勢，可能會影響到樣本的代表性。出口民調引起爭議的問題之一是，其適不適合在選舉的計票還沒有確定結果之前，就加以公布。新聞媒體往往因為新聞價值而搶先以出口民調的資料，公布調查內容並推估選舉結果。不過，因為出口民調基本上是對已經投票的選民進行的一種抽樣調查，所以，樣本大小及選情競爭的激烈程度，都會影響到預測的正確性。美國總統大選曾發生：當計票還未結束之前，若干電視臺即以出口民調的資料，透過其電視臺雇用的統計專家預測選舉結果，而「公布」某一黨候選人已經贏得關鍵州的選舉人票而「當選

6　本章討論主要參考Asher（2004）ch. 7。

總統」，即引發相當大的爭議。

（二）基點民調

　　另外一種選舉民調，通常是在候選人決定參選後所進行的，我們稱之為基點民調。基點民調通常訪問成功的樣本數較大、訪問的題目較多也常會包括一些開放性的題目。其蒐集的資訊包括：各個主要候選人的公眾形象如何、他們在各項議題的立場以及該選區的選民結構等。此外，各個候選人的知名度（name-recognition level）、候選人之間的相對勢力以及選民對現任者的評價，也是資料蒐集的重點。何時進行基點民調，是另一個需要拿捏的重要決定。太早進行訪問，選民對新面孔的候選人一無所悉，且時間過早也意味著政治與經濟變化的情況愈多，突發事件出現的機會也愈高。不過，基點民調既是候選人應用的選戰工具，進行得太晚，其提早布局的效果自然大打折扣。

（三）對決民調

　　所謂對決的民調，是指民意調查的問題形式。通常，是將兩位可能的候選人配對廝殺，看選民在此模擬配對中，民眾對主要政黨的潛在競爭對手間的喜好程度如何。這種民調通常是運用在單一選區的選舉，當有多位候選人嘗試角逐該職位，或是政黨決定在幾位可能的候選人中提名一個最有希望的候選人時，所採用的民意調查。它的題目形式一般是：「如果明天是投票日的話，在王志明與江怡君兩位候選人中，你會投給哪一位？」不過，由於選戰千變萬化，參選人也未確定，太早進行對決民調，所得到的常常只是民眾對於諸多候選人「知名度」的印象或是可能對決的結果罷了。因為所有候選人的家世背景、政見以及對特定議題立場的相關資訊都還沒出現，對決民調只是對候選人過去的表現或是知名度做個比較而已。而這種民意調查方式對一個新人也較為不利，甚至對於一些大家耳熟能詳的候選人，也充滿不確定性。以臺灣2002年高雄市長選舉為例，當時國民黨提名人黃俊英的初期民調結果是其他幾位泛藍候選人中最低的，而隨著選舉的逐漸加溫，最後的選舉結果，是他僅以不到兩萬五千票的差距，輸給當時競選連任的謝長廷先生。此外，有時對決民調放入的競選對手未必是實際的參選者。以2020年的總統選舉為例，民進黨與國民黨的初選中，都將當時的臺北市長柯文哲納入，但是實際上柯文哲並未參加2020年的總統選舉。

（四）滾動樣本民調

除上述民意調查方式之外，在競選期間，應用滾動樣本的民意調查，是掌握選情變動以及找出影響選民態度持續與變動因素的不錯方法。滾動樣本的調查方式，是先於一定的時間，完成一份可供推論的有效樣本。例如，研究者可以用四天為一個單位，每天訪問成功250份，則四天下來累計的樣本共1,000份，並以此樣本推論母體。在第五天時，仍然訪問250份成功樣本，並將第一天的250份樣本排除，然後以第二天到第五天共1,000份的樣本進行分析。此一程序持續進行至選舉結束為止，研究者以各觀察點的變化情況，來了解並掌握民意的趨勢。滾動樣本可以用來檢討選戰策略的應用以及作為一些突發狀況對選情影響的評估。它也可以提供候選人整個選舉過程中，選民支持率變動的情形。不過，有時礙於研究經費，有些滾動樣本的設計是以每天100個成功樣本（四天共400個樣本）進行訪問並據以推論。此時，因為每天或是加總的樣本數太少，抽樣誤差相對地大，所以當滾動樣本顯示出選民態度有重要的變動時，我們雖可以解讀成民意出現重大的變化，也必須小心這可能是因為樣本太過偏差所致。

（五）審議式民調

審議式民調是結合焦點團體以及民意調查而成的新型民意調查。目前除了供學術研究的用途之外，政府在評估新的政策，如「二代健保」時，也開始採用。其進行方式是先以隨機抽樣的方式，訪問具有代表性的樣本，了解他們對一些議題的看法。主辦單位通常利用週末邀請這些受訪者，一起前往一個獨立的空間，然後提供受訪者就所研究的議題不同立場的相關資訊，讓民眾進行小組討論，再讓不同立場的專家向民眾說明相關資訊與其秉持該立場的原因，然後再進行民意調查。我在前述Converse研究的討論中發現：一般民眾對政治事務並不關心也缺乏相關資訊，因此，研究者認為：當選民對該議題具有充分資訊、經過一定的審慎討論並聆聽不同立場專家的意見之後，他們的立場極有可能會有所不同。當然，也有學者對審議式民調抱持保留態度，主要原因是他們認為該研究外在效度（external validity）有問題，所謂外在效度是指一個研究的結果是否真的可以放諸四海皆準。因為有不同立場的政治人物向選民說明其所持立場的理由，以及跟陌生人討論政治議題，甚至閱讀某些議題的相關資訊……等的情境與一般民眾真實生活的世界是否相同？這是頗有疑問的。真實的世界中，選民也許對政治事務毫無興趣，或是偶爾會與親朋好友討論政治事

務，但幾乎不會有機會直接與候選人或是政策專家接觸與對話。而在真實世界中，選民接受的資訊也大多來自大眾傳播媒體或是人際傳播管道，該資訊的解讀或是詮釋過程，通常是選民自己，而未必是來自候選人或是學者專家，更不是素昧平生的陌生人。因此，審議式民主的執行過程與一般民眾對公共政策形成偏好或是決定投票對象的真實政治生活，是有些落差的。審議式民調對於我們傳統的調查研究法，提供了一個值得思考的方向。民眾日常生活中，除了擔心子女的教育、父母的奉養以及與婚姻伴侶的相處之外，其他親朋好友的事務，甚至體育賽事的比數，可能都占據了相當的時間、精力以及注意力，對於公眾事務，也許未必關心甚至不感興趣。因此，當選民在民意調查時面對自己不熟悉或是不關心的公共問題時，也許隨意給訪問者一個答案，甚至回答不知道。藉由審議式民調的方式，我們可以進一步了解：當選民有機會掌握更多資訊並聽過對該議題的支持與反對的論述之後，他們的態度會如何形成、強化或是轉變，此一方法提供我們在民意的研究上，不同的思考角度。

（六）推開式民調

在選舉民調中最為人詬病的一種民意調查方法，是推開式民調。它是民調從業人員利用扭曲的資訊，將受訪者回答從原先支持的特定候選人或是陣營「推開」的一種調查方式。比方說，某民調機構所執行的推開式民調，是在為甲候選人宣傳而欲影響或是改變乙候選人的支持者。在其執行過程中，當選民回答他們支持乙這位候選人時，民調機構就會接著詢問：「這位乙候選人過去支持毒品合法化，請問，你還支持他嗎？」進行推開式民調的從業人員，常以提供受訪者足夠資訊為藉口，來掩飾其不當的誤導行為。特別是，民調人員運用一些扭曲甚至錯誤的資訊來誤導民眾，這種執行過程與手法是造成推開式民調惡名昭彰的元凶。而推開式民調另一個為人詬病之處，乃是該民調的目的是在影響受訪者態度而不在於探詢受訪者的真實意向。因此，推開式民調往往訪問大量的受訪者。推開式民調這種做法，是任何從事公正客觀的民意調查從業人員所不願也不齒採用的民調方式。

六、民意調查與公共政策的連結

民主政治既然強調民意政治，民意與公共政策是否具有一定的連結？Erickson與Teidn（2001: 17-20）整理Luttbeg（1968）的研究，提出以下五種模型。

（一）理性的積極分子模型

　　理性的積極分子（rational-activist model）是一個民主政治中廣為接受對於理想的公民應該扮演角色的模型。此模型強調民主國家的公民對政治事務既通曉、涉入又理性積極。他們在選舉中，是支持在議題立場上最能反映自己偏好的候選人。不過，如同本章前述的討論，一般民眾未必通曉政治事務，也未必對政治感興趣，此一模型的適用性自有其侷限。

（二）政黨模型

　　所謂政黨模型（political parties model）認為政黨為了贏得選舉，必須對相關議題採取立場，以爭取選民支持。因此，透過政黨的中介，民眾可以對公共政策具有決策權。民眾不用針對個別政策一一比較，只要從幾個政黨中選擇與自己偏好最接近的政黨即可。不過，參考前一章有關政治社會化的討論時提及，父母對子女的政治態度具有重大的影響，其中最重要的態度之一就是政黨認同。因此，民眾是依據偏好選擇與自己立場相近的政黨支持？還是順從家庭的政治傳統，延續對原先政黨的支持？都需要進一步討論與研究。

（三）利益團體模型

　　利益團體模型（interest groups model）認為利益團體是選區選民與他們民意代表之間最重要的橋樑。民意代表要了解選民需求，選民需要知悉民意代表在國會的表現，而利益團體就居中扮演溝通的角色。本模型的一些問題在於：是否有部分的選民意見被過度強調，但有些卻不被重視？例如，在美國有關槍之管制的議題，顯然支持人民合法擁有槍枝的相關團體，其聲音較大且資源較多，因此更受到重視。此外，我們必須考慮的是：各種利益團體的意見，就是民意嗎？是否較有資源或是具備組織動員能力的團體之意見較受重視？有許多弱勢團體因為資源不足，他們的聲音往往不容易被聽見。在一個利益團體內的民眾，意見都一致嗎？例如，反對二手煙團體內的成員，也許在廢除死刑的議題上未必一致。

（四）盡職民意代表模型

　　盡職民意代表模型（role playing model）又可翻譯為角色扮演模型，係建立在民意代表「角色」的社會分類上。民意代表既具有此一身分，他們自然應該扮演了解民意並且將民意轉變為公共政策的角色。當然，民意代表也認知

到，一旦他們悖離民意，也許他們在下次選舉會遭選民唾棄。本模型的問題在
於民意代表如何掌握民意以及他們是否真的會尊重民意，且當選區民意與民意
代表自身或是其所屬政黨的立場衝突時，他該如何自處。

（五）共享模型

最後一個模型是共享模型（sharing model），它強調民意代表或是民選官
員成長的環境本與一般民眾相同，他們應該與選民具有類似的生活經驗與價
值。既然他們的偏好應該與民眾相似，自不會不顧民眾的偏好，而強行推動民
眾反對的政策。如果本模型所言屬實，我們應該考慮的是：一般民眾與民選官
員或是民意代表在全國性事務上意見分布類似的範圍究竟有多廣以及他們相似
程度有多大。

七、民意調查與民主政治的運作

在民意調查充斥的今天，民意調查對民主政治是否具有正面意義？Asher
（2004: 20-23）認為，民意調查提供民眾直接參與民主決策過程的重要機會，
且此種對政治事務或是政策走向的參與，是不需透過民選的民意代表等「中間
人」的協助。民意調查結果，也提供民選代表或是民選官員，在某些重要政策
上對民眾意向的掌握。所以，人民透過民意調查表達他們對公共政策的看法，
是對民選官員施政的監督。此外，民眾也可以透過民意調查所提供的資訊，修
正自己過去對某些特定團體的刻板印象。

不過，隨著民意調查愈來愈受重視，對民意調查的批評，也愈來愈多，特
別是民意調查對民主政治體系的運作，有不良影響。Ginsberg（1986）就認
為，民意調查的出現以及被重視，反而會對民意本身產生不良的影響。因為民
意調查取代了民眾的態度表達，特別是對於那些有強烈意見的人，如果我們只
注意一般民意調查分布趨勢的「數量」，卻忽略了民意的「質量」，則這些少
數不平之鳴會被忽略，其政治後果更值得注意。民意的表達原本具有多元的方
式，例如，可以透過示威遊行與抗議等活動表示。但是，執政者重視民意調查
以後，所謂的「民意」就僅有剩下民意調查的結果。此外，民調只重視個人意
見表示的總和，而忽略了團體在民意形成過程中所扮演的角色。實際上，政治
是團體互動的結果，而民意更與團體氣氛或是團體提供的資訊密切相關。將民
意簡化為對個人的研究，會失去政治研究對團體關注的這個焦點。最後，因為
民意調查受到重視，人民由議題的決定者變成議題的接受者。許多情況下，民

眾無法對議題發聲，而僅能接受民調結果中他人的意見（Kinder, 1998: 783-784）。

　　Asher（2004: 23-26）也整理民意調查對政策決定的負面影響。畢竟民眾在思考任何事件時，相較於政治領袖，其資訊以及思考的層面較為侷促。國家的領導人（leaders）是要引領（lead）國家走向正確的道路，如果政治領袖只是一味地跟著（follow）民意走，國家的領導將出現重大問題。此外，民調也會讓執政者不敢採取不受民意歡迎的政策，儘管就長遠而言，該政策對國家社會是利多於弊。政治人物更可能操縱民調，例如，某些政治人物會先利用在大眾傳播媒體的公開談話，宣示或是推銷特定政策，在取得媒體曝光之後，再進行民意調查，以強調該政策的受歡迎程度。因此，民意調查的不當應用，不但有損國家領導，更可能在民意被操弄時，而使民主政治的良性運作，受到傷害。

　　在了解了民意的意義以及民意調查及其功能之後，以下將討論與民意密切相關的政治傳播。

參、政治傳播的意義

　　在通訊科技發達的今天，遠在地球另外一端發生重大事件，民眾雖未必親身經歷，卻可以透過電視或是網路的影像或是報導，彷彿「親眼目睹」或是「親身經歷」該事件。因此，大眾傳播學者Graber（2002: 6-12）整理Lasswell以及她自己的觀點，認為大眾傳播提供了四種社會功能，分別是：監視周遭環境、解釋事件的意義、社會化其成員以及對政治的刻意操縱。大眾傳播媒體成為我們獲取資訊、解讀資訊內容與學習社會規範的最重要管道。所謂對政治刻意的操縱，是大眾傳播媒體透過揭發弊案（muckraking）的方式，揭發政府的不當措施或是行為，以促使其改進。而在二十一世紀的今天，從表15-2可以發現：電視雖然還是民眾獲取政治資訊最重要的媒介，但是，網路的重要性也已大幅提升。

　　大眾傳播媒體是現代社會中提供民眾資訊的最主要消息來源。對現實政治學的研究者來說，我們更關心大眾傳播媒介與民眾政治行為之間的關聯性。以民眾從大眾傳播媒體中獲取政治消息的主要媒介而言，儘管網路已經非常發達，民眾以電視作為主要管道的比例仍然最高，有超過六成三。網路則次之，

但僅超過兩成，報紙非常低，約7.5%，廣播則只有2.5%。至於都不用或是無反應的受訪者僅5%。由於大眾傳播媒體仍然是民眾獲取政治資訊的重要管道，因此，政治人物最有效地與民眾溝通的方式，自然是透過大眾傳播媒體。以下，我們就進一步探討，政治傳播（political communication）（或翻譯成「政治溝通」）的定義。

　　政治傳播或是政治溝通所涵蓋的學門，除了大眾傳播之外，還包括政治學、心理學、社會學、語言學甚至修辭學等領域。當然，與一般的大眾傳播研究類似的是，我們仍然觀察一個資訊的提供者，他是透過哪種管道，提供資訊傳播給閱聽人。不過，政治傳播特別注重此一傳播過程的政治意涵。McNair（1999: 4）對於政治傳播的定義相當廣泛而簡單，他認為：政治傳播就是對於政治事務有目的之傳播（purposeful communication about politics）。因此，政治傳播包括所有政治人物或是其他政治行動者為了達到特定目的所採用的各種型式的傳播。政治人物以外的人士，如一般選民、報社或是電子媒體的各種專欄評論人，向政治人物或是政治行動者傳播的訊息也包括在內。當然，對於上述政治人物個人以及他們活動的報導也包括在政治傳播之內。至於溝通的內容，除了口語或是書面文件之外，一些視覺上的效果，例如，揮舞國旗或是衣著打扮，都屬於政治溝通的範疇。

　　根據Perloff（1998: 8）的定義，政治傳播是「一個國家的領導（leadership）、媒體以及民眾針對與公共政策相關作為的訊息，所進行的交換以及商議的過程。」因此，政治傳播的行為者除了國家的領導者或是政治菁英外，媒體與民眾也都參與訊息的交換、商議甚至詮釋的過程。訊息傳播的途徑，除了極少數

表15-2　民眾最常使用哪種大眾傳播媒體獲取政治資訊

媒體類別	%
電視	63.6
網路	21.7
報紙	7.5
廣播	2.7
都不用	3.0
無反應	1.7
（樣本數）	（2,292）

資料來源：黃紀（2013）。

的例子外，政治菁英必須透過大眾傳播媒體，方得以傳達給一般民眾。傳播的訊息內容，是與公共政策或是政府施政相關的訊息。此外，政治傳播所強調的是一個過程，政治菁英當然希望媒體傳達有利其政策推行的相關訊息，不過傳播媒體也因為新聞價值、同業競爭的壓力甚至是閱讀率的考量，對政治菁英提供的相關素材，會有不同角度的詮釋與報導。此外，民眾也未必對於大眾傳播媒體的報導照單全收。民眾甚至可以透過在民意調查中反映他們認為不重要或是較為重要的議題或是對特定事件的態度，而改變媒體報導的焦點。所以，訊息的內容、訊息的詮釋以及報導的焦點，都是政治菁英、大眾傳播媒體以及民眾三方共同參與建構的過程。

Denton與Woodward（1998: 11）將政治溝通定義為對於公共資源分配、政府官員（official authorities）以及社會意義（social meaning）的公開討論。因此，政治溝通是一個過程，其內容是具有策略性的以及獨特性的。由於公共資源應該如何分配，經常引起不同團體提出支持或是反對的意見，因此，公開的討論與對話，自然是政治溝通研究的重點之一。除了針對行政、立法與司法各部門官員的重要政策進行討論之外，政治溝通的研究特別側重對民選官員的研究，而競選過程，更是其中觀察的重點。政治溝通另外一個重要的目的，也許是對於社會的信仰與價值的討論。

有關政治傳播的主題，可以從政治菁英、大眾傳播媒體以及民眾三類政治行為者以及選舉與非選舉期間區分為六個面向（張卿卿，2004）。由於國家領袖的重要性，因此，有關國家領袖，不論是總統制國家的總統或是內閣制國家的首相或是總理，其演說、記者會或是在其他公開場合所表達的意見，總是政治傳播的一個研究重點。大眾傳播媒體對於公共政策或是其他政治人物的報導，以及在競選期間，有關候選人間辯論、電視競選廣告以及其他在選戰進行期間的相關競選事件，都是政治傳播研究的重要對象。政治人物當然希望藉由掌控對大眾傳播媒體，以獲取更多有利與有力的報導，並增加其政治影響力。Smoller（1990）認為，政治人物對於演說、政治廣告以及在收音機發表的演說內容有較大的控制權，因為，政治人物有主動權來決定何者該說或是何者不該說。其次則是政黨的黨代表大會或是記者會。在這兩種場合，雖然政治人物無法全程控制整個訊息的內容，不過，一般還是跟著一定的腳本進行，較不容易出現脫稿演出的情況。接著是競選的辯論。在競選辯論中，相關的議題可以事先研擬、準備與因應，不過，偶爾會出現一些意想不到的情況。此外，候選人的臨場表現，更傳遞許多意想不到的訊息。而最不能控制的，則是晚間新

聞。因為晚間新聞的內容常常是由電視臺或是記者所決定的，遠非政治人物所能控制。因此，美國白宮特別設立白宮新聞室（White House Office of Communication）、新聞秘書以及記者會，試圖藉著固定的機構與人員以定期提供相關新聞內容的方式，影響大眾傳播媒體報導的內容（Perloff, 1998: 59-60）。

　　儘管如此，政治傳播是否真能左右民意走向？或是政治傳播的效果其實相當有限？有關政治傳播對民意的可能影響，我們在下一節將進一步討論。

肆、政治傳播對民意的影響

　　在政治傳播的相關研究中，最重要的研究主題之一，是討論媒體對於民意是否具有影響力。早期Lazarsfeld等人（1968）針對美國1940年總統選舉所進行的研究發現：競選過程中，選民雖然因為各種文宣廣告以及競選資訊而對相關選舉新聞產生興趣、暴露在相關報導、選擇與自己政治立場相近的資訊並進而決定支持對象。不過，整個競選過程，媒體的主要作用在於激活（activate）民眾既有的政治傾向、讓民眾對候選人的態度更加具體並強化選民既定的政黨立場。不過，傳播媒體在說服選民轉變既定政治立場而支持其他候選人的效果有限，使得競選過程中大眾傳播媒體對選民的態度只具有強化的效果（reinforcement effect）。選民也未必關注大眾傳播的相關資訊，這些資訊通常是經由選民信任的意見領袖（opinion leaders）解讀過後，再傳遞給一般民眾。因此，大眾媒體傳播的資訊，其實是以兩級的資訊傳播（two-step flow of communication），透過意見領袖中介，再傳播給一般民眾的。因此，從Lazarsfeld等人的研究發現讓我們覺得大眾傳播媒體對民意的影響上，僅具有限的效果（limited effects）。

　　雖然早期認為傳播媒體在轉變民眾個人政治立場上的效果有限，不過，隨著1970年代以來，社會發生重大事件、新興媒體（特別是電視）的發展、新的理論觀點提出以及社會科學「認知的革命」，使得政治傳播，有了更多元的發展（McLeod, Kosicki, & McLeod, 1994: 131）。依據Paletz（1999: 140-145）的整理，媒體對於民意具有以下幾種效果。他們分別是：議題設定、預示、框架、樂隊花車、沉默螺旋以及第三人等效果。以下一一敘述。

（一）議題設定效果

所謂議題設定效果（agenda-setting effect）是傳播媒體所選擇報導的新聞內容，會影響民眾對相關議題重要性的排序（McCombs & Shaw, 1972）。由於每天世界各地或是國內各處發生的新聞相當多，勢必無法全部都刊登。因此，媒體工作者在處理新聞的過程中，必須依據一定的標準篩選新聞，並就各種新聞給予不同的版面位置以及標題等不同重要性。當一個新聞被列為當日報紙或是電視新聞的頭條消息，並給予顯著報導時，自然會影響民眾對相關議題的關切程度。換言之，當媒體大量報導有關社會治安方面或是重大犯罪事件的消息時，民眾會傾向認為目前社會最需要解決的是治安問題。而在2020年初以來的新冠肺炎（COVID-19）爆發，確診以及死亡數量一再攀升，許多國家也採取限制其他國家民眾入境，甚至在國內發出居家令，要求民眾減少外出。這些措施對於整個政治、經濟、社會的衝擊巨大，也常常是每天報導的頭條新聞，自然成為民眾的關注焦點。

（二）預示效果

所謂預示效果（priming effect）是指電視新聞的報導內容，會影響我們據以判斷政府、總統、政策或是競選公職候選人的標準。根據有關預示效果的研究發現：民眾經常暴露在特定的資訊或是內容之下，會催化特定概念。因此，當其他相關的事件出現時，他們就會將此一事件與該概念聯結。簡言之，當電視新聞強調經濟發展的相關報導時，如果我們請民眾評斷目前政府表現的優劣時，民眾就會以經濟繁榮與否作為衡量標準，來判斷政府表現的好壞（Iyengar & Kinder, 1987）。

（三）框架效果

框架效果（framing effect）是指媒體報導事件的歸因，會影響民眾的態度方向（Iyengar, 1991）。例如，在1990年伊拉克入侵科威特之後，美國總統布希出兵攻打伊拉克的行動，如果新聞報導強調的是維護後冷戰的國際秩序而不是強調美國為了保護他們在中東地區的國家利益，則在國內甚至國際社會所獲得的支持程度，將會有所不同。同樣地，在小布希總統再次出兵伊拉克時，如果新聞報導強調的伊拉克資助恐怖組織策動911攻擊，並擁有大規模毀滅性武器，則一定比美國政府希望控制中東的石油來源，可以獲得更多的民眾以及國際社會的支持。

Iyengar（1991）進一步將框架效果區分為兩類。第一類是插曲式的（episodic），而第二類則是主題式的（thematic）。以貧窮相關事件的報導為例，插曲式框架係大眾傳播在報導時著眼於報導單一事件或是個人的貧窮相關故事，而主題式框架則是將貧窮事件放在整個當前的社會與經濟脈絡下討論。Iyengar發現，當民眾看完第一類報導之後，會傾向將貧窮，歸因（attribute）給個人，認為是個人的不努力或是命運不佳，造成其貧窮與否的現況。若是看完第二類報導之後，則傾向將貧窮問題，歸因於社會制度的不完善。因此，框架效果會進一步造成民眾不同的歸因，甚至會影響到他們對於特定政策的態度。他以美國為例，由於一般新聞報導傾向以插曲式的框架進行報導，讓民眾認為社會問題應該歸咎於個人，導致政府在相關政策的推動上，得不到繼續執行或是擴大執行的民意支持，甚至在停止推動特定政策之後，因為感受不到民意壓力，使得該政策或是計畫從此消失。

（四）樂隊花車效果

樂隊花車效果（bandwagon effect）即臺灣俗諺所說的「西瓜偎大邊」，就是民眾傾向支持在民意調查中較為領先的候選人。換言之，民眾不希望在選舉結果出爐時，自己是站在輸的一方，而讓知情的親朋好友嘲笑自己的眼光失準。Lazarsfeld等人（1968）針對美國1940年總統選舉所進行的研究時，提出樂隊花車效果。他們發現：受訪者支持的候選人（選民的個人偏好）以及他們認為會勝選的候選人（選民對選情的認知）之間，有高度相關。在其後Berelson等人（1954: 289）的研究，他們認為，除了選民對選情的認知會影響其個人偏好的樂隊花車效果之外，選民的個人偏好也可能會影響他對選情的認知。因此，投射效果（projection effect）其實也提供不同的解釋。

（五）沉默螺旋

沉默螺旋（spiral of silence）則是指，民眾對於身邊政治氛圍的認知會影響他表達其政治傾向的意願。由於個人不希望被團體中多數成員所孤立，因此，當他認知到自己所支持的政黨或是候選人，與其所處團體的主流偏好相同，他會勇於表達他的態度。相對地，如果他是團體中的少數意見，與前述樂隊花車效果不同的是，他並不會改變立場支持主流候選人，而是傾向保持沉默（Noelle-Neumann, 1984）。而大眾傳播媒體對於特定政黨或是候選人在民意調查中排名先後的報導，是提供一般民眾評估其所支持的政黨或是候選人是否

為多數人支持或是僅有少數人喜愛的重要資訊。

（六）第三人效果

第三人效果（third-person effect）是指民眾認為媒體的內容對於自己或是與自己相似者的影響效果，遠低於對其他人（第三人）的效果（Davison, 1983）。學者也發現，在以下三種情況，民眾認為資訊對第三人的影響效果會較大：首先是當民眾認為媒體的訊息具有相當程度的影響或是對個人具有重要性、當民眾認為消息來源有明顯地偏差，最後是當受訪者有較高的教育程度以及所謂的他人（第三人）是較為模糊而廣泛時，民眾認為資訊對第三人的影響效果會較大（Perloff, 1998: 145）。

第三人效果的進一步延伸，是民眾會認為大眾傳播媒體是具有不良的影響的，因此，對於大眾傳播媒體應該具有一定程度的限制。其實，我們利用一份民意調查可以發現，臺灣的民眾對於媒體新聞報導的「正確性」、「公正性」以及「信賴度」都相當低。從表15-3中可以發現：民眾同意媒體新聞報導大部分是「公正的」百分比最低，僅一成多。而在值得信賴的「信賴度」以及「正確的」上，同意程度也都不及一成五。相反地，民眾不同意媒體新聞報導是「公正的」、「正確的」以及「值得信賴的」比例，都將近八成。顯示民眾對於大眾傳播媒體的不信任，也可以想見，民眾對於媒體的影響效果，應該抱持更多負面看法。

表15-3　民眾對於媒體新聞報導的看法

	正確的 %	公正的 %	值得信賴的 %
同意	13.5	11.1	12.7
不同意	79.4	80.8	78.2
兩者差距	-65.9	-69.7	-65.5

說明：表格中僅列出民眾表示同意或是不同意該敘述的直欄百分比，其他回答沒有列出，百分比總和未達100%。

資料來源：政治大學選舉研究中心於2004年針對臺灣地區成年人所進行的電話訪問。訪問成功的樣本數為1,081。

伍、社群媒體與政治傳播

儘管傳統的電視與報紙仍然是民眾獲取政治資訊的重要管道，但是，社群

媒體（social media）已經成為二十一世紀以後，政治傳播或是說政治溝通的重要工具。自2004年的美國總統大選，民主黨總統參選人Howard Dean在爭取民主黨提名時，開始利用數位通訊科技（digital communication technology），以網頁以及部落格發布競選相關資訊。2008年的歐巴馬參選，則是將數位通訊科技發揮得最淋漓盡致者。隨著社群媒體的使用更為普遍，政治人物利用社群媒體發布競選相關資訊，與選民互動，成為重要的政治資訊傳播的方式。

目前可以應用的各種社群媒體平台頗多，從部落格（blogs）、Youtube、臉書（Facebook）、推特（Twitter）到Instagram（簡稱IG）。Stromer-Galley（2014）指出，歐巴馬2008年的競選中，利用精心設計的電子郵件內容寄給鎖定的對象以建立關係。其後續的競選策略包括與潛在捐款人建立關係、發展募款目標與建立線上事件活絡參與者，以及在重大的事件進行線上募款。儘管各種不同的社群媒體提供候選人與選民可以不透過大眾傳播媒體即能直接對話的機會，但是，競選期間，因為候選人以及選舉幕僚主要在擬定選戰策略以及發布選戰消息，所以，這些社群媒體只是提供候選人一個平台，讓他能夠找到對其有熱情且有錢或是有閒的支持者，再由這群支持者協助其傳遞競選資訊，擴大其支持的基礎。更重要的是，候選人希望能將這些能量轉換成選舉日開出的選票。

陸、結論

本章針對民意的定義、民意調查的方法、民意與民主政治的關聯性、政治傳播的定義以及政治傳播對民意的影響等幾個主題，依序加以說明。由於科技進步以及調查研究法的突飛猛進，使得透過科學性的研究方法來對民意走向的探詢與掌握成為可能。民意調查結果的相關報導，更成為政治菁英、媒體以及一般民眾關注的焦點。政治菁英希望掌握民意的脈動，以推動其政策或是獲取更大的權力。大眾傳播媒體希望了解甚至創造人民的需求偏好，以增加其新聞收視率。人民也藉著民意調查，掌握社會動態甚至是流行的趨勢。民意，是民主治理中最重要也是最寶貴的資訊。不過，也正因為民意的形成、持續與變遷，有其肇因更有重要的政治後果，所以，政治人物莫不絞盡腦汁，透過各種方式，企圖左右民意。民意或許似幽靈一般虛幻，民意偶爾如流水一般善變，不過，民意有其理性與感性的一面，民意更有穩定與持續的成分。特別是在民

主社會中，民意的重要性更不容忽視。任何民主國家，誰獲得民意的支持，就掌握權威性價值分配的發聲權甚至決定權。身為民主政體下的現代公民，不但須認清民意的重要性，更對於國家重大政策以及公眾事務的資訊多所關切與了解，才能夠免於政治菁英的不當操弄，讓民主政治，更健康且順利地運作。

參考書目

一、中　文

張卿卿，2004，〈臺灣政治傳播之回顧：美國傳統 vs. 臺灣研究〉，載於翁秀琪主編，《臺灣傳播學的想像（上）》，臺北：巨流，頁 347-396。

陳陸輝，2013，《民意調查新論》，臺北：五南。

陳陸輝、鄭凤芬，2003，〈訪問時使用的語言與民眾政治態度間關聯性之研究〉，《選舉研究》，第 10 卷第 2 期，頁 135-158。

陳義彥、洪永泰、盛杏湲、游清鑫、鄭凤芬、陳陸輝，2001，《民意調查》，臺北：五南。

陳義彥，2000，《跨世紀總統選舉中選民投票行為科際整合研究》，計畫編號：NSC 89-2414-H-004-021-SSS。

黃紀，2013，《2012 年至 2016 年「選舉與民主化調查」四年期研究規劃（1/4）：民國一百零一年大規模基點調查面訪案（TEDS2013）》計畫編號：NSC101-2420-H-004-034-MY4。

黃紀，2017，《2016 年至 2020 年「選舉與民主化調查」四年期研究規劃（1/4）：2017 年面訪抽樣調查案（TEDS2017）》，計畫編號：MOST105-2420-H-004-015-SS4。

黃紀，2020，《2016 年至 2020 年「選舉與民主化調查」四年期研究規劃（4/4）：2020 年總統與立法委員選舉面訪案（TEDS2020）》，計畫編號：MOST105-2420-H-004-015-SS4。

游清鑫、鄭凤芬、陳陸輝，2001a，《面訪實務》，臺北：五南。

游清鑫、鄭凤芬、陳陸輝，2001b，《電訪實務》，臺北：五南。

鄭凤芬，2000，〈政治調查研究中訪員錯誤類型之研究〉，《選舉研究》，第 7 卷第 2 期，頁 143-186。

鄭凤芬，2005，〈焦點團體研究法的理論與應用〉，《選舉研究》，第 12 卷第 1 期，頁 211-239。

鄭凤芬、陳陸輝、劉嘉薇，2005，〈2004 年總統選舉中的候選人因素〉，《臺灣民主季刊》，第 2 卷第 2 期，頁 31-70。

劉義周，2005，〈2002 年至 2004 年「選舉與民主化調查」三年期研究規劃（IV）：民國九十三年立法委員選舉大型面訪案〉，NCS 93-2420-H-004-005-SSS。臺北：行政院國家科學委員會。

二、英　文

Abramson, Paul R., and Charles W. Ostrom, 1994, "Macropartisanship? An Empirical Reassessment." *American Political Science Review* 85: 181-192.

Achen, Christopher H., 1975, "Mass Political Attitudes and the Survey Response." *American Political Science Review* 69 (4): 1218-1231.

Asher, Herbert, 2004, *Polling and the Public: What Every Citizen Should Know.* 6th ed. Washington, D. C.: CQ Press.

Berelson, Bernard, Paul F. Lazarsfeld, and William N. McPhee, 1954, *Voting: A Study of Opinion Formation in a Presidential Campaign.* New York and London: Columbia University Press.

Brader, Ted. 2014. "The Emotional Foundations of Democratic Citizenship." In Adam Berinsky. Ed. *New Directions in Public Opinion.* New York and London: Routledge.

Converse, Philip E., 1964, "The Nature of Belief Systems in Mass Publics. " *In Ideology and Discontent, ed. David Apter.* New York: Free Press.

Denton, Robert E., Jr., and Gary C. Woodward. 1998, *Political Communication in America.* 3rd ed. Westport, Connecticut, and London: Praeger.

Davison, W. Phillips, 1983, "The Third-Person Effect in Communication. " *Public Opinion Quarterly* 47 (1): 1-15.

Easton, David. 1965. *A Systems Analysis of Political Life.* Chicago and London: The University of Chicago Press.

Erikson, Robert S., and Kent L. Tedin. 2001. *American Public Opinion: Its Origins, Content, and Impact.* 6th Edition. New York: Addison Wesley Longman.

Ginsberg, Benjamin, 1986, *The Adaptive Public: How Mass Opinion Promotes State Power.* New York: Basic Book.

Hastie, Reid, and Bernadette Park, 1986, "The Relationship between Memory and Judgment Depends on Whether the Task Is Memory-Based or On-line. " *Psychological Review* 93: 258-268.

Hennessy, Bernard, 1985, *Public Opinion.* 5th ed., Belmont, CA: Wadsworth Inc.

Iyengar, Shanto, and Donald R. Kinder, 1987, *News that Matters.* Chicago and London: The University of Chicago Press.

Iyengar, Shanto, 1991, *Is Anyone Responsible: How Television Frame Political Issues.* Chicago and London: The University of Chicago Press.

Key, V. O., 1961, *Public Opinion and American Democracy.* New York: Knopf.

Kinder, Donald R., 1998,"Opinion and Action in the Realm of Politics. " In *Handbook of Social Psychology,* eds. Daniel Gilbert, Susan Fiske, and Gardner Lindzey. 4th ed., Vol. II. Boston: McGraw Hill. pp. 778-867.

Kornberg, Allan, and Harold D. Clarke. 1992. *Citizens and Community: Political Support in a Representative Democracy.* Cambridge: Cambridge University Press.

Lazarsfeld, Paul F., Bernard Berelson, and Hazel Gaudet, 1968, *The People's Choice: How the Voter Makes Up His Mind in A Presidential Campaign.* 3rd ed. New York and London: Columbia University Press.

Lodge, Milton, 1995, "Toward a Procedural Model of Candidate Evaluation." In *Political Judgment: Structure and Process,* eds. Milton Lodge and Kathleen M. McGraw. Ann Arbor: University of Michigan Press. pp. 110-40.

Lodge, Milton, and Patrick Stroh, 1995, "Inside the Mental Voting Booth: An Impression-Driven Process Model of Candidate Evaluation." In *Explorations in Political Psychology,* eds. Shanto Iyengar and William J, McGuire. Durham and London: Duke University Press. pp. 225-263.

Luttbeg, Norman R. 1968. "Political Linkage in a Large Society. " in *Public Opinion and Public Policy.* ed. Norman Luttbeg. Homewood, IL: Dorsey.

MacKuen, Michael B., Robert S. Erikson, and James Stimson, 1989, "Macropartisanship. " *American Political Science Review* 83: 1125-42.

McCombs, Maxwell E., and Donald L. Shaw, 1972, "The Agenda-Setting Function of Mass Media. "*Public Opinion Quarterly* 36 (2): 176-87.

McGraw, Kathleen M., Milton Lodge and Patrick Stroh, 1990, "On-Line Processing in Candidate Evaluation: The Effects of Issue Order, Issue Importance and Sophistication." *Political Behavior* 12: 41-58.

McLeod, Jack M., Gerald M. Kosicki, and Douglas M. McLeod, 1994, "The Expanding Boundaries of Political Communication Effects." In *Media Effects: Advances in Theory and Research,* eds. Jennings Bryant, and Dolf Zillmann. Hillsdale, N. J.: Lawrence Erlbaum Associates.

McNair, Brian, 1999, *An Introduction to Political Communication.* 2nd ed. London and NY: Routledge.

Mondak, Jeffrey J., 2010. *Personality and the Foundations of Political Behavior.* Cambridge: Cambridge University Press.

Niemi, Richard G., and Herbert F. Weisberg, 1993, *Controversies in Voting Behavior.* Washington D. C.: CQ Press.

Noelle-Neumann, Elisabeth, 1983, *The Spiral of Silence.* Chicago: University of Chicago Press.

Norris, Pippa, 1999. *Critical Citizens: Global Support for Democratic Governance.* (ed.), New York: Oxford University Press.

Ostrom, Charles W., Jr., and Dennis M. Simon, 1985,"Promise and Performance: A Dynamic Model of Presidential Popularity." *American Political Science Review* 78: 334-358.

Paletz, David L., 1999, *The Media in American Politics: Contents and Consequences.* New York: Addison Wesley Longman, Inc.

Perloff, Richard M., 1998, *Press, and Public in America.* Mahwah, New Jersey: Lawrence Erlbaum Associates.

Rahn, Wendy M., Jon A. Krosnick, and Marijke Breuning, 1994, "Rationalization and Derivation Process in Survey Studies of Political Candidate Evaluation." *American Journal of Political Science* 38: 582-600.

Smoller, Fredric T., 1990, *The Six O'clock Presidency: A Theory of Presidential Press Relations in the Age of Television.* New York: Praeger.

Stimson, James A., 1998, *Public Opinion in America: Moods, Cycles, and Swings.* 2nd ed. Boulder, CO: Westview.

Stromer-Galley, Jennifer. 2014. *Presidential Campaign in the Internet Age.* New York: Oxford.

Yeric, Jerry L., and John R. Todd, 1996, *Public Opinion: The Visible Politics.* 3rd ed., Itasca, Illinois: F. E. peacock Publishers, Inc.

Zaller, John R., 1992, *The Nature and Origins of Mass Opinion.* Cambridge: Cambridge University Press.

第十六章　選舉、選舉制度與投票行為

游清鑫

壹、前言

　　在人民參與政治活動的各種類型當中，選舉活動的參與是最典型以及最受到注意的一環，不論民主政治的定義與內涵為何，其實際運作皆無法排除民眾透過選舉來參與政治的事實，也因選舉在民主政治所具有的重要性，使得學者Schumpeter在論及民主政治的內涵時，直接地指出民主政治即為透過選票的競爭以取得政治權力的制度性安排（Schumpeter, 1975: 269）。本章將就選舉與選舉制度的相關問題逐次探討，包含選舉與民主政治的關係、選舉與選舉制度的內涵與類型、選舉制度的政治後果、選舉與投票行為、選舉制度改革與選擇以及臺灣現行選舉制度的探討等。

貳、選舉與民主政治

　　民主政治的精髓是統治者基於被治者的同意而取得權力進行統治，統治者即為個別領袖或是政黨，被治者即為廣大的民眾，民眾對於由誰來擔任統治者的表達方式即是透過選舉。但是，從理論上與經驗上皆可以了解到，並不是所有的選舉活動都與民主政治有直接的關聯性，在非民主的體制中，選舉可能成為執政者控制社會，並使其統治正當化的工具。因此，在探索選舉與民主政治兩者的關係時，其重要的關鍵不只在於一清二楚的區分「有選舉」與「沒有選舉」，也在於實施選舉的原則、過程以及其所產生的影響。例如，一個國家的選舉在形式上雖然也是遵守政治平等的原則，但是由於其特殊的候選人提名方式，使得除了掌握政權的黨派所挑選和同意的人選以外，其他民眾或由於不屬於該執政集團，或由於政治立場不見容於執政者，使其根本沒有參加選舉的機

會，這些國家所實行的乃是一種「沒有選擇的選舉」（election without choice），不算是真正民主政治下的選舉（吳庚，1980：2）。又或者如Karl（1986）所指稱的，單純將選舉與民主劃上等號，也將犯下選舉主義（electoralism）的謬誤，而忽視了那些被非民主手段排除在選舉過程之外的團體，或是忽視了這些團體所遭受的不平等待遇。所以，一個極權政府的領導者可以自選舉中產生，但是這些選舉的實施卻與民主的精神相去甚遠。

然而，從另一個角度來看，多數學者也同意選舉雖然不是構成民主政治的唯一條件，卻是實現民主政治的必要條件之一，因為一個具有定期性、開放性與廣被接受的選舉，意味著國家重要的憲政架構，以及菁英與民眾的政治行為有一定的運作與表達方式，而這些乃是民主政治的運作所必需。更進一步來講，民主政治的實踐依賴選舉活動的進行，從選舉的過程當中，民眾的偏好有表達的機會，利益相衝突的團體有機會藉由選舉方式尋求妥協，政黨與政治領袖則提出各項解決衝突以及促進政治效能的方案供民眾選擇，如此選舉也提供民眾與政治領袖的關聯性，以及政府施政的依據。再從現實政治的運作來看，可以發現世界上並非所有有選舉的國家皆是民主國家，但所有的民主國家皆有選舉的實行，所以選舉與民主的關係應該被理解為「可以有選舉而沒有民主，但不可以有民主而沒有選舉」（Bratton, 1998: 52；游清鑫，2003：235）。

選舉對民主政治的運作扮演不可或缺的角色，也對民主政治提供許多重要的功能，經常被提及的重要功能可以包含以下五個面向：

（一）提供政權的正當性（legitimacy）

透過選舉的過程，建立少數的統治者與多數的民眾之間的關聯性，尤其是透過選舉結果讓民眾將統治的權力暫時交給統治者，賦予民選官員統治正當性，本質上也為「統治基於被治者同意」或是落實民主政治中人民主權（popular sovereignty）的精神（陳義彥、黃麗秋，1992：225-231；Katz, 1997: 101）。

（二）民意與政策偏好的形成

選舉的過程如同是一個開放的公共論壇，各種民眾的意見，不論其為多數或是少數，也不論其論點已經是完整規劃或初步構想，都可以在選舉中提出，並以最後的選舉結果決定政策命運。此一民意論壇除了對於政府領袖的選擇之外，選舉也是一種公民投票（plebiscite）的設計，透過選舉，民眾可以對特定

的重大政策或議題進行複決（referendum），此種政策複決不僅對在位者的表現與政策成敗做出判斷，也進一步影響其去留（Schneider, 1980: 75）。

（三）衝突的制度性解決管道

民主政治強調「以數人頭代替砍人頭」的精神，其主要內涵即是強調將既有的政治、社會、經濟與歷史文化等衝突導入一個和平且制度化的解決方式。此一制度性的設計即為選舉制度，經由選舉可以將這些衝突的意見呈現出來，如果得到選民的重視，政治人物就會針對這些不同的意見進行討論與妥協，並進一步反映在政策內涵上。

（四）民眾對政治資訊的取得與學習

選舉的活動帶來各種選舉資訊，尤其是透過競爭性的選舉，使具爭議性的選舉議題有更多的資訊呈現給民眾，有利民眾進行判斷，在此同時，選舉的推動也讓民眾進一步認識民主政治運作的本質，將民主政治中的妥協、容忍、尊重以及參與等特性實踐於日常生活中，使得「民主是一種生活方式」得以體現，這也是民主教育的功能，使民眾可以面對不同的政治資訊，從中做判斷、選擇，並對其選擇負責（Katz, 1997: 105）。

（五）選舉在制度的功能上扮演串連其他政治部門與政黨組織的作用

選舉如同民主政治運作的輪軸，一些民主政治上重要的元素，如政黨間的互動、政府組成與政策形成的前後過程等，選舉的結果皆會對其產生重要影響（Farrell, 1997: 1-3）。相關的研究也指出，從更長遠的觀點來看，選舉與選舉制度所產生的政治影響，也與整個政治體系的運作與品質有密切的關聯性，這也是政治學中重要的研究課題（Lijphart, 1996）。

簡言之，如同學者Katz所言，選舉可說是現代民主政治的定義性制度（defining institutions of democracy）（Katz, 1997: 3）。選舉的演進與民主政治的演進息息相關，而選舉的內涵與品質也成為衡量與民主政治運作優劣的重要標的，選舉雖然不能完全代表民主政治，但是，民主政治的運作如果沒有選舉，則民主的理想也將難以實踐（Nohlen, 1996: 45）。

參、選舉與選舉制度

選舉的意義可被簡單的理解成在比較多數人當中，選擇一個或是少數人擔任具有某種權威職位的過程（華力進，1984：399）。在許多社會層面的生活中，選舉只是作為產生具有職權人物的眾多方法之一，其他諸如任命、抽籤、世襲等方式，也是產生代表人物常見的方法。但在民主政治的運作過程中，透過選舉選出具權威的代表則具有特別的重要性，尤其是在選舉權普及的條件下，透過人民參與的選舉過程即具體實現人民主權的依據。因此，選舉制度即可視為是產生前述具權威人物的一套制度，尤其是民眾透過選票在相互競爭的候選人或是政黨當中做一選擇，並將此種人民的選擇轉成政治職位（例如，國會席次或執政者），而這些政治職位即為政府權威的象徵（Rae, 1971: 14）。更直接來講，選舉制度可以被理解成一套顯示選民偏好並將選民偏好轉化成政治職位（或是議會中的席次）的一套機制。

除了作為選票與政治職位的轉化機制之外，學者有時也會將其他與選舉相關的法規一同納入選舉制度的範疇，例如，Farrell在其研究當中，選舉制度的內涵相當廣泛，從選民資格的規定（例如選民年齡、居住地的規定、選民名冊的建立方式等），候選人的競選方式（例如，政見的呈現方式、候選人的政見辯論、使用媒體的規定等），競選經費的使用（例如政治捐款的規定、競選經費的限制與核報、政府對於競選活動的補助等），計票方式的使用（例如用何種規則決定當選者、以及如何處理選舉紛爭等）等，皆可視為選舉制度（Farrell, 1997: 3）。

與此類似的，Katz更具體地將選舉制度的面向區分為四個範疇：

1. 選票的分布如何被轉化成席次的分布，內容有選舉規則（*electoral formulae*）以及選區因素兩項，選舉規則涉及多數代表制，或是半比例代表制，以及比例代表制的設計；選區因素則包含選區疆界，或是選區應選名額的多寡。

2. 選擇的本質（*nature of choice*），包含選擇的目標（*object of choice*）、選擇的型態與數量（*type and number of choice*），及選票形式（*ballot form*）等三方面。選擇的目標強調選民是針對政黨名單做選擇或針對個別候選人做選擇，能否將選票同時支持不同的政黨，以及選民有無權力更動政黨候選人的名單順序等。選擇的型態與數量強調選舉週期（代表的任期）與選舉類型。選票形式則強調投票時的公開與祕密程

度，也強調選民有無機會在既有的選票上表達其他意見，如自行寫上（*write-in*）候選人的名字。

3. 投票（箱）的接近性（*access to the ballot box*），此範疇強調的是哪些選民有資格去投票，例如選舉權是否擴及到所有公民，以及投票的容易或是困難程度，如選民是否需要先登記才能投票，投票所的位置是否方便選民投票，或者有無強迫投票（*compulsory voting*）的規定等。

4. 對於候選人的控制（*control of candidate*），強調的是候選人的資格與提名條件，競選活動的開展，以及公共補助的有無或高低等（Katz, 1997: 108-118）。

如就現有研究文獻的討論來講，多數學者的研究並沒有將前述的內涵全數納入選舉制度的研究當中，前述有關選民的資格、候選人資金運用情形等問題、以及選舉爭訟等問題，有時也可視為行政面或法律面的選舉制度，相對上，政治學者則經常就選舉制度可能產生重要政治影響的幾個面向進行討論（Blais, 1988）。例如，Rae（1971: 23-39）在其研究中提出選舉制度的三大要素（elements）：

1. 選票結構（ballot structure）

即選民在進行投票時，選票的設計是容許選民針對候選人，或是針對政黨，或是兩者皆可進行投票，或者可以跨越政黨進行投票等。

2. 選區規模（district magnitude）

即選區應選名額的多寡，主要是選區有多少席位可供候選人或政黨競爭，有些時候選區只有一個席位（單一選區），也有些時候選區當中有多個席位（複數選區）。

3. 選舉（計票）規則（formula）

即決定選票與席次的轉化方式，候選人或政黨的得票數量轉化成席次時，不同的計算規則將有不同的結果，常見的計票規則如依候選人得票的相對多數取得席位，或是獲得絕對多數才能取得席位，又或者是可按照得票比例決定取得的席次比例等。

Rae所提出的三個選舉制度要素基本上可以在所有的選舉制度當中被觀察到，而在個別國家的實際經驗上，其他學者也再提出補充性席次（supplementary seats）以及選舉門檻（electoral thresholds）兩個要素（Lijphart, 1984: 151-156; 1999: 144-150）：

1. 補充性席次

針對同一類型的選舉，選民可以有多張選票，分別在不同範圍投給候選人或是政黨，主要目的在於透過多張選票的設計，提升各政黨在得票以及席次上的比例性（proportionality）或降低不比例性（disproportionality）。[1]此種補償性議席的設計可以透過區域選舉與政黨比例名單並行的方式來進行（如本文後面所論述的混合制設計），也可以透過多重不同地理區域的選舉來進行（如地區性議席或全國性議席的選舉）。

2. 選舉門檻

指的是政黨用來分配比例代表席次所需的最低得票數，當政黨得票超過此一門檻時，即有資格分配比例代表選舉的席次，此種選舉門檻的使用通常是以政黨的得票必須高於某一數量，或是要在其他區域選舉中得到相當數量的席次才有資格分配席次，例如德國的選舉當中，規定政黨必須在全國性的選舉中取得超過5%的選票，或是區域選舉中至少贏得三個席次，才有資格分享比例名單的席次。

依據這些不同的要素，學者可以對現行各種選舉制度進行歸類，例如可以依照選票結構來區分選舉制度是以候選人為主的選舉制度，或是以政黨為主的制度；或是可以從選區規模來區分單一選區的選舉制度以及複數選區的選舉制度（Lijphart, 1984: 152; Taagepera & Shugart, 1989: 20-29）；又或者可以依照計票規則來區分選舉制度是多數代表制（或是絕對多數代表制），或是比例代表制（Rae, 1971: 23-39）。但如果再從研究數量來講，比較多數的學者在論述選舉制度的類型時，是從選舉制度的計票規則為主要的切入依據，再依其他要素作區分，例如：較早時期Lakeman以選舉計票規則為主，選票結構與選區規模為輔，分類出：多數代表制（majority system）、半比例代表制（semi-proportional representation system），以及比例代表制（proportional representation system）三大類型的選舉制度，同時在此三大類型的選舉制度之下，又可以依照選區規模與選票結構細分成各種不同類型的選舉制度（Lakeman, 1974: 255-261）。同樣的，王業立也是以選舉規則為主，對選舉制度分類成多數代表制、比例代表制及混合制（mixed system）三大類型，再依

---

1 比例性指的是政黨獲得的選票比例與獲得的席次比例的差距，一個具有相當高比例性的選舉制度是指政黨在選舉時獲得的選票比例，可以相當忠實地轉化成席次的比例，使政黨的選票比與席次比接近，相反的，一個具有高度不比例性的選舉制度代表其中的政黨獲得的選票無法非常忠實地轉化成席次比例，導致政黨的選票比與席次比有相當大的差異。

次細分選舉制度的類型，例如單一選區相對多數決（或絕對多數決），或是封閉式（或開放式）名單比例代表制等（王業立，2019）。以下也將以多數代表制、比例代表制與混合制的順序，分別介紹主要的選舉制度類型：

一、多數代表制

（一）相對多數代表制（plurality systems或majority systems）[2]

多數代表制下的單一選區相對多數決制（single member plurality systems）即為大家所熟知的英國與美國的國會選舉制度，在此制度下，不論候選人得票數量多少，只要有一名候選人的得票數高於其他的候選人，即使只是多一票也是由這位領先的候選人取得席位，所以也稱為第一位領先者當選制度（the first-past-the-post, FPTP）。相對於單一選區相對多數決，複數選區相對多數決制（multi-member plurality systems）雖然在計票方式上採取相同的規則，但選區應選名額數高於一，這樣的選制設計又可以依照選票結構而進一步區分成全額連記法（block vote）、限制連記法（limited vote）與單記不可讓渡投票制（有時也稱為複數選舉區單記不可讓渡投票制，multi-member district, single non-transferable vote，MMD_SNTV）三種次類型，其中全額連記法提供選民與應選名額相同的選票數，如應選名額有五名，則選民至多可以有五張選票，分別投給五位候選人，以得票數較高的前五名候選人當選；限制連記法則提供選民少於應選名額的選票數，如應選名額五名，則可能選民至多可以有四張選票或是更少張選票（但仍多於一張），並以得票數較高的前五名候選人當選；單記不可讓渡投票制則是選民只有一張選票，投票給一位候選人，且選票不能轉移給其他候選人，並以得票數在前五名的候選人贏得席位，我國目前的原住民立委選舉、各直轄市、縣市議會議員、鄉鎮市議會代表的選舉，以及2004年（含2004年）以前的區域立法委員選舉即是採用單記不可讓渡投票制。

（二）絕對多數決制

另一在多數決制度下常被討論的制度是絕對多數決制（majority systems或

---

[2] 在嚴格定義上，majority一詞常指涉較高比例的多數，如超過二分之一的多數，或是三分之二、四分之三的絕對多數，中文用法有時也直接稱為絕對多數；而plurality的用法比較會因研究者的定義而有所不同，有時會與majority的用法相同，但有時則指涉無須超過二分之一的相對多數。

absolute majority systems），與相對多數決制度不同的是，絕對多數制的計票規則強調候選人如要取得席次，則其得票數要居於絕對多數的數量（通常是得票要超過半數以上），目前常提到的兩類絕對多數制度有選擇投票制（alternative vote）與兩輪決選制（run-off election）兩類。

選擇投票制又可稱為偏好投票制（preferential ballot），在此制度下，選民須在選票上標示自己對候選人的偏好順序，如果有一候選人得到超過半數的第一偏好選票數，即可取得席位，如果第一次開票結果沒有候選人贏得過半數的第一偏好選票，則將候選人當中獲得第一偏好選票最少的候選人淘汰，並且將該被淘汰候選人選票中的第二偏好分配給其他候選人，這些選票則可以視為被分配到選票的候選人之第一偏好選票，此時如有任何一人加總之後居於領先且第一偏好的票數過半，則由該候選人取得席位，如經此程序仍無人取得過半數選票，則重複前述動作將獲得第一偏好選票次少的候選人淘汰，並將其第二偏好選票再如前述分給其他候選人，直到有人當選為止，在澳洲的眾議員選舉以及愛爾蘭、斯里蘭卡的總統選舉即採用此一制度（王業立，2019：15）。

兩輪決選制（run-off elections）下，如沒有任何候選人的得票數達到過半數，則會舉行第二輪的投票，而為了避免第二次的投票結果仍然像第一次選舉一樣無法產生一個得票居絕對多數的候選人，因此在舉行第二次投票前，常以候選人在第一輪得票的順序來決定有資格進入第二輪選舉的候選人名單，例如在法國總統的選舉當中，第一次選舉如果沒有候選人得票過半，則舉行第二輪的投票，並由第一輪選舉得票最多的前兩名候選人參與第二次的選舉，如此在只有兩人競選的情形下，當選者的得票數自然容易過半數，除了法國是常被引用的例子之外，許多拉丁美洲國家與東歐等國家的總統選舉也是採用此一制度。

二、比例代表制

比例代表制的計票規則強調儘量忠實地反應選票與席次的轉化關係，只要某一政黨有相當比例的得票，即應當可取得相對應比例的席次，其計票規則主要有兩大類型，一是最大餘數法（the largest remainder），另一是最高平均數法（the highest average）。

（一）最大餘數法

最大餘數法的基本精神是藉由一定的選舉商數（quotient）決定某一政黨

應得的席次之後，會有剩餘席次，此一剩餘席次產生的原因乃是選舉商數所決定的都是整數席位，但各政黨得票數通常不會剛好是選舉商數的整數倍數，在選舉商數的整數倍之外，還會有一些不足選舉商數的選票，此時，為了分配這些剩餘席次，就依照政黨在分配完依據選舉商數所得席次之後的剩餘選票之大小來決定分配的順序。

　　選舉商數可簡單解讀成當選一個席次所需的選票數（或是政黨取得一個席位背後所代表的基本選票數），當政黨得票超過此一商數時，就應當可以取得一個席次。常用的選舉商數有四種，其計算方式分別如下：

1. 黑爾商數（Hare Quota）
　　該選區的有效票數（v）除以該選區的應選名額（m），即v/m。

2. 祖普商數（Droop Quota）
　　以有效票數除以應選名額加一之後再加一，即 [v/(m+1)]+1。

3. 哈根巴賀商數（Hagenbach-Bischoff Quota）
　　將有效票數除以應選名額加1，即v/(m+1)。

4. 因皮立亞里商數（Imperiali Quota）
　　有效票數除以應選名額加2，即v/(m+2)。

　　比較上來講，如果在有效票數相等之下，則黑爾商數的值最高，顯示以此種方式要取得第一個席位較為困難，相對的，哈根巴賀商數與祖普商數用來分配席次時，需要的票數較少，而因皮立亞里因為直接在應選名額上加2，產生較低的席次分配門檻。此種情況可自以下例證中得到說明：假設該選區總票數v=100，應選名額m=3，則在黑爾商數下，得到一個席位的最少票數即100/3=33；在哈根巴賀商數下，取得一個席次的票數為100/(3+1)=25；在祖普商數下的票數為[100/(3+1)]+1=26；在因皮立亞里商數下，取得一個席位的所需票數為100/(3+2)=20。因此，從理論上推算，因皮立亞里商數所要求的選票商數最為寬鬆；其次是哈根巴賀與祖普商數，但此兩者的差異不大；而黑爾商數的要求最高。但值得注意的是，雖然黑爾商數在數量上的要求最高，但並不必然對小黨就比較不利，因為剩餘的席次必須依照各黨得票與選舉商數的餘數大小決定，有時較小政黨的得票不見得可以超過選舉商數，但所餘餘數也可能夠大到足以分配剩餘席次，對比較小的政黨來講，黑爾商數比祖普商數、哈根巴賀商數、因皮立亞里商數可以產生較大的餘數，使其可能在無須達到選舉商數的要求下而得到一個席位。

　　以表16-1為例，假設在某一選區中有效票數（v）是100000，選區應選名

表16-1　應用各種選舉商數的最大餘數法

政黨	黑爾商數（10000）	祖普商數（9091）	哈根巴賀商數（9090）	因皮立亞里商數（8333）
A：47000	4.70 自動分得四席，再由餘數（0.70）分得一席共五席	5.170 自動分得五席	5.171 自動分得五席	5.640 自動分得五席
B：16000	1.60 自動分得一席，再由餘數（0.60）分得一席共二席	1.760 自動分得一席，再由餘數（0.76）分得一席共二席	1.760 自動分得一席，再由餘數（0.76）分得一席共二席	1.920 自動分得一席，再由餘數（0.920）分得一席共二席
C：15800	1.58 自動分得一席	1.738 自動分得一席，再由餘數（0.738）分得一席共二席	1.738 自動分得一席，再由餘數（0.738）分得一席共二席	1.896 自動分得一席，再由餘數（0.896）分得一席共二席
D：12000	1.2 自動分得一席	1.320 自動分得一席	1.320 自動分得一席	1.440 自動分得一席
E：6100	0.61 由餘數分得一席	0.671	0.671	0.732
F：3100	0.31	0.341	0.341	0.372

資料來源：修改自https://en.wikipedia.org/wiki/Largest_remainder_method。擷取日期，2020年6月5日。

額是10名，採用前述選舉商數來分配席次時，可以看到所有席次的分配情形。

（二）最高平均數法

　　相較於最大餘數法採行選舉商數的應用，最高平均數法的基本原理是採用各種不同的除數，來除各政黨的得票數，並以平均數最大者取得席位，較常採用的除數有頓特法（D'Hondt）、聖拉噶法（Sainte-Lagüe）與修正聖拉噶法（modified Sainte-Lagüe）三種。頓特法採用的除數序列是1, 2, 3, 4, 5, ..., m；聖拉噶法的除數是1, 3, 5, 7, ...,（2m-1），修正聖拉噶法是1.4, 3, 5, 7, ...,（2m-1）。如果用上述例子來說明，則各種方法所產生的結果分別如表16-2（1）、表16-2（2）、表16-2（3）。

　　比較上述三種分配方法，可以看出頓特法比聖拉噶法對大黨的席次取得更為有利，聖拉噶法則提供大黨之外的較小政黨有機會獲得席次，而修正聖拉噶法雖然也是對小黨有利，但其第一個除數太大，卻不利小黨取得第一個席次，也使得其最後結果也可能類似於頓特法（Gallagher and Mitchell, 2005: 584-

表16-2(1)　用頓特法的席次分配

政黨	除數1	除數2	除數3	除數4	除數5	除數6	席次數
A：47000	47000 取得第一席	23500 取得第二席	15667 取得第五席	11750 取得第七席	9400 取得第八席	7833	5
B：16000	16000 取得第三席	8000 取得第九席	5333	4000	3200	2666	2
C：15900	15900 取得第四席	7950 取得第十席	5300	3975	3180	2650	2
D：12000	12000 取得第六席	6000	4000	3000	2400	2000	1
E：6000	6000	3000	2000	1500	1200	1000	0
F：3100	3100	1550	1033	775	620	517	0

表16-2(2)　用聖拉噶法的席次分配

政黨	除數1	除數3	除數5	除數7	除數9	除數11	席次數
A：47000	47000 取得第一席	15667 取得第四席	9400 取得第六席	6714 取得第七席	5222	4276	4
B：16000	16000 取得第二席	5333 取得第九席	3200	2285	1778	1455	2
C：15900	15900 取得第三席	5300 取得第十席	3180	2271	1767	1445	2
D：12000	12000 取得第五席	4000	2400	1714	1333	1091	1
E：6000	6000 取得第八席	2000	1200	857	667	545	1
F：3100	3100	1033	620	443	344	282	0

表16-2(3)　用修正聖拉噶法的席次分配

政黨	除數1.4	除數3	除數5	除數7	除數9	除數11	席次數
A：47000	33571 取得第一席	15667 取得第二席	9400 取得第五席	6714 取得第七席	5222 取得第十席	4276	5
B：16000	11429 取得第三席	5333 取得第八席	3200	2285	1778	1455	2
C：15900	11357 取得第四席	5300 取得第九席	3180	2271	1767	1445	2
D：12000	8571 取得第六席	4000	2400	1714	1333	1091	1
E：6000	4286	2000	1200	857	667	545	0
F：3100	2214	1033	620	442	344	282	0

資料來源：修改自 https://en.wikipedia.org/wiki/Highest_averages_method。擷取日期，2020 年 6 月 5 日。

86）。

　　除了計票規則外，選區規模也是需要注意的問題。選區規模的大小對政黨的選舉表現一直是學者持續注意的問題，而一般的研究結論則指出選區規模越大，對於政黨的生存，尤其是小黨的生存更為有利（Taagepara and Schugart, 1989）。在實際應用上各國有所不同，有時會使用單一全國性的名單，如荷蘭與以色列，有時則分成不同選區並提供選區比例代表名單，如芬蘭與瑞典，有時則同時採用全國性選區以及地方性選區，如南非（Reynolds and Reilly, 1997: 60-61），甚至有些國家同時在全國性選區與地區性選區分別實施比例選舉，例如匈牙利的國會議員選舉在政黨比例名單部分，除了劃分成20個比例選舉的選區之外，尚有一個全國性的選區也可以選出比例代表（蔡學儀，2003：91），這些不同的組合型態，不僅影響個別政黨的選舉命運，同時也塑造政黨與選民不同的互動關係。

三、混合制

　　混合制的基本原理是結合多數代表制與比例代表制的特性，使兩類選舉的特性並存，最為常見的混合制是將單一選區（通常是相對多數決）與比例代表制的選舉一併採用。此一制度也在許多國家實施，根據學者的統計，在蒐集到資料的150個國家當中，有43個國家的國會議員選舉採行單一選區相對多數決制；有57個國家採行比例代表制；同時也有超過30個國家，在其下議院、上議院或地方議會選舉中，使用各式各樣的混合制；或是有超過20個以上的國家在其全國性選舉中使用混合制的選舉制度（Norris, 1997: 299-303; Massicotte and Blais, 1999: 341-366）。

　　但值得注意的是，除了數量之外，同樣使用混合制的國家，仍然會有不同的制度設計（Shugart and Wattenberg, 2001）。首先，多數代表制與比例代表制兩者間的組合比例會有所不同，常被討論到的德國在此方面是採用相等的比例，在總數598席中，有一半是由單一選區相對多數決中產生代表，另一半則由政黨比例名單中產生；但在日本的多數代表制與比例代表制兩者間的比例則約為62%：38%（即單一選區289席而政黨名單為176席）；臺灣則約是64%：30%：5%（即區域73席、全國不分區為34席，以及平地原住民與山地原住民各3席的原住民選區）。這些組合比例有時會受到該國人口變動或其他考量而有所不同，但其組合型態仍舊會影響該國政黨生態的發展。

　　其次，有關區域選舉與比例代表選舉之間的連動關係，也是學術界持續重

視的問題。再以德國式的混合制為例，其選舉法規定在計算某一政黨的國會席次時，先以第二張票（即政黨比例代表的得票）決定該政黨應當可以得到多少總席次，再扣除政黨已經在區域部分所得到的席次數量後，所剩席次數即為政黨在比例名單的席次數，換言之，先從比例代表制部分計算政黨應得總席次，如果政黨在區域選舉所得到的選票數量已經超過政黨應得席次數時，則政黨在比例名單部分便不再分得任何席次，但如在區域部分的席次數不足該政黨應得的席次數時，則透過政黨比例名單部分補足應得的席次數，此種由政黨名單所獲得的席次，在某種程度上即成為補償性席次（compensatory seat），用以彌補並確保政黨在選票與席次上的比例性，也有學者稱為「修正式」（correctional）的席次（Massicotte and Blais, 1999），或稱為補償性的兩票制、聯立式兩票制（吳東野，1996）。

但是，相較於德國型態，日本與臺灣的區域選舉部分或是比例代表制部分的選舉結果並不影響政黨最後席次的計算，個別政黨以其在區域當中的席次數加上其在比例代表制部分的席次數即為其最後席次，不強調要先符合各政黨在總選票與總席次上的比例性問題，而是兩部分選票與席次的分別計算互不影響。也因為有此種差異，使學者稱此方式為「重疊性」（superposition）席次（Massicotte and Blais, 1999）。或者也可稱為「並立式（或「分立式」）兩票制」（吳東野，1996）。

最後，如同多數的比例代表制度一樣，混合制當中的比例選舉也有政黨席次門檻（threshold）的規定，政黨席次門檻強調政黨必須在選舉中取得相當數量的選票，才有資格分享議會席次，此一規定的主要目的在於防止比例代表制下，產生太多小政黨造成政黨林立的現象，規定方式常以政黨的得票率必須高於一定比例，或是政黨必須在國會中取得一定席位之後，才有資格分配比例席位。例如德國的政黨得票門檻要求政黨必須取得5%的選票或者3席以上的國會議席才能分配比例名單，臺灣目前則是5%。可以理解的，此一門檻愈高，愈有利大黨，而小黨取得席次的挑戰也就愈大。

肆、選舉制度的政治影響

前述各類型選舉制度的不同組成成分，會帶來不同的政治影響，尤其是對政黨命運的影響更顯重要。學者在論述選舉制度的政治效應時，多數以

Duverger《政黨論》一書中的相關論點開始（王業立，2019；1996；謝相慶，1996；江大樹，1992；郎裕憲，1989；謝復生，1992；陳思蓉，1994；Katz, 1997；Lijphart, 1990；Grofman, and Lijphart, 1986）。最常被討論的就是 Duverger法則（Duverger's Law）：「簡單多數一票制有利於兩黨制」（意即在採用簡單多數制的選舉中，將有利於兩黨制的形成），以及「比例代表制傾向衍生（multiply）多黨制」（即在採用比例代表制下的選舉制度下，小黨較易有生存的空間）（Duverger, 1954: 217, 245-255）。

　　Duverger認為選舉制度同時透過機械效果（mechanical effect）與心理效果（psychological effect）影響政黨體系的生存。其中，機械效果所指的是選舉制度對各政黨在選票與席次之間的轉化情形，一般而言，多數代表制經常有利較大政黨而不利較小政黨；心理作用則是由於機械效果使得選民認知到如果再將選票投給小黨，如果仍舊無法贏得席位的情形下，其選票將形同浪費，因此，除非選民不去投票，否則最終的投票對象將傾向在兩個較大政黨（有機會贏得席次的政黨）之間做選擇，以使其選票發生作用，此即為選舉制度的心理作用。[3]

　　在單一選區的制度之下，此兩種作用更為明顯，由於應選名額只有一名，選民只有一票，因此任何參與競選的候選人不論其得票數的多寡，只要不是得票最多候選人，最終也無法得到席次，更進一步來講，如果一個政黨在各個選區的得票都是名列第二名，則雖然其最後得票是名列全國第二名，或是與第一名的政黨的選票相差無幾，但有可能在席次上一無所有；另一方面，選民只有一張選票，面對一個競爭席次，選民如果要將其選票發揮到最大作用，使其有機會決定選舉結果，則選民必須將票投給候選人當中有機會當選者，或者說是候選人的前兩名，此時即使選民心目中已經有最喜歡的候選人，但如這一位候選人無法排進前兩名，則選民就會考慮放棄此一理想候選人，改以在兩名領先者當中作選擇，並選擇較不討厭的候選人，在此種策略投票（strategic

---

3　與Duverger兩個選舉制度作用類似的陳述也在Rae的論述中出現，Rae（1971: 74-77, 133-144）強調選舉制度藉由短期效果（proximal effects）與長期效果（distal effects）兩個效果影響政黨之間的競爭。其中，短期效果所指涉的內涵純粹是選舉制度如何在選舉結束之後，將各個政黨所獲得的選票轉化成席次的效果，這種效果依選舉制度的不同而有所差異，如多數代表制下選票與席次的轉換經常有利於較大的政黨，同時也常造成捏造的多數（manufactured majority）；長期效果則指選舉制度之外，在較長時期之內，影響政黨體系的發展除了選舉制度之外，其他整個政治系統的各種要素也會影響政黨體系，這些效果經常無法在單一的選舉中顯現，必須經過較長時間才能了解。

voting）考量之下，最終的選舉競爭常是兩個主要候選人的競爭，或是兩個主要政黨之間的競爭。

　　例如在表16-3當中可以發現，A、B、C三個政黨分別在三個選區競爭，在第一階段時，政黨A在三個選區都以相對多數的票數領先，並取得所有三個席次，相對的，政黨B雖然是第二大政黨，但由於相對多數決制度的作用，使其無法獲得任何一席。再就整體投票結果來講，政黨A的總得票數只有全數的40%，但卻擁有100%的席次，政黨A也因而享有超高的席次紅利（seat bonus），造成政黨A的過度代表（over representation），而政黨B與政黨C雖然分別獲得36%與24%的選票，但卻無法獲得任何席次，造成兩黨的低度代表（under representation）。而如果這三個選區的選舉持續進行一段時間到第二階段，則政黨C的支持者開始思考，如果將票繼續投給政黨C，不僅浪費其選票，也間接造成政黨A利用相對多數的選票贏得選舉。而如果就政黨C的支持者來講，其不喜歡政黨A的程度高於不喜歡政黨B，則政黨C的支持者之投票行為極有可能逐漸轉向支持政黨B，使政黨B的選票增加，甚至超過政黨A而贏得選舉，這樣的發展也顯現出小黨（政黨C）在單一選區相對多數決制度之下的無奈，此一制度久而久之則有利於兩大政黨的出現。此一情形如同Duverger的說法：「在簡單過半數制度下競爭的三個政黨當中，選民很快就了解到，如果他們繼續投票給第三黨，則他們的選票將會浪費掉，因此，他們將傾向於將選票轉移給兩個敵對政黨中惡行較小者，以防止惡行較大者的成功。」（Duverger, 1965: 225；游清鑫，1990：62），此種透過機械作用與心理作用而造成的政黨體系，使Duverger在其研究中得出如下的結論：簡單過半數一票制有利兩黨制（the simple-majority single-ballot system favours the two party system），並將此種發現稱為真正的社會學法則（a true sociological law）（Duverger, 1954: 217）。

表16-3　選舉制度的機械效果與心理效果

第一階段					第二階段					
	選區 I	選區 II	選區 III	選票%	席次%		選區 I	選區 II	選區 III	選票%	席次%
政黨 A	45	40	35	40	100	政黨 A	45	40	35	40	0
政黨 B	40	35	33	36	0	政黨 B	55	60	65	60	100
政黨 C	15	25	32	24	0	政黨 C	0	0	0	0	0

　　相較於多數代表制的政治影響，比例代表制的政治影響則顯得多樣性。在Duverger論述比例代表制對政黨體系的影響時，也強調比例代表制所具有的多種組合成分，必須有更精細的論述，比例代表制雖然有利多黨制的形成，但其作用並非直接可見。首先，相較於多數代表制有利兩黨制的出現，比例代表制是可以提供產生多數代表制政治後果的一個有力煞車（a powerful brake）（Duverger, 1954: 248），亦即可以阻止兩黨制的形成；另一方面，相較於多數代表制有明顯懲罰小黨的作用，但比例代表制對於小黨具有懲罰作用則較為輕微，也因而更有利小黨的出現。但是，比例代表制對於政黨數量的影響還需視其實施的時機來考量，如果一個國家一開始即實施比例代表制，則此時小黨將比較容易有生存空間，兩黨制較不易形成，但如果比例代表制的實施與其他選舉制度同時（或之後）實施時，政治效果便有所不同，同樣值得注意的是，比例代表制並非必然有利小黨的產生與維持，尤其是當小黨的支持者具有相當大的流動性時，比例代表制也不見得可以對其生存提供保障（Duverger, 1954: 251, 255）。

　　在Duverger提出相關的論述之後，學者持續深入的探索，使得Duverger的論述有了被修正的機會，例如Riker在其研究當中即指出，雖然單一選區相對多數決制有利兩黨制的形成，但是此種關係不是放諸四海的鐵律，尤其是在一個國家當中，因為固有的歷史、語言、宗教、種族等因素，使得某些選區的人口特性與其他選區有所差異，此時，單一選區相對多數決制度也不一定會在這個國家產生兩黨制，相反的，具有強烈地區特性的政黨即有機會出現，兩黨制的局面也因而改觀，因此，Duverger法則應當更保守的被解釋為「Duverger假設」（Duveger's hypothesis）（Riker, 1982）；類似此種論述，Sartori則進一步指出不論多數代表制或是比例代表制，本質上對政黨都會有相當程度的歧視，只是比例代表制對於政黨的歧視沒有多數代表制下來得嚴重，而且，即便是Duverger法則具有相當的重要性，選舉制度的作用也要同時考量各選區的特性，尤其是選區當中的政黨力量結構強度（strength of structure），會進一步強化或是減輕選舉制度的作用（Sartori, 1997；林韋孜，2020）。

　　再就混合制來講，多數學者認為混合制既然同時包含多數代表制與比例代表制的某些特性，其所產生的政治影響也應該介於兩者之間（Norris, 1997）。一般而言，混合制當中的比例代表成分愈高時，該制對小黨的生存較為有利，但如果多數代表成分比例較高時，對大黨較為有利。此外，除了比例代表制與多數代表制兩者的分配比例之外，另一個值得注意的是用來分配席次的計票規

則也會有所差異，例如同樣是單一選區兩票制的設計，德國的「聯立式」兩票制較日本的「並立式」兩票制更強調比例代表制的精神，但反過來說，日本的「並立式」兩票制則更直接強調促進多數黨的出現，這種設計長期來講也直接影響國家政治的運作型態。

然而，如同前述有關選舉制度的組成要素與選舉制度類型之間的關係，混合制當中仍然可以再分成以多數代表制為主、比例代表制為輔的混合制，如日本在1996年開始實施的單一選區兩票制；或是比例代表制為主、多數代表制為輔的混合制，如法國在1951年至1956年的選舉方式；或是多數代表制與比例代表制並重的混合制，如德國的單一選區兩票制。同樣的，德國、日本與俄羅斯等國家皆容許候選人可以在單一選區與比例名單中被重複提名（dual candidacy），且日本也有所謂的「惜敗率」（first loser ratio）來加強保障政黨領袖的地位，此種不同的設計會影響政黨的選舉命運，也會造成候選人在競選過程中的不同表現（吳東野，1996）。[4]

從經驗比較的觀點而言，上述三大主要選舉制度類型對於政黨體系的影響，可以從Norris（2004）的比較中得到一個大概，如表16-4所示，如以國會政黨數作為比較標準，可以發現不論是較為寬鬆的界定國會政黨數（只要取得一個國會席次的政黨即列入比較），或是較為嚴格界定的國會政黨數（取得國會3%席次的政黨才列入比較），採用比例代表制的國家所具有的平均政黨數最高，其次是採用混合制的國家，再次則為採用多數代表制的國家，但如更細微的觀察類似選舉制度之間的差異時，可發現在多數代表制中，第一位領先者當選制（即單一選區相對多數決制）的平均政黨數低於其他同屬多數代表制的選舉類型；並立式混合制的政黨數雖然在寬鬆界定下的政黨數略多於聯立式的政黨數，但在嚴格定義下的政黨數則明顯少於聯立式的混合制。在比例代表制中的單記可讓渡投票制的政黨數也低於政黨名單下的政黨數。

另一個相關的數據則是不同類型的選舉制度在選票與席次轉化過程中的比例性（proportionality）問題，如表16-5所示，整體而言，比例代表制在選票與席次的轉化上具有最高的比例性，其次是混合制，而多數代表制相對來講比例性最低，同時在同為比例代表制下，單記可讓渡投票制的比例性要比政黨名單

---

4 惜敗率指的是候選人同時在單一選區與政黨名單都被提名後，如果在政黨名單中與其他候選人同屬一個排名順序，當這些同一排名順序者在單一選區當中落選時，就計算這些候選人在其各自單一選區中的得票與當選者在得票上的比例，比例較高者便取得政黨名單中的優先當選順序。

表16-4   選舉制度與政黨體系

	平均國會政黨數 （至少有 1 席）	平均國會政黨數 （至少有 3% 席）	國家數量
所有多數代表制	5.22	3.33	83
選擇性投票制	9.00	3.00	1
連記投票制	5.60	4.57	10
兩輪投票制	6.00	3.20	23
領先者當選制	4.78	3.09	49
所有混合制	8.85	4.52	26
並立式	8.89	3.94	19
聯立式	8.71	6.17	7
所有比例代表制	9.52	4.74	61
單記可讓渡制	5.00	2.50	2
政黨名單制	9.68	4.82	59
總　　數	7.05	4.12	170

資料來源：Norris（2004: 85）。

表16-5   選舉制度與比例性

	Ross 比例[a] 指數	第一大黨得票比 (%)	第一大黨席次比 (%)	國家數量
所有多數代表制	81.9	54.5	56.8	83
選擇性投票制	84.0	40.3	45.3	1
連記投票制	75.6	52.9	56.2	10
兩輪投票制	92.2	54.8	57.8	23
領先者當選制	83.0	55.1	57.8	49
所有混合制	85.0	46.8	49.5	26
並立式	82.6	51.7	53.9	19
聯立式	90.1	33.9	36.9	7
所有比例代表制	91.2	45.3	43.8	61
單記可讓渡制	93.9	45.3	50.1	2
政黨名單制	91.1	44.5	43.6	59
總　　數	87.2	48.7	50.0	170

說明：[a] Ross指數是用來計算政黨的選票與席次之間比例性的方法，其指數愈高表示政黨的得票與席次愈具有比例性，反之則愈不具比例性。詳見Norris（2004: 85-93）。

資料來源：Norris（2004: 85）。

的比例性高；且聯立式混合制的比例性則比並立式混合制高，而第二輪投票制的比例性也比其他多數制下的選舉制度有更高的比例性。

如再就選舉制度對大黨表現的影響來看，整體趨勢可以發現在多數代表制（但選擇性投票制例外）與並立式混合制下，大黨通常有比較高的機會贏得過半數的席次，但在比例代表制下，大黨即使贏得最多選票，也無法取得國會中的過半數席位，如此的結果再次驗證多數代表制更有利於產生一個國會大黨或是過半數的執政黨，而比例代表制則提供較小政黨更多的機會，以及多黨體系產生的空間。

雖然在論述選舉制度的政治後果時，針對Duverger的論點進行討論幾乎已經成為一個傳統，但是，除了這些討論之外，也有學者進一步提醒討論此一主題時，應避免落入過度的制度決定論，以及考量其他面向的重要性。例如在Nohlen的研究中即指出，儘管選舉制度對政黨體系的發展的確具有重要性，但是在選舉制度與政黨體系兩者之間並沒有存在單一因素（monocausal）或是單一線性（unilinear）間的關係，選舉制度本身所存在的政治、社會結構對於政黨體系間的相互影響，或來自選舉過程中各種互動效果的影響，也都必須被納入考量的因素（Nohlen, 1996: 45）。

伍、投票行為

民眾可以透過選舉制度以選票對政治人物或政策表達偏好是民主政治下最具體的參與行為，而投票的結果也將是決定這些政治人物、政黨與政策分別取得政治職位、權力或是政策去留的依據。民眾的投票行為雖然離不開選舉制度的影響，但是，除了了解制度的影響之外，學術界也花相當多的心力探索影響選民投票行為的各項因素，尤其在行為主義革命（revolution of behavioralism）興起後，[5]針對選民對候選人與政黨支持的研究，已經有相當的深度與廣度。如果簡單的以研究上的重要影響來講，以下四種研究途徑與內容是探索選民投

5　相較於傳統政治學的研究強調政治制度與歷史的重要性，行為主義將民眾與政治人物的行為作為政治研究的基本單元，並用科學方法加以分析，企圖對政治現象加以科學解釋和預測，以及經驗理論的建立。比較上，行為主義較不注重傳統政治學中的道德與哲學議題，而比較強調研究過程中的價值中立（value free）問題，選民投票行為的研究即為行為主義傳統下一個重要的研究對象，嘗試對選民投票過程中的各項影響因素提供一個完整的解釋模型。

票行為時最值得注意的：[6]

（一）生態學研究途徑

　　生態學研究途徑（ecological approach）一詞用於選舉行為的研究時，多數是指從整體選民的投票結果來論述個別選民的投票行為，尤其是以集體的選舉資料來解釋個體選民的特性，如Chapin（1912）的研究即是用官方投票資料來了解不同特性的社區在投票行為上的差異，從此途徑的推論來看，隸屬同樣特性的社區選民，也應當有類似的政治傾向（或意識形態）。由於總體資料的使用，使得此一途徑可以為特定群體的政治傾向提供較為宏觀的論述，且總體資料的取得成本也較為容易，使其受到早期研究者的採用。但值得注意的，隨著研究方法的提升，此一途徑強調從「集體推論個體」的研究方式也開始受到修正，尤其是Robinson（1950）所提出的「生態謬誤」（ecological fallacy）的觀念，強調集體的生態特性與個體政治選擇之間的關係並無法全然等同，用全體來解釋個體容易造成過度簡化的風險，例如，雖然工人階級的選民會比較注重就業問題的解決，但同屬居住於工人社區的選民，也可能因為其他因素（如經濟較為富裕、與政黨或是候選人的特殊關係等等因素）而有不同的政治選擇，單純以全體的職業或是社區因素來推論其個人的投票決定即可能產生生態上的謬誤。

（二）社會學研究途徑（sociological approach）

　　此途徑強調社會與（人際網絡）傳播影響選民投票行為，由Lazarsfeld 與Berelson等人為首，在第二次世界大戰之後，開始一系列的選民投票行為研究，此一系列的研究從個體調查與訪問開始，也被研究者視為建構系統性投票行為研究的開端，尤其是1944年出版的《人民的選擇》（*People's Choice*）以及1954年的《投票》（*Voting*）兩本著作，對於後續研究者有相當大的影響。就實質內容而言，Lazarsfeld等人以選民對於選舉資訊的吸收與判斷為研究焦點，強調在選舉過程當中，選民個人所接觸的大眾傳播媒體（mass media）、次級

6　本節雖以美國投票行為研究為主要的介紹對象，但並不否認同一時期的其他國家，尤其是歐洲國家在投票行為研究的重要性，只是從比較的觀點而言，美國的投票行為研究在第二次世界大戰後，呈現更大的多樣性，且在研究途徑上也持續有相互對話與競爭的特色，再加上國內學術界在此方面的研究有相當大的成分受美國研究的影響，因此本節的介紹將以美國的發展內容為主，而有關美國投票行為研究更為詳盡的介紹，也可參考游盈隆（1984）與陳義彥（1986）的研究。

團體（secondary groups，例如工會組織、宗教組織、社區組織等），意見領袖（opinion leader）以及選民個人網絡（network）等，不僅會影響選民對於選舉資訊的取得，也會影響選民的投票決定。此一途徑的代表人物Lazarsfeld等人任職於哥倫比亞大學，也使得學術界對於這樣的研究途徑與內涵以哥倫比亞學派（Columbia School）來稱呼。另接近此一時期，相較於哥倫比亞學派對於資訊傳播的重視，Lipset與Rokkan（1967）兩人則論述社會結構因素對於選民投票行為的影響評估，其主張選民的投票行為是受到選民自身所處的社會環境所影響，因此，選民個人的社會背景將影響其投票決定，例如，一個藍領階級的選民，在選舉的過程當中，將特別注意有關工人的福利問題，或者一個居住於農業地區的選民也將更注意農產品的價格與銷售問題。換言之，選民所居留的客觀環境，或是所屬的團體屬性將影響其投票決定，此一研究取向有時也稱為社會分歧途徑（social cleavage approach）。

（三）社會心理學途徑（social psychological approach）

此途徑以Campbell與Converse等人在1960年所出版的《美國選民》（*The American Voter*）一書為代表，除了強調選民的社會特性之外，更進一步強調選民的心理因素對其投票行為的影響，尤其是選民對於政黨的態度，或是所謂的政黨認同（可以簡單的理解成選民對政黨在心理上的連結狀態），是影響選民投票決定最為重要且穩定的因素，並且透過理論的建構方式，提出選民投票決定的「漏斗狀因果模型」（funnel of causality），在此模型當中，社會結構因素、候選人因素，甚至是選舉過程中的各項事件，只能視為影響選民投票行為的短期或是次要的因素，真正具有持續影響力的因素則是選民的政黨認同，政黨認同提供選民取得與評估選舉資訊的依據，透過此一認同態度在選舉中評價政黨與候選人，而且，此一認同也經常會透過社會化的作用，成為個人穩定的態度（Niemi and Weisberg, 1976）。也如同哥倫比亞學派的主要倡導者來自哥倫比亞大學一樣，此一社會心理學途徑的主要倡導者初期則是以密西根大學為主，也使得學界稱此一途徑的研究為密西根學派（Michigan School）。

（四）經濟學途徑（economic approach）

相較於前述研究途徑，經濟學研究途徑不著重於了解選民的社會或是心理歸屬，而將分析焦點集中在選民可以理性的分析各政黨或候選人的各項條件，尤其是其過去的表現評估以及未來表現的預期，以做為投票的依據。簡單來

講，此一途徑強調選民可以客觀的對各候選人或是政黨進行評估，並以成本－效益的觀念，選擇一個成本最小，但效益最大的結果。此一研究途徑相當程度受到經濟學研究的影響，將經濟學上的理性預期應用到選民的投票決定上，最具代表性的論述來自於Downs在1957年所出版的《民主的經濟理論》（*An Economic Theory of Democracy*），在其論述下，選民在選舉中的行為如同在市場中的消費行為，會理性的（在此理性的簡單定義即為擴大自己的利益）增加其自身利益，任何投票對象的選擇，即是要使自身的利益得到最大的保障或是實現，因此，選民會在選舉當中評估候選人或是政黨的政策立場，甚至評估其贏得選舉的機會，從中尋求對自己最有利的決定，也因為其研究方法強調理性選擇的過程，及各種決策形式的形成，此一途徑也常被稱為理性投票模型（rational choice model）或是型式理論（formal theory）。

值得注意的是，前述四種研究途徑雖然強調的重點有所不同，對目前投票行為的研究仍具有相當大的重要性，而且隨著新研究方法的提出，以及科際整合（inter-discipline integration）趨勢的發展，使得研究者可以針對各種途徑截長補短，讓投票行為的研究有更大的突破，並且在跨國比較研究中受到廣泛的採用。

就臺灣選民投票行為的研究而言，可以溯源自1960年代開始，由鄒文海、蔡啟清、雷飛龍、胡佛以及袁頌西等先驅的引介與推廣，前述有關選民投票行為的不同研究途徑與研究主題陸續受到學者關注與採用（游盈隆，1984；陳義彥，1986；雷飛龍、劉義周，1986）。近期陳義彥檢討過去的研究，並以時間點作為區隔依據，將臺灣選民投票行為的研究區分成四個階段：（1）萌芽時期（1964-1975年）；（2）關鍵時期（1976-1988年）；（3）發展時期（1989-2000年）；（4）國際接軌期（2000年以後）。這四個不同時期分別有學者相繼投入選民投票行為的研究，研究主題也日益擴展，一方面使得研究方法更加精確與嚴謹，另一方面也逐漸將臺灣主題的研究進行跨國的合作與比較（陳義彥，2003）。

如果從時間的長短來講，投票行為的研究在臺灣雖然只有略多於半個世紀的歷史，但從其研究數量及其所造成的影響來講，卻是相當值得注意的，這種影響一方面是學術界更加強調經驗調查與社會科學理論的建構，另一方面則是使政府與政黨藉由選民投票行為的研究，更加了解與回應選民的需求。這樣的發展當然和過去臺灣的政治民主化進程有密切的關係，在臺灣逐步走向民主的過程當中，選舉活動的開展一直扮演相當重要的角色，甚至選舉的開放過程即

可視為民主化的進展過程，也由於此種因緣際會，可以對選民投票行為的研究提供豐富的研究素材。例如，以臺灣選舉研究社群組成，並與國際研究相接軌的「臺灣選舉與民主化調查」（Taiwan's Election and Democratization Study, TEDS），以及「亞洲民主動態調查」（Asian Barometer Survey, ABS），已經成為國內外研究臺灣選舉與比較選舉研究的重要依據，其資料開放共享的特性，也有效推廣臺灣的選舉研究。

陸、選舉制度改革與臺灣經驗

在了解到選舉制度的政治效果之後，一個現實的問題是，個別國家如何選擇適合自己的選舉制度？前述的討論提及一個國家的政治、社會、宗教、語言、文化與歷史發展經驗等因素會影響選舉制度的作用，因此，個別國家對於選舉制度的選擇，所需要的考量並非單純的反映出選票與席次的比例性，或是政黨數量的多寡。同樣地，個別國家也會期待選擇特定選舉制度會帶來某些政治效果或實現某些政治價值，只是在期待這些效果與價值的背後，同時也包含了忽視或是犧牲了其他的政治價值。例如，從先進民主國家的經驗來看，多數代表制有利大黨的產生，其在政治上具體的作用則是容易產生單一（國會）執政黨，但卻以犧牲小黨的利益為代價，也因而破壞了政治平等的價值；另一方面，比例代表制提供小黨較大的生存空間，但卻冒著政黨林立與政治不穩定的風險。所以，我們可以看到英美的多數決制度、歐洲國家的比例代表制或是混合制可以被採用，也暗示出個別國家對選舉制度的期待。

另一方面，由於選舉制度本身所具有的政治效果，任何選舉制度的變更，都會牽動現有政黨體系的發展，甚至是影響個別國家長期政治運作的品質，因此，選舉制度的更改必須非常慎重，任何選舉制度的重大變革也應當不會經常出現，例如，英國多數決制度已經持續受到學界的檢討，並且提出相關的變更方案，但是，這些提議目前也僅止於討論階段，具體的政策草案並沒有出現在政府的規劃當中（Farrell, 2001: 66）。但是，與此種認知不同的是，在1990年代開始也發現部分民主國家，如紐西蘭、義大利、日本等國家的選舉制度也開始進行大幅度的改革，如果再加上第三波民主化國家的發展經驗，可以發現過去二、三十年來，相當多的新舊民主國家的選舉制度都經歷改革的過程。對於這樣的發展，使得學者重新認真思考究竟這些選舉制度的改革過程當中，背後

所要被實現的目標或是政治價值何在？換言之，現行主要的選舉制度既然有其各自的優缺點，則這些選舉制度變更的國家如何合理化其變更的理由？

對此一問題，Dunleavy與Margetts在檢討了相關的文獻與實際國家經驗之後，提出民主判準（democratic criteria）與國家管理判準（state management criteria）兩個面向的判準，作為解釋選舉制度變更的依據原則，其中有關民主判準強調的是選舉制度如何體現民主政治的價值，包含有政治平等（political equality）、觀點的代表（representation of viewpoints）、課責（accountability）以及有意義的選舉等四方面要求；相對的，國家管理判準強調的是政府推動政策與解決衝突的管理能力，包含了選舉制度必須可以促進國家的可治理性（governability）、促進政黨體系的穩定及協助處理社會衝突等（Dunleavy and Margetts, 1997；游清鑫，2003）。在這兩項判準之下，以多數代表制原理而設計的選舉制度較多的關切在於如何提升國家治理的能力，因此，容易形成單一多數政府、強調有限的政黨數量是其主要的考量，但此種選擇也面臨犧牲政治平等以及無法有效反映社會結構與解決政治衝突的弊病。相對的，依據比例代表制原理而設計的選舉制度大致上可以彌補多數代表制所無法實踐的政治價值，但卻也經常無法像多數代表制下有更為清楚的政黨政治以及責任政治的面貌。

臺灣立法委員選舉制度改革在2005年任務型國民大會代表通過新的選舉制度之後告一段落，減少國會總席次以及採行單一選區兩票制成為主要的特色，與舊制的差異如表16-6所示。

整體而言，對新選制較為完整的評估需要從制度設計特點以及實際的選舉結果兩方面來看。2008的新選制除了總額減少之外，在區域選舉部分改採單一選區，以及選民可以單獨在全國不分區政黨比例名單中投票，可以想見，單一選區的增加，以及其占所有席次的高比重（73/113=64.6%）將直接影響選舉制度的比例性，大黨可能在這樣設計下得到比較多的席次，但從另外一個角度來講，則是比較容易產生過半數的多數黨。其次，而在全國不分區部分，新制度提供選民可以針對個別政黨直接投票，因此，選民最終的投票決定，可以是一致性投票（straigh ticket voting），就是說在區域選舉所支持候選人的政黨與其在全國不分區所支持的政黨是一樣的，或者選民也可以進行分裂投票（split ticket voting），亦即選民在區域選舉所支持候選人的政黨與其在全國不分區所支持的政黨是不一樣的。最後，值得一提的是，原住民的選舉部分，除了總額從原來的8人減少為6人之外，選舉方式並沒有改變，且相較於多數採取混合式

表16-6　新舊選制的比較

	複數選區單記不可讓渡投票制	2008 年新選制
總席次	225 席	113 席
選區應選名額	一名至多名	一名
選票結構	一張選票使用於兩種類型的選舉	兩張選票分別使用於兩種不同選舉
計票規則	區域得票決定政黨比例得票	區域得票與政黨比例得票分別計算
區域席次 vs. 政黨名單席次	74.7% (168/225) vs. 21.8% (49/225)	64.6% (73/113) vs. 30.1% (34/113)
政黨名單席次門檻與計算方式	5%，最大餘數法	5%，最大餘數法
原住民席次	4 席山地原住民，4 平地原住民，分別仍舊沿用原有單記不可讓渡投票制	3 席山地原住民，3 平地原住民，分別仍舊沿用原有單記不可讓渡投票制
法定任期 [1]	3 年	4 年

資料來源：改採自王業立（2019：40）。

註：法定任期是指每一任最長任期，但憲法憲法增修條文第3條第3項及第2條第5項規定，當立法院對行政院院長提出不信任案通過後，可以由行政院院長呈請總統，並經諮詢立法院院長後解散立法院，此時，立法委員必須重新選舉，任期也重新算起。

國家主要是以區域選舉加上政黨比例名單選舉兩大範疇而言，臺灣的新選制除了有此兩範疇之外，仍舊保有原住民選舉的成分，以強化保障原住民的參政權，這也是臺灣立委選舉制度比較特別的地方。

　　就新舊選制如何影響政黨選舉命運的問題來看，從表16-7首先可以看到，採用原有單記非讓渡投票制的2004年選舉中，各個政黨在選票與席次的表現差異並不大，但是，在2008年、2012年、2016年與2020年採用新選制之後，主要政黨在選票與席次比例上的差異擴大，產生更高的不比例性問題。

　　其次，如再就此種選票與席次之間的不比例性而言，可以發現，不論是舊制或是新制，獲得較多選票的政黨，也更容易取得更高比例的席次，而且此種對大黨有利的趨勢，在新制之下更為明顯，也點出了新選制更有利大黨的事實。

　　第三，如再檢視新選制下區域選舉以及比例代表選舉的問題時，可以發現政黨在比例代表選舉時得票與席次的差異雖然仍舊存在，且仍舊是對大黨比較有利，但比例性差異整體來講已經要比區域選舉的差異更為溫和。

　　最後，對比較小的政黨來講，在新選制之下的生存挑戰似乎比舊選制之下

表16-7　2004年至2020年立委選舉主要政黨選票與席次的結果

	2004年 區域%		2008年 區域%		2008年 比例代表選舉%		2012年 區域選舉%		2012年 比例代表選舉%		2016年 區域選舉%		2016年 比例代表選舉%		2020年 區域選舉%		2020年 比例代表選舉%	
	選票	席次	選票	席次	選票	席次	選票	席次	選票	席次	選票	席次	選票	席次	選票	席次	選票	席次
國民黨	32.83	35.11	55.77	77.22	51.23	58.82	48.12	66.75	44.55	47.06	38.72	27.40	26.91	32.35	40.57	22	33.36	13
民進黨	35.72	39.56	39.79	16.46	39.61	41.18	44.45	36.99	34.62	38.24	45.08	67.12	44.06	52.94	45.60	46	33.98	13
新黨	0.12	0.004			3.95	0	0.08	0	1.49	0	0.63		4.18	0	0.44	0	1.04	0
親民黨	13.90	15.11	0.3	1.27			1.12	0	5.49	5.88	1.26		6.52	8.82			3.66	0
台聯	7.79	5.33	0.99	0	3.53	0			8.96	8.82	0.82		0.64	0			0.36	0
時代力量											2.94	4.11	6.11	5.88	1.02	0	7.75	3
台灣民眾黨															1.90	0	11.22	5
台灣基進黨															1.02	1	3.16	0
綠黨															0.28	0	2.41	0
一邊一國行動黨															0.15	0	1.01	0
其他	9.64	4.89	3.15	5.05	4.38	0	6.23	5.06	4.9	0	10.56	1.37	11.58	0	9.02	4		

資料來源：中央選舉委員會歷屆公職選舉資料庫：http://db.cec.gov.tw/。

註：(1) 2004年的選舉仍舊採用原有單記非讓渡投票制，雖然有「全國不分區」的席次，但是該席次的決定是來自於政黨在區域選舉的選票，沒有單獨實施比例代表選舉。

(2) 本表2008年之後的區域選舉結果，僅指單一選區的選舉結果，不包含原住民的複數選區選舉結果。

(3) 「其他」類別中，候選人或政黨會在區域選舉與比例代表選舉以沒有政黨標籤，或是其他類似政黨形式，或是直接以政黨名稱進行選舉，此處歸類成「其他」，主要是因為其選舉表現並不穩定，或是因其採用的名稱有太長的延續性。

來得更為艱困，在舊選制之下的小黨可以有相當的表現，但在新制下則變得不穩定，此時比例代表選舉是其重要的生存場所，例如2012年的親民黨與台聯，以及2020年的台灣民眾黨。然而，有關5%選舉門檻的規定也會直接限制了這些小黨的取得席位的機會。這樣一個結果印證了前述單一選區相對多數決制度有利兩黨制的出現，尤其是對大黨有利的論證。

當然，值得注意的是，這些結果與討論都是藉由選舉結果，討論政黨在選票與席次分配上的問題，至於新制是如何影響立法委員後續的問政行為與內容，立法委員與選區選民的互動模式，政黨與立法委員之間的互動關係，以及是否會形成新的競選模式等問題，則需要更多時間與更多實證研究才可以得到更為客觀的評估。

柒、結論

選舉制度作為規範政黨、候選人以及選民選舉活動的遊戲規則，這一遊戲規則有其規範面的預期價值，所以，一套選舉制度設計必須與民主政治的價值密切相關，更具體來講，選舉制度的設立是要促進與實踐民主政治的內涵，如果脫離民主政治的內涵，則選舉制度將單純的成為統治者的統治手段，徒有選舉而無民主。另一方面，選舉制度同樣也要有效的促進民主政府的運作效率，而如果選舉制度的實踐過程產生民主價值的扭曲，則選舉制度的改革也成為必須。另一個重要的觀念是，不同型態的民主國家會有不同型態的選舉制度，即便是從理論上的研討可以理解何種選舉制度最能體現某一面向的民主價值，但實際的運作則是無法期待一套選舉制度可以同時符合各項民主價值的要求，甚至在不同時期的政治發展，也會考量採取不同特性的選舉制度，換言之，民主政治的運作與維持是主要目的，選舉制度的採行考量則是達成前述目的的手段。

從學術討論的成果來講，選舉、選舉制度與投票行為的內涵、功能以及其政治影響，在數量與質量上皆相當可觀，在近期的研究旨趣上來講，跨國比較，尤其是各國長期以來對各種選舉制度的實踐結果之間的比較，仍舊是一項重要的課題。同時，隨著民主化浪潮的發展，新興民主國家採行何種型態的選舉制度，以及其選舉制度如何與該國的憲政架構相配合，並進一步影響選民的政治參與行為等，也成為學術關注的焦點，結合近期老牌民主國家選舉制度改

革的肇因與結果，讓研究者再次從民主價值的觀點定位選舉制度與選民行為的互動，這些論述與方向，都將是未來選舉主題的研究焦點。

　　就臺灣的現況來講，選舉活動在過去威權時代雖然成為國民黨統治的工具之一，但選舉活動卻也是活絡政治反對勢力的場域，直到1990年代開始全面的民主化之後，選舉結果已經成為規範與分配政治權力的主要依據，對於臺灣邁向民主鞏固的路程更為重要。而2008年開始的新選舉制度，如同提供現有政治參與者一套新的遊戲規則，初步看來此次的選舉也是對大黨有利，同時也持續影響臺灣民主政治的品質，例如民眾的選舉參與問題，候選人與選民（選區選民）的關係，與政黨競爭以及往後政黨體系的發展等，這些臺灣經驗同樣也可以放在一個跨國的系絡當中進行比較研究（Batto, Huang, Tan and Cox, 2016; Achen and Wang, 2017）。

參考書目

一、中　文

王業立，2019，《比較選舉制度》（第七版四刷），臺北：五南。

江大樹，1992，《當前民主國家選舉制度評介》，臺北：國家政策研究中心。

吳庚，1980，〈導言〉，《憲政思潮選集「選舉與政治參與」》，臺北：國民大會憲政研討委員會出版，頁1-6。

吳東野，1996，〈單一選區兩票制選舉方法之探討〉，《選舉研究》，第3卷第1期，頁69-102。

郎裕憲，1989，《民主國家之投票制度》，中央選舉委員會。

林韋孜，2020，《選區規模對政黨競爭之研究》，國立政治大學政治研究學系碩士論文。

陳思蓉，1994，《影響選舉結果比例性偏差的因素：二十一個民主國家實例探討》，東海大學政治研究所碩士論文。

陳義彥，1986，〈我國投票行為研究的回顧與展望〉，《思與言》，第23卷第6期，頁1-29。

陳義彥，2003，〈臺灣選舉行為調查研究的回顧與展望——「TEDS2001」學術研討會圓桌論壇講詞〉，《選舉研究》，第10卷第1期，頁1-6。

陳義彥、黃麗秋，1992《選舉行為與政治發展》，臺北：黎明。

游清鑫，1990，《選舉區規劃對選舉競爭影響之研究》，國立政治大學政治研究所碩士論文。

游清鑫，2003，〈選舉機制與民主化〉，收於楊日青編，《兩岸立法制度與立法運作》，臺北：韋伯文化，頁231-359。

游盈隆，1984，〈投票行為研究的緣起與發展〉，《東吳政治學報》，第8期，頁195-229。

華力進，1984，〈選舉〉，編於《雲五社會科學大辭典第三冊政治學》，臺北：臺灣商務印書館，頁399-400。

蔡學儀，2003，《解析單一選區兩票制》，臺北：五南。

雷飛龍、劉義周，1987，〈緒論〉，收於雷飛龍、陳義彥等《轉型期社會中的投票行為——臺

灣地區選民的科際整合研究（II）》，臺北：國立政治大學選舉研究中心，頁 1-10。

謝相慶，1996，《選舉制度與選舉結果不比例性之比較研究》，臺北：國立政治大學政治研究所博士論文。

謝復生，1992，《政黨比例代表制》，臺北，理論與政策雜誌社。

二、英　文

Achen, Christopher H. and T. Y. Wang, eds., 2017, *The Taiwan Voter.* Ann Arbor, MI.: University of Michigan Press

Batto, Nathan F., Huang, Chi, Tan, Alexander C., and Gary W. Cox, eds, 2016, *Mixed-Member Electoral System in Constitutional Context: Taiwan, Japan, and Beyond.* MI.: University of Michigan Press.

Berelson, Bernard P., Paul F. Lazarsfeld, and W. N. Mcphee, 1954, *Voting.* Chicago: The University of Chicago Press.

Blais, Andre, 1988, "The Classification of Electoral Systems." *European Journal of Political Research,* 16: 99-110.

Bratton, Michael, (July) 1998, "Second Elections in Africa." *Journal of Democracy,* 9(3): 51-66.

Campbell, Angus, Philip E. Converse, Warren E. Miller, and Donald Stokes, 1960, *The American Voter.* N. Y.: John Willey & Sons, Inc.

Chapin, Francis Stuart, 1912, "Variability of the Popular Vote and Presidential Elections," *American Journal of Sociology*, 18(2): 224-240.

Downs, Anthony, 1957, *An Economic Theory of Democracy.* N. Y.: Harper & Row.

Dunleavy, Patrick and Helen Margetts, 1997, "Understanding the Dynamics of Electoral Reform," *International Political Science Review,* 16(1): 9-29.

Duverger, M., 1954, *Political Parties: Their Organization and Activity in the Modern State.* New York: Wiley.

Farrell, David M., 1997, *Comparing Electoral Systems.* Prentice Hall.

Grofman, Bernhard., and Arend. Lijphart, eds., 1986, *Electoral Laws and their Political Consequences.* New York: Agathon Press.

Karl, Terry Lyon, 1986, "Imposing Consent: Electoralism and Democratization in El Salvador." In *Elections and Democratization in Latin America, 1980-1995,* eds. Paul W. Drake and Eduardo Silva. La Jolla, Calif.: University of California-San Diego, pp. 9-36.

Katz, Richard S., 1997, *Democracy and Elections.* Oxford: Oxford University Press.

Lakeman, E., 1974, *How Democracies Vote: A Study of Electoral Systems.* 4th edn., London: Faber and Faber.

Lazarsfeld, Paul F., Bernard P. Berelson, and H. Gaudet, 1944, *The People's Choice: How the Voter Make Up His Mind in Presidential Campaign.* N. Y.: Columbia University Press.

Lijphart, Arend, 1984, *Democracies: Patterns of Majoritarian and Consensus Government in Twenty-One Countries.* New Haven: Yale University Press.

Lijphart, Arend, 1999, *Patterns of Democracy: Government Forms and Performance in Thirty-Six Countries.* New Haven: Yale University Press.

Massicotte, Louis, & Andr Blais, 1999, "Mixed Electoral Systems: A Conceptual and Empirical Survey," *Electoral Studies,* 18: 341-366.

Nohlen, Dieter, 1996, "Electoral Systems and Electoral Reform in Latin America." In *Institutional Design in New Democracies: Eastern Europe and Latin America,* eds. Arend Lijphart and Carlos H. Waisman. Westview Press, pp. 43-57.

Norris, Pippa, 1997, "Choosing Electoral Systems: Proportional, Majoritarian and Mixed Systems." *International political Science Review,* 18(3): 297-312.

Norris, Pippa, 2004, *Electoral Engineering : Voting Rules and Political Behavior*. Cambridge, U.K.: Cambridge University Press, 2004.

Rae, Dogulas W., 1971, *The Political Consequence of Electoral Laws*. New Haven: Yale University Press, rev. edn.

Reynolds, Andrew and Ben Reilly,1997, *The International IDEA Handbook of Electoral System Design*. Stockholm, Sweden: International Institute for Democracy and Electoral Assistance.

Riker, W. H., 1982, "The Two-party System and Duverger's Law: An Essay on the History of Political Science." *American Political Science Review,* 76: 753-766.

Robinson, W. S., 1950, "Ecological Correlation and the Behavior of Individuals." *American Sociological Review,* 15: 351-357.

Sartori, Giovanni, 1997, *Comparative Constitutional Engineering: An Inquiry into Structures, Incentives and Outcomes*, 2nd ED, Macmillan Press.

Schumpeter, Joseph A., 1975: *Capitalism, socialism, and democracy*. New York : Harper & Row.

Schneider, William, 1980, "Styles of Electoral Competition," In *Electoral Participation:A Comparative Analysis,* eds. Richard Rose. Sage Publications Ltd.

Shugart, Matthew Soberg and Martin P. Wattenberg, eds., 2001, *Mixed-Member Electoral Systems: The Best of Both Worlds*? Oxford: Oxford University Press.

Taagepera, Rein, & Matthew Soberg Shugart, 1989, *Seats & Votes: The Effects & Determinants of Electoral Systems*. New Haven, CT: Yale University Press.

第十七章　政治參與

盛杏湲

　　從歷史的演進過程來看人民與國家的關係，在剛開始的時候人民只有無止盡的義務，統治權力掌握在極少數的人手中，一般人民只得被動地接受統治，不僅對統治的方式與內容無從置喙，生命、財產更可能動輒被統治者無理的侵害。到了大約十八、十九世紀，民主的風潮逐漸進入人類歷史的舞臺，人民開始向統治者爭取權利，首先要求的是自由權，要求國家的統治權不得非法侵犯人民，接著進一步要求國家積極的作為，防止他人的非法侵犯，並積極保障人民在司法上、行政上及經濟上的受益權。最後，人民更進一步要求參政權，也就是要求自己站在統治的地位，決定誰擁有政府職位，並且決定政府的政策與行動。

　　政治思想家盧梭（Jean-Jacques Rousseau）認為公民參與政治本身就是一種教育，是一種滿足，認為普遍而平等的政治參與是政治進步的表徵。然而在人類歷史上人民取得參政權並非一蹴可幾的，最初能夠享有參政權的只有那些受較高教育的、較富有的，以及社會地位較高的男士，後來愈來愈多人要求參與國家的統治，他們要求參政權的理由簡單而直接，「如果要我納稅，我必須在國會裡面擁有我的代表」，也就是要我負擔義務，我必須擁有相對的權利，至少要能經由選舉的過程選出能為自己利益說話的代表。

　　通常一個政治體系在開始時統治者總是懼怕開放參政權，因為開放參政權無異是讓其他人分享統治權，然而統治者逐漸發現到，與其讓抗爭在街頭發生，還不如將抗爭移到議會的殿堂裡，如此抗爭可以是理性的、辯論的，而不是情緒的、流血的。英國就在一個國會議員有名的主張「與其打破人頭，還不如數人頭」的背景下，逐漸開放人民的參政權，剛開始的時候開放的對象是社會地位較高、較富有的人士，接著是一般成年男子，最後是婦女。

　　西方民主國家開放參政權的過程是漸進的，而且隨著參政權的開放，逐漸發展出一些制度來因應社會的劇烈變遷，例如憲政制度、代議制度、政黨制

度、行政官僚體系等等，因此西方民主國家開放參政權的經驗是愈開放愈民主，政治社會也愈穩定發展。然而，發展中國家人民要求參政權並非循序漸進，往往是大規模的人群對參政權的要求排山倒海而來，而這些國家大多缺乏足夠的制度來因應這些要求，因此人民參政權的取得，並不見得帶來社會的發展與政治的穩定，反而可能因為多數沒有受過訓練，卻對政治抱持過分憧憬的人參與政治，造成社會與政治的不穩定。

　　古典民主理論相當重視公民的能力，認為民主政治的實踐，繫於全能的民主公民，所謂全能的民主公民指公民對政治有興趣且積極參與政治，對政治事務有充分的資訊來源，且依理性與公義的原則來作政治決定。有相當長的一段時間，人們相信民主政治之所以得以順利運作，是因為大多數公民符合全能民主公民的理想。然而由於調查研究技術的進步，對於公民實際政治行為的研究卻發現：有相當高比例的公民對政治默不關心，對選舉沒有興趣，選舉的資訊來源非常有限，一般公民最常作的政治參與活動是投票，而且即使投票是一般公民最常從事的政治參與活動，仍然有許多人習慣性地不去投票，或者即使去投票，也是未經仔細考慮地就投下一票，與古典民主理論者所揭櫫的全能民主公民的理想相去甚遠（Berelson, Lazarsfeld and Mcphee, 1954）。此一經驗研究的發現，說明了對民主政治的了解，不能只從公民在民主政治中應該如何作為來瞭解，而必須從公民在實際上是如何作為來了解。以下就從經驗的角度出發，說明一般公民如何參與政治，首先說明政治參與的意義與模式。

壹、政治參與的意義

　　政治學者對於政治參與的研究相當豐碩，對於何謂政治參與也作過許多界定，在本書中，我們將政治參與依照政治學者Verba與Nie的說法加以界定：「一般公民或多或少直接地以影響政府的人事甄選或（及）政府所採活動為其目標，從而採取的各種行動。」從此一界說，政治參與至少包含四個元素，以下就用這四個元素來了解政治參與的涵義。

一、公民

　　政治參與的主體是公民，至於政府官員、民意代表、職業說客等介入政治的專業人員，都並非政治參與的主體，例如政府官員為了某項政策而從事說明

與解釋，民意代表為了通過某項法案而在國會的正式開會或私下場合說服同僚，都不算是政治參與。公民是一個國家裡面享受權利與負擔義務的國民，一般而言公民有法定年齡的限制，法定年齡的最低標準在大多數國家是訂在十八歲到二十一歲之間。事實上在昔日專制統治時代，公民的人數非常有限，大多有若干限制，例如身分、財產、教育程度、與性別等的限制，開放所有成年人的公民權（最顯著的特徵是普遍選舉權的開放），還是相當晚近的事。現在大多數國家都僅存年齡的限制，之所以需要有年齡的限制，是因為從事政治參與需要具備相當的心智成熟與辨識能力，同時，不只是要享受權利，也要相對的能夠負擔義務。

　　那麼，要多少公民參與才符合我們這裡所謂的政治參與的條件？政治參與不以公民人數的多寡為條件，但是通常人數愈多，在其他條件相同的情形下，政治參與的目標愈容易達到。因為人數愈多，對決策者構成的壓力愈大，也因此愈容易達到政治參與的目標，例如推動某項立法，如果僅有極少數人努力，則不見得會發生果效，但是如果有相當多人關注且介入其中，則決策者不敢輕忽，因為決策者的在職與否，相當程度決定於公民是否支持。

二、行動

　　政治參與必須要以行動來展現，這些行動，諸如投票、勸說他人投票、政治獻金、參與政黨或政治菁英所舉辦的造勢活動、遊行、示威、抗議等等，若僅有某種態度或意念，但未具體地以行動展現，則不算是政治參與。然而，只要有行動，無論此一行動是自主的或被動員的，是合法的或非法的，也無論此一行動最後是成功的或失敗的，都算是政治參與。某些學者將動員性的行動排除在政治參與之外，認為政治參與僅包括自主的行動，這是因為在某些威權政體，一般公民常被統治菁英動員來表示對政治體系的支持與服從，缺少一般民主國家政治參與所擁有的較多的自主與自願的成分，但是實則就政治參與而言，動員與否只是程度之別，而非有無之別，即使在民主國家裡，政治參與也是政治菁英動員的結果；政治菁英動員愈積極，則公民參與愈踴躍，而且不論是自主的或動員的政治參與，都對政治決策者產生一定的影響，因此動員性的政治活動也是一種政治參與。同時，無論此一行動是否成功地影響政府的人事、行動或政策，只要該行動做出，無論成敗及影響，都已經構成政治參與成立的條件。

三、政府

　　政治參與和政府的人事以及政府的決策或行動有關，這裡指的政府，包括中央或地方的各級政府。公民可以透過選舉或與選舉有關的活動決定誰在政府的職位上，間接影響政府的決策與行動；同時公民也可以透過直接行動，如關說、陳情、請願、示威、公民投票等直接的行動，對政府的決策與行動發揮影響力。這裡與政府有關是政治參與的條件，跨越非政府到政府的門檻很重要，它決定某一個行動是不是政治參與。舉個例子來說，某大學的一群學生，認為學校調高學費的措施不合理，因此在校內推動連署請願與遊行示威，向校方施加壓力，若此一行動只涉及學校內部的決策，與政府無關，則不是政治參與。但是一旦這群學生的矛頭指向政府部門，如到教育部陳情，或到立法院請願，企圖藉由行政部門或立法部門來對校方施壓，則與政府有關，不論教育部或立法院是否接受陳情，或者是否接著有動作，都算與政府有關，符合了政治參與的條件。

四、目的

　　政治參與並非漫無目的，而是有目的的，無論公民是透過選舉來間接影響政府的決策與行動，或者是透過直接行動來影響政府的決策與行動，推到最終目的，都是企圖去影響政治體系內價值的權威性配置。這裡所謂的價值，可以是權力、地位、名聲、財富等稀有而眾人渴望的標的，由於每一個社會內的價值都是稀有的，而公民的利益、興趣、能力、觀點各不相同，對於價值要如何配置也有不同的意見，因此對價值的配置，必須是權威性的，如果有人不遵守，可以強制其遵守，推到極端甚至可以用合法的武力為後盾來強迫其遵守。而此一政治參與的目的，可能是公民本身就有的，也可能是被政治菁英促動或挑起的，而且，政治參與的目的並不一定要即刻實現，也可以在未來才實現。例如投票可以即刻選出政府官員與民意代表，而遊行示威宣揚某種理念可能不見得馬上實現，甚至實現的可能性微乎其微，但是卻可以達到宣揚理念的目的，這都符合政治參與的條件。

貳、政治參與的模式

　　政治參與的模式可以分為慣常性（conventional）與非慣常性的

（unconventional）兩種。慣常性的政治參與包括兩大類，第一類是試圖影響政府人事的活動，亦即與選舉有關的活動，包括投票與競選活動。這裡投票不言可喻，是以選票來決定誰當選政治職位，競選活動是除了投票以外的所有在選舉中試圖去影響選舉結果的活動，包括試圖去影響他人投票（譬如勸說他人投票給某個候選人）、參與與選舉有關的集會、捐款給候選人或政黨、幫某位候選人助選等。

　　至於第二類慣常性的政治參與是試圖直接影響政府的決策與行動的活動，包括政治溝通、合作性活動、接觸政府官員或民意代表及公民投票。政治溝通指接收政治訊息、介入政治討論、向政治領導者表達支持或抗議訊息，也就是觀察、討論及批評政府的作為。合作性活動包括自己與他人一起為某一共同的利益（包括實質的或非實質的利益）而努力，如參與集會或演講會、發表政治演說，或組成團體等等。接觸政府官員或民意代表是指為了某些私人或團體的理由而接觸國會議員或政府官員。除此之外，晚近公民投票也成為許多國家公民擁有的政治參與權利，公民投票是指公民直接用投票的方式來表達對於某項公共政策或政府行動的看法。

　　除了上述這些慣常性的政治參與活動之外，還有一些非慣常性的政治參與活動，包括遊行、示威、抗議、抵制、暴動等等抗議性的活動，也逐漸成為公民參與政治的方式。

　　Verba與Nie根據其對幾個國家政治參與的研究指出，不同的政治參與模式之間是無法互換的，亦即一般公民若習於用一種模式來參與政治，則多半時候他們都會用同一種，而不用其他種政治參與模式去介入政治。同時，每一種參與模式所要達到的目標不同，需要的政治技巧也不同，有些可能較容易，需要的資源與政治技巧也少（如投票、與他人討論政治、寫信給國會議員），有些則較為困難，需要的資源與政治技巧較多（例如組成團體致力於某一個社區問題的解決、政治獻金、參與抗議性活動），其對於決策者所造成的壓力不同，帶來的影響結果也有異。Verba與Nie認為評估政治參與的標準有五項：

1. **影響類別**：指該項行動是否傳達了行動者偏好的訊息，或者該項行動的結果是否需要被遵從。
2. **結果範圍**：指該項行動是否直接影響廣泛的社會利益，或者只是影響特定少數人的利益。
3. **衝突強弱**：指該項行動所牽涉到的衝突的程度。
4. **需要主動的程度**：指公民介入該項行動所需要的主動程度。

5. **與他人合作的程度**：指公民介入該項行動需要與他人合作的程度。

各種政治參與活動在五項標準的情況如表17-1顯示，以下首先說明各類參與活動的特色，再針對上述五項標準對各項參與活動加以說明。

一、影響政府人事的政治參與

選舉是民主政治中最顯著的特徵，Schumpeter對於民主政治所下的定義即是：「民主的方法是一種達成政治決策的制度安排，其方式是透過相互競爭人民選票的支持，以取得擔任公職的機會」。無論是否接受Schumpeter對於民主政治所下的定義，都無法否認選舉與民主政治密不可分的關連性。選舉是政治菁英最需要拉攏一般公民的時刻，也通常是政治菁英動員一般公民最有力的時刻。同時，選舉是一般公民最常接觸到、看到與聽到的政治活動，往往也是他們最可能介入的政治活動。公民藉由投票選出政治領導者，同時也藉由選舉的洗禮，暴露在各式各樣的議題、候選人與政黨等資訊當中，並（或）透過與他人討論與論辯，具備更多的政治訊息與知識，使個人的關注焦點從私人領域擴張到公共領域。

表17-1　各種參與模式的特色

參與模式	影響類別	結果範圍	衝突強弱	需要主動的程度	與他人合作的程度
投票	高壓力／低訊息	集體	有衝突	極少	極小
競選活動	高壓力／低到高訊息	集體	有衝突	一些	一些或很多
政治溝通	低到高壓力／高訊息	特定或集體	有或無衝突	很多	極小
合作活動	低到高壓力／高訊息	集體	有或無衝突	一些或很多	一些或很多
接觸官員與代表	低（到高）壓力／高訊息	特定（或集體）	幾無衝突（或有衝突）	很多（或很小）	極小（或很多）
公民投票	高壓力／高訊息	集體	衝突強烈	極少	極小
抗議性活動	高壓力／高訊息	集體	衝突強烈	一些或很多	一些或很多

資料來源：參考Dalton（1996:42），政治溝通與公民投票列中的說明，以及接觸官員與代表列中括弧內的文字係作者自行加上。

　　在諸多選舉活動中，投票可能是最簡單、最普及，且也是最具有影響力的一種政治參與方式，無論公民是否接受當選者，獲得最高票（或最高票的前幾名）的候選人就取得政治職位，被賦予在一段時間內掌握政治權力的資格。而政治菁英為了要獲得選舉的勝利，因此會做出各種吸引人的政策，並且在當選之後也要勉力實踐競選諾言，並且時時回應選民的需求，如此才可能在下次選舉時贏得連任的機會。在多半情況下，候選人之間或政黨之間往往有相當強烈的競爭與衝突。

　　一般而言，公民的參與選舉視參與難度及所花費的成本多寡而定，公民較傾向於去參與的活動是投票，且參與在大型選舉的投票又比在小型選舉的投票來得高。根據從1952-1990年的美國選民的調查統計得知（參見表17-2），在總統選舉時投票的公民有大約57%，在期中選舉（指國會議員選舉）時僅有大約42%投票。除此之外，有大約三分之一的公民在總統選舉時試圖影響他人投票，但僅有大約五分之一的公民在期中選舉時試圖影響他人投票。然而在難度較高，且必須投注較多成本（包括時間、金錢與技巧）的參與活動（如捐款、助選、參加選舉的遊行集會），則公民的參與意願較低，僅有10%或更低的比例參與這些活動。投票參與活動與其他選舉參與活動不同，投票參與是最簡單，需要成本最少的一種參與活動，同時投票參與也是最容易受到動員的活動，因此有超過一半的人參與投票，但是除了投票以外的參與活動則較為困難，因其所需要的成本較高，因此參與這些活動的公民也較少。

　　投票是決定政府由誰來領導，做得好的繼續在位，做得不好的被淘汰，因此投票對政治菁英而言，是一個高壓力的活動，但是它所提供的訊息卻很低，因為介入選舉的變數甚多，究竟為什麼某個候選人贏得選舉，是因為候選人所提出的政見誘人？或是因為候選人本身的資歷條件能力吸引人？還是只是因為

表17-2　美國公民的選舉參與（1952-1990）

政治參與活動	總統選舉參與百分比	期中（國會議員）選舉參與百分比
投票	57%	42%
試圖影響他人如何去投票	32%	20%
對政黨或候選人捐款	10%	9%
參與政治會議或集會	8%	8%
為政黨或候選人工作	4%	5%

資料來源：1952-1990美國大選研究，轉引自Rosenstone and Hansen（1993: 42）。

候選人的政黨推薦？由於真實的原因錯綜複雜，因此投票結果提供很低的訊息。而由於投票是一件較為簡單的行動，因此需要的主動程度以及與他人合作的程度都很低。

至於投票之外的其他選舉活動所提供的資訊則因不同的活動而有差別，有些活動提供的資訊很清楚，有些則較為模糊；有些活動對決策者構成的壓力較高，有些則較低；而由於投票之外的其他選舉活動難度較高，因此所需的主動性程度以及與他人合作的程度也較投票為高。

二、直接影響政府決策與行動的政治參與

選舉固然選出了政府官員與民意代表，但是從選出政府官員與民意代表到政策制訂與施行並不是直接、自動的，公民還可以透過各種方式來表達意見與偏好給政府官員與民意代表，以使其做出對自己最有利的決策。這些與政府活動有關的政治參與活動，包括四大類：

（一）政治溝通

扮演民眾與政府的溝通者的角色，包括接收政治訊息、介入政治討論、向政治領導者表達支持或抗議訊息，也就是觀察、討論及批評政府的作為，扮演所謂看門狗（watch dog）的角色，這在民主政治中扮演很重要的角色。根據對美國公民1973-1990年所作的調查訪問，發現有5%的民眾曾寫信給報紙表達立場的經驗，同時也有5%的民眾曾公開發表有關公共事務演說的經驗，當然這5%的民眾中，有可能很大一部分是重疊的，也就是說他們可能既會寫信給報紙表達立場，也會公開發表有關公共事務的演說，他們很多都是扮演意見領袖的角色，接收第一手的資訊，將之消化吸收，然後再將之傳給一般民眾。此類政治參與活動通常提供相當清楚的訊息，然而除非表達的人數達到一定的程度，否則對於政府產生的壓力通常較小。此一行動影響的範圍可能僅有極少數人，但也可能影響的範圍很廣，所遇到的衝突可能極小或很大，視溝通的內容而定，通常由於此類活動是公民主動想要去接觸訊息，表達意見給決策者，往往需要負擔較高的成本，因此所需的主動程度極高。

（二）合作性活動

在此種政治參與活動中，公民個人並不單獨行動，而是與他人聯合，以集體的力量來促成某種目標的實現。與他人一起合作的方式，可以是參與或組成

正式的團體，一起致力於共同目標的達成；也可以是參與非正式的團體，平時沒有活動，有需要時才集結，目標達到就解散。合作性活動通常要集結眾人來對社區或社會上的公共事務加以表達或促進，因此需要較多的主動程度並與他人的高度合作。由於合作性活動的種類與方式甚多，它對於政府產生的壓力從低到高都有，視各種條件而定。至於合作性活動所提供的訊息通常都相當明確而清楚，影響的範圍通常相當廣泛。而合作性活動所引發的衝突，從無到有都不無可能，視所推動的目標而定。如果某一合作性活動所推動的目標正好與其他團體的利益相互衝突，則可能會促動該團體也以行動來維護其利益，因此可能產生嚴重的衝突；但是如果該合作性活動所推動的目標對其他利益的影響不是那麼明顯直接，則可能不會造成任何衝突。而此時，此一合作性活動所欲推動的目標往往較易達成。

（三）與政府官員或民意代表接觸

　　公民為了某一個特定需求，而與政府決策者接觸，例如寫信、打電話給民意代表或政府官員，以期望政府施行或撤回某項政策或行動。根據對美國公民1973-1990年所作的調查訪問（參見表17-3），發現平均有大約15%的名眾有寫信給國會議員的經驗。但是，公民接觸是否能被重視，或對政府官員或民意代表產生壓力，視表達利益的性質、人數，以及個人背景而異。此類政治參與活動通常提供相當清楚的訊息，然而除非表達的人數達到一定的水準，或者公民個人的背景不容忽視，否則對於政府產生的壓力較小。通常此一行動若是僅涉及到極少數人的問題，則影響的範圍較小，所遇到的衝突也較小，然而若是此一行動涉及到一個較廣泛的政策或行動，則影響的範圍較大，所遇到的衝突也

表17-3　美國公民參與與政府活動有關活動的狀況（1973-1990）

政治參與活動	參與百分比
寫信給報紙表達立場	5
公開發表有關公共事務的演說	5
出席有關地方性事務的公共集會	18
參與政治會議或集會	9
簽署請願書	35
寫信給國會議員	15

註：表中數字為受訪者過去一年內參加過該項活動的百分比，歷年調查資料的平均值。

資料來源：Roper Reports, 1973-1990，轉引自Rosenstone and Hansen（1993: 43）。

可能較大。

　　在美國有許多利益團體常常動員選民打電話或寫信給民意代表，以促進或抵制某項立法或政府行動，這就是所謂的草根遊說（grass-root lobby），大規模的草根遊說，事實上牽涉到的是兩種政治參與形式：合作性活動與接觸性活動。草根遊說的效果較利益團體的專業遊說還好，也較公民自發性的接觸政府官員的效果還好。因為光是利益團體遊說，政府官員或民意代表不見得會被說服；而光是公民主動接觸，如果人數不夠多，或者施壓的技巧不夠好，都可能達不到預期的效果。而合作性活動與公民主動接觸二者合起來，既有足夠的人數對政府官員或民意代表造成壓力，又有適當的技巧知道應該如何作為方能奏效，因此草根遊說所展現的政治訊息既明確，壓力亦大，影響的範圍通常也極為廣闊，對政治產生的影響極端深遠。舉例來說，在1982年時，美國國會參、眾兩院財政委員會主席聯手，促成銀行利息與股票股利的所得必須要課稅法案的通過，當時雷根總統也已簽署，打算當年生效。但是美國的銀行業，包括美國銀行協會、美國存款聯盟，覺得此一立法會對他們不利，因此委託一個知名的公關公司做出遊說策略，利用刊登廣告、發函給銀行客戶，請他們接觸各自選區的國會議員，根據統計，總共成功動員了超過二千二百萬個公民與其議員接觸，結果參議院以94比5，眾議院以382比41壓倒性的優勢，表決撤銷了原有的決議（Goldstein, 1999）。類似的例子不勝枚舉，說明了民意代表在選票掛帥的考量下，不得不考量為數甚眾的公民訴諸直接行動的要求。

　　就英、美、德三國公民參與的類型而言（參見表17-4），英、美大約有五分之一左右的公民是連投票都不會去作的不活動者，德國只有7%的不活動

表17-4　美、英、德三國公民參與類型（％）

參與類型	美國	英國	德國
不活動者	18	20	7
投票者（只投票）	27	50	55
競選活動參與者（通常也會投票）	7	7	19
合作性活動參與者（通常也會投票）	25	15	5
全然的活動者	23	8	14
總　計	100	100	100

註：表中數字為百分比。

資料來源：Dalton（1988: 47）。

者，但是英國與德國都有超過半數的公民是只投票，而不作任何其他較高層次的參與活動。德國還有將近兩成的公民會從事競選活動。相對而言，有較多的美國公民會從事合作性活動，而且有超過兩成的公民是全然的活動者，他們不只投票、從事競選有關的活動，同時也從事與政府的活動有關的活動，他們在政治上是較為積極的一群。美國公民相較於英國與德國公民，在較高層次的政治參與活動表現得較為積極。

（四）公民投票

公民投票是公民直接用投票的方式來表達對公共事務的意見，與一般選舉投票不同的是，一般選舉是選出政府官員與民意代表，而公民投票則是直接針對公共事務表示意見。公民投票的方式，可以是創制，也可以是複決。創制是公民對於未完成立法程序的法案或政策，以法定人數的同意來使之成為政府的法律或政策；而複決則是公民對於已完成立法程序的法案或政策加以議決，以決定其應否成為法律或政策。很顯然，公民投票是基於這樣的一個理念：由公民選出政府官員與民意代表，然後由這些政府官員與民意代表為人民作決策的代議政治有時而窮，在某些必要的時候，公民自己透過直接的方式來表示意見，以濟代議制度之窮，如此一來，使政府的決策更貼近民意，同時也鼓勵一般公民關注政治與吸收政治資訊，有利於民主公民的養成。過去世界各國使用公民投票的經驗，舉其重要者，譬如：

1. **國家遇到極重大的爭議，而立法機關或行政機關無法或不應該為人民決定自己的命運時**：譬如加拿大魁北克省是否應該獨立、東帝汶是否應該獨立、英國是否要退出歐盟、英國與愛爾蘭對於北愛爾蘭的和解方案，以及美國許多州對於墮胎問題都實施過公民投票。

2. **國家遇到重大決定需由全民投票來賦予合法性時**：譬如法國第五共和的憲法是由行政官員擬定，而以公民投票的方式取得合法性。

3. **當立法機關無法作適當的立法或決策時**：譬如有關國會議員選舉方式的修改，由於國會議員很難會訂出不利於他們自己的選舉辦法，因此透過公民投票的方式來修改國會議員的選舉制度，譬如紐西蘭在1993年，透過公民投票的方式將其國會議員選舉制度從單一選區相對多數制改為單一選區與比例代表的混合制，又在1999年透過公民投票的方式來減少國會議員的名額。

　　儘管已有不少國家有實施公民投票的經驗，但仍有相當多人對於公民投票持保留的意見，這些理由：首先，公民投票可能將政治決策交託在資訊不夠充分，且政治不夠老練的一般公民手中，而這些人往往容易被政治菁英煽惑的言詞所誘導，因此雖美其名為公民投票，其實可能還是履行政治菁英的意志。如此，政治人物藉著公民投票來取得駕馭政治的機會，卻又能夠逃避自己做出棘手政治決策的困境。其次，代議政治的結果常常是各種團體或勢力協商的結果，且會衡量各種意見的人數與強度，但公民投票常常把複雜的政治簡化成贊成或反對兩種選擇，且以人數取勝，造成一方全盤皆贏而另一方全盤皆輸的後果，因此往往造成劍拔弩張，衝突激烈。也因此，公民投票現階段只是用以補充代議政治的不足，不能完全取代，且不宜用之太過。事實上世界上仍有許多民主國家不曾使用過公民投票，而同時也有非民主國家以公民投票來作為合法化其不民主決策的手段，譬如希特勒就曾利用公民投票作為合法化其政策的手段。也因此，不宜將一個國家的民主與否，與是否具有公民投票劃上等號。

　　也因為對於公民投票的疑慮，因此大多數民主國家對於公民投票仍有許多的限制，譬如：美國現在僅有對於州法與州憲法有公民投票，對於聯邦的法律與聯邦憲法則無公民投票；同時，許多國家公民投票的策動者並非公民，而是行政機關或立法機關，譬如法國公民投票的策動者是總統或國會，英國公民投票的策動者是國會；且若由一般公民策動的公民投票則都有連署人門檻的規定，譬如美國各州公民投票的門檻是前次選舉投票者總數的2%至15%，各州不等；瑞士需要五至十萬人的連署，而義大利則需要五十萬人的連署；同時許多國家賦予議會或憲法法院對於公民投票有過濾權，譬如美國州議會、英國國會、法國國會、義大利憲法法院等對公民投票有權加以過濾。

　　由於公民投票決定公共事務如何作，因此是一個訊息相當清楚的政治參與活動，但是由於通常公民投票不會危及於政治菁英的職位與聲望，因此對政治菁英的壓力不算太高，由於公民投票是對重大政策或決議作決定，因此它的影響範圍往往相當廣泛，且由於公民投票常常牽涉到一個相當具爭議性的議題，因此它常常涉及極端強烈的衝突，但由於公民投票本身是一件較為簡單的行動，因此所需要的主動程度以及與他人合作的程度都很低。

三、非慣常性的政治參與

　　非慣常性的政治參與指用直接行動或非體制內的政治參與方式，諸如遊行、示威、抗議、抵制、暴動等等方式，來表達某種抗議的聲音，並希望政府

有所回應。在西方歷史的發展進程中，類似的抗議性活動常常發生，美國在獨立革命之前，即常常發生許多拒絕繳稅，以及抵抗政府政策的農民反叛行動，而農民與都市裡的窮人與中產階級的結合，遂發生了美國的獨立革命，美國獨立之後，勞工運動、農民運動以及工業衝突也時常發生，1960年代則有大規模的民權運動與少數民族運動。法國的革命傳統更是深植於其政治文化之中，對許多法國自由主義者而言，法國的民主政治奠基於十八世紀末、十九世紀初的幾次革命，而嚴重的抗議與集體暴力事件也時有所聞，如因食物短缺而引發的集體暴動，或類似的衝突時時發生於十九世紀中葉，至於二十世紀初期則發生大規模的工業衝突。德國雖然較少暴力抗議的傳統，但是對於工業政策齟齬而產生的嚴重衝突，與大規模群眾示威抗議，是威瑪共和最終崩潰的主要原因。

自1960年以來，各式各樣的抗議性活動更是層出不窮，我們可以參照政治學者Marsh（1977）與Dalton（1988）的觀點，將各種抗議性活動從最輕微到最嚴重區分為幾個層次。第一個層次，包括簽署請願書與合法示威，此為慣常性政治參與到非慣常性政治參與的過渡性活動，雖然已經屬於非慣常性的政治參與活動，但是仍然屬於可接受的民主規範的範疇裡。第二個層次，採付諸直接行動的方式，如抵制，介於合法與非法之間的非制度化的政治參與活動；第三個層次，是屬於參與非法但非暴力的行動，如未經許可的罷工、和平占領建築物；第四個層次是訴諸暴力的非法行動，如人身傷害、占領建築物、破壞、暴力等。超過第四個層次，則已經超過政治參與的範疇，例如放置炸彈、游擊戰、革命等，都已經不是在現有的體制下影響政府的人事與政策而已，而是企圖打擊或推翻現有體制的政治行動，這已經超越了一般政治參與的範疇。根據學者的研究指出，抗議性的政治參與常常是累積性的，也就是說，會從事較高層次的抗議性活動的公民，通常也會從事較低層次的抗議性活動。換句話說，會從事暴力抗議活動的，通常也會從事其他的抗議性活動，如抵制、非法罷工、占領建築物，參與抵制活動等等。

表17-5是在美、英、德、法四個民主國家在三個時間點的參與抗議性活動的狀況。從表17-5得知，簽署請願書是較常見的抗議性參與行為，且從1970年代到1990年代，在四個國家都呈現上升的情況，在1990年，在英美都有超過七成的公民曾簽署過請願書，而在德法也有大約半數的公民曾經簽署過請願書。其次，參與合法示威是排名第二的抗議性活動，但是比前一類活動就少了許多，同樣在四個國家也都呈現上升的情況，在1990年，在英美有大約一成五的公民曾經參與過合法示威，而在德法也有大約二成五到三成左右的公民曾經參

表17-5　美英德法四國公民參與抗議性活動的狀況（1974-1990）

參與活動	美國			英國			西德			法國	
	1975	1981	1990	1974	1981	1990	1974	1981	1990	1981	1990
簽署請願書	58	61	70	22	63	75	30	46	55	44	51
參與合法示威	11	12	15	6	10	13	9	14	25	26	31
參與抵制活動	14	14	17	5	7	14	4	7	9	11	11
參與未經許可的罷工	2	3	4	5	7	8	1	2	2	10	9
占領建築物	2	2	2	1	2	2	*	1	1	7	7
損毀他人或公家財物	1	1	--	1	2	--	*	1	*	1	--
訴諸暴力	1	2	--	*	1	--	*	1	*	1	--

註：表中數字為曾經參與過該項活動的百分比。

資料來源：1974-1975 Political Action Study; 1981 European Values Survey; 1981, 1990-91 World Values
　　　　　Survey；轉引自Dalton（1996: 76）。

與合法示威。至於一般公民參與其他的抗議性活動的比例不高，尤其是訴諸非
法暴力的人更是少之又少。比較個別民主國家的差異，法國公民參與較激烈的
抗議性活動的情況最為積極，有三成以上的人曾經參與過合法示威，有大約十
分之一的人參與過抵制活動，也有十分之一左右的人參與過未經許可的罷工，
但是以非法手段，如占領建築物、毀損他人或公家財物、訴諸暴力等人數都相
當有限，畢竟這些行動是非法的，且與一般民主所揭櫫的和平理性原則不符。

　　比較起非慣常性的政治參與和慣常性的政治參與，可以發現非慣常性的政
治參與有下列特徵：

1. 非慣常性的政治參與是一種直接行動的策略，與政治菁英直接對抗，
   而非在政治菁英已界定好的架構下參與政治，並且由參與大眾選定時
   間與地點。
2. 非慣常性的政治參與通常將焦點置於特定的議題上，且通常傳達出極
   高的訊息與極大的能量。
3. 持續而有效的非慣常性政治參與往往需要極高的自主性，以及與他人
   合作。

　　在歷史上，非慣常性的政治參與最常發生在社會劇變、人民生活困苦的時
候，此時人民最傾向於用非傳統的政治參與行動來表達對政府人事與政策的意
見，而那些參與非慣常性政治活動的人，往往是感受到挫折與相對剝奪感的一
群人，而且他們認為無法用傳統的政治參與來滿足他們的需求，或來宣洩他們

的不滿。因此許多政治觀察家認為，那些根植於物質匱乏而衍生的政治抗議行動，將會因為社會的富裕而逐漸減少。然而，美國政治學者Inglehart卻發現，政治抗議運動並未因人們的富裕而消弭於無形，反而是在那些最富裕的國家，而且是那些享受最富裕生活的世代，是最會從事抗議性活動的一群人。對於這樣的一個發現，Inglehart提出後物質主義的觀點來解釋，他認為在二次大戰後的富裕，致使新的世代不再像老的世代那樣重視物質的需求（如經濟發展、國防安全與社會秩序等），而較重視非物質的需求（如社群感、自我表達與環境品質等）。所以新興的政治抗議活動追求的標的往往是環境保護、反核、婦女權益等，而參與者往往是那些生活富裕、教育良好的年輕人。

　　過去學者在解釋公民的政治參與行為時，常著眼於個人因素，尤其是社經地位對政治參與的影響，認為個人的社經地位愈高，愈會參與政治；個人的社經地位愈低，愈不會參與政治。但晚近政治參與的研究者指出政治參與不只受個人因素所影響，同時還受到個人所處的社會與政治環境提供什麼樣的選擇來決定。同時，制度因素也是政治參與的重要影響因素，尤其是在投票行為方面，制度的設計舉足輕重地影響選民的投票意願。以下將對這些因素一一加以說明。

參、影響政治參與的個人因素

　　影響民眾政治參與的個人因素，可大致分為兩種：其一是介入政治所需要的成本以及個人資源的多寡：個人所擁有的資源愈多，則參與政治對他而言，所要付出的成本占他所擁有的資源比例就愈少，則他愈可能去參與政治。其二是個人介入政治所得的報酬和利益：個人若能或期望能從參與政治的過程中獲得較多的報酬和利益，則他愈可能去參與政治（Rosenstone and Hansen, 1993）。

一、介入政治活動所需要的資源

　　介入政治活動需要資源，而介入愈高層次的政治活動，所需要的資源就愈多。例如投票需要蒐集候選人或政黨的資訊，到投票所投票需要花時間、花金錢；勸說他人投票給某一位候選人需要更多資訊，再加上好的辯才與說服的技巧；捐款給某個候選人或政黨需要金錢。總而言之，介入政治活動需要成本，

如金錢、時間、知識、技巧等等，有些人比其他人擁有這些資源，因此他們較易於去參與政治，一般而言，這些資源與個人所擁有的財富、教育、社會關係密切相關。

（一）財　富

富有的人比窮困的人更傾向於去介入政治活動，富有的人當然較有能力去捐款給候選人或政黨，而財富還不僅是金錢，更重要的是財富可以轉化成其他資源，譬如時間，因富有的人不需要自己去處理日常瑣事，大可僱用其他人幫忙處理瑣事，因此可以有較多的時間去從事政治活動。同一個政治活動對於資源多的人與資源少的人意義不同，資源多的人可以輕易地去負擔政治活動所需要的成本，而對資源有限的人而言，政治是奢侈的，他們不一定能負擔，即使可以負擔，這也可能是在他們有限資源中的很大一部分，因此他們必須謹慎行事，或者是參與、或者是不參與，做許多的盤算，也因此富有的人較貧困的人易於去參與政治活動。

（二）教　育

教育是個人社經背景中，影響政治參與的最主要因素。教育程度高的人比教育程度低的人更傾向於去參與政治，這是因為幾個原因：

1. 介入政治活動往往需要大量的資訊，而教育程度高的人較會去閱讀書報和談論政治，這些本來就有利於他們去吸取參與政治所需要的資訊。

2. 政治是複雜的，參與政治活動往往涉及許多判斷，個人從許多不同的管道得到資訊，而這些資訊必須經過有系統的組織才能讓個人作適當的政治判斷，而且參與政治可能還包括勸說他人支持某位候選人，也包括判斷用什麼方式可以達到自己的目的，護衛自己的立場，因此從事政治活動需要大量的認知、判斷、思辨等能力，而教育可以培養這些能力，因此教育程度愈高的人愈傾向於去從事政治活動。

3. 教育的內容以及社會化，使公民具備較高的民主價值觀和公民責任感，而這些觀念會促使個人去介入公共事務。

4. 教育程度高的人傾向於有較高的政治功效意識，而政治功效意識高的人較傾向於從事政治活動。由於教育賦予個人種種認知與判斷能力，促使個人對自己的政治能力較有信心，並比較有能力促使政府去回應個人的需要，因此教育程度較高的人較可能去介入政治活動。

（三）社會關係

　　每一個人都處在一個社會關係網絡中，這個社會關係網絡包括了家人、朋友、鄰居、同事、同一個社團的伙伴等等，而愈是處在社會關係網絡的中心點，或人際關係網絡愈複雜的個人，往往愈傾向於去參與政治活動。個人既處於社會關係網絡裡，每日與社會關係網絡裡的人接觸，彼此消息互通，因此很容易受到關係網絡裡的人的影響而去參與政治。個人的關係網絡之所以能促使其參與政治，有幾點原因：

1. 社會關係網絡提供介入政治所需要的資訊，如此使得個人花在蒐集資訊的成本降低，也因此促使個人更易於參與政治。
2. 個人希望被他周遭的人所認同、接納與喜歡，如果某個人與關係網絡裡大多數人的意見不一致時，他可能會遭到排斥，因此在社會關係網絡裡的個人會體察他人的意見及行為傾向，進而形成自己的意見與行為傾向，並也留意在社會關係網絡裡的人是否偏離或遵循社會期望，也因此那些不參與政治的人，尤其是不投票的人，可能會被排斥，因為參與政治，尤其是投票，被認為是公民的責任，也因此社會關係會促使個人去參與政治。
3. 就政治菁英的角度而言，他知道利用社會關係網絡來動員一般大眾是最有效的管道，因此政治菁英會加強動員那些在關係網絡裡處於核心位置的人，再由這些人幫他去動員其他的人，也因此那些在關係網絡裡處於核心位置的人最易於去參與政治。

二、個人介入政治所獲得的報酬與利益

　　公民參與政治是因為他們希望能從中獲得利益，這些利益可能是物質的，例如獲得有利於自己的政策或立法，方便自己社區的公共建設；也可能是非物質的，例如認為自己盡到公民的義務而感到滿足，或是因為促成某項立法而獲得里鄰的稱許。這些利益可能是集體的（collective）或選擇性的（selective），所謂集體的利益是指只要有人從事了某種活動，促成了某項政治結果，則無論是誰都可以享受到因此而來的利益。例如某些人投票支持某一個主張環境保護的國會議員候選人當選，這個候選人當選之後盡力促成環境保護立法，則每一個在該社會裡的人都可以獲得好處，無論他們是否投票，也無論是否支持該議員。也因為如此，許多人樂得坐享其成，當個免費搭乘者（free-rider）。至於選擇性利益是指只有從事活動的人才能享受到的利益，例

如感受到了滿足公民責任的快樂只有那些投票的人得到，候選人犒賞的只有那些捐款給他或幫他助選的人。事實上，公民去從事政治參與活動可以獲得混合著集體的和選擇性的利益，而這些利益是否足以誘使公民去從事政治活動，又視其利益偏好和信念而定。

那麼，哪些人會介入政治呢？

1. **如果政治的結果攸關公民個人的直接利益，則他們會較積極的介入**：例如某些公民對於興建核能電廠非常關心，則他們較會去留意有關興建核能電廠的訊息，如果他們發現某一個政治結果，例如選舉結果、核能電廠是否興建的決議、或者核能電廠的預算編列，攸關他們的利益，則他們較可能會介入政治去影響政治結果。

2. **如果公民較強烈的偏好某種政治結果，或較認同於某個候選人或政黨，則他較會去參與政治**：例如強烈的希望臺灣獨立或統一的人，會較那些認為臺灣獨立或統一都沒什麼差別的人更傾向於去投票，或甚至主動幫助與其統獨立場一致的政黨或候選人拉票或助選；又例如強烈認同某一政黨的人，要較那些無政黨認同的人更傾向於去投票，或幫政黨或候選人拉票。

3. **如果公民擁有強烈的公民責任感，則他較傾向於介入政治**：某些公民由於受到社會化的影響，認為去參與政治是身為公民的責任，則不論他是否認為他的參與能造成不同的政治影響，也無論他的參與是否帶來實質的利益，這些人都會去參與政治以履行他的義務。

綜合上述，個人的參與政治受其所擁有的資源，以及感受到參與政治會帶來的利益或報酬而定。當然這兩個因素是彼此相關的，如果個人認為其利益和政治的結果密切相關，則會有動機去參與政治，但是如果沒有足夠的資源，則不見得能如其所願；反過來說，即使某個人擁有非常多的資源，但卻不認為政治的結果會帶給他任何的利益（無論是實質的或非實質的），則也不會去介入政治活動。

肆、影響政治參與的政治因素

儘管個人因素深深影響著個人參與行為的多寡，但是即使對同一個人而言，他可能有時從事參與活動，有時不從事參與活動；而對於一個國家的整體公民而言，從事政治參與往往因不同時間點而上下波動，例如美國公民在總統

選舉年較在期中選舉年（只選國會議員與州長，不選總統）更踴躍投入選舉，且在競爭激烈的選舉又比在勝負懸殊的選舉，更傾向介入與選舉有關的活動。這顯示政治因素，尤其是政治菁英的動員與否，深深的影響著公民介入政治的多寡，當政治菁英動員愈力，公民介入政治愈多。

　　動員是指政治菁英促使民眾參與政治的過程，政治菁英動員的方式可以是直接動員與間接動員，直接動員是政治菁英經由面對面的接觸而促使民眾參與政治過程，而間接動員是政治菁英先動員某一部分人，再由這部分人藉由社會關係網絡來動員其他人。在民主國家中，動員是政治菁英促使一般大眾參與政治，以獲取政治支持的方式，而在某些發展中國家，一般人普遍較缺乏政治參與的能力與技巧，動員更是某些擁有權力野心的政治菁英運用來爭取民眾支持的重要手段。

　　政治菁英要動員民眾必須要負擔成本，所以他必需要精打細算，以使用最小的成本來獲得最大的效果，也因此政治菁英的動員一定是策略性的，他一定是選擇性的動員，不會試圖去動員所有的民眾，而是以容易動員的某一部分民眾為動員目標；同時政治菁英的動員一定是季節性的，他不會時時刻刻去動員，而是在某些特定的時機才去動員。

一、菁英的動員策略

　　Rosenstone 與Hansen（1993）對於菁英的動員策略，具有相當深入的觀察，他們指出菁英的動員策略，不僅要抓準動員目標，同時也要抓準動員時機：

（一）抓準動員目標

　　政治菁英進行動員時，最可能的動員目標是哪些人？

1. **政治菁英去動員他了解且與他較接近的民眾**：在大多時候，政治菁英不會去動員那些他要花費很多成本但很難被他動員的人，例如民進黨的候選人比較會試圖去動員本省籍、支持臺灣獨立、對民進黨的評估較高者，又如以形象取勝的候選人比較會去動員年輕、教育程度高的民眾，因為如此才能達到動員的效果。

2. **政治菁英較會去動員處在社會關係網絡核心位置的人**：因為這些人較容易辨識，同時這些人較容易動員其他人，亦即菁英透過動員處於社會關係網絡核心的人，以去達到間接動員其他民眾的目的，如此可以收事半功倍之

效。

3. **政治菁英比較會去動員那些容易被動員的人**：如前所述，某些人較另一些人易於負擔政治活動所需要的成本，也比較會介入政治，因此政治菁英較可能去動員那些較富有的、教育程度較高的公民，也因此那些社經地位較高的人傾向於介入政治活動，除了他們本身的條件之外，他們較易成為菁英動員的對象也是重要的原因。但在某些發展中國家情況有所不同，那些教育程度較低、資訊較缺乏的民眾反而容易成為菁英動員的對象，特別是在投票與抗議性活動的動員上。

（二）抓準動員時機

　　政治菁英動員民眾往往是季節性的，他們會在特定時間點去動員民眾，因此一般民眾的政治參與也就因不同的時間點而高低起伏。一般而言，在下列情形下政治菁英較會去動員民眾：

1. **當重要議題出現在政治領域中，或者當重要決議等著被決定時**：政治菁英會抓住時機，加緊動員民眾，例如當國會正在審議某項法案或預算時，則在乎該項法案與預算的行政官員、國會議員與在野政治菁英會抓緊時機，影響媒體與群眾，以做出對自己有利的決議。

2. **當沒有其他重要事務分心時**：若有其他事件分去民眾的注意力，則一定不是政治菁英動員民眾的好時點，民眾的注意力往往容易被一些簡單的議題，或影響其明顯而立即的權益的議題所吸引，因此當有該類議題出現在政治檯面上時，其他的議題比較不會達到吸引民眾注意的效果，因此聰明的政治菁英會避開這些時點。

3. **當政治結果懸而未決，或兩造菁英勢均力敵時，政治菁英會加緊動員**：譬如在政黨或候選人的競爭實力勢均力敵時，候選人或政黨尤其需要去動員選民，在美國總統選舉行為的研究中發現，美國政黨在勢均力敵的選舉中，比在壓倒性勝利的選舉中會多去接觸選民，而且在勢均力敵的選戰中，政黨與候選人的動員會持續到選舉揭曉的前一刻，也因此投票率較高。同樣的情況也發生在臺灣，當候選人的勝負未卜時，投票率往往較高，同時政黨特別會在那些競爭較激烈的選區來大力動員選民，至於那些選舉結果大致已定的選區則政黨的動員較少。

二、菁英的動員方式

菁英的動員往往是相當具有策略性的：

1. **政治菁英會利用社會關係來動員民眾**：政黨與社會團體之間的關係，被視為是影響選民投票參與的重要因素，如果政黨與社會團體之間的關係良好，則社會團體就會扮演著重要的動員角色，例如許多歐洲國家的政黨與工會有很密切的關聯，有許多工人甚至是以工會的名義加入政黨，在選舉時，工會就會扮演著動員工人去參與選舉的角色，尤其是工人是社經地位較低的一群，如果工會不去動員他們，他們可能不見得會去投票。反觀在美國政黨與社會團體的關係並不是很密切，因此較缺乏社會團體的動員，這對美國較低的投票率提供了一個解釋。

2. **政治菁英往往利用議題或意識形態來動員民眾**：政治菁英利用各種方式來動員選民，而訴諸吸引人的議題或意識形態是政治菁英用以吸引民眾的重要方式。儘管在美國的投票行為研究中，議題對選民投票行為的影響力大小仍有相當多的爭議，但在選舉中無論是哪個政黨的候選人，都企圖利用各種議題或意識形態來吸引選民，美國的投票率與其他國家比較起來算是偏低，有人認為其中一個原因就是美國的兩個主要政黨意識形態相近，因此某些民眾可能認為無論選出哪個政黨或候選人，最後的政策相去不遠，如此便降低了民眾參與選舉的意願。

總之，政治參與相當受政治因素的影響，當政治菁英努力去動員民眾時，民眾就較易介入政治領域，而政治菁英的動員往往是選擇性的與季節性的，因此民眾介入政治的情況，往往高低起伏並非一成不變。

伍、影響政治參與的整體社會心理因素

除了上述個人因素與政治因素對於公民政治參與有影響之外，某些整體的社會心理因素也會影響該政治體系內的公民參與是否積極，以及參與的方式。這些社會心理因素，是整體政治文化的一環，影響到身處於該政治體系內的成員，也因此我們可以看到某些政治體系內的公民，比另一些政治體系內的公民更傾向於參與政治，或者某些政治體系的公民更傾向採取某些方式參與政治。這些社會心理因素，諸如：政治不滿感、相對剝奪感、政治功效意識等等。

一、政治不滿感

政治不滿感是指公民對政治制度或政治人物沒有信心，或對政府的表現或重要問題處理的不滿意。根據研究指出，公民的政治不滿感不一定會對慣常性的政治參行動與造成影響，但是卻會影響公民採取靜坐、遊行、示威、抵制等抗議性的政治參與行動。這是因為公民的政治不滿感，一方面雖然可能促使他們愈發地從事慣常性的政治參與行動，以表達其對政治的不滿，而期望有所改進；但是，如果他們認為傳統的政治參與行動無法達到政治的效果，則有可能不去採取傳統的管道參與政治，而去採用一些非慣常性或激烈的抗議手段來表達不滿。

二、相對剝奪感

相對剝奪感指出個人或團體對於其所處情境的評量，並非來自於對客觀條件的評估，而是來自於個人或團體主觀上的與其他個人或團體的比較。當公民有下列三個情況時，相對剝奪感就可能產生：

1. 渴望某些個人或其團體所沒有的東西。
2. 個人覺得自己或其團體應該擁有那些他們所渴望的東西。
3. 將沒有擁有那些東西怪罪於他人或其他團體，而不覺得是自己的問題。

例如開發中國家往往是在開始發展之後，才開始產生許多的暴亂與不安，因為在貧窮時，大家都窮，因此沒有抱怨與不滿，然而一旦這些國家開始發展，有一些人開始富裕起來，但是那些相對上較貧窮的人，期待自己也能像他人一樣富裕起來，覺得別人可以有，為什麼我不能，因此往往會以抗議性的方式參與政治，造成政治的極度不安。這正是我國古語所說的：「不患寡，而患不均」。

三、政治功效意識

政治功效意識可分為內在功效意識與外在功效意識，前者是指個人感覺自己有去了解及參與政治的能力；而後者是指個人感覺政府有去回應個人需求的能力。如果一個政治體系內的所有公民認為自己有能力去影響政治，但是卻認為其所處的政治體系不足以回應其需求，亦即有高度的內在功效意識，但卻有較低的外在政治功效意識，則多半傾向採取非慣常性的政治參與活動，來達到其政治目標。

陸、影響政治參與的制度因素

　　雖然參政權的擴大，使能夠行使參政權的公民人數增加，也使公民所能夠採取的參與行動擴大，然而政治參與卻是高度不平等的。此一不平等表現在：若個人所擁有的資源與動機愈強，則愈可能去參與政治；反之，若個人所擁有的資源與動機愈弱，則愈不可能去參與政治。譬如社會經濟地位愈高者愈會去投票，而且難度愈高的政治參與行動，所需要的個人資源與動機就愈強。因此，個人的資源與動機與其政治參與量呈現一個正方向的關係，如果我們以圖來表示，可以用45度角畫一條直線，見圖17-1。而由於政治參與難度愈高，就愈需要愈高的資源與動機，也因此，愈高層次的參與活動，民眾參與的狀況就愈不平等。有鑑於此，許多民主國家並不任由此一不平等的現象發生，而或多或少採用制度設計來增加平等性。例如，使用強制投票制、自動登記制，使資源較少與動機較低的公民，必須要投票，也因此迫使他們去投票，也使他們經由投票參與和選舉有關的活動。同時在另一方面，又用一人一票、票票等值、政治獻金的限制、遊說的相關管制等等制度設計，使得資源較多或動機較高的公民，降低其政治參與量與政治影響力。

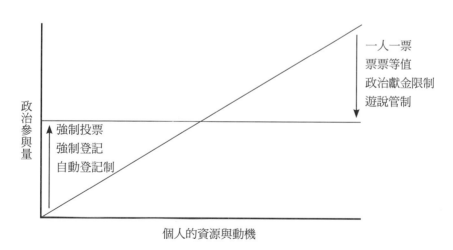

圖 17-1　個人的資源及動機與其政治參與量的關係
資料來源：參考自郭秋永（1993：99）。

　　若將美國的投票率與其他民主國家的投票率比較，可以發現美國的投票率無疑是偏低的，然而除了投票之外的其他政治參與行為，諸如與他人談論選舉，勸說他人投票給某一位候選人，幫助政黨或候選人競選，與政府官員或民意代表接觸，參與或組成團體以促成某種政治目標的實現等等，美國卻居於西方民主國家之冠。相當值得注意的是，當比較美國公民與其他民主國家公民時，可以發現美國公民有較高的平均教育水準、較高的政治興趣及較高的政治動員意識（Powell, 1986: 19）。而根據政治學者的研究發現，教育、政治興趣及政治動員意識有利於參與意願的提升，那麼何以美國較高的教育程度、政治興趣與政治動員意識僅有助於其他政治參與活動而非投票意願的提升？

　　本章前有提及，美國政黨與社會團體的關係不很密切，因此政黨無法藉助社會團體去有效的動員選民，尤其是指那些社經地位較低，而特別需要去動員才會去參與政治的選民。同時美國政黨的意識形態差異不大，因此許多選民認為無論哪一個政黨當選都差不多，因此投票意願降低。除此之外，選舉規則本身也會影響選民的投票意願，因為選舉規則，尤其是嚴苛的選舉規則將會增加民眾投票的成本，也會增加政治菁英去動員選民的成本，因此促使民眾的投票意願降低。美國的選舉法向來以嚴苛著稱，至今雖有重大的改革，但其投票登記制度仍被視為是導致投票率低的重要因素之一。以下我們將對美國選舉法的規定及其對選民投票率的影響加以說明，儘管某些嚴格的選舉法已告廢止，但去檢視這些規定有助於明瞭選舉法對選民投票的影響。

　　美國過去有許多限制黑人、或社經地位較低者的選舉法規，諸如：

1. **人頭稅**：必須繳稅才能登記投票。
2. **識字測驗**：民眾必須要顯示他們有讀寫能力才能去投票。
3. **白人初選**：只有白人才能在初選中投票以決定誰是正式選舉的候選人。
4. **定期性的投票登記制度**：在投票之前必須要先登記，過去甚至有些州規定要在選舉日之前一年登記方才有效。

　　這些嚴格的選舉法規確實使投票率降低。根據統計，在1888年時，當時還未有嚴格的選舉法規定，美國南方有62.5%成年男子投票，但在1903年時頒布嚴苛的選舉法之後，1904年時僅有28.6%的成年男子投票，這些嚴苛的選舉法一直維持到二次世界大戰之後，尤其在南方各州、對黑人投票的影響至鉅，例如在1952年的總統選舉，南方黑人的投票率僅11%。顯而易見，嚴苛的選舉法限制了公民的參與資格，以及參與意願，這些嚴苛的選舉法後來被認為違反了憲法所定的普遍選舉權原則，因此陸陸續續地被廢止。白人初選在1944年被美

國最高法院宣告違憲；人頭稅則在1964年被宣告違憲；而識字測驗在1970年所頒布的投票權法案修正案中明令廢止。現在美國唯一尚存的選舉法規限制是投票登記制度，但是現行的登記制度也較過去遠為寬鬆，例如容許郵寄登記、當天登記、永久登記、開放更多登記處所，使公民有較高的意願去登記。儘管如此，投票登記總是一種成本，甚至投票登記的成本大於去投票的成本本身，因為投票登記的地點往往比投票所設置的地點更為有限，所以投票登記往往必須跑更遠的路，且投票登記必須填寫較複雜的表格，而投票僅需投下一票即可。

　　在世界各個民主國家之中，需要投票登記的國家並不多見，而在美國則是要選民完全負擔起去投票登記的成本，因此投票登記制度一向被認為是美國投票率低落的重要因素。美國學者Powell（1986）甚至估算，如果美國沒有投票登記制的限制，那麼其投票率可以提升14個百分點，無論此一估算是否真確，投票登記制嚴重限制了美國公民的投票意願，則是不爭的事實。

　　除了選舉法規會影響選民參與選舉的意願外，選舉制度本身也會影響選民參與選舉的意願，如果選舉制度是單一選區相對多數制，則投票給第二或第三的候選人或政黨的票都會浪費掉，且會相當扭曲選舉的結果，因此相當挫折民眾的投票意願，且在此制度下，政黨或候選人為了要吸引最多的選票，議題立場會向中間選民（median voter）的位置靠攏，以致於政黨或候選人的議題立場差距不大，或者模稜兩可，使得民眾去投票的意願低落；反之，在政黨比例代表制之下，選舉結果較可以忠實地反應各黨的得票，得票率與議席率較不會被扭曲，同時，各個政黨往往有較清楚的政見立場，凡此種種都會激勵民眾去投票。至於混合制或複數選區單記不可讓渡投票制對於民眾選舉參與的影響則介於單一選區相對多數制與比例代表制之間。

　　此外，選舉結果是否影響行政首長的更動，也會影響選民的投票意願，如果選舉的結果直接影響行政首長的人選，或者，選舉的結果促使行政首長的更動，則民眾愈有動機去參與投票，否則，若不論個人是否參與投票，選舉的結果仍然由原來政黨或行政首長繼續在位，則民眾去參與選舉的動機自然較為低落。

　　從比較政治的角度來看，美國民眾的投票率在民主國家裡，除了較瑞士稍高之外，一向是敬陪末座，究中原因如前述分析。如果更進一步了解美國民眾政治參與的趨勢，可以發現幾乎在所有的選舉參與活動上，美國民眾的參與意願自1960年以來是每下愈況的。美國民眾的投票參與在1950年代逐漸上升，在1960年達到一個高峰，有63%的民眾投票；然而自1960年以後就逐漸往下滑

落。此一滑落趨勢一直到近些年來才有一些止跌回升的趨勢，到了晚近投票率大概54%左右。至於其他選舉參與活動的下滑趨勢雖不若投票參與明顯，但基本上與投票參與的變遷趨勢大致相同，皆是往下滑落。由於選舉在民主政治中具有相當重要的意義，更由於美國自1960年代以來，社會經濟更為進步，資訊更為發達，美國民眾的平均教育水準也逐漸提高，而社經發展、資訊發達及教育水準提高被視為有利於政治參與的提升，更由於美國選舉登記法規較過去遠為寬鬆，因此美國選舉參與，尤其是投票參與的滑落引起了政治學著的深度關切，並試圖對之提出解釋。

　　這些可能的原因，有些人認為是因為年輕選民進入選民群，美國在1971年將投票年齡由二十歲降低為十八歲，而年輕人本來就是比較不傾向去投票，也因此促成投票率下滑。[1]然而，如果僅僅是因為年輕選民進入選民群而導致投票率降低恐怕不會引起對投票率低的普遍關注。民眾的政黨認同與政治功效意識降低也是投票率低的重要原因，而這兩個政治心理因素，都被認為是影響民眾其他的政治態度與政治行為的重要因素。除此之外，階級投票率降低，使得階級不再扮演動員選民的角色，而尤其是民主黨不能扮演強而有力的組織與動員低階層選民的角色，而低階層的民眾，一向在政治上是較為消極的一群，往往比較需要政治菁英或政黨的動員，因此，當階級與投票的關連性降低，也就使民眾，尤其是低階層的民眾較不去投票。

柒、結論

　　前述提及政治參與的低落或持續降低，此一現象是否是一個值得憂慮的問題？根據研究指出，發生於美國的種族暴動、校園不安，往往與低的投票率密切相關。這說明了當民眾無法以傳統的政治參與方式來發抒不滿與不安的情緒，可能會訴諸非傳統的抗議性政治參與方式，甚至以革命或顛覆現狀來表達此一情緒。除此之外，思考政治參與對個人及對政治體系的功能，也提醒我們政治參與低落是一個值得憂慮的問題。對個人而言，個人可經由政治參與來表

1　美國國會在1970年修改選舉法，將投票年齡降為十八歲，但此一法案被聯邦最高法院判決只能用於聯邦選舉，而不能用在州與地方選舉，因為國會只能規範聯邦，而不能規範各州。美國在1971年通過第26條修憲案，將美國各級選舉的投票年齡降低到十八歲，而此一修憲案首次適用於1972年的總統大選，在是年選舉，多了一千一百萬年輕人口擁有投票權。

達其對決策者的要求，以及對政府的政策或行動的支持或反對，從而，他們的意見與利益有機會被彰顯而獲得實踐。而同時，參與政治對公民而言本身就是一種滿足，不僅可以增進其政治知識，孕育政治上的美德，並且促使其與政治體系更為貼近，滿足其作公民的責任，促成其自我實現。對政治體系而言，在資源有限而需求無窮的情況下，每一個政治體系都面臨到許多相互衝突的目標，如要優先發展經濟，還是要優先保護環境；或者要大規模的推展社會福利計畫，還是要縮減社會福利的計畫，凡此種種，都必須要使用最少的成本，得到最大的收益，也就是政治體系要設定目標，決定目標的優先順序，並且決定哪一個資源要用於何處、如何使用，這些都有待公民政治參與的結果來作決定。

然而，政治參與雖然決定一個政府的人事與政策，但並不保證一定最有利於政治體系的發展，更有甚者，政治參與也不保證政治體系會平等地滿足所有要求。多半情況下，政治參與是不平等的，政治參與的目標是否能獲得滿足，取決於兩個因素：資源與動機。公民個人的資源愈多，動機愈強，愈可能去參與政治，也愈可能從政治參與過程裡獲得想要的利益。美國學者Verba等人在《聲音與平等》（*Voice and Equality*, 1995）一書中即表明聲音與平等是民主政治的核心，在一個有意義的民主政治裡，人民的聲音必須要清楚與響亮，清楚以致於決策者可以了解人民要什麼，響亮以致於決策者有動機去注意人民在說什麼。然而，至今沒有一個國家能完全滿足參與平等的理想，也因此，那些叫得比較大聲的，往往比較會被聽到與注意到，因此他們的意見與利益比較會被重視，但是那些叫得比較小聲的，他們的意見與利益往往比較會被忽視。如此，不平等的參與資源與動機造就了不平等的政治結果。那麼，究竟如何去體現民主政治所標榜的政治平等，是我們必須正視的課題。

參考書目

郭秋永，1993。政治參與。台北：幼獅文化事業公司。

Berelson, Bernard R. Paul F. Larzarsfeld, and William N. McPhee, 1954, *Voting*. Chicago: The University of Chicago Press.

Dalton, Russell J., 1988, *Citizen Politics in Western Democracies*. Chatham, N. J.: Chatham House.

Dalton, Russell J., 1996, *Citizen Politics in Western Democracies*. 2nd ed. Chatham, N. J.:Chatham House.

Goldstein, Kenneth M. 1999. *Interest groups, Lobbying, and Participation in America.* Cambridge University Press.

Inglehart, Ronald, 1990, *Cultural Shift: in Advanced Industrial Society.* Princeton, New Jersey: Princeton University Press.

Marsh, Alan, 1977, *Protest and Political Consciousness.* Beverly Hills, Calif.: Sage.

Powell, G.. Bingham, 1986, "American Voting Turnout in Comparative Perspective."*American Poitical Science Review*.80: 17-44.

Rosenstone, Steven J. and John Mark Hansen, 1993, *Mobilization, Participation, and Democracy in America.* New York: MacMillan Publishing Company.

Verba, Sidney and Norman H. Nie, 1972, *Participation in America.* Chicago and London: The University of Chicago Press.

Verba, Sidney, Key Lehan Schlozman and Henry E. Brady, 1995, *Voice and Equality*, Cambridge, Mass.: Harvard University Press.

第十八章　政黨與政黨制度

游清鑫

PART 3

壹、前言

　　政黨與政黨體系在人民與政府之間扮演一個橋樑角色，這一個橋樑一方面將民眾的聲音帶進政府過程，另一方面則將政府的政策帶給人民。在這樣一個過程當中，個別政黨分別經營其社會基礎以及實現政策，而由各個政黨所組成的政黨體系則共同構成一個國家政黨政治的運作，如此構成民主政治的重要環節。本章將介紹政黨以及政黨體系的相關概念與理論，包含政黨起源、定義與功能、政黨的結構、政黨的社會基礎、選舉中的政黨角色、政府中的政黨角色、政黨體系之分類、政黨體系之持續與變遷，以及臺灣的政黨與政黨體系的發展等，最後再提出簡要的結論論述政黨研究的現況與未來發展。

貳、政黨之緣起、定義與功能

　　Duverger在其論述中指出，政黨興起主要有兩個過程，一個過程是發生在議會內部（intra-parliamentary origins）；另一個則起源於議會外（extra-parliamentary origins）。就議會內政黨起源來講，早期的議會成員在議會中的主要關注與投入多數集中在維護或是擴大自身的利益，而時間一久，個別議員逐漸了解到那些來自相鄰地區的議會代表，或是具有相類似身分條件的議會代表，在議會中比較有相近的利益，如能透過相互間的合作，將更有利此種共同利益的持續，因而由個人到一個群體的組織型態便逐漸在議會成型，例如早期以地區利益以及相似理念而聚合的Brenton Club即是一例（Duverger, 1954: xxv）。其後隨著選舉權的擴張，愈來愈多的民眾具有選舉權，這些新的選民成為議會團體成員爭取的目標，為了持續保有議員在議會中的地位，議會成員

需要進一步建立更為完善的地方組織，平時服務選民與聯絡感情，選舉時成為選舉動員的地點，使得議會與地方產生較為緊密的相關性，成為了議會內政黨雛形。

相對於議會內起源政黨，有許多政黨的產生主要源於議會場合之外的社會團體，這些社會團體有其特有的意識形態或是政策立場，並且有相當數量的成員，而當選舉權普及的過程當中，這些社會團體也逐漸進入政治過程當中，並且透過選舉選出團體代表進入議會，也使得該組織具有政治性質，並以社會團體的成員作為政治活動的依據，具體的例子如歐洲國家（如英國）的工會與工黨之間的關係，以及教會與具教會色彩的政黨（如天主教政黨與基督教政黨）（Duverger, 1954: xxiii-xxxvii）。

Duverger對政黨起源提供一個歷史發展的參考脈絡，並以民主政治的發展（選舉權的擴張）作為重要的影響因素，此種解釋也是後續論述政黨起源時的重要觀點。但，當我們在論述政黨起源過程時，另一個觀察重點則在於不同起源過程對於政黨有何種影響？從本質來講，政黨起源如同政黨的「基因」，此一「基因」設定政黨先天條件，且影響政黨後續發展（Panebianco, 1988）。對此，學者一般認為議會內起源的政黨基本上是屬於個別政治人物的集合，先有個人再有政黨，組織架構較零散，權力運用基本上較傾向是分權形式，且政黨權力主要運作場合在於議會內部，政黨對於黨員的約束力通常不強；相對的，議會外起源的政黨在組織架構上較嚴格，要成為政黨成員通常需要一定的程序（如書面申請入黨以及需要入黨介紹人等），黨員對政黨成立宗旨與規範有遵守義務，政黨對其成員有比較強的約束力、而權力運用模式則傾向集權形式。當然，政黨起源的研究固然強調起源過程對往後政黨發展的重要性，就現代民主國家政黨的運作現況來看，政黨起源固然是重要因素，但後續的社會與政治發展同樣對政黨的影響具重要性，例如重大事件（如戰爭）的出現，或是憲政結構的變革等，同樣對政黨的發展具有關鍵性（Key, 1955）。

再就政黨的定義來看，如果從字面的意思來了解「黨」一字的內涵時，可以發現早期中西方的政治思潮當中，對於「黨」的認知通常傾向於少數人共同謀取團體利益的組合，甚至因為利益衝突而攻擊其他團體，大體上是負面意涵多於正面意涵（雷飛龍，2001：31）。除了早期的政治思潮對政黨的認識外，學者多數從廣義與狹義兩種意涵來論述現代政黨，廣義的政黨內涵將政黨的角色賦予規範面的要素或者更具體的組織型態，較早的定義可以追溯到Burke對於政黨的定義，其指出：政黨乃是基於共同同意的某些特定原則，以促進國家

利益而結合之人們的團體（Ware, 1996: 5）。相對的，狹義的政黨內涵強調政黨的最終目的與主要手段，例如Schattschneider（1942: 35）所言，政黨乃是「一個企圖爭取權力的組織」；或是Downs（1957: 25）所言，政黨乃是「一個透過合法選舉控制政府統治機構的團體」；甚至在Epstein（1975）的研究中指出，任何團體只要能給予候選人在一個共同的標籤之下（label），從事競選，便可算是政黨。雖然廣義與狹義內涵的重點有所不同，但強調集體行動、取得權力仍是現今多數學者定義政黨時共同的考量，例如，Ware（1996: 2）從集體利益的角度政黨定義為：「政黨是嘗試藉由占有政府職位來尋求其影響力，並且是代表社會上超過一個以上利益並且某種程度上是代表集體利益（aggregated interests）的團體」；或是鄒文海（1999：223）強調政黨對政治地位的爭取而將政黨定義為：「政黨是一種政治團體，它以推行某種特殊政策為目的，而以爭取政治地位為手段。」；或是雷飛龍（2002：31）強調政黨在控制人事與政策的組織面向：「政黨是一部分人為尋求政治權力，控制政府政策及人事，而組成之比較永久性的結合或組織。」

比較此兩種不同範圍的政黨內涵之後可以發現，廣義的政黨內涵有相當比重強調政黨的規範性意義，指出政黨的存在必須要有一個特定的政治理念，甚至是具有崇高的國家社會責任，同時，也強調政黨與其他社會上的利益團體有所區隔，以及所需具有的組織型態。相對的，狹義的政黨內涵較多強調政黨以取得權力的首要目標，以及透過選舉為取得權力的主要手段，至於其政治理念或組織型態則較少論及。但不論是廣義或是狹義的政黨內涵，兩者均包含取得權力的核心意義，換言之，政黨在不同國家所具有的社會地位與組織型態可能不同，但其主要目的是為了取得權力。

當然，取得政治權力或推動其主張乃是政黨重要的目的，但如就前述廣義與狹義的政黨內涵來看，政黨同時也需擔負其他的社會與政治功能，包含（Ruth and Hrebenar, 1984: 5；鄒文海，1988：38-46）：

1. 匯集並表達社會上各團體的利益。
2. 對市民參與提供機會與管道。
3. 向一般大眾宣導政黨主張（或進行政治教育）。
4. 甄補並訓練政治領袖。
5. 在選舉時提供選民相關的選舉資訊與對候選人的競選提供協助。
6. 擔負政府各部門的溝通者的角色等。

可以想見，前述這些政黨的功能並無法窮盡世界上所有國家的政黨所提供

的功能，同時也需注意到不同政府體制下，政黨扮演的功能也會有所不同，例如相較於民主國家來講，在極權或是共產體制的國家當中，政黨的功能與政府的功能緊密結合，「黨國」（party state）一體常是研究者的共同論述，或者即使同樣是民主國家，各個政黨在這些功能的提供上也會有不同的程度之分。

參、政黨之組織結構

　　不論是要取得權力，或是達成某些功能，政黨皆須藉助組織的力量，在前述政黨的各種定義當中，雖然都有提及政黨是一群人的組合，但是對於這一群人應該有何種特殊性質，相互間的互動關係，以及這一群人對於政黨的重要性如何，則有不同的看法。在政黨初步興起階段，以及選舉權尚未普及的時候，政黨組織較為單純，組織成員多半圍繞著個別政治領導人，個人與此一組織的關係比較不具明文化，傾向權貴式（cadre，或稱為幹部型）的組織型態，但隨著選舉權的擴張，以及現代政黨的興起，黨員（membership）的重要性逐漸加強，透過黨員身分，可以讓一個政黨建立在社會地位，同時也有利其選舉動員的活動，尤其是在二次大戰之後更是如此，也使得Blondel指出具有黨員的存在是現代政黨的基本且主要的特性（Blondel, 1978: 145），而Duverger（1954）也稱當時強調黨員特性的社會主義政黨是現代型態的政黨。直至現今，許多民主國家的政黨，尤其是歐洲民主國家，仍舊維持一定數量的黨員，並且在黨員身分的界定上具有一定的標準程序（如入黨需要介紹人，入黨需要繳交黨費，入黨必須參與政黨活動等），當然，黨員除了義務之外，也可以享受隨之而來的權利，例如參與政黨所舉辦的各項活動，角逐政黨領導地位以及競逐政黨提名參加選舉等。但是，相對於歐洲國家的情形，美國的政黨型態則不強調正式黨員的特性，要成為民主黨或是共和黨的黨員並不需要嚴謹的程序，只要個人自我宣稱即可（自我認定其屬於哪一政黨的支持者），也因此無法客觀的計算究竟政黨擁有多少黨員。可以理解的是，在具有正式黨員身份的政黨中，由於有黨費的挹注，以及較固定的人力資源，因此，要比沒有正式黨員的政黨有更為正式的組織規模。但值得注意的是，近期的研究與實際的發展卻指出，過去幾十年來，主要民主國家政黨的黨員數量呈現衰落的趨勢（Tan, 2000; Katz and Mair, 1995），這一發展趨勢同時與政黨衰落（party decline）的觀點相互輝映，使得黨員身分對於政黨存續的重要性再次被重視。

　　除了黨員之外，如同每一種組織皆有領導階層一樣，政黨也有政黨領袖的存在，政黨領袖的界定與產生方式與職權一般皆依照政黨各自的內部規章而定，且隨著政黨的不同而有所不同。在政黨發展的初期階段，由於成員多數由議會中的代表所組成，對於政黨的重要決策需要仰賴這些議會代表的支持，政黨的領導階層以及權力的應用集中在這些少數的議會代表，及至群眾型政黨（mass party）的出現，使得政黨組織結構更為清楚界定，政黨領導階層以及廣大黨員才有比較明確的區隔。就實際運作經驗來看，有些政黨的領袖是由黨員直接選舉，有些政黨的領袖則透過各種不同類型的組織結構而產生，例如由黨員代表大會或是更高層級組織選舉產生，在某些情形下則是依照議會內部領袖人物即為政黨的領導人。

　　從概念上來講，政黨權力的應用可以從集中在一人，或是少數人，到權力分散到所有黨員，甚至是一般民眾的方式來觀察，前者猶如極權政黨、法西斯政黨或是共產黨，後者則猶如英國或是美國的政黨，這些權力不同程度的集中或分散，也是研究政黨權力的重要內涵。但是，在論述政黨權力的應用時，也不應當忘記Michels（1962）所強調的組織寡頭鐵律（iron law of oligarchy），謂不論何種組織型態，權力的應用最終還是會集中在少數人的手上，如果將此概念置於政黨組織的研究中，則政黨領袖以及少數的權力核心對於政黨的運作，仍具有不可忽視的地位。只是，在一些國家當中，隨著政黨內部民主化或是政黨的柔性特質，使得政黨領袖的影響力相對減少。

　　如純粹就政黨組織結構的觀點來講，Duverger觀察當時社會主義政黨的運作後，指出政黨組織有四種基本要素（basic elements）。這四種要素分別是：

1. **核心份子（caucus）**：指的是政黨較高的決策層級，通常由政黨領袖與其他主要幹部組成。

2. **分部（branch）**：為核心份子的次一層組織，一個政黨通常有為數相當多的分部散布在各地方，可視為政黨的地方組織，除了執行政黨中央（即核心組織）所交付之任務之外，也負責執行政黨日常工作，例如維繫黨員與支持者的資訊，相關的政黨服務工作等。

3. **黨支部（cell）**：為政黨最小的組織單位，相較於黨分部強調地理性的分布與建制，黨支部通常存在於各種職場機構與社會團體當中，組織成員數量較少，成員主要任務在於協助政黨政策受到支持與執行，有時甚至作為政黨蒐集資訊的「耳目」，或是強化黨員對政黨的忠誠。

4. **民兵組織（militia）**：如同政黨的「戰鬥部隊」，該組織的成立旨在確保

政黨的政策受到貫徹，甚至動用武力手段掃除阻礙，通常見於法西斯政黨、納粹黨或具革命性組織當中。

不可諱言，Duverger對政黨組織的觀察相當程度受到當時方興未艾的社會主義政黨的影響，但其所指出的基本要素所擔負的功能，仍可在現存政黨中找到相對應的組織，只是在地理區域的分散程度，或是名稱上有所不同，且在現今世界各國政黨組織的建構上，也已經無法完全符合這些事實，例如政黨支部組織並未出現在非社會主義政黨當中，而民兵組織則在那些強調以顛覆既有政權為目的的反體制組織（或游擊隊），或是威權體制國家當中的非正規武力當中仍然可見。

肆、政黨之社會基礎

論及政黨的社會基礎，主要是有關政黨支持者所具有的社會特性，早期馬克斯學派習慣以階級角度來強調政黨的差異，因此，不同的政黨分別代表不同社會階級的利益。相較於階級解釋觀點的論述則是由Lipset與Rokkan所提出的社會分歧觀點，兩位學者主張政黨主要是社會衝突下的產物，在歷史上因為民族革命與工業革命的發展，而產生了「國家與教會」（state and church）、「中央與邊陲」（center and periphery）、「農業與工業」（agriculture and industry）以及「工人與擁有者」（worker and owner）四種主要的社會分歧，而政黨則是為了解決這些社會分歧而存在，並進而依據此一社會分歧而發展。

依據Lipset與Rokkan的論述，在民族革命的發展歷史來看，當一個國家在建國之初，王國需要進行權力的集中，此種趨勢自然與原來尚未形成一個統一國家之前，占據各地區的地方勢力有所衝突，此時代表中央權力與地方權力的兩種聲音，最終將透過政黨的形勢展現出來；同樣的，民族國家形成的過程也對原來盛行的教會權力帶來挑戰，新的王國要求其人民對新的國家效忠，但此種效忠對象的轉移自然引起教會的不滿，因而使得政治與宗教之間產生緊張與衝突，尤其是在教育方面的主張經常是王權與教權的爭執點。在工業革命方面，工業革命引進新的機器以及更快速的經濟貿易，原有農莊經濟的得利者感受到既得利益受挑戰，必須設置各種貿易藩籬，兩者之間的衝突因而產生；而工業化的社會結構使得受僱者與雇主之間權利與利益關係更加對立，資本家經常以更多的工時以及更低的工資為手段以增加生產利潤，但工人則從個別到集

體形式向雇主爭取更多的福利與更好的待遇，兩者之間的緊張與拉鋸也使得政黨從中出現（Lipset and Rokkan, 1967: 1-62）。

　　值得注意的是，現今的社會中，政黨所代表的社會分歧利益經常因為選舉的關係而不再涇渭分明，甚至有時會為了選舉關係刻意將政黨本身的立場模糊化，使得傳統上以特定階級或社會分歧為政黨標籤的政黨逐漸減少，代之而起的是傾向以擴括式（catch-all）選舉策略為主的政黨，此種政黨尤其是以美國的情形更為明顯（Kirchheimer, 1966）。但是，即使社會基礎的界線在選舉中有逐漸模糊的趨勢，如果嚴格的就各政黨所揭示的政綱或是其主張的重要政策來講，仍然可以在相當程度上區分特定政黨在意識形態上的屬性以及其社會基礎的特性，而這些差異也是現今政黨比較研究的重要依據。例如在美國的共和黨與民主黨兩大政黨雖然在選舉時期的各項政治主張大同小異，但在一般的比較研究當中，民主黨仍然經常被視為是傾向於主張更多的社會福利、照顧少數族群權利、甚至是強調政府在經濟上較大的介入，以及更為自由化的宗教觀點等；相對的，共和黨則被視為與資本階級的利益較為接近，同時在政策立場上更加強調美國的國家安全與世界地位，以及強調傳統的價值，在這些差異之下，也可以看到兩大政黨不同的群眾基礎。同樣的，英國的保守黨與工黨在傳統上仍然被研究者認定具有不同的意識形態與政策立場，使得研究者可以經由對政黨黨綱或政策立場的分析，或是以左右意識形態的光譜上定位出各個政黨的相對位置，並提供不同政黨社會基礎的研究參考（Blondel, 1968; Lijphart, 1981）。

伍、政黨與選舉過程

　　在民主國家當中，透過選舉的程序是政黨取得政治權力的主要管道，因此，選舉的成敗也成了影響政黨興衰的直接因素。一般而言，在選舉時政黨必須提名候選人，並且為該候選人助選，幫助其當選，在這過程中，政黨的角色也隨著時代與地理區域的不同而有不同的演變。在二次大戰之前的選舉過程中，由於資訊與交通條件的限制，選民在選舉中的主要資訊是由政黨或少數人際關係網絡所提供，當政黨的候選人確定之後，政黨即透過其組織資源動員支持者，向支持者介紹該候選人，安排候選人的競選時程，提供候選人的政見，甚至在財力資源上對候選人進行資助等，候選人則透過政黨去認識選民，選民

也透過政黨所辦的活動認識候選人。整體而言，由於缺乏快捷便利的交通與資訊網絡，使得候選人的競選活動不僅需要花費較長時間於交通往返，也無法在短時間觸及更多的選民，此時只能透過政黨組織替候選人進行宣傳，在相當程度上，政黨成為發動選舉競爭的主要依據，候選人則隨著政黨的協助參與選舉。

　　然而，此種由政黨為主導的選舉模式在二戰末期卻展現出不同的風貌。造成此種轉變的重要因素則為現代傳播媒體的興起，由於戰後新的媒體大量使用，使得傳統以政黨組織為主要系絡的競選模式產生重大變革，例如廣播與電視的使用，使得候選人可以透過廣播系統，同時間與廣大的選民進行接觸，或是自我推銷，選民也可以因而聆聽或目睹候選人的風采，此時，向支持者介紹候選人雖然仍是政黨的主要工作，但選民取得候選人的資訊顯然更為便利與多元，政黨已經不是提供選舉資訊的唯一來源。除了資訊的提供，隨著大眾傳播媒體的發展也提高的選舉過程中的開銷，此種日益高漲的選舉開銷也非政黨所能完全負荷，尤其是政黨資源有限或候選人個人財力雄厚可以自己規劃的方式進行選舉時，政黨反而退居輔助的角色。此一情形也使研究者開始思考競選模式以經由早期的以政黨為主導（party-centered）的主要模式，轉變到以候選人為中心（candidate-centered）的選舉模式（Salmore, 1985）

　　傳播媒體固然對政黨在選舉中的角色造成影響，另一項影響政黨在選舉中角色扮演的因素則是選舉制度（游清鑫，1996）。由於選舉制度乃是規範選舉競爭的遊戲規則，當此一規則改變時，參與其中的政黨與候選人的互動關係也跟著改變。例如單一選區多數決的選舉制度當中，候選人強調自身的特性，以及親身與選民的選舉接觸，政黨標籤固然由有其重要性，但個人條件與過去的政績則是選民的主要考量，另一方面，以政黨比例名單為主的比例代表制選舉（尤其是封閉式政黨名單比例代表制），會讓政黨對候選人有更大的影響力，在此一選舉制度下，政黨會事先就其所提名之候選人進行順序排列，選民在投票時所看到的是一張張各政黨所提出具有順序的候選人名單，選民也是以政黨為投票對象，在選舉過程中，政黨通常是以整體政黨的表現來吸引選民，候選人比較沒有特殊角色。相較之下，有些比例代表制則提供選民更多的投票自主性，例如北歐國家所實施的開放式比例名單，選民可以不依照政黨提出的候選人順序投票，而在愛爾蘭所實施的單記可讓渡投票制中，選民可以跳開政黨所提供的名單順序，可以決定只考慮候選人而不考慮政黨所提供的名單順序，在這些制度之下，候選人經常會以自己的特色向選民推銷，但對於所屬政黨則較

少著墨，其結果則是減輕政黨在選舉中的重要性。

　　在候選人提名階段，傳統上在此方面的研究經常集中在探討政黨權力的集中（centralized）或是分散（decentralized）程度，在一個集權的政黨中，候選人能否被政黨提名全數取決於黨中央幾位領袖的決定，地方黨部或是一般民眾對與候選人的人選並沒有決定權，共產黨或是早期的社會主義政黨在候選人的提名過程中，即屬於此類。相對的，在一個分權的政黨當中，候選人能否被提名參與選舉，主要取決於一般民眾或是選區黨部的建議，黨中央的領袖只能對選區的選擇予以尊重，美國的民主與共和兩黨則屬此類。然而，雖然在概念上可以將集權與分權程度當作比較的單元，在現今的民主國家中，已經很難找到純粹集權或是分權的情形，在絕大多數的情形下只是程度偏向的問題。此外，在一般民眾參與候選人提名的的經驗中，美國政黨所實施的初選制（primary）則是經常被討論的例子，初選制的開始在於企圖減少政黨領袖對候選人提名權的壟斷，或是強調政黨內部的民主精神，將候選人的提名權逐步由政黨領袖手中轉移至黨員的手中，甚至是由一般民眾來決定政黨候選人（Ware, 2002; 吳重禮，2008），由美國所實施的初選制來看，不論是開放式的初選（open primary，任何一般民眾皆可參加任何政黨所辦的候選人初選）或是封閉式初選（close primary，只有該黨的支持者或黨員才有資格參加該黨的初選活動），初選過程已經成為美國政黨提名候選人的主要過程。但在其他民主國家，則沒有形成主流。

陸、政黨與政府組成

　　如果可以接受政黨的主要目的是在取得政治權力的說法，則組成政府便成為政黨取得權力之後的主要工作，由政黨組成政府也落實了政黨政治的運作。然而，政黨政治的運作方式並非一成不變，而須視所處政治制度的特性而定。例如，在一個總統制的國家當中，國家最高權力的掌握者為總統個人，則此時總統所屬的政黨即為執政黨，該政黨即在總統的領導下組成政府，因此，重要的政府人事與政策通常由該政黨所主導，而政治責任也因而顯得清楚，美國的例子即是總統制下的政黨政治，由民主黨與共和黨兩個主要政黨競逐總統職位而執政。相對的，內閣制國家當中，國會中的最大黨通常掌握與負起組織政府的權力與責任，在一般情形下，如果這個最大的政黨掌握國會過半的席次，則

其可以組成一個掌握國會多數（majority）的執政黨，政府的組成也可以由該政黨單獨決定，而政治責任自然也由該政黨獨立負責。但是在許多情形下，國會中並沒有任何一個政黨擁有超過半數的席次，最大政黨只是取得國會相對多數而已，此時該國會最大的政黨可以依照憲政規定或慣例取得組成政府的權力，但在此時，該政黨就需要考量其組成政府的過程當中，有無必要結合其他政黨在國會中形成多數，一方面更能切合民主政治中多數統治的原理，另一方面也可以建立穩定的國會多數組成聯合內閣的政府形式（coalitional government），而此種聯合內閣的政府過程與形式就不同於前述單一多數政黨內閣。

　　同樣的，在總統與國會總理同時享有部分政治權力的半總統制國家當中，政府組成與政黨之間的關係也有所不同。如果總統的政黨在國會當中贏得過半數的席次，則問題將較為單純，直接由總統所屬的政黨組成政府；但是如果總統的政黨並沒有在國會當中取得過半的席次，甚至也不是國會中的最大黨，此時該國家的憲政規定或是慣例便決定政府的組成形式，例如1980年代中期以後的法國，屬於社會黨（Socialist）的密特朗（Français Mitterrand）贏得總統席位，但以席哈克（Jacques Chirac）為首的右派戴高樂（Gaullists）政黨則贏得國會的過半數之後，總統就提名席哈克擔任國會總理，此時左派的總統與右派的總理共同組成政府，並且在一些主要的政策領域上分別行使權力，形成所謂的左右共治（cohabitation）的場面，此種共治的政治情勢也在1990年代與2000年代初期持續出現。

　　整體而言，內閣制國家的政府組成形式較具多樣性，尤其是在沒有任何一政黨取得國會超過半數席次下的聯合政府是相當值得注意的一環。既有的研究主要集中在聯合政府的形式、成因以及政治後果，在聯合政府成立的過程中，較大政黨通常會邀請其他政黨進入政府，而不論是邀請其他政黨共組聯合政府的較大政黨，或是被邀請進入聯合政府的較小政黨，各政黨的政策立場（或意識形態）以及國會實力兩者通常是決定聯合政府形成的主要因素，可以理解的，政策立場或意識形態較為接近的政黨，比較有機會組成聯合政府，同時小黨在國會實力的大小也會影響其進入聯合政府中的地位。

　　一般而言，較常被討論的聯合政府有以下幾種形式（王業立、陳坤森，2001）：

（一）最小獲勝聯盟（minimal winning coalition）

　　此種聯合政府的形成與Riker（1962）所提出的大小原則（size principle）

有密切關係，在此原則下較大的政黨在組成政府時，其原則是盡量讓該黨掌握最多的政府職位，因此，當其尋求其他政黨伙伴時，會考量在國會中尋求「最經濟」的過半數政黨聯盟，避免太多政黨進入政府分享政治職位，在此原則下，聯合政府的政黨數量就不會太多，較大政黨也有較大的權力分配政府職位。

（二）少數政府（minority government）

政府的組成可是由沒有在國會取得半數席位以上的政黨來組成，形成少數政府，或是由沒有在國會取得過半席位的政黨聯盟組成政府，形成多政黨少數聯合政府（multi-party minority government）。此一型式的政府在某種程度上是與民主政治中的多數統治原則相違背，然而，在斯堪地那維亞（Scandinavia）國家與一些歐陸國家（如義大利）的政治經驗中卻非罕見。對此，學者研究指出，造成少數政府得以出現原因在於其特有的政策決定模式，由於這些國家重要決策的場合在於委員會，而非在國會場合，而在野黨則認知到在委員會場合，甚至其他非正式的管道，較能影響決策的制定過程，也因而傾向無須加入執政聯盟，便可以表達與實現其政治立場與政策，所以無須進入聯合政府當中，使得較大政黨能單獨執政或是無法找到足以形成國會多數的政黨聯盟（Storm, 1990; Gallagher, et al, 1995）。

（三）超量聯合政府（oversized coalitional government）

相較於最小獲勝聯盟，超量聯合政府當中的聯盟政黨，其國會總席次遠高於過半數的席次，因此，如果聯盟中的一些政黨決定離開此一聯盟時，聯合政府仍然可以運作（聯盟中政黨的國會席次總和仍居國會多數），並不會因而導致聯合政府的倒臺。當然，較大的政黨組成此種超量聯合政府時，也比較無法獨享太多的政治權力，在多數情形下，超量聯合政府的組成常與該國政治情勢有密切關係，如實行共識型（consensus）或協和式型（consociational）的瑞士、比利時、荷蘭等，強調決策過程中政治共識的形成（Lijphart, 1999）；或是強調政治穩定的義大利等，其政治歷史當中也出現過超量聯合政府的形式。

（四）大聯合政府（grand coalitional government）

組成聯合政府的政黨數量高於超量聯合政府，不強調大黨對權力的掌握，但強調藉由權力的分享已換取更多政黨的合作，此種情形經常發生在國家面臨

劇烈變故的時期，如國家分裂、對外戰爭或是發生重大災難時，各個政黨不論意識形態或是政策立場，皆強調建立共識與解決問題。在某種程度上，大聯合政府也可以視為是超量聯合政府的延伸。

　　值得注意的，雖然聯合政府形式在內閣制國家相當普遍，在非內閣制國家（總統制或半總統制）的政府有時也會因為執政黨在國會中的席位居於少數，而面對分立政府（divided government）的情境。相較於執政黨在國會居多數的一致性政府（unified government），在分立政府下，總統需要花更多的資源用在國會中與反對黨進行溝通，否則總統（執政黨）所提出的法案隨時有可能在國會中遭到否決，或是反對黨利用多數地位在國會中通過總統難以接受的法案，如此一情形產生即易造成政治僵局（political stalemate）。在研究上，分立政府在美國的政治經驗上較常見，也有較為完善的文獻討論（Cox and Kernell, 1991; Fiorina, 1996），而臺灣在此方面的研究也隨著2000年民進黨取得政權、但面對國會多數由國民黨所掌握的情形之後，開始比較有系統的面對此一主題（陳敦源、黃東益，1997；吳重禮，2000）。

柒、政黨體系之分類

　　個別政黨是政黨研究的出發點，但個別政黨的研究無法忽視其所屬的政治與社會結構的影響，尤其是個別政黨與其他政黨的互動問題，使得政黨研究不得不觸及政黨體系的研究。政黨體系的研究強調的是個別政黨之間的互動關係（Eckstein, 1968: 436），以及此種互動所發展出來的活動模式，這樣的研究不僅可以使研究者對一個國家政黨體系的運作更有全面的了解，更是進行跨國比較的重要基礎。我們可以試著以如下的例子來說明政黨與政黨體系的重要性：對於一個不了解臺灣政黨與政黨體系的外國學者來講，如果要用一兩句話向他說明臺灣的政黨現況時，可能出現以下幾個答案：

1. 依據政府所公布的資料顯示，截至2020年7月為止，臺灣地區總共有370個合法登記的政黨。
2. 臺灣目前有民進黨、國民黨、親民黨、臺灣團結聯盟、新黨、時代力量、台灣民眾黨……。
3. 臺灣目前有「泛藍」、「泛綠」兩大陣營，其中「泛綠」包含民進黨、臺聯、建國黨、時代力量以及台灣基進黨，「泛藍」則包含國民黨、親

民黨與新黨，還有不屬於藍綠陣營的台灣民眾黨。

　　前述這三種說法都算是正確的，只是其切入的角度不同，然而，這也是研究者對於政黨體系研究所面臨到的三個主要問題。第一個敘述強調政黨絕對數量，而且是引用官方正式的統計結果，從此一敘述來看，臺灣絕對是多黨制，但是，如果純粹從正式的數字來看政黨與政黨體系時，則世界上絕大多數的國家都有許多大大小小的政黨，也都可以稱為多黨制，這樣的陳述當然無法讓研究者滿足，因為有些國家的政黨不需要向政府申請登記；而更重要的，不論一個國家的政黨數量有多少，並不是所有的政黨都在政治上都具有同樣的重要性，因此，政黨的數量無法完全將政黨體系的重要特色完全強調出來。第二個敘述顯然是強調目前幾個重要的政黨，其重要性可能從政黨是屬於執政黨或是在野黨，或是政黨在國會中的席次占有情形來論述，這樣敘述的重點在於將一個國家具有政治重要性的政黨標示出來，提供政黨研究者更簡要的資訊，研究者可以提綱挈領的就這些重要政黨進行觀察與研究即可，捨棄其他不具政治重要性的政黨。第三個陳述則延續第二個有關政治重要性的陳述，並加上特定時空下政黨意識形態的差異，或是相互間的互動情形（政黨間的競爭與合作），對政黨研究者而言，此一論述同時提供了解政黨意識形態、議題立場、選舉策略等面向的資訊，以及該國政黨體系運作背後的社會結構，在資訊的廣度上遠高於第二個陳述。

　　從本質上來講，上述三個陳述在作法上也都是企圖為某一國家的政黨體系進行分類的工作，透過分類的工作讓研究者可以很快了解該國政黨體系的重要特性，同時，對於政黨數量或是政黨體系特性的描述，不僅可以簡化研究目標，並且可以據以進行比較研究（Ware, 1996: 147-148）。而在有關政黨體系的分類研究中，一個最明瞭且常用的依據則是政黨的數量問題，因此，一黨制、兩黨制與多黨制的區分在政黨研究上已經有相當長的歷史（Duverger, 1954），此種數量計算規則也很自然的成為政黨分類的第一步。然而，針對數量考量上，一個簡單且經常出現的問題是，兩個具有相同政黨數字的國家，卻有截然不同的政黨體系，而更嚴重的問題是，單純以數量規則來歸類某一國家的政黨體系可能會誤導研究者將政黨體系與其他因素，如政治穩定或是政府組成等問題得出錯誤的結論。

　　因此，雖然政黨的數量是一個重要問題，研究者也必須嘗試提出不同於數量考量的分類方式，其中，比較常被提及的方式是將政黨的政治重要性列入分類的標準，因此，在政治重要性的標準下，大黨的政治重要性故不待言，小黨

的數量也因而大幅減少，此種分類的思考邏輯尤其以Sartori（1976）的相關性判準（criteria of relevance）之論述最為重要，就Sartori來講，決定一個政黨是否具有重要性，第一個判準是了解該政黨是否具有聯盟的潛能（coalitional potential），亦即該政黨是否有足夠的實力（尤其是議會的席次數量）可以被其他政黨邀請共同組成政府（當然，如果一個政黨可以單獨組成政府，則必然是一個具重要性的政黨）；第二個判準是則是該政黨是否具有勒索的潛能（blackmail potential），亦即該政黨是否有足夠的實力可以對政府推動的政策形成重要的阻力，或者說，缺乏該政黨的支持（不論是明示或暗示）則執政黨的政策就無法推行。

　　與Sartori的相關性判準相似，但更強調運作化與比較研究的分類方式則是Laakso與Taagepera（1979）兩人所發展出來的「有效政黨數」（effective number of parties）。「有效政黨數目」的計算方式是以各政黨得票率高低的程度來界定，如果各政黨得票率都一樣，則有效政黨數即等於所有政黨數，其計算公式為：$N = \dfrac{1}{\sum Pi^2}$，其中N為有效政黨數，Pi為某一政黨得票率。[1]而不論是Sartori或Laakso與Taagepera有關政黨體系的分類方式有所差異，兩者共同指出在政黨體系的分類過程中，必須考量政黨在國會中或選舉當中的重要性。此種同時考量政黨數量與政治重要性的分類方式，也成為現行政黨比較研究的基本共識。

　　而值得一提的是，Sartori除了強調政黨的政治重要性之外，也提出政黨在意識形態上的距離（ideological distance）來進一步說明政黨間的互動。其指出當政黨之間在意識形態上有很大的距離時，政黨之間的競爭將傾向離心式（centrifugal）的競爭模式，亦即政黨在選舉競爭當中以各自的意識形態作訴求，使選舉議題或政策呈現較大的差異性、甚至是相衝突的立場，也因而使得選舉衝突較為明顯；而當政黨意識形態距離較小時，政黨間的競爭則呈現向心式（centripetal）的競爭模式，亦即政黨在重要的議題具有相近的立場，選舉衝突的程度也相對較低。而此種意識形態的距離與政黨間的競爭模式，也可以運用到實際政黨間的互動模式，尤其是在多黨體制下，可以利用此種意識形態的距離來了解該國家選舉（或社會）衝突的程度。Sartori根據政黨數量、相關

1　事實上，這一有效政黨數的計算方式是和Rae（1971: 54）用以論述國會政黨實力分布與政黨體系類型時的分化指數（fractionalization index，簡稱F指數，其計算公式為$F = 1 - \sum Pi^2$）息息相關，當F指數愈高時，表示該國家有愈多的政黨在國會中占有席次，也因而使政黨體系呈現較多政黨的情形。

性判準，以及政黨在意識形態上的距離等，並進而建構出七個類型的政黨體系（Sartori, 1976: 125）：[2]

1. **一黨制（one party）**：政治體系中只容許一個政黨存在，其餘政黨皆被禁止，此種政黨體系常見於極權國家或是共產國家當中。

2. **霸權式一黨制（hegemonic party）**：一個強大執政黨之外，尚有一個或數個小黨，但這些小黨並不被允許或是並不具備實力來挑戰執政黨。威權體制國家的執政黨經常具有這樣的特質，透過法制途徑保障執政黨的絕對優勢地位，小黨只是聊備一格，甚至需要仰賴執政黨的資助才能生存。

3. **優勢一黨制（predominant party）**：一個執政黨之外，法律制度也提供其他政黨來競爭政治權力的機會，政黨之間的選舉競爭大體上也還算公平，但實際經驗上其他政黨總是沒有機會取代執政黨。

4. **兩黨制（two party）**：兩個政黨在法律規範與實際上皆有能力去贏得國會多數而執政，兩黨輪替成為一個常態，但其他小黨雖然也可以生存，但主要的政治權力仍舊歸屬於兩黨大之一。

5. **有限（溫和）多黨制（limited pluralism）**：有3個到5個有相關性的政黨存在，且各政黨之間意識形態的差距並不大，因此，選舉時政黨之間會有不同的政策立場，但此種差異僅限於政策主張，而非更為深層的意識形態。

6. **極度多黨制（extreme pluralism）**：有5個以上的相關性的政黨存在，且在某些政黨之間存在極大的意識形態上的差異，在選舉競爭上則傾向離心競爭的型態。

7. **粉碎（原子化）多黨制（atomized pluralism）**：政黨數目多，但沒有一個政黨可以單獨的對政治體系產生太大的影響，政黨在選舉中各自凸顯自身特色，利用特定的訴求吸引一部分選民的支持，而非多數選民的支持。

當然，Sartori對政黨體系的分類並非唯一的標準，其他學者也有從政治體系的發展程度，或者是民主競爭的程度來論述政黨體系（LaPalombara and Weiner, 1966），或是從意識形態的角度來論述政黨體系（Lijphart, 1981; Von Beyme, 1985）。這些不同的切入點，也為政黨體系的研究帶來更多的面貌與

---

2 也有研究者將Sartori分類中的一黨制合為一類，故而稱Sartori提出六種類型的政黨體系，其實如果詳細推就原文，可以發現在各自的政黨體系之下，Sartori也會嘗試再進行較細的分類。

題材。

捌、政黨體系之持續與變遷

政黨的出現及政黨體系的運作乃是一動態過程，此一過程當中，政黨持續透過選舉及動員方式增加自身的社會支持，而政黨體系的面貌則隨之改變。針對政黨與政黨體系變遷或持續的解釋觀點，可以簡略區分成社會學（sociology）與制度論（institutionalism）的兩種解釋觀點。

社會學的解釋觀點在相當部分可以回溯馬克斯的階級論，強調社會團體或是政治組織對於不同階級利益的代言角色以及相互間的政治鬥爭，而前述Lipset與Rokkan的論述也以社會學為出發點，強調社會／政治分歧對政黨體系的影響作用，在社會學的解釋觀點當中，政黨的形成與政黨體系的變遷源於社會組成的改變，因此，當一個社會有新的階級出現，或是新的移民族群、社會議題產生之後，這些新的組成或議題將影響政黨或政黨體系的演進變化。

制度論的解釋觀點則強調政治制度所產生的政治效果對政黨或政黨體系的重要性，這些制度因素包含憲法層次上對政府體制的設計是屬於聯邦制或單一制（或地方分權與中央集權），對選舉法規與制度的選擇型態，以及法律層次上是否對政黨有特殊的定位（諸如有無利用政府預算給予補助），在這些制度因素當中，尤其以選舉制度的選擇更具重要性（王業立，2019）。從許多實際的案例當中可以看到，在實施單一選區選舉制度的國家當中，其政黨數量要少於實施比例代表制國家之政黨數量，而且此一制度影響政黨與政黨體系發展的論述，從Duverger的主張開始，已經有相當完整且系統性的討論，即使進行個別國家的比較研究會發現些許不同的結果，制度因素仍然持續受到研究者的關注（詳見本書另一討論〈選舉、選舉制度與投票行為〉專章）。

簡單比較社會學與制度論兩個解釋觀點時，可以發現社會學的解釋觀點基本上是將社會結構視為影響政黨與政黨體系的獨立變數，較少觸及制度因素的影響，同樣的，制度論者著重了解特有制度對政黨與政黨體系短期與長期的影響，對於社會結構因素則較少著墨。此種解釋觀點的差異並非意味兩者涇渭分明、甚至互相排斥，相反的，在觀察政黨與政黨體系的變遷時，兩個解釋觀點經常是相互補強的。同樣的，此兩種解釋觀點雖然各有傳統，但是兩者同樣較少觸及政治菁英在社會結構與政治制度當中的作用。就任何存在的社會結構而

言，其只是提供社會分歧以及後續政黨出現或政黨體系轉變的機會，但並不保證這些社會結構一定具有政治上的重要性，如果要成為重要的政治分歧，則政治菁英，或是如同Schattschneider所說的政治企業家（political entrepreneur），會去利用或開發既有的社會分歧以成就政治上的目的；同樣的，政治制度也需考量政治菁英的設計意圖、詮釋空間、甚至是遵守制度規範的意願，在許多例子當中，可以發現政治菁英透過制度法律的修訂影響政黨利益。但不可否認的，政治菁英的主觀企圖與能力也是受到既有的社會結構以及制度設計的限制，此種政治菁英的作用並非作為解釋政黨與政黨體系發展的第三種觀點，但卻是在比較此兩種解釋觀點時有必要加以注意的。

　　至於要如何觀察政黨或是政黨體系的變遷，在政黨具有正式黨員的情形下，黨員人數的變遷當然是一個觀察指標，但是在許多國家中，即使政黨有許多正式的黨員，也不見得能真正反映政黨的實力，因而，多數的研究者透過政黨在選舉中的表現來衡量，或是所謂的席次轉換率（swing ratio）的指標來進行量化比較，亦即政黨在兩次或多是選舉中的支持度（或是議會席次）的變化，利用此種變化的幅度來衡量個別政黨的興衰，同時也測量政黨與政黨體系的變化，可以理解的是，當一個政黨在每次的選舉當中逐次增加其席次時，另一方面也暗示出其他政黨正經驗到實力逐次削減的命運，同時也開始對既有政黨體系（一黨制、兩黨制或是多黨制）的面貌進行改變。而除了數字意義的政黨支持率或席次數量的變化之外，研究者也需進一步了解在這些數字變化背後所具有的意涵何在，更具體的來講，當一個政黨在每次選舉中逐次增加議會席次時，我們也需要知道這些增加的支持度從何而來？究竟該政黨又吸引了哪些新的支持者，同樣的，當一個政黨日益衰落時，也應該了解其流失基礎的主要特性何在？這樣的了解不僅可以看到整體政黨與政黨體系在量上改變，更可以進一步看到質的改變，並藉以了解這些改變究竟是導源短期因素的影響或是長期因素的作用。

　　而相較於這些觀察政黨與政黨體系變化的依據，有關政黨重組的概念也是值得一提的。在美國的研究文獻當中，Key（1955）以歷史研究觀點了解從1916年至1952年總統選舉對政黨體系的影響，並據以建構各種不同類型的選舉後，提出所謂「關鍵性選舉」（critical elections）與「政黨重組」（party realignment）的概念，其研究指出在關鍵性的選舉當中，選民有更高度的選舉參與，選舉結果顯示政黨與其支持者之間的聯結情形與選舉之前有明顯的不同，而且此種新的聯結關係持續到後面幾次的選舉，此種關鍵性的選舉也代表

另一波政黨重組的開始（Key, 1955: 4）。後續研究者針對政黨重組的概念加以延伸，納入有關重組的間隔（period）、速度（pace）、規模（scope）以及是否促成政策上的改變等問題，雖然也有不少研究從實際案例與理論建構的角度質疑此一觀點的效用（游清鑫、林瓊珠，2000；Burnham, 1970; Sundquest, 1983; Mayhew, 2002），但整體而言，政黨重組（或是解組，dealignment）的概念仍常受到學者用以解讀政黨體系轉變的現象。

玖、臺灣之政黨與政黨體系

近期臺灣政黨體系的發展可以簡要的以國民黨政府在1940年代末期遷移到臺灣之後開始談起。在當時國民黨由於與中國共產黨在大陸的鬥爭失利而退守臺灣，鞏固政權成為首要的目標，透過「動員戡亂臨時條款」以及戒嚴法的實施，限制任何政治勢力對國民黨政府的進行挑戰，此一時期除了一黨獨大的國民黨之外，另有中國民社黨與中國青年黨兩個在大陸即已成立但隨國民黨政府遷至臺灣的政黨，但此兩個政黨由於在黨員人數以及政黨資源無法與國民黨相比擬，無法在政治上對當時國民黨的霸權地位構成實質的挑戰。

但在1950年代至1960年代中期之間，雷震等人透過《自由中國》刊物，呼籲國民黨進行政治改革，並嘗試與臺灣本土菁英李萬居、郭雨新等人籌組「中國民主黨」，雖然此一舉動遭到國民黨政府的鎮壓而無疾而終，但《自由中國》與「中國民主黨」所揭櫫的政治改革訴求則成為後續非國民黨勢力（早期的黨外人士）用以批判國民黨專權的主要依據。另一方面，此一時期開始推動的地方選舉，雖然只能提供非國民黨人士取得有限的政治參與管道，卻也成為非國民黨勢力生存的舞臺，助長日後黨外勢力的成長。在1972年的增額立法委員選舉當中，以黃信介與康寧祥為首的非國民黨政治菁英透過選舉的活動，以「黨外」（在國民黨之外）一詞來代表當時非國民黨勢力，儘管當時有組織的政治活動仍舊受到戒嚴法的限制，「黨外」的成立使反對勢力逐漸具有組織性，同時也強化對國民黨的挑戰。「黨外」勢力在隨後的各次選舉中以各種不同的組織名稱進行串聯活動，其運作方式也類似政黨一樣在選舉中推薦候選人並為其助選，直至1986年正式以民主進步黨的名義成立政黨，開啟了兩黨制的時代（李筱峰，1987；黃德福，1992）。

至1990年代初期，國民黨內部由於「主流派」與「非主流派」的爭鬥，導

致趙少康等人在1993年離開國民黨成立新黨，並在隨後的1994年臺北市長選舉與1995年的立委選舉當中取得相當的社會支持，使臺灣的政黨體系呈現新的三黨競爭態勢。另一方面，1996年強調臺灣獨立理念的李鎮源等人成立建國黨，雖然在隨後的選舉沒有重要的表現，但臺灣獨立建國的理念也受到正式的宣揚。臺灣的政黨體系在2000年總統選舉前後再次經歷重大的變革，原為國民黨重要成員的宋楚瑜離開國民黨獨立參選總統，造成國民黨的分裂，也成為國民黨在總統選舉中敗選的因素之一，隨後宋楚瑜組織親民黨，並在2001年的立委選舉當中取得46席立委席次；在同一年，強調臺灣本土意識的臺灣團結聯盟（簡稱臺聯）也成立，並在該年的立委選舉中一舉取得13席的席次。至此，新興的親民黨與臺聯的出現，加上原有的國民黨、民進黨、新黨、與建國黨等，臺灣的政治版圖呈現出多黨體制的局面。

而社會新興運動的興起，也有助新的政治勢力的產生，尤其是從2014年3月的「太陽花學運」之後，各種針對特定社會議題與政治改革的團體紛紛出現，並且投入2016年的立委選舉當中，其中，以「太陽花學運」為崛起點的時代力量，在2016年的選舉當中，一舉贏得3席的區域立委以及2席的政黨比例名單的席次，也成為當時國會第三大黨，並持續在2020年的立委選舉當中贏得國會席次；同一時期，以柯文哲為首的「白色力量」在2014年的台北市長選舉當中，結合民進黨的支持，成功贏得市長選舉，成為一股新的政治勢力，到2019年時柯文哲也聚集其支持者成立台灣民眾黨投入2020年的立委選舉，一舉獲得5個國會席次，取代時代力量成為國會第三大黨。

除了政黨數量的增加之外，各政黨同時也在各自的意識形態、政策立場與社會基礎有所區隔。尤其是在兩岸相關議題上，民進黨、建國黨、臺聯、時代力量，以及2020年取得一席立委次的台灣基進黨，強調臺灣主體意識、臺灣主權優先性、傾向臺灣獨立，以及反中的立場；相對的國民黨、新黨與親民黨則反對臺灣獨立，強調應與大陸積極交往，發展兩岸經貿互動。這些政黨在兩岸政策上的接近或差異，仍舊可以延續2000年之後研究者與媒體輿論經常以「泛藍」（國民黨、新黨與親民黨的組合）與「泛綠」（民進黨、建國黨、臺聯的組合）的政黨聯盟來理解（陳文俊，2003），只是在最新發展上可以在「泛綠」中再納入時代力量與台灣基進黨。至於2019年新成立的台灣民眾黨，意識形態並不明顯，在兩岸議題上雖然與「泛綠」陣營有所不同，但也異於「泛藍」陣營追求統一的訴求，初步看來，該黨的兩岸政策像是介於「泛綠」與「泛藍」之間，需要更多時間的觀察。

　　相較於國會選舉，總統選舉的結果也直接影響台灣政黨體系的發展。在2000年民進黨贏得總統選舉之後，開啟我國政黨輪替經驗，2008年3月的總統選舉，國民黨以超過五成八的得票率打敗民進黨贏得總統選舉，出現了第二次的政黨輪替，也更確定了國民黨穩固的政治優勢地位，並且在2012年持續贏得總統選舉與立院多數，仍舊具有相當大的優勢地位。然而，國民黨此種優勢卻在4年之後的總統與立委選舉當中幾乎消失殆盡，在2016年的總統選舉中，民進黨候選人蔡英文以高達56%的得票率打敗國民黨候選人朱立倫，同時也在立委選舉中一舉取得超過半數的68席，也遠遠高於國民黨的35席，使得民進黨在大選後同時掌握行政與立法的多數，此一優勢在2020年更形擴大，民進黨總統候選人蔡英文再次以高達57%的得票率打敗國民黨的候選人韓國瑜，同時也持續在立委選舉中保有過半數的61席，高於國民黨的38席，整體優勢地位相當明顯。

　　回顧過去二十多年來的國會選舉與總統選舉結果，可以發現，政黨體系的發展軌跡同時具有持續與變遷的特性。變遷的是隨著新興的社會運動與議題的出現，新的政黨也持續出現在臺灣的政治版圖中，反映出當前臺灣政經社會結構的新議題或分歧；持續的是國民黨與民進黨兩大政黨的輪替執政，透露出兩岸問題的重要性除了區隔政黨差異之外，同時也影響了台灣民眾政治態度與行為（Achen and Wang, 2017）。

拾、結　論

　　儘管曾有不少論述提及政黨有趨向衰落的發展趨勢，政黨至今仍是民主政治運作不可或缺的要素之一，值得注意的是，隨著整體政治與社會結構的變化，政黨在某種程度上也是在隨時修正其既有的功能，以及採取新的生存策略。因此，現今的政黨與早期政黨在組織型態以及社會基礎可能有所不同，但其最終的目標——取得權力——則沒有太大變化（Duverger, 1954: xxiii），這也是後續政黨研究的主要關切。

　　其次，包含臺灣在內的新興民主國家（Pridham and Lewis, 1996; Mainwaring and Scully, 1995），以及進入「後物質主義」時期的歐美民主國家（Inglehart, 1987），兩種類型的發展將會對政黨研究提供更多樣化的研究素材，這些素材不僅針對政黨既有的政治功能探討提供不同的時空環境，更進一

步影響到國家機制透過政黨政治的運作的回應性，以及相對應的政府表現，這些問題也對政府體制的穩定性投入新的變數。

最後，由於政黨在民主政治運作的重要性，使得政黨研究向來是政治學研究的主題之一，在相關的研究概念、主題內容及未來的發展皆有相當的文獻持續探討（Janda, 1993; Pennings and Lane, 1998; Gunther, Montero, and Linz, 2002）。值得注意的是，即便是文獻研究持續對此主題的高度關切，仍然無法即時抓到各個國家政黨功能的轉變以及政黨體系的演進，亦即實際的政黨發展總是走在理論建構之前，同時現有理論的建構也常因為新例證的出現而顯得力有未逮，這一情形在半個世紀以前Duverger（1954: xiii）即提醒研究者此種政黨研究的惡性循環（vicious circle）。因此，同時走向更嚴謹的政黨理論建構，以及更為精確的個案研究仍是未來政黨研究努力的方向。

以此來看臺灣政黨研究的走向，在跨國理論的連結、經驗資料的累積，以及本土實際政黨政治的演進，都可以成為政黨研究中成為一個很好的比較個案，也有助於政黨研究的理論建構。

參考書目

一、中　文

王業立，2019，《比較選舉制度》（第七版四刷），臺北：五南。

王業立、陳坤森，2001，〈聯合內閣的類型與成因之分析〉，蘇永欽主編，《聯合政府：臺灣民主體制的新選擇？》，臺北：新臺灣人文教基金會，頁 3-32。

李筱峰，1987，《臺灣民主運動四十年》，臺北：自立晚報。

吳重禮，2000，〈美國「分立政府」研究文獻之評析：兼論臺灣地區政治發展〉，《問題與研究》，第 39 卷第 3 期，頁 75-101。

吳重禮，2008，《政黨與選舉：理論與實際》，臺北：三民。

陳文俊，2003，〈藍與綠——臺灣選民的政治意識形態初探〉，《選舉研究》，第 10 卷第 1 期，頁 41-80。

陳敦源、黃東益，1997，〈分裂政府在臺灣：地方政治研究的新取向〉，「地方議會：回顧與展望」學術研討會，臺中：東海大學。

黃德福，1992，《民主進步黨與臺灣地區政治民主化》，臺北：時英。

游清鑫，1996，〈選舉制度、選舉競爭與選舉策略：八十四年北市南區立委選舉策略之個案研究〉，《選舉研究》，第 3 卷第 1 期，頁 137-177。

游清鑫、林瓊珠，2000，〈政黨重組？總體層次與個體層次的觀察〉，論文發表於「2000 年選舉研究」學術研討會，2000 年 10 月，臺北：國立政治大學選舉研究中心主辦。

鄒文海，1988，《代議政治》，臺北：中華文化出版事業委員會。

鄒文海，1999，《政治學》（第 25 版），臺北：三民。

雷飛龍，2002，《政黨與政黨制度之研究》，臺北：韋伯。

二、英　文

Achen, Christopher H. and T. Y. Wang, eds., 2017, *The Taiwan Voter.* Ann Arbor, MI.: University of Michigan Press.

Blondel, Jean, 1968, "Pang Systems and Patterns of Governments in Western Democracies." *Canadian Journal of Political Science*: 180-203.

Blondel, Jean, 1978, *Political Parties: A Genuine Case for Discontent?* London: Wildwood House.

Burnham, Walter Dean, 1970, *Critical Elections and the Mainsprings of American Politics.* New York: Norton.

Cox, Gary W., and Samuel Kernell, et al., 1991, *The Politics of Divided Government.* Boulder, Co: Westview Press.

Downs, Anthony, 1957, *An Economic Theory of Democracy.* New York : Harper.

Duverger, Maurice, 1954, *Political Parties: Their Organization and Activity in the Modern State.* London: Methuen.

Eckstein, Harry, 1968, "Party System." *Encyclopedia of the Social Science,* Vol. 14, New York: McMillan and Free Press.

Epstein, Leon D., 1975, "Political Parties," In *Handbook of Political Science, Volume 4: Nongovernmental Politics,* eds. G. I. Greenstein & N. W. Polsby. Reading, Massachusetts: Addison-Wesley Publishing Company, pp. 229-77.

Fiorina, Morris P., 1996, *Divided Governmen*t. Boston, Ma: Allyn and Bacon.

Gallagher, Michael, Laver, Michael, and Peter Mair, 1995, *Representative Government in Modern Europe.* New York: McGraw-hill, Inc.

Gallagher, Michael, and Paul Mitchell, eds., 2005, *The Politics of Electoral Systems.* Oxford, U.K.: Oxford University Press.

Gunther, Richard, Montero, Jose Ramon, and Juan J. Linz, 2002, *Political Parties: Old Concepts and New Challenges.* Oxford: Oxford University Press.

Inglehart, Ronald, 1987, "Value Change in Industrial Societies." *American Political Science Review,* 81(4): 1289-303.

Janda, Kenneth, 1993, "Comparative political Parties: Research and Theory." In *Political Science: The State of the Discipline II,* ed. Ada W. Finifter. American Political Science Association, pp. 163-191.

Katz, Richard S. and Peter Mair, 1992, *Party Organization: A Data Handbook.* London: Sage Publications.

Key, V. O., 1955, "A Theory of Critical Elections." *Journal of Politics,* 17: 3-18.

Kirchheimer, Otto, 1966, "The Transformation of the Western European Party Systems," In *Political Parties and Political Development,* eds. J. LaPalombara & M. Weiner. Princeton: Princeton University Press, pp.177-200.

Laakso, M., and R. Taagepera, 1979, "Effective Number of Parties: A Measure with Application to West Europe." *Comparative Political Studies,* 12:3-27.

LaPalombara, Joseph and Myron Weiner, 1966, "The Origin and Development of Political Parties." In *Political Parties and political Development,* eds. J. LaPalombara & M. Weiner. Princeton: Princeton University Press, pp. 3-42.

Lijphart, Arend, 1981, "Political Parties: Ideology and Programs." In *Democracy at the Polls,* eds. D. Butler, H. R. Penniman, and A. Ranney. American Enterprise Institute for Public Policy, pp. 26-51.

1999, *Patterns of Democracy: Government Forms and Performance in Thirty-Six Countries.* New Haven: Yale University Press.

Lipset, Seymour M. and Stein Rokkan, 1967, *Cleavage Structures, Party Systems, and Voter Realignment: Cross-National Perspectives.* New York: The Free Press.

Mainwaring, Scott and Timothy R. Scully, eds., 1995, *Building Democratic Institutions: Party Systems in Latin America.* Stanford: Stanford University Press, pp. 1-34.

Mayhew, David R., 2002, *Electoral Realignments: A Critique of an American Genre.* Yale University.

Michels, Robert, 1962, *Political Parties.* New York: Free Press.

Panebianco, Angelom, 1988, *Political Parties: Organization and Power,* Cambridge: Cambridge University Press.

Pennings, Paul and Jan-Erik Lane eds., 1998, *Comparing Party System Change.* London: Routledge.

Pridham, Geoffrey and Paul Lewis, eds., 1996, *Stabilising Fragile Democracies: Comparing New Party Systems in Southern and Eastern Europe.* London: Routledge.

Rae, Dogulas, 1971, *The Political Consequences of Electoral Laws.* Yale University Press.

Riker, William, 1962, *The Theory of Political Coalitions.* New Haven: Yale University Press.

Ruth, K. Scott, and Ronald J. Hrebenar, 1984, *Parties in Crisis: Party Politics in America.* Wiley & Sons, Inc.

Salmore, Stephen, A., 1985, *Candidates, Parties, and Campaigns : Electoral Politics in America.* Washington, D.C.: Congressional Quarterly Press.

Sartori, Giovanni, 1976, *Parties and Party Systems: A Framework for Analysis.* Cambridge: Cambridge University Press.

Schattschneider, E. E., 1942, *Party Government.* New York : Holt.

Storm, Karl, 1990, *Minority Government and Majority Rule.* Cambridge: Cambridge University Press.

Sundquest, James L., 1983, *Dynamics of the Party System: Alignment and Realignment of Political Parties in the United States.* Washing, D.C.: The Brookings Institution.

Tan, Alexander C., 2000, *Members, Organization and Performance: An Empirical Analysis of Party Membership Size.* Burlington, VT: Ashgate Publishing Company.

Ware, Alan, 1996, *Political Parties and Party Systems.* Oxford: Oxford University Press.

2002, *The American Direct Primary: Party Institutionalization and Transformation in the North.* Cambridge: Cambridge University Press.

Von Beyme, Klaus, 1985, *Political Parties in Western Democracies.* Aldershot: Gower.

第十九章　利益團體

吳重禮

壹、前　言

　　對於一般人而言，「利益團體」（interest group）該詞彙似乎蘊含著負面意涵，因為其往往令人聯想到「特殊利益」、「牟取私利」、「政治遊說」，以及「金權政治」等批評字句。儘管如此，假若吾人嘗試了解實際的政治運作，則絕不能忽略利益團體的角色。在多元民主社會中，影響政治運作者主要包括「政府角色」（governmental role）與「非政府角色」（non-governmental role），前者包括行政部門、立法部門，以及司法部門；後者則包括政黨、利益團體、大眾傳播媒體，以及社會民眾。由於利益團體在政治過程中經常扮演著舉足輕重的角色，該議題早已獲得當代西方政治學界的普遍重視，無論是理論建構、實證研究，或者是比較分析的學術著作，均可謂是卷帙浩繁，其數量與質量之豐富，幾乎與政黨政治的研究文獻不分軒輊。相對於西方學界對於利益團體的關切與重視，我國學者在這方面的研究似乎仍有寬廣的發展空間。

　　本章擬對於利益團體的性質與影響，進行分析與評估，使讀者得以透過宏觀面向了解利益政治的全貌。鑑此，本章將首先探討利益團體的意涵與種類。其次，嘗試說明利益團體的活動方式與相關規範。再者，本章將羅列影響利益團體活動的主要因素。另外，本章亦將探討利益團體從事政治捐獻的議題，其中，以美國「政治行動委員會」（Political Action Committees, PACs）為實例，說明「獨立支出」（independent expenditure）與「軟錢」（soft money）的影響，並摘述若干政治捐獻改革芻議。在結論中，筆者回顧本章的討論重點，提出利益團體與民主政治的關係。

貳、利益團體之意涵與種類

　　無疑地，每個人都是理性的，嘗試極大化個人利益與價值。然而，在現實社會中，絕大多數的單一個人，其力量微薄，極難成事。為了解決生活的基本需求、追求社會特定價值，或者獲致更高的人生目標，人們必須攜手合作，從事某種交往互動關係，因而遂結合成為各種類型的團體。在政治運作過程中，「政治利益團體」（political interest group）係指一群人的組成，他們有著共同的政治目標或者政治信念，並藉著彼此的互動，有組織地從事政治活動，影響政府決策，以達成這些目標或信念。一般說來，利益團體也經常被稱之為「壓力團體」（pressure group），或者「自願性組織」（voluntary association）。

　　與政黨所履行的功能所不同的是，利益團體並不會為了達成其政治目的而提名候選人角逐公職，嘗試贏得選舉，掌握政府的決策權力，從事政府高層人事的安排。相反地，利益團體試圖以各種「途徑」（access），接觸說服政府決策者、行政官僚、民意代表、司法人員、政黨領導菁英等，藉由這些管道對於政府政策施加影響力。當然，利益團體的種類極多。有些利益團體的組織甚為嚴密，擁有穩固的制度基礎與眾多的專業人員，以有效率的方式推動業務；反觀，部分利益團體的組成則頗為鬆散，僅有若干業餘人士參與其間。再者，有些利益團體具有清晰的政治目標；反觀，部分利益團體主要追求的目標在於經濟、宗教、文化、公益、環保運動，或者其他事務，而政治目的可能是較為次要的，或者政治活動僅為達到其他目標的手段而已。

　　無論如何，我們經常可以發現，愈是成熟發展的民主社會，利益團體的類型愈為多元複雜，反之亦然。在西方民主國家，利益團體的種類甚繁，多數利益團體所關切的事務乃是成員的經濟利益，但是也有部分團體致力於促進會員的非經濟性利益，甚至追求整體社會公益。在歐美先進國家，利益團體活躍於政治舞臺，由來已久。迄今，利益團體更呈現蓬勃發展，在政治運作過程中扮演著重要的角色。大體而言，吾人可將形形色色的利益團體歸納為五類，包含工會組織、商業組織、專業協會、特定對象團體，以及公益團體，試分述如下。

一、工會組織

　　就歷史發展的過程看來，工會組織或許是最早具備利益團體雛形的單位。儘管不同工會組織的運作模式容有差異，但是大體上係透過集體行動向雇主爭

取較優渥的薪資與較佳的工作環境。在共同利益的追求動機之下，當產業工會工人們結合起來向雇主提出更多的要求時，他們已然形成一個利益團體。一般說來，隨著時間的演變與組織結構的逐漸擴張，多數的工會組織必然涉足政治領域，嘗試影響政府決策。工會組織往往透過遊說或者其他手段，影響行政機關或者立法部門，爭取對於工作條件的保障，例如最高工作時數、最低工資，以及勞工保險事務。有時候，工會組織的政治訴求可能更為廣泛與多元，例如敦促設置社會福利制度與推動平價住宅法案，因為這些政策經常有利於其組織成員。

　　環顧各國情形，諸多工會組織頗具規模，而且在政治運作過程中擁有相當程度的影響力，舉凡「美國產業組織勞工聯盟」（American Federation of Labor-Congress of Industrial Organizations, AFL-CIO）、「國際卡車司機兄弟會」（International Brotherhood of Teamsters）、「汽車工人聯合會」（United Auto Workers, UAW）、「礦工暨卡車司機聯合會」（United Mineworkers and the Teamsters）、英國的「工會理事會」（Trade Union Congress）與「全國礦工工會」（National Union of Mineworkers）、奧地利的「工會聯盟」（Federation of Trades Union）、澳大利亞的「醫護聯盟」（Nursing Federation），以及瑞典的「勞動聯盟」（Federation of Labour）等，不一而足。

　　在眾多工會組織之中，英國的工會理事會或許是最直接參與政治活動的利益團體，因為它對於「工黨」（Labour Party）的黨員組成與決策過程均甚為重要。事實上，在二十世紀初期，就是由工會理事會及其他社會團體籌組工黨，並且在第二次世界大戰之後取代「自由黨」（Liberal Party），成為與「保守黨」（Conservative Party）交替執政的兩個主要政黨。類似英國工會組織與政黨的密切關係，在其他國家也存在著。舉例來說，在法國，工會組織與「社會黨」（Socialist Party）；在義大利，工會組織與「共產黨」（Communist Party）；在以色列，工會組織與「工黨」（Labor Party）；在墨西哥，工會團體與「建制革命黨」（Institutional Revolutionary Party, PRI）的互動即頗為頻繁。

二、商業組織

　　許多商業團體嘗試影響政府官員及其決策，促使政府從事某些作為，或者要求政府不採取某些措施，以獲致其特定目的。一般說來，商業組織的利益訴求較偏向於經濟導向，儘管其運作方式可能是相當多元的。它們可能會著重於

某些經濟議題或者政策領域，諸如公共支出、課稅項目、進出口稅賦、進出口配額、出口補助、低利貸款、降低環境保護標準等，而這些特定議題與其本身利益有著密切的關係。舉例來說，營造業者遊說政府積極進行某些基層公共與交通建設，因為這些基礎建設對於建築工程業界具有實質的影響。商業團體可能會希望透過政府的管制措施，設立貿易障礙，以減少國際市場進口的競爭。它們也可能嘗試勸阻政府不要採取類似的管制措施，因為無疑地這會增加業者的經營成本。它們可能藉由政府的協助，要求其他國家排除各種貿易障礙，以擴大出口市場。或者，商業組織可能會反對某些工會組織的特定訴求，減低勞方的要求，以確保資方的利益。值得說明的是，商業組織與工會組織並不必然處於對立的狀態，當雙方利益一致的情況下，兩者可能合作進行聯盟，例如聯手爭取政府的軍事採購訂單。

　　商業組織包括各種商會、製造商協會、農會商業團體，以及個別公司企業等。以美國為例，頗具影響力的商業組織甚多，舉凡「商業總會」（Chamber of Commerce）、「全國小型商業協會」（National Small Business Association）、「全國製造業者協會」（National Association of Manufacturers, NAM）、「舊車商協會」（Used Car Dealers Association）、「美國農業聯盟」（American Farm Bureau Federation, AFBF）、「全國農民協會」（National Farmer掇 Union, NFU）、「全國農莊」（National Grange）、「聯合蛋業協會」（United Egg Association）、「美國電話暨電報公司」（American Telephone and Telegraph, AT&T）、「聯邦鋼鐵公司」（United States Steel）、「通用汽車公司」（General Motors）、「美國運通」（American Express）等。以英國為例，「全國農民協會」（National Farmer掇 Union）與「英國產業聯盟」（Confederation of British Industries, CBI）就是相當強勢的商業團體，其會員甚為廣泛，包含了絕大多數的英國農民與工商產業。

三、專業協會

　　在現代社會環境之下，多元化的專業分工是一項重要的結構特徵。基本上，從事某種專門職業的人士，其本身所涉及的利益頗為相近，因此形成利益團體，藉由政治管道左右政府決策，尋求共同目標。一般說來，這類的專業協會經常定期舉辦研討會活動，交換與討論專業資訊。除了組織內部成員專業知識的傳承之外，這種專業協會往往對於政府部門施加壓力，以遂行其政治目的。最常見的情形即為要求政府加強管制或者放寬專業執照，使得具備某些專

業資格的人士始能從事該項職業。這些專業協會之所以特別關切執業證照事務，一方面希望維護社會大眾對於該項專業知識的信任，另一方面在於排除其他不符合特定資格者進入該項專業。當然，關於專業證照的發放標準經常必須由政府加以規定，因此行政官員與立法部門的相關決策，便是這些專業協會相當重視的議題。

　　就實際組織規模而言，這種專業協會或者技術取向職業團體的會員人數可能不多，但是由於種種其他因素，這些利益團體往往能夠發揮龐大的政治影響力。舉例來說，「美國醫療協會」（American Medical Association, AMA）、「美國律師協會」（American Bar Association, ABA）、「美國銀行家協會」（American Bankers Association, AMA）、「全國房地產協會」（National Association of Realtors）、「職業飛航管制員組織」（Professional Air Traffic Controllers Organization），以及英國的「全國信託協會」（National Trust）與「英國醫療協會」（British Medical Association, BMA）都是不容小覷的利益團體。

四、特定對象團體

　　有些利益團體特別關切婦女、殘障、幼童、退休老人、少數種族與族裔的權益，要求政府制訂性別、種族（族群）等平權政策，或者幼童與耆老的保障措施，消弭各種歧視與障礙，確保其經濟福利與社會權益。有些利益團體關切某種宗教地位的提升，以及積極推展相關活動。這些以爭取特定性別、宗教、種族，或者年齡為標的之團體，即可稱之為特定對象團體。

　　以美國多元政治為例，這些特定訴求團體形形色色，諸如爭取少數族群權益的「全國有色人種促進會」（National Association for the Advancement of Colored People, NAACP）、「全國天主教聯合會」（National Conference of Catholic Bishops）、「基督教聯盟」（Christian Coalition）、「都市聯盟」（Urban League）、「南方基督教領袖會議」（Southern Christian Leadership Conference, SCLC）、標榜極端保守主義的「三K黨」（Ku Klux Klan）、「美國婦女組織」（National Organization for Women, NOW）、「幼童保護基金」（Children掇 Defense Fund）、爭取耆老福利的「灰豹」（Grey Panthers）與「美國退休人士協會」（American Association of Retired Persons, AARP）等。

五、公益團體

前述所列舉的四類利益團體大多基於促進組織成員利益而成立，然而部分利益團體的設立目的，係基於「公眾利益」（public interest）的考量，這種類型的利益團體經常標榜追求社會的公平與正義，或者是全民的福祉與權益。這種團體關注於如何改善各類政治、經濟、社會、自然環境議題，而非提供其所屬成員立即、直接，或者明確的利益。這些團體或許並不關切某些特定群眾，而是訴求某項特定議題，其可能屬於「單一議題團體」（single-issue group），舉凡人權、墮胎、道德重整、菸害、毒品、色情、雛妓、司法改革、槍枝管制、裁減軍備、禁止核子試爆等，不一而足。

無疑地，當我們在界定公益團體時，可能極難清楚地釐清公益與私利的界線，但是這種團體確實存在。尤其在經濟愈發達、教育程度愈提升、公民「政治自覺」（political awareness）程度愈高的現代化國家，這種公益團體有逐漸增加的趨勢。以美國為例，包括「公民」（Public Citizen）、「公共目標」（Common Cause）、「美國公民自由聯盟」（American Civil Liberties Union, AGLU）、「全國步槍協會」（National Rifle Association）、反對色情與墮胎的「道德重整協會」（Moral Majority）、支持墮胎選擇權的「全國墮胎行動聯盟」（National Abortion Right Action League）與「計畫父母組織」（Planned Parenthood）、「反對酒醉駕車之母親聯盟」（Mothers Against Drunk Drivers, MADD）、「山巒俱樂部」（Sierra Club）、「地球之友」（Friends of the Earth），以及「綠色和平」（Greenpeace）等。

參、利益團體的主要活動方式

猶如前述，利益團體主要在於追求某些特定目的，以符合所屬成員的利益、理念，或者意識形態。至於如何達成這些目標，其可運用的主要技巧包括遊說、影響公眾輿論、動員組織成員、政治捐獻、司法訴訟、示威、遊行、罷工與抵制等非暴力方式，以及其他非法手段。當然，在實際政治運作過程之中，為了獲致不同的目的，利益團體必然採取不同的活動方式。甚者，利益團體可能採取一種以上的混合式行動策略，嘗試有效地達到目標。茲針對這些活動方式，分述如下。

一、遊　說

在眾多活動策略之中，「遊說」（lobbying）或許是利益團體最常使用的方式。遊說意指利益團體的代表人員與政府重要決策人士進行接觸，藉由這些管道對於有關部門表達其意見與訴求，以便影響政府的作為。在西方民主國家，遊說應該是利益團體最重要、最直接的活動方式。遊說的接觸途徑可能是非正式的型態，透過電話、電子郵件、傳真、書信等方式，甚至在餐敘中表明所屬團體的立場。利益團體的遊說途徑也可能是正式的場合，例如在國會委員會所舉辦的聽證會中陳述意見、出席法庭提出相關證據，或者向行政機關提出政策技術報告，敦促民意代表、司法人員、行政人員（包括政務官員與事務官員）接受對其有利的建議，或者否決對其不利的提案。當然，在政黨政治盛行的今日，利益團體尋求特定政黨及其候選人的認同，將其訴求納入黨綱與競選政策之中，也是相當重要的一環。無論是透過正式或者是非正式的管道，代表利益團體對於政府當局進行遊說的人士，即稱之為「遊說者」（lobbyist）。

在西方民主國家，遊說者可能曾經擔任過國會議員或是行政官員，他們對於特定的政策領域相當熟悉，了解議事規則與政策制訂過程，政治溝通技巧相當熟練，對於政治事務高度敏感，通曉政壇內情，知悉競選經費募款的管道，甚至可能與政府重要決策人士有些私誼。這些專業的遊說者往往受到許多利益團體的青睞，受雇與政府當局保持經常性的接觸。遊說人員之所以能夠在政壇如此活躍，往往因為其能言善道、長袖善舞的特徵。一般說來，由於民意代表與行政首長係由人民選舉產生，具有反映社會輿情的責任，而且必須面臨競選連任的壓力，以及競選經費籌募的迫切性，因此成為遊說者活動的主要對象。

大體而言，利益團體的遊說人員主要在於提供專業資訊與統計資料給予政府當局酌參，而非一般民眾所認知的「金」與「權」交換行為。以美國為例，利益團體、國會委員會，以及行政官僚，這三者往往具備相當豐富的專業資訊，因此在制訂政策過程中扮演極為重要的角色。在特定政策領域方面，利益團體戮力給予國會委員會、行政官僚相關訊息，並且設法滿足對方的利益。由於美國政府的政策制訂經常取決於這三者之間的互動，這種關係即稱之為「次級政府」（subgovernments）或者「鐵三角」（iron triangle）（Heclo, 1990）。

二、影響公眾輿論

利益團體不僅會試圖影響政府決策者、行政官僚、民意代表、司法人員、政黨領導菁英等，而且也會嘗試左右公眾輿論的走向，尤其是議員選區民眾的

觀感。在現代民主國家之中，利益團體透過各種管道接觸政治人物，這可能並不困難。然而，徒憑遊說政治菁英，顯然有所不足，畢竟這些政治人物必須審慎考量基層民眾的立場。假使社會輿論對於利益團體所追求的目標無法認同，政治人物並不會逆勢而為，與利益團體站在同一陣線。反觀，倘若利益團體得以爭取廣大民眾的奧援與支持，儘管民意代表或政府官員並不完全同意利益團體的理念，但這些政治人物仍然必須審慎考量它們所提出的政策建議。如是以觀，這不難了解，為何諸多利益團體花費龐大的人力與資源，塑造有利於其政治目標的民意氣氛，或者嘗試說服社會大眾不要反對它們的主張。

對於多數的利益團體而言，在全國性與地區性電視、廣播、雜誌、報紙等新聞媒體推出宣傳廣告，建立正面的「形象」（image），是影響民眾觀感的重要策略。此外，對於部分工商企業來說，挹注若干資源進行公益活動，與當地社區維持和睦關係，或者從事基礎建設或教育工作，也是爭取民眾同情與支持的方式。為了達到影響社會輿論的目標，諸多利益團體內部會設立公共關係部門，或者聘僱專門的宣傳與公關人員，傳達利益團體的理念與主張。當然，並非所有嘗試去影響社會輿論的作法都會成功，畢竟任何一個利益團體的行動，可能立即遭致其他對立團體的關切，而採取反制的動作。

三、動員組織成員

對於多數經由選舉取得公職的決策人士來說，當利益團體提出「假如你贊成這件法案，我們就在選舉時支持你」，或者「倘若你繼續支持這項議案，我們就決定在選舉時力挺其他的候選人」，是相當具有說服力的。動員所屬組織成員，或者發動宣傳造勢活動，以表達組織的立場，往往是利益團體發揮影響的利器。一般說來，組織成員人數愈龐大，其足以產生的效應愈強。就實際策略而言，可以分為支持與抵制兩種方式：其一，明確表達支持某項政策，動員團體成員及其親屬投票支持特定候選人，或者義務為其宣傳；其二，發動所屬成員以各種管道，舉凡電話、信件、電子郵件等，向民意代表與政務官員傳達反對某項議案的聲音，甚至威脅在選舉時將抵制支持該議案的公職人員。

四、政治捐獻

利益團體影響公共政策的另一項重要途徑，係左右民選官員或民意代表的選舉結果。其中，或許最受爭議的焦點，即是利益團體運用政治捐獻介入選舉。在科技發達的今日，新興的選戰技術如民意調查、媒體廣告文宣等大幅度

地運用，要想打贏一場選戰則必須透過諸如專業的選舉公關公司、民意調查公司、大眾傳播媒體的包裝與管道，才能在眾多候選人之中脫穎而出，因此一場選舉下來，往往所費不貲。在選舉過程中，由於競選支出所需驟增，迫使各候選人勢必嘗試開拓各種資金管道，才得以因應。其中，候選人向其支持者及利益團體籌募經費，即是一項重要管道。

　　利益團體應否對於公職候選人進行政治捐獻，之所以引發高度爭議，是不難理解的。抱持反對立場者質疑，利益團體藉由捐輸鉅額經費資助特定候選人，這些候選人一旦當選之後，必然藉由政府決策回饋這些利益團體。換言之，公職人員與利益團體交換政治酬庸與經濟利益，以犧牲公共資源來遂行私人利益，頗受訾議的金權政治於焉產生。因此，整頓選舉耗資過鉅的陋習，削弱特殊利益團體對於選舉的影響力，確實有其必要。相反地，贊成利益團體捐助的人士以為，在政黨與社會的互動過程中，人民團體參與政黨活動，或捐助金錢資助政黨活動，均是極為平常之理，且足以保障公民平等的政治參與機會。再者，即使利益團體進行政治捐獻可能淪於金權掛勾之虞，然而這卻是無法禁絕之事。因此，與其消極地嚴格禁絕利益團體政治捐輸，尚不如積極地規範如何進行政治捐獻。利益團體從事政治捐獻的相關議題，將在本章第五節與第六節中詳細說明。

五、司法訴訟

　　對於某些較為弱勢的利益團體而言，諸如少數族群團體、婦女團體、環保團體、同性戀團體等，提出司法訴訟往往是一項頗為有利的活動策略。尤其，當這些利益團體嘗試對於行政部門、立法部門、官僚體系、政黨組織，以及社會輿論加以影響，但是始終無法有顯著進展之際，訴諸司法訴訟的策略就成為關鍵的手段。舉例來說，美國的「全國有色人種促進會」、「美國婦女組織」、「山巒俱樂部」等，就經常將一些涉及種族歧視、性別歧視〔尤其是「職業區隔」（occupational segregation，意指女性僅得從事某種薪資較低的職業）與「玻璃天花板」（glass ceiling，意指女性就業職場的升遷障礙）〕，以及違反環境保護的案例，提到法院進行審理，尋求解決。

　　利益團體之所以將其政治理念直接訴諸司法判決，主要在於法官係屬終生職，因此他們處理爭議事務的態度往往有別於政務官員與民選議員，而較易處於超然、中立的立場，公平地裁定紛爭。尤其，當法院本身擁有「司法審查權」（judicial review），亦即法院審判訴訟案件時，同時審查訴訟案件所適用

的法律或命令是否與憲法或法律精神相符，倘若與憲法或法律義理牴觸，法院得根據憲法或法律，拒絕適用該項法令。[1]

　　無疑地，司法審查制度的確立促使司法體系得以直接進入若干重大「政治問題」（political question）的核心，對於諸多政治紛爭的解決，具有深遠的影響。[2]再者，法院對於某些特定案件，經常不可避免地必須解釋法律和創制判例，而該項行為便形同是一種「司法立法」（judicial legislation）的表現。

　　有時候，利益團體訴諸司法判決作為活動策略，不僅期望透過法院爭取特定權益，往往亦有引起社會輿論關注的作用。由於法院不得拒絕審判的特性，所以利益團體在短時期內動員支持者大量進行司法訴訟，經常成為傳播媒體報導的焦點。當然，除了訴諸法院審理案件之外，配合其他活動方式，舉凡示威、遊行、罷工等，更能夠達到推波助瀾的效果。

六、非暴力方式

　　當利益團體透過前述較為溫和的活動技巧，但卻無法獲致特定目的，或者其成效不彰時，可能採取更為激烈的策略，包括示威、遊行、舉牌、絕食、靜坐、罷工、抵制等，發出其抗議之聲。基本上，這些均屬於非暴力方式。1930年代和1940年代印度聖雄甘地（Mohandas K. Gandhi）領導脫離英國的獨立運動、1960年代初期民權運動領袖金恩（Martin Luther King, Jr.）爭取黑白種族平權運動、1989年北京天安門廣場學生民主運動，以及1990年初我國大專青年在中正紀念堂發起的學生民主運動，都是訴諸非暴力活動的顯著案例。

　　基本上，非暴力方式主要在於引發傳播媒介與社會輿論的關注，爭取同情

1　無論是英美法系或是大陸法系的國家，法院（或憲法法院、憲法委員會、大法官會議等）擁有司法審查權是相當普遍的現象，譬如美國、德國、奧地利、比利時、荷蘭、加拿大、印度、菲律賓、日本、法國、我國等。在這些採行「聯邦體制」（federal system）或是「單一體制」（unitary system）的國家之中，法令一經法院宣布「違憲」（unconstitutional），便等同於廢止州（或邦）議會、聯邦國會，或者行政機關所制定的法令。值得說明的是，在聯邦體制之下，司法審查制度並不以聯邦法院為限，各州法院亦包括在內。申言之，聯邦各級法院得宣告與聯邦憲法相悖的各州法律或聯邦法律違憲，從而否認其效力，並且拒絕適用。相同地，各州各級法院得依據聯邦憲法宣告違反聯邦憲法之聯邦法律無效，並得依據聯邦憲法或州憲法，宣告違反該憲法義理之州法律無效。至於最終裁決法律是否與聯邦憲法衝突者，則為聯邦最高法院的權責。

2　或許，托克維爾（Alexis de Tocqueville）對於美國法院的描述，是闡述司法政治功能的最佳註腳：「法官掌握權威處理每天所發生的政治事務，因此法官遂成為重要的政治官員」；「幾乎沒有任何政治問題不是遲早必須訴諸司法，而成為司法問題」〔（1835）1984: 72, 125〕。

者的支持，間接對於政府決策產生影響。一般說來，參與人數的多寡、領導成員的策略，以及訴求理念的正當性，都是攸關非暴力方式能否成功的關鍵性因素。值得強調的是，這種非暴力方式可能導致反效果，因為過度的抗議與激烈手段，不僅會激起敵對團體的反彈，進而採取類似的非暴力行為，同時可能遭致同情者和漠然民眾的反感。甚者，諸多實際經驗顯示，這種非暴力方式可能因為團體成員的情緒過於高亢，轉變成為非法舉動，舉凡暴力式的罷工、破壞性的遊行，以及其他攻擊行為等，使得訴求的初衷失去正當性。

七、其他非法手段

在不利的情勢之下，當利益團體訴諸正規途徑，但根本無法獲得政府相關部門的重視，其可能採取非法方式。少部分激進的利益團體為了達成特定目的，從事恐怖主義、暴動、暗殺、叛亂、綁架、劫機、劫船、自殺攻擊、自焚，以及其他形式的暴力行為，這些均屬於非法手段。另外，在若干低度發展與發展中國家，利益團體賄賂政府重要決策人員的風氣似乎甚為猖獗，且時有所聞。基本上，賄賂政府官員的種類形形色色，不一而足，可能直接以金錢或物品餽贈、約定事成之後抽取佣金，或者承諾在離職之後安排接任高薪工作。無論如何，這也是一種非法行為，均不足取。

肆、利益團體影響力的決定因素

儘管利益團體得以使用的活動方式甚多，然而有些利益團體的活動確實較為有效，部分利益團體則往往徒勞無功。換言之，即使在相同的政治體系之下，為什麼有些利益團體較具影響力，而有些利益團體則無法發揮預期的作用？整體而言，利益團體影響力的決定因素可歸納為六項，包括：會員人數的多寡、組織的團結程度、領導統御的才能與技巧、組織成員的社會地位與專業特性、組織得以運用的經費，以及組織成員的分布程度。茲對此六項因素，分述如下。

一、會員人數的多寡

在其他條件均相等的情形之下，一個成員人數眾多的利益團體較一個成員人數稀少的利益團體，其政治影響力更為顯著。之所以如此，其理甚明。對於

經由選舉取得公職的決策官員而言，成員眾多的利益團體其得以動員的選票數目較多，而且其政治捐獻的能力亦較為雄厚。尤其在若干候選人競選激烈、支持率差距甚小的選舉中，擁有眾多成員的利益團體，其支持意向往往是決定勝負的關鍵因素。在平時，這些規模較大的利益團體往往擁有豐厚的資源，得以僱用專業的人士進行遊說宣傳工作，以達成組織目標。此外，這些人數龐大的利益團體，藉由電話、電子郵件、傳真、書信，甚至示威遊行的方式表達意見，其擁有更強的宣傳優勢。從另一個角度加以觀察，人數較多的利益團體所提出的主張，經常意味著反映更為廣泛的議題，即使非團體成員亦可能受益，不若人數稀少的團體其訴求可能較為狹隘。

二、組織的團結程度

當然，人數多寡絕非決定利益團體影響力的單一因素，其他變數所產生的效應可能凌駕於此。其中，組織內部的團結程度就相當關鍵。儘管有些團體的人數龐大、成員社會地位較高、財力資源雄厚，然而假如內部組織鬆散、領導階層糾紛迭起、人事傾軋不斷，則其影響力必然大打折扣。反觀，若干團體的人數雖少，但是依賴其嚴密的組織與高度的凝聚力，往往能夠發揮不容小覷的作用，影響政府施政決策。無疑地，對於領導菁英而言，如何維繫團體的向心力與認同感確實是個重要課題。大體而言，提供成員充足的動機與誘因，係維持團結程度的必要作為。一項研究指出，促成人民參與公共事務的誘因，可區分為「物質誘因」（material incentive）、「社會關係誘因」（solidary incentive），以及「理念誘因」（purposive incentive）等三種（Wilson, 1995）。當然，部分成員可能因為物質誘因而積極參與組織事務，與此同時，若干成員會因為人際關係與政治理念的契合，增強對於團體的認同感。

三、領導統御的才能與技巧

領導者的才能與技巧係決定團體影響力成敗的重要條件。一般認為，才能出眾的領導者往往對於團體的成長助益甚大，包括組織強固的凝聚力、政治行動的效率，以及贏得社會廣泛的認同與奧援等。這類嫻熟政治運作、具備溝通能力的領導者甚至能夠彌補其他的不足，將有限資源發揮極致，獲致預期目標。反觀，統御才能欠缺的領導者往往是團體組織的致命傷。

四、組織成員的社會地位與專業特性

　　部分利益團體的成員人數並不多，但是由於會員的職業具有較高的社會地位，其決策影響程度甚至高過於人數較多的團體。舉例來說，「美國醫療協會」、「美國律師協會」，以及「美國銀行家協會」等，由於其組成份子的社會威望較高，故擁有相當的政治影響力。這主要是因為政府部門在決策過程中，經常倚重這些團體的專業意見，作為參考依據。甚者，行政首長甄選相關部會政務官員時，亦可能徵詢這些專業團體的同意。

　　除了組織成員的社會地位之外，團體的專業特性亦必須列入考量。這是由於社會的經濟結構，使得部分工會、商會、企業組織占有重要的經濟地位，因而在政治決策方面發揮影響力。舉例而言，在出口導向的國家，中小型企業廠商對於帶動國內相關產業及經濟的活絡甚為重要，因此政府部門必須主動關切其主張。再者，若干國家以礦業、農產品、石化原料為經濟大宗，則政府官員對於礦產工會、農民團體、石化企業的訴求，必須積極回應，否則影響國家生計甚鉅。

五、組織得以運用的經費

　　經費的多寡往往是決定利益團體影響力的關鍵。豐厚的財力後盾或許並不必然提升團體的政治優勢，但肯定的是，經費短絀的團體卻是難有作為。就實際運作而言，從事廣告宣傳、僱用專業法務專員、延聘遊說人士、進行政治捐獻等，均所費不貲。無可諱言地，在現今成本高昂的政治過程中，由於商業組織擁有龐大的經費資源，往往在決策過程中享有強大的優勢。

六、組織成員的分布程度

　　有些利益團體所屬成員散布各地，如教師與醫師，而部分團體的成員則集中在某些特定地區，如礦業工人與農民。這種組織成員的分布程度往往影響政治動員的力量。一般說來，分布程度較為廣泛的利益團體得以對於各個行政官員與民意代表進行遊說，其政治訴求往往強調全面性，但是對於某些特定地區所選出的公職人員，其影響程度不如那些分布程度較為密集的利益團體。畢竟，這些民選官員的核心利益在於競選連任，其必須密切注意選區民眾的意見。

伍、利益團體的政治捐獻規範：以政治行動委員會為例

　　誠如所知，利益團體影響公共政策的一項重要途徑，係運用政治捐獻介入選戰影響民選官員的選舉結果。因此，如何規範選舉經費的來源與支出，往往是許多政治體制的當務之急。舉例來說，自1999年11月初德國「基督教民主聯盟」（Christian Democratic Union, CDU；簡稱基民聯盟）的財務長克普（Walther Leisler Kiep）因涉嫌逃漏稅遭到逮捕，引發檢調機關對基民聯盟財務狀況的調查，之後成串的政治捐獻醜聞如滾雪球般地被揭露出來。執政十餘年並因完成德國統一大業而聲名卓著的前總理柯爾（Helmut Kohl），涉嫌在總理任期內，開設祕密帳戶，收受軍火商的賄款一百多萬馬克（1馬克約折合14元新臺幣），並且接受「西門子」（Siemens）企業五百萬馬克的政治捐獻。另外，部分基民聯盟中央要員亦不依規定申報收受獻金，這包括前基民聯盟主席暨聯邦眾議院黨團主席蕭伯樂（Wolfgang Schaeuble）。再者，地方政府中黑森邦（Hessen Land）的基民聯盟黨部也將政治捐獻轉移為外國資產，再將其匯入作為競選經費；根據統計，黑森邦基民聯盟黨部遭調查的非法捐獻金額高達三千萬馬克。爆發這樣的情事，對於一向以實施「政黨法」（Parteiengesetz）為榮，並進而奠立政黨政治基礎的德國而言，無疑地是相當大的諷刺，亦是其政治發展過程的一大衝擊（劉書彬、吳重禮，2001）。針對政黨財務所引發的政治獻金問題，引起社會各界物議，若干人士倡議改革芻議，嘗試參酌其他民主國家關於政治捐款的規定，準備作為修訂政黨法及相關法令的依據，藉以杜絕政治捐獻所引發的金權政治弊端。

　　事實上，當諸多國家思索如何規範利益團體政治捐獻的難題，往往嘗試設立中介機構管理法人的捐獻，以達到「捐助來源公開，經費支出透明」的目的。換言之，成立類似美國「政治行動委員會」（Political Action Committees, PACs），似乎有其必要。

　　政治行動委員會的蓬勃發展，與1960年代美國選舉文化的劇烈變動有關。儘管美國國會曾在1907年制訂「提爾曼法案」（Tilman Act），禁止法人團體進行政治捐獻，但少數企業團體仍能規避這項禁令，透過其他的管道和方式對於候選人進行鉅額捐獻，期望候選人當選後能提出對自己有利的政策。尤其，在1970年代初期，爆發共和黨總統候選人尼克森（Richard M. Nixon）競選委員會收受諸多「肥貓」（fat cat）的大額捐款，引起「金權政治」的訾議，社會輿論譁然。有鑑於此，國會遂於1971年制訂「聯邦選舉競選法」（Federal Election

Campaign Act, FECA）。[3]該法嚴格規定候選人競選經費的來源及運用方式，並限制個人、利益團體和政黨對於候選人捐獻的最高額度，避免大企業家、財團對於候選人毫無限制的政治捐獻，以及對於民主政治的運作所可能造成的負面影響（Beck, 1998: 270-272）。在當時，政治行動委員會並非聯邦競選法規中所規範的對象，然而在歷次的法規修改之後，造成的結果卻使得政治行動委員會如雨後春筍般的紛紛成立，這是制訂法規之初所始料未及的。

　　根據1970年代制訂的聯邦競選選舉法，准許工會和公司成立「分離基金」（separate segregated fund）來從事政治活動；而此分離基金的統籌管理機構就是政治行動委員會（吳重禮、黃綺君，2001；鄭端耀，1998；Sorauf, 1992）。政治行動委員會的主要工作，為向工會個人或公司的所屬員工募集自願性的小額捐款，再將此捐款轉贈給它們所支持的政黨或候選人。因此，政治行動委員會遂成為利益團體合法運用選舉資金的媒介。

　　政治行動委員會依其組織類型的不同可分為：公司型（corporate PACs）、工會型（labor PACs）、協會型（association PACs）、產業工會型（cooperative PACs），以及無隸屬團體型（non-connected PACs）（黃秀端，1990，1993）。根據聯邦競選選舉法的規定，公司型的政治行動委員會可於任何時間向公司的主管、員工及其親屬進行募款，但每年僅以兩次為限。工會型的政治行動委員會的募款對象是工會會員及其親屬，捐款的次數每年沒有限制，且聯邦競選選舉法也允許工會型的政治行動委員會向其會員所服務的公司主管募款。協會型的政治行動委員會其型態通常為同業團體或是強調特殊議題的社團，例如「美國醫療協會政治行動委員會」（American Medical Association Political Action Committee），就是由「美國醫療協會」所成立的；還有像是「全國步槍協會」所成立的政治行動委員會則稱為「全國步槍協會政治勝利基金會」（National Rifle Association掇 Political Victory Fund）等，其協會的會員就是他們主要的募款來源。另外，具有「商業性質」的協會型政治行動委員會還可向會員所服務的公司主管或股東募款。

　　「會員」也是產業工會型政治行動委員會的募款來源，例如「聯合蛋業工會」所成立的「蛋政治行動委員會」（Egg Political Action Committee），身為

3　美國聯邦選舉競選法在1971年制定之後，曾於1974年、1976年和1979年分別修正，其中又以1974年的修改幅度最為明顯（相關法規內容說明，建議參閱李月華，1995；鄭端耀，1998；Beck, 1998: chap. 12；Corrado, 1998；Malbin and Gais, 1998；Rosenkranz, 1998；Sorauf, 1992）。

工會會員的各大養雞場場主，自然就是該行動委員會的主要募款對象。另外，所謂「無隸屬團體型」的政治行動委員會，通常是由一群主張特定的意識形態或單一議題的團體所組成，像是以意識形態為主的保守派政治行動委員會、自由派政治行動委員會，針對單一議題為主，例如「全國有色人種促進會」、「道德重整協會」、「反對酒醉駕車之母親聯盟」，以及「地球之友」即屬於這一類（李月華，1995；劉青雷，1988；Sorauf, 1984, 1988）。因為他們沒有隸屬的「母團體」，也沒有正式吸收會員成立政治組織，必須向社會大眾尋求認同與支持，因此他們的募款對象也最廣，遍及社會各個階層。

依據聯邦競選選舉法規定，在每次的選舉中，政治行動委員會對於每一位候選人的捐款上限為5,000美元，但是法令並沒有對於政治行動委員會的捐款總額作出限制，這等於是正式承認政治行動委員會在招募競選經費過程中的合法性。自此之後，各個工會及公司均可成立政治行動委員會，支持他們所偏好的政黨或候選人（Luntz, 1988; Malbin, 1998）。在個人捐獻的部分，法令規定的內容比政治行動委員會更為嚴格，在每次選舉中（黨內初選和大選分別各算一次選舉），個人對於某一位候選人的捐款，不得超過1,000美元的上限，且在一年內捐給同一位候選人的數目也不得超過2,000美元（陳恆鈞，1998）。這種對於選民個人捐款數目的限制，有效地遏止了以往候選人仰賴少數大企業家的政治獻金作為競選經費來源的情況。

另外，在1976年Buckley v. Valeo的判決中，美國聯邦最高法院取消了聯邦競選選舉法中對「獨立支出」（independent expenditure）的限制。所謂獨立支出意指政治行動委員會運用其所籌募到的資金，在沒有事先知會候選人的情況下，將經費用之於幫助該位候選人或打擊其對手的競選宣傳上。雖然聯邦最高法院的立意良善，不希望侵害到個人、團體的表意自由，可是這件判例卻使得門戶洞開，讓政治行動委員會能夠合法地規避競選經費的限制（Sorauf, 1988, 1992）。藉此，政治行動委員會得以靈活地運用多種競選技巧，輔佐他們所支持的候選人當選，進而裨益於制定符合其利益的政策，而且不受限制的獨立支出，也成了政治行動委員會在競選過程中的利器。

雖然獨立支出是政治行動委員會介入選舉的重要工具，但並非所有的政治行動委員會都積極採用這個方式，其原因有三：

1. 獨立支出的開銷過於龐大。由於現在的競選，小從僱用人員、申報收支細目，大至候選人的形象包裝、文宣策劃等，無不需要大量資金的投入，並非所有的政治行動委員會都有能力負擔。

2. 依據規定，獨立支出的支出與候選人之間「不得接觸」（no contact），使得部分政治行動委員會對獨立支出的興趣缺缺。因為他們寧願直接對候選人捐助資金，讓候選人自己去操控資金的運作，以換取和候選人密切聯繫與接觸的機會。

3. 獨立支出的宣傳行為常常過於明顯，反不如捐獻資金來的低調。無論是支持或打擊某一特定候選人，都可能會遭致兩方候選人、支持群眾，甚至是其他團體的批評（Matasar, 1986）。

政治行動委員會往往都是使用「廣結善緣」的助選策略，盡量爭取友我候選人的支持，但是也不要得罪立場敵對的候選人，以培養良好的政商關係，將來在政策制訂的過程中才不會遭受太大的阻礙。

除了獨立支出之外，更為人所詬病的選舉經費漏洞就是「軟錢」（soft money）。「硬錢」（hard money）與「軟錢」，是用來稱呼美國競選經費來源的兩大類別。前者是指政黨或政治行動委員會根據法令規定，捐款給所支持的聯邦公職候選人（即總統、參議員與眾議員），有其金額的上限。「軟錢」則是指由個人、公司行號、工會，或者政治行動委員會捐款給政黨用以從事「基層黨務建設活動」（party-building activities）以及「非聯邦公職選舉」的經費，不受聯邦競選選舉法的規定所限制（Donnelly, 1998；Malbin, 1998）。基本上，「軟錢」具有兩項特點：

1. 無論是黨務建設活動或地方性的選舉活動，在「名義上」均不得與聯邦公職候選人有直接的關連；雖然聯邦競選選舉法對「軟錢」的來源有明文規定，但是聯邦競選選舉法卻沒有對其使用作出任何的規範。

2. 個別選民、政治行動委員會甚至利益團體，都可以運用本身資產向政黨所設立的「軟錢」帳戶捐獻資金，且沒有上限。由於「軟錢」的特點，卻是使原先制訂法規時所欲極力避免金權政治介入的良法美意給破壞殆盡，讓那些頗具財力的利益團體和企業組織得以堂而皇之地介入選舉。

陸、政治行動委員會的改革芻議

針對政治行動委員會的運作，迄今存有不少的批判，尤其「政治行動委員會的存廢」與「改革芻議」兩項議題最常為人所探討。首先，假若政治行動委

員會的弊端過於嚴重，廢除政治行動委員會似乎是個值得思考的方向。事實上，當初設立政治行動委員會的立意甚佳，除了有效疏導利益團體的資金流入選戰，紓解候選人的募款壓力，並規範政治行動委員會的資金來源。只不過，近年來政治行動委員會往往試圖規避聯邦法規的限制，不禁讓人懷疑，政治行動委員會這種似乎「弊多於利」的機構，是否有繼續存在的必要？

但是若完全廢止政治行動委員會，選舉經費的亂象不但無法獲得改善，恐怕還會變得更加難以收拾，其原因在於四個方面：

1. 單方面廢除政治行動委員會，而無其他配套措施，將使利益團體輸送選舉資金的手法，回到早期的亂象，由各個有錢的「肥貓」、大企業、工會在檯面下向候選人捐獻鉅額的經費，而且由於經費的流向不必申報、公開，因此利益團體或大企業挹注選戰的資金將會遠超過目前的情形（Sorauf, 1992: 201）。

2. 廢除政治行動委員會，將對挑戰者極為不利。雖然政治行動委員會的捐款傾向偏袒連任者，但仍有部分資金流向挑戰者或是開放選區的候選人。禁止政治行動委員會的捐款，將使挑戰者募集資金更加困難，卻不會嚴重傷害到連任者的募款優勢（Clawson, Neustadtl and Denise, 1992: 197-198）。

3. 當政治行動委員會遭到廢止，候選人勢必得開拓其他的募款管道。這種情形可能的結果是，將有越來越多的候選人，倚仗自己的家產競選，這不啻是變相鼓勵「富翁」參選。當合法的募款管道減少將會使得有志於公職、但卻阮囊羞澀的人望而卻步。

4. 廢止政治行動委員會，並不會削弱了利益團體介入美國政治的影響力。事實上，隨著政治行動委員會的廢止，所謂的「干涉企業」（influence industry）包括遊說專家、律師、公關公司等，將更形蓬勃發展（Sorauf, 1992: 201）。

考量了政治行動委員會確有存在的必要後，面對政治行動委員會歷年來所發生的弊端，是否有任何改革之道？儘管部分人士曾經提出的規範方案，如「降低政治行動委員會的捐款額度」、「限制候選人向政治行動委員會募款的總額」，以及「補助被獨立支出攻訐的候選人」等，但是未能獲得多數議員的共識。那麼，是否有其他的改革方案，得以約束政治行動委員會呢？以下則分析五種可能的改革芻議，試圖評估政治行動委員會將來可能的發展。

一、公費補助

「公費補助」（public funding）意指自願接受募款與花費金額限制的候選人，可獲得聯邦政府的公費補助；候選人仍然能向政治行動委員會募款，但所接受的額度與總金額則有一定的限制。假若該候選人的對手拒絕接受公費補助，則此候選人的收支額度可增加，而政府補助的公費也將提高。此種方法類似於現今美國總統的選舉經費制度，立意雖佳卻可能遭致連任者的反對，因為連任者往往能輕易地募集比公費補助金額更多的經費；透過公費補助無異要他們「作繭自縛」，危害到自己的募款優勢。

此外，政府公費的資金來源也是個問題，面對預算赤字壓力的聯邦政府，是否有餘力擔負國會選舉的公費補助，尚須深入研究（Herrnson, 1995: 143-144; Sorauf, 1984: 106-107）。因此，如欲實行國會選舉的公費補助制，勢必得經過漫長時間的努力。

二、擴大申報（公開）範圍

儘管1970年代所制訂的聯邦競選選舉法，要求政治行動委員會在募款、借貸、捐獻、獨立支出等各項活動方面，申報完整詳細的收支金額資料。然而，時至今日，政治行動委員會在溝通性支出、基層工作、選戰服務等行動的申報，往往不夠完整清晰。此外，選舉法規未規定的軟錢收支，政治行動委員會更沒有向「聯邦選舉委員會」（Federal Election Commission, FEC）申報的義務。除了進行各類選舉活動的收支金額應該詳細申報之外，政治行動委員會的運作狀況，包括選擇捐款對象的決策考量、在各州與地方選舉的活動與資金收支狀況，甚至募款信函的格式與內容等，都應該向聯邦選舉委員會申報（Sabato, 1989: 61-64）。再者，因應網際網路的蓬勃發展，設立方便供選民、媒體查閱的運作資料網站，務使所有政治行動委員會的運作過程能「攤開在陽光下」。擴大政治行動委員會的申報、公開範圍，不會對其資金運用有所限制，但將會引進社會力量的機制（例如新聞媒體、全體公民）共同監督政治行動委員會的運作，對政治行動委員會應有一定的約束力。

三、修正稅賦制度

美國民眾以往進行政治性捐款可以抵稅，但是這種情形在1986年之後則予以廢除。但若能以減稅方式來提高選民對候選人捐款的意願，不失為協助候選人募款、降低政治行動委員會獻金影響力的良方。可能的方式是限定個別選民

向候選人捐款金額達到某個百分比，則可以抵扣賦稅（但向政治行動委員會捐款則不得抵稅）（Conway and Green, 1995: 169）。當然，抵扣賦稅的金額有其上限，例如50美元或100美元。

四、修改捐款額度

減低政治行動委員會向候選人捐款的額度，是歷年來國會議員極力主張的改革方案之一。基本上，只要避免過度限制捐獻額度，影響連任者的募款優勢，降低政治行動委員會的捐款額度仍是將來最有可能通過的改革方式。不過，換個角度來看，若提升「個人」對「候選人」的捐款額度（原規定為1,000美元），或降低「個人」對「政治行動委員會」的捐款額度（原規定為5,000美元），也有可能抑制政治行動委員會的影響力（Conway and Green, 1995: 168）。即使如此作法可能有利於「肥貓」及其家族，可向候選人捐獻更多資金，但卻不失為約束政治行動委員會的間接方法之一。

五、限制募款對象

無隸屬團體型的政治行動委員會雖得以向社會大眾募款，但由於他們必須自負行政、募款等行動的開銷，運用資金介入選舉的情況並不嚴重，或許不必對其募款來源再作嚴格限制。然而，為了約束有母團體撐腰的政治行動委員會，對其募款對象進一步限制，似乎是可行的（Clawson, Neustadtl and Denise, 1992: 43）。可能的方法甚多，包括公司型政治行動委員會的募款對象，必須侷限於主管或股東其中之一；工會型、協會型政治行動委員會的會員，則必須入會滿一定年限後，才得以向所屬的政治行動委員會捐獻。如欲更嚴格地限制，不妨規定所有類型的政治行動委員會都必須自負其募款行動、行政開銷等費用，不得再由母團體的資金來支付。如此一來，政治行動委員會能介入選戰的經費自然會大幅度地降低。

其實，政治行動委員會表面上看似利益團體用來影響聯邦公職選舉、獲取政治勢力的工具，但另一方面，美國政府與國會當初設立政治行動委員會的用意，正是要有效規範利益團體介入選戰的資金和運作權限，進一步並吸引一般「議題選民」的小額捐款，以制衡傳統中「肥貓」與利益團體藉由暗地輸送鉅額經費和不當行為的弊端。就當初設置政治行動委員會的目的而言，過去數十年來的經驗已證明，政治行動委員會制度在促進「草根民主」與防止「金權政治」等方面，確有相當成效。縱使美國現今的選舉經費環境，仍無法擺脫金權

政治、不當利益勾結之議，那是因為「軟錢」的氾濫，才使得「肥貓」與利益團體得以另闢蹊徑，突破法律限制而運用巨額資金介入選戰。因此，政治行動委員會的設立在規範選舉經費，以及促進政治參與的成效方面，仍值得肯定。

柒、結　論

在多元民主社會中，利益團體所扮演的政治角色有益形重要的趨勢。就政治意涵而言，利益團體係指一群個人的組成，他們有著共同的政治目標或者政治信念，並藉著彼此的互動，有組織地從事政治活動或透過政治程序，接觸說服政府決策者、行政官僚、民意代表、司法人員、政黨領導菁英等，影響政府決策，以達成這些目標或信念。大體而言，愈是成熟發展的民主社會，利益團體的類型將愈為多元複雜，反之亦然。在西方民主國家，利益團體的種類甚繁，約可區分為五類，包括工會組織、商業組織、專業協會、特定對象團體，以及公益團體。

在現實社會中，由於單獨個人，力量微薄，為了獲致社會特定價值，故結合成為各種類型的團體。因此，利益團體的設立主要在於追求某些特定目的，以符合所屬成員的利益與理念。至於如何達成這些目標，其可運用的主要方式與技巧包括遊說、影響公眾輿論、動員組織成員、政治捐獻、司法訴訟、示威、遊行、罷工與抵制等非暴力方式，以及其他非法手段。當然，為了達成不同的目的，利益團體必然採取不同的活動方式。甚者，利益團體可能採取混合式行動策略，嘗試有效地達到目標。

儘管利益團體得以採取的活動方式甚多，然而有些利益團體確實較能達成目的，而部分團體則可能流於名存實亡。從另一個角度觀察，吾人可以發現，有些利益團體的確較具政治影響力，反觀若干團體則無法發揮預期的作用。決定利益團體政治影響力的因素可歸納為六項，包括會員人數的多寡、組織的團結程度、領導統御的才能與技巧、組織成員的社會地位與專業特性、組織得以運用的經費，以及組織成員的分布程度。

基本上，利益團體影響公共政策的一項重要途徑，係運用政治捐獻影響選舉結果。因此，如何規範選舉經費的來源與支出，往往是許多政治體制的當務之急。其中，設立中介機構管理法人的捐獻，類似美國「政治行動委員會」的組織，以達到「捐助來源公開，經費支出透明」的目的，為有效的方式。政治

行動委員會的主要工作，為向工會個人或公司的所屬員工募集自願性的小額捐款，再將此捐款轉贈給它們所支持的政黨或候選人。因此，政治行動委員會遂成為利益團體合法運用選舉資金的媒介。迄今，儘管政治行動委員會的功能仍頗受訾議，諸多學者仍認為其實際作用仍是利大於弊。針對政治行動委員會的缺漏，以及政治捐獻不足之處，諸如獨立支出與「軟錢」等，曾有若干改革芻議，包括公費補助、擴大申報（公開）範圍、修正稅賦制度、修改捐款額度、限制募款對象等。當然，政治行動委員的設置方式，以及這些改革建議，均可作為其他國家規範利益團體政治捐獻的酌參。

觀察美國政府努力防止金權政治滲透政府與國會的作為，對我國選舉經費制度的改革，亦有參考之處。整個政治行動委員會制度所強調的「不得由利益團體本身資產來捐助選舉獻金」、「限制選舉獻金的募款來源（對象）」、「嚴格限制選舉獻金的捐款額度」，以及「助選宣傳不得與候選人商議、合作」等特點，正是規範選舉經費收支的重點所在。我國的營利事業與政治團體，或可成立所屬的專責選務部門（或者某種機制），才能合法地進行選戰中各項政治活動，並佐以法律完善規劃此種選務部門的資金來源、捐款和宣傳的權限，相信在遏止「金牛」、財團與地方性政治勢力，運用龐大資金介入選情、賄賂候選人（其可視為「準」民選官員和民意代表）的不當行為上，應能有具體的成效。

了解利益團體與政治運作的關係之後，吾人或許應探討一項頗受爭論的議題，亦即利益團體與民主政治的關係。對於利益團體抱持否定態度的人士認為，利益團體以追求私利為目標，僅提供決策單位偏狹的相關資訊，罔顧公共利益與全民福祉，誤導政府機關制訂偏頗的決策，流於少數特權、金權政治之弊，使得民主政治的精神破壞殆盡。甚者，以非法交易方式，以公共資源圖利特定團體與個人，違反社會公平正義原則，極不可取。事實上，這種質疑利益團體污染民主政治的觀點，甚為普遍。

然而，部分學者以為，所謂的公共利益甚難清楚釐定，因此利益團體所代表的諸多特殊利益，正呈現出整體的公共利益，因此並無礙於國家整體發展。況且，隨著現代化發展的漸趨成熟，愈來愈多的公益團體的誕生，這種類型的利益團體係以追求社會公平與全民權益為依歸。如是以觀，利益團體所企求的目標，並不必然與社會公益相互牴觸。甚者，藉由不同利益團體的相互制衡，透過不同管道提供決策者相關訊息，在在裨益政府部門制訂確切可行的政策。誠如多數政治學者所推崇的「多元主義」（pluralism）觀點，現代民主體制強

調「多元民主」（plural democracy），或稱為「多元政體」（polyarchy）（該詞彙係引自Dahl, 1971）。其意指容許多元社會中各種不同聲音得以同時展現，多樣化的社會團體並存，強調功能分工，各種利益集團代表個別社會利益，且這些團體均有機會參與決策，折衝與妥協為政治過程的主要特徵。

　　從另一種角度看來，這種容許不同聲音同時展現的民主機制，其實對於政治穩定是有所助益的。在現實社會中，所謂的「全體一致的決定」（unanimous rule）往往是極難產生的，因此尊重這些不同利益團體的意見，適時吸納不同聲音，將裨益政治秩序的維持。否則，一旦若干團體的意見始終無法表達，則可能以更激進甚至暴力的手段進行訴求。更進一步地說，即使批評利益團體介入政治過程，其具有眾多負面效應與不利影響，然而這種現象是不可改變的事實，所以與其一味地抱持否定的態度，尚不如思索規範利益團體如何參與政治決策，應是較為實際的作法。

參考資料

一、中　文

吳重禮、黃綺君，2001，〈必要之惡？從 McCain-Feingold 法案看政治行動委員會的功能與影響〉，《政治科學論叢》，第 15 期，頁 45-62。

李月華，1995，《買通美國國會》，臺北：平氏。

陳恆鈞，1998，〈政黨競選經費策略之規劃〉，《中國行政評論》，第 7 卷第 2 期，頁 121-154。

黃秀端，1990，〈政治行動委員會與國會議員的關係〉，《美國月刊》，第 5 卷第 7 期，頁 60-71。

1993，〈政治行動委員會的競選捐獻與國會選舉〉，《美國月刊》，第 8 卷第 6 期，頁 63-89。

劉青雷，1988，《衝突與妥協：美國利益團體與遊說活動》，臺北：時報。

劉書彬、吳重禮，2001，〈「金」與「權」：從基督教民主聯盟獻金醜聞看德國政黨政治捐獻〉，《問題與研究》，第 40 卷第 1 期，頁 29-50。

鄭端耀，1998，〈一九九六年美國民主黨政治獻金案與選舉經費制度改革之探討〉，《歐美研究》，第 28 卷第 4 期，頁 63-102。

二、英　文

Beck, Paul Allen, 1998, *Party Politics in America*. 8th ed. New York: Longman.

Clawson, Dan, Alan Neustadtl, and Scott Denise, 1992, *Money Talks: Corporate PACs and Political Influence*. New York: Basic Books.

Conway, M. Margaret, and Joanne C. Green, 1995, "Political Action Committees and the Political Process in the 1990s." In *Interest Group Politics,* 4th ed., ed. Allan J. Cigler and Burden A. Loomis. Washington, DC: Congressional Quarterly Press.

Corrado, Anthony J., Jr., 1998, "Campaign Finance Reform in the 105th Congress: A Focus on Soft Money and Issue Advocacy." *American Review of Politics* 19 (Winter): 337-343.

Dahl, Robert A., 1971, *Polyarchy: Participation and Opposition.* New Haven, CT: Yale University Press.

Donnelly, David, 1998, "Mobilizing Citizens for Public Financing of State Elections: Coalition Building for Ballot Initiatives." *American Review of Politics* 19 (Winter): 361-366.

Heclo, Hugh, 1990, "Issues Networks and the Executive Establishment." In *The New American Political System,* 2nd ed., ed. Anthony King. Washington, DC: American Enterprise Institute.

Herrnson, Paul S., 1995, *Congressional Elections: Campaigning at Home and in Washington.* Washington, DC: Congressional Quarterly Press.

Luntz, Frank I., 1988, *Candidates, Consultants, and Campaigns: The Style and Substance of American Electioneering.* New York: Basil Blackwell.

Malbin, Michael J., 1998, "Campaign Finance Legislation in the States." *American Review of Politics* 19 (Winter): 323-329.

Malbin, Michael J., and Thomas L. Gais, 1998, *The Day after Reform: Sobering Campaign Finance Lessons from the American States.* Albany, NY: Rockefeller Institute of Government.

Matasar, Ann B., 1986, *Corporate PACs and Federal Campaign Financing Laws: Use or Abuse of Power?* New York: Quorum Books.

Rosenkranz, E. Joshua, 1998, Campaign Finance Reform and the Constitution: The Current Legal Quandaries." *American Review of Politics* 19 (Winter): 307-321.

Sabato, Larry J., 1989, *Paying For Elections: The Campaign Finance Thicket.* New York: Priority Press.

Sorauf, Frank J., 1984, *What Prices PACs?* New York: Twentieth Century Fund.

Sorauf, Frank J., 1988, *Money in American Elections.* Glenview, IL: Scott, Foresman/Little.

Sorauf, Frank J., 1992, *Inside Campaign Finance: Myths and Realities.* New Haven, CT: Yale University Press.

Tocqueville, Alexis de, [1835] 1984, *Democracy in America.* New York: Penguin Books.

Wilson, James Q., 1995, *Political Organizations.* Princeton, NJ: Princeton University Press.

進階閱讀讀物

Alexander, Herbert E., 1984, *Financing Politics: Money, Elections, and Political Reform.* Washington, DC: Congressional Quarterly Press.

Berry, Jeffrey, 1988, *The Interest Group Society.* 2nd ed. Glenview, IL: Scott, Foresman.

Birnbaum, Jeffrey H., and Alan S. Murray, 1998, *Showdown at Gucci Gulch: Lawmakers, Lobbyists, and the Unlikely Triumph of Tax Reform.* New York: Vintage Books.

Cigler, Allan J., and Burdette A. Loomis, eds., 1995, *Interest Group Politics.* 4th ed. Washington, DC: Congressional Quarterly Press.

Olson, Mancur, Jr., 1965, *The Logic of Collective Action.* Cambridge, MA: Harvard University Press.

Olson, Susan M., 1990, "Inrerest Group Litigation in Federal District Cour1: Beyond the Political Disadvantage Theory." *Journal of Publics* 52 (3): 854-882.

Schlozman, Kay L., and John T. Tierney, 1986, *Organized Interests and American Democracy*. New York: Harper and Row.

Walker, Jack L., Jr., 1991, *Mobilizing Interest Groups in America*. Ann Arbor, MI: University of Michigan Press.

Wilson, Graham K.（王鐵生譯，王佳煌校訂）, 1993, *Interest Groups*《利益團體》，臺北：五南。

Wootton, Graham, 1970, *Interest-Groups*. Englewood Cliffs, NJ: Prentice-Hall.

Wright, John R., 1996, *Interest Groups and Congress*. Boston: Allyn and Bacon.

第二十章　政治發展

蔡中民

壹、前言

　　「發展」一詞的概念與人類生活狀態密切相關，從求溫飽到基本需求無虞，乃至於高生活品質，這樣的演進就稱作發展。聯合國將人類權利區分為「經濟、社會、文化、政治」，並承認「發展」是包含這四個面向的過程，其目的在於使每個人能積極、自由和有意義地參與發展，並分享發展所帶來的利益，以及在公平分配之基礎上，不斷地改善全體人類與個人的福祉（UN, 1986）。「發展」著重生活的物質情況，因此很多時候與經濟成長劃上等號，或至少是以經濟條件為前提。但是物質生活的改善是無法單靠經濟進展而達成，仍須其他面向的配合。是故，吾人可清楚了解「發展」是一個宏觀的概念，而經濟發展、政治發展、社會發展等都是其中的一個部分：經濟發展著重物質條件的進步；政治發展則傾向於反映政府提高與保障人民生活的能力，因此涉及諸多議題，主要是政治本身定義廣泛，既指政府的組成原則與過程，亦是獲取、運用及維持權力及權威，也可是個人或群體間的利益競逐。政治存在於各種層級，從家庭、社會到國家，因此政治發展在本質上超越了純粹的經濟活動，與各個面向都有所連結。政治發展與經濟發展的不同之處在於其並沒有成本或是赤字的概念，而是從產生正面或是負面效果的角度觀察，並透過檢閱治理、問責、權力均衡等制度加以具體化（Kingsbury, 2007）。政治過程如何形成與轉型？政治目標如何建構與體現？哪些規範性價值能夠跨越不同脈絡而被斟酌甚至實踐？思考這些問題都有助於釐清政治發展。政治發展與發展的政治（the politics of development）不同，後者可以被理解為是對於發展中國家政治過程的系統性分析，納入政治發展的諸多議題。然而，許多發展中國家的政治過程不必然反映政治發展，且政治發展也不僅限於發展中國家，在已開發國家中仍可見到政治發展持續進行。因此，政治發展的研究對象同時包含了開發

中國家及已開發國家，後者甚至更累積了長期政治變遷的歷史經驗可供觀察、研究與改進。

貳、定義

學界對於「政治發展」並未形成一致的定義，相關研究最早出現在1960年代，主要是二次世界大戰後新興國家出現，面臨經濟成長，社會現代化及政治發展的挑戰，提供當時學者許多研究素材。Huntington（1965）認為政治發展有兩個特點：一、是社會現代化過程中的一個面向；二、是廣泛且複雜的過程；因此政治發展必須被一套標準所定義，其特色與四個概念有關：理性化、整合、民主化、動員或參與。然而，Huntington認為雖然政治發展與現代化過程、社會動員及政治參與密切相關，但核心在於「政治組織與程序的制度化」，快速的現代化並不會帶來政治發展，而是導致政治衰退。

Pye（1965）具體地將當時對於政治發展之討論歸納出十個定義並分別指出其缺失：

（一）經濟發展的政治前提

政治與社會情勢是影響人均收入的關鍵因素，因此政治發展是一種有助於經濟成長的政治狀態。這種說法的問題是與實證經驗並不相符，政治與經濟的關係更為複雜。

（二）工業化社會的政治典型

工業化社會設定了政治行為及表現之標準，代表所有其他體系發展的合適目標，使政治發展被預設為理性及負責的政府行為。

（三）政治現代化

此種概念與工業化社會的理想政治形態共生，人們想在各種領域都與先進工業國家看齊。然而，這種定義激起了文化相對主義者的挑戰，質疑此種西方的作法是否適用各種政治體系，且須先釐清「西方」與「現代」等概念上的區別。

（四）民族國家之運作

政治發展由各種政治制度及政治功能所構成，而民族國家的型態為其根本，或可說政治發展是在國家制度脈絡中的國族主義政治，亦即「國家建立」（nation-building）。但這種說法所強調之國族主義對政治發展來說只是必要條件，並非充要條件，仍需其他情況的配合。

（五）行政與法制的發展

政治發展需立基於有序的法律程序及行政體系之上，因此官僚結構與公共行政的制度化很重要。只是公共行政雖然重要，但這種定義較為片面，因政治發展尚且涵蓋政體中非政府制度的部分。

（六）群眾動員與參與

公民身分與政治參與是政治發展的合法要素，亦能形成忠誠與認同，但政治冷感或是過度煽動都會帶來危險。

（七）民主的建立

政治發展與民主制度的建立與實踐是同義詞，也就是對許多人來說建立民主是政治發展的唯一形式。惟這種說法涉及價值判斷，實際上發展或許趨近民主，但不能簡單視為等同，甚至有些情況下，引進民主其實對發展並非有利。

（八）穩定與有序地改變

政治穩定能降低社會與經濟快速進展所帶來的不確定性，在這種環境中的政治過程能夠理性且有目的性地控制並引導社會變遷，使人民免於社會及經濟力量的傷害；但問題在於難以確認一個社會需要多少秩序以及變遷應如何被引導，尤有甚者，在發展程度較低的國家，對於改變的期待其實遠大於穩定。

（九）動員與權力

政治體系的能力與效率對政治發展很重要，國家能如何地實現與極大化既有資源的潛力被視為發展的指標，然此並非必然導致威權式的發展，因國家動員與配置資源的能力實際上取決於人民的支持程度。

（十）社會變遷多元過程的一個面向

政治發展與社會及經濟變遷關係密切，亦即政治、經濟、社會等所有形式的發展都發生在歷史脈絡中，彼此關聯且相互影響。

在檢閱了以上十種定義後，Pye認為政治發展有三個基本特徵：

（一）平等的態度（attitude toward equality）

大部分討論政治發展的觀點都涉及群眾參與及普遍地投入政治活動，而法律須基於普世性質，公平地適用於所有人，政治職位的甄選需能體現實際表現。

（二）政治體系的能力（the capacity of a political system）

意指政治體系的輸出及多大程度能影響社會及經濟，能力也反映在政治與政府表現之規模、範圍與強度，以及執行公共政策的效用與效率上。

（三）區別（differentiation）與特殊化（specification）

這點特別展現於對制度與結構的分析，各種職位都有特定的功能，在政府內彼此分工，亦因此增加職能上的特殊性；然而這樣的區分並不是碎片化或是彼此孤立，而是基於複雜的結構與過程之最終整合。

以上三者並非和平共生，而是彼此間存有微妙的緊張關係。政治發展並非線性，亦沒有清楚的階段可循，在面對一連串問題時而有所變遷。吾人要從政治文化、權威性結構（authoritative structures）、一般政治過程三者之間的關係入手，才能釐清並解決這些問題。

除此之外，仍有許多學者提出各自的見解，例如Almond（1969）、Coleman（1971）、Nettl（1969）等，雖然各有不同，但共通之處在於都認為政治發展是一段動態的演化過程，涉及政治、社會、經濟、文化等多個面向，及合法性、整合、增長等不同議題；因此，綜觀過往之研究，吾人可將政治發展的定義概括為「立基於具有社會共識的價值規範上，以擴大政治參與與促進政府問責為主的政治運作之變遷過程」。

參、研究重心的遞移

關於政治發展的研究，可以冷戰為界分為三個時期：冷戰前、冷戰之間，及冷戰結束後。冷戰前聚焦於西方已開發國家的政治進程（progress），並非嚴格意義下的發展（development）。從歐美歷史中可看出，早期理論上的爭辯在於個人與國家之間關係的本質與權力平衡。自希臘城邦時期到十七世紀英國內戰與光榮革命，乃至於後來的美國獨立戰爭，逐步形成的共和制與議會制之政治制度成為二十世紀新興國家的普遍選擇。此時期的發展偏重於西方色彩濃厚的規範性價值，在人類進展與社會演進的理念引導下，不可避免地前行甚至是積極追求。

然而進入冷戰時期後，獨裁者的出現及威權體制興起，既有對於「發展」概念的討論難以適用於非西方國家，同時各地的文化傳統與社會實際情況存在相當差異，吾人不能輕易斷言哪些國家社會是「更為先進」或「更為發展」的，也不能以一個社會的行為準則來評價另一個社會的表現。伴隨著學術上的經驗主義勃興及社會科學「科學化」潮流，學者傾向採用嚴謹的流程、精準的指標與正確的測量等進行系統性分析，因此需要蒐集大規模實證資料，突顯出前一階段理論上的不足。是故，此時期對於政府型態之爭論源於不同的意識形態，也就是資本主義右派與社會主義左派。大部分第二次世界大戰後出現的新興國家，其政治運作的重心是解放（emancipation）與自決（self-determination），但在國際環境為冷戰格局的影響下，多形成威權政府甚至極權政府。這個時期，對多數國家而言，「發展」的意義在於意識形態集團壁壘分明的前提下，國家內部刻意避免政治議題之討論，而以追求經濟自給自足與快速成長為主。

冷戰結束後，發展中國家的民眾在經濟發展之基礎上開始要求更多的政治權利，推動體制轉型，揚棄威權體制並普遍採用民主體制，社會自主性增強，政治參與程度上升。因而「民主化」被視為政治發展明確且唯一的方向，從轉型到制度建立，乃至於鞏固及深化，程序一旦啟動即會線性前進。但從各國經驗來看，對於民主化的期待顯然過於樂觀，事實證明此過程可能會停滯與倒退，甚至是崩壞；也就是威權體制被推倒後所建立的民主制度，不必然能存續，有些國家即出現了「威權返潮」的情況。此外，中國大陸與印度的政治與經濟之發展對理論帶來極大挑戰；前者是多年的高速經濟成長並未激起民主化進程，後者則是在民主制度下經濟表現仍有待努力。因此，學者重新思考政治

發展的意涵，不能簡單將其視為民主化，而是在於政府的表現與人民的回應，討論重心便移轉至問責制（accountability）、「治理」（governance）等核心議題。

肆、政治發展的要素

從上述之定義及歷史脈絡可看出，政治發展相當複雜，不但與經濟及社會密不可分，即便在政治領域中也涵蓋許多議題與層次。總地來說，關於政治的討論涉及政府組織、人民、權威、權力、利益、競爭、平等、正義等概念，其影響的層面從宏觀的國家及社會到微觀的家庭與個人無處不在。政治發展可以被視為本質上從政治而生，是其連續不斷更新變化的過程，因此其構成要素自然需與政治相互呼應。Kingsbury（2004）認為國家、政黨與公民社會、意識形態、權威與合法性、治理與人權、民主與民主化等是政治發展最關鍵的要素。這些要素的互動展現了具體的政治運作，沿著時間軸線從簡單而複雜持續地演進，就形成了政治發展。以下參照Kingsbury的論述，分別討論各個要素。

一、國家（The State）

「國家」是政治發展最主要的行為者，如果國家無法運作，政治就沒有發展之可能。在一定的領土範圍中，各種政府機關與制度是國家功能的具體展現，得以滿足民眾需求，因此可視作各種層級推進政治發展的行動者。即便國家面臨來自國內與國際的挑戰，在擁有運作政治事務之權力的情形下，行政與官僚是國家能力的核心組織，服務社會及人民。發展中國家在完善政治上的目標是成為有效運作的現代化國家，因此國家及政府之間的關係就很重要。國家具有主權與合法性，責任是保護人民安全及促進社會福祉；政府要有自主性，不受政黨或是領導人更迭所影響。人民能自發地支持國家，而政府體制透過多元且複雜的機關設置，彼此協調運行，全面地制定與實踐政策，推動政治的發展。Binder等人指出政治發展過程中會遇到五大危機（Binder et. al., 1971）：

（一）認同危機（identity）

人民對於一個特定的國家與社會結構無法形成共識，此認同的基礎包含了

歷史、語言、文化、宗教、種族，經濟、政治等因素，基礎愈複雜，異質性愈高，人民對國家的認同感就愈低。此危機常出現於二戰後脫離殖民的新興獨立國家。

（二）合法性危機（legitimacy）

領導人使用違憲手段，在未獲得人民同意與共識的情形下取得並運用權力，其權力來源既不民主也沒有代表性。此危機會在人民沒有政治參與管道或是僅有徒具形式地假性參與時更為普及，也沒有如獨立司法等制度化的國家機關能加以制衡。

（三）參與危機（participation）

國家缺乏基於合法選舉過程的代表制度，人民沒有投票權，無法組成政黨，也不能影響決策過程等。此危機發生在領導者是依賴其社會地位或特權而當選，因此漠視多數人民的利益及其代表性（representation），不願意建立有效且負責的代議制。

（四）分配危機（distribution）

政治菁英對於社會中物質利益的增加與分配之權力較大，這種權力會受到意識形態、自然資源、人力資源及國家環境等因素影響，處理不當就會產生衝突。相較於其他類型而言，此危機重複出現的可能性較高，在已開發國家中也不例外。

（五）穿透／滲透（penetration）危機

「穿透／滲透」意指政府執行政策的一致性與有效性，當政府行為無法有效維護法律及社會秩序進而保護人民，危機就會出現。為避免這種情況，政府不但要廣納民意，同時也需強化行政結構與效率。

這些危機會以不同形式與強度存在於社會中，導致政治權力集中在少數或一個人之手且政府行為不受約束。這些情況突顯了經濟變遷與社會演進對政治運作的影響，這些困難最終還是需要透過政治程序加以解決。

然而，當前所追求的現代國家模式之出現相當晚近，起源於1648年西發里亞條約所奠定的主權原則與十九世紀初期形成的民族國家。現代國家的演進

過程中，國家權威的概念面臨內部許多不同群體之挑戰，然而這些反抗力量並非否定「國家」的概念，而是拒絕當下的統治，希望有所改革甚至是進而推翻並成立新的國家。從馬克思主義的角度來看，國家是資本家代言人，因此階級與資本積累的關係錯綜複雜，尤其是發展中國家對外有與已開發國家間的資金依賴關係，對內則是飽受裙帶主義及貪污腐敗之苦，難以獲得政治上的發展。

　　國家是否能有效執行政策可直接反映政治發展的品質，政府部門得以避免各種利益團體的遊說，自主地制定與貫徹政策方向。亦即，政府要既能不受經濟與社會的不當影響，又能極大化政治參與的可能，達致國家權力與公民權益的均衡。最可行的做法就是政府向國家負責，而國家向人民負責。進一步來說，就是「治理」（governance）與「課責」（accountability）已成為今日各國政治發展最重要的指標。當國家合法性受到侵害以致於無法運作時，學理上稱其為「失敗國家」。這類國家內部會產生政治繼承危機，各種不同勢力競相爭權奪利，讓政治局面陷入混亂，經濟與社會情勢亦面臨崩潰。在依靠內部力量無法恢復秩序的情況下，外部力量的介入便很關鍵，例如國際組織或是他國軍隊，協助該失敗國家重建政治制度，導向正面的政治發展。惟此等外部力量或能短期緩解紛擾局勢，若要產生實效，仍需要較長的時間，且終究要回歸國家自身的力量。

二、利益（Interest）

　　相對於政治發展是前進的概念來說，國家也會面臨失敗或是政府被推翻的政治倒退情況，關鍵在於政治利益之無序競逐，原因可能是族群差異或是意識形態歧見。因此，共同利益（common interest）是政治認同的關鍵特徵。一個社會中最常見的是「自我利益」與「集合利益」（aggregate interest），同時亦存有「利他主義」（altruism）的型態。共享（shared）或是集合利益是定義政治群體的基礎，也是與其他政治群體相區隔的指標；換言之，集合利益是政黨建立的原因，也是政治發展的標籤。利益還可以從垂直與水平兩個層次來區分；前者是指地方的利益與中央的利益不同而相互競爭，後者是地方不同群體之間的利益角逐。當代政治學者認為集合利益在已開發國家最為普及，在經濟框架中不同的群體能認可相同的利益，但其中個體不必然相互認識，例如中產階級及勞動工人。這樣的群體將集合利益以政策偏好的方式展現出來，成了政黨的組成根據，也是政治發展更為「現代化」及「先進」的表徵。當一個社會面對的各種壓力較小，運作上的一致性就較高。然就水平層次來說，若各種社

會團體的利益有所衝突，整體緊張情緒上升，彼此間分化機會增大，政治就不容易維持穩定。垂直層次的利益紛爭則可見於許多國家面對的分離主義之苦，無論是地理上的發展不均或是族群上的認同差異，最終還是需要人民的溝通及凝聚共識來化解。

三、政黨與公民社會（Political Party and Civil Society）

　　就國家內部來說，人民基於共同利益而形成政治認同，有系統地組織起來以追求政策偏好進而形成政黨，此一趨勢體現了政治發展的進階型態，政黨於是成為現代國家政治運作的必要元素。政黨能整合社會上不同的意見，歧見愈少，政治愈更能一致地運作。然而利益本身具有潛在衝突的可能，存在於垂直（社會與國家）與水平（社會不同群體）的層次中。尤有甚者，利益衝突在物質基礎上所引起的政治分歧會衍生至各種原生性差異，例如族群、文化、地域等。學理上，政治團體能整合矛盾的社會利益，透過溝通與協調，讓政治社群跨越歧異以凝聚共識與相互信賴，進而促進政治發展。這樣的政治社群是立基於人民認可之上，獲得公民以選票支持。作為國家內部政治運作的主體，公民具有政治權利與義務。在政治發展的歷史脈絡中，由於政治體制的差異，國家與公民之間的關係不盡相同。公民的概念是隨著現代國家的出現而產生，在封建時期及殖民時期並不存在。身為國家現代化的產物，公民權體現了政治實體的合法性，而公民們除了在政治體制內互動外，也會尋求體制外的連結，與具有共同想法者形成利益團體，此即公民社會的勃興。

　　對政治發展而言，政黨與公民社會都是相當重要且密切關聯的元素，缺一不可。作為多元利益表達的管道，公民社會是政治發展的一個重要指標。若是一個國家的公民社會不活躍，甚至是缺乏公民社會，政黨就會成為政治菁英為了自我利益而動員社會的工具。公民社會內的各種團體能對公共議題進行辯論並提供想法，協助思考公共政策的多重選項，促進一般民眾對政策的理解以及政府對政策負責。亦即，活躍的公民社會反映了社會與國家間的積極對話以及內部成員彼此間的有效溝通。對大部分國家而言，公民社會愈活躍，政府就愈能回應人民需求。反之，政府壓迫與政治退步或封鎖的現象即愈普遍，例如在發展中國家就相當常見。公民社會不只是政治運作品質的推進力，也是檢驗的指標。進一步來說，「社會資本」（social capital）是公民社會的一個關鍵概念，意指一個社會中人際間基於共享的價值、規範及彼此了解而形成的連結，能夠促進群體合作。從總體層次來看，可理解為一個社會中「信任的數量」

（amount of trust）（Putnam, 2000）。社會資本高的社會，更能朝一致的目標運作。社會資本低的社會，則會出現紛亂且缺乏互惠的行為。是故，社會資本乃公民社會是否健全的重要指標，進而與政治發展程度之高低密切相關；簡言之，社會資本、公民社會、政治發展三者間存在正向相關。

四、意識形態（Ideology）

政治運作具體展現在鑲嵌於特定意識形態脈絡中的實際政策與框架，不過此處所指的意識形態並非教條式信仰或全面改造社會的信念，而是具有高度內在一致性的前行方向，能推進政治發展。所有的政治體系與各種層級的政治發展都有基於意識形態而設定的前提，即便看似主張實用精神的領導人，宣稱國家利益超越意識形態，細究其行為與決策理念都可看到意識形態的影子，無論是古典自由主義、新自由主義、馬克思主義、還是國族主義。從領導人的修辭上也可看出，例如土地分配、自由市場、勞工權益、人權等，雖不必然落實在政治運作中，但這些詞彙及口號都充分反映特定的意識形態。意識形態最原初是關於想法（ideas）的研究，演變至今意指一套從政治及社會經驗所生成且蘊含特殊政治觀點的想法。一般為人所熟知的意識形態都可從名稱上看出其核心價值，除了與政治經濟相關者外，也有以宗教信仰及軍事思考為基礎的意識形態。值得注意的是，單純地將政治體系貼上意識形態標籤而不考慮其實踐情況的話，恐會陷入邏輯謬誤；亦即一個主張社會主義的國家，經濟上卻可能會採用資本主義的自由市場機制。要確認一個國家的意識形態，必須同時考慮其政治運作的原則與實際施行的政策。意識形態修辭與政治實務間存在一個普遍的落差，也就是國家宣稱其作為是基於多數人民的利益，卻沒有精確地代表人民的期待或願望，只不過是提高政治問責的程度，將期待與實際地差距變小。是故，吾人可藉由檢視人民利益被代表的程度以及人民是否滿意其利益能被充分代表的狀況探知一個國家真正的意識形態。意識形態因此又進一步與政治組織相關聯，若是實際運作與意識形態相異，則政治結構與理念就會不一致（Kinsbury, 2007: 33-35）。

五、權威與合法性（Authority and Legitimacy）

就抽象層次上來說，「政治發展」並非一個絕對的概念，需要有因地制宜的思考，亦即視各個國家的內部制度設計與實際運作狀況而定。即便相關研究都集中在民主國家以及經歷民主轉型的國家，但政治發展是否會出現在非民主

國家呢？非民主國家的政治體系中，因為政治參與程度較低甚至不存在，且執政權威不必然有代表性，基本上沒有呈現明顯政治變遷軌跡，也沒有其他的政治模式可供選擇，是故難以證成這些國家的政治是否「發展」。國家權威與政治過程合法性的影響不僅在政治領域，也觸及經濟與社會方面；當國家失去權威且政府合法性弱化時，不但無法促進政治發展，也容易阻礙經濟發展與社會發展。Weber提出三種權威的形式：理性合法型（rational-legal）、傳統型（traditional）、領袖魅力型（charismatic），釐清了基本政治形態的準則，更與政治發展的不同層次相呼應。合法性可被理解為統治者基於與被統治者之間的共識，正當地行使權力；理性合法型權威常見於大多數民主國家中，能促進更高型態的政治發展。權威之理性與合法性提供人民穩定生活與提高經濟生產力的基礎，而物質發展又能進一步鞏固理性合法的權威，形成正向循環。傳統型權威多出現在威權主義國家，為低層次政治發展之表徵。政治上的忠誠是以軍事力量為基礎的世襲制度，常因領導人的野心或無能而使國家情況惡化。領袖魅力型權威在殖民時期前後的發展中國家特別普及，政治發展情況不明，可能提高也可能衰退。此種類型高度依賴獨立運動時期出現的領袖，端視其是否具有統整各個群體追求一致目標的能力，亦頻繁受到革命成功後所形成的政體能力不足與複雜經濟狀態之挑戰。

六、治理與人權（Governance and Human Rights）

「治理」是政治過程中理性決策的關鍵，一般來說，不論適用群體的大小，政治決策都以追求特定利益為主，因此決策者需要能勝任這項工作，決策過程也要透明。唯有「透明」，才能保證政府行為與其所宣稱相同。「良善治理」（good governance）意指政府會一致、公平地依法行政，保障言論自由，與政治發展的「合法性面向」及「人權」相關。政府的合法性需要建立在其所訂立之規則及回應的確定性上，也就是一貫地適用法條。若是無法將行政與司法分立，法律就不會被合理地詮釋及應用，使獨裁暴政成為可能，領導人會高於人民而自行其是。因此，國家的利益不能與人民的利益分離，亦不能因自我利益而採行特別的法律。法律的存在不能免於人民的拒斥與改變之需求。這個論述背後隱含著政府合法代表人民利益的深意，且人民的利益能被忠實地傳達。從另一方面來說，正義（justice）的概念不是基於政府的合法性或是依法行政，而是「人權」。準此，政治發展與國家採行何種政治制度無關，而是政府是否具代表性及擔負責任？還是僅使用威權或甚至是強制的手段？

　　治理的概念涉及公民權利及政治權利，廣義來說，就是「人權」。人權是政治發展的核心理念與普世的道德宣示，超越不同的文化及地區，不但是基於共通的人性，更是跨文化的共識，進而為全球共享之規範。雖然人權觀念被認為是源自西歐傳統（尤其是啟蒙運動）及價值，因而具有其特殊性，無法反映各地之差異。不過仔細探究世界各地的歷史脈絡，無論是印度還是中國，都可見到類似的概念在這些社會中廣為流傳。此外，隨著西方現代國家模式之普及，許多發展中國家逐漸採用相同的政治體系與制度設計，尤其是在需要確認公民身分與相關權利之前提下，人權觀念演進的基礎就相應而生。人權涉及政治權利、經濟權利及社會權利，因而是檢驗政治發展程度的重要指標。由此觀之，發展中國家所面臨的困境正是來自於菁英掌握過多的政治權利，但人民的有效參與卻遠遠不足，導致經濟權利與社會權利的損傷。

七、民主與民主化（Democracy and Democratization）

　　民主意指人民能夠自由地表達意見並自主地做出政治決定，然而這個詞彙時常被誤用或是過度衍生，難以清楚定義。美國學者Collier與Levitsky（1997）在概念層次上釐清了許多民主的次類型，並稱之為「具有形容詞的民主」（Democracy with Adjectives），清楚顯示出沒有任何一個民主國家的運作模式能被當作典範而適用於其他任何國家。二十世紀中葉以後，許多東南亞國家與拉丁美洲國家經歷了民主化過程，但是在缺乏內部經驗及外部支持的情況下，初期尚能勉強建立民主政體，但無法持續鞏固民主成果，最後多以失敗告終，回歸威權體制。政治體制轉型不易，除了有經濟成長的急迫性，還有來自社會的壓力，更何況這些國家欲採用一個理論上更為理想的政治型態，在各方條件不能充分滿足的情況下，許多國家就在民主與威權之間反覆（Diamond, 1999）。近年來，全球出現民主倒退的總體趨勢與威權擴散的陰影（Diamond, 2016），民主國家的數量逐漸減少及民主體制運作的品質也在下降（Freedom House, 2010-2020）。民主作為政治發展的規範性要素，引導一個國家允許並鼓勵人民直接或間接地參與政治過程，亦即國家治理是一個強調包容性而非排他性的過程。在法治規範下，民主體制具有開放且具競爭性的政治體系，所有行動者都有平等的機會參與。然而，理想的民主體制在實際世界中卻充滿挑戰，尤其是在發展中國家處處碰壁，例如政治溝通管道不通暢、社會結構不平衡、經濟成長十分有限、教育普及程度不足、人民政治意識偏低等，導致政治參與比例低落甚至無效。雖然在已開發國家也會出現政治參與比例不高的情

況，原因在於主要政黨之間的政策路線與意識形態相近，以至於人民擁有選項差異不大的困境，加之以政治體系的制度化程度較高，政治人物在制度侷限下不易出現極端行為，反倒降低了人民積極參與政治的熱情。有些學者認為民主體制效率不彰，對國家發展相當不利；然而這種主張是將發展的概念極度限縮於經濟層面。再者，經濟情勢在非民主體制中獲得發展並不必然表示民主體制有礙經濟成長。就民主國家而言，良好的治理與問責較能避免戰爭與饑荒的發生，創造對經濟發展更有利的環境。

伍、臺灣的政治發展

朱雲漢及林繼文（Chu and Lin, 2001）認為臺灣在二十世紀經歷了兩輪政體革命（two cycles of regime revolution），從日本殖民到國民政府遷台，對臺灣的政治社會發展與集體認同建構產生了重要影響。在兩個時期的威權統治下，社會上仍存有抵抗政權的力量，領導者也從廣泛採用強制手段逐漸轉向開放甄補本地菁英，以鞏固與制度化統治權力。領導者利用國家支持的計畫壓制本土認同並追求文化一致性時，面臨了強大的社會抵制，以至於兩個政權都從初期獨立於本土社會的情況下，經過時間醞釀，在國家利益上逐漸融合，過程中本地菁英扮演了居中協調的重要角色。在兩個政體的統治巔峰時期，人民相當順從與忠誠，且能有效地控制與動員社會資源，限制政治參與及菁英甄補等；然而隨著國家建立（state-building）與經濟現代化，政權受到逐漸政治化的社會及本土菁英所影響。殖民時代後期，臺灣人獲得有限的自治權，但最後日本殖民統治隨著第二次世界大戰落幕而結束。

威權統治時期，政治體制逐漸建立，臺灣成為自我運作的政治實體，也發展出獨特的政治認同。在具有廣大社會支持的示威運動挑戰下，臺灣在1980年代經歷了民主化進程，最終開放黨禁，擴大政治參與，完善選舉體制，促進公民社會成長，建立了民主體制。然而，民主化後的臺灣卻面臨了新的困境，例如國內政治分歧日益擴大與極化，經濟上的產業空洞化危機，以及兩岸關係起伏擺盪。Clark等人（2018）主張這些挑戰其實是先前成功經驗所隱含的意外及非預期之成本，原來有助於政治發展及經濟成長的要素如今在環境改變後反而成了阻礙。當政治制度化程度較威權時期升高時，卻引起黑金政治氾濫與極端政黨及政治人物出現的現象。

　　與臺灣變遷軌跡極為類似的是南韓，從日本殖民到威權統治以及後來的民主化，無論在政治、經濟、社會等面向上都極具參考與比較的價值。尤其是在民主體制建立後，雖然仍有全羅道與慶尚道之間地域主義的競爭，但選舉結果產生的政黨輪替與公民社會之出現，使決策過程更為民主與制度化；軍隊在1990年代初已去政治化，當前軍事領導人全斗煥及盧泰愚被判刑入獄後，軍隊已重新獲得人民信任。然而南韓的政治發展導致了政商關係更趨綿密，政治人物的貪腐事件層出不窮，社會衝突不斷，意識形態更是在保守與進步之間搖擺不定。從兩個國家的經驗來看，狹義來說，這些政治困境與挑戰是政治發展的各個要素間不均衡演進之結果；廣義來說，同時出現的經濟成長停滯、中小企業衰退、貧富差距擴大等，突顯經濟發展及社會發展與政治發展的連動性，必須同步前進才能確保發展的總體果實。近年來，關於政治發展的實證研究，更多是集中在東南亞國家，提供了理論思考相當豐富的素材（Kinsbury, 2017）。

陸、結論

　　「什麼是政治發展？」「政治發展的定義為何？」「什麼是構成政治發展的必要條件？」「如何檢驗政治發展的程度？」「政治發展是否有最終的目標？」學界目前對於這些問題尚未產生定論，甚至連可能的共識都還在醞釀中。但不管如何，吾人至少可以確定政治發展絕對不是指國家朝著一個預定且唯一的方向前進，無論是歐美化、共產主義化、或是現代化。其次，政治運作的目標是追求穩定，似乎與發展的原則相悖。然仔細探究，透過政治發展各種要素的變遷與演進，將可提高彼此互動的穩定性與可預期性，最終仍有益於政治運作。此外，有些學者認為政治發展的普遍概念與特殊定義之間有所衝突，前者傾向於提供可行之模式，後者則強調政治社群的文化脈絡。這樣的矛盾反映出一個觀察現實政治運作時的爭論，亦即「是否存在一個超越文化與地域的政治發展模式？」雖然任何一個社會的運作都受到非常深遠的文化脈絡影響，但文化自身具有動態變遷與彈性吸收的本質，加上全球化進程中世界各國的交流愈趨緊密，人類顯然凝聚了對於權利與價值的共識。再者，對於國家權威、政府合法性、治理、課責、政黨等概念的理解與操作，需置於政治場域之中，已非單純地可被文化因素所解釋。文化相對主義（culture relativism）所主張的

不同社會之特殊性及歷史傳統之持續性對政治發展理論具有相當的挑戰，但是事實上政治運作可以在相異的文化環境下提高制度化程度，甚至進而包容與支持多元文化的存續。

　　若吾人對政治發展進行觀察與測量，其重要標準並非文化差異、歷史傳統或是領導人的主觀利益，應該是被廣為接受且具一致性的普世價值（Inglehart, 1998）。準此，政治發展的定義需要包含一套足以釐清複雜政治運作的準則，例如政治制度的特殊性及包容性、政治社會化程度、政治參與比例、政治議題的涵蓋面等；與此相關的是教育水準、都市化程度、經濟成長、社會組織多元性等。一旦某個面向有所缺失，政治發展就會受到阻礙甚至停滯不前。經濟發展及社會發展與政治發展之間的關係十分密切且正向相關，人民對於行為準則之認可及均衡的財富分配能避免社會混亂。亦即，當某種形式的政治制度在特定社會脈絡中能促進民眾接受政府制定的各種規範，並且使全民共享經濟成果，吾人即可說這個社會的政治發展程度較高。反之，則是政治發展程度較低的社會。於此可看出政治發展在學理上並未存在一個既定的模式或方向，對任何一個國家，也沒有孰優孰劣之區別。此議題的核心應該是既有體制是否適當、如何促進民眾福祉等奠基於規範價值上的實證關懷。

　　簡言之，政治發展包含政治過程中的決策與權力運用，儘管文化傳統及社會情境等外部因素很重要，吾人仍可思考一套超越各國制度與操作的既有差異且以人類共同價值為主之基本原則，推導出政治發展的普遍概念。各國實際的政治運作情況不盡相同，會隨著環境而有變化；即便是同樣的政治制度，在不同國家的實踐過程中也會因為國家與人民的互動而出現歧異，不可能完全複製。然而，關鍵在於「政治發展」必須是一段時間歷程，於中能充分反映國家決策過程得以容納多元聲音且平等地代表社會各方利益，政府要確保所有人民的安全與良好生活。一個國家的政治過程若能促進這樣的情況，其政治發展程度較高；但若有所阻礙，其政治發展程度則較低。然而，在思考學理上關於政治發展的討論之餘，例如其形式或功能為何？應如何調和應然面與實然面之間的爭辯？重點並不是要推崇政治發展這個議題的價值及設定遠大的目標，更主要的還是回歸日常生活，讓點滴積累的變革最終能完善政治體系之運作。畢竟，「政治發展」不是目標，而是完善政治關係，讓人類達到更好的政治生活之過程。

參考書目

Gabriel A. Almond, 1969, "Political Development: Analytical and Normative Perspectives," *Comparative Political Studies*, Vol. 1, No. 4, pp. 447-469.

Leonard Binder, James S. Coleman, Joseph LaPalombara, Lucien W. Pye, Sidney Verba, and Myron Weiner, eds., 1971, *Crisis and Sequences in Political Development*, Princeton, N. J.: Princeton University Press.

Yun-han Chu and Jih-wen Lin, 2001, "Political Development in 20th-Century Taiwan: State-Building, Regime Transformation and the Construction of National Identity," *The China Quarterly,* Vol. 165, pp. 102-129.

Cal Clark, Alexander C. Tan, and Karl Ho, 2018, "Confronting the Costs of its Past Success: Revisitng Taiwan's Post-authoritarian Political and Economic Development," *Asian Politics & Policy,* Vol. 10, No. 3, pp. 460-484.

James S. Coleman, 1971, "The Development Syndrome: Differentiation-Equality-Capacity," in *Crisis and Sequences in Political Development*, Leonard Binder, James S. Coleman, Joseph LaPalombara, Lucien W. Pye, Sidney Verba, and Myron Weiner, eds., Princeton, N. J.: Princeton University Press, pp. 73-100.

David Collier and Steven Levitsky, 1997, "Democracy with Adjectives: Conceptual Innovation in Comparative Research," *World Politics*, Vol. 49, No. 3, pp. 430-451.

Larry Diamond, 1999, *Developing Democracy: Toward Consolidation,* Baltimore, MD: Johns Hopkins University Press.

Larry Diamond, 2016, *In Search of Democracy*, New York, N. Y.: Routledge.

Freedom House, 2010-2020, https://freedomhouse.org., 10 July 2020.

Samuel P. Huntington, 1965, "Political Development and Political Decay," *World Politics*, Vol. 17, No. 3, pp. 386-430.

Michael Inglehart, Miguel Basanez, and Alejandro Moreno, 1998, *Human Values and Beliefs: A cross-Cultural Sourcebook,* Ann Arbor, MI: University of Michigan Press.

Damien Kingsbury, 2004, "Political Development" in *Key Issues in Development*, Damien Kingsbury, Joe Remenyi, John Mckay, and Janet Hunt, eds., New York, N.Y.: Palgrave MacMillan, pp. 164-189.

Damien Kingsbury, 2007, *Political Development*, New York, N.Y.: Routledge.

Damien Kingsbury, 2017, *Politics in Contemporary. Southeast Asia: Authority, Democracy and Political Change*, New York, N.Y.: Routledge.

J. P. Nettl, 1969, "Strategies in the Study of Political Development," in *Politics and Change in Developing Countries,* Colin Leys, ed., London, UK: Cambridge University Press, pp. 13-34.

Robert Putnam, 2000, *Bowling Alone: The Collapse and Revival of American Community*, New York, N.Y.: Simon and Schuster.

Lucian W. Pye, 1965, "The Concept of Political Development," *The Annals of American Academy of Political Science*, Vol. 358, pp. 1-13.

United Nations, 1986, *Declaration on the Right to Development*, UN General Resolution 41/128, 4 December 1986.

第四篇
國家、國際政治與全球化

目次

第二十一章　國家論

高永光

PART 4

　　政治學中對「國家」（state）的研究，起源甚早。從德文來說，政治學一詞原本指的就是「國家」之學。由於人一旦出生，就是一個國家的國民，因此國家成為人類不可缺少的政治組織。所以，「國家」一直是政治學中一個重要的研究對象，也是政治學中相當重要的一個概念。

　　不過，政治學的行為主義研究興起之後，「國家」這個概念，逐漸被政治系統（Political System）所取代，在現代政治學中幾乎不容易看見「國家」這個名詞，特別是在第二次世界大戰之後。一直到1980年代初，美國一些政治學者主張「重新把國家找回來」（Bringing the state back in），強調應該重視並研究「國家」這個對象，產生所謂的「新國家主義」（Neo-statism），並進而引發少見的政治學界較資深的學者如David Easton和G. A. Almond等人，與較年輕的政治學者如Theda Skocpol等彼此之間的論戰，國家才又重新在政治學研究中獲得重視。

　　政治學中對於國家的研究，歷經波折，現代人更是不可能沒有國家，因此，對於國家在政治學研究中，它的定義、國家的起源、有關的國家學說，以及在政治研究中關於國家研究本身，從過去到現在的變遷情形，政治學者應該有基本的了解。本章以下就國家的定義、起源、學說、研究、新國家主義研究極其重要的基本概念等，扼要加以說明討論。

壹、國家的定義

　　國家雖是政治學研究中重要的概念，但它的定義卻是眾說紛紜。國內早期的政治學者黃少游，在其所撰的《政治學》一書中（黃少游，1962：69-76），整理西方各國學者對於國家的定義，其中筆者認為較有代表性的定義如下：

1. 亞里斯多德（Aristotle）認為國家是：「家庭和村落的聯合（即市府國家），其目的在達到完美自足的生活，所謂完美自足的生活，就是快樂榮譽的生活。」

2. 羅馬學者謝昔羅（Cecero）認為國家是：「一群在共同的正義觀念之下，為了享受共同的利益而結合的民眾的社會。」

3. 中古歐洲時代荷蘭的法學大家格老秀士（Hugo Grotitus）認為：「國家是一群自由的人民為了享受正義的利益促進公眾福利而結合的一個完美社會。」

4. 法儒布丹（Jean Bodin）認為：「國家為一最高權力和理性所支配的一群家族和家族有關的聯合體。」

5. 德國哲學家黑格爾（Georg W. Hegel）認為：「國家為完成的理性。」

6. 共產主義的創始人卡爾·馬克思（Karl Marx）認為：「國家乃一階級壓迫其他階級的組織。」

7. 美國近代政治學者迦納（J. W. Garner）認為：「國家是政治科學和公法的著眼，是一個由很多人所組成的社會，永久占有一塊一定的領土，不受或者差不多不受外來的統治，有一個為人民習慣上所服從的有組織的政府。」

8. 早期的政治思想家及政治學者R. G. Gettell，對國家的定義闡釋得更為詳細，他說：「國家既不是人民，也不是土地，更不是政府，而是這三者的合一。特別的，國家必須是顯明的、統一的、獨立的政治實體，因之，國家的定義，可以說是人類社會永久占有一定的領土，在法律上，對外主權獨立，對內享有建立一個有組織的政府，以對其領域內所有的個人與團體予以法律的管治。抽象的說，國家是一個法團或法人（corporation or legal person）。具體的說，國家是一個占有領土並有完全意志與行動的政治組織的社團。」

　　從上述的定義不難發覺，對國家的定義，愈到現代愈明確，而且普遍被人們所認識的看法是，國家乃是人民、領土、主權與政府的綜合體。而這四者也被認為是組成國家的四大要素。可是，這四種組成國家的要素，每一項都很具體，但組合而成的國家這個事物，可以感覺得到，卻無法具體觸摸得到。而且，經常出現的疑問是，國家看起來像一個實體，但誰才能代表國家表示一個國家的意志？

貳、國家的起源

一般說來，區分國家和政府的類型並不困難。當我們說到某一個國家是君主國（Monarchy），指的是這個國家屬於某一個皇室或君王所擁有，換句話說，這個國家的主權是屬於王室的。如果一個國家的主權屬於全體國民所有，那這個國家就是共和國。

至於政府的類型（forms of government），則和決策權有關，當一個國家，進行統治事務的政府組織，最後的決策權由總統所擁有，這就是總統制（the Presidential System）；而公共事務的最後決策權，由內閣及帶領內閣的內閣總理所擁有，那就是議會內閣制（the Cabinet Parliamentary System），也就是一般所說的內閣制。

但國家是怎麼形成的？或者說人類歷史上的第一個國家是怎麼形成的？則眾說紛紜，此因人類經營有組織的生活大概有上萬年的歷史，但考證國家起源所引用的資料，約在2000年之內（蔣勻田，1963：32）。傳統政治學中介紹國家之起源，不外五種學說：

一、神意說

神意說乃假託人之所以形成國家乃是該國家所信奉的神之旨意。歐洲的君權神授，即是說統治者權力來源係得自於神，因此，君權神授下，被統治者只有服從。中國稱皇帝為「天子」，即皇帝乃上天之子，所以「普天之下，莫非王土，率土之濱，莫非王臣。」天下的土地都是王室所有，在這些土地上的子民則都是皇帝的臣子。

國家形成起源於神的旨意，應當是一種假說，用意在鞏固統治者的權力。

二、社會契約說

桂崇基認為中國有所謂的社會契約說，即墨子的「尚同」說。桂崇基認為墨子以為上古的人都過著禽獸般的生活，為有異於禽獸，遂選擇賢能智慧人士，舉他為「天子」享有統治權，責任在於「一同天下之義」。所以人民必須「上之所是，必皆是之；所非，必皆非之。」（桂崇基，1965：213）。

至於西方的社會契約說，則形成後來的古典自由主義（the classical Liberalism），主要代表人物有霍布斯（Thomas Hobbes, 1588-1676）、洛克（John Locke, 1632-1740）以及盧梭（J. J. Rousseau, 1712-1778）。以上三人雖

論述各有不同，但都是在解釋人類在原始社會，也就是在自然社會中，為何要進入有組織的國家社會。簡要來說，霍布斯的自然社會，人人為戰，人人為敵，是個叢林社會。因此，每個人為了基本生存的安全，共同約束放棄為所欲為的自由，把這種自由交給了國家，大家在國家的政治生活中，生存安全才獲得保障。

洛克則認為人是理性動物，所以自然社會由理性來拘束，理性就是自然法，但仍無法避免人與人之間的衝突，為了衝突之解決，人們共同遵守自然法，簽署了社會契約，所以他認為只要有法律，就有自由。在國家中，人人遵守法律，自然權利就會獲得保障。

至於盧梭則認為自然社會是豐衣足食的自由社會，但人類私心起了財產觀念，例如想把一塊土地劃歸自己所有，人與人之間就起了衝突，所以需要國家來加以處理。

總之，古典自由主義論者認為國家是必須的罪惡。不過，社會契約論仍是假說，事實上並不存在著社會契約。所以，社會契約說無法說明國家真正是怎麼發生的。

三、家族起源說

家族起源說在社會學和人類文化學中有很多論述。大體是說人在較原始的狀態下，為了繁衍後代，同種的人類會群聚在一起，因而形成家族社會。等到族人越聚越多，自然會形成具有排難解紛的有組織的生活。同時，為了保衛族人，或進行狩獵等集體行動，而有領導階層如家長或族長，然後形成部落社會，而有了酋長，就已具備了國家的雛形。

從現在有些比較落後的國家，仍保有為數不少的部落社會的實情來看，家族起源說比較接近國家形成的歷史過程。

四、武力說

詹同章（1972）認為國家無論在對內、對外關係上，皆是以武力為手段來達成其目的。主張國家起源於武力的政治思想家有休姆（David Hume, 1711-1776）、亞當斯密（Adam Smith, 1723-1792）、哈勒（Karl Ludvig Van Haller, 1769-1854）、歐本海馬（Franz Oppenheimer, 1864-1943）等人。

為了征戰而形成國家，似乎只是國家形成的原因之一；但形成國家之後，很少國家不和其他國家發生戰爭。因此，武力說比較上是有了國家以後的現

象。

五、演化說

上述各種國家形成的說法都有所偏，因此，有些政治思想家，像美國當代政治學者Robert Morrison MacIver（1955）就認為國家是歷史性的產物，不是由哪一個單一因素產生，而是像血統、宗教、經濟、戰爭及政治意識等各種因素，交互作用而形成的。

參、國家的學說

國家的起源是說國家是怎麼形成的，至於國家究竟是一個什麼樣的事物呢？則是有關國家的學說。傳統政治學對國家究竟是什麼事物，有以下八種說法：

一、法人說

顧名思義，把國家看成是法律上權利義務的主體，因此，在國內當然人們受到國家機關的行為，導致權利義務有所損害時，得向國家尋求賠償。而在國際法上，甚至於可以透過國際法庭來尋求國與國之間的權利義務問題。

二、有機體說

不少政治思想家，把國家看成是擁有生命的有機體。和動植物一般，個人好比是細胞，個人和個人之間的關係，或個人與社會的關係，如同有機體內部器官與器官之間的關係。因此，國家會出生、成長、衰老、死亡。

三、倫理團體說

有些思想家認為國家是一個實踐倫理的主體，因此，國家就代表至高無上的道德。個人若離開國家就失去意義，個人必須透過國家才能實踐最高的道德。

四、無政府主義說

無政府主義者認為國家是一切罪惡的淵源，因此主張不要國家。

五、壓迫工具說

國家被認為是統治階級壓迫被統治階級的工具。在資本主社會中，資產階級擁有國家機器，他們是統治者；而廣大的無產階級是被統治者，所以，國家機器會被資產階級拿來作為壓迫被統治的無產階級的工具。因此，當無產階級團結起來，消滅資產階級，國家就變得不是那麼重要。當社會上的生產工具成為大家所共有，也就是共產主義社會的實踐，國家機器的功能不再被需要，國家自然就萎謝了！

六、個人主義說

古典自由主義者都持此說，這些政治思想家都很重視個人自由。但是由個人所組成的社會，不可避免會有一些衝突或問題，仍需要國家來處理。因此，國家只需要從事最少最少的活動即可，基本上在尊重個人自由放任的原則下，國家只是「必須的罪惡」，而「管得最少的國家，乃是最好的國家。」

七、多元主義說

在多元主義的說法下，國家機關不過是一個總的集團，和工會、教會、職業團體等集團差別不大，都是在為一己之利益競爭。多元主義比較強調社會，以及社會中多元團體的競爭，國家是其中的一個團體，其競爭之地位和其他團體相同。

八、集產主義說

集產主義者也常被稱為集體主義者（Collectivist）。集體主義者相信國家，希望藉由國家來重新分配社會財富，擴大國家職能，為人民謀福利；同時，也主張國家在發展經濟上扮演主要角色。

從以上國家究竟是什麼的角度來看，不同的政治思想家或政治學者，因為看法不同，而有不同之主張。而事實上，上述每一種說法或許在國家實際所做所為中，可以獲得一些事實佐證，他們的說法，或有部分正確。但是，正因為每一種說法似皆各有所偏，以至於傳統對「國家究竟是什麼？」充滿爭議。但總而言之，人存活在國家中，大體都希望國家能提供安全，使一國之人民生存有所保障。除了安全之外，人們也許祈求國家能提供福利、秩序、自由或公道與正義，但是，這些人民的期許，或許可以說是國家所以存在的目的，是否都能讓一國的子民感到滿意，則不一定（詹同章，1972）。

肆、國家的研究

從上述政治學有關國家的論述，可以看出對於國家研究傳統政治學中，充滿著各種假說，以及都是政治學者從「應然面」（ought to be）去說明國家是什麼。因而，究竟什麼是「國家」始終是眾說紛紜。所以，對於國家的研究，比較上是放在政治思想的論述中，此即從哲學的層面去加以思考。而作為一個可以被具體研究的經驗現象，或具體的事物來看，國家在政治學研究中，到了第二次世界大戰前後，行為主義興起，遂普遍為當代的政治學研究者所丟棄。

政治學的行為主義革命，主張政治研究的分析單元（the unit of political analysis）乃是個人的政治行為（political behavior）。因而，傳統政治學中較為鉅型（macro）或宏觀的分析概念如國家，就是不妥當的分析單元。因為每個人都在從事政治行為，彼此交互影響互動（interaction）所產生的綜合體就是政治系統。整個國家構成一個政治系統，它包含有內環境因素（國內的社會、經濟、軍事、文化……等，以及外環境因素（國際社會）。

個人所從事的政治行為，包括要求（demand）的政治行為，以及支持（support）的政治行為；政治系統中的決策系統，把人民的要求及支持，轉換成政府的權威性立法和行動。政治系統如果能成功的轉換人民的支持及要求，系統就能達成動態均衡；反之，系統則因轉換功能不足，而產生不均衡。政治系統會進行整合、調適、維持等功能，而得穩定地存活；否則，會因失衡而導致系統的崩潰（Easton, 1950, 1953, 1956, 1965, 1967）。

David Easton主張以政治系統來研究政治，自然而然會主張不要「國家」這個研究概念。他舉出了C. H. Titus在1931年的一篇文章所蒐集到145種不同的定義，Easton做了總結，他說：「在檢視了有關國家的諸多混亂的定義後，需要很苛刻地做出決定，即國家這個字（word）必須完完全全予以棄絕（abandoned）」（Easton, 1953: 108）。

行為主義在政治學中掀起革命之後，在研究理論上除了系統論之外，就是G. A. Almond所大力倡導的結構功能論。結構功能論和系統論可以說密不可分。Almond就強調要達到系統中變動的均衡（changing equilibrium），為此「角色」（role）、結構（structure）和政治文化（political culture）都有其影響深遠的功能（function）（Almond, 1956: 391-409）。

因此，Almond（1960: 11）認為：

1. 所有政治系統都有政治結構。

2. 政治結構在政治系統中，都在執行相同的功能。

3. 所有的政治結構都是多功能的。

4. 所有的政治系統都混雜著文化上的意義。

此外，政治系統還有輸入項的功能（input functions），其中包括政治社會化和人才拔擢（political socialization and recruitment）、利益提出（interest articulation）、利益集結（interest aggregation）和政治溝通（political communication）；而輸出項的功能（output functions）則包括法規制訂（rule making）、法規執行（rule application）和法規裁判（rule adjudication）（Almond, 1960: 15）。

讀者仔細思考Almond的用詞，當會發覺如果政治系統指的就是國家，那麼政治結構事實上就是政治制度，也就是一般俗稱的政府機關或部門。而在輸出項功能上，所謂的法規制訂是指立法機關或部門的執掌，而法規執行則是行政機關的工作，至於法規裁判則就是司法功能。

當然，政治學的行為主義研究，確實為現代政治研究提供了更多的分析單元和分析層次。但是，許多傳統的研究概念像國家、權力、機構或制度等等，在行為主義研究興起後，完全都消失不見了。代之而起的卻是一大堆的新名詞，但其實這些新名詞和過去傳統的研究概念，似乎所指稱的卻是相同的政治事物。

因此，比較政治的學者R. Chilcote（1981: 163）就認為：

1. 政治系統一詞不過是取代了國家、法律組織或者是機構（legal and institutional apparatus）。

2. 功能一詞取代了過去的權力。

3. 角色一詞取代了過去的官員（officer）。

4. 結構取代了制度。

不過，在行為主義政治研究成為時潮，普遍都不再討論、分析國家、權力等傳統政治學的概念時，卻仍有極少數的政治學者對「國家」相當注意，例如：J. P. Nettl。Nettl（1968）並不排斥使用一些行為主義興起後政治研究的新名詞，但他仍對「國家」做了詳細的討論，他認為：

1. 國家是個集合體（collectivity），它代表一組結構和功能的整合。因此，國家就不單純地只是法律、政府或官僚的集合體。基本上，可以把領土、民族、主權和文化等其他方面的事物都放到這個集合體當中。

2. 國家是國際關係中的一個單位，正如個人是社會中的一個單位，乃是最基本的、不可再縮減的單位。所以，國家的主權和自主性是無法輕易挑戰的。Nettl認為隨著一個特定國家的歷史發展，會產生這個國家的國家性（stateness）。

3. 國家代表的是一個自主性的集體。其情形正如一個社會中各團體都會強調它的主權性；但是，國家的自主性是比較獨特的領域，不同於社會中每一個團體所要求的自主性的提高。

4. 國家本質上是一種社會文化現象。這個概念使國家從傳統上把它視為一個排他性團體，具有獨特的結構，對一己自主性的強調等等這些屬性中跳脫出來。所謂國家是一種社會文化現象，是指這個國家從過去到現在，屬於它的所有人民、共同的生活記憶。正因如此，國家當然是這個「共同經驗」（common experience）的代表。

基於以上Nettl（1968: 566-579）的國家四個基本的概念，Nettl主張當研究國家時，必須從以下三個方向來考慮：

1. 歷史的

任何一個國家至今仍存在，必有其歷史。換句話說，要解釋國家是什麼？正如同敘述一個國家的歷史，或所有國家的歷史。

2. 知識的（intellectual）

把國家是什麼當作一種「知識」來描述。從知識上探討國家，就會去想一般認為國家是什麼？在人們觀念上，或者他所認識到的國家是什麼？尤其可以注意，自古到今，知識分子認為國家是什麼？或者去看看政治思想家，主張國家是什麼？

3. 文化的（cultural）

假定國家和人們所形塑出來的文化有關，那麼對一個國家的理解，可以從這個國家的文化脈絡中去認識，例如在一個國家中人們生活的準則是什麼？是否來自國家的規範？或國家的形塑？依據這些自然可以理解國家是怎樣的一種文化。

雖然Nettl從各種不同層面來探討國家應該是什麼？以及國家究竟是什麼？畢竟還是沒有把「國家」定義的十分清楚。特別是在行為主義研究興起後，基本上，分析的單元是比較「微視」（micro）的政治行為。因此，作為一個在經驗上沒有辦法可以經由感官知覺到的巨大實體的「國家」，它是一個「鉅視」

（macro）的分析概念，以至於最後不得不被二次大戰之後的政治學者所避開。

事實上，二次世界大戰之後，政治學的研究，常常把國家與政府交互使用。這是因為國家比較抽象，而政府比較具體。因此，當論述到國家的意思表示時，常常用政府的政策來代替。雖然國家與政府確有不同，最明顯的分辨就是國家恆常存在，而政府卻經常更替或輪替。

把國家與政府混為一談，另一個可能的原因是多元主義（pluralism）的緣故。多元主義假定社會是由多元集體或團體（groups）所組成，所有團體都在為分配社會資源而競爭，國家或政府也不過是多元團體中的一員而已。很明顯的，國家或政府是在社會當中，社會的領域大於國家或政府的領域。這種看法是以「社會為中心」（society-centered）的。

以社會為中心來看待國家，政府、現代化、工業化、都市化等等，都是社會當中的角色或活動，而所謂的國家，不過是「社會演變進化過程中的一個社會分工單位而已」（Badie, 1983: 27-31）。以社會為中心來研究政治，在當代以T. Parsons為大師，Parsons（1960, 1966, 1971）認為國家或政府的分殊化或專門化，乃是受到社會社群的演變，社會社群是主導國家變化的獨立變數，而國家乃是受到社會影響的依賴變數。

而David Easton（1953）的政治系統論，強調政治系統的內、外社會環境因素，系統受此二環境因素的影響，必須有所回應、調整和整合，否則，系統則會解組或崩潰。而G. A. Almond（1956）的結構功能，同樣也強調政治系統如果不能產生正功能，以回應來自社會的支持和需求，則系統必然失衡（disequilibrium）。可見不論是系統論或結構功能論，都是秉承Parsons以社會為中心的研究途徑。國家的研究，或者國家作為主要的研究對象或研究概念，自然就變得愈來愈不重要了！

伍、新國家主義的出現

二次大戰之後行為主義研究興起，政治學中對國家的研究幾乎不太重視。但是，在1985年新國家主義（Neo-statism）研究途徑出現之前，仍有少數學者致力於國家的研究。不過，他們的研究並沒有引起迴響與注意。這些學者包括前已述及早期的Nettl，另外，如Alfred Stepan在1978年出版的《國家與社會：

比較觀點下的秘魯》，Stepan強調應對國家的概念做重新的認識，也提出該書的寫作觀點是從有機國家主義觀（the organic Statism）出發。

Stepan該書雖受到重視，但並沒有引起當時學界的迴響。而後來掀起新國家主義研究浪潮的Theda Skocpol在1979年也出版了《國家與社會革命》（*States and Social Revolutions*）。不過，也是在當時沒有引起重視。不過，1981年Eric A. Nordlinger出版了《民主國家之自主性》（*On the Autonomy of the Democratic State*）乙書，則引起很大的注意，推其原因，當不在於其特意強調國家的概念，而在於他在處理國家與社會的關係時，提出了一個分析的模型，從這個分析模型可以檢視三種類型的國家自主性。諾丁傑（Nordlinger）的研究提供了一個研究國家自主性經驗分析的架構（高永光，1995：40）。

而真正掀起新國家主義研究趨勢的，當推Stephen D. Krasner於1984年的著作，和1985年Skocpol編輯出版的《把國家帶回來》（*Bringing The State Back In*）乙書。

Krasner（1984）把國家研究視為一種研究的新取向（new orientation），並且這種研究取向可以成為新典範（new paradigm）。Krasner（1984: 224-225）認為新國家主義研究途徑的特徵是：

1. 新國家主義研究，比較重視統治和控制（rule and control）這方面的政治問題，而不像系統論所重視的政治行為者的利益分配問題。所以，他們關切問題乃是在內外威脅之下，國家如何維持控制與秩序。

2. 新國家主義研究的出現，乃是把國家視為一種在公共政策制定的過程中，它是一個行動的單元，或者說它是影響政策制定的一個外在因素，或者至少是中介變數（intervening variable）。因此，國家不只是對社會所偏好的事物，或者對該社會的特質做出忠實反應的機構而已。

3. 新國家主義之研究，比較重視制度或機構（institutions）的約束，以及它們對個人行為的影響與作用。所以政治活動的結果，不是單純地社會上各種團體互動來決定的，國家權力結構的種種制度安排，在在影響人們對自我利益的觀點。

4. 新國家主義之研究，特別注意歷史發展中的一些抉擇。由於歷史條件所致，導致某些政治制度的出現，也導致了後來什麼事情可能出現，什麼事情不可能出現。

5. 系統壓力（stress）和脫序（disjunctures）才是新國家主義者研究的重點。國家的結構不一定和功能是配套的，有的國家具有某一功能，但卻不一定

是有某些特定結構的結果，說不定根本沒有這些特定結構。所以國家內部的政治生活充滿著緊張與衝突。國家政策經常與社會團體所期望的背道而馳。人們懷疑的不僅僅是價值如何分配的問題，對於如何分配價值的這一套遊戲規則也經常提出懷疑。

以上五點，Krasner雖沒有挑明了是批判系統功能論，不過就實質內容來看，新國家主義對系統功能論的社會價值的分配、和諧的均衡、系統的持續、系統的遊戲規則基本上的被接受、系統每一部分都能產生功能等等特性，提出了完全相反的論述。

我們再看看Stepan主張國家研究的新途徑應該是什麼，將更可以明白新國家主義。Stepan（1978）認為：

1. 應該把國家看成比政府還要寬廣的事物。持續不斷的行政系統、法律系統、官僚體系和強制系統等，它們所企圖建構的不只是公共權威和民間社會（public authority and civil society）之間的關係；還希望能建構民間社會內的諸多重要關係。

2. 國家應該被看成是支配和控制（domination and control）的一種機制（mechanism）。所以，國家的法律和官僚程序要能去形成民間社會對國家要求。因此之故：（1）對任何一個特別的國家，必須去研究它在程序中中立的程度；以及有關利益集結（interest aggregation）後形成對國家具有約束力的要求的過程，究竟國家允許這種過程的自主性和競爭性的程度有多少；（2）國家的法律性、強制性及行政的權力，究竟和社會階級的關係如何？它支配哪些階級或者保障了哪些階級；（3）國家不受民間社會所宰制的自主性程度如何，對實際的政策產出究竟有多大的決定力？

3. 國家不必然是一元的。國家由行政、立法、司法等強制性的機構組成。但是，所謂掌控國家，是指從對誰居於戰略地位的菁英的研究，才能了解國家與社會的關係。

4. 國家與社會有三種可能的關係：（1）設置一種霸權式的國家組織，一如葛蘭西（Antonio Gramsci）所主張的，民間社會對這種國家組織全盤接納；（2）民間社會服從國家只是基於國家具有無上的強制力；（3）如果位居要津的國家菁英無法維持司法裁決的強制力，及武力的獨占，那麼民間社會進行有效的反抗，會使國家機構的設置終於失敗。

5. 國家應該是對環境內所有的活動能夠出面掌管，但是，第三世界的國家常受到外國企業團體，或多國公司的干擾，這些國家是否缺乏上述的特性不

無疑問。所以，研究國家，應該研究它發展控制這些外國行動者或多國公司的能力。

從Stepan對國家的說明，讀者應該能明白新國家主義的研究究竟是怎樣性質的一股浪潮。至少，就筆者來看他們應該是把傳統政治研究中對國家制度面和法律面的重視，以及把系統功能論中國家及政府的功能連結起來的研究。至於國家與社會的關係，雖仍然與傳統政治學論國家與社會的基本性質類似，例如國家在社會之上，或者國家也不過是社會團體中的一環等等，但是，還摻雜了民間社會的觀念，雖然不一定是循著新馬克思主義者（Neo-Marxist）的脈絡，但應該與新馬克思主義的論證有關；而國家與社會的關係究竟孰輕孰重，應該也是在反思多元主義（pluralism）讓人有過度強調社會完全影響了國家決策的單純及刻板的印象有關。

新國家主義研究者的主張，引起了政治學當代大師G. A. Almond和David Easton的批評。Almond在抨擊新國家主義研究時，認為Nettl仍然沒有把國家是什麼的定義問題釐清。因而，認為新國家主義研究者和傳統政治學者一樣，在國家的定義上仍然是混沌未開、曖昧不清的，又如何能算得上是科學研究的新典範呢？

不過，Krasner既然有心把國家的研究視為一種新典範，那麼他對國家的定義是否清晰呢？Krasner（1984: 224）借用了Roger Benjamin和Raymond Duvall的定義，認為國家有四種意義：

1. 國家就是政府，它是一個國裡所有具有決策權威的人士所構成的整體。
2. 國家是由公務人員和行政組識所構成的一致性的整體；同時，國家也是制度化的法律秩序。
3. 國家乃是統治階級。
4. 國家是規範性的秩序。

Krasner所列舉的上述四種國家的定義，事實上也並沒有超越傳統政治學中對國家的各種學說。所以Howard H. Lentner（1984）比Almond更早就批評Krasner仍然沒有把有關國家的定義作好。Lentner說：「（Krasner所引用的四種國家的定義）它們當中，沒有一項是完整的，都只是建立在國家的真實的各面向（aspect）上，雖然，Krasner很技巧地，儘量地把各類研究歸類到國家研究上，而指出各種有用的不同概念。但是，如果要對國家研究進行理論建構（theory-building）的話，這樣做還不夠。這項工作需要把與國家所關的所有

理論上的因素都計入考量，然後對國家的概念作一個總體的、綜合的評價（a comprehensive appreciation）」（Lentner, 1984: 368）。

　　Lentner的這段話點出了新國家主義研究，即使是在萌芽階段，也顯得準備不夠充分。至於，在從事這方面的研究者，並沒有把有關國家研究的相關著作，做一個整體性的整理，就研究工作而言，這實在是一項很大缺憾。所以，Almond在批評新國家主義的研究概念時，直言不諱地指出，這些年輕的新國家主義研究者，在企圖推翻學界既有的研究典範時，並沒有對相關的著作仔細研讀，他們所認為既有研究之不足，或有缺陷之處，事實上許多研究先進早已指出，並且提出相關的著作。

　　不過，就筆者來看，Almond所批評的，多少是站在一個多元主義的立場，難免對自己三、四十年的努力，被新國家主義者抨擊為化約主義（reductionist）──過分地簡化了政治現象，以為社會因素才是唯一影響政治現象的變數──因而感到氣憤與不平；其次，新國家主義論者認為多元主義研究不重視國家，Almond認為也不是實情，此乃是新國家主義研究者誤把古典的多元主義者的觀點，誤為是所有多元主義者的看法，因而Almond提出諸多反證，證明1950年代及1960年代的多元主義研究者，事實上是把國家與社會當作兩個彼此交互影響的變數。

　　依筆者的看法，新國家主義的研究，雖然可以追溯到傳統的政治研究中的國家研究，但那並不是新國家主義研究者的目標，他們也深深知道傳統政治學中研究國家的許多缺點。而像Nettl等元老級學者對國家觀念的強調，也只是強調而已，真正比較有計畫地對國家的概念，重新再思考，企圖建立有用的，能夠彌補現在政治研究典範或理論的缺陷的工作，還是開始於1980年代Skocpol等人的努力。而這項工作的推動，則一如Skocpol所說的，和1983年社會科學研究委員會（the Social Science Research Council-SSRC），成立「國家和社會結構研究計劃委員會」（The Research Planning Committee on States and Structures）有關。事實上，Skocpol 1985年的《把國家帶回來》乙書的出版，乃是這個委員會的出版品。而這本書所蒐列的文章，又是SSRC和同屬該會的「西歐和拉丁美洲研究聯合委員會」以及the American Council of Learned Societies（ACLS），在1982年於紐約州的Mount Kisco所舉行的「當代國家理論的研究意涵」（Research Implication of Current Theories of the State）學術研討會所發表的論文。

　　從Skocpol（1985）在〈把國家帶回來：當代研究的戰略分析〉一文中，

讀者應該更知道新國家主義研究政治的範圍。Skocpol的文章可以分成三大部分：一是詳述國家研究的緣起，其中除了強調過去政治學界中系統和結構功能的分析，特別是美國政治科學界多元主義下，以社會為研究中心的政治理論。此外，Skocpol提到了新馬克思主義的研究者，在1960年代中葉以後對資本主義國家的大量研究，使得大家對國家、生產工具的重塑及社會階級關係給予高度的重視。當然，同時在二次世界大戰之後，非英、美系的國家，特別是極權主義和威權主義國家的發展，以及因之帶來的國際社會的競爭，也使得研究者重視非英、美系的國家的研究。特別是先進國家紛紛遭遇經濟發展的困難的時候，大家也把焦點放在英美先進國家的國家機器能否對經濟復甦，做出怎樣的努力。

此外，在第一部分當中，Skocpol也特別提到重視國家的研究是否即是歐陸傳統的回復（revival）？除英國外，特別是德、法等國家，從未停輟對國家研究的興趣和努力。即便是後來被多元主義研究的學者奉為圭臬的韋伯，也非常重視國家的概念。

緊接著第二部分，Skocpol討論「國家的能力與自主性」（the autonomy and capacity of states）。Skocpol在討論國家的能力與自主性時，所提出來的看法正代表著新國家主義研究的內容，這包括：

1. 把國家視為一個行動者（actor）來加以研究

Skocpol認為國家會主動採取行動，以追求控制和秩序，那這時候國家指的是什麼呢？就是國家官僚所組成的那個有組織的、相當一致的整體，而其中特別是永業文官，後者能夠擺脫社會利益的影響，在國家面臨危機時，獨立地採取應對策略；即使在承平時期，他們也能以相當獨特的方式去影響政策的產生。Skocpol甚至更進一步引用Stepan與Trimberger的論著，指出在歷史的某些時刻，具有戰略地位的菁英分子，利用軍事武力控制整個國家，透過官僚體系來進行強制的改革，或者由上而下發動一場革命性的變革。

2. 憲政自由民主國家仍擁有其自主性

Skocpol特別舉Hugh Heclo和Krasner的著作，說明一般認為比較上是分權的像美國、瑞典或英國，國家機構給人的感覺是比較弱的，但是，它們的國家也有自主性。不過，在這部分裡，筆者認為Skocpol透露了新國家研究途徑對國家自主性的看法。要知Skocpol對國家自主性所下的定義是：「國家自認是控制著特定領土及其上之子民的組織，可以去形成並尋求目標，而非單純地去反映其所掌控領土範圍內的社會，階級或社會團體的利益或要求。（Skocpol,

1985: 9）」但是Skocpol認為這種自主性並非是任何政府系統固定不變的結構特徵，「國家自主性會有，但也會消失」（It can come and go）（Skocpol, 1985: 14）。這種看法和部分新馬克思主義者主張國家有相對自主性似又有所不同。

3. 國家的行動是理性的嗎？

國家如果不只是反應社會團體的利益要求，那麼國家所追求的目標，一定和社團不同，此係當國家只反應社會團體的利益時，必然產生傾向某些利益團體的要求，其政策產出當然無法理性；反之，國家所追求的目標，不受社會團體利益的壓力影響，它追求權威的強化、政治上的長遠，以及國家組織的社會控制力量，顯然可以研究的是國家行動的理性程度有多高，或者問國家為什麼在什麼時刻，如何去採取它所偏好的公共政策？其理性的程度又有多高？

4. 國家是否能達成它的目標？

國家能否達成它所訂下的目標，當然和國家的能力有關，能力愈高強，越能一遂己願。因此，新國家主義對國家能力的研究十分重視。它包含去了解國家是否完全掌控了主權完整性，行政的穩定性以及軍事武裝力量的控制性。換言之，從國家徵取社會資源，如稅收等就可以知道國家能力的強弱、大小；然後，再去觀察國家所用的人事、制度上如何強化、如何資助社會團體，如何補助企業等，就可更進一步了解國家能力及其自主性。

5. 國家的能力與特定政策的追求

前面第4項所說的是國家在一般政策的制定上，國家能力從何而來，為何展現及如何展現。但是，要明白國家真正的能力，則必須對特定政策，國家在其形成過程中所扮演的角色。尤其是國家為了追求某一特定政策是否擁有一特殊部門，成為構想，推動這項既定政策的「政策工具」（policy instrument）（Skocpol, 1985: 18）。

6. 國家和社經條件間的關係

研究國家不僅是研究它如何獲取資源、掌控權力，還應該注意它和社會經濟環境的關係，特別是某些政策產生和某些特定社會經濟背景的關聯，如國家的權力結構和非國家的行動者或結構，特別是那些控有經濟支配權的行動者或結構之間的關係。舉例來說，Stepan（1978）在研究秘魯時，他在探討秘魯這個國家政權的特質時，Stepan關注的乃是「對政策目標承諾程度，國家所具有技術能力以及監控能力（monitoring abilities）」，及國家所掌握的投資資源，國家的國際地位等，不過，專注於國家在這方面的關聯性，不僅僅是指在世界經濟體系中，特別是在資本主義世界，一國如何追求經濟目標及政策，以應付

來自外國的或多國公司的競爭與壓力。就國內而言，例如：國家與國內主要企業部門之間的互動關係為何？國內社會經濟團體的利益何在？同理，不僅僅是社會經濟層面如此，社會文化層面上，國家與後者的關係也應該是研究的重點。

　　綜合Skocpol以上的看法，不難了解新國家主義研究乃是把國家視為一個行動者來加以研究。但是，這種研究又不限於代表國家執行其意思的官僚的研究，否則與公共行政的研究何異？所以除了研究官僚與政策、社會集團之利益的關係外，也擴及了社會階級及政府權力結構，更擴及國際社會國家對外政策的研究。平心而論，這樣子的研究，仍然是企圖以一個概念為核心，建立有關政治生活的大理論，就研究性質而言，其實與系統功能論並無多大的區別，只是名詞使用的不同罷了。不過，情形是否確如筆者所言，現在讓我們來看看Skocpol最後一部分論「國家與政治的類型」再來判斷。

　　在討論國家與政治的類型時，Skocpol特別注意新國家主義之研究，必須將焦點放在：

1. 比較工業資本主義民主國家的國家結構和政治

　　她所主張的研究假設是把國家的結構和行動視為獨立變數，然後把政治文化、集團的形成，集體的政治行動以及政治議題的議程（the issue agendas of politics），視為受獨立變數影響的依賴變數，用這些研究成果來比較每一個國家的國家性，Skocpol特地提到Nettl所說的stateness。很明顯的，Skocpol的這種研究假設和系統功能論者，如Almond和S. Verba的名著《公民文化》（*The Civic Culture*）中把政治文化視為獨立變數，而把政府的輸入、產出，甚至包括政府本身都視為依賴變數的假定是完全相反的。而對於「政治」的看法，結構功能分析強調政治系統的分配功能、強制功能、執行功能以及裁判的功能；但是，新國家主義研究者不認為國家僅僅有這些功能而已，因為國家會以各式各樣的活動去賦予政治的涵義和手段方法，而影響了社會中所有團體和階級的行為。據此，Skocpol認為才可以理解何以這個國家有這樣那樣的行政組織、政黨形式、不同型態的選民等等，又可以解答類似：為何美國沒有統合主義（Corporatism）等問題。

2. 國家和社會階級的政治能力

　　正統馬克思主義把國家視為階級統治的一個工具，而階級受到經濟因素的決定。Skocpol認為馬克思主義這種看法是不對的，如果不是頭腳顛倒，那至

少是左右邊弄錯了。因為階級利益能否進入政治領域，還得看階級的能力，而階級能力受到政治文化，集體行動型態的影響。同時，更重要的是國家的結構和行動往往制約了階級能力的發展。

　　不過，Skocpol在國家與政治的類型方面著墨不多，予人的感覺仍是國家能力和自主性部分的重複。其實，依筆者個人的觀點，政治學在比較政治研究上大抵從四種理論去研究，分別是系統的理論、文化的理論、發展的理論以及階級的理論。其中系統的和文化的是相當典型的多元主義觀點，受到韋伯觀點的影響很深，而發展的理論，主流仍然是多元主義的，但後來因為反對以英美為主的種族中心至上論（Ethonocentrism）的模型去研究非西方體系的國家，而有依賴理論，世界體系等理論的產生，基本上這種變化還是有受到馬克思主義思考的因素的影響；至於階級的理論，主流反而是馬克思主義的研究取向。而新國家主義的研究者，在聲明揚棄系統功能論所代表的以社會為研究中心的多元主義論後，如果站在以馬克思主義為思考脈絡的研究範疇中，似乎不是一種創新。因此，至少筆者個人的看法是，他們企圖以國家為核心概念，將系統的、文化的、發展的以及階級的理論所探討的問題，整合成為國家理論，創造一種政治研究的新典範。就負面的角度來看，放諸四海而皆準的大理論，基本上就不易成功，何況國家概念的澄清，在先天上似乎就不是一件簡單的工作；不過，反過來從正面上看，韋伯式的思考（以文化為獨立變數），和馬克思式的思考（以經濟為獨立變數），中間的鴻溝一直存在，在多元主義為歐美政治研究主流中，這道鴻溝的存在，成為不可跨越的天塹，以國家為中心的研究途徑，也許可以克服這種障礙的境界。

陸、新國家主義研究的重要概念之一：國家自主性

　　新國家主義對國家的研究，迥異於傳統對國家的研究，而其中比較受重視的研究概念之一，即：國家自主性（state autonomy）。國家自主性是什麼？到底有沒有國家自主性的存在？國家自主性究竟是相對於什麼東西而存在？抑或是絕對存在？

　　所謂國家的自主性是：「構成國家的那個系統，可以不必理會社會上各種不同政治勢力的要求，而決定其行動。國家能力與國家自主性沒有必然的邏輯關係，但國家有無自主性，則和國家與社會在結構上的關係有關」（Miliband,

1969: 3）。

　　國家自主性的研究和馬克思主義（Marxism）有關。在馬克思來看，社會結構是受了下層建築所決定，而下層建築指的是經濟，這是為什麼馬克思被批評是一個「經濟決定論」者。經濟基礎決定了上層建築，即政治、社會、文化等等。而國家是上層建築，自然沒有自主性，在資本主義國家，資本家對生產工具的壟斷，資產階級自然掌控國家機器。國家機器雖然不必然是直接由資產階級掌控，但統治者自然會為資產階級所掌控，資產階級還是間接掌控了國家機器。所以，馬克思主張國家是統治者脅迫被統治者的工具，道理在此。而一旦共產主義社會建立起來，生產工具為全民所共有，國家作為國家的脅迫功能的工具，自然會萎謝掉，所以，馬克思的國家機器在他的說法裡，最終會步向消亡之路。

　　不過，國家機器、資本和階級之間的關係十分複雜，馬克思似乎把它們之間的關係單純化了。

　　Perry Anderson（1976）是研究義大利共黨創始人葛蘭西（Antonio Gramsci）相當有名的學者，他討論葛蘭西的國家論，特別用三種界定來說明，也就是：

1. 把國家（state）和民間社會（civil society）對照起來看。
2. 把國家包含（encompass）民間社會來看。
3. 把國家和民間社會看成為融合一致（identical）的方式來看。

　　在第一種的界定下，如果社會有一個支配性階級，透過民間社會來控制國家機器，那麼，國家機器將毫無自主性可言。

　　在第二種界定中的國家包含了政治社會（political society），也包含了民間社會。而民間社會對社會上的一切事物擁有霸權，而政治社會則對所有需要強制的事物，擁有霸權。因此，政治社會既然不屬於民間社會，又對需要強烈的事物擁有霸權，因此，代表政治社會的國家機器，自然擁有對需要強制的事物，擁有自主性。但是，政治社會對於民間社會的事物，當後者不需要強制性時，則國家機器沒有自主性。

　　第三種界定，國家乃是民間社會與政治社會合而為一，所以所謂的國家包含了政府部門、工會、政黨、私人機構等等。我們很難理解這是什麼樣子的國家，也許是馬克思理想中的共產主義社會，也許是毛澤東在文化大革命中共所謂的十年浩劫（1966-1976）中的極權國家，國家機器侵入所有的社會領域，國家與社會合而為一，每個人都與政治社會結合，完全沒有私領域的生活（Anderson, 1976: 12-13）。

　　新馬克思主義者，例如：法國結構主義學派（Structuralism），包括阿圖色（Louis Althusser）和Nicos Poulantzas，都是從國家具相對自主性的角度來看國家機器。以阿圖色為例，他認為社會型構（social formations）乃是社會關係系統的過程，是客觀存在著。國家組織事實上是受了社會型構的影響；但是，國家組織的變化，也會影響社會型構。因此，階級鬥爭會影響國家組織的型態；但是，國家組織也會影響階級鬥爭的形式（Carnoy, 1984: 89-96）。

　　有關國家與社會，或國家機器與市民社會或民間社會的辯論，長期以來就存在著。由於和每一個人或學派對究竟是以國家為中心，或者是以社會為中心的假定不同，因而衍生出很多立論。以國家為中心的觀點，主要是新國家主義學說或理論此一倡導者們的假定，他們雖被David Easton和G. A. Almond批評，不過只是延續馬克思主義和新馬克思主義者的觀點而已；但是，新國家主義者的論述並不必然和馬克思主義或新馬克思主義有所掛鉤。新國家主義者論述者中的主將Skocpol和Kenneth Finegold在研究1930年代美國施行新政時，透過馬克思主義中的國家工具說，以及階級鬥爭的角度來檢證美國新政，發覺無法拿這些學說或理論，充分解釋美國新政中國家能力及自主性（Skocpol, 1980, 1982）。

　　其實，把國家自主性描繪的更具體的，應該是也主張以國家為中心的研究途徑者E. Nordlinger。Nordlinger（1981）在《民主國家的自主性》一書中提供了幾個核心概念，它們是：國家偏好（state preference）、社會偏好（society preference）、偏好衝突（preference exclusion）和自主性及能力（autonomy and capacity）。所謂的國家，在Nordlinger來看，是指「一群能左右公共政策的官員，與決策無關者自然不包括在內」（Nordlinger, 1981: 3）。國家的偏好，雖來自於這一群官員，但卻是綜合自生的，很難說來自於哪一個特定，或哪一些特定的官員。因而，國家自主性，也是自生的，不是受社會影響而產生的。依此，Nordlinger（1981: 7）提出了國家自主性所建立的六個命題，它們分別是：

1. 國家偏好有時涵蓋了社會偏好，有時彼此共生共存；但有時則互相排斥。
2. 當國家偏好與社會偏好不會互相排斥時，決策官員常把他們的偏好轉變成決策。而官員們的偏好和社會偏好，同等重要。
3. 當國家偏好和社會偏好不會互相排斥時，決策官員們常常利用國家能力，防止社會偏好產生變化，和國家偏好背離。
4. 當國家偏好與社會偏好相互排斥時，官員們利用國家自主性的強化能力，轉變社會偏好。同時，官員們會以社會資源迫使社會偏好無法背離國家偏

好。最後，再把自己的偏好，轉變成為國家的權威性決定。

5. 當國家偏好與社會偏好互相排斥時，決策官員常常利用國家自主性及能力，使他們不會受到社會偏好的束縛，最後，使自己的偏好轉化成國家的權威性行動。

6. 當國家偏好和社會偏好互相排斥時，官員們常會依賴國家機器的部門職權（powers），轉化自己的偏好而成為國家權威性的決定。

Nordlinger（1981: 29）從國家偏好和它最後所做出來的決策是否具有一致性，以及國家偏好和社會偏好之間是否一致，或不一致，來區別三種類型的國家自主性（如圖21-1）。

1. **第一類的國家自主性（Type I State Autonomy）**：當國家有國家偏好，社會則另有偏好，可是，結局是國家所做出來的最後權威性決定，和國家自己的偏好一致。因此，第一類國家自主性較強。

2. **第二類國家自主性（Type II State Autonomy）**：是指當國家有自己的偏好，社會也有自己的偏好，可是國家可以利用它的能力，將社會偏好轉化成為與國家偏好相一致。因此，結果是國家仍依自己的偏好，來決定權威性的行動。第二類國家自主性也強，甚至於強過第一類。

3. **第三類國家自主性（Type III State Autonomy）**：是指國家和社會彼此的偏好相當不一致，但國家可以用盡所有手段，可以說軟硬兼施，最後則做出依自己偏好的權威性決策，這一類的國家自主性最強。

其實，Nordlinger的圖例中，還有第四類型的國家自主性，只是他沒有說

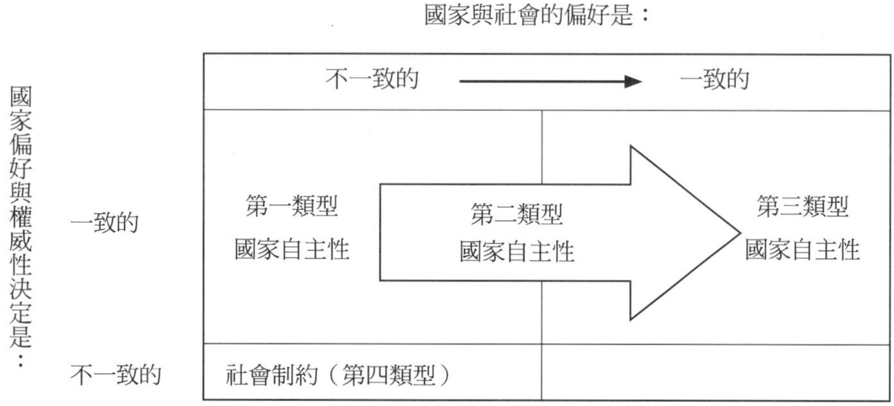

國家與社會的偏好是：

圖 21-1　民主國家權威性決定之解釋

出來，那就是圖的左下角「社會制約」部分。很明顯的，國家和社會有各自的打算，彼此的偏好是相互排斥的，但最後社會迫使國家無法依國家的偏好做出權威性決策[1]。

　　由於Nordlinger的解釋，不是特別清楚，大部分讀者在閱讀時，比較不容易了解上述四種類型的國家自主性。在理解Nordlinger的國家自主性上，筆者認為可以用比較簡單的二分法來看國家偏好和社會偏好，其情形如圖21-2。

　　第一類型是強國家、強社會。國家和社會各自有很強的偏好，這時候國家也不敢貿然下決定，尤其是社會偏好和國家偏好不一致時。當然，如果雙方的偏好方向是一致的，則決策很容易產生，不過，此時較無法斷定國家是否有自主性，必須看每一個公共政策的個案。國家有時會贏，社會有時會輸。這種類型的國家，大都是先進民主國家、多元主義社會。

　　第二類型是弱國家、強社會。國家偏好比較弱，社會偏好比較強，則大體上國家會依社會所需求的做出決定，此時是民間社會牽著國家走，國家比較沒有自主性。

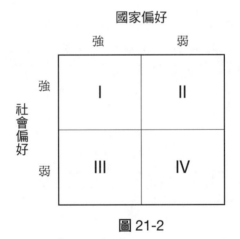

圖 21-2

　　第三類型是弱社會、強國家。第二類型的相反，國家機器較強，民間社會較弱，國家機器經常有其定見，民間社會尚未發展起來，一般威權統治國家，大都屬第三類型。

　　第四類型是弱國家、弱社會。國家機器很弱，沒有自己的偏好，對國家發

1　見Nordlinger（1981），頁28之圖。

展的目標也拿不出主意；但民間社會也弱，無法主導國家政策。這一類國家，經濟衰敗、政治不穩定，社會也十分紊亂。

柒、新國家主義研究的重要概念之二：國家能力

新國家主義研究的另一重要的基本概念是國家能力（state capacity）。但究竟什麼是國家能力，新國家主義研究者並未給予明確定義。

Michael Mann（1984）是在討論國家權力（power）和國家自主性時，提到國家權力的能力（capacity of power），所以國家權力是否就等於國家能力？

Mann是把國家自主性和國家能力之間的關係建構起來，此時，國家能力在Mann來看，指的是國家執行其政治決定時，究竟能夠在民間社會的範圍內，縱橫到多深的程度？Mann所建構的國家自主性和國家能力之間的關係圖，經筆者予以做出一些改變如表21-1。

照Mann的說法，封建國家的自主性很弱，國家能力也弱，真正強的不是封建國家的君主，而是封建國家之內的各地諸侯、領主。而傳統帝國國家自主性很高，因為帝王自己掌控軍隊，如羅馬，各地的領主或臣屬的國家，在不服從「帝國」，這種狀況下，民間社會也弱。

而官僚國家的官僚自主性也弱，它們必須服從民間社會的意見，所以決策受制於社會，但一旦國家做出政治決定，官僚們就強力地去執行它們，現代民主國家屬於這種類型。所以，官僚國家自主性很弱，但能力卻很強。

威權統治國家，因威權統治者的自主性很強，民間社會沒有力量；但威權統治者仍擁有龐大及強而有力的官僚群，可以依威權者之喜好去執行公共政策。故此類型的國家，自主性強，能力也強。

表21-1

自主性＼能力	低	高
弱	封建國家	官僚國家
強	傳統帝國	威權國家

註：本圖經筆者予以調整過，出自拙著，《論政治學中國家研究之新趨勢》乙書，頁83。

根據Michael Mann的分析，似乎自主性的高低會影響國家能力的高低。這種因果關係似乎和一般的理解不同。一般的邏輯是一個人或一個部門、機構若能力很強，自然而然就比較不會俯首聽命，自主行動的程度就會比較高。

但是，如果仔細看新國家主義者的分析及研究來看，新國家主義者認為國家權力結構受到歷史環境的制約。換句話說，一個國家體制，也就是權力運作的機構，是受到該國在歷史變遷過程中各種因素的影響。例如階級結構、資本累積的情形，都會影響一個國家的政治制度或政治組織，從而決定了國家機器的自主性，而國家自主性的有無，又決定了國家的能力。

以英國為例，英國是議會制國家，行政、立法合一，所以，就國家結構來看，以君王為主的統治結構，是逐漸在弱化，而以議會為主的行政立法合一制，雖然也是國家機器，但卻也代表民間社會。這是英國獨特的歷史結構發展所導致。因為，英國的工業化是從下而上；國家與社會因而結合起來，貴族的統治和平民的統治也結合起來。不過，當內閣與國會衝突時，若解散國會重新大選，如同把問題交由民間社會來解決，即選民透過選票，來決定政客們之間，誰是誰非。

新國家主義研究的代表學者Skocpol（1980），研究美國在1930年代經濟大蕭條時期，羅斯福總統的新政（New Deal），從美國政府振興農業的過程中，看國家機器的自主性及其能力。Skocpol並沒有明言何謂國家能力，但從美國在新政時期的產業復甦及農業振興來看，所謂的國家能力是指國家機器解決經濟危機，促進經濟發展的能力。

「國家能力」是新國家主義研究的重要概念之一，但是，新國家主義學者似乎在討論國家能力時，較側重在國家自主性和國家結構，而忽略了國家能力的分析。

捌、國家機器與臺灣研究

臺灣在1970和1980年代，與南韓、香港及新加坡被認為是「亞洲四小龍」，這是因為從1970年代到1980年代這四個經濟體經濟都快速成長。而一般認為，導致這四個經濟體能快速經濟成長的主要原因之一，就是國家介入（state intervention）經濟發展。

所謂國家介入或國家干涉的觀點，是相對於依賴自由競爭的市場機制，後

者相信在市場上，供與需之間自然會有一隻看不見的手（invisible hand），會去調節，達到供需之間的平衡。因此，任何形式的干預，特別是國家的干預，都是對市場機制的一種破壞或干擾。主張自由競爭下市場經濟的人是反對國家干預或市場介入的。

研究臺灣的經濟奇蹟或政治發展的學者，大體上是從現代化（modernization）的理論出發，現代化理論包羅萬象，例如經濟發展會促成政治發展，或者從文化的角度看經濟發展或政治發展。但是，現代化也包含著一個觀念，那就是西化（westernization）、工業化（industrialization），以及民主化（democratization）。正因如此，現代化事實上指的是歐美化或英美化。

事實上，是能解釋歐美經濟發展的理論，或者政治發展的理論，勉強套在臺灣的現象上，常常顯得有點勉強，甚至於格格不入。尤其英美國家在現代化過程中，均受到古典自由主義學派的影響，自由競爭的市場經濟，或者主張自由放任的精神。尤其是古典自由主義者把國家視為「必須的邪惡」（the necessary evil），因此，政府管的事越少，越是好的政府（the least government is the best government）。因此，把國家介入市場或經濟發展，看成是經濟成長的一個最重要的因素，在現代化理論中，簡直是匪夷所思。

不過，事實上亞洲四小龍的經濟成長，確實和國家介入有重大的關連，因此，迫使學術界不得不另闢理論蹊徑，以便解釋亞洲四小龍的成功。

比較有意識地以國家為中心來觀察臺灣發展的學者是Peter Evans。Peter Evans（1985）在理論上主要是探討在全球資本主義發展過程中，發展中國家或者是非西方的弱國，國家自主性及能力的變化。在他來看，國家的自主性及能力，都有可能變強或變弱。

不過Evans特地把臺灣當做研究對象，他認為造成臺灣發展成功的國家機關的特性是（高永光，1995）：

1. 國家機關與私人資本分離，因此而呈現出來的情形是在推動土地改革時，不受地主的影響；政府菁英很少和私人企業家之間有位置上的交流，使得資本家利用經濟資源動員而影響政治的範圍減到最少，使國家的自主性相對提高。

2. 官僚亦絕緣於資本家或任何階級，此外，尤其是高級官僚具有比較廉潔的性格、專業知識、團結合作的組織氣候、經濟決策官僚群人事上相當穩定、機構之間橫向聯繫能夠較少本位主義、機構（特別是與經濟發展有關）內的幕僚群相當健全，以上的種種因素形成了國家機關內在經濟發展

上，強而有力的技術官僚中心。

3. 國家把軍方排除在經濟決策圈之外，使國家機關的特性從傾向軍事征服轉向成為注重貿易。在一個戒嚴體制及威權統治國家，掌握國家強制力，以維持政權不墜的軍方，沒有太深地介入決策圈，是臺灣國家機關在決策時，特別是經濟決策上擁有廣大空間，而不同於一般發展中國家的地方。

4. 國家決策是在政府高層決策者、高層經濟決策官員及「美國援助委員會」（美援會）的顧問，這三組人之間相互影響之下，造成了一種「受限理性」（bounded rationality），而形成相當理性的發展策略。尤其是美援會的顧問和高層經濟官員，由於後者大部分在美國受過專業訓練，也都具有相當高的學術地位，因此和美援會的顧問在溝通和協調上，沒有衝突。而美援會的成員也是以相當獨立的思考專家身分及角色表示意見，他們不受美國國內任何資本家或支配階級私人利益的驅使。因此，就在這兩組人馬的協助下，政府高層具有相當程度的自主性及干預的能力。

但是，臺灣國家機關的這些特性，在1980年代以後，有所改變，主要是：

1. 經濟發展的結果，本土資本家形成，已經滲透到國家機關中，設法利用國家機關去攫取私人利益。使得國家自主性及能力都相對地減弱。

2. 民間社會的成長，社會力量崛起，各種社會運動產生，社會力量企圖干預國家機關的決策，使國家自主性及能力都減弱。

3. 經濟高層官員具有強烈國家干預觀念者逐漸減少，甚至於消失了，代之而起的是比較年輕一代，更相信自由市場的官僚當家，缺乏國家干預的主動意志，國家自主性及能力逐漸減弱。

臺灣在面對國家自主性及能力減弱的情況下，對未來的發展會有什麼影響。Evans提出了三種看法：

1. 從國家干預的發展週期來看，當市場機制建立起來以後，對國家干預的需要性就降低了。

2. 從行政干預的機制來看，國家強力介入的歷史，已形成行政干預的傳統和巧妙的機制。因此，當國家干預的自主性及能力降低後，行政干預可以取代調節市場機能的功能、減少外在成本的支付等等，消極被動的國家機關對國家發展沒有什麼負面的影響。

3. 和前面兩種看法不同的是，後工業社會，在國際競爭之下，國家干預仍然極端需要，否則會被國際競爭所淘汰，不利於國家發展。

因此，如果第一及第二種說法是正確的，則對臺灣未來的發展可以做較樂觀的估計；如果第三種說法是對的，臺灣未來的發展可能會遭遇到困難，但這都有待日後觀察。

當然，研究臺灣經驗的目的，不只在於印證現存的社會科學理論，也希望能夠總結臺灣經驗，提供可供其他國家參考的模式。因此，幾乎所有研究臺灣經驗者，都會考量到臺灣經驗是不是一個可供複製的模式。Evans從臺灣獨特的國家機關的特性來看，認為其他國家根本不可能有意地去構造，且能構造出這樣一部類似臺灣的國家機器。因此，臺灣經驗不是一個可以複製的模式，儘管它的經驗仍可以提供新興工業化國家學習的參考。

Evans[2]這篇研究臺灣經驗的文章，從國家為中心的角度，提供了一個相當有用的範本。如果我們用它來檢驗大部分臺灣經驗的研究，當會知道新國家主義的研究對臺灣經驗研究，可以做出什麼貢獻。反過來說，從現行的臺灣經驗研究內容來看，它所超越以國家為中心的途徑，因而所涉及的其他研究範圍是什麼？是不是有以國家為中心的研究不能觸及的盲點，都值得我們去探討。

當臺灣發展經驗在國內外學術界被認為是一個需要解讀的主題時，有關的著作可以說相當豐富。而且，大部分的著作都注意到臺灣發展經驗中的國家所扮演的強有力的角色。

但是，這種注意到臺灣發展的國家介入及其對國家的分析，並不一定就是以國家為中心概念所做的研究。以國家為中心的新國家主義的研究途徑，一方面是把國家視為影響其他因素的獨立變數；另一方面，則必須把國家做有意識的強調，研究時必須具有嚴肅的態度去思考與國家有關的諸多問題。然而，大部分對臺灣經驗的研究不是採取綜合的方式去分析造成臺灣發展成功的各種原因，不然就是對臺灣的發展做較多的描繪，企圖從發展的演變中，去了解其間的因果順序。就筆者來看，綜合性的討論，固然可以掌握臺灣發展的全貌，但在個別的問題上，常令人有不夠深入的感覺，例如國家與民間社會的關係究係如何？從現有的研究中恐怕都得不到令人滿意的答案；而從發展演變中去了解臺灣成功的各項因素之間因果順序的歷史變化，常止於現象的描述，讓讀者看到一大堆事實，對眾多發展變化中的諸多事件，究竟哪一系絡的事件發展，才是臺灣發展成功的主軸，當然也不容易確定。

當然，在Peter Evans對臺灣發展經驗做出研究後，也有不少國外學者繼續

2　本篇研究臺灣經驗的論文為Evans and C. K. Pang合著，本文以Evans為主要作者來敘述他們的論述。

循著以國家為中心的觀點，對臺灣經驗做出分析與解釋，其中如Thomas Gold[3]和Robert Wade。Wade（1990）更指出亞洲新興工業經濟體，當然其中包括臺灣，已發展出一種可以促成經濟成長的發展權威，那就是「發展型國家」模式（the developmental state model）。

　　而在臺灣內部政治學界，也有不少學者從此角度投入，有的是國家當成自變數的分析，解釋國家在經濟發展，甚至於政治發展過程中的主導角度；但也有的認為不應把國家看成自變數，仍應回歸到社會、階級、資本等因素，去解釋臺灣的發展經濟。

玖、結論：國家何去何從？

　　新國家主義的研究出現後，以「國家」為中心的研究概念，又受到重視。一時之間，似乎政治學界又有了新的典範。但是，新國家主義強調國家的自主性及能力的研究取向，都因為1990年代以來，世界局勢及研究趨勢的發展，至今仍不算是政治學界的一個新典範，充其量只是一種較新的研究理論罷了！

　　新國家主義研究興起後，有不少的研究是以國家為中心所做的分析，提供了不少的研究發現及理論上的創新。但是，新國家主義最強調的國家自主性，很自然地是會和國家干預串連在一起。而國家干預最明顯的檢驗標準，就是經濟成長。可是，新國家主義研究可以充當典型範例的東亞新興工業化經濟體，卻在1990年代，由於金融危機的影響，而導致不論在理論及實際的政策做法上都受到挑戰。

　　1990年代亞洲的金融風暴，由於國際投機客利用資本市場的買賣運作，導致東亞相當多的國家，經濟受到嚴重的損傷。東亞地區老牌的國家日本，除了深受金融風暴的傷害外，也因為經濟及金融體制的缺點，從1990年代末期到二十一世紀初，經濟衰退、遲滯，至今仍只是在緩慢地恢復元氣。而經濟力不若日本強盛的南韓、香港、新加坡，甚至於比較落後的經濟體如菲律賓、馬來西亞、印尼、泰國等，都受創嚴重，最後不得不仰賴以先進國家為主體的國際經濟組織的援助，才逐漸得以療傷止痛。

　　東亞金融風暴，暴露出新國家主義研究以國家為中心的理論缺陷。亦即，

3　讀者可參考T. Gold所撰寫的專書*State and society in the Taiwan miracle*（1986）。

深信國家干預是解決問題的萬靈丹，惟一旦國家干預失效時，該怎麼辦？市場機制失靈，可以仰賴國家干預；可是，國家干預失靈時，把國家作為自變數，成為會影響他變數的研究假設，頓失基礎。

另外一個影響「國家中心」取向的因素是1990年代以來，因為冷戰結束，國際新秩序以經濟為主軸，區域整合成為風潮。尤其，歐盟整合成功的經驗，大大地刺激了亞洲和美洲國家，透過自由貿易區及世界性的經濟組織成立，世界經濟整合成幾個大塊。過去以地理疆界為國界的傳統國家觀，瞬間被以經濟為國界的現代國家觀所取代。國與國之間的爭執、衝突，可能不是來自於領土，而是來自於貿易。過去以地理位置來判定國家的強弱或重要與否的地緣政治學（Geopolitics），遂成為地緣經濟學（Geoeconomics）所取代。因此，開始有人認為國家並不重要，重要的是貿易或經濟的整合，不僅商人無國界之分，商品亦無國界。因此，傳統上對「國家」的重視就顯得不是那麼重要。因為，傳統賦予國家的一些特性，如主權至高而唯一，在地緣經濟時代，已經被打折扣了。國家主權的定義需要改寫，「國家」作為研究的中心概念，似乎就沒有那麼吸引人。

伴隨著區域經濟整合而來的另一個觀念是「全球化」（globalization）全球化的定義繁多，亦是眾說紛紜。值得注意的是全球化不僅是e化時代資訊迅速流通，更指的是全球化在生活上的相互影響。全球化思潮下，地球只是一個整體的村落，傳統利用國界形成的藩籬與屏障遂失去其意義，研究政治只著眼於「國家」，觀察未免太狹隘了一些。

而另外一個嶄新的概念：治理（governance），治理不同於統治（governing），治理是擴大參與的過程，在公共政策所形成及執行的過程當中，歡迎並提供機會讓社會各種團體及不同利益的人們有加入共同治理的可能。因此，治理重視的是政府的分權與讓權。治理的觀念大大的改變了統治者和被統治者，傳統二分法的觀念。在治理的觀念下，國家機器不會被任何一個人或一個階級所操控。因此，有人認為在治理的觀念下，國家的角色及功能大不如前。尤其在分權的觀念下，國家向以下三方面分出權力：

1. **國家向上（upward）分權**：意指國家把部分權力讓與國際組織，放棄行使的權利，國家權力自然減少。
2. **國家向外（outward）分權**：此指國家把權力讓給所有的非政府組織，邀請他們一起來參與政府的行動，國家的權力也會弱化。
3. **國家向下（downward）分權**：這是國家把中央政府的權力讓與地方政

府，也就是中央與地方形成夥伴關係，而不是位居上級的身分和地位，命令或統治下級政府。正因如此，傳統國家特別是單一制國家，中央政府集權的現象有了改變。

不過，在治理觀念流行的二十一世紀初，也有人認為更需要國家。因為，國家雖然把權力讓出來，可是要和國際組織協調，又要和國內非政府部門主動尋求合作，更必須積極處理中央與地方關係。因此，權力雖然變小了。但事情卻更增加了，尤其是國家所展現出來的命令、監督、指導的功能，必須轉換成協調、合作與談判的功能，所以，國家的事務反而增加了，人們更需要國家。

參考書目

一、中　文

桂崇基，1965，《政治學》，臺北：正中。

高永光，1995，《論政治學中國家研究的新趨勢》，臺北：永然文化。

黃少游，1962，《政治學》，臺北：三民。

詹同章，1972，《政治學新義》，臺北：憲兵學校印。

蔣勻田，1963，《政治學新解》，臺北：臺灣商務印書館。

龐建國譯，Peter B. Evans & C. K. Pang 原著，1989，〈國家結構與國家政策：台灣經濟對新興工業化國家的意涵〉，《中山社會科學季刊》，第 4 卷第 1 期，頁 43-53。

二、英　文

Almond, G. A., 1956, "Comparative Political Systems." *The Journal of Politics* 18 (3): 391-409.

Almond, G. A., 1960, *The politics of the Developing Areas*. New Jersey: Princeton University Press.

Anderson, P., 1976, The Antinomies of Antonio Gramsci. *New Left Review* I/100: 7-78.

Badie, B., 1983, *The Sociology of the State*. Chicago: University of Chicago Press.

Carnoy, M., 1984, *The State and Political Theory*. Princeton: Princeton University Press.

Chilcote, R. H., 1981, *Theories of Comparative Politics*. Colorado: Westview Press.

Easton, D., 1950, H. Lasswell, "Policy Scientist for a Democratic Society." *The Journal of Politics* 12 (3): 450-477.

Easton, D. 1953, *The Political System: An Inquiry into the State of Political Science*. New York: Alfred A. Knopf.

Easton, D., 1956, "Limits of the Equilibrium Model in Social Research." *Behavioral Science* 1 (2): 96-104.

Easton, D., 1965, *A Framework for Political Analysis*. Englewood Cliffs, New Jersey: Prentice-Hall.

Easton, D., 1967, *A Systems Analysis of Political Life*. New York: Wiley.

Evans, P. B. & T. Skocpol, 1985, *Bringing the State Back In*. Cambridge: Cambridge University Press.

Gold, T. B., 1986, *State and society in the Taiwan miracle*. Armonk, N.Y. : M.E. Sharpe.

Krasner, Stephen D., 1984, Approaches to the State: Alternative Conceptions and Historical *Dynamics. Comparative Politics* 16 (1): 223-246.

Lentner, H. H., 1984, "The Concept of the State: A Response to Stephen Krasner." *Comparative Politics*, 16 (3): 367-377.

MacIver, R. M., 1955, *The Modern State*. Oxford: The Clarendon Press.

Miliband, R., 1969, *The State in Capitalist Society*. U.K.: The Merlin Press Ltd.

Nettl, J. P., 1968, "The State as a Conceptual Variable." *World Politics* 20 (4): 559-592.

Nordlinger, E. A., 1981, *On the Autonomy of the Democratic State*. Massachusetts: Harvard University Press.

Parsons, T., & I. Jones, 1960, *Structure and Process in Modern Societies*. New York: Free Press.

Parsons, T., 1966, *Societies: Evolutionary and Comparative Perspectives*. Englewood Cliffs, New Jersey: Prentice-Hall.

Parsons, T., 1971, *The System of Modern Societies*. Englewood Cliffs, New Jersey: Prentice-Hall.

Skocpol, T., 1979, *States and Social Revolutions: A Comparative Analysis of France, Russia and China. Massachusetts*: Cambridge University Press.

Skocpol, T., 1980, "Political Response to Capitalist Crisis: Neo-Marxist Theories of the State and the Case of the New Deal." *Politics & Society* (10) 2: 155-201.

Skocpol, T., 1985, "Bringing the State Back in: Strategies of Analysis in Current Research." In *Bringing the State Back In,* eds. Evans, P., Rueschemeyer, D. and Skocpol, T. Cambridge: Cambridge University Press, pp. 3-37.

Skocpol, T., & K. Finegold, 1982, "State Capacity and Economic Intervention in the Early New Deal." *Political Science Quarterly* 97 (2): 255-278.

Stepan, A. C., 1978, *The State and Society: Peru in Comparative Perspective.* Princeton: Princeton University Press.

Wade R., 1990, "Industrial policy in East Asia: Does it lead or follow the market?" In *Manufacturing Miracles: Paths of Industrialization in Latin America and East Asia,* eds. Gereffi, G. and Wyman, D. L. Princeton: Princeton University Press, pp. 231-266.

第二十二章　國際政治與兩岸關係

耿曙、關弘昌

政治或權力關係，不僅存在國家之內，也發生於國家之間。本章[1]將對國「際」政治[2]的主要層面，進行簡單勾勒，作為日後進一步探討的起點。但不同於一般國際政治教材，本章將兩岸關係涵蓋在內。其原因有三，首先，對臺灣而言，其對「外」關係之中，兩岸關係影響最鉅，吾人必須充分掌握，善加應對，作為政治學入門的本書，自然應該將其納入。其次，臺灣的國際布局，無法脫離兩岸局勢的發展，而兩岸關係的良窳，又受制於國際結構的演變，兩者既關係緊密，自不妨一併探討。最後，再從另外一個角度來看，相對於臺灣自身，中國大陸屬於「外在的政治實體」（吳玉山，1999b：155），[3]兩岸議題的研讀與解析，當然不妨參考國際政治理論，從中汲取睿見；而兩岸研究的成果，也能回頭豐富現有的國政理論。因此，本章在介紹國際政治之餘，將同時納入兩岸關係議題，希望能促成兩方的相互發明，攜手共進，發展出更繽紛燦爛的研究結果。

根據上述規劃，本章首節為導言性質，討論國際政治的意義。次節則進一步釐清國際政治的研究對象、由來及方法。第三節，則將介紹有關國家行為的理論觀點——包括現實主義、自由主義與建構主義，並涵蓋其核心理論概念。第四節則略述國際政治的分析焦點，將切入觀察的角度大別為兩造、內政及體系三個範疇（又稱「分析層次」），並以兩岸關係研究為例，示範不同層次的理論分析，希望能有助條理兩岸研究的進展。末節將回顧並前瞻臺灣的國際政

1　本章寫作過程中，多蒙現任職於中央研究院政治學研究所的張廖年仲協助，藉此謹申謝忱。

2　「國際政治」（international politics）仍未統一其稱呼，或稱「國際關係」（international relations），或作「世界政治」（world politics）。雖在命名之初，不同名稱暗含不同期待，其後則混用成習，至今已難具體明辨，本章因而不作特別區分，逕稱「國際政治」。此外，吾人亦偶見其他稱呼，如「全球政治」（global politics）、「跨國關係」（trans-national relations）等，名稱雖異，內涵則相去不遠，對此本章不加沿用。

3　可藉此創造性觀點，有效連繫國際政治與兩岸關係研究，其進一步申論，見本章結論。

治與兩岸關係研究,並前瞻未來趨勢,作為本章總結。

壹、何必了解國際政治?

　　作為讀者,在繼續翻讀下頁之前,當然應該有權提問:我們幹嘛得去了解國際政治?是因為考試、修課的需要?但那些安排考科、課程的人,為何如此重視國際政治?如果不是為了考試、上課,那麼是否因為媒體報導的「國家大事」點燃了個人的興趣?若是後者,即使報章雜誌的報導已經連篇累牘,為什麼社會菁英們還嫌遠遠不夠,[4]誠心剴切地希望青年一代要更關心國際變化。但是,為什麼呢?

　　答案其實很簡單。對於身處臺灣的我們而言,無論對家國或個人來說,國際形勢都影響太大,不但大到不容我們忽視,而且這些影響還越來越大,尤其對臺灣社會中的菁英層級,其干係又更是大中之大。對這些影響,我們不要捨近求遠,就從最根本的「身家性命」與最切身的「日常生活」兩個層面,開始我們的考察吧。

一、安全層面:生存的學問

　　首先,國際政治攸關我們每個人的身家性命。國家間的關係,一旦處理不當,可能爆發戰爭,釀成國家、社會的浩劫。例如,與駭人聽聞的南亞大海嘯相比——死亡人數22萬7千人——二次世界大戰的死亡人數高達1億3百萬人。難怪早在二千年前,孫武便開宗明義說:「兵者,國之大事也,死生之地,存亡之道,不可不察也。」孫子的看法,絕非空穀跫音,近代西方的學者Karl W. Deutsch也強調:「如果人類文明在30年後滅亡,應該不是因為飢饉或瘟疫,而是因為外交政策與國際關係。」因此,「在我們這個時代,對國際關係的探究,就是對『人類生存的藝術與科學』的探究」(Deutsch, 1971:序頁1)[5]。再把焦距拉回眼前,我們不妨自我設問:今日威脅臺灣人民生命、財產最鉅

4　〈張忠謀:臺灣學生提升競爭力需強化國際觀〉,http://www.hwsh.ylc.edu.tw/executive/guide1/95career/chang.htm,檢閱日期:2016年7月5日。至於臺灣青年的國際觀,可參考〈2004社會新鮮人國際觀測驗與調查〉,參閱:http://mail.tku.edu.tw/humw/family19.htm,檢閱日期:2016年7月5日。
5　作者引述時文字略有調整。

的，究竟是地震？是疫疾？是群眾運動？還是處置失當的兩岸關係？[6]答案應該很清楚。既然「天下興亡、匹夫有責」，任何自詡為臺灣知識份子者，當然更不能無視於國際局勢與兩岸關係的局勢！

二、生活層面：全球的融合

國際形勢既如此險惡，我們能否退而自守，儘量迴避「外來」的影響？對此，吾人不妨先略瀏覽下則報導：

1997年7月2日，泰國央行宣布棄守維持14年的美元聯繫匯率，泰銖當日應聲貶值20%，並由此引發一場席捲東亞的金融風暴。泰幣一旦貶值，隨即影響菲律賓、馬來西亞、印尼，連普遍看好的新加坡，亦未倖免。當年8、9月間，全東南亞的匯市、股市盡皆大幅滑落。10月17日，臺灣央行因捍衛臺幣匯率，損失50億美元，最終仍被迫棄守，從而將香港推至金融風暴的中心。當月18至28日，港股狂跌三成，市值減少1,517億美元，並波及華爾街及歐洲、拉美投市，造成全球金融震盪。當年11月，韓國金融警訊頻傳，大企業集團接連破產，韓元下跌一半有餘，金融體制瀕臨全面崩潰，乃不得不向「國際貨幣基金」（IMF）求救。同時，日本許多金融機構也接連倒閉。再至1998年初，因拒與IMF合作，印尼匯市再次猛跌，由之前的9,575盾兌1美元，一度跌破17,000盾兌1美元大關，區域金融市場再起波瀾。當年5月，印尼政局強烈震盪，執政三十年的蘇哈托被迫下臺。6月上旬，日本終成危機主角，日元兌換美元的比值，跌破140比1的心理關口，15日更破146大關，再度迫使亞洲國家股、匯市連連重挫，韓國股價更創下了十一年來的新低。[7]

從上述金融危機蔓延的過程中，我們可以看到，一旦風暴成形，即使各國力圖因應，仍不免遭受波及：無論國家是大是小，距離是遠是近，經濟是良是窳，事後證明均難倖免於難。對此「外」來橫禍，吾人究應如何理解？據《紐約時報》專欄作家Thomas L. Friedman詮釋，此乃「全球時代」的一大徵兆，

6　針對兩岸和戰問題，可以參考國際上的相關討論如 Chang & Lasater, 1993；Bruun & Chang eds., 1996；Bernstein & Munro, 1997；Zhao ed., 1999；Carpenter, 2005；Copper, 2006；Bush & O'Hanlon, 2007等。

7　本段文字，改寫自雅虎文化，〈1997年7月2日：亞洲金融危機開始〉，原文則請參見http://news.china.com/zh_cn/history/all/11025807/20090701/15544901.html，檢閱日期：2016年7月5日。

顯示「自1945年以來宰制國際局勢，步調緩慢、安定但卻支離破碎的冷戰體系，已被一種聯絡緊密、靈活，名為全球化的新體系給取代了。『在全球體系之中』我們全部都是同舟一命（Friedman, 1999/2000: 6）[8]。」既然身處高度互賴的體系之中，任何國家、個人都無法豁免於來自「他國」的影響。別人傷風，我們恐怕免不了得打噴嚏，憑什麼應該這樣？回答是：歡迎來到「全球時代」（the global era）！

　　所以，處在全球時代中，對任何國家而言都一樣，「閉關自守」、「自行其是」都是完全不切實際的想像，義和團式的愚昧。更何況，在此同時，或許未必自覺，但身處臺灣的我們而言，日常生活早已「全球一體」了。且不說麥當勞、肯德基早已四處林立，我們的早餐，若無家樂氏的玉米片，大約會有雀巢咖啡；電視打開則HBO或者ESPN。1995年左右，網際網路才剛為人們所聽聞，十年後的2005年，臺灣「經常上網」的人口已達925萬人，占總人口的41%，到了2015年底，台灣上網人口已達1,883萬人，占總人口的80.3%：[9]無論透過e-mail、MSN、skype，或是上網打遊戲，「網民」們可曰「對全球開放」。再看，1979年臺灣開放觀光，次年48萬5千人出國，二十多年後，每年出國已達780萬人次，迄今則更達1,318萬人次[10]。旅遊之外，經理人當然須全球流動，但藝人們又何嘗不然？隨便打開影劇版，每日來去歌星、明星，對其「粉絲」來說，他／她們不啻「就在身邊」。此外，全球化的步伐，也改變了人們的生涯規劃，目前僅中國大陸一地，便吸引據稱百萬的臺灣商界菁英，每天往來兩岸的旅客，已超過1萬人次，臺灣出口總量中，超過四成銷往中國大陸。擴張迅速的兩岸交流，深深改變了許多臺灣青年的生涯規劃（耿曙、林瑞華、舒耕德，2012）。

　　總而言之，既然身處全球時代，又作為臺灣社會的一員，臺灣又緊鄰兄弟強鄰之側，我們既無法完全自外於戰爭風險，根本逃不掉「跨界而來」的各種影響，因此，比較健康的態度——或者是唯一容許的態度——是主動面對、積極迎上。無論布局全球或調處兩岸，我們都必須「了解」並進而「操作」國際

8　對掌握「全球化」趨勢言，Friedman所著（1999/2000）極生動淺近，值得入門者參考；此外，Held et al.，（1999/2000）及Cohen & Kennedy（2001/2001）同樣值得推薦。

9　前者出自http://www.find.org.tw/0105/howmany/howmany_disp.asp?id=114，檢閱日期：2008年6月5日。後者取材自http://www.chinatimes.com/realtimenews/20150827004663-260412，檢閱日期：2016年7月5日。

10　資料來自觀光局行政資訊系統，http://admin.taiwan.net.tw/statistics/year.aspx?no=134，檢閱日前：2016年7月5日。

局勢的脈動變化。

貳、國際政治：研究的對象、源起、方法

一、研究對象：國際關係或跨國關係？

　　但究竟什麼才是「國際政治」？這個問題存在兩種界定方式，傳統觀點著重「國家之間的關係」（inter-national relations），晚近的角度則強調「超越國家的關係」（trans-national relations）。就當前國際政治觀察，「國家」仍然扮演最關鍵的角色，但也並未占據整個舞臺。所以對上述兩項界定，吾人不妨相容並蓄。

　　由於傳統觀點主張，國際政治探討的對象，主要是「國家」間的互動，有助我們體認「國家」（nation-state）的優越地位。另方面，晚近的觀點認為，舉凡跨越國界的關係，皆屬國際政治探討的範疇，包括不同跨國「行為者」（actor）間的關係，如：（1）國家與國家；（2）國家與「非國家行為者」（如國際組織、跨國公司及進行跨國交往的國內社團、組織）；以及（3）「非國家行為者」彼此的「跨國互動」；或（4）更廣泛些，所有「跨國而來的影響」。因此，新的角度有助拓寬我們對「國際政治」的視野。但若配合兩種觀點，吾人既可掌握研究的焦點，又能擴充研究的範疇，不亦兩全其美。上面討論的研究範疇，請見圖22-1。

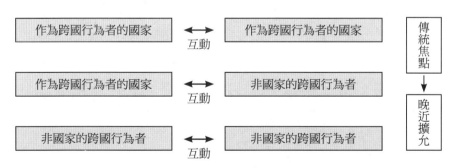

資料來源：改繪自Frederick S. Pearson & J. Martin Rochester，《國際關係》，胡祖慶譯（1984/1989：10）。

圖 22-1　「國際政治」探討的內容

在國際政治領域之中，國家雖居核心地位，但國際政治關切的對象，並非孤立隔絕的國家，而是彼此互動的國家。吾人亦可就此差異，進一步辨別「外交政策」與「國際政治」的異同。[11]首先，「外交政策」研究的目的，是以國家為本位，在「既定的」（given）國際環境中，擬定其對外政策。其關注焦點，主要在影響政策形成的因素，諸如國家利益、國家能力，以及政策過程等。因此，外交政策領域，對國家行為的解讀，通常是「由內而外」的（inside-out）。至於典型的「國際政治」，則往往瞄準「互動的國家」或「國家的互動」[12]（學者往往將此稱作「國際體系」international system）。因此，「互動」的相互刺激加上「體系」的行為制約，便成為國際政治分析的關鍵。因此，國際政治對國家行為的理解，往往是「由外而內」的（outside-in）。上述區別，請見圖22-2。

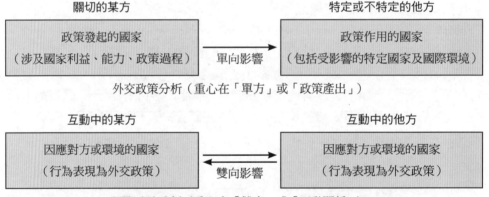

國際政治分析（重心在「雙方」或「互動關係」）

資料來源：改編自K. J. Holsti，《國際政治分析架構》，李偉成、譚溯澄譯（1983/1988：25）。

圖 22-2 「國際政治」與「外交政策」的分野範疇

---

11 此處乃就「國際政治」與「外交政策」各自側重的部分，加以對照討論，稍誇大其差異。至於「國際政治」是否也能涵蓋對「外交政策」的探究？多數學者仍持肯定看法。對此進一步的討論，請參看本章第四節。

12 互動的形式包括戰爭、同盟、貿易等各種類型。此外，吾人亦不可忘卻，此處涉及的互動對象，除國家外，仍包括各式各樣的跨國行為者。

二、國際體系的源起：西方與非西方

　　國際政治研究依託於國際體系。國際體系既然是「互動的國家」或「國家的互動」，所以從構成的分子來看，它也是個「國家體系」（state system）。那麼，現代國際體系從何而來？簡單回答：從「民族國家」（nation-state）或「主權國家」（sovereign state）確立其地位而來。

　　對此，吾人恐須回顧前塵。話說歐洲各國，自結束綿延三十載的「宗教戰爭」後，於1648年在海牙簽訂「西發里亞和約」（Peace of Westphalia），確認「在誰領地，奉誰宗教」（*Cuius regio, eius religio*）原則，終而宗教勢力退位，主權國家崛起，此即現代「主權」（sovereignty）的濫觴。其後，此主權觀念漸受認可，成為現代國家互動之準則，於是確立了「民族國家」的地位。所謂「主權」，乃對內最高，他人無權干涉；對外則彼此平等，不受任何權威約束。[13]換言之，「主權」一方面維護國家的平等與自主，另方面也導致「國際無政府」狀態（international anarchy）。因此，嚴格說來，構成現代國際體系的，不能只是「國家」，還得同時是「主權國家」。

　　上述國際體系，雖起源於歐洲，卻隨資本主義擴張、民族主義散布、經由殖民帝國的全球競逐及世界戰爭，逐漸延伸涵括全球（Wallerstein, 1974-1989/1998）。非西方的世界，雖非出於自願，但也終於被捲入此「國際體系」。即以中國為例，即在「挑戰－回應」的循環中，逐步涉入西方的「國際體系」。先是沿襲「朝貢體制」的中華帝國，[14]涉入鴉片戰爭後，遭逢此「三千年未有之變局」。面對船堅炮利、喪權辱國，知識分子乃紛起學習洋務（「自強運動」）[15]更進一步的挑戰，則發生於日本侵華期間，先是民族抗戰，後因珍港事件，躋身大戰盟國之列；而日軍的擴大占領，也激發民族情緒蔓延，身處社會底層的農民，方知「中國」並非天下，起而認同「中國」（Johnson, 1962）。故總括而言，中國與「世界」發生關係，本非情願，但國際體系並不容其置身事外。鑒往知來，身處邊陲的國家，唯有充分掌握國際情勢，才能不卑不亢的因應國際政治排山倒海而來的壓力。

---

13 即便存在「國際法」，但其拘束力有限，通常需經兩造同意，國際法庭方介入仲裁。

14 有關中國與西方間的「挑戰－回應」，可參考費正清氏著作（Teng & Fairbank, 1954; Fairbank, ed., 1968）。

15 至於中國菁英的回應，蔣夢麟（1990），對其間過程描述甚詳，值得參考。此外，同樣值得一閱的，還有胡適、唐德剛（1983）。

三、國際政治的研究：高調乎？常識乎？

但眼前的「國際政治」，的確不易引起我們的興趣。舉目所見的相關議論，若非陳義過高的高調清談，便屬情緒發洩的惡言相向，例如常見於媒體的說法：「我們當然有權如何如何」，或者「某國憑什麼這樣那樣」。除此基於常識的議論，大家似乎有權抒發心得外，所謂國際關係，大概就僅剩國際現勢的介紹了。後者雖常誇言「分析探討」，實則整理外電報導，撿拾美日角度，引以為自身立場。但如果希望超越目前的討論層次，首先必須嫻習國際政治的「理論工具」。畢竟，唯有憑藉理論引導，方能看破儻言高論，直指問題核心；也唯有依循框架分析，才不致追逐國際時局，流於瑣細膚淺。對國際問題的理解，吾人且看「理論」提供何種引導。

首先，目前基於常識的討論中，多數觀點可稱作「理想主義」（idealism）。雖也曾在國際政治萌芽之初，占有輿論的一席之地。其中心立場，在各國捐棄利益成見，同遵共同規範，如此一來，和平、繁榮自然到來。其最大弱點，則在於忽視「利益」（interest）與「權力」（power）因素。首先，「個人」雖可因其崇高品格，忘卻自身利益，「集體」（或代表「集體」者）卻無權因道德標準，犧牲其成員權益（Niebuhr, 1998）。[16]換言之，對國家／執政者來說，其最高道德便在確保全民生存、維護民眾利益。因此，國家行為的解讀，關鍵不在「道德」，而在「利益」（所謂「國家利益」national interest是也）。

其次，處於「國際無政府」背景下，國家行為的一般原則是：「強者，做他想做的事；弱者，做他得做的事。」因此，為爭取國家利益，國家應該要、也通常會動用其「權力」（最赤裸裸的權力即武力／暴力）。退一步說，國際無政府體系中，也不存在任何力量，足以阻止國家濫用其權力——唯一能夠限制權力的就只有權力。因此，就國家行為的解釋言，國家的「相對權力」，遠較「道德規範」來得重要。此乃國際政治在學科成長的過程中，所學得最重要的教訓（Carr, 1946/2005）。國際政治，再怎麼說也是「政治」，不是道德化育，無法盡脫利益衝突與權力關係。

再者，除了看重權力外，「理論啟發的分析」（theory-informed analysis），是否不同於常識性的時勢分析呢？舉例而言，一般史書或常識均

---

16 證諸英國名相Viscount Palmerston的名言，「英國沒有永遠的朋友，也沒有永遠的敵人，有的只是永遠的利益。」

強調，戰爭源於「利益衝突」，因而將觀察重點，置於雙方一時的爭執（即「導火線」，如奧國大公Franz Ferdinand夫婦之遇刺）。但是否「利益衝突」必將導致戰爭？答案似乎未必。

「利益衝突」常能透過妥協解決（一方或雙方讓步），不必非得訴諸戰爭。俗語說「一個銅板敲不響」，唯有雙方都不放手，戰爭才可能爆發。所以考察中外戰事之後，澳洲史學家Geoffrey Blainey發現：發生戰爭的雙方，往往均自認將占上風。因此，他斷言：「唯有雙方同時判斷，『交戰』較『妥協』所獲更多時，戰爭才會爆發。」（Blainey, 1988）進一步推論，由於實力決定戰爭勝負與所獲多寡，唯有雙方對彼此「權力」估計不同，[17]才會對戰爭結果預期有別——何方能占上風？——戰爭才將發生與持續。從這個角度觀察，彼此「接戰」成為檢驗雙方「權力」的試金石，一旦權力獲得檢驗，雙方之前對戰爭結果的不同預期，終必逐漸趨於一致。此時，戰爭將可停歇。基於上述理論思考，國際政治學者分析戰爭，重點不在雙方所爭利益，而在「相對權力」與「各自估算」。國家的軍事整備、戰鬥意志、結盟關係、決策認知等，才是國際政治分析的關鍵。[18]

因此，總結上述，若盼超越瑣細、幻化的國際現勢，確切理解並掌握國家行為，將有賴國際政治理論的充實與融會，這正是下節的主題。

參、國際政治的分析觀點：現實主義、自由主義、建構主義

國際政治研究的焦點，在解釋國家如何互動。對此，存在三種主要的「理論觀點」（theoretical perspectives）：（1）「現實主義」（realism）；（2）「自由主義」（liberalism）；和（3）「建構主義」（constructivism）（Viotti & Kauppi, 1997）。以上三者，必先就其內涵基本掌握，方能進而領略理論分析的堂奧，若再能融會貫通，將成國際議題的分析利器。此外，各觀點源於不同預設，所見自然有別。[19]故一般在討論問題或評論著作之前，往往先分辨彼此的理論

---

[17] 所謂「估計不同」，乃指甲方認為甲強，而乙方認為乙強。依照Blainey的看法，因為「估計不同」，戰爭才會發生。若甲方認為甲強，而乙方也認為甲強，或甲方認為乙強，而乙方也認為乙強，那麼雙方「估計一致」，應有一方趨於妥協，戰爭通常不致爆發，不然也會迅速結束。

[18] 至於如何進行理論解釋？其進一步的示範，可參考本章第四節「分析層次」部分。

[19] 甚或對何謂「國際政治」？各理論立場間也存在不同認定。例如，之前觸及的「國家間關

觀點（如曰「此項分析，主要依據現實主義」云云），這也是吾人須先加釐清的原因。[20] 以下將依次介紹三種主要的理論觀點。

一、現實主義／權力觀點

國際政治理論中，長期主導的是「現實主義」，強調「現實政治」（*realpolitik*），認為國家行為乃受「國家利益」所驅使、「國家權力」制約。[21] 其首倡者稱「古典現實主義」（classical realism），以Hans Morgenthau為代表。摩氏主張：國際政治，像所有政治一樣，都是「權力政治」（power politics）。由於對資源、榮耀的追求，乃深植人性之中，反映在外，便成國家利益——自生存至爭霸皆屬之。由於國際間並無更高權威，向為叢林法則所支配，國家為求確保「國家利益」，唯有依賴自身權力。因此，摩氏認為，「權力」是國家最根本的利益，國家必然專務於「權力爭奪」（struggles for power）（Morgenthau, 1976/1985）。

古典現實主義所憑藉的人性預設，以及所擅長的歷史筆觸，受1960年代政治研究科學化運動（所謂「行為主義革命」）的挑戰，乃在1970年代晚期，輾轉發展出「新現實主義」（neo-realism），由於其凸出「結構層次」（structural/systemic level），也被稱為「結構現實主義」（structural realism）。新現實主義雖繼承古典現實主義對權力的注重，但特別強調國際體系的：（1）無政府狀態；及（2）「權力格局」（distribution of capabilities）等兩項「結構影響」，其代表學者為Kenneth N. Waltz。在建構結構理論的過程中，Waltz不再強調人性嗜利爭權，卻十分堅持，「無論如何，國家皆須維護子民之生存／安全」，但在無政府環境中，經常發生John Herz所憂慮的「安全困境」（security dilemma）（Herz, 1950）。即國家為確保自身安全，常須藉由實力強化（如武裝或結盟），但國家間意圖難明又缺乏互信，對方維護安全的做法，常被視為我方安全的威脅，同樣為求自身安全，我方被迫進行實力強化，但如此一來，又將回頭威脅對方，對方勢須繼續強化其實力。如此，雙方陷入「安全困境」之中：只求自身安全，結果卻彼此威脅。國際無政府狀態的驅迫力量，由此可

係」，便接近「現實主義」觀點，而「超越國家關係」則呼應「自由主義」觀點。

[20] 在中文著作中，對於初入門的學者，可以參考本章推薦書目中的相關著作，對於已經相對熟悉相關論點的學者，可以參考秦亞青編，2006；秦亞青編，2008；秦亞青編，待出，至於進一步的發揮，則可參考秦亞青，2005。

[21] 對「現實主義」的入門而言，極佳的參考書乃Donnelly（2001/2002）。

見一斑。Waltz進一步論證，國際的權力格局，也將影響「國家行為」與「體系穩定」。一方面，有關大國、小國間的互動，小國為求自保，一旦面對強權時，只能採取「抗衡／平衡」（balancing）或「依附／扈從」（bandwagoning）兩種應對模式。另方面，論及強權之間，則「兩極體系」（bipolar system，特徵為兩強對峙）將有利體系穩定：畢竟，兩強均屬既得利益，具備「維繫體系的意願與能力」，加以體系單純，誤判意圖的可能性低，爆發全面戰爭的機率自屬微乎其微（Waltz, 1979/2003）。

　　冷戰時期兩強對峙，新現實主義得以獨占鰲頭，之後卻未預見冷戰落幕，因而飽受批評。但在此同時，現實主義陣營內，也產生自我反省，形成「攻勢現實主義」（offensive realism）與「守勢現實主義」（defensive realism）的辯論。前者強調，國家為求絕對安全，追求權力將永無止息，不達霸權絕不終止；後者卻主張，自身安全雖先於一切，體系卻未必鼓勵侵略，「相安無事、保持現狀」每為國家最所盼望。[22]後興起的「新古典現實主義」（neoclassical realism）則認為，國家追求多元的目標，並不僅限「權力」（古典現實主義所重）或「安全」（新現實主義所彰）。由於專注國家利益的解讀，此觀點又將分析的重心，從新現實主義的「體系層次」，帶回古典現實主義的「國家特性」之上（Rose, 1998）。

　　總結上述，就近來理論趨勢觀察，現實主義雖受各種觀點批判，卻未撼動其主流地位，目前仍主導國際政治的分析與探討。由於現實主義不只一套理論，而是一個「典範」（paradigm）下的多種理論，但除部分分歧外，諸理論仍共遵下列預設：（1）國際政治的特徵，在於無政府狀態；（2）「國家」是國際政治主要行為者；（3）「國家」是理性行為者；（4）「國家」為求生存，將力圖擴張其「權力」或「安全」；（5）國家將以「實力」來維護其安全，此將導致軍備競賽，形成「安全困境」；（6）權力格局將影響對外關係的制定以及國際政治的運作（Lynn-Jones & Miller, 1995: ix-x）。但儘管現實主義強調「實事求是」，卻將焦點置於大國的競逐與衝突，一則承認強權政治、缺乏理想性格；再則忽略國家互賴，未見協調合作的一面，因而遭到自由主義的批判，這又是下一小節的主題了。

---

22 對此較新的發展，可參考王元綱（2003）及鄭端耀（2003）。

二、自由主義／交易觀點

　　現實主義突出國與國的競爭與衝突，自由主義則強調國家間的合作及進步。[23] 追本溯源，當代的自由主義，其精神一則種因於「古典自由主義」（classical liberalism），另方面則可溯源於「理想主義」。前者是一項流傳廣泛的社會哲學觀，側重人類追求的自由，透過以市場為範型的仲介，人們進行自發的交換與合作，終而獲致互利的結果。一旦延伸至國際層面，古典自由主義著重國家間的貿易與和平，藉此達成共用進步、繁榮的願景。在後續的理論發展中，此種側重「交易」與「制度」的觀點，其線索仍依稀可循。

　　「理想主義」再興於第一次世界大戰後的痛定思痛，認為人類既天性愛好自由和平，當可自我約束，透過法規裁斷與組織協調，達到棄戰維和的目的。此種理念，具體表現於威爾遜總統的「十四點宣言」（The Fourteen Points），及之後成立的「國際聯盟」（League of Nations）。兩者基本原則均為「集體安全」（collective security）：藉由共遵集體規範，遏止成員侵略行為，共用非戰安全。然而，二次大戰接踵爆發，理想主義立遭棄置（Carr, 1946/2005）[24]。二次戰後，旋即進入冷戰年代，一則目睹美蘇強權間的「保證同毀」（mutually assured destruction），再則見證西歐各國的捐棄成見，學者不免再度思索：吾人可否透過制度安排，防止軍事競爭，促進國際合作？於是，結合1950/60年代的「整合理論」（integration theory）及1970年代的「互賴理論」（interdependence theory）後，「新自由主義」（neo-liberalism）於焉產生。由於其強調「制度」對引導國家行為、促成國際合作的影響，又被稱為「新自由制度主義」（neo-liberal institutionalism）。

　　鑒於理想主義的幻滅，新自由主義轉而探討國家無以合作的癥結。對此，其一方面接受新現實主義的兩項預設：（1）國際的無政府狀態，以及（2）國家的理性自利。但另方面，它也修正新現實主義部分觀點：其一則認為，國家並非唯一行為者。國際組織、跨國企業、非政府組織等，均扮演吃重角色。此外，國內各種團體、組織，凡進行跨國交流者，亦同屬「跨國行為者」（Keohane & Nye, 2001/2002）。再則認為，國家並非只重軍事／安全，經濟／繁榮或將更受國家關注。此一則由於戰爭代價過昂，動武機會日寡；再則，

---

[23] 有關自由／新自由主義的介紹，目前尚缺較佳的中文教材。Nye的教科書（2000/2002），對此有生動的介紹。程度較佳的同學，則不妨參考Baldwin（1993/2001）及Keohane & Milner（1986/2003）。

[24] Carr書中將理想主義謔稱為「烏托邦主義」（utopianism）（1946/2005，散見各處）。

「貿易國家」（trading state）興起，若為厚植國力，貿易手段似乎優於征服併吞（Rosecrance, 1986）。處於此種國際環境下，據新自由主義所見，國家間大有合作的可能。

　　相較新現實主義之重視國與國關係，突顯「高度政治」面（high politics，如安全威脅），新自由主義所強調者，則為多元（各種跨國行為者）且「低度政治」面（low politics，如經濟、社會、文化交流等）。由於非安全層面的互動，多屬「非零和關係」（non-zero-sum relationship），因而不妨視為雙方互蒙其利的「交易」（transactions）。持續交易的結果，將使一向只在乎其「相對獲益」（relative gain）的國家，轉而計算其「絕對獲益」（absolute gain）。[25]國家之間，則透過日漸擴張的「利益契合」（harmony of interests），達成一種Robert O. Keohane與Joseph S. Nye, Jr. 所稱的「交相互賴」（complex interdependence）（Keohane & Nye, 2001/2002）。如吾人所想見，深度互賴的雙方，其衝突必有限度。其次，新自由主義引入制度經濟學有關「制度」影響「交易」的理論，因而特別側重「國際建制」（international regime）的作用。後者指一套廣受國家認可的互動原則、規範或程序，足以有效節制國家行為。透過互動形成「建制」，一則有助協調國家行為，降低互動時的不確定性與不信任感，再則有助降低談判協議與監督履約的成本。「交易成本」（transaction costs）降低，合作獲利自然提高，國家間的交流、互賴因此將更為密切。

　　總體而言，面對主流的新現實主義，新自由主義採取部分承認、部分超越的立場。雖雙方仍對新自由主義：（1）是否過於誇大國家間互賴的程度？（2）是否過分貶抑國家對安全的關切？（3）是否過於凸出「建制」發揮的力量？以及（4）是否過分低估強國或權力的作用？等層面，仍持續有所爭辯，但結合冷戰後勃興的「全球化論述」（thesis of globalization），新自由主義的影響力顯然持續日增。此外，近年異軍突起的理論立場，強調打通「國際」與「國內」的疆界，亦為新自由主義的理論分支。其代表觀點一為「民主和平論」（theory of democratic peace），乃鑒於民主國家間，彼此從未戰爭，因而標舉「國內政制」與「對外行為」間的密切聯繫（Brown, Lynn-Jones & Miller, 1996）。其次為「內政外爍」觀點（second image reversed），強調全球市場塑造國內政經勢力，而國內勢力的結盟角逐，又將回頭影響國家對外行為

---

[25] 一般而言，相互競爭的國家，因憂慮對方所得較多，將用以增強國力，日後造成我方威脅，在合作過程中，多在乎「相對獲益」（相對對方的收益），但對相安無事者言，由於不具備上述考慮，因而較在乎「絕對獲益」（是否合作的收益），參考Baldwin（1993/2001）。

（Keohane & Milner, 1986/2003）。儘管環繞理論創新的討論，仍然方興未艾，但國際政治的理論研究，卻已悄悄引入「後實證觀」（post-positivism），從更根本的方法論層次，挑戰之前認為實存的「國際結構」。這又是下一小節的主題了。

三、建構主義／文化觀點

　　無論新現實或新自由主義，均將國家視為理性行為者，受國際無政府狀態的驅迫而行動，故嚴格說來，兩者實相去無幾。建構主義則大不相同，直接質疑兩者分析的前提——即客觀、實存的國際結構（此乃反映兩者的「實證觀點」positivism），強調國際結構乃是主觀、觀念的建構。[26]根據建構主義看法，社會建構的過程，主要由：（1）「物質力量」（material resources）；（2）「共契觀念」（shared knowledge）；（3）「行為實踐」（practice）三項構成。「物質力量」為新現實／新自由主義所強調，但建構主義卻更看重「共契觀念」，認為物質力量的「國際結構」，須通過觀念認定的「國際結構」，[27]方能左右國家行為。例如同涉核子威脅，英國雖坐擁百枚彈頭，美國卻從未擔心憂慮，伊拉克卻僅見風吹草動，美國便深感芒刺在背。換言之，唯有結合被建構出的「敵意」，方能促成（或合理化）美國的軍事行動。進一步分析，則如Alexander Wendt所言，「無政府狀態，乃國家自找」（anarchy is what states make of it）。唯有「國家」一致相信「若無政府節制，必須彼此提防、尋求武力自保」後，吾人歸諸「無政府狀態」的影響（如「安全困境」），方才具體顯現。反之，國家若持不同看法，即便缺乏政府仲裁，猶可捐棄成見、互信互賴，同樣可發展出類似歐盟的「安全社區」（security community）。由此可見，對國際政治而言，認知、觀念、文化等主觀要素，實具有相當影響，此乃其他觀點所漠視，而建構主義所突顯的部分。

　　國家的對外行為，固受國際結構制約，國際結構的變化，卻又繫於國家的「行為實踐」。例如冷戰的兩極結構，端賴美蘇與陣營國的實踐，或對峙或依附，彼此各安其位、反覆踐履；一旦某國不按結構行動（如戈巴契夫所為），

---

26 有關「建構主義」，目前也未見較佳的中文導論。初入門的讀者不妨參考陳欣之（2003：99-114）。程度較佳的同學，則可直接參看Wendt（1999/2000）、莫大華（2003）及袁易（2001）所編輯的《社會建構學派專號》，收錄鄭端耀、秦亞青、袁易、石之瑜四篇論文。

27 既包含「物質力量」的格局，也涵蓋「內在意圖」的認定，但不論「物質力量」或「內在意圖」，真正對行為者發生影響的，乃其「主觀解讀」兩者後所得的「觀念」。

冷戰便將宣告終結。進一步觀察，則國家相互「行為實踐」的過程，同時建構國家的「身分」與「利益」，此又為其他觀點忽略的部分。[28]根據建構主義所見，國家在互動過程中，將不斷重新認識「它方」，並調整自身期待，且據以認定自身利益，甚而探索自身的身分。上述各項中，「身分」（identity）尤其重要，待其確認後，方能指引利益，而一旦身分有變，利益也將隨之轉移，行為也將隨之改變。若就身分定位而言，國家常從界定「敵我關係」的過程中，釐清其自身的身分。即以中國大陸為例，其先於1950年代，自認「社會主義大家庭」一員，「美帝」當然則非我族類，故對蘇「一邊倒」，並參加「抗美援朝」。1960年代，中蘇互動不睦，中國大陸不恥與「蘇修」為伍，乃歸己為「第三世界」，標榜「反帝、反修」立場，美、蘇同在排斥之列。再至1980年代，西方既主動擁抱，中國大陸也須平衡蘇聯壓力，於是轉而縱橫美蘇之間。歷經1990年代，中國大陸國勢漸強，於今則自我期許為「崛起大國」，雖耐心處理對美關係，卻日漸感受美方的拒斥與敵意。

由上述可知，不同的互動經驗，將塑造不同的國家「身分」，再界定出迥異的國家利益，並全盤牽動國家的對外關係。國家間的互動方式，因此常似「自我實現的預言」（self-fulfilling prophecy），往往深陷「良性／惡性循環」（virtuous/vicious cycles）之中。舉例而言，倘認定對方充滿惡意，本國當不致表現善意，結果恐對方又報以更大敵意，雙方間乃愈加關係緊繃、高度敵視。進一步推論，國家間的持續互動，將建構相處的「文化」，塑造行為模式，變化現有的相互關係（Wendt, 1999/2000: 313-96）。如Wendt所作說明，即便面對「無政府狀態」，國家間仍可盡褪敵意，發展成「互為友朋」的互動文化（或稱「康德式文化」Kantian culture），否則則將嗜利爭權，刺激出「互為寇讎」的互動文化（或稱「霍布斯式文化」Hobbesian culture），但更常見的相互關係，可能是第三種之各據利益，變化出各種衝突／合作可能的「互相競合」互動文化（或稱「洛克式文化」Lockean culture），[29]因而，國家間固然會「以牙還牙」，但也不時「投桃報李」。這一切，都不是國際「權力格局」所命定的。

---

[28] 新現實／新自由主義均認為，國家的利益、觀點、身分等皆係「模型外生」（exogenous），在進入國際場域／與他國互動前，便已基本確定決定，國際政治乃對此存而不論。由於此一預設，兩者對於國家利益、觀點、身分等所可能產生的變化，均有疏於覺察的毛病。

[29] 三項名稱為Wendt所創，典出霍布斯、洛克兩人，對政府出現前的「自然狀態」（natural state/state of nature）所作之不同設定，以及康得對「共和制」國家的樂觀期待。

　　總而言之，建構主義雖對主流理論提出深刻、根本的批評，而與現實主義、自由主義鼎足並列，但觀察其迄今發展，相較其他兩者，仍似別樹一幟的「切入角度」（approach），尚非自我完足的理論體系。此外，建構主義也面對來自雙方的責難，對現實主義而言，其既承認「生存」乃國家的首要關切，則不論國家如何「認定」、「建構」，仍難超越其「國際權力結構」的束縛。

　　另方面，對自由主義而言，建構主義強調「互動過程」的重要，卻未提出消弭敵意、促進合作的辦法，有點「虛無主義」的傾向。反之，新自由主義以多元的「交易」為歷程，交易「制度」為輔助，似較前者更為具體踏實。對此，吾人似不妨以客觀的國際結構，視為考察的起點，參酌建構觀點，辨明國家認知的落差、國家利益的變化、國家身分的轉變，以及國家間互動的影響等，應有助拓展國際政治的理論視野。

四、小　結

　　上述理論觀點，除有助吾人深度剖析時局、觸發理解洞見外，更將影響國家的政策判讀，支配政策回應，進而建構國際互動，影響不可謂不大。再以大陸與美國關係為例，美國若持「現實主義」，設定中國為「戰略競爭對手」，採取「圍堵／遏制政策」（containment policy），準備「即將到來的中美衝突」（如Bernstein & Munro, 1997/1997），大陸亦將倍感敵意，難免處處回報以「中國可以說不」的政策（宋強、張藏藏、喬邊，1996）、「中國不高興」（宋曉軍等，2009）。反之，美國若採「自由主義」，設定中國為「戰略合作夥伴」，採取「觸化／媒合政策」（engagement policy）（Johnston & Ross, eds., 1999/2001），並預期「中國將融入國際體系」（Lardy, 2002），中共將多少感受其誠意，未嘗不可接受現存秩序，並與美攜手合力，解決全球疑難或突發問題。[30]換言之，作為「有色眼鏡」的理論觀點，也將以「自我實現的預言」形式，引導制約國家的對外行為，吾人對此類理論的影響，能不慎思明辨乎？[31]

---

30 建構主義仍未落實為具體政策。但若採取建構主義，似將冷眼旁觀，觀察雙方如何透過外交政策，完成「創造敵人」的使命（Campbell, 1998）：如美方如何誇大中方威脅，中方又如何激發民族情緒等。

31 對於臺灣攸關重大的「兩岸關係」，當然也能從前述「現實主義」、「自由主義」和「建構主義」三種理論觀點進行理解與分析，本章限於篇幅，無法加以示範，讀者諸君可否自行嘗試解讀？

肆、國際政治的分析焦點：兩造層次、內政層次、國際層次

論及國際政治領域，一般存在幾種分割方式。其中之一著眼於「研究主題」，因而區別出「國際安全」（重心為國際衝突及其避免）、「國際政經」（國際貿易、金融與發展是其焦點）、「國際規範」（主要涵蓋國際法、國際組織）等次領域。[32] 其次則立基於「理論預設」，可因此條理出現實主義、自由主義與建構主義等理論觀點。最後，乃就切入的「分析層次」（levels of analysis），將相關的理論解釋，大別為個人、國家和體系等層次類型（耿曙，2003a）。根據作者的看法，此項「層次」架構，最有助於吾人的理論解釋，但何謂「分析層次」？又如何應用於實際分析？本節將對此進行介紹，並以部分兩岸關係研究為例，具體說明其做法。[33]

一、「層次」框架的意義

追本溯源，國際政治領域中有關「分析層次」的探討，源於Waltz早年的經典《人類、國家、戰爭》（Waltz, 1959）。在該書中，他回顧歷來針對「戰爭起源」的解釋，並將檢視所得，勾稽整理為三個「層次類別」（時稱「觀察層面」images）的論證，包括：（1）「個人層次」（the first image/individual level）的觀察。例如就決策者的人性特質，若嗜權爭利、認知偏誤等，推敲戰爭爆發的原因；（2）「國家層次」（the second image/state level）的解讀。針對國內政局或決策過程，如次國家內部利益集團、民主程序等，預測戰爭發生的可能；（3）「體系層次」（the third image/system level）的分析。主要是從國際體系的權力結構，如無政府狀態、兩極—多極格局等，探討國家衝突的由來。Waltz所提「分析層次」的分類架構，對於之後的國際政治研究，產生極深遠的影響（耿曙，2003a）。

區別「分析層次」的目的，主要在發展解釋的架構，換言之，即：「認定及勾勒不同的分析層次，使得所觀察的現象得到解釋」（Buzan, 1995: 199）。也就是說，對於「分析層次」的掌握，關鍵在確認其「解釋方向」。舉例而言，若將「戰爭頻率」作為解釋的對象（即依變項），那麼「分析層次」所辨別的是：著落於哪個「層次範疇」的解釋變項（即自變項），將被用以解釋

---

[32] 同時，國際政治學門之中，仍有部分新興議題領域，如國際傳播、全球環境等，尚無法納入此一架構。

[33] 如註3所言，吾人將須藉「外在政治實體」角度，方能有效連繫國際政治與兩岸關係研究。

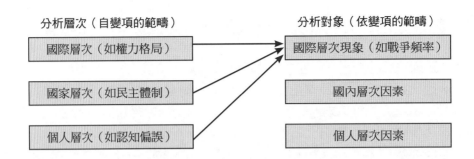

資料來源：取材自耿曙，〈分析層次與國際體系〉，張亞中等（2003: 45）。

圖 22-3   「國際政治」的分析層次

「戰爭頻率」？研究者的選擇，或許是「個人」層次的「認知偏誤」（thesis of misperception），可能是「國家」層次的民主體制（如民主和平論），但也不妨是「國際」層次的權力格局（如新現實主義）。但到底著重哪個層次的解釋，則取決於研究者的判斷決擇。但在選擇過程中，研究者必先瞭解，辨明「分析層次」的目的，在進一步探尋、確認其「解釋變項」。換言之，後者係據以解釋的具體因素，而前者則是其所在範疇。至於分析層次如何條理國際政治的理論解釋，則可參考圖22-3，[34]圖中的例子是前述「民主和平論」，其乃利用國家層次特徵（「民主體制」）解釋國際層次結果（「低度衝突」）。

必須分辨「分析層次」的原因，主要有兩項。首先，國際政治所包含的題材，極其廣泛遼闊，從最高的「國際」層次，至最低的「個人」層次，莫不涵括在內，幾臻社會科學的極致，加以其間的相互影響，十分錯綜複雜，國際政治的研究，因而亟需分類、組織的框架。其中，常被學者用作組織框架、藉以執簡馭繁者，即前述的「層次」架構。一旦將國際政治的各種素材，就個人層次、國家層次及體系層次等分門別類，不同層次範疇內的具體變項，以及各變項間的相互關係，便可豁然開朗。就此而言，「分析層次」有助吾人簡化、條理複雜多面的國際政治。其次，「分析層次」既屬理論解釋的分類框架，其中

---

34 就此而言，之前有關「外交政策」與「國際政治」的區別，似乎過度武斷、簡化。吾人不妨根據此處的「分析層次」，對其重作理解。所謂「外交政策」的探究，既然關注政策形成的影響，諸如國家利益、國家能力以及政策過程等，不妨視為立基「個人層次」及「國家層次」的國際政治研究。而之前所謂「國際政治」的研究，由於突出國家間「互動」的相互刺激與「體系」的行為制約，則可視作立基「體系層次」的國際政治研究。

蘊含理論的傾向。故一旦自「層次」角度，切入國際政治議題，研究者將逐步帶入分析對象、分析層次及最終的解釋變項，從而完成一項理論解釋。因此，「分析層次」的思維框架，將有助超越眼前儘言高論的「規範性討論」（normative discussions），或偏於常識的「描述性說明」（descriptive accounts）。例如學者吳玉山便藉「分析層次」架構，系統的整理兩岸關係的理論文獻，藉此激發更豐富的理論探討（吳玉山，1997：1-18；吳玉山，1999a；Wu, 2000；吳玉山；2009a）。

至於具體的分析層次，首先對其進行條理的Waltz氏，建議採納「三層框架」（three-level framework），今日一般國際政治教材，仍然多受其影響，而沿用類似架構。[35]本章為考慮舉例方便，參酌吳玉山的分類，將華爾茲的「個人—國家—體系」框架，修訂為「兩造—內政—國際」的架構（吳玉山，1999a；吳玉山；2009a）。下面我們將結合兩者，一方面對各層次的分析架構，就兩岸關係的研究來舉例說明，另方面，則可藉國際關係的層次架構，條理現有的兩岸文獻。

二、「兩岸關係」作為解釋的對象

暫不論兩岸間政治或文化上千絲萬縷的關係，比較客觀的來看，雙方基本上是「互不隸屬的政治實體」，從這個角度出發，我們當然可以利用國際關係理論，幫助我們對於兩岸問題的解析，前述的「分析層次」架構，當然也可以用來條理現有的兩岸關係研究。但在分析兩岸關係的研究前，我們必須稍加注意。首先，在時間的側重上，目前兩岸研究多以1980年代後期，兩岸恢復交流後的雙方互動作為分析對象。其次，「兩岸關係」有狹義及廣義之別。狹義而言，兩岸關係所指涉的是台灣與大陸之間的「雙邊關係」（bilateral relations），其領域可包含政治、經濟、社會、文化等；而其演變方向則有好有壞、或緊密或疏離、時而合作時而衝突。

但廣義來看，「兩岸關係」除涉及前面所說的雙邊關係外，還含括雙方當

---

35 亦有持不同意見者，例如與華爾茲同時的學者辛勒（J. David Singer），便建議採用「國家—國際」的兩層次框架，並就此將國際關係學的理論解釋，區分為「由內向外的」及「由外向內的」兩類（Singer, 1961/1994: 88-90）。除上述架構外，其他學者也各有立場，有的在「國際」與「國家」間，插入「區域」等層次；有的在「國家」與「個人」間，增加「政體結構」、「組織官僚」等層次，彼此看法仍有出入（例如流傳甚廣的幾種教科書Goldstein、Russett & Starr及Hughes等）。究竟該如何劃分層次才屬合理、或者應從「哪個層次」入手研究，基本上並無一定標準，完全取決於研究者的認定。

中任一方對另一方的「單方行為」，例如臺灣的統獨之爭，由於涉及兩岸根本
定位，性質上便屬於這類「具有針對性的政策」。就像前面討論過的，「國家
行為」是構成「國際關係」成分，沒有台灣的「大陸政策」或大陸的「對台政
策」，就沒法討論「兩岸關係」。從這個角度來看，兩岸關係經常是我們所關
切的對象，而它既受雙方國內因素的影響（影響雙方各自的政策），也為國際
因素所制約（參考介紹現實主義時所談「權力格局」的作用），更常受雙方互
動自身的影響（例如前一階段的互動經驗，往往影響下一個階段的關係良
窳）。而這樣的思考框架，便依次形成屬於「內政層次」、屬於「國際層次」
與屬於「兩造層次」中各種兩岸研究，各自側重某個層次或者那個層次中某些
因素，對於作為依變項「兩岸關係」的影響。

　　我們現在就分別加以介紹。【36】

（一）「兩造」層次與兩岸關係研究

　　先談「兩造」層次的分析。這類兩岸研究，通常會側重兩個政治實體間的
互動及互動形成的結構性因素，拿這些來作為解釋雙方關係發展或演變的關
鍵。與此對應者為Waltz的所謂「個人」層次，兩者融匯的關鍵，在將「國家」
（行為者）與「個人」（決策者）統一：國家既經「擬人化」（personification），
國家意志便等同個人意志，兩國關係也就不啻「兩造互動」；而「個人」層次
之所側重，如決策者的利益與認知，當然均可視為「國家」的利益與認知，而
成為「兩造」層次分析的重點（例如包宗和，1990）。

　　就目前兩岸關係研究而言，「兩造層次」的分析是其主流。透過此一層次
解讀兩岸關係者，大體可區分為強調「結構」與「過程」兩個方向。其中「結
構途徑」著重兩岸彼此之間客觀環境或條件的異同，從而探討這些條件如何影
響雙方之互動。例如部分學者立基於兩岸彼此間的「國力差距」，無論其反映
於「政治層面」（吳玉山，1997；吳玉山，2009b；Cheng, 1995）或「經濟層
面」（吳玉山，1997：119-69；童振源，2000；耿曙，2009），並自此切入兩
岸競逐形勢的研判（趙建民，1994；吳玉山，1997；Cheng, Huang & Wu, eds.,
1995）。另有部分學者著眼於雙方的「利益結構」，這又包括了屬於政治利益
層面的兩岸「主權衝突」（邵宗海，1998；張五岳，1999；張五岳，2009），
以及屬於經濟利益層面的兩岸「經貿互賴」（吳玉山，1997：119-69；耿曙、

---

36 對於近年的兩岸關係研究，更系統完整的介紹，可以參考吳玉山，2013。

陳陸輝，2003；童振源，2003），並由此展開兩岸政經互動關係的分析（吳玉山，1997：119-69；童振源，2003；Kuan, 2007；耿曙，2009；Kastner, 2009）。

另方面，「兩造層次」中側重「過程」的途徑則強調兩岸互動的歷程，亦即兩岸互動的時間縱剖面，並分析此歷程對於雙方關係的作用。例如部分學者研究台海雙方互動的「博弈策略」（包宗和，1990；林繼文、羅致政，1998；吳秀光、石冀忻，2009；林繼文，2009）與「敵我認知」（石之瑜，1999；石之瑜，2009；陳映男、耿曙、陳陸輝，2016），且認為在雙方互動的歷程中，策略與認知均將有所變化，因而或傾向「整合／合作」、或趨於「分裂／衝突」。凡此，均以兩岸為「互為對造的行為者」（the Mainland China-Taiwan dyad）（Cheng, 1995），並據此分析雙方互動，故屬「兩造」層次。

（二）「內政」層次與兩岸關係研究

其次為「內政」層次的分析。不同於兩造層次，內政分析的特徵在明辨國內不同「分析／行為單位」（unit of analysis）的利益與認知，並凸顯各單位間的消長互動，如何形成國家整體對外政策。因此，環繞政策過程的各種因素，包括國家政體形式及其轉型、政府決策過程、官僚機構互動、政黨政綱等（政府部門，屬決策的內環境），及國家／社會關係、國內政局形勢、選舉或政治競爭、政經團體需求、民意輿論趨勢、社會勢力消長、甚至整體政經結構等（社會部門，屬決策的外環境），均為內政層次的分析焦點。就目前的兩岸研究言，「內政」層次的分析似正方興未艾，但多用側重台灣內部因素的影響，特別是民意結構與決策程序對大陸政策的作用。[37]

舉例而言，部分學者以臺灣的「民意結構」為出發點，或著眼國家認同層面（陳義彥、陳陸輝，2003；耿曙、劉嘉薇、陳陸輝，2009；陳陸輝、耿曙，2009；Wang, Chen & Keng, 2010；劉嘉薇，2017），或另拓「安全—利益」層面（吳玉山，1999b：173-92；吳乃德，2005；陳陸輝等，2009；Keng, Chen & Huang, 2006；關弘昌，2018），藉以觀察兩岸政策的變化。另方面，部分學者聚焦於臺灣的「民意趨勢」，或強調兩岸交流引發的觀念變化（魏鏞，2002；石之瑜編，2003；耿曙、曾于蓁，2010；王嘉州，2012；Keng & Lin, 2013；張可，2019），或著眼兩岸經貿所重塑的利益結構，以及經貿交流所觸

---

[37] 當然也有少數例外，深入大陸國內政治，分析北京對臺政策的走向。可參考張旭成（Chang, 1995）與朱雲漢（Chu, 2003）、范世平（2015）。

動的認同與利益的扞格（耿曙、陳陸輝，2003；童振源，2003；耿曙，2009；關弘昌，2009b；耿曙，2009；陳陸輝、陳映男、王信賢，2012；曾于蓁，2015），藉此預判兩岸政策的走向。

此外，一些學者則凸顯「政經團體」的角色，例如於兩岸經貿交流過程中出現的台商團體，探討其作為一個「社會行動者」（societal actor）時在利益與認同上的形成或轉變，並據以論述對決策與兩岸關係的可能影響（童振源，2003；耿曙、林琮盛，2005；耿曙，林瑞華，2007；Kuan, 2007；Keng & Schubert, 2010）。另有部分學者特別強調「國家─社會」關係，這包括「國家」的「決策自主」層面（state autonomy）（吳玉山，1999b：173-92; Leng, 1996; Lin, 2000; Schubert & Keng, 2012）及「執行能力」層面（state capacity，冷則剛，1999；冷則剛，2009；焦鈞，2015；Leng, 1996），試圖凸出由民意到政策的轉化過程。最後，亦有學者以「民主轉型」角度切入，或討論臺灣的政體轉型如何影響其涉及兩岸關係之政策（關弘昌，2008; Leng, 1996; Kuan, 2006; Kuan, 2007），或探究臺灣民主化後「選舉」的定期舉行如何造成其兩岸政策方向的轉變（吳玉山，1999b：173-92；關弘昌，2009a；耿曙，2009；Kuan, 2007；關弘昌，2014a）。

凡此，均能深入一國家之內部政情、釐清政策過程，並據此展開分析，故屬「內政」層次。由於結合臺灣政治與兩岸關係的研究，正是臺灣學者最能發揮所長的領域，但就目前成果而言，我們的研究還可以進一步深入。例如兩岸糾結的關鍵在認同，認同有時是超越政治與經濟層次的（石之瑜，2009），如何對兩岸認同背後的文化與心理根源，進行實證而動態的探討，將是新一代兩岸學者可以大展手腳的新領域（耿曙、曾于蓁，2010；林瑞華、胡偉星、耿曙，2011）。

（三）「國際」層次與兩岸關係研究

最後則為「國際」層次的分析。一般而言，解讀國家行為，既須問其「意圖」，更須量其「能力」。前述「兩造」、「內政」層次，均比較側重國家的行為意圖，唯有「國際」層次的分析，特別強調國家的行為能力。此乃因國家對外行為能力之能否發揮，不僅與該國本身綜合國力大小有關，更需視該國在國際上是否受到制約而定。國家行為在國際上受到的制約，主要來自國際的「權力結構」，後者乃成分析的焦點。此種權力結構，若自宏觀面理解，則可視為國際「權力格局」，如霸權體系、兩強對峙、多頭共處等；若自微觀面切

入，則可看作國家間的「互動結構」，如大小／敵我、己方／對方敵友、區域內／區域外強權之類。

雖同樣聚焦互動關係，較諸「兩造」層次所見，「國際」層次更重雙方如何縱橫捭闔、連橫他國。再就目前的兩岸關係研究觀察，國際層次的分析雖未擠身主流，卻始終賡續不絕、迭有力作。其中，部分學者強調體系的「宏觀結構」，或凸顯大國關係（如美—蘇—中「戰略大三角」關係）（Dittmer, 1981；林正義，1989；吳玉山，1997：171-207），或側重體系結構（如判別其單極／雙極／多極）（明居正，1999；陳一新，2000；明居正，2009）。部分學者則就體系的「微觀結構」入手，特別凸顯美國角色，拈出「臺北—華盛頓—北京戰略三角／戰略小三角」模型（吳玉山，1997：171-207；包宗和，1999；包宗和，2009；林繼文，2009），[38]或者探究美國在台灣的兩岸政策中可能發揮之作用（吳玉山，2000；Kuan，2007；關弘昌，2014b；黎寶文2015）。凡此，均將兩岸關係置於更寬闊的國際脈絡中，並進行台灣、中國大陸甚至美國三者各自行為與彼此互動關係之解讀，故屬「國際」層次的分析。

綜合上述，對「分析層次」的釐清，實乃確認研究焦點／著眼點的過程，尤其若受「層次」框架的引導，將可發揮其理論傾向，發展出研究者的解釋模型。因此，「分析層次」大大有助國際政治的理論研究，對此概念框架，吾人似應力求掌握。

伍、臺灣的國際政治與兩岸關係研究

一、回顧過往

歷經吳俊才、李其泰、雷崧生、朱建民諸前輩學者的草創，臺灣的國際政治研究，於今已有四十餘年歷史。且起碼在1970年代，學科領域便已燦然大備，發展至今，又有近五十寒暑[39]。回顧臺灣1970年代以降的國際政治研究，我們不難發現三項明顯特徵。[40]首先，受所處地位影響，臺灣相關研究的

---

[38] 兩岸關係的國際層次中，亦有長期遭受忽略面向，此即透過跨國企業、交互投資、全球商品鏈等機制，結合或切割兩岸（各自與不同區塊融合）的網狀國際市場結構（Addison, 2001；趙文衡，2002）。處於全球時代，吾人對此似應更加重視。

[39] 可以參考許志嘉等，2007；至於對岸國際政治研究的發展，可以參考陳岳、田野編，2016。

[40] 據筆者所見，這幾項歸納當然適用於兩岸關係研究。或者從某個角度來看，「美—中—臺三邊關係」其實是廣義的兩岸關係，畢竟，美國是兩岸關係的要角，臺美關係與美中關係其實

焦點，高度集中於「美─中─臺三邊關係」，特別是安全戰略層面。其他區域或領域，學者投入較少、資源相對不足、研究成果也相對有限（高朗，2000；陳一新，2000；陳一新，2013）。[41]

　　其次，受政府需求及社會關切的引導，臺灣的國際與兩岸研究，多偏「政策導向」。既然出於政策建議的需要，學者們往往關注個別事件、政策宣示及人物興替等，缺乏長期、深度觀察的興趣，理論對話因而有所不足（吳玉山，1997：2；吳玉山，1999a：34；吳玉山，2013）。最後，或許受冷戰氛圍及現實主義影響，學者一般採取「國家行為者」（state as unitary actor）預設，兩岸關係因而多被化約為「兩造博弈」，而美─中─臺三邊關係則成「三方對局」。「國家」之下的民意動態、決策過程、跨國交流等層面，均長期遭到忽略，但如今時勢大變，民主化、全球化潮流漫天席捲，之前的預設似乎應該稍加修正。

二、展望未來

　　展望未來，吾人似可進一步結合「國際政治」與「兩岸關係」的研究，實際做法上則似應應用國際政治理論於兩岸關係領域。此一研究方向，已揭示於中研院的〈兩岸關係與國際關係理論〉說明中，[42]雖學界尚未普遍關注與接受，卻應該是我們的努力方向，簡單說明如下：

　　首先，兩岸問題關係臺灣的生存與發展，所以臺灣國際政治研究，向來便環繞兩岸關係而展開；從另一個角度看，兩岸關係又嵌鑲在國際體系之中，自然受「大國關係」所牽動，而兩岸情勢的判讀，也離不開國際格局的變化。換言之，國際政治與兩岸關係兩者，本難孤立觀察，昔日也許因為缺乏理論的橋樑，難以有效連綴兩方面的研究，今若透過吳玉山「外在政治實體」角度，將有助我們在觀念上打通兩者間的藩籬。而一旦引入國際政治理論，必將有助兩岸研究的深刻解析，之後再以兩岸互動為中心，對內朝雙方內政動態、決策體制、跨域交流等深入挖掘；對外則向結構誘因、結構制約、互動過程等展開探討，如此應可大幅推進臺灣兩岸與國際研究的深度與廣度。

　　是圍繞兩岸關係而展開。

41　1980年代以後的歐盟研究，或許是一項例外，由於有專門研究機構（中研院歐美所、政大國關第一所，及各校歐研所），加上為數頗眾的留歐學者，相關研究頗稱豐贍。

42　請參考http://www.ipsas.sinica.edu.tw/projects.php?page=1&step=S&projectid=8，檢閱時間：2005年7月5日。此宣言性質的說明，當係吳玉山教授手筆。以下直接徵引，均出自本文。之後由於網頁改版，上述論述已經不見於中央研究院政治學研究所網站。

　　其次，對國際學界來說，兩岸關係極具研究意義，因為一方面，「兩岸關係關切到東亞和全球的安全與繁榮，是舉世矚目的焦點，因此自然吸引國際學術界的目光，而成為臺灣的學者躋身國際政治學界的大好機會。」另方面，兩岸議題「包含了最豐富的制度性、經濟性、文化性和國際性的因素，是研究臺灣與中國大陸政治發展、比較政治、國際關係、族群意識和政治思想與意識形態等領域的學者所可以大量投注心力、相互激盪的研究領域。」

　　最後，兩岸關係既為可資深掘的寶藏，就其研究言，則臺灣學者具有絕對優勢，「因為在這裡有充分的訊息，豐富的研究資源和強烈的研究動機」（吳玉山，1999a：33）。吾人憑藉兩岸領域的研究優勢，應該不難與全球的國關學者對話，豐富現有的國際政治理論。

參考書目

一、中　文

王元綱，2003，〈樂觀的現實主義：國際關係守勢現實主義之評析〉，《國際關係學報》，第 18 期，頁 41-58。

王嘉州，2012，〈來臺陸生統一態度變遷初探：政治社會化途徑與定群追蹤法之分析〉，《臺灣民主季刊》，第 9 卷 3 期，頁 85-118。

包宗和，1990，《臺海兩岸互動的理論與政策面向，1950-1989》，臺北：著者發行／三民總經銷。

包宗和，1999，〈戰略三角角色轉變與類型變化分析：以美國和臺海兩岸三角互動為例〉，載包宗和、吳玉山編，《爭辯中的兩岸關係理論》，臺北：五南，修訂版，頁 337-364。

包宗和，2009，〈戰略三角個體論檢視與總體論建構及其對現實主義的衝擊〉，載包宗和、吳玉山編，《重新檢視爭辯中的兩岸關係理論》，臺北：五南，頁 335-354。

石之瑜，1999，〈芝麻！開門：心理分析引領兩岸政策研究進入新境界〉，載包宗和、吳玉山編，《爭辯中的兩岸關係理論》，臺北：五南，修訂版，頁 265-336。

石之瑜編，2003，《家國之間：開展兩岸關係的能動機緣》，臺北：翰蘆／新臺灣人文教基金會。

石之瑜，2009，〈兩岸關係的政治心理學：認同與形象的政治情感分析〉，載包宗和、吳玉山編，《重新檢視爭辯中的兩岸關係理論》，臺北：五南，頁 195-215。

李保明，2007，《兩岸經濟關係 20 年：突破與發展立場的實證分析》，北京：人民出版社。

冷則剛，1999，〈大陸經貿政策的根源：國家與社會的互動〉，載包宗和、吳玉山編，《爭辯中的兩岸關係理論》，臺北：五南，修訂版，頁 211-264。

冷則剛，2009，〈國家、全球化、與兩岸關係〉，載包宗和、吳玉山編，《重新檢視爭辯中的兩岸關係理論》，臺北：五南，頁 141-162。

吳玉山，1997，《抗衡或扈從：兩岸關係新詮》，臺北：正中。

吳玉山，1999a，〈爭辯中的兩岸關係理論〉，載包宗和、吳玉山編，《爭辯中的兩岸關係理論》，臺北：五南，修訂版，頁 1-39。

吳玉山，1999b，〈臺灣的大陸政策：結構與理性〉，載包宗和、吳玉山編，《爭辯中的兩岸關係理論》，臺北：五南，修訂版，頁 153-210。

吳玉山，2000，〈非自願的樞紐：美國在華盛頓 - 臺北 - 北京之間的地位〉，《政治科學論叢》，第 12 期（6 月號），頁 189-222。

吳玉山，2009a，〈十年的知識薪傳：重新檢視爭辯中的兩岸關係理論〉，《中國大陸研究》，第 52 卷 3 期，頁 113-127。

吳玉山，2009b，〈權力不對稱與兩岸關係研究〉，載包宗和、吳玉山編，《重新檢視爭辯中的兩岸關係理論》，臺北：五南，頁 31-59。

吳玉山，2013，〈兩岸關係研究的開展與侷限〉，載吳玉山、林繼文、冷則剛編，《政治學的回顧與前瞻》，臺北：五南，頁 175-195。

吳秀光、石冀忻，2009，〈兩岸談判的雙層賽局分析〉，載包宗和、吳玉山編，《重新檢視爭辯中的兩岸關係理論》，臺北：五南，頁 239-273。

宋強、張藏藏、喬邊，1996，《中國可以說不：冷戰後時代的政治與感情抉擇》，北京：中華工商聯。

宋曉軍等，2009，《中國不高興：大時代、大目標及我們的內憂外患》，南京：江蘇人民出版社。

明居正，1999，〈國際體系理論與兩岸關係〉，載包宗和、吳玉山編，《爭辯中的兩岸關係理論》，臺北：五南，修訂版，頁 365-388。

明居正，2009，〈國際體系層次理論與兩岸關係：檢視與回顧〉，載包宗和、吳玉山編，《重新檢視爭辯中的兩岸關係理論》，臺北：五南，頁 305-334。

林正義，1989，《臺灣安全三角習題：中共與美國的影響》，臺北：桂冠。

林琮盛、耿曙，2005，〈從「安全」與「利益」的兩難中解套：再思兩岸關係中的市場力量〉，《遠景基金會季刊》，第 6 卷第 4 期（10 月號），頁 238-281。

林瑞華、胡偉星、耿曙，2011，〈「階級差異」或「認同制約」？大陸臺灣人當地融入的分析〉，《中國大陸研究》，第 54 卷第 4 期，頁 29-56。

林崇誠，2009，《產業與政治：兩岸相互依賴的時代》，北京：世界知識出版社。

林繼文，2009，〈雙層三角：以空間模型分析國內政治對美中台戰略三角的影響〉，載包宗和、吳玉山編，《重新檢視爭辯中的兩岸關係理論》，臺北：五南，頁 277-304。

林繼文、羅致政，1998，〈零和或雙贏？兩岸經貿交流新解〉，《人文及社會科學集刊》第 10 卷第 1 期，頁 33-77。

邵宗海，1998，《兩岸關係：兩岸共識與歧見》，臺北：五南。

胡適、唐德剛，1983，《胡適口述自傳》，臺北：傳記文學。

范世平，2015，《習近平對臺政策與蔡英文之挑戰》，臺北：博誌文化。

耿曙，2003a，〈分析層次與國際體系〉，載張亞中等，《國際關係總論》，臺北：揚智，頁 39-59

耿曙，2003b，〈「連綴社群」：WTO 背景下兩岸民間互動的分析概念〉，載《世貿組織與兩岸發展》，許光泰、方孝謙、陳永生編，臺北：國立政治大學國際關係研究中心，頁 457-487。

耿曙，2009，〈經濟扭轉政治？中共近期「惠台政策」的政治影響〉，《問題與研究》，第 48 卷第 3 期（7/8 月號），頁 1-32。

耿曙、林家煌，2008，〈登堂未入室：信任結構、協力網路與台商產業群聚的模式〉，《社會科學論叢》，第 1 卷第 3 期（1 月號），頁 91-126。

耿曙、林琮盛，2005，〈全球化背景下的兩岸關係與台商角色〉，《中國大陸研究》，第 48 卷第

1 期（3 月號），頁 1-28。

耿曙、林瑞華，2007，〈制度環境與協會效能：大陸台商協會的個案研究〉，《臺灣政治學刊》，第 11 卷第 2 期（12 月號），頁 93-171。

耿曙、林瑞華、舒耕德，2012，〈台商研究的起源、發展與核心議題〉，載耿曙、舒耕德、林瑞華編，《台商研究》，臺北：五南，頁 3-51。

耿曙、陳陸輝，2003，〈兩岸經貿互動與臺灣政治版圖：南北區塊差異的推手？〉，《問題與研究》，第 42 卷第 6 期（11/12 月號），頁 1-27。

耿曙、曾于蓁，2010，〈中共邀訪臺灣青年政策的政治影響〉，《問題與研究》，第 49 卷 3 期（9月），頁 29-70。

耿曙、劉嘉薇、陳陸輝，2009，〈打破維持現狀的迷思：臺灣民眾統獨抉擇中理念與務實的兩難〉，《臺灣政治學刊》，第 13 卷第 2 期（12 月號），頁 1-35。

袁易，2009，〈規範建構主義與兩岸關係：理論與實踐〉，載包宗和、吳玉山編，《重新檢視爭辯中的兩岸關係理論》，臺北：五南，初版，頁 355-371。

袁易等，2001，〈社會建構學派專號〉，《美歐季刊》，第 15 卷第 2 期（夏季號），頁 153-309。

高朗，1999，〈從整合理論探討兩岸整合的條件與困境〉，載包宗和、吳玉山編，《爭辯中的兩岸關係理論》，臺北：五南，修訂版，頁 41-75。

高朗，2000，〈臺灣國際關係暨外交學術論文之研究取向分析（民國 78~87 年）〉，載何思因、吳玉山編，《邁入二十一世紀的政治學》，臺北：中國政治學會，頁 295-313。

張五岳，1999，〈分裂國家模式之探討〉，載包宗和、吳玉山編，《爭辯中的兩岸關係理論》，臺北：五南，修訂版，頁 77-118。

張五岳，2009，〈分裂國家模式之探討〉，載包宗和、吳玉山編，《重新檢視爭辯中的兩岸關係理論》，臺北：五南，初版，頁 61-86。

張可，2019，〈「自由祖國」還是「愛國主義教育基地」？旅臺陸生的認同、情感與意義建構〉，《中國大陸研究》，第 62 卷第 3 期，頁 95-142。

莫大華，2003，《建構主義國際關係理論與安全研究》，臺北：時英。

許志嘉等，2007，〈台灣國際政治研究之發展〉，《東亞研究》，第 38 卷第 1 期，頁 164-189。

陳一新，2000，〈美中臺三邊關係研究之回顧與展望〉，載何思因、吳玉山編，《邁入二十一世紀的政治學》，臺北：中國政治學會，頁 315-357。

陳一新，2013，〈美中台關係學術研究研究的回顧與前瞻〉，載吳玉山、林繼文、冷則剛編，《政治學的回顧與前瞻》，臺北：五南，頁 197-224。

陳欣之，2003，〈國際關係理論：對現實主義的質疑〉，載張亞中等，《國際關係總論》，臺北：揚智，頁 99-114。

陳映男、耿曙、陳陸輝，2016，〈依違於大我、小我之間：解讀臺灣民眾對兩岸經貿交流的心理糾結〉，《台灣政治學刊》，第 20 卷第 1 期，頁 1-59。

陳陸輝、耿曙，2009，〈台灣民眾統獨立場的持續與變遷〉，載包宗和、吳玉山編，《重新檢視爭辯中的兩岸關係理論》，臺北：五南，頁 163-194。

陳陸輝、耿曙、王德育，2009，〈兩岸關係與 2008 年臺灣總統大選：認同、利益、威脅與選民投票取向〉，《選舉研究》，第 16 卷第 2 期（11 月號），頁 1-22。

陳陸輝、耿曙、涂萍蘭、黃冠博，2009，〈理性自利或感性認同？：影響臺灣民眾兩岸經貿立場因素的分析〉，《東吳政治學報》，第 27 卷第 2 期（6 月號），頁 87-125。

陳陸輝、陳映男、王信賢，2012，〈經濟利益與符號態度：解析臺灣認同的動力〉，《東吳政治學報》，第 30 卷第 3 期，頁 1-51。

陳義彥、陳陸輝，2003，〈模稜兩可的態度還是不確定的未來：臺灣民眾統獨觀的解析〉，《中國大陸研究》，第 46 卷第 5 期，頁 1-20。

焦鈞，2015，《水果政治學》，臺北：巨流。

童振源，2000，〈臺灣與中國經貿關係：經濟與安全的交易〉，《遠景季刊》，第 1 卷第 2 期，頁 31-81。

童振源，2003，《全球化下的兩岸經濟關係》，臺北：生智。

曾于蓁，2015，〈大陸對臺農魚採購政策變化：「契作」機制及其效果〉，《問題與研究》，第 54 卷第 1 期，頁 95-128。

楊開煌，2001，《崢嶸：兩岸鬥爭和對策》，臺北：海峽學術。

趙建民，1994，《兩岸互動與外交競逐》，臺北：永業。

劉嘉薇、耿曙、陳陸輝，2009，〈務實也是一種選擇：臺灣民眾統獨立場的測量與商榷〉，《臺灣民主季刊》，第 6 卷第 4 期（12 月號），頁 141-168。

劉嘉薇，2017，〈網路統獨的聲量研究：大數據的分析〉，《政治科學論叢》，第 71 期，頁 113-165。

蔣夢麟，1990，《西潮》，臺北：業強。

黎寶文，2015，〈美國在兩岸關係中的第三方影響：一個時間序列的分析途徑〉，《東吳政治學報》，第 33 卷第 3 期，頁 207-270。

鄭端耀，2003，〈國際關係攻勢與守勢現實主義理論爭辯之評析〉，《問題與研究》，第 42 卷第 2 期，頁 1-21。

魏鏞，2002，〈邁向民族內共同體：臺灣兩岸互動模式之建構、發展與檢驗〉，《中國大陸研究》，第 45 卷第 5 期，頁 1-55。

關弘昌，2008，〈台灣民主轉型期對中國大陸的和平政策：一個「政治利益」觀點的解釋〉，《政治學報》，第 46 期，頁 45-68。

關弘昌，2009a，〈台灣國內選舉對其大陸政策之影響〉，載包宗和、吳玉山編，《重新檢視爭辯中的兩岸關係理論》，臺北：五南，初版，頁 217-238。

關弘昌，2009b，〈經濟環境、國家認同、與兩岸經貿交流：2008 年的經驗檢視〉，載陳陸輝、游清鑫、黃紀編，《2008 年總統選舉：論二次政黨輪替之關鍵選舉》，臺北：五南，初版，頁 287-309。

關弘昌，2014a，〈總統選舉來臨對大陸政策合作衝突方向的影響：2008 年大選前的檢視〉，《全球政治評論》，第 46 期，頁 25-42。

關弘昌，2014b，〈美國國會議員支持臺灣的因素分析（2000-2011）：意識形態或選區利益？〉，《遠景基金會季刊》，第 15 卷第 2 期，頁 1-35。

關弘昌，2018，〈臺灣青年世代統獨與兩岸經貿交流態度之探索〉，《遠景基金會季刊》，第 19 卷第 2 期，頁 1-40。

二、譯　作

Addison, Craig，金碧譯，2001/2001，《矽屏障：臺灣最堅實的國防》，臺北：商智。

Baldwin, David A.ed.，蕭歡容譯，1993/2001，《新現實主義和新自由主義》，杭州：浙江人民。

Bernstein, Richard & Ross Munro，隋麗君譯，1997/1997，《即將到來的美中衝突》，北京：新華。

Carr, Edward H.，秦亞青譯，1946/2005，《20 年危機（1919－1939）：國際關係研究導論》，世界知識。

Cohen, Robin & Paul Kennedy，文軍等譯，2001/2001，《全球社會學》，北京：社科文獻。

Deutsch, Karl W.，1968/1971，李其泰譯，《國際關係的解析》，臺北：幼獅。

Donnelly, Jack，2001/2002，高德源譯，《現實主義與國際關係》，臺北：弘智。

Goldstein, Joshua S.，2001/2003，歐信宏、胡祖慶譯，《國際關係》，臺北：雙葉，原書第四版。

Held, David et al.，1999/2000，沈宗瑞等譯，《全球化大轉變：全球化對政治、經濟與文化的衝擊》，臺北：韋伯文化。

Holsti, K. J.，1983/1988，李偉成、譚溯澄譯，《國際政治分析架構》，臺北：幼獅，原書第四版。

Hughes, Barry B.，1999/ 2002，歐信宏、陳尚懋譯，《最新國際政治新論》，臺北：韋伯文化，原書第 4 版。

Johnston, Alastair Ian & Robert Ross eds.，黎曉蕾、袁征譯。1999/2001，《與中國接觸：應對一個崛起的大國》，北京：新華。

Keohane, Robert O. & Helen V. Milner eds.，董素華譯，1986/2003，《國際化與國內政治》，北京：北京大學出版社。

Keohane, Robert O. & Joseph S. Nye, Jr.，門洪華譯，2001/2002，《權力與相互依賴》，北京：北京大學出版社，原書第 3 版。

Morgenthau, Hans J.，1966/1976，張自學譯，《國際政治學》，臺北：幼獅，原書第 4 版。

Niebuhr, Reinhold，1932/1998，蔣慶等譯，《道德的人與不道德的社會》，貴陽：貴州人民。

Nye, Joseph S. Jr.，張小明譯，2000/2002，《理解國際衝突：理論與歷史》，上海：上海世紀，原書第 3 版。

Pearson, Frederick S. & J. Martin Rochester，胡祖慶譯，1984/1989，《國際關係》，臺北：五南，原書第 3 版。

Russett, Bruce M. & Harvey Starr，王玉珍等譯，1996/2001，《世界政治》，北京：華夏，原書第 5 版。

Wallerstein, Immanuel M.，郭方、劉新成、張文剛譯，1974-1989/1998，《近代世界體系》，三卷，臺北：桂冠。

Waltz, Kenneth N.，信強譯，1979/2003，《國際政治理論》，上海：上海世紀；胡祖慶譯，1979/1997，《國際政治體系理論解析》，臺北：麥格羅‧希爾／五南。

Wendt, Alexander，秦亞青譯，1999/2000，《國際政治的社會理論》，上海：上海人民。

三、英　文

Blainey, Geoffrey, 1988, *The Causes of War*. New York: Free Press, 3rd. ed.

Brown, Michael E., Sean M. Lynn-Jones, & Steven E. Miller eds., 1996, *Debating the Democratic Peace*. Cambridge, MA: MIT Press.

Bruun, Ole & Parris H. Chang eds., 1996, "Forum: The Taiwan Crisis," *The China Journal*, Issue 36 (July), 87-134.

Bush, Richard C. & Michael E. O'Hanlon, 2007, *A War Like No Other: The Truth about China's Challenge to America*, Hoboken, NJ: John Wiley & Sons.

Buzan, Barry, 1995, "The Level of Analysis Problem in International Relations Reconsidered," in *International Relations Theory Today*, eds. Ken Booth & Steve Smith. London: Polity, pp. 198-215.

Campbell, David, 1998, *Writing Security: United States Foreign Policy and the Politics of Identity*. Minneapolis, MN: University of Minnesota Press, Rev. ed.

Carpenter, Ted Galen, 2005, *America's Coming War with China: A Collision Course over Taiwan*. New York: Palgrave Macmillan.

Chang, Parris H. & Martin L. Lasater, 1993, *If China Crosses the Taiwan Strait*, Washington, DC: University Press of America.

Chang, Parris H., 1995, "Beijing's Policy Toward Taiwan: An Elite Conflict Model." in *Inherited Rivalry: Conflict across the Taiwan Straits*, eds. Tun-jen Cheng, Chi Huang, & Samuel S. G. Wu. Boulder, CO: Rienner, pp. 65-79.

Chang, Tun-Jen., 1995, "The Mainland China-Taiwan Dyad as a Research Program." in *Inherited Rivalry: Conflict across the Taiwan Straits*, Tun-jen Cheng, Chi Huang, & Samuel S. G. Wu, eds., Boulder, CO: Rienner, pp. 1-22.

Cheng, Tun-jen, Chi Huang, & Samuel S. G. Wu, eds., 1995, *Inherited Rivalry: Conflict across the Taiwan Straits*, Boulder, CO: Rienner.

Chu, Yun-han, 2003, "Power Transition and the Making of Beijing's Policy Toward Taiwan." *China Quarterly*, No. 176: 960-81.

Copper, John Franklin, 2006, *Playing with Fire: The Looming War with China over Taiwan*. Westport, CT: Praeger.

Dittmer, Lowell, 1981, "The Strategic Triangle: An Elementary Game-Theoretical Analysis." *World Politics*, 33(4): 485-516.

Fairbank, John King, ed. 1968, *The Chinese World Order: Traditional China's Foreign Relations*, Cambridge, MA: Harvard University Press.

Herz, John H., 1950, "Idealist Internationalism and the Security Dilemma." *World Politics*, 5(2 January): 157-180.

Johnson, Chalmers A., 1962, *Peasant Nationalism and Communist Power: The Emergence of Revolutionary China, 1937-1945*. Stanford, CA: Stanford University Press.

Kastner, Scott. 2009. *Political Conflict and Economic Interdependence Across the Taiwan Strait and Beyond*. Stanford, CA: Stanford University Press.

Keng Shu & Gunter Schubert, 2010, "Agents of Unification? The Political Role of Taiwanese Businessmen in the Process of Cross-Strait Integration." *Asian Survey*, 50 (2 March), Forthcoming.

Keng, Shu & Emmy Ruihua Lin, 2012, "Bidding for Taiwanese Hearts: The Achievements and Limitations of China's Strategy to Engage Taiwan," in *New Dynamics in Cross-Taiwan Straits Relations: How Far Can the Rapprochement Go?* Richard Weixing Hu ed., London & New York: Routledge, pp. 169-189.

Keng, Shu, 2011, "Working on the Identity of the Taiwanese People: Observing the Spillovers from Socio-Economics to Politics across the Taiwan Strait." in *Taiwanese Identity in the 21st Century: Domestic, Regional and Global Perspectives*, eds. Gunter Schubert & Jens Damm. London & New York: Routledge.

Keng, Shu, Lu-huei Chen & Kuan-bo Huang, 2006, "Sense, Sensitivity, and Sophistication in Shaping the Future of Cross-Strait Relations." *Issues & Studies*, 42 (4 December): 23-66.

Kuan, Eugene Hung-chang, 2006, "Domestic Politics of Foreign Policy: Explaining the Formulation of Taiwan's 'Participate in the U.N.' Policy." *Issues & Studies,* 42 (1 March): 137-162.

Kuan, Hung-chang, 2007, *Taiwan in Cross-Strait Relations: 1987- 2004*, Ph.D. Dissertation.

Department of Government, University of Texas at Austin.

Lardy, Nicholas R., 2002, *Integrating China into the Global Economy*. Washington, DC: Brookings Institution Press.

Leng, Tse-Kang, 1996, *The Taiwan-China Connection: Democracy and Development across the Taiwan Straits*. Boulder, CO: Westview.

Lin, Jih-wen, 2000, "Two-Level Games Between Rival Regimes: Domestic Politics and the Remaking of Cross-Strait Relations." *Issues & Studies*, 36 (6 Nov./Dec.): 1-26.

Lynn-Jones, Sean M. & Steven E. Miller, 1995, "Preface," In *The Perils of Anarchy: Contemporary Realism and International Security,* eds. Michael E. Brown, Sean M. Lynn-Jones, & Steven E. Miller. Cambridge, MA.: MIT Press, pp. i-x.

Rosecrance, Richard N., 1986, *The Rise of the Trading State: Commerce and Conquest in the Modern World*. New York: Basic.

Rose, Gideon, 1998, "Neoclassical Realism and Theories of Foreign Policy." *World Politics*, 51 (1 Oct.): 144-172.

Schubert, Guner & Shu Keng, 2012, "Taishang as a Shaping Factor of Taiwan's Domestic Politics," in *The Vitality of Taiwan: Politics, Economics, Society and Culture*, Steve Tsang ed., Basingstoke, UK & Palgrave Macmillan, pp. 139-143.

Singer, J. David, 1961/1994, "The Level-of Analysis Probl. International Relations." In *Classical Readings of Intemational Relations*. eds. Phil Williams, Donald M. Goldstein, & Jay M. Shafritz Belmont, CA: Wadswroth, pp. 86-97.

Teng, Ssu-yu & John King Fairbank, 1954, *China's Response to the West: A Documentary Survey, 1839-1923*. Cambridge, MA: Harvard University Press.

Viotti, Paul R. & Mark V. Kauppi, 1997, *International Relations and World Politics: Security, Economy, Identity*. Upper Saddle River, NJ: Prentice-Hall.

Waltz, Kenneth N., 1959, *Man, the State and War: A Theoretical Analysis*. New York: Columbia University Press.

Wang, T. Y., Luhuei Chen & Shu Keng, 2010, "Symbolic Politics, Self-interests and Threat Perceptions: An Analysis of Taiwan Citizens' Views on Cross-Strait Economic Exchanges." in *Sound and Fury: Taiwan's Political Development in the 21st Century,* ed. Wei-chin Lee. Singapore: World Scientific, Forthcoming.

Wu, Yu-Shan, 2000, "Theorizing on Relations across the Taiwan Strait: Nine Contending Approaches." *Journal of Contemporary China*, 9 (25): 407-428.

Zhao, Suisheng ed., 1999, *Across the Taiwan Strait: Mainland China, Taiwan, and the 1995-1996 Crisis*, New York & London: Routledge.

進階閱讀書目

一、入門閱讀

李少軍，2009，《國際政治學概論》，上海：上海人民，第3版。
林碧炤，1997，《國際政治與外交政策》，臺北：五南，第2版。

袁明，2005，《國際關係史》，北京：北京大學出版社。

Goldstein, Joshua S.，歐信宏、胡祖慶譯，2005/2008，《國際關係》，臺北：雙葉，原書第7版。

Hughes, Barry B.，歐信宏、陳尚懋譯，1999/2002，《最新國際政治新論》，臺北：韋伯文化，原書第4版。

Nye, Joseph S. Jr.，張小明譯，2000/2002，《理解國際衝突：理論與歷史》，上海：上海世紀，原書第3版。

Russett, Bruce M. & Harvey Starr，王玉珍等譯，1996/2001，《世界政治》，北京：華夏，原書第5版。

Kegley, Charles W. & Eugene R. Wittkopf, 2005, *World Politics: Trend and Transformation*. Belmont, CA: Thomson/Wadsworth, 10th. ed.

Viotti, Paul R. & Mark V. Kauppi, 2006, *International Relations and World Politics: Security, Economy, Identity*. Upper Saddle River, NJ: Prentice-Hall, 3rd. ed.

二、進階參考

王逸舟編，2009，《全球政治與國際關係經典導讀》，北京：北京大學出版社。

王鳴鳴，2008，《外交政策分析：理論與方法》，北京：中國社會科學出版社。

包宗和、吳玉山編，1999，《爭辯中的兩岸關係理論》，臺北：五南，修訂版。

包宗和、吳玉山編，2009，《重新檢視爭辯中的兩岸關係理論》，臺北：五南，修訂版。

田野，2014，《國家的選擇：國際置地、國內政治與國家自主性》，上海：上海人民出版社。

吳玉山，1997，《抗衡或扈從：兩岸關係新詮》，臺北：正中。

倪世雄，2001，《當代西方國際關係理論》，上海：復旦大學出版社；臺版，2003，《當代國際關係理論》，包宗和校閱，臺北：五南。

唐世平、王凱編，2015，《歷史中的戰略行為：一個戰略思維教程》，北京：北京大學出版社。

秦亞青，2005，《權力‧制度‧文化：國際關係理論與方法研究文集》，北京：北京大學出版社。

秦亞青編，2006，《文化與國際社會：建構主義國際關係理論研究》，北京：世界知識。

秦亞青編，2008，《理性與國際合作：自由主義國際關理論研究》，北京：世界知識出版社出版。

秦亞青編，待出，《權力與國際安全：現實主義國際關係理論研究》，北京：世界知識出版社。

張亞中等，2007，《國際關係總論》，臺北：揚智，修訂版。

Baldwin, David A.ed.，蕭歡容譯，1993/2001，《新現實主義和新自由主義》，杭州：浙江人民。

Held, David et al.，沈宗瑞等譯，1999/2000，《全球化大轉變：全球化對政治、經濟與文化的衝擊》，臺北：韋伯文化。

Hill, Chirstopher，唐小松、陳寒溪譯，2003/2007，《變化中的對外政策政治》，上海：上海世紀出版集團。

Keohane, Robert O. ed.，郭樹勇譯，1986/2002，《新現實主義及其批判》，北京：北京大學。

Waltz, Kenneth N.，信強譯，1979/2003，《國際政治理論》，上海：上海世紀；胡祖慶譯，1979/1997，《國際政治體系理論解析》，臺北：麥格羅‧希爾／五南。

Mingst, Karen A. & Jack L. Snyder, eds., 2004, *Essential Readings in World Politics*. New York: W. W. Norton, 2nd. ed.

Williams, Phil, Donald M. Goldstein, & Jay M. Shafritz, eds., 1998, *Classic Readings of International Relations*. Belmont. CA: Wadsworth, 2nd. ed.

第二十三章　全球化與政治

冷則剛

PART *4*

　　「全球化」這個名詞在近十年來成為人們熱烈討論的話題。全球化的核心議題之一是主權國家（sovereign state）角色的變遷，以及政治權力、經濟發展、社會動能之間的互相影響，因此自然也成為政治學者注意的焦點。本章從全球化的幾個不同面向開始介紹，並分析一些新的行為者（actors）之間如何共同交織成「全球治理」（global governance）的網絡。本章最後兩節，將探討全球化如何促使地方政府及「全球城市」的興起，以及全球化如何改變了全球經濟網絡與國家之間的互動關係。

壹、眾說紛紜的全球化意涵

　　有關全球化的定義，以及對人類社會及政治生活的影響，可以說是眾說紛紜。人們從各自的立場出發，發展出幾組不同的看法。基本而言，可以歸納為以下三種分析的面向：

一、全球化是經濟主導的新勢力

（一）主權國家勢衰，經濟力量興起

　　全球化論述最典型的說法，就是認為拜科技發展及通訊革命之賜，跨國企業展開全球經營布局，打破了原有主權國家的藩籬。在二十世紀最後二十年間，共產主義鐵幕被資本主義瓦解，市場經濟席捲全世界。以歐美日等先進國家為首的資本主義經營模式及文化，也滲透到全球每一個角落，麥當勞的金色拱門無遠弗屆，成為資本主義的典型象徵（Kudrle, 1999）。

　　於此同時，主權國家（sovereign state）的權力在經濟力量興起後面臨挑

戰。傳統上，主權國家擁有各種對內及對外的經濟工具，並藉此調整經濟發展的步調，以達成政策上的目標（Castells, 2000）。經濟全球化浪潮興起後，私有企業相對於主權國家的力量變大，企業從國境外集資、運籌、創新的資源與工具比以前更多，在財務及運作上獨立性更大。主權國家儘管力圖以政治手段管制，但效果不彰。再者，許多跨國企業富可敵國，周旋於各主權國家之間，獲取最多的利益。主權國家彼此之間競相提供跨國企業更好的條件，以振興本國經濟，或是將國內經濟進一步與全球接軌，最後獲益最大的仍是私有的跨國企業（Hell, 1999）。

　　除了跨國企業的談判籌碼日益增多以外，主權國家利用政治工具來調控經濟活動的能力也被一些「制度化」的國際安排所制約。國際間的制度化經貿安排最具代表性的就是世界貿易組織（World Trade Organization, WTO）。世界貿易組織對主權國家經濟工具的使用加諸了許多限制（Bhagwati, 2004）。舉例而言，世貿組織對主權國家利用關稅及非關稅壁壘保護本土企業的種種措施，以及國民待遇及最惠國待遇的給予等，都予以各種規範。以往開發中國家利用出口補貼及扶植國內幼稚產業的各種政策，在世貿組織的規範下，也必須改弦更張。世貿組織作為一種超越國家範圍的國際建制，利用多邊協商及仲裁等手段，固然使成員國得以共享自由貿易的成果，但同時也對主權國家加諸種種限制。

（二）全球公民社會浮現

　　傳統政治學有關國家（state）與公民社會（civil society）的分析多局限於國內政治範疇，探討國家與社會的互動，公民意識的覺醒，以及公民社會在政治社會變遷中所扮演的角色等。隨著全球通訊科技的發展、網際網路的普及、航空交通的便利等等因素，原有以國內範疇為主的國家社會分析已面臨了種種轉變（Albrow, 1997）。

　　舉例而言，許多原本屬國內的議題，如政治體制、人權狀況等，隨著通訊科技的發展，使得全球人士都能夠進一步了解各國的人權狀況、弱勢團體的處境以及受壓迫者的反抗等。許多以國內議題為訴求的團體，一旦將主要議題訴諸全球，將使世人認知到諸如人權等問題已不再是國內問題，而是普世關切的議題，進而將全球各地的人權團體串連，共同訴求人權狀況的改變。此外，有些議題具有跨國界的特性，例如氣候變遷、水資源污染、核能問題等。這些跨國界的議題促成公民社會及非政府組織間的跨國合作，共同尋求全球性的解決

方案。此類全球公民社會的聯盟，一方面共同對主權國家施壓，要求改變政策取向，一方面在全球範圍中促成國際建制（international regime）的產生，協調合作各種可能的解決方案。

再進一步來說，全球公民社會的浮現也改變了人們的認同（identity）。傳統上，人們的政治認同的主要對象是主權國家，例如德國人、日本人、美國人等。全球化使世界縮小，同時使得政治以外的驅策力更加多樣化，對多元文化的接受度更高，藉由全球公民社會產生新的認同的可能性也加強。也就是說，在全球化的時代，人們認同的對象逐漸超越主權國家的範疇，而轉向所謂的「地球村認同」，甚至以「地球人」自居（Castells, 2003）。

（三）全球化與美國霸權的興起

全球化與美國霸權的興起密不可分。甚至有人將全球化與美國化劃上等號（Nye, 2000）。無可諱言的，二十世紀末最後二十年，蘇聯集團解體後，美國以資本主義龍頭之姿，在經濟上藉由跨國企業領導全球分工，在政治上推行「第三波民主」，在文化上提倡自由多元主義，因此自二十世紀後期以來全球化的浪潮，事實上也是美式資本主義自由化的具體實現。美國以強勢的經濟發展為觸媒，使得美國霸權達到頂峰，也使全球化的樂觀氣氛更加活絡（Kaplan, 2000）。

不少論者以為，美式全球霸權的興起，有別於十八、十九世紀歐洲霸權的權力操弄。美國霸權是所謂的「仁慈的霸權」，是以創造全球公共財，最後達到共存共榮的「霸權穩定」為目的。從這類看法出發，則美國霸權的持續有助全球化的發揚光大，也有助於世界和平。然而，本世紀伊始，911事件爆發，第二次波灣戰爭在美國單邊主義的籠罩下展開，美國「和平衰落」似乎已見得到端倪，使得人們開始質疑美國霸權的脆弱性，以及此類霸權主導下的全球化是否真的帶來全球和平。對全球化持保留態度的人們重新發現切入點，對全球化提出了更有力的批判。

二、全球化帶來更多的問題，而不是解決問題

（一）全球性的經貿組織興起，實際上是由主權國家所主導

前節所述，世界貿易組織是經貿自由化的急先鋒，全球人民福祉提升的良藥。藉由各主權國家放棄部分主權行使範圍，可以落實最大多數人獲得最多利

益的目標。然而，許多論者認為，以世貿組織架構為主的經貿全球化過程，並非如自由主義者所指出的泯除了國家界限，以造福人類。事實上，自由貿易政策背後有一個強有力的推手，亦即美國的推波助瀾。易言之，美國藉著超強的國力，利用各種軟性及硬性雙邊談判的機制，逼迫許多國家打開貿易的大門，而最終受益最多的仍是美國的跨國企業。從關稅及貿易總協定（GATT）到世貿組織一路走來，從製造業、農業到服務業，都是美國貨品輸出及美國直接對外投資的重點。美國霸權主義藉由自由貿易的包裝，將經濟資源集中在少數工業先進國家，造成全世界經濟資源分配的更加不平等（Rodrik, 1997）。

（二）全球資本主義仍由政治力量操控

不少批評全球化的學者指出，自由市場是資本主義運作的基礎工具，但成功的資本主義希望以壟斷或獨占的方式達到利益極大化的目標，因此在本質上是違反自由市場的傾向。如同Peter J. Taylor所言，全球化的主要勢力是資本主義，資本主義動力的泉源是權力（power），而權力的背後主導力量仍是國家（state）（Taylor, 2002）。從Taylor的邏輯衍生，政治權力仍是凌駕於市場之上。若無主要資本主義國家權力的介入，大型跨國企業也無法以自由市場及比較利益為名，打開全球市場，進一步造成獨占或壟斷。國家權力既為全球化不可或缺的一部分，則政治權力操縱主要城市的發展，以便進一步發揚及發展資本主義市場經濟即為不可避免的結果。

Taylor並進一步指出，為了達成操縱及凌駕市場的目的，國家往往企圖建構所謂的「反市場網絡」（Anti-market Nexuses）。反市場網絡指的是經由特定的地理配置、知識，以及強制力的一種權力安排，以使得資本家獲得最大的利益，並得以操縱及凌駕市場。歷史上出現的帝國主義、保護主義及大型跨國公司等都是Taylor所列舉的「反市場網絡」的實際例子。經貿全球化的結果，使得政治力量與經濟力量進一步結合，未必代表一種「自由化」的力量。

（三）南北差異加大，區域壁壘方興未艾

經貿全球化表面上可達到全球雨露均霑的目的，但事實上造成富國更富，窮國改善的幅度更加有限（Sassen, 1998）。從1960到1970年代開始，拉丁美洲國家即針對全球南北失衡等現象，提出依賴理論及世界系統理論等觀點，指出資本主義全球化的不真實性及虛偽性。經貿全球化實現後，全球南北差異的情況不但存在，且由於資本集中等現象，南北差距還有擴大的傾向。

與全球化同時出現的是區域主義（regionalism）的興起。區域主義具體而微的實體就是歐盟（European Union）的誕生。區域整合是一個漸進的過程，從「低政治」的合作，例如煤鋼聯盟，逐漸過渡到制度化的協調機制，例如共同總體財政與金融政策，最後實現政治、軍事等「高政治」的整合。區域主義的特徵是「內外有別」，例如區域內的成員國享有免關稅、人員自由流動等優惠，但對區域外的國家則採取不同的措施。區域主義的產生，使得「全球政府」的理想更顯得像是烏托邦。有別於「全球整合」（global integration）的說法，區域主義的深化將使世界分為幾個主要的區塊，而不是一個整體。儘管論者認為區域主義有分成緊密的區域主義及「開放區域主義」（open regionalism）之分，但歐盟運作的相對成功，也有與美國霸權相庭抗禮的味道。美國出兵伊拉克，以及小布希政府上臺後的單邊主義傾向，都使得歐盟各國對美國霸權產生反感。

（四）跨國企業的不公道與不民主

跨國企業的全球分工模式使全球市場成為一個巨大的分工生產線，將研發、應用、生產依據各國不同的經濟稟賦，以外包的方式加以分工，最後以跨國企業強大的品牌行銷策略推銷到全世界。論者以為，各國在最具「比較利益」的基礎上，專心在跨國企業的架構下從事專業分工，將是最具經濟效率的政策抉擇，同時也是使國家脫離貧困的最直接方法。中國大陸自1979年以來的改革開放政策，就是以「世界工廠」的身分，在全球分工格局上占有一席之地，進而躋身「金磚五國」[1]之列。

跨國企業的經濟分工模式是否是全球邁向富裕的萬靈丹，不少人曾提出各種不同的質疑，例如跨國企業對投資地主國的壓榨，以及依賴理論學者對跨國企業與邊陲國家長期經濟不振的關連等。除了經濟因素以外，不少學者認為跨國企業所帶來的是一種新的「全球文化」。如美式速食文化、日式科技電子文化等。然而，也有許多人指出跨國企業文化所帶來的是經過包裝的投資母國文化。跨國企業文化的大舉攻占，是對其他弱勢文化的一種侵略。再者，許多弱勢的投資地主國為了遷就跨國企業強大的經濟利益，可能犧牲了原本住民參與決策的權力，而將經濟決定權交給跨國企業。跨國企業本身的決策過程未必民

---

[1] "BRICK" 巴西（Brazil）、俄羅斯（Russia）、印度（India）、中國（China）及韓國（Korea）。

主，更不一定會顧及當地居民的權益。如此一來，以跨國企業主導的龐大經濟勢力，造成一種新的文化侵略，以及對民主機制的傷害。

（五）分配政治與地區差距

前面提到有關跨國企業造成全球利益分配不均的狀況，同樣會反映到國內政治（Hirst, 1996; Held, 1999）。以科技發展、通訊進步為導引的全球化勢力，未必能滲透到國家內部每一個角落。許多國家的沿海主要城市的進步程度堪稱與全球同步，資訊流通度大，經濟發展程度相對也比較高。越往內陸，離全球化越遠。跨國企業投資的重點也不會是內陸貧窮且交通不便之處。因此，全球化勢力的引介使得不少國家，尤其是較大的國家，產生「國中有國」的分配不均現象。國內地區差距若不斷擴大，內陸地區相對剝奪感增加，對政治穩定將產生負面的影響。

跨國企業所引導出的全球分工，對國內一些弱勢團體也有負面的影響。跨國企業追求低廉勞力，將勞力密集產業轉移到全球不同的地區生產，雖造就某些地區的就業機會，但同時也使許多地方的勞工失業，造成社會問題。資本家枉顧勞工權益，以血汗工廠的方式生產貨品，支付勞工微薄薪資，但位居全球分工頂層的高層領導人卻獲取暴利。此外，不少跨國企業以全球分工為名，轉移高度污染的產業到開發中國家，造成嚴重的環境問題。凡此種種，都反映了全球資本主義的黑暗面。

二、全球轉型啟動，全球主義浮現

（一）全球化是轉變的契機

無論是對全球化支持或是反對的人士，都同意全球化是社會、經濟、文化、政治轉型的催化劑與原動力。若把全球化當作一個過程，而不是一個命定的結果，則全球化無疑地帶來了各種矛盾與協調的危機與轉機。

如前所述，政治學者對全球化研究最感興趣的，就是主權國家調適的過程。從全球化的軌跡來看，各種經濟與文化的「全球網絡」（global networks）會與主權國家並存（Castells, 2000）。這些全球化的分散勢力，會與主權國家的集中勢力並存。認為主權國家會逐漸消失，國界會逐漸消失的說法，可能是過於樂觀了。持平而論，在全球化的總體衝擊下，主權國家的角色會開始轉化，而非消失。舉例而言，世界貿易組織的種種規範，雖然限制了主權國家利

用出口退稅、關稅壁壘等手段來扶持策略型工業，但主權國家可以藉由改善國內基礎建設、完善金融自由化，推動終生教育等新的方法，來達到經濟發展的目標。這種國家角色的轉變，是一種所謂「組織性的轉進」。國家介入的方式有所改變，但只是轉換戰場而已。事實上，「國家退出」的困難度並不亞於國家介入。國家退出與介入都涉及到國內及國際利益的重新分配問題，需要國家以另外一種面貌出現。易言之，在全球化的時代，國家與社會將一起進行調適，而不是國家退出，或是民間社會勃興這種簡單的二分法可以概括。從主權國家及民間社會因應全球化的轉型過程，可以作為跨國比較研究的一個基礎。

此外，政治學傳統上將內政與國際政治二分，作為兩個不同學術次領域的作法，勢必要有所修正。傳統政治學分析中「內環境」與「外環境」涇渭分明，國際與國內的邊界較為明顯。在全球化的時代，舉凡經濟發展政策，新的政策工具的產生與運用、制度變遷、公民社會的動力等，無一不與全球勢力息息相關。無論是國內政治國際化，或是國際政治國內化，都顯示國內政治與國際政治的彼此影響與共同變遷。

（二）全球主義代表新的發展動力

有不少人士質疑所謂「全球化」與「國際化」（internationalization）究竟有何區別。亦有人指出在十九世紀末期二十世紀初期，歐洲各國之間貿易互賴已達到相當高的程度，而東印度公司等的全球影響力也頗為可觀，因此二十世紀末葉以來的全球化事實上是了無新意（Hirst, 1996）。

若仔細觀察當代的全球化趨勢，可以發現與十九世紀最大的差別在於「趨同化」的整合力量非常強大。不管喜歡與否，當代全球化勢力所影響的幅度、強度以及速度，在高科技的推波助瀾下，形成一種新的「全球主義」（globalism）（Nye, 2000; Sassen, 1996）。這種新的全球主義著重制度（institution）、理念（ideas）以及利益（interests）的共同發展與轉變。就制度層面而言，民主制度的發展，對人權的尊重，已逐漸形成一種全球共同遵從的制度動力。就理念而言，全球視野的擴充，多元文化的彼此了解，對異議團體的尊重，也逐漸為世人所接受。就利益而言，經濟發展成為各國第一要務，資本主義全球化帶來新的調適與發展的需要，同時也使政治領導人重新思考如何在「發展」、「穩定」、「公道」等幾個全球化目標之間，取得一個動態的平衡。

（三）全球地方化

　　自二十世紀後半以來風起雲湧的全球化風潮，也引發了重新思考地方化的議題。結合全球化與地方化的概念，有人發展出了一個新的名詞──全球地方化（glocalization）。

　　全球地方化可以說是對全球化的一種反思，但並不是故步自封，將時代轉輪回到全球化之前的世界。儘管全球化具有趨同的整合力量，但強勢文化的入侵，反而凝聚了菁英的本土意識，從草根文化上尋求固有的國族認同，並反思傳統文化的當代適應性。易言之，全球地方化結合以科技及創新為主的全球勢力，以及本土的制度、理念、文化等特性，用新的思維將認同、治理、分配等主要國家社會議題重新定位。全球地方化雖然是對全球化的被動回應，但具有較高的道德目標，代表一種整合性的新思路，同時將重點落實到「人」的層面，強調在加入地球村的同時，也應藉此注入本土精神的活水，開拓人們的視野，共同造就共存共榮的社會。

貳、全球治理與新研究議題的產生

　　政治學者面對全球化的興起，最主要思考幾個大的議題及解決方案。第一，全球化產生了哪些新的行為者？第二，有哪些新的議題是必須解決的？第三，如何有效治理，促進全球穩定與和平？第四，國家如何妥善使用公權力，並與這些在全球化過程中興起的行為者，建構良性互動的機制？換一句話說，「全球治理」（global governance）著重公私部門結合、民間與官方合作，用更多元的工具及手段，共同解決關乎人類福祉的重要議題。

　　圖23-1是針對「全球治理」所產生的一些新的行為者之整理。本圖的橫軸是依角色的性質，分為私部門、公部門，以及第三部門。縱軸是依所涵蓋的地

	私部門	公部門	第三部門
超國界	跨國企業	官方國際組織	國際非政府組織
中央	跨國企業	中央政府	非政府組織
地方	跨國企業	地方政府	草根性組織

圖 23-1　全球治理興起

域廣度，分為超國界、中央層級，及地方層級。在全球治理之下，這些是舊有角色被賦予的新功能，有些則是新角色的浮現。這些角色的功能及互動方式如下：

（一）跨國企業

跨國企業所造成的正面及負面效應，在前幾節已有交代。值得注意的是，藉由各種策略聯盟、外包及其他的合作方式，跨國企業的影響力已經滲透到地方及草根層級，產生更深更廣的互動網絡。

（二）官方國際組織

例如聯合國、世界銀行等以主權國家為主體的國際組織，這些國際組織對各國的行為設立規範，但各種規範在各國國內的實施（implementation）及遵從（compliance），則涉及到國內的各種機制的配合，以及全球治理中其他角色的合作。除了大型的國際官方組織外，還有針對各種特殊議題所成立的國際建制（international regime），如武器管制、環境保護等。這些國際建制許多是與聯合國所附屬的國際組織有關聯，所規範的各種慣例、規則、實踐等，都對主權國家有部分約束力。此外，有些具有影響力的國際組織，並不是以主權國家身分為參與要件，例如世界貿易組織以關稅領域為會員基礎。我國就以「臺澎金馬關稅領域」為正式會員名稱。又如亞太經合會（Asia Pacific Economic Cooperation），我國就援引奧運模式，以中華臺北（Chinese Taipei）為正式名稱。這些各種形式的官方國際組織，儘管性質不同，但共同目標都是凝聚共識、創造合作的基礎，解決全球性的共同問題。

（三）國際非政府組織

此類組織在近十年來有長足的進展。拜全球化科技發展之賜，這些組織利用網際網路串連，使不少國內問題轉換為全球注目的焦點，同時不少組織以人道關懷出發，促使各界注意人類共同關注的一些議題。如近年來備受稱道的「無國界醫師組織」（Doctors without Borders）。此一組織於1971年在巴黎成立，發起人是一些理想主義派的法國醫師，他們因為對紅十字會的中立政策感到失望，而決定另立門戶。大家稱他們「法國醫師」。他們第一次打響名號，是派志工前往非洲西部的比亞法拉援助饑民及戰爭受害者。這個以來自不同地方，有不同的文化背景志願者參與為基礎的國際非政府組織，過去三十多

年來，協助世界各地受戰火及自然災害蹂躪的災民脫離困境，貢獻出自己的專業知識，平等地對待不同種族和宗教背景的人士。

又如一些著名的國際環保非政府組織，像「地球之友」（Friends of Earth）、「綠色和平組織」（Green Peace）等，積極倡導國際間有關永續發展的概念。這些組織在國際環保會議中，扮演了強而有力的遊說者角色，如聯合國氣候變遷會議、地球高峰會等，都有這些組織的身影。國際環保非政府組織也致力與各國的環保組織聯盟，成立各國分會，並將國際影響力與草根力量結合，以傳布新知，共同監督政府。許多公共政策一旦有了國際非政府組織介入，就可能成為舉世矚目的焦點，同時也制約了企業、政府，及其他相關組織的行為（Jasanoff, 2004）。

（四）本國企業

在全球化的時代，純粹「本國」企業事實上已不多見。本國企業作為「全球」與「地方」之間的介面，正重新調整步伐，試圖在「全球網絡、地方智慧」兩個主要面向之間找到平衡點，並擴大企業利基。許多原本以內銷為主，並受國家保護的本土企業，在全球化的衝擊下，也亟思轉型，調整政商關係，以期能與國際資本和人才進一步結合。

（五）中央政府

如前節所述，主權國家在全球化的衝擊下正嘗試轉型。然而，中央政府在全球治理中仍有不可或缺的角色。中央政府掌握制度與法規的合法制定及執行權力。中央政府也利用警察及軍隊，掌握合法使用暴力的權力。國際非政府組織及官方國際組織等跨國團體，儘管能對中央政府形成有形無形的壓力，但落實到執行層面，仍需要各種正式及非正式制度的安排，才能日起有功。中央政府在總體政策調控、創造整體國家認同及引導民意趨勢等面向，仍有不可忽視的影響力。

（六）國內非政府組織

國際非政府組織在引介全球價值，設定全球議題等方面，扮演啟迪良知的角色。但如何與一國境內特殊文化、傳統、習慣結合，並與時代脈動同步，發展出良好的官民關係，就需要國內非政府組織來挑大樑。國內非政府組織，在不同的國家傳統下，有不同的特性。在一些具有較強多元主義傳統的社會，國

內的各種非政府組織勃興，但彼此之間也存在資源、財源、人力之間的激烈競爭。在一些威權主義社會或民間力量剛興起的國家，國內非政府組織力量較為薄弱，與政府關係較為靠近，甚至類似政府滲透到民間力量的延伸，因此有所謂「政府組織的非政府組織」（Government Organized Non Governmental Organizations, GONGO）的稱號。

（七）地方企業

地方企業規模較小，但影響力也不可輕忽。在全球分工的環節中，地方企業本身未必有能力走向國際，但有可能在全球分工網絡中扮演螺絲釘的角色，缺一不可。此外，外來投資者打交道的對象除了本國中央政府及地方政府外，地方企業也是可能合作的夥伴。地方企業與國際資本的結合，提供了更多就業機會，但也可能成為跨國企業轉移污染產業的幫兇，因此扮演了多重的角色。

（八）地方政府

傳統政治學對地方政府的研究並非主流。然而在全球化時代，許多全球議題，必須仰賴最基層的治理機制來執行，才能真正的落實。許多「地方政府」已經不是過去人們印象中的小型官僚組織。許多「超大城市」（mega cities），在行政層級上雖屬「地方」，但經濟實力已富可敵國，儼然成為全球經濟發展的主要焦點。有關全球城市的論述，將在後節加以詳細說明。

（九）草根性組織

草根性組織位於全球治理的最基層，直接反映了本土的需求及呼聲。草根性組織雖然組織並不嚴密，經費有限，但往往能爆發意想不到的動員能力。草根性組織與土地的聯繫最密切，具有強烈的本土意識，但也有可能與支持或反對全球化的組織結盟，成為一股不可忽視的本土力量。

參、全球化與地方的興起

一、全球城市研究

從前節有關「全球治理」及「全球轉型」的討論，我們可以了解到國家與全球化之間的關係可謂千絲萬縷，無法簡化為「加強」、「撤退」等二分的概

念。在全球化的衝擊下，國家面臨既深且廣的不確定性，需要落實到實際執行的層面，才能深切觀察到全球化的動力所在。由此可見，傳統政治學研究中「重中央、輕地方」的傾向，在全球化的整體影響下，是必要加以調整。所謂「地方政府」的定義，以及牽涉到的研究議題，也必須重新檢討。

由於全球化的特點之一是分權化（decentralization），使得長久以來將國家視為一個整體，或是以中央政府為主的政策互動模式，在全球化的浪潮下，顯得捉襟見肘。從前節「全球治理」架構中的新角色扮演，可以看到地方政府的重要性逐漸加強。本節就以「全球城市」的概念，扼要介紹新的全球動力的產生。

將全球化的分析層次落實到地方，或是與全球化發生、執行、轉化的特定空間範圍，是全球化政治研究的重要課題。全球城市政治學研究的重點有以下幾項：

1. 各國獨特的領土範圍、空間分布、文化傳統，如何與全球化勢力互動，進而影響到城市政治發展。
2. 全球資本與跨國企業，如何影響城市內階級分化及階層流動。
3. 城市居民如何因應全球變遷，並發展官民共治機制。
4. 一國境內的主要全球城市與世界各國的全球城市越來越相似，但與國內其他區域逐漸疏遠。此類全球化帶來的雙重壓力，將是城市政治發展的挑戰。
5. 全球城市彼此之間有無可能發展互動合作機制，以達到彼此共存共榮的目標。

自1980年代開始學者即開始針對「世界城市」（world cities）或是「全球城市」（global cities）展開研究（Eade, 1997; Knox, 1995, Short and Kim, 1999）。John Friedman在其1986年的「世界城市假設」中指出，全球的一種嶄新分工體系，實際上是透過所謂的「世界城市」來實現的。這些城市具有特殊的經濟及社會結構，使其成為全球資本累積的「指揮中心」（control center）。Friedman並指出，城市如何和全球化的經貿脈動結合，以及城市如何調整空間與功能上的布局，以因應全球化的衝擊，並將進一步影響到城市本身的社會、經濟，乃至政治上的結構轉變。Friedman利用世界城市指揮中心的功能指標，在其世界城市的表列中分出種種高低階層與排序（Friedman, 1986）。

Friedman對世界城市的研究，啟發了更多學者賡續「世界城市假設」的傳統，進行更細緻的量化研究。David Clark即詳細列出全球資本主義運作所必須

的活動與組織，並指出全球城市分類及排序高低的依據，並非在於城市面積與其人口的大小，或是國都與否，而是在於這些城市所扮演的特殊功能。這些功能可以由各種客觀指標來判定，例如跨國公司總部集中的程度、銀行總行集中的數目、各種金融及法律機構的數目等。這些指標可以顯示某一特定城市是否扮演全球指揮（command）與管制（control）的角色（Clark, 1996）。國際體系中的「全球城市」，各自依其功能及相對重要性，形成一種層級（Hierarchy），而每個城市在此類層級的地位則是依其反應全球經濟與金融能力而定。

　　Friedman進一步指出，為因應全球化的浪潮，某些地理上的重點區域便成為科技、資訊及服務等各種流動勢力的依託地，於是城市就必須面對以下的挑戰：

1. **城市的空間配置**：如何藉由土地規劃及運輸系統的建設達到全球城市的目標。
2. **永續發展**：如何以環境的美善吸引跨國企業，並達成社會正義與經濟發展的目標。
3. **國際人員流動**：如何處理國際初級與高級人力資源流動，新移民的產生，以及「全球都會公民」認同的浮現。
4. **市民社會的興起**：隨著全球化資訊流通與人員自由流動，市民社會要求增進民主程序，參與市政的呼聲增強。如何發展「共治機制」（collaborative governance）以因應全球化所帶來的市政民主化，為全球城市的主要課題。
5. **全球城市合作**：如何與區域及全球範圍的城市結成策略聯盟，推動諸如城市行銷、教育合作，以及協調基礎建設的計畫等（Friedman, 1996）。

　　城市及地方政府對全球化的不同因應措施，與本身的一些客觀環境有密切的關連。這些城市區域所產生的「地方制約」（local constraints），對全球化的過程產生或大或小的影響。這些「地方制約」包括初級與高級勞力的結構、工作倫理與工作文化、城市內主要流行政治文化，以及政治結構與決策過程等。此外，Monica Varsanyi也主張從內部政治與經濟勢力來檢討全球城市的形成與演變。Varsanyi指出，全球城市的研究焦點應放在城市如何因應全球化所帶來的資金、科技、人員流動，以及這些流動如何影響城市本身的進展。換句話說，學者應進一步研究城市內的各種社會勢力如何創造、加速，或是抗拒此類

跨國的流動。Varsanyi和Sassen一樣，認為城市是執行全球化的主要場域，但Varsanyi更加強調全球化是使城市政治及經濟動員的主要原動力。舉例而言，城市間的競爭促使城市內部加速全球化的過程，致力改善基礎設施，修訂吸引全球人才的法規政策，並影響城市的資源分配與預算優先度。此類城市政策的改變，與其說是由中央直接指令，不如說是由下而上（bottom-up）的一種地方因應措施（Varsanyi, 2000）。

　　然而，全球城市的研究，是否假定在全球化的衝擊下，「城市自主性」（urban autonomy）已經取代主權國家的重要性，並成為全球化過程中獨占甚至唯一的要角？全球城市的地方政府是否有足夠的能力及自主性，獨力完成因應全球化，並強化地方優勢的工作？Warren Magnussen針對此假定則強調，全球化將使中央政府主權削弱，但卻使地方政府的重要性相對提升。全球化將帶來社會運動及經濟分權化，而地方政府恰巧占據此一戰略地位，並同時以「都會」、「社會覺醒」等概念替代傳統「國家」與「社會」的二分。麥氏同時預言「全球都會主義」（Global Urbanism）將使全球主要城市形成新的網絡，取代固有的主權國家體系（Magnussen, 1996）。從Magnussen的角度，全球都會體系已跳脫原有「中央」與「地方」的分野，或是說中央政府層級在全球化的過程中已然「虛級化」。

　　Sassen則仍對城市自主性的擴大解釋，抱持較為保留的態度。Sassen指出，儘管金融全球化以及跨國公司主要活動的地點是在如紐約、倫敦等主要城市中，但這些城市仍位於主權國家的國土內。若無完善的法律體系、對私有財產權的尊重、對契約的履行，以及各種金融財政管制的自由化，這些城市將不可能成為全球金融及服務業的中心。這些法治體系的建設，並非城市或地方政府可以獨力完成的。表面上來看，全球城市解除管制（deregulation）與自由化（liberalization）的過程是主權國家管制能力的退位，但如何因應自由化所產生的資源重分配效應，以及部分社會資源重新動員的影響，就不是單純城市管理階層可以處理，必須與全國的大環境互相配合（Sassen, 1996, 1998）。另一方面，這些全球服務或製造業中心所需的基礎建設，或是基礎建設所需的財務支持，與國內的整體預算仍有極大關連，甚至造成資源排擠的效果，必須與其他地方政府折衝（Sassen, 1998）。由此可見，儘管主要城市的發展享有較以往為高的自主性，但城市仍處於全球勢力與主權國家相互重疊甚至拉扯的一個微妙地帶。

二、比較城市政治與全球化發展

「全球城市」及「全球地方政治學」事實上可以作為比較跨國分析的一個起點。政治學中有不少概念，例如「政治發展」、「開發中國家政治」等曾被批評為太過於西方中心主義。同樣地，有些學者也認為「全球城市」的分析架構，僅適合分析西方式資本主義的城市。若要進一步了解東方國家的城市全球化過程，則勢必要做一些調整。

舉例而言，Richard Child Hill與June Woo Kim就對以西方先進工業國家為研究主體的全球城市架構表示質疑。Hill與Kim舉出東京與首爾為例，來挑戰主流「全球城市」的論證。東京與首爾等亞洲的「全球城市」，之所以與倫敦、紐約等西方全球城市不同，最主要還是「國家」對城市影響的程度的差異。以東京為例，東京並不是歐美跨國企業的運籌基地，而是日本大型財團向國際擴張的根據地。因此，與其說造就東京的動力是「無國界」的跨國企業，不如說是日本強而有力的國家機器與大型財團共同造就的結果（Hill and Kim, 2000）。

首爾與東京的發展軌跡也有頗多雷同之處。首爾是南韓跨國企業向外擴張的根據地，而非跨國企業運籌的中心。若以銷售額來排比，首爾前二十大的企業幾乎全是南韓本土財團。在前二十大企業中，金融服務業僅占三席，其他均為製造業（Hill and Kim, 2000: 2182）。此類出口導向的大型製造業財團需要與中央政府維持良好的關係，以取得信貸及政策的便利，因此政治中心的首爾就成了一個自然的選擇。首爾的製造業近年來有向外圍區域分散的趨勢，但此類分散的趨勢與「全球城市」的論證並不相同。紐約、倫敦等城市製造業遠離城市的主因，最主要是取得較為廉價的土地及勞工。因此，這種分散趨勢是企業根據市場法則的選擇結果。首爾的例子則是國家直接干預，以防止人口過度集中首爾區域，並平衡區域發展。首爾本身的「移民」最主要是從鄉間移入的人口，而非從外國移入的新移民（Hill and Kim, 2000: 2186）。

另外一個值得比較研究的例子則為海峽對岸的上海。儘管上海已成為跨國企業及直接外來投資的熱點，但其作為「全球城市」的發展基礎與先進國家的全球城市是十分不一樣的。一方面，就客觀指標而言，上海距全球城市的標準仍有一段距離。另一方面，就主觀發展歷程而言，上海的發展與過去數十年來的歷史、制度息息相關，同時中央及地方層級的「國家介入」痕跡也清晰可見。從長期來看，如何發展出以社區為主體的「共治機制」，將是全球城市能否保持持續發展的重要動力。

　　由此可見，在上海全球城市的發展過程中，從上海老城區重建，到浦東新區的開發，乃至特殊試點政策的推出與執行，都需要中央及地方層級國家體系的強力介入。然而，國家介入過多，再加上中國大陸長久以來社會主義制度政企不分的傳統，在管理上極可能流於僵化，與建設以市場經濟為主的現代城區目標不盡相符。因此，地方官僚體系事實上是面臨了一個兩難的矛盾。此類矛盾在中國大陸轉型期政經環境中顯得特別突出，同時也是討論上海作為全球城市歷程中不可忽略的重點（冷則剛，2002）。

　　上海在面臨全球化的過程中，「國家退出」（state withdrawal）轉型過程的波折，決不亞於國家的直接介入。上海雖然在中共建政後市場經濟受到制度性的壓制，但文化上較為堅實的資本主義市場經濟的經驗，使得國企轉型後，私有經濟復甦速度較快，市場機制運作也較為嫻熟，使得上海地區國企改革及經濟轉軌的成果較大陸其他地區來得明顯（Wong, 1996）。在國家退出或角色重整的過程中，如同其他邁向全球化的城市一樣，上海必須面對所謂「地方限制」的問題。這些「地方限制」包括：人力資源結構、資本主義市場經濟價值的形成，以及影響城市運作的政治結構及運作過程等。要了解諸如上海這類城市的全球化過程，就要掌握國家、市場、社會三者密切的互動關係。

　　就上海的案例而言，由於中國大陸本身就是一個巨大的消費市場，跨國資本進入大陸主要城市的著眼點並不是以此作為亞太地區乃至全球的運籌中心，而是將城市作為進入中國大陸市場的「橋頭堡」。事實上，希爾與金所批評的主要對象瑟森也指出，研究先進國家「全球城市」的分析典範並不是將研究對象都視為一體，而是同樣著重功能分化與差異。準此，論者認為，上海未來發展的方向較有可能類似東京的發展模式，一方面作為外資進入中國大陸的橋頭堡，另一方面也成為中資企業面向世界的「出海港」。上海與全球接軌的方式並不是成為獨立主權國家範圍外的跨國服務業中心。上海在1990年代以後的再起，與中國大陸本身的發展事實上是結為一體，密不可分的。就此點而言，上海與倫敦、紐約等「全球城市」發展勢必會有所區隔。

　　此外，以中國實際狀況而言，單純著眼以單一「超大城市」（mega cities）的規模，打造西方先進國家以服務業為導向的「全球城市」是否符合中國大陸當前發展的需要，頗值得討論。因此，除了經驗性的分析外，在了解城市全球化的議題上，我們也必須注意幾個規範性的問題：上海是不是中國？上海作為一個崛起的全球城市，與中國大陸整體政經發展何干？對中國區域發展的政經互動有什麼啟示？

　　若以上海與長江三角洲作為中國的一個主要「城市區域」，則此一中國大陸全球化程度最高的區域如何與中國其他區域互動，如何與政治核心的中央政府互動，以及如何與東亞太平洋地區其他城市區域互動，將是值得研究的課題。再者，儘管上海在發展初期大量仰賴中央與地方政府的強力介入，但隨著人員、資金、組織的深層全球化，此一「次國家」的分析單元能否夾帶豐沛的長江三角洲的經濟實力，在城區自主性與自我定位上進一步發展，值得進一步觀察。

　　貫穿上海近百年在「國際化」與「全球化」反覆沉浮的一個中心概念是政治力量的影響。此類國家介入的工具、方式、時機，因為全球化而有所改變，但從未消失。自1930年代上海的黃金時代開始，一直到二十世紀末上海的浴火重生，國家、國際資本、國際環境等相互交錯的力量造就了上海「全球性」的文化與精神層面（Wassertrom, 2000）。上海在1990年代的重生，並非單純的國家介入可以解釋，而是有深厚的文化基礎。而此一文化基礎是近代百年來國家、市民社會、國際資本，以及各種正式與非正式制度在上海交錯糾結之下的結果。因此，若要探究上海作為「全球城市」的深層政治、社會、文化底蘊，必須從縱貫歷史的分析途徑尋找其脈絡，才能顯現出上海之所以成為上海，以及上海不是巴黎、東京或紐約的獨特性。若從歷史途徑分析所謂「老上海」，則究竟上海是中國近代政治發展的一個特例，還是一個縮影，抑或「西方文化的錯置」，則是研究途徑上必須嚴肅面對的課題。

肆、全球化政治經濟學

　　經濟及貿易關係的全球化，也為政治經濟學的研究帶來了一些新的課題。如前節所述，全球資本主義特色之一是以全球分工的模式，串連各地區特色，建構全球生產網絡。這種全球分工網絡，包含人才、資金、社會結構的互動，也涉及到國家的因應措施，以及國家角色的轉型。全球化的資本主義，例如高科技業的結構特色是強調水平分工，而非垂直整合。易言之，矽谷的高科技企業的運作模式以「外包」（outsourcing）為其特色，強調聯盟（alliance）與協力網絡（networks）。這些承接外包的小型新創企業專精於某一特定科技，與顧客接近，與市場結合，同時以行動導向為企業發展的動力（Andre Delbeq and Joseph Weiss, 2000）。此類小型企業的組織結構一般而言傾向扁平，以便

迅速反應市場需求，並突破不必要的官僚層級障礙。

　　若以臺灣資訊產業的全球布局與全球發展為例，可以說明全球化政治經濟學的特性。臺灣的資訊科技自1980年代開始發軔，至1990年代中期開始成為世界資訊科技生產的重鎮之一。臺灣資訊科技發展的成功，除了早期科技官僚的領導功不可沒以外，與全球科技中心矽谷的聯繫更是扮演了一個重要的角色。臺灣與矽谷的聯繫係植基於全球資本主義發展的特性，如「水平整合」、「外包」、「聯盟」、「協力網絡」等特殊的產業合作安排。易言之，臺灣優秀的生產水準及相對較低的成本，以及矽谷資訊產業的研發實力與特色，共同造就了跨太平洋的科技金橋，而築橋人則是往來於太平洋兩岸的華籍科技人。

　　有鑑於此，不少研究全球化的學者開始以臺灣的全球網絡為特色，研究市場、人才、區域間政治經濟學。Anna Lee Saxenian（Rowen, 2000, 248-275）的研究開始注意到矽谷地區各種華人科技協會所扮演的社會角色。Saxenian指出，近年來臺灣留學生前來矽谷創業或工作有逐漸減少的趨勢，而大陸留學生則有增加的趨勢，但Saxenian僅以「華人」作為分類的標準區隔印度裔與華裔的科技協會，並未將華人科技協會做進一步的區分。透過廣泛及深度的訪談，Saxenian對臺灣與矽谷之間「跨國社區」聯繫的連結點，如資金流動、創業投資公司、生產與研發的合作等有所著墨。

　　Saxenian與徐進鈺針對新竹與矽谷之間的互動關係的研究則顯示，此類複雜的生產與人才互動網絡已超越傳統研究東亞「關係網絡」或是「尋租」的範疇，而是植基於深厚的社會建基（social embeddedness）中（Hsu and Saxenian, 2000）。此類社會建基主要是由於共同的教育背景及專業經驗。儘管這些往來矽谷與新竹，建構兩地綿密的資訊科技合作網絡的菁英絕大多數都是曾經在臺灣就業成長的華人，但此類網絡的形成已非純粹人際關係及家族企業的網絡可以比擬。Saxenian及徐進鈺的研究總結指出，市場機制（market mechanism）的效用使得臺、美兩地的高科技社會網絡更加緊密，同時跳脫傳統關係網絡的負面效果，創造雙贏的局面。

　　Saxenian進一步發展「人才流轉」（brain circulation）的概念，指出「人才外流」（brain-drain）的概念係植基於以國家為主體的零合架構，已不適用於全球化的世界（Saxenian, 2002: 28-31）。此類流轉的人才成為遠距網絡的主要橋樑。根據Saxenian的說法，若以矽谷與臺灣的合作來看，大型跨國企業並非要角。太平洋兩岸的新創公司所形成的研發與生產網絡構成了全球化整合的基石，而這種網絡是由特殊的社會結構所組成。Saxenian的研究雖仍以臺灣與矽

谷為主要對象，但直指「人才流轉」概念的重要性。此概念運用在臺灣－矽谷－大陸「科技金三角」的例子，則有助於破除兩岸人才「外流」的迷思，而以雙贏的角度審視之。易言之，研究臺灣與矽谷聯繫的重點除了產業鏈及產業分工角度外，人才流動也是焦點所在。人才流動研究也特別著重非政府的一些機構及機制所發揮的功能。

本章作者曾以資訊產業全球分工為例，探討臺灣、美國及矽谷地區的經濟互動，及國家所扮演的角色。

從政治經濟學的角度，若有興趣深入研究全球經濟分工下的「科技金三角」議題，可以從以下幾個面向出發：

1. 現存研究矽谷與臺灣、矽谷與大陸互動關係的研究架構，主要植基區域經濟整合及全球化的區域分工及網絡架構。此類研究忽略國家可能扮演的角色，而假定此類跨太平洋的資訊工業整合乃純粹市場驅動的網絡所促成。若加入國家的角色，及國家與全球化動力的互動過程，亦即將政治因素加入討論的重點，將能發展出更多新的啟示。
2. 矽谷地區由於與臺海兩岸高科技中心的聯繫，儼然成為整合兩岸經濟動力的核心區域。在金三角中的各種國內與國際非政府組織，以及商業團體，如各種科技協會、創投、校友會等中介團體，將成為重要的中介角色。此點可回應前節討論「全球治理」的重要性。
3. 臺灣、大陸、矽谷的科技人彼此交流，形塑成員身分（membership）重疊的泛華人網絡。在全球化的衝擊下，此類泛華人網絡的國家認同，以及「全球公民」（global citizen）的認同趨向如何，值得進一步探討。以矽谷為重心的全球華人科技網絡，及以都會為中心（矽谷、臺北－新竹、上海）的科技網絡的形成，對兩岸關係的衝擊為何，也應該花時間去了解。

由此可見，所謂「科技金三角」的政經互動，不但涉及到「全球治理」的相關問題，也將「全球化」與「地方化」的面向結合，探討在全球資本主義大架構下的華人網絡互動，所涵蓋的議題包含了新認同、新文化以及新的人力資本流動等議題。然而這個「科技金三角」雖然是以區域互動為軸心，但各區域仍附著在主權國家的範疇之內。主權國家因應全球化的轉型，仍將影響到全球網絡的強化與演變。

全球化的衝擊也使得傳統政治經濟學的研究典範面臨了挑戰。舉例而言，原有「發展型國家」（developmental state）的研究著重國家的能力及自主性，

並聚焦於國家與企業之間的關係。然而，大型及中小型的企業現在都有能力以全球化的方式運籌，各種投資逐漸以更多元化、全球化的型態進行。舉凡資金、技術、人才等皆以全球化的方式運作。舉例而言，到底何謂「臺商」、「大陸商」、「美商」，已變得逐漸模糊，傳統有關政商關係研究之基礎、研究單元更加難以認定，有關「國家能力」及「國家自主性」之研究有必要進一步修正。

傳統「發展型國家」的演變，及其因應全球化的種種措施，修正了「發展型國家」的理論意涵。就發展型國家在全球化時代的轉變而言，Linda Weiss曾提出較為正面的看法。Weiss認為，東亞發展型國家經過多年的演變，已經從純粹國家領導轉化為官民「管理性的互賴」（governed interdependence）。此類管理性互賴可以從以下幾個面向體現：

1. 有紀律的支持（disciplined support）

有別於1960年代扶植幼稚工業的做法，東亞發展型國家選定某些策略工業，並在初期扮演發動機的角色。私有企業經營卓有成效者，政府持續給與各種支持；經營不善者，則並不打算無條件提供支持。

2. 國家出面降低風險（public risk absorption）

有別於前者的直接介入，某些特定產業由私有企業率先發展，但國家扮演後盾的角色。

3. 私有部門管理（private-sector governance）

在某些衰退中的部門，或是亟需技術升級的部門，由私有部門提出請求，政府再介入工業重整與工業升級的實際措施。

4. 官民創新聯盟（public-private innovative alliance）

此類聯盟模式主要混合1.及2.兩種模式。此類模式特別適用如臺灣等以中小企業為主的企業體系。在資訊產業等高科技發展的過程中，國家與私有企業形成各種不同形式的聯盟，由國家負責主要研發的工作。私有企業可藉此與國際先進科技接軌，但必須對此類官民創新聯盟提供一定的貢獻，所謂「搭便車」的行為並不被允許（Weiss, 1998）。

Weiss對東亞發展型國家的看法並未在1997金融危機爆發後轉為消極。Weiss認為，東亞發展性國家的「追趕」（catch-up）過程並未因為逐漸進入先進國家之林而告終。相反地，追趕是一個無止境的過程，而東亞發展性國家會不斷的調適（adaptation），但不會「正常化」（normalization）。東亞發展性

國家面臨全球化，尤其是金融自由化的衝擊，仍發揮一定的功能。由於自由化並不是毫無目標的，而國家必須為自由化預先設定進程、標的以及相關的制度性安排，因此國家可以尋得適當的角度重新介入經濟與社會體系運作的過程。從Weiss的觀點來看，東亞發展性國家「國家能力」及「強制力」的減弱，並非是迫於經貿自由化與全球化所做出的退卻，而是為因應全球化而自動自發做出的調整（Weiss, 2000）。

　　Sean O'Riain則從愛爾蘭資訊產業的經驗，發展出「彈性發展型國家」（flexible developmental state）的概念。O'Riain指出，愛爾蘭資訊產業的發展不純然是由直接外來投資所致，而是由以下兩項因素所造就：其一是部分與國內社經環境結合的全球製造網絡，其二是逐漸與國際資訊產業整合的本土網絡。此兩項因素再與國內新統合主義（Neocorporatist）的種種安排整合，形成各種社會夥伴協定（Social Partnership Agreement），以處理諸如薪資水準、公共支出以及被新興資訊產業排除的基層社會利益等問題。從O'Riain的分析中，可以看出彈性發展型國家有以下的特徵：

1. 彈性發展型國家是為了因應全球化時代創新的需求，並吸引直接外來投資，以促使本土企業網絡與全球資訊網絡進一步結合。
2. 國家能力的增強與持續，有賴於國家有效地處理國內專業結構與國際創新網絡的互動關係，以及藉由組織調整，以適應多元變化的國際環境。
3. 國家促成國內與國際多元聯盟的努力，仍可能受制於諸多國內的因素，例如因民主化而趨分裂的政府架構、因不均等的全球化而受害的國內社會團體，以及國內因不均衡發展所產生的社會問題等（O'Riain, 2000）。

　　O'Riain進一步指出，傳統東亞發展性國家藉由「鑲嵌的自主性」（Embedded Autonomy），使得國家與地方資本及地方企業組織密切結合，使得國家得以動員地方資源，並藉由有效率的官僚組織保持一定的國家自主性，以達成國家發展的目標（Evans, 1995）。O'Riain稱東亞以官僚體系為主導的發展性國家為「官僚發展性國家」（Bureaucratic Developmental State）。然而，官僚體系鼓勵並動員本土企業走向國際後，隨著經貿全球化的發展，本土企業與國際資本結合日深，與國內官僚體系原本緊密的關係逐漸鬆動。於是，在全球化的時代中，國家面臨以下三項主要挑戰：

1. 國家如何調適全球化的過程。
2. 原本鑲嵌自主性的逐漸解構。

　　3. 國家必須重新調整介入本土企業全球化的方式。

　　由此可見，近年來學術圈已針對全球化政經互動所產生的諸多問題，修正了傳統有關「發展型國家」之理論典範。有關發展型國家在政治經濟學上之應用，國內學者著作汗牛充棟，成果豐碩（鄭為元，1999；瞿宛文，2003）。近年來多位學者已將發展型國家之研究架構運用在兩岸政經互動，及大陸近年來地方經濟發展之相關議題。若就「發展型國家」理論架植在大陸高科技產業之應用分析而言，已有不少學者利用此一分析架構，探討北京軟體產業的發展模式。學者利用國家能力、國家自主性，以及政商互動關係等概念，探討例如「北京軟件行業協會」等組織是否扮演國家與社會的中介角色，並分析政策支持、優惠政策、融資給予等政策工具，是否能與「發展型國家」研究架構產生連結（蘇偉業，2004）。

　　此外，若以兩岸經貿關係作為一個實際的例子，我們可以發現到全球化、在地化及發展型國家的轉變，已經深深的影響到兩岸。即便是最具全球化經驗的高科技臺商，在大陸經營仍須執行「在地化」的策略，與企業所在的政經環境，以及地方政府產生關係（Sassen, 2001; Storper, 1997; Ng, 2003）。此類地方鑲嵌的深化，產生了兩種政經意涵及影響：

　1. 臺資企業，尤其是高科技產業，成為兩岸政府爭相籠絡的對象。從臺灣的國家機器角度來看，高科技臺商在大陸關係網絡的進一步深化，以及在大陸本土化的加強，使得此類臺資企業變得更像「陸資企業」，臺灣能掌控的能力更為有限。

　2. 臺資高科技業者跨海登陸及本土化的過程，促使臺灣國家機構改善臺灣當地的高科技基礎建設，並利用類似Weiss及O'Riain所指出的全球化策略，企圖以更新的方法介入經濟活動。

　　由此可見，臺商在大陸的「在地鑲嵌」，成為臺灣「發展型國家」轉型的外在動因。在全球化的衝擊下，臺灣的「發展型國家」角色隨之調整，同時使得臺灣的政商互動為之改變。臺商在大陸「在地化」的需求，使得大陸地方政府及城區發展與臺商經營結為一體。臺灣發展型國家因應全球化的各種調整，及大陸地方政府的運作，共同影響了臺商行為及兩岸政經互動。

伍、逆（反）全球化浪潮興起

一、逆全球化的浪潮

全球化的樂觀期待，在過去三十年中幾次全球金融危機，區域經貿衝突，地緣政治再興之後，出現反轉的浪潮。逆全球化的浪潮，在英國脫歐，美中關係醞釀脫勾之後，更為甚囂塵上。從以下幾個面向，可以了解逆全球化的發展趨勢：

1. 極右派與民族主義興起：全球化的經濟整合力量，一方面去除了有形國界，促進人員的自由流動，形成無邊界的世界。另一方面，由於全球經濟整合造成的分配不均，使得國內貧富差距變大，中產階級及勞工被高度壓縮，產生疏離感。這種疏離感進而產生相對被剝奪的心理狀態，對經濟整合不滿，對全球化開始抱持負面態度。分配不均與疏離感所產生的社會氣氛，很容易為民粹領袖所用。民粹領袖往往打著正義的旗號，為普羅大眾發聲。在政策上則為反建制、反菁英、本土利益優先。具體的操作則是重新把民族主義，或是國族主義放上政策議程。民粹領袖以確保就業為名，反對人員的自由流動，主張重新樹立國界，以確保極右派政治人物所定義的國家利益。近十多年來，西歐民主工業國家右派政黨興起，反移民聲浪高漲。在民粹領袖的推波助瀾下，儼然進入另一個民族主義核心的世代，造成更多的不確定性。

2. 城市的全球化與在地化互為表裡：在全球化高潮的1990年代及本世紀初，以金融服務業及全球運輸節點為核心的全球城市成為全球化的焦點。然而，近十年來的發展，展現了不同的發展軌跡。在追求全球化的同時，更多城市重新反省在地化的歷史進程，並重新檢視如何建構以居民為本，符合環境永續及居住和諧的城市生活環境。許多城市已不再一味熱衷追求全球金融地位的排名，轉而關注本土文化，以及在地與全球的調適性。具體而微的實際措施，則為文化保存、文化創新，以及文化產業的有機結合（Kim, 2017; Kong, 2014），這也是全球在地化在次國家領域的落實。此外，全球城市建構所造成的資源集中及資源排擠效果，也被重新加以審視。原來在全球化初期所強調的地方分權，或是去中央政府化，是否適合國家發展的需要，引起不少質疑（Wu, 2017）。為了平衡資源過度集中於全球化的大城市，一些國家的中央政府進行整體調控，促成城區間的資源共享與合作。這些新的政策，目的即在調整全球化下資源分配不均與不公

的現象，也可視為區域化與在地化的努力。易言之，在全球化的調整浪潮中，中央政府的職能並未消失，而是進入另一個階段的盤整，甚至有加強的趨勢。

3. 認同政治的進一步強化：如前節所述，全球化的樂觀論者期待地球村認同的出現，主權國家認同的逐漸淡薄，世界和平的浮現。然而，近十年來的發展顯示，認同政治無論在西方或是東方國家均方興未艾，儼然成為主導內政的決定性因素。族群：性別，乃至國家認同，與不少國家的轉型正義運動相結合，蔚然成為反全球化的重要推手。認同政治促使公民社會賦權的產生，並針對諸如自由貿易協定與國家安全等議題，提出的重新檢討的呼聲。近年來，本土認同及轉型正義更轉化為社會運動，對公共政策產生重大的影響。另一方面，以國家力量重新形塑認同，並以意識形態定義轉型正義的例子更是屢見不鮮。族群與認同議題的高度政治化，主導了以內政重整為核心的政治操作，對全球化的整合動力提出了有力的挑戰（Assmann, 1995; Lin, 2017）。

4. 西方的裂解與撤退：西方引領全球化的價值體系及制度安排正面臨空前的挑戰。西方的民主多元與多邊治理模式，在歐陸正進入轉型期，在美國則在川普主義的衝擊下搖搖欲墜。所謂的「西方」已不再是一個整體的概念（Munich Security Report, 2019）。歐洲大陸近二十年來經濟不振，各國忙於重整國內治理。歐盟的制度性架構也沒有發揮預期的功能。川普主政下的美國，則舉起美國優先的大旗，樹立起有形與無形的邊界，拒斥多元主義，將移民問題高度政治化。在對外關係上，則拒絕提供公共財，以單邊主義及狹隘的國家利益出發，背棄既有的多邊機制，代之以逐件交易的非主流政策。其結果是一方面造成西方的裂解，另一方面使得全球治理的機制迷失方向，也失去領導的重心。美國從全球領導人的角色中撤退，另一大國中國的實力尚不足以負擔起全球化領頭羊的角色。況且，美國以外的西方國家未必願意在中國領導的軌跡下推動全球化。在內政與對外關係的雙重壓力下，西方陣營出現調適困難的問題，對未來全球化的進程感到無所適從。

5. 全球性危機衝擊全球治理：全球治理的機制似乎在承平時期，可以增進共同富裕。但在遭遇諸如戰爭、安全衝突，及病毒擴散等危機侵擾時，全球治理的機制未必能發揮效用。自2020年初開始的新冠肺炎危機，即衝擊了全球化與全球治理的基礎與前提假設。展望未來，不斷爆發的危機可能成

為常態，人類對全球治理的能力可能更為悲觀。新冠肺炎凸顯全球性多邊治理機制的無能為力，以及被大國操縱的特性。面對兇猛的病毒危機，真正的執行者仍需落實到主權國家，而非多邊機制。危機處理強調權力集中及執行效率，與政體型態沒有直接的關係。然而，強化應急執行能力的權宜措施，與民主治理原則難免產生衝突。舉凡網路監控、強迫隔離，以及封鎖國境等措施，均有侵犯公民基本權利及隱私之嫌。全球化勃興所依賴的人員自由移動，也因危機處理的考量而煙消雲散。在心理層面上，基於防疫的考量，獨善其身似乎成為自保的不二法門。危機處理機制若逐漸成為常態，則在制度，文化，及心理層面上，侵蝕了全球化的基礎，大範圍地改變了人類的生活模式，也進一步摧毀了對全球化的信任及信心。

二、 大國權力競逐改變全球化的前景

在全球化於1990年代開始邁向高峰之際，前蘇聯集團業已崩潰，中國剛進入改革開放的第二個十年，羽翼未豐。美國成為世界唯一的霸權，也成為資本主義普世價值的領頭羊，產業生產鏈的上游研發源頭，以及區域安全的守護神。美國獨霸的態勢，到了千禧年之後逐漸有所變化。中國加入國際產業分工，是全球化的受益者。2001年前後，中國加入世貿組織，進入全球化的新階段。與此同時，911恐攻事件使得美國與中國重新締結戰略夥伴關係，也為中國帶來約十五年左右的戰略機遇期。習近平及川普陸續掌政，奮發有為與美國優先成為核心議題，「中華民族偉大復興」與「讓美國再度偉大」的論述交鋒，國強必霸的說法又成為學界關注的話題。探討國強是否必霸，同樣必須超脫單純物質層面的分析。在戰略機遇期消失之後，文化、認知、信任等因素深刻地影響到美中兩個強權的互動過程。而領導人的因素也更形凸顯。易言之，美國眼中的中國，已逐漸從全球化的夥伴，成為競爭者。美中爭霸，不但使得權力政治與地緣政治重新登上國際舞台，更衝擊了全球化架構下的產業分工、知識交流，以及文化融合。全球多贏的態勢，也逐漸為零和鬥爭所取代。

以美國為核心的全球化架構，植基於西方自由民主體系的法治、人權，以及分權制衡等概念。中國與西方迥異的黨國體系，使得西方與中國交往過程中的互信削弱，疑慮叢生。與中國崛起同時發生的是中國大陸內部劇烈的治理轉型。在轉型的過程中，產生諸多政治、經濟、社會、文化等矛盾。這些矛盾，與維持政權穩定的需求交錯出現，使得一個特殊的黨國體系成為主導中國崛起的核心。這種獨特的內政體系與新的國際地位，使得世人對中國崛起產生了不

少疑慮。一個十四億人口的非西方大國，動見觀瞻。中國如何運用近三十年來累積的國力，以及中國國力加強後可能產生的擴散效果，是造成國際體系內其他成員國認知失調及疑慮的主要來源（Mearsheimer, 2019; Lake, 2017）。

　　自川普主政以來，美國官方對中國圍堵的態勢已經成型。新冷戰的論述雖然有很大的爭議，但儼然成為輿論的焦點。所謂「守成的霸權」以及「挑戰現狀的霸權」的糾葛，似乎成為美中關係的主軸（Allison, 2017）。但這種說法事實上是以西方角度看東方，有偏頗的嫌疑。從現存的霸權來看，中國的崛起實為挑戰現有國際秩序；但從中國的角度來看，中國恢復大國地位，並非挑戰現有國際制度，而是追求更正義及公平的合理地位（Zhao, 2019; Nye, 2019）。美國在冷戰時期的對手蘇聯，在安全事務上旗鼓相當，但在經濟事務上並無交集，經濟實力上差距更大。1980年代的經濟對手日本，在安全議題上則是美國的核子傘保護國。但中國不僅是安全上的競爭對手，在經濟上也形成了互賴又激烈競爭的態勢。就心理上而言，美國認為中國過去三十年來的經濟崛起是搭了美國的便車。這種安全與經濟競爭雙重壓力的格局，使得美國作為超強的地位不但受到直接挑戰，更在心理上無所適從。

　　在現今的全球體系及制度格局下，中美兩強要徹底翻臉，事實上也有不少制約的力量。美中較勁，並非兩個聯盟或集團間的對抗。雖然中國近年來在上海合作組織及一帶一路的牽頭下，爭取了不少戰略夥伴，但離戰略同盟還有很大的距離。展望未來，美中關係的「鬥而不破」格局及持續危機處理的態勢會成為一種新常態。美中水乳交融的戰略夥伴關係已一去不復返，但大規模開戰的可能性仍甚低。然而，值得注意的是，次區域的代理人衝突，或是代罪羔羊式懲罰小老弟的舉措，仍可能發生。易言之，大象打架，勢均力敵，但周邊的小夥伴仍可能遭到池魚之殃。以亞太地區為例，中型國家紛紛採取避險措施，在美中競爭態勢下遊走，爭取安全戰略空間，持續與世界最大的市場保持動態連繫，但也分散經濟風險。美中鬥而不破的格局，促使得周邊國家繃緊神經，保持彈性，並加深對兩個大國的了解，以追求危機中國家利益的極大化。選邊站或是一邊倒不是明智的選項。

　　美國與中國在變動不居的世局中，都面臨很大的內部壓力。中國的人口紅利早已消失，但廣大的工程師及專業技術人員團隊成為新的發展紅利。然而，當前中國目前最嚴重的課題之一是人口結構失衡，亦即未富先老的問題。美中爭霸，未來競爭的重點是人口的質而非量。美國對高等人才的磁吸效果，以及相對其他工業先進國家較理想的人口結構，使得美國享有相對的優勢。更重要

的是，美國代表了一種生活方式，以及其他國家嚮往的生活環境。然而，美國近年來中產階級的邊緣化，川普主政以來美國中心主義大行其道，美國長期以來自豪的多元民主社會，是否正面臨轉折點，值得我們關注。事實上，根據各種民調資料顯示，美國民眾反中情緒並未高漲（Chicago Council of Global Affairs, 2019）。中美兩國民間仍有基本的互信基礎。政治人物若為選舉考量，任意操縱十字軍精神，或是偏狹的反西方民族主義，最後必定引火自焚。易言之，美國與中國這兩個大國，各自面臨的內部治理問題都形成了空前的壓力。利用民族主義或民粹思維，以及在國際社會中尋求舒解內部壓力的假想敵國，都無法徹底解決根本問題。作為國際體系中最大最重要的兩個大國，美國與中國必須體認到自身的道德責任，以務實的態度面對問題（冷則剛，2020）。

陸、結　論

本章介紹了分析全球化的幾個不同面向，以及「全球治理」的興起。在全球轉型的架構下，地方政府、全球城市與中央政府共同成為因應、執行、深化全球化的要角，同時也使政經互動邁入了一個新的階段。此外，本章也針對近年來方興未艾的逆全球化與本土化趨勢，以及大國權力競逐對全球化的影響，提供了一些分析的面向。從本章有關全球化的討論，可以得出以下幾個結論：

1. 全球化代表的是分散與整合的共生力量，也是促使全球及地方資源重新分配的原動力，同時更是一種轉型的契機。這種轉型除有賴於國家與社會共同調適以外，必須與全球化時代中浮現的各種新的行為者與角色共同合作，方能達成政治穩定、經濟發展、社會公道的目標。

2. 全球化與在地化是一體的兩面。全球化豐富了本土文化的內涵，促使在地勢力與全球脈動結合。本土政治結構、制度及政治菁英與全球化展開進一步的互動，其過程未必一定平順，也有可能激發新一輪民族主義或反全球化的浪潮。

3. 逆全球化趨勢值得關注。近年來民粹主義興起、認同政治的強調，以及危機成為新常態，使得主權國家的功能重新被強化，全球化的根基逐漸被腐蝕。吾人必須以更全面的角度，了解此一趨勢究竟為短期盤整，抑或長期變化。全球化隨著新冠肺炎危機及美中爭霸的出現，已面臨一個新的分水

嶺。

4. 進一步研究全球化，必須從學科整合出發，以全方位的視角，作總體及微觀的細緻分析。由於國內政治與國際政治的交互影響，傳統上將內政與國際關係二分的做法，勢必要改弦更張。分析全球化的諸多議題，必須摒除特定的價值偏見，以更客觀的角度，了解全球勢力與本土回應的互動過程，方能豐富政治學的內涵，擴充研究的高度與廣度。

參考書目

一、中　文

王逸舟主編，2002，《全球化與新經濟》，北京：中國發展出版社。

王世軍，2018，《邁向包容性發展的全球城市》，上海：同濟大學出版社。

冷則剛，2002，《資訊產業全球化的政治分析：以上海市發展為例》，臺北：印刻。

冷則剛，2020.8，〈中國崛起與美中台關係〉，《亞洲政經與和平研究》，第 4 期。

朱雲漢，2020，《全球化的裂解與再融合》，臺北：天下文化。

陸銘，2017，《空間的力量》，上海：格致出版社。

星野昭吉，2001，《全球化時代的世界整治》，書房，劉小林、梁云祥 譯，2004，北京：社會科學文獻出板社。

蔣仁祥、胡頤譯，2004，《全球化時代的權力與反權力》，桂林：廣西師範大學出版社。

鄭為元，1999，〈發展型「國家」或發展型國家「理論」的終結？〉，《臺灣社會研究季刊》，第 34 期，頁 1-68。

簡博秀，周志龍，2002.9，〈全球化，全球城市和中國都市發展策略〉，《臺灣社會研究季刊》，第 47 期。

瞿宛文，2020，《臺灣的不成功轉型》，臺北：聯經。

顧朝林 等，2000，《經濟全球化與中國城市發展》，北京：商務印書館。

二、英　文

Abrahamson, Mark A., 2004, *Golbal Cities*. New York, Oxford University Press.

Allen, Scott, 1998. *Regions and the World Economy*. Oxford: Oxford University Press.

Allison, Graham, *Destined for War: Can America and China Escape Thucydides's Trap?* New York, Houghton Mifflin Harcourt, 2017.

Assmann, Jan "Collective memory and cultural identity," *New German Critique*, Spring, 1995.

Barkin, David. 2000, "Urban Management in the Global Economy." In *Global City Regions: Their Emerging Forms,* eds. Roger, Simmonds and Gary, Hack. Chapter 16, Spon Press: London.

Beck, Ulrich, 2000, *What is Globalization?* Oxford, UK: Polity Press.

Bhagwati, Jagdish, 2004, *In defense of Globalization.* New York, Oxford University Press.

Buzan, Barry and Lawson, George, *The Global Transformation*, Cambridge: Cambridge University Press, 2015.

Castells, Manual, 2000, *The Rise of the Network Society*. Oxford, UK: Blackwell.

Chibber, Vivek, 2002, "Bureaucratic Rationality and the Developmental State." *The American Journal of Sociology*. 107(4): 951-991.

Chicago Council of Global Affairs, "Rejecting the Retreat", 2019, https://www.thechicagocouncil.org/publication/rejecting-retreat.

Clark, Cal. and lung, Changhoon, 2004, "The Resurrection of East Asian Dynamism: A Call to Look beyond the Orthodoxies in Development Studies." *Asian Afairs* 31(3): 131-151.

Friedman, John, 1986, "The World City Hypothesis." *Development and Change*. 17 (1).

Held, David and McGrew, Anthony, Goldblatt, David and Perraton, Jonathan, 1999, *Global Transformations: Politics, Economics and Culture*. California, Stanford University Press.

Hill, Richard Child and Kim June Woo, 2000, "Global Cities and Developmental Stare: New York, Tokyo and Seoul." *Urban Studies* 37(12): 2176-88.

Hsu, Jinn-yuh and Saxenian, Anna Lee, 2002, "The Limits of Guanxi Capitalism: Transnational Collaboration between Taiwan and the USA" *Environment and Planning. A*, 32: 1991-2005.

Ikenberry, John "The Illusion of Geopolitics," *Foreign Affairs*, May/June 2014, pp. 69-91.

Ikenberry, John, After Victory (New Edition), Princeton: Princeton University Press, 2019.

Keohane, Robert O. and Joseph, Nye Jr., 2000, "Globalization: What's New? What's Not? And So What?" Foreign Policy 118 (spring): 104-119.

Kenney, Martin ed., 2000, *Understanding Silicon Valley*. Stanford, CA: Stanford University Press.

Kudrle, Robert, 1999, "Three Types of Globalization: Communication, Market, and Direct." In *Globalization and Global Governance,* ed. Raimo Vayrynen. New York: Rowman & Littlefield, pp. 3-25.

Leng, Tse-Kang, 2002, "Economic Globalization and IT Talent Flows: The Taipei/Shanghai/ Silicon Valley Triangle." *Asian Survey* March/April.

Lin, Shirley, 2017, *Taiwan's China Dilemma*. Stanford: Stanford University Press, 2017.

Lo, Fu-chen and Peter, Marcotullio, 2000, "Globalization and Urban Transformation in the Asia-Pacific Region: A Review," *Urban Studies*. 37(1).

Logan, John R., 2002, *The New Chinese city: Globalization and Market Reform*. Oxford, Blackwell.

Mead, Walter Russell, " The Return of Geopolitics", *Foreign Affairs*, May/June 2014, pp. 69-91.

Nye, Joseph, *Is the Amerian Century Over?* Cambridge, Policy, 2015.

OECD, 2000, "A New Economy? The Changing Role of Innovation and Infonnation Technology in Growth." OECD.

O'Meara, Patrick, Mehlinger, Howard D. and Krain, Matthew, 2000, *Globalization and the Challenges of a New Century*. Bloomington, Indiana University Press, 2000.

Palan, Ronen, 2000, "Recasting Political Authority: Globalization and the State" In *Globalization and Its Critics,* ed. Randall Germain. New York: St. Martins Press. p. 158.

Rowen, Henry , Lee Chong-Moon, Miller, William F., and Hancock, Marguerite Gong, 2000. *The Silicon Valley Edge: A Habitat for Innovation and Entrepreneurship*. Stanford: Stanford University Press.

Sassen, Saskia, 2000, *Cities in a World Economy*. 2nd edition, California, Pine Forge Press.

Sassen, Saskia, 2001, *The Global Cities: New York, London and Tokyo*. 2nd edition, New Jersey, Princeton University Press.

Saxenian, Anna Lee, 1996, *Regional Advantage: Culture and Competition in Silicon Valley*. Cambridge, MA: Harvard University Press.

Saxenian, Anna Lee, 2002, "Brain Crculation." *Brookings Review.* (Winter): 28-31.

Scott, Allen J., 1998. *Regions and the World Economy: the Coming Shape of Global Production, Competition, and Political Order*. New York, Oxford University Press.

Short, John R and Yeong-Hyun, Kim, 1999, *Globalization and the City.* London: Longman.

Taylor, Peter J., 2002, "World Cities and Tenitorial State Under Conditions of Contemporary Globalization." *Political Geography.* 19(1): 8-9.

Taylor, Peter J., David, R. F. Walker, Gilda, Gatalano and Michael, Hoyler, 2002, "Diversity and Power in the World City Network." *Cities* 19(4).

Weiss, Linda, 1998, *The Myth of the Powerless State*. Ithaca, New York: Cornell University Press.

Weiss, Linda. ed., 2003, *States in the Global Economy: Bringing Domestic Institutions Back in*. Cambridge: Cambridge University Press.

Woo-Cumings, Meredith. ed., 1999, *The Developmental State*. Ithaca: Cornell University Press.

進階閱讀書目

Albrow, Martin, 1997, *The Global Age : State and Society Beyond Modernity.* California, Stanford University Press.

Beck, Ulrich, 2001, "Redefining Power in the Global Age: Eight Theses." *Dissent.* Fall, 2001, p. 86.

Castells, Manual, 2000, *The End of Millennium*. Oxford, UK: Blackwell.

Castells, Manual, 2003, *The Power of Identity.* Oxford, UK: Blackwell.

Evans, Peter, 1995, *Embedded Autonomy: States and Industrial Transformation*. Princeton, N. J.: Princeton University Press.

Hall, Peter, Hall, 1998, *Cities in Civilization*. London: Weidenfeld & Nicolson.

Hsing, You-tien, *The Great Urban Transformation*, Oxford: Oxford University Press, 2012.

Kaplan, Robert D., 2000, *The Coming Anarchy: Shattering the Dreams of the Post-Cold War.* New York, Random House Value Publishing, Incorporated.

Kim, Changwook, "Locating Creative City Policy in East Asia: Neoliberalism, Developmental State and Assemblage of East Asian Cities", *International Journal of Cultural Policy*, 2017 , 23: 3, pp. 312-330.

Knox, Paul and Peter, Taylor, eds., 1995, *The World City in a World System*. New York, N. J.: Cambridge University Press.

Kong, Lily, 2014, "From cultural industries to creative industries and back? Toward clarifying theory and rethinking policy," *Inter-Asia Cultural Studies*, 15: 4, pp. 593-607.

Lake, David, "Domination, Authority, and the Forms of Chinese Power," *The Chinese Journal of International Politics*, Volume 10, Issue 4, 1 December 2017, pp. 357-382.

Leng, Tse-Kang, 2005, "State and Business in the Era of Globalization: the Case of Cross-Strait Linkages in the Computer Industry." *The China Journal* 53: 63-79.

Leng, Tse-Kang, 2017, "Cross-Strait economic relations and China's rise: the case of the IT sector," in Lowell Dittmer ed., *Taiwan and China: Fitful Embrace* (Berkeley, University of California Press,

2017), Chapter 9, pp. 151-174.

Leng, Tse-Kang and Aoyama , Rumi, ed., *Decoding the rise of China: Taiwanese and Japanese Perspectives* (New York: Palgrave, 2018).

Mearsheimer, John, 2019,"Bound to fail: the rise and fall of the liberal international order," *International Secuirty*, Vo. 43, No. 4, Spring, pp. 7-50.

Munich Security Report: Westlessness", 2020, https://securityconference.org/en/publications/munich-security-report-2020/.

Nye Jr., Joseph S. and Donahue, Johe D. ed., 2000, *Governance in a Globalizing World*. Washington, DC, Brookings Institution Press.

Nye, Joseph, January, 2019,"The Rise and Fall of American Hegemony from Wilson to Trump," *International Affairs*, Vol. 95, No. 1, pp. 63-80.

O'Riain, Sean, 2000, "The Flexible Developmental State: Globalizacion, Infonnation Technology, and the Celtic Tiger." *Politics and Society* 28(2): 163-165.

Rosecrance, Richard and Miller, Steven ed., 2015, *The Next Great War?* Cambridge: MIT Press.

Sassen, Saskia, 1998, *Globalization and Its Discontents*. New York, NY: The New Press.

Sassen, Saskia, 2001, "Global Cities and Developmental States: How to Derail What Could be an Interesting Debate: A Response co Hill and Kim." *Urban Studies* 38 (13).

Scott, Allen J., 2001, *Global City-Regions: Trends, Theory, Policy*. New York, Oxford University Press.

Shaw, Martin, 2000, *Theory of the Global State. Cambridge*, UK: Cambridge University Press.

Storper, Michael, 1997, *The Regional World*. New York: Guilford Press.

Weiss, Linda, 2000, "Developmental States in Transition: Adapting, Dismantling, Innovating, not 'Normalizing'." *The Pacific Review* 13(1): 21-55.

Wu, Fulong., 2000, "The Global and Local Dimensions of Place-Making: Remaking Shanghai as a Global City." *Urban Studies* 37(8).

Wu, Fulong, 2017, "China's Emergent City-Region Governance," *International Journal of Urban and Regional Research*.

Zhao, Suisheng, 2019, "Engagement on the Defensive: From the Mismatched Grand Bargain to the Emerging US-China Rivalry," *Journal of Contemporary China,* Vol. 28, No. 118, pp. 501-518.

國家圖書館出版品預行編目資料

政治學／吳重禮等合著，陳義彥、游清鑫主
　編. ――八版.――臺北市：五南圖書出版
　股份有限公司，2020.09
　面；　公分
　ISBN 978-986-522-211-6（平裝）

1.政治學

570　　　　　　　　　　109012632

1P67

政治學

主　　　編 ―	陳義彥　游清鑫
作　　者 ―	吳重禮　冷則剛　高永光　耿　曙　陳義彥
	陳陸輝　盛杏湲　郭承天　游清鑫　葉　浩
	楊日青　隋杜卿　蔡中民　劉嘉薇　關弘昌

發 行 人 ― 楊榮川

總 經 理 ― 楊士清

總 編 輯 ― 楊秀麗

副總編輯 ― 劉靜芬

校對編輯 ― 呂伊真

封面設計 ― 王麗娟

出 版 者 ― 五南圖書出版股份有限公司

地　　　址：106台北市大安區和平東路二段339號4樓

電　　　話：(02)2705-5066　　傳　　真：(02)2706-6100

網　　　址：https://www.wunan.com.tw

電子郵件：wunan@wunan.com.tw

劃撥帳號：01068953

戶　　　名：五南圖書出版股份有限公司

法律顧問　林勝安律師

出版日期　2004年10月初版一刷
　　　　　2007年 8 月二版一刷
　　　　　2008年 9 月三版一刷
　　　　　2010年 7 月四版一刷
　　　　　2014年 9 月五版一刷
　　　　　2015年 8 月六版一刷
　　　　　2016年 9 月七版一刷
　　　　　2020年 9 月八版一刷
　　　　　2023年10月八版四刷

定　　　價　新臺幣680元

經典永恆・名著常在

五十週年的獻禮——經典名著文庫

五南，五十年了，半個世紀，人生旅程的一大半，走過來了。

思索著，邁向百年的未來歷程，能為知識界、文化學術界作些什麼？

在速食文化的生態下，有什麼值得讓人雋永品味的？

歷代經典・當今名著，經過時間的洗禮，千錘百鍊，流傳至今，光芒耀人；

不僅使我們能領悟前人的智慧，同時也增深加廣我們思考的深度與視野。

我們決心投入巨資，有計畫的系統梳選，成立「經典名著文庫」，

希望收入古今中外思想性的、充滿睿智與獨見的經典、名著。

這是一項理想性的、永續性的巨大出版工程。

不在意讀者的眾寡，只考慮它的學術價值，力求完整展現先哲思想的軌跡；

為知識界開啟一片智慧之窗，營造一座百花綻放的世界文明公園，

任君遨遊、取菁吸蜜、嘉惠學子！